Sunyo Translation Series in Accounting Classics

PRINCIPLES OF CORPORATE FINANCE

Concise Edition

Richard A. Brealey   *Stewart C. Myers*   *Franklin Allen*

三友会计名著译丛

"十一五"国家重点图书出版规划项目

公司理财原理

（精要版）

（英）理查德 · A. 布雷利

（美）斯图尔特 · C. 迈尔斯 弗兰克林 · 艾伦 ◉ 著

罗菲 ◉ 译

东北财经大学出版社
Dongbei University of Finance & Economics Press

大连

ⓒ 东北财经大学出版社 2010

图书在版编目（CIP）数据

公司理财原理：精要版／（英）布雷利（Brealey R. A.），（美）迈尔斯（Myers，S. C.），（美）艾伦（Allen，F.）著；罗菲译. 一大连：东北财经大学出版社，2010.5
（三友会计名著译丛）
书名原文：Principles of Corporate Finance（Concise Edition）
ISBN 978 - 7 - 5654 - 0047 - 6

Ⅰ. 公… Ⅱ.①布…②迈…③艾…④罗… Ⅲ. 会计 - 财务管理 Ⅳ. F276. 6

中国版本图书馆 CIP 数据核字（2010）第 129687 号

辽宁省版权局著作权合同登记号：图字 06 - 2008 - 389 号

Richard A. Brealey，Stewart C. Myers，Franklin Allen：Principles of Corporate Finance，Concise Edition

Copyright ⓒ 2009 by The McGraw-Hill Companies，Inc.

东北财经大学出版社出版
（大连市黑石礁尖山街 217 号 邮政编码 116025）
教学支持：（0411）84710309
营 销 部：（0411）84710711
总 编 室：（0411）84710523
网 址：http：// www. dufep. cn
读者信箱：dufep @ dufe. edu. cn

大连图腾彩色印刷有限公司印刷 东北财经大学出版社发行

幅面尺寸：185mm×260mm 字数：966 千字 印张：43 插页：1
2010 年 5 月第 1 版 2010 年 5 月第 1 次印刷

责任编辑：李季 于梅 刘东威 章北蓓 吴焕 责任校对：惠恩乐
封面设计：冀贵收 版式设计：钟福建

ISBN 978 - 7 - 5654 - 0047 - 6
定价：82. 00 元

译者简介

罗菲，女，1974年出生于内蒙古，现为东北财经大学会计学院副教授。1998年毕业于东北财经大学会计学专业，获管理学硕士学位，并留校任教。后师从我国会计学界泰斗谷祺教授，攻读会计学专业博士学位，于2007年6月获得管理学博士学位。曾于2004年9月至2005年9月接受国家留学基金委资助，在加拿大 University of Alberta 做访问学者；2007年3月至6月，在澳大利亚 Curtin University of Technology 交流访问；2008年7月，在英国 University of Surrey 交流访问。

目前担任2008年度国家双语教学示范课程建设项目 Financial Management 主讲教师、2006年度国家级精品课"财务管理"主讲教师。

已独立出版专著《基于价值管理的研究》；独立出版译著《公司财务危机与破产》；在《财务与会计》等会计领域核心刊物上独立发表论文10篇；主编或参编教材等11部，其中包括普通高等教育"十一五"国家级规划教材以及财政部"十五"规划教材等；另参与译著2部，包括"十五"国家重点图书出版规划项目等；参与中国会计学会、财政部、教育部等项目7项。

前 言

　　财务经理们面临着一些关键的决策问题：公司应该进行什么样的资本投资？为给这些投资筹集资本，公司是应该用已获的利润再投资呢，还是应该发行普通股股票，还是应该借款？什么样的计划才能保证公司在财务方面始终保持强势地位和健康的状况？这本书就为回答这些问题提供基本的理论。

　　本书是我们《公司理财原理》第九版的精要版。有些《公司理财原理》的读者建议说，那本书的范围太大了，有些他们用不上。考虑到这种建议，我们编写了这本精要版。我们相信，这本精要版能给财务经理提供足够的必要知识。本书的前11章基本上与《公司理财原理》一书保持一致，包括资金的时间价值、债券和股票的估价和实践中的资本预算决策问题。其余章节探讨市场有效性、股利政策、资本结构、期权估价和长短期财务计划。熟悉《公司理财原理》的读者可能会注意到这些章节的一些小变化。在介绍期权的章节中，我们给出了一个简单的例子，介绍扩张期权的估价，但省略了那本书附录中的期权价值的稀释效果。在介绍短期财务计划的章节中，我们增加了对公司可以放置其闲置多余现金的货币市场工具的论述。

　　当然，决定应该包括什么，应该省略什么总不是那么容易的事情。我们是想加进例如新股发行、兼并、私募股票、信用风险等这样的问题的，但这本书的主旨应该是精要，因此，我们在参阅了大量的财务课程一个学期的内容后，最后决定将内容限定在目前这些最常用的议题上。

　　我们考虑到，有些老师讲课时可能愿意使用不同的议题顺序，因此，我们尽力使这些内容模块化，以方便按任意顺序介绍本书的各部分内容。例如，即使在没有学习估价和资本投资之前，阅读有关财务报表分析和短期财务决策的问题时也应该是毫无困难的。

　　在本书中，我们既介绍了公司理财的理论，也描述了公司理财的实务操作。我们几乎不用解释为什么财务经理在其工作中必须掌握这些实践操作的技巧，但我们应该明确为什么进行实务操作的这些财务经理还要掌握理论。

　　管理者们从经验中学习如何处理常规的问题，但优秀的管理者还应该能应对变化的挑战。为做到这一点，你需要的就不只是历史悠久的经验法则了，你必须理解公司和金融市场为什么会是那个样子，换句话说，你需要的是理财的理论。

　　听起来像是在威胁你学习吗？不是的。好的理论能够帮助你掌握你周围世界正在发生的事情，它可以帮助你在时间变化和需要分析新问题时提出正确的问题，同时，它还会告诉你不用担心什么。整本书中我们都在介绍管理者们如何利用财务理论解决实际问题。

当然，本书中列示的理论是不完善的，也是不全面的，实际上没有任何理论是完善和全面的。有很多金融经济学家们不能达成一致意见的有名的争议，我们没有掩盖这些不一致的意见，对每一种意见我们都给出了其基本的观点和论据，然后告诉读者我们支持的是哪一方。

本书的大部分内容都集中关注于了解财务经理怎么做和为什么这样做，但我们还指出了为增加公司价值财务经理应该怎样做。如果理论上认为财务经理做错了，我们也会这样认为，尽管我们也承认他们这样做背后可能也会有他们自己的原因。总之，我们要尽力做到公正，但也会毫无保留地告诉读者我们自己的看法。

让学习更加简单

本书中的每一章都包括概述预览、本章小结和有注释的推荐读物名单，每章章后都有简单、轻松的练习题，既有数字化又有概念化的实务题，另外还有一些思考题。很多问题需要利用真实公司的财务数据，读者可以从标准普尔的市场观察教育网上下载真实公司的资料。本书最后还附有每章练习题的答案、术语表，以及在计算现值和进行期权估价时可能用到的表格。我们还对每章的概念给出了复习问题。每章后都有例题。全部的概念复习题在本书的网站（www.mhhe.com/bma1e）上可以找到。

本书还包括7个章末微型案例，主要针对的是案例分析的特定问题。这些微型案例的答案在本书网站上的教师辅导资料中可以找到。

教材中有很多表格都是以 Excel 电子表格的形式表示出来的，因此，我们在本书中给出了这些情况下的相应的"活动"电子表格。读者可以利用这些活动电子表格更好地理解这些表格背后的计算原理，并考察基础数据的变化所带来的影响。有些章后的练习题要求学生要利用电子表格来检验他们对输入变量影响的理解。

本书的20章一共分为7个部分，每一部分首先包括一个简要的介绍，解释本部分中各章节的顺序。第1部分至第3部分涉及的是估价和资本投资决策；第4部分至第6部分探讨长期融资问题；第7部分集中关注财务计划和短期财务决策问题。

补充内容

在本版中，我们尽力保证以下补充内容与教材本身具有质量上和权威上的等同性。

提供给教师：

教师光盘

ISBN 9780073279404

MHID 0073279404

这张内容丰富的光盘包括为教师提供的以下所有补充内容。为使用起来更方便，我们编辑的是电子格式。打印的纸质版本可以通过你的 McGraw-Hill 销售代表获得。

（1）教师手册

教师手册是由 C. R. Krishnaswamy of Western Michigan University 完成的，包括每章回顾、教学要点、学习目标、难点问题、关键术语和有注释的大纲，为教师提供 PPT 幻灯片的解释。

（2）测试库

测试库也是由 C. R. Krishnaswamy of Western Michigan University 开发的，包括选择题、问答题和讨论题。题目的难易程度不同，分别用简单、中等和困难加以区别。

（3）计算机化的测试库

McGraw-Hill 的 EZ 测试库是一种非常灵活且易于使用的电子测试程序。该程序允许教师根据特定的教材内容创建测试题目。它能容纳多种类型的问题，并且教师还可以根据自己的需要进行添加。教师可以建立测试的多重版本，并且可以将测试外放用于任何的课程管理系统，如 WebCT、BlackBoard 或 PageOut。EZ 网上测试库是一项新的服务内容，它为实行以你的 EZ 测试为基础创建的考试和网上练习提供了方便。该程序在 Windows 和 Macintosh 操作环境下可用。

（4）PPT 系统

University of Indianapolis 的 Matt Will 提供了本书各章的 PPT 幻灯片，用可视的动态方式体现了有关的表格、每章概况、关键问题和每章小结。你可以根据自己课程的需要编辑、打印或调整 PPT 的内容。

提供给学生：

网上学习中心

www. mhhe. com/bma1e

网上有丰富的资料！这个网站提供的信息包括有关本书、本书作者的资料以及为教师和学生提供的所有教学和学习资料。具体内容有：

（1）Excel 表格模板

对于书中节选的表格（"活动" Excel）以及有一些需要用 Excel 电子表格解决的章后练习题（原书中都已经用特定的符号进行了标记），我们给出了相应的模板。它们与书中的特定概念相联系，允许学生利用电子表格解决财务问题，并获取经验。章后模板是由 Northwest Nazarene University 的 Peter R. Crabb 提供的。

（2）交互式 FinSims

这一有价值的工具能对关键的财务问题进行多重模拟。允许学生使用它的目的，是想让学生加强对相关知识的了解，并加强对实务问题操作的练习。

（3）网上测试题

这些选择题是为学生准备的另外的测试题，可以作为加强学生理解相关知识的又一个工具。问题都是按章准备的，旨在考查学生对每章特定概念的理解和掌握。只要学生一提交，就会立刻给出测试的分数，并提供正确的答案。

致谢

对以前版本的《公司理财原理》提出的建议和对目前精要版给予的帮助，我们有一大串的感谢名单，包括：MIT 的 Aleijda de Cazenove Balsan、Kedran Garrison、Robert Pindyck 和 Gretchen Slemmons；London Business School 的 Stefania Uccheddu；The Brattle Group, Inc. 的 Lynda Borucki、Michael Barhum、Marjorie Fischer、Larry Kolbe、Michael Vilbert、Bente Villadsen 和 Fiona Wang；the University of Maryland 的 Alex Triantis；the University of Pennsylvania 的 Julie Wulf 和 Jinghua Yan；the University of Washington 的 Adam Kolasinski；Duke University 的 Simon Gervais。

我们还要感谢以下教师，在我们再版的过程中，他们独到的见解和建议给我们提供了无价的帮助：

Neyaz Ahmed *University of Maryland*

Noyan Arsen *Koc University*

Jan Bartholdy *ASB , Denmark*

Penny Belk *Loughborough University*

Omar Benkato *Ball State University*

Eric Benrud *University of Baltimore*
Peter Berman *University of New Haven*
Michael Roberts *University of Pennsylvania*
Alon Brav *Duke University*
Jean Canil *University of Adelaide*
John Cooney *Texas Tech University*
Charles Cuny *Washington University , St. Louis*
Adri DeRidder *Gotland University*
William Dimovski *Deakin University , Melbourne*
David Ding *Nanyang Technological University*
Robert Duvic *University of Texas at Austin*
Robert Everett *Johns Hopkins University*
Christopher Geczy *University of Pennsylvania*
Stuart Gillan *University of Delaware*
Felix Goltz *Edhec Business School*
Ning Gong *Melbourne Business School*
Gary Gray *Pennsylvania State University*
C. J. Green *Loughborough University*
Mark Griffiths *Thunderbird , American School of International Management*
Re – Jin Guo *University of Illinois , Chicago*
Winfried Hallerbach *Erasmus University , Rotterdam*
Milton Harris *University of Chicago*
Glenn Henderson *University of Cincinnati*
Donna Hitscherich *Columbia University*
Ronald Hoffmeister *Arizona State University*
Ravi Jagannathan *Northwestern University*
Jarl Kallberg *NYU , Stern School of Business*
Ron Kaniel *Duke University*
Steve Kaplan *University of Chicago*
Arif Khurshed *Manchester Business School*
Ken Kim *University of Wisconsin , Milwaukee*
C. R. Krishnaswamy *Western Michigan University*
George Kutner *Marquette University*
David Lins *University of Illinois , Urbana*
David Lovatt *University of East Anglia*
Debbie Lucas *Northwestern University*
Brian Lucey *Trinity College , Dublin*
Suren Mansinghka *University of California , Irvine*
George McCabe *University of Nebraska*
Joe Messina *San Francisco State University*
Dag Michalsen *BI , Oslo*

Franklin Michello *Middle Tennessee State University*

Peter Moles *University of Edinburgh*

Claus Parum *Copenhagen Business School*

Dilip Patro *Rutgers University*

John Percival *University of Pennsylvania*

Latha Ramchand *University of Houston*

Narendar V. Rao *Northeastern University*

Raghavendra Rau *Purdue University*

Charu Reheja *Vanderbilt University*

Tom Rietz *University of Iowa*

Robert Ritchey *Texas Tech University*

Michael Roberts *University of Pennsylvania*

Mo Rodriguez *Texas Christian University*

John Rozycki *Drake University*

Marc Schauten *Eramus University*

Brad Scott *Webster University*

Jay Shanken *Emory University*

Chander Shekhar *University of Melbourne*

Nejat Seyhun *University of Michigan*

Richard Simonds *Michigan State University*

Bernell Stone *Brigham Young University*

Shrinivasan Sundaram *Ball State University*

Avanidhar Subrahmanyam *University of California , Los Angeles*

Tim Sullivan *Bentley College*

Stephen Todd *Loyola University , Chicago*

Walter Torous *University of California , Los Angeles*

Ilias Tsiakas *University of Warwick*

David Vang *St. Thomas University*

Steve Venti *Dartmouth College*

John Wald *Rutgers University*

Kelly Welch *University of Kansas*

Jill Wetmore *Saginaw Valley State University*

Patrick Wilkie *University of Virginia*

Matt Will *University of Indianapolis*

Art Wilson *George Washington University*

Shee Wong *University of Minnesota , Duluth*

Minhua Yang *University of Central Florida*

当然，这个名单还不是完整的。我们知道我们欠 the London Business School、MIT's Sloan School of Management、the University of Pennsylvania's Wharton School 的同事们很多感谢。在很多情况下，本书中出现的一些观点实际上应该是我们共同的观点。

我们还要感谢 McGraw-Hill/Irwin 出版公司为本书付出努力的所有人员，包括

Michele Janicek, Executive Editor; Christina Kouvelis, Developmental Editor II; Lori Koetters, Managing Editor; Ashley Smith, Marketing Manager; Jennifer Jelinski, Marketing Specialist; Cara David, Designer; Michael McCormick, Senior Production Supervisor; Kerry Bowler, Media Project Manager; Greg Bates, Media Producer。

最后我们还要感谢我们的妻子——Diana、Maureen 和 Sally, 她们当时并没有意识到嫁给我们的同时, 她们还嫁给了《公司理财原理》。

理查德·A. 布雷利

斯图尔特·C. 迈尔斯

弗兰克林·艾伦

译者序

作为公司理财方面的权威专家，由理查德·A. 布雷利（Richard A. Brealey）、斯图尔特·C. 迈尔斯（Stewart C. Myers）和弗兰克林·艾伦（Franklin Allen）共同编著的《公司理财原理》几经再版，得到了国际上的广泛认可和好评，目前全版书已经出版至第九版。现在，三位权威专家又共同编著了《公司理财原理（精要版）》，该著作更是优中之优，汲取了《公司理财原理》第九版的精华，并补充了该版中没有涉及的问题。

本人从教 10 多年，一直从事与公司理财相关的教学工作，自 2000 年以来，曾使用多部英文原版教材进行双语教学。这部风靡全球的公司理财教科书是一部非常适用于本科生和硕士生进行双语教学的优秀教材。

本书以独特的视角，完整地构建了公司理财学的基本框架。本书以价值作为出发点，紧密结合公司理财实践的需要，精选了风险、资本预算实务、融资决策与市场有效性、股利政策与资本结构、期权、财务计划与营运资本管理等核心内容。本书理论与实践并重，在论述理论的同时强调公司理财的灵活性，要求公司财务人员要能够根据随时可能发生的变化对理财策略进行调整。

本书结构完整清晰而且比较灵活，读者学习时可有针对性地调整各部分的学习顺序。例如，即使在没有掌握估价和资本投资内容的情况下，也可以首先学习财务报表分析和短期融资决策，从而给读者带来了极大的方便。本书语言平实，系统、扼要、准确地论述了公司理财的基本理论和技能；案例丰富，既包括正文中的案例，也包括课后习题案例；习题类型多样，从较为简单的基本概念复习题、实务操作题到课后案例以及具有一定难度的思考题等，满足了不同层次读者的需要。

本书既适合作为大学商学院会计、财务管理、MBA 等本科生、研究生的教科书，也适合作为财务和投资专业人士、大学相关专业教师和研究人员的必读名著或参考书。书中包括的研究方法、研究内容及案例等，可以使读者从国外公司理财的理论和实务中吸取有益的理财思路和方法，并应用到我国的实践中。

为了保持整体翻译风格一致和前后统一，全书的翻译工作由我一个人完成。在翻译过程中，为了忠实于原文，我尽量采用原文的表述方式，减少读者可能遇到的曲解和混乱。在本书即将出版之际，我想感谢我的硕士生导师刘淑莲教授，她对我的帮助是难以用语言表达的。我要特别感谢东北财经大学出版社的李智慧编辑和李季编辑，感谢她们对我的信任，并在全书的翻译过程中始终给予我热情的鼓励和无私的帮助。

尽管本人在翻译过程中做了大量的努力，但由于水平有限，书中难免存在不妥和错误之处，敬请读者批评指正。如果读者对本书有任何批评或建议，欢迎与我联系。我的邮箱地址是：luofei29@126.com。

罗菲

2009 年 8 月 20 日

目　录

第1部分　价　值

第2部分 风 险

第 3 部分　资本预算实务

第 4 部分　融资决策与市场有效性

第 5 部分　股利政策与资本结构

第 7 部分　财务计划与营运资本管理

第1部分

价 值

2006 年，本田汽车公司宣布计划要在印第安纳州的格林斯伯格开办一家 5.5 亿美元的工厂。新工厂每年将生产汽车 200 000 辆，雇用 2 000 名工人。同时，AMD 公司宣布其将在纽约州北部建立 10 亿美元的芯片工厂。

以上这些发展有什么特殊的意义吗？除规模扩大以外基本没有。我们在此引用它们，是因为它们是美国及世界各地每天都在进行的新产品和新设备投资的典型代表。

或许，本田公司和 AMD 公司决定进行这些投资的原因是它们认为这些工厂的价值会高于其成本。但显然，这带来了一个问题：如果一项投资会在未来 10 年、20 年或更长时间内获得回报的话，那么如何计算这一投资的价值呢？

这就是第 1 部分的议题。为回答这一问题，第 1 章将介绍公司的组织形式以及财务经理在评估投资价值和融资筹款过程中的作用。从第 2 章开始阐述价值理论，到第 7 章末，读者就应该能够进行一些标准的投资决策了，就像本田公司和 AMD 公司面临的决策那样。

第 1 章

财务与财务经理

本书讨论的是公司财务决策问题，因此将首先探讨财务决策是什么？财务决策为什么重要？

公司主要面临两大类财务问题：公司应该进行什么投资？如何支付这些投资的价款？第一个问题涉及的是如何花钱，而第二个问题涉及的是如何筹钱。

财务管理的成功秘诀就是实现价值的增加。说起来非常简单，但是，就像建议股票市场上的投资者"低买高卖"一样，问题是如何实现价值增加。

许多事情都不是读完一本书就能实际操作的，但财务管理例外。这也是为什么财务值得研究的原因。如果一个领域，既不存在让人判断、借鉴经验和发挥创造力的空间，也不存在任何机会，那么谁还愿意涉足这一领域呢？本书虽然也不能提供以上所述的内容，但它确实提供了良好财务决策基于的概念和信息，并向读者详细介绍了财务决策原则和方法的使用。

本章中我们将首先解释公司是什么，并介绍财务经理的职能。我们将对实物资产和金融资产进行区分，对资本投资决策和融资决策进行区分，同时强调国内、国际金融市场对财务经理的重要性。

财务关心的是资金和市场，但也绝不能忽视人的力量。成功的公司经营取决于各方面的共同努力，需要各方面一致的奋斗目标。财务经理必须理解在财务管理过程中可能遇到的经营目标间的矛盾，而当人们掌握的信息不同时，这种矛盾的解决就会更加困难。认识到这一点非常重要，本书自始至终都会对这一点予以特别的关注。本章我们将先从一些定义和示例开始。

1.1 什么是公司

并不是所有的企业都是公司。小型公司可能仅被单一的经营者拥有并进行管理，这样的公司被称为独资企业（sole proprietorships）。其他情况下，可能会有几个人联合拥有一家公司，并对该公司进行管理，这种公司被称为合伙企业（partnership）①。但在本书中，我们主要探讨的是与公司（corporate）理财有关的问题，因此我们必须首先明确：公司（corporation）是什么。

在美国，几乎所有的大型和中型商业企业都是采用公司这种组织形式的。例如，波音公司（Boeing）、美洲银行（Bank of America）、微软（Microsoft）以及通用电气（General Electric）等都是公司。其他的还有英国石油（British Petroleum）、联合利华（Unilever）、雀巢（Nestle）和欧洲的大众（Volkswagen）、日本的索尼（Sony）等等，公司都是被持有公司股票的股东所有。

公司刚刚开始组建时，其所有的股票一般是被人数很少的一群投资者所持有，这些投资者可能是公司经理和一些公司的支持者。这种情况下股票是不公开交易的，因此公司是非公众公司（closely held）。随着公司规模的扩大，需要发行更多的股票来筹集额外的资本，其股票开始进行大量的公开交易，这时候的公司就成了所谓的公众公司（public companies）。美国大部分的知名公司都是公众公司。但在其他的很多国家，大型公司保持非公众化的情况也非常普遍。

要组建公司，企业必须吸引大量的投资者。有的投资者可能仅持有一股价值仅几美元的股票，只享有一票表决权，只能占有很小的利润、获取很少的股利。而有的投资者可能是大型养老金和保险公司，它们可能投入亿万美元，占有数百万的股票，并享有大量的投票表决权，能够分享很高的利润，获取很多的股利。

但是，尽管股东拥有公司，他们并不对其进行管理。通常情况下，他们会投票选举董事会（board of directors），董事会成员有的来自公司管理层，而有的则不在公司任职，担任非执行董事。董事会是股东利益的代表，负责聘任公司管理人员，并承担监督公司经理为股东利益最大化服务的义务。

这种所有权和经营权的分离（separation of ownership and management）保证了公司经营的持续性②，即使经理人辞职、被撤职或更换，公司仍然可以存续，即使公司的现有股东将其持有的全部股份转卖给新的投资者，也不会扰乱公司的正常经营。

与合伙企业和独资企业不同，公司采用的是**有限责任**（limited liability），这就意味着公司的债务责任与股东的个人财产无关。2001 年和 2002 年，当两个迄今为止最大

---

① 很多专业性公司都是合伙企业，如会计师事务所和律师事务所。大部分大型投资银行是从合伙企业开始的，但随着其融资规模的扩大，这种组织形式逐渐难以满足其要求，因此一般会进行公司化。作为最后一家合伙制投资银行的主要投资银行之一，Goldman Sachs，也于 1998 年发行股票，成为一家公众公司。

② 公司的寿命可以是无限的，但法律规定合伙企业的存续期间必须有特定的年限。合伙协议中必须明确规定到期日，或合伙企业延续寿命的条款。独资企业也有终止期，因为业主的生命是有限的。

的破产案发生，即安然公司（Enron）和世通公司（WorldCom）倒闭时，谁也没有要求其股东再投入更多的资金来偿还公司的债务。股东损失了其全部的投资，但仅限于此。

尽管公司由其股东所有，但二者的法律地位是不同的。公司的经营目标、发行的股份数额、董事会人数的设定等等都是由公司章程（articles of incorporation）规定的，公司章程的条款必须符合公司注册所在地的法律法规①。由于很多法律事务的需要，公司被视做注册地的公民。作为"法人"，公司可以借贷资金，具有上诉的权利，也有被起诉的可能，同时还需要缴纳自己的税负。（但公司没有投票表决权！）

由于公司与股东有明显区别，因此它拥有一些合伙企业和独资企业所不具备的权利。例如，它可以通过向投资者出售新股票的方式筹集资金，还可以将这些股票购回。一家公司可以向另一家公司发出接管要约，然后完成两家公司的合并。

组建公司也有一些弊端（disadvantages）。维护公司的法律结构，与股东保持沟通是一件费时的事情，而且成本较高。另外在美国，税收制度也对公司不利。由于公司是独立的法人实体，它必须单独纳税，因此公司要对其利润纳税，而同时股东还要对其从公司获得的股利纳税。在这方面，美国的做法是不太常见的。为了避免双重征税，大多数其他的国家至少会让股东享有公司已缴税款的一定的免税额度。②

1.2 财务经理的职责

要经营一家企业，公司需要有近乎包罗万象的**实物资产**（real assets）。这些资产中有很多是有形的，如机器、厂房、办公室等，有一些是无形的，如专有技术、商标及专利等，而所有这些资产都需要公司付出资金。为了获取必要的资金，公司出售其实物资产及这些资产未来可产生现金的请求权，这些请求权被称为**金融资产**（financial assets）或**证券**（securities）。例如，如果公司从银行借款，银行会得到公司的一份书面承诺，保证其将连本带利地归还资金，因此银行付出现金，换回金融资产。金融资产不仅包括银行贷款，还包括股票、债券以及其他大量的特种证券。

财务经理置身于企业经营与**金融（或资本）市场**（financial (or capital) markets）之间，金融市场中的投资者拥有公司发行的金融资产。③ 财务经理的职责如图1—1所示，该图追溯了现金从投资者流向公司并最终返回到投资者的过程。现金流从公司出售证券进行筹资开始（图中箭头1），这些现金被用于购买公司经营过程中使用的实物资产（箭头2），然后，如果公司经营情况良好的话，那么实物资产创造的现金流入量除偿还原始投资外还会有剩余（箭头3），最后，现金或者被用于再投资（箭头4a），或者被返还给购买了该证券的投资者（箭头4b）。当然，在箭头4a和箭头4b间进行选择

---

① 美国特拉华州具有完善的公司法律体系，而且对公司制非常支持。因此，尽管有很多公司实际上并不是在该州开展业务，但它们却选择在该州注册成立公司。

② 我们将在第13章探讨其他国家的公司税收制度。

③ 我们经常听到财务经理将**金融市场**（financial markets）和**资本市场**（capital markets）这两个概念混用，但严格来讲，资本市场（capital markets）仅指长期融资的市场，短期融资来自于货币市场（money markets）。"短期"指的是少于1年。我们使用的金融市场（financial markets）概念是指所有的融资来源。

也不是完全没有代价的。例如，如果公司在第 1 阶段从银行借入了资金，那么在箭头 4b 阶段它必须偿还银行本金以及利息。

| 图 1—1 | 金融市场与公司经营间现金流动图 |

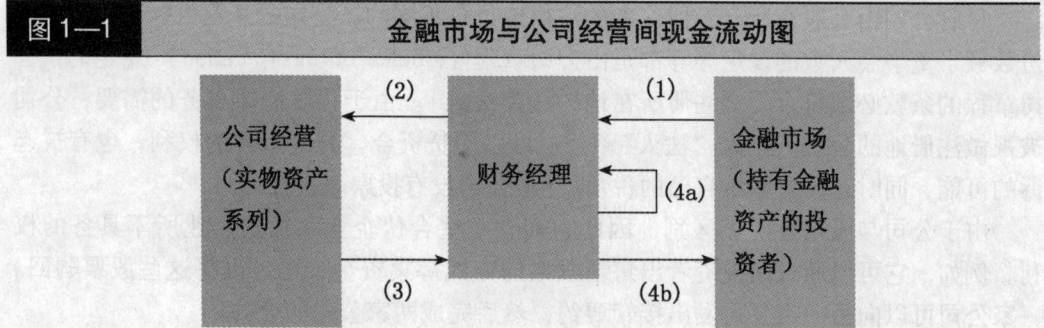

其中：（1）公司向投资者出售证券筹集资金；（2）现金被用于公司经营、购买实物资产；（3）企业经营产生现金；（4a）将现金再投资；（4b）将现金返还给投资者。

这个图示带我们回到了财务经理必须回答的两个基本问题：第一，公司应该投资什么实物资产？第二，公司投资所需的现金应该如何筹集？第一个问题的答案就是公司的**投资决策**（investment decision），或**资本预算决策**（capital budgeting decision）；第二个问题的答案就是公司的**融资决策**（financing decision）。

通常情况下，投资决策和融资决策是分开的，也就是说，要对二者分别进行决策。在确认投资机会或"项目"后，财务经理首先要考察这个项目是否值得为之付出所需要的资金。只有答案是肯定的，他才会考虑为其进行融资。

但投资决策与融资决策的分离并不意味着当分析资本投资项目时财务经理可以无视投资者和金融市场的存在。在下一章中我们就将讲到，公司最基本的财务目标就是要让股东投资的现金价值达到最大化。就图 1—1 来说，要想让股东们愿意为公司提供箭头 1 所示的现金，那么箭头 2 所代表的决策就必须能够产生足够的箭头 3 所示的收益。"足够"就是指项目产生的收益至少要能够等于如果股东在金融市场上进行投资所能得到的收益。如果一家公司的项目产生的收益持续低于足够收益，那么公司的股东就会要求撤出投资，收回现金。

大型公司需要来自五湖四海男男女女的财务经理，他们不仅要决定公司应该投资于何种资产，而且要确定这些资产的地理位置。以雀巢公司为例，它是一家瑞士公司，但其产品只有一少部分出自瑞士，该公司的 484 家分厂位于 87 个国家。因此，雀巢公司的经理就必须懂得如何评价在货币种类不同、利率不同、通货膨胀率不同以及税制不同的国家进行的投资。

公司筹集资金的金融市场也已经全球化。大型公司的股东遍布世界各地，股票在纽约、伦敦、东京和其他金融中心分分秒秒都有交易，债券和银行贷款可以非常容易地跨越国界。因此，需要筹集资金的公司再也不必只能从本地银行取得借款。同时，对于在不同国家进行生产和销售的公司来说，每天的现金管理也变得非常复杂。例如，雀巢公司的财务经理就必须要追踪在 87 个国家中发生的现金收支情况，其复杂程度可想而知。

不可否认，雀巢这样的公司并不多见，但现代公司的财务经理很少能对国际金融问题熟视无睹。因此，本书自始至终都关注世界金融系统的差异，并以全球化的眼光审视公司投融资问题。

　　财务经理并不是在真空中工作。大量的形形色色的金融机构已经成长起来，它们既为公司提供资金，也可以向公司提供其他金融服务。例如，公司可以从银行取得短期贷款，也可以从保险公司获得长期贷款，它既可以向共同基金、养老金或其他投资者发售更多的股份，也可以求助于投资银行，咨询新股发行或请其协助进行兼并谈判等等。公司财务经理必须熟悉这些金融机构受理业务的要求。同样，为了解并最好地满足公司需求，金融机构的经理也必须掌握公司理财的原理。

　　在图1—1中，金融市场仅是公司融资的一个渠道。从广义上来说，我们可以将金融市场当作是在整个经济发展过程中能够把散落在各处的存款转化为具有创造能力的投资的一种机制。但金融市场还有其他的重要功能。

　　金融市场为投资者提供流动性，也就是说，在必要的情况下，投资者为使其投资组合与其个人目标和偏好保持一致而对证券进行交易的能力及灵活性。公司投资的风险和存续期间与股东投资组合的风险和存续期间并不存在必要的联系。在第2章中我们将看到，公司并不需要担心投资的范围和其股东的风险承受能力，它们只需要简单地追求价值最大化的目标即可。

　　金融市场还允许投资者以多样化投资的方式降低风险，并允许其调整不能由多样化投资分散掉的市场风险。但公司不需要进行多样化投资，因为其投资者可以按照自己的意愿选择多样化投资的范围。公司可以利用金融市场来管理风险，例如可以防范可能影响公司经营的特定风险等等。在本书中，我们还要更广泛地探讨有关风险及风险管理的内容，尤其在第8章至第10章。

　　财务经理还将金融市场看做是一种能够提供如利率、原材料价值及公司和证券市场价值等的信息来源。例如，财务经理就可以把其股票价格当成是每月对公司财务业绩的报告。

1.3　谁是财务经理

　　在本书中，我们用财务经理（financial manager）一词来表示所有对重大的投资或融资决策负责的人。只有小型公司中才可能由一个人全权负责本书中讨论的全部决策。大部分情况下，公司的决策都是各司其职的。高层管理者当然会不断遇到财务决策问题，但从事新的产品功能开发的工程师可能也会涉及，因为产品设计决定了公司最终会持有的实物资产种类。负责企业重要营销策划的营销经理也要做出重要的投资决策，其营销战略是一种无形资产投资，这种投资可望在未来的销售和盈利中得到补偿。

　　但是公司中的经理有的是专门负责财务工作的，其职能如图1—2所示。**司库**（**treasurer**）负责管理公司现金，筹集新的资本以及与银行、股东及其他持有公司证券的投资者保持联系，进行沟通。

　　对小公司来说，司库可能是公司唯一的财务经理，而一些大型公司通常还会设有**总会计师**（**controller**），负责编制财务报表、管理公司的内部会计以及履行公司的税收义务。在这里我们可以看到，司库和总会计师的职责是不一样的：司库主要负责筹措并管理公司资本，而总会计师的职责是保证公司资金的有效运用。

图1—2　　　　　　　　　　　大型公司财务经理职责图

首席财务官（CFO）
职责：
　　财务政策
　　公司计划

司库（treasurer）
职责：
　　现金管理
　　筹集资本
　　银行关系

总会计师（controller）
职责：
　　编制财务报表
　　会计
　　税收

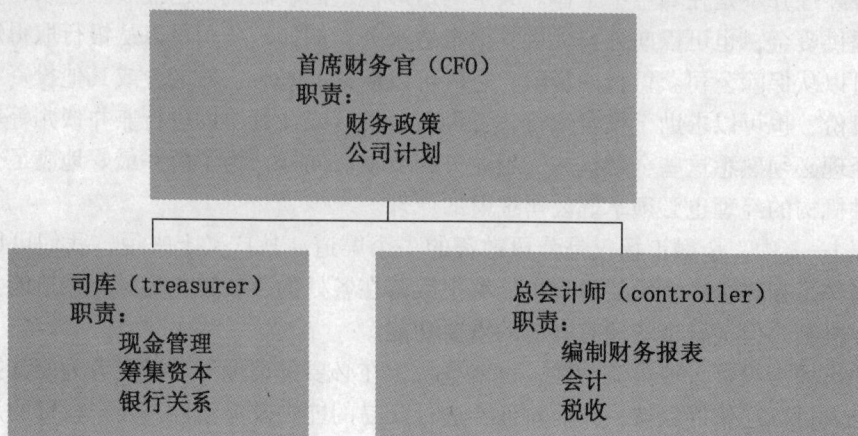

更大的公司往往还会指定**首席财务官**（chief financial officer，CFO）来监管司库和总会计师的工作。CFO一般致力于公司财务政策和公司计划的制订。通常情况下，他除了负责财务问题外还有一般的管理职责，并有可能是董事会成员。

通常对资本预算过程的组织和监督工作是由CFO负责的，但是，重大的资本投资项目往往与产品研发、生产及营销具有紧密的联系，因此这些相关部门的经理也要不可避免地参与到对投资项目的计划和分析中来。如果公司还有专职的计划人员，他们当然也要参与公司的资本预算工作。

由于财务问题的重要性，依照法律规定或习惯做法，很多财务问题的最终决策权往往是在董事会手中。例如，只有董事会具有宣告股利发放或决定向公众公开出售股份的法定权力。董事会通常会将中小规模的投资决策权委托下放，但几乎从不放弃大型项目的审批权。

1.4　所有权与管理权分离

对大型公司来说，所有权和管理权的分离是实务的需要。大多数公司往往拥有成千上万的股东，这些股东不可能都积极地介入公司管理：这就像是要召开一系列的城镇大会，召集全体市民来对纽约城的市政问题进行决策一样，是不可能完成的。公司的经营管理权只能委托给管理者，也就是公司的经理们。

所有权和经营权相分离的好处是显而易见的。它使得公司股份所有权的变更不会影响公司的经营，同时允许公司聘用专业的管理人员。但如果公司经营者和所有者的目标不同，这种分离也会产生问题。不难想象这样的危机情况：如果管理者不为公司股东的利益着想，而是追求更多的闲暇时光、更加奢侈的工作环境，他们就可能做出违背常理的决定，可能浪费股东的钱财去构建自己的华丽帝国。

股东和管理者目标之间的矛盾带来了**委托代理问题**（principal-agent problems）。股东是委托人，经理是代理人。股东希望管理者增加公司的价值，而经理却有自己的追求目标或想要谋取自己的利益。当以下两种情况发生时，就会产生**代理成本**（agency costs），即（1）管理者并没有努力追求公司价值最大化；（2）股东付出成本，以监督管理者，影响管理者行为。当然，如果股东同时也是管理者的话，这些成本就不会发生了，这也是独资企业的一大好处，独资企业中业主和经理之间没有利益冲突。

股东和管理者之间的利益冲突并不是财务经理遇到的唯一的委托代理问题。比如，股东需要激励管理者为股东利益服务，而公司高级管理层也要想方设法调动全体员工的积极性。在这种情况下，公司高层是委托者，而低层管理者和公司员工则是他们的代理人。

代理成本也可能在融资过程中产生。正常情况下，为公司投入了资金的银行和债券持有者会与股东一起，希望公司兴旺发达，但当公司陷入困境时，这种目标上的统一有可能中止。实际上，在这种情况下，当务之急是拯救公司，但债权人更关心的是收回自己的资金，他们不愿意看到公司再冒风险，以免危害自己的贷款安全。当公司有可能破产时，甚至在不同的债权人之间也可能会产生争执，他们会为债务清偿顺序中的优先地位展开争夺。

将公司的全部价值看做是一块馅饼，这块馅饼会有很多的分享者，既包括公司的经营者和股东，也包括公司的员工和为公司提供了债务资金的银行和其他投资者。此外，政府对公司利润征收税负，对公司价值也有要求权。

所有这些关联者是由一份复杂的合同和协议联系在一起的。例如，银行向公司提供贷款时，银行会要求一份标准的合同，标明贷款利率和还款期限，有时还可能对公司的股利发放或追加借款进行控制。但是，标准的合同是不可能列举出未来可能发生的所有事件的。因此，书面合同是不完备的，需要协议及共识来弥补，以帮助协调不同团体的利益。

如果所有人都有相同的信息，委托代理问题就比较容易解决。但在财务问题中，这种情况比较少见。管理者、股东以及债务人对公司实物资产、金融资产的价值信息可能完全不同，也许只有多年以后才会最终披露全部的信息。财务经理必须对这些信息不对称（information asymmetries）具有充分的认识，必须找出方法消除投资者的顾虑，避免其对公司未来前景的过分担心。

下面来看一个例子：假设你是一家公司的财务经理，这是一家新成立的从事医治脚疾药品推销的公司。在产品推介会上，你向潜在的投资者们介绍了药品的临床试验结果，出示了独立的市场调查机构所做的乐观的市场调查报告，报告中显示的丰厚的预测利润足以说明了进一步投资的可行性。但是，潜在的投资者仍然担心你知道的信息要比他们多。那么，你要采取什么行动才能向他们证明你说的都是事实呢？只是简单地重复"相信我"显然不能解决问题。也许你需要对你所提到的项目投入一些自己的资金，才能用"信号（signal）"来维护自己的诚信。事实上，如果投资者看到你和其他的经理都对新公司有很多个人资金的投入，他们就很有可能对你的计划更加放心。因此，"自己投入资金"这样的一个决策本身就向投资者提供了公司前景的真实信息。在后面的章节中，我们将更加仔细地考察公司对由于目标和信息的差异而带来的各种问题的处理。

但人毕竟是人，即使是头脑最冷静的财务经理也有过分自信或过分乐观的时候。在进行预测时，他们有可能过分看重近期的经验；他们可能会想对正处于失败过程中的项目再投入更多的资金等等。因此在本书中，我们有时也会对行为心理学有所涉及，以帮助解释看起来不理性的管理者和投资者行为。

1.5　本书论题

前面我们已经介绍了财务经理面临的两大类决策问题，即公司应该投资何种实物资产以及如何为之筹措资金。因此，投资决策一般是排在融资决策之前的，本书的内容也是按此顺序安排。本书第一部分至第三部分几乎都是在讨论投资决策的各方面内容。首先是讨论如何对公司的实物资产和金融资产进行估价，接下来阐述风险和价值之间的关系，最后介绍资本投资过程的管理。

第四部分至第六部分涉及的是融资决策。首先就是一个非常重要的问题：财务经理能够假设市场将对公司证券进行公正地估价吗？有大量的证据表明证券的估价是公正的，但我们还是会遇到异常现象。第五部分集中探讨两个基本的融资决策：公司应该向股东派发多少股利？公司应该借多少资金？第六部分我们将更加深入探讨期权及其估价的问题。期权往往钉住一种公司发行的证券，也常蕴含于公司拥有的实物资产之中。

第七部分讨论财务计划和短期财务管理，其内容涵盖一些实务问题，如公司的短期和长期预测、短期资金的筹措和投资渠道以及公司多余现金的可能用途等。

本章小结

第 2 章我们将开始介绍资产估价的最基本的概念，这里，我们还是先对作为引言的这一章进行要点归纳。

一般情况下，大型企业的组织形式都是采用公司制。公司有三个主要特征：第一，法律上公司与业主分离，必须各自缴纳相应的税负；第二，公司承担有限责任，这意味着股东作为公司的所有者，无须对公司的债务负责；第三，公司的所有者通常并不是公司的管理者。

总体来说，财务经理的职责可以归结为以下两点：（1）投资决策，即资本预算决策；（2）融资决策。换句话说，公司必须对以下两点作出决策：（1）公司应该购买何种实物资产；（2）如何筹措所需资金。

小型公司往往只有一个财务经理，即司库，而大多数公司都是既有司库，又有总会计师。司库的职责是为公司筹措和管理资金，总会计师的职责是保证资金的正确运用。大公司中还会设置首席财务官，即 CFO。

股东希望管理者增加公司股票的价值，而管理者可能会有不同的目标。这种利益上的潜在冲突就是所谓的委托代理问题，由此带来的任何价值损失就是所谓的代理成本。当然，公司中还会有其他的利益冲突。例如，股东的利益有时就和公司的银行及其他债券持有人的利益发生矛盾。如果代理人比委托人有更多或更好的信息，这种利益冲突及其他代理问题就会更加复杂。

财务经理是在世界大舞台上起舞，因此必须知道国际金融市场的运作，清楚如何对海外投资项目进行评估。在以后的章节里，我们将从多个方面讨论国际公司理财的问题。

财务经理每天都会阅读《华尔街日报》(The Wall Street Journal，WSJ) 或《金融时报》(The Financial Times，FT) ，甚至两者都要阅读，读者也应如此。《金融时报》是英国出版的报纸，但同时也出版北美版和亚洲版，《华尔街日报》也有欧洲版和亚洲版。《纽约时报》(The New York Times) 及少数大城市的报纸也有很好的商务和金融版，但它们都无法替代《华尔街日报》和《金融时报》。事实上，除了地方新闻，大多数美国日报中的商务和金融版面对财务经理几乎都毫无价值。

《经济学家》(The Economist)、《商业周刊》(Business Week)、《福布斯》(Forbes) 和《财富》(Fortune) 都有有用的金融栏目。此外，还有其他一些财务金融方面的专业杂志，如《欧洲货币》(Euromoney)、《公司理财》(Corporate Finance)、《公司理财应用杂志》(Journal of Applied Corporate Finance)、《风险》(Risk)、《CFO专刊》(CFO Magazine) 等。上面所列还不包括研究杂志，如《金融杂志》(Journal of Finance)、《金融经济学杂志》(Journal of Financial Economics)、《金融研究评论》(Review of Financial Studies) 以及《财务管理》(Financial Management) 。在以后的章节中，我们将特别给出相关的研究文献，以及针对特定实务应用的参考书和文章。

概念复习题

完整的本章概念复习题，请登录网站 www.mhhe.com/bma1e。

1. 有限责任是什么意思？公司承担的是有限责任吗？独资公司呢？

2. 在美国，以公司形式进行经营有一个很重要的税收缺陷，这个缺陷是什么？

3. 公司对实物资产进行投资，以出售金融资产的方式为其融资。试对每种情况给出一些例子。

练习题

1. 从题后所列词汇中选择适当的名词，填入下文的空格中："公司通常会购置___(1)___资产，其中既包括诸如___(2)___的有形资产，也包括诸如___(3)___的无形资产。为支付这些资产的费用，公司必须出售___(4)___资产，如___(5)___。购置何种资产的决策通常被称为___(6)___决策或___(7)___决策；如何筹集资金的决策通常被称为___(8)___决策。"（融资、实物、债券、投资、公务飞机、金融、资本预算、品牌名称）

2. 术语测试。解释下列各术语的区别：

(1) 实物资产和金融资产

(2) 资本预算和融资决策

(3) 非公众公司和公众公司

(4) 有限责任和无限责任

(5) 公司和合伙企业

3. 下列哪些是实物资产？哪些是金融资产？

(1) 股票

（2）个人借据

（3）商标

（4）厂房

（5）未开发土地

（6）公司支票账户余额

（7）经验丰富、工作勤奋的销售人员队伍

（8）公司债券

4. 公司这种组织形式有什么主要弊端？

5. 下列说法中，哪些更准确地概括了司库而不是总会计师的职责？

（1）可能是小型公司里唯一的财务经理

（2）控制资本支出，保证其不被滥用

（3）负责公司闲置现金的投资

（4）负责普通股发行的安排工作

（5）负责公司的纳税事务

6. 下列说法中哪些适用于公司制？

（1）无限责任

（2）有限的存续期间

（3）可以在不影响经营的情况下转换所有权

（4）可以在不影响所有权的情况下解聘经理

（5）股份必须被广泛地交易

7. 在大多数大型公司中，所有权和经营权都是分离的。这种分离有何重大意义？

第2章

现值、公司目标与
公司监管

公司投资的实物资产多种多样，既有如厂房和机器等的有形资产，也有如专利及员工培训等无形资产。投资决策或者说资本预算决策的目标就是要选取价值高于成本的实物资产。本章中我们将在理解资产估价的道路上迈出最基本的第一步。

不难评估价值的资产也有，但非常少。例如对房地产，你可以聘请一位专业的评估师来帮你进行估价。假设你有一处仓库，可能你的评估师评估得出的估价与其最终的售价相差不过几个百分点。[①] 毕竟房地产市场交易不断，而评估师了解类似房产近期的成交价格，这种知识才是其执业的资本。因此，如果存在一个各种房产买进卖出的发达的交易市场，那么房地产的估价问题就能够简化。在很多情况下，我们并不需要严格的定价理论，而只需盯住市场即可。

但我们不能就此止步。首先，了解市场运行过程中资产价格的形成机制非常重要。即使你可以接受评估师的估价，你仍然要知道这处仓库的价值为什么是比如200万美元，而不是更高或更低。其次，大多数公司资产的交易市场都比较暗淡。翻翻《华尔街日报》的分类广告就会看到，基本上很难找到鼓风炉的销售信息。

公司总是在寻找对自己比对别人更有价值的资产。如果比起别人，你能够更好地管理那处仓库，那么这仓库对你的价值就更高。但在这种情况下，考察同类地产的价格并不能给你提供在你管理下的这一仓库的价值信息，你还需要了解资产的价值是如何确定的。也就是说，你需要掌握定价理论。

---

① 毋庸置疑，也有评估师认为根本不可能对其进行估价的财产。例如，没有人知道泰姬陵、帕台农神庙或温莎城堡的潜在价值会是多少。

本章就从这一定价理论开始，我们首先给出一个非常简单的定量化的例子：如果兴建一座办公大楼，明年可望销售获利，今天你是否应该进行这项投资？如果该项目的净现值是正的，也就是新办公大楼的当前价值超过其所需的投资额，那么你就可以进行投资。正的净现值意味着此投资的收益率要高于其资本的机会成本。

本章首先要做的就是定义并解释净现值、收益率及资本机会成本的概念，然后解释为什么财务经理要追求正净现值的投资项目。这里我们就要涉及公司理财的基本目标了：公司股份当前市场价值最大化。我们还会解释为什么所有的股东都支持这一目标，以及为什么这一目标要比诸如"利润最大化"的目标更合理。

最后将转向管理者目标，我们将讨论一些有利于统一管理者和股东利益的机制安排，并探讨竭力增加股东价值是否必须损害员工、顾客乃至整个社会的利益。

在本章中，为了使基本概念清晰明确，我们将只关注最简单的定量化的例子，追求难度的读者将在稍后的章节中满足自己的好胜猎奇心。

2.1 现值概述

如果你发现一个投资机会，该怎样判断它是否值得呢？假设你看到一块可以用50 000美元买进的空地，你的房地产顾问认为1年后将会出现办公用房短缺，一幢办公大楼将可以换回420 000美元。为简单起见，我们假定这420 000美元是肯定能够实现的。买地和建房的总成本为370 000美元，也就是说，你现在投资370 000美元，那么1年后就能够得到420 000美元。如果420 000美元的**现值**（present value，PV）高于投入的370 000美元，你就应该进行这项投资。因此，现在面临的问题就是，1年后可以收到的420 000美元，其现在的价值是多少？这个现值高于370 000美元吗？

2.1.1 计算终值和现值

财务学的一个基本原则就是：今天的1美元比明天的1美元值钱，因为今天的1美元可以用来投资，立即就可以带来利息收入。财务经理把这叫做货币的时间价值（time value of money）。假设美国政府债券的年利率为5%，如果你以5%的利率投资400 000美元，1年后就将获得400 000 × 1.05 = 420 000美元。今天的400 000美元的**终值**（future value，FV）就是1年后的1.05 × 400 000 = 420 000美元。

在开始所列举的示例中，我们是已知终值的（办公大楼将价值420 000美元），我们需要知道的是未来收入的现值。还是要考虑货币的时间价值。因为今天手里的1美元到下一年将价值更高，下一年的1美元就肯定会比今天的1美元价值要低。因此，明年的420 000美元在今天的价值就肯定低于420 000美元，但到底是多少呢？答案是400 000美元，因为投资者今天投入400 000美元，在获取5%利息的情况下，到明年就能够得到420 000美元。

现值的计算是非常简单的，只要进行终值计算的逆运算即可。如果利率为5%，则一年后420 000美元的现值就应该是420 000/1.05 = 400 000美元。为计算现值，可以用未来的现金流量除以1.05，或者乘以1/1.05。这个乘数（本例题中的1/1.05）叫做**折现系数**（discount factor）。一般情况下，如果用C_1表示时点1（1年后）的期望收入，则：

现值（PV）= 折现系数 × C_1

这里的折现系数是未来收到的 1 美元的当前价值，通常将其表示为（1 + 收益率）的倒数：

$$折现系数 = \frac{1}{1 + r}$$

其中，收益率 r 是投资者接受延期收入所要求的补偿。

为计算现值，我们在资本市场寻找等价的投资对象，将项目的期望收入以此投资对象的收益率进行折现，这样的收益率通常被称为**折现率**（discount rate）、**利率下限**（hurdle rate）或**资本机会成本**（opportunity cost of capital）。之所以称之为机会成本，是因为它是一种丧失的收益，因为对此项目进行了投资，就不可能再对证券进行投资，也就丧失了证券投资的收益。在以上的例子中，机会成本是 5%，用 420 000 美元除以 1.05 就可以得到现值：

$$PV = 折现系数 \times C_1 = \frac{1}{1 + r} \times C_1 = \frac{420\ 000}{1.05} = 400\ 000（美元）$$

假设你买进土地后刚开始进行大楼的施工就想把这个项目卖出去，你能卖多少钱呢？这个问题非常简单。由于 1 年后这座房产将值 420 000 美元，因此投资者今天愿意支付的价格为 400 000 美元，这也是如果他们投资于政府证券能够获得 420 000 美元所需的投资额。当然，你可以以稍低的价格出售你的房产，但是为什么要以低于市场所能接受的价格出售呢？400 000 美元的现值是唯一能使买方卖方双方都满意的价格，因此房产的现值也就是它的市场价值。

2.1.2 净现值

办公大楼的现值为 400 000 美元，但这并不意味着你得到了这 400 000 美元的收益，因为你还投入了 370 000 美元，所以你的**净现值**（net present value，NPV）只有 30 000 美元。净现值是减掉必要投资后得到的：

$$NPV = PV - 必要投资 = 400\ 000 - 370\ 000 = 30\ 000（美元）$$

换句话说，就是你的办公大楼价值高于其成本，它使你的财富实现了净增长。净现值的计算公式可以表示为：

$$NPV = C_0 + \frac{C_1}{1 + r}$$

注意，时点 0（也就是现在）的现金流量 C_0 通常是一个负值。换句话说，C_0 是投资额，因此是现金流出量。本例中，$C_0 = -370\ 000$ 美元。

2.1.3 风险与现值

在以上办公大楼开发的例子中，我们做了一个不切合实际的假设：你的房地产顾问不可能保证办公大楼的未来价值。420 000 美元是最好的预测结果，但并不是肯定会发生的。

如果大楼的未来价值有风险，我们上面计算的净现值就是不准确的。既然投资者购买 400 000 美元的美国政府证券将来肯定能得到 420 000 美元，他们就不会愿意对你的办公大楼花费同样的金钱。为吸引投资者，你不得不降低要价。

这里我们将引出财务学的第二条基本原则：没有风险的 1 美元比有风险的 1 美元要值钱。在不牺牲收益的情况下，大部分投资者都会尽可能地避免风险。但是，现值和资本的机会成本概念对有风险的投资仍然是适用的，用等价的投资项目收益率对投资收入进行折现也依然合理，只是我们必须要考虑投资的期望收入和其他投资的期望收益率①。

并非所有的投资项目风险都是相同的。办公大楼开发项目的风险比政府证券的风险要高，但要低于刚刚开始创业的生物技术投资项目。假设你认为该大楼项目的风险与在股票市场上的投资风险相当，而股票市场投资的预期收益率为12%，那么这12%就是成本资本的机会成本，也就是你未能投资风险相当的证券所放弃的收益。重新计算净现值，可以得到：

$$PV = \frac{420\ 000}{1.\ 12} = 375\ 000 \text{（美元）}$$

$$NPV = PV - 370\ 000 = 5\ 000 \text{（美元）}$$

这里，办公大楼依然能够带来价值的增长，但财富增长净额明显低于先前的数值，而在先前的计算中，我们假设办公大楼的终值是无风险的。

因此，办公大楼的价值不仅与现金流的发生时间有关，而且与其不确定程度有关。如果420 000美元的收入能够立刻得到，那么它的价值就正好是这个价值；如果办公大楼与无风险的政府证券相当，则延期1年将使价值降低20 000美元，达到400 000美元；而如果办公大楼有风险，且其风险与股票市场投资的风险相同，则不确定性将使其价值进一步减少25 000美元，达到375 000美元。

如果其他的投资者认可你做出的420 000美元收入及你对风险的估计，那么只要办公大楼开工它就会值375 000美元。如果你想以更高的价格出售这一办公大楼，估计不会有买者，因为接受更高的售价就意味着这一大楼提供的预期收益率要比股票市场上投资可得的12%的收益率要低。因此，办公大楼的现值实际上就是它的市场价值。

但遗憾的是，根据时间和风险对资产价值进行调整并不像以上例题中那样简单，而是困难得多。因此，对这两个因素的影响必须进行分别处理。在本书第2章至第7章的内容中，大多数时候我们都将避开风险问题，或是将现金流量看做是确定的已知量，或是设定期望现金流量和期望收益率，而不考虑风险的定义及衡量。到第8章，我们将转向风险问题，具体探讨金融市场对风险的处理。

2.1.4　现值与收益率

以上我们已经确定了建造办公大楼是一个明智之举，因为其项目价值高于成本——项目具有正的净现值，能够为你创造更多的财富。为计算项目价值，我们首先考察了为获得同样收入而直接投资于证券的具体投资额。项目的现值就应该等于其未来收入按相应的证券投资提供的收益率折现后的价值。

我们可以用另一种方式来解释决策法则：这一房地产值得投资的原因是其收益率超过其资本成本。该办公大楼的投资收益率就等于利润占原始投资的比重：

$$\text{收益率}^* = \frac{\text{利润}}{\text{投资}} = \frac{420\ 000 \text{ 美元} - 370\ 000 \text{ 美元}}{370\ 000 \text{ 美元}} = 0.135 \text{ 或 } 13.5\%$$

---

① 我们将在第10章更详细地对"期望"进行定义，这里仅把期望收益看做是既不过分乐观，也不过分悲观的实际预测水平。就平均意义上来说，期望收益的预测值一般都是正确的。

* 原文中仅采用的是"return（收益）"的概念，但在公司理财中，通常也代指"收益率（return rate）"。本书中的"收益"、"期望收益"等一般也是"收益率"、"期望收益率"的意思。——译者注

资本成本还是由于不能进行证券投资而丧失的收益。如果这项办公大楼的投资风险与在股票市场上进行的投资风险相当，则丧失的收益率就是 12%。由于 13.5% 的收益率大于 12% 的机会成本，因此可以进行这个项目的投资。

于是我们可以归纳出以下两条资本投资的决策法则：[1]

（1）净现值法则。接受具有正的净现值的投资项目。

（2）收益率法则。接受提供的收益率高于资本机会成本的投资项目。[2]

2.1.5 资本机会成本

资本机会成本这一概念非常重要，因此在这里要给出另外一个例子。假如你有这样的机会：现在投资 100 000 美元，依据年末经济情况的不同，你可能会有如下收入：

衰退	一般	繁荣
80 000 美元	110 000 美元	140 000 美元

由于这三种经济情况发生的概率都是 1/3，因此预期收入为：

$$C_1 = \left(\frac{1}{3}\right)(80\,000 + 110\,000 + 140\,000) = 110\,000 \text{（美元）}$$

这代表了在 100 000 美元上的 10% 的预期收益率。但正确的折现率是多少呢？

首先要寻找与该投资项目风险相当的普通股股票。假设股票 X 正好满足这一要求。在经济情况一般的条件下，下一年股票 X 的价格预计为 110 美元。在衰退期和繁荣期，股票价格可能也会有所降低和升高，但变化幅度基本和你的投资项目保持一致（衰退时为 80 美元，繁荣时为 140 美元）。因此你确定，股票 X 的风险与你的投资项目风险是相同的。

股票 X 的目前价格是 95.65 美元，它提供的预期收益率为 15%：

$$\text{预期收益率} = \frac{\text{预期利润}}{\text{投资}} = \frac{110 - 95.65}{95.65} = 0.15 \text{ 或 } 15\%$$

这个收益率就是由于你进行了项目投资而不能进行股票市场投资所必须放弃的预期收益率。也就是说，这就是该项目的资本机会成本。

要对项目进行估价，可以以资本机会成本为折现率对预期现金流量进行折现：

$$PV = \frac{110\,000}{1.15} = 95\,650 \text{（美元）}$$

这一金额也是要想得到 110 000 美元的预期现金流量，投资者必须在股票市场上进行投资的数额（他们可以购买 1 000 股股票 X）。因此，这也是投资者需要为你的投资项目准备的投资金额。

要计算净现值，应该减掉原始投资：

---

[1] 实际上你可以自己验证一下，这两个法则是等价的。换句话说，就是如果 50 000 美元/370 000 美元的收益率大于 r，则 -370 000 美元 +420 000 美元/（1+r）的净现值必然大于 0。

[2] 当现金流量超过两个时点以上时，这两个法则可能产生矛盾。第 6 章将进一步探讨这一问题。

$$\text{NPV} = 95\ 650 - 100\ 000 = -4\ 350 \ （美元）$$

这个项目的价值比其成本少 4 350 美元，因此不应该进行这项投资。与在股票市场上进行投资相比，这个项目不仅不能为你创造额外的价值，而且会损失你原有的价值，使你的境况更加恶化。

要注意，这里得到的结论与使用项目预期收益率和资本成本比较的结果是一致的：

$$项目预期收益率 = \frac{预期利润}{投资} = \frac{110\ 000 - 100\ 000}{100\ 000} = 0.10 \ 或 \ 10\%$$

该项目 10% 的收益率小于如果对股票 X 进行投资可能得到的 15% 的收益率，因此该项目不值得进行投资。

当然，在现实生活中，我们不可能仅把未来的经济情况限定在"衰退"、"一般"以及"繁荣"三种。而且，这里我们还假设 1 000 股 X 股票的收入正好和项目投资的收入相等，这样也使例子更加简化了。但这一例题的关键点还是符合现实生活的。需要记住的是：项目投资的资本机会成本就是投资者在与项目投资风险相当情况下进行股票投资或其他证券投资所要求的收益率。当按资本机会成本对项目预期现金流量进行折现时，其现值就是投资者愿意为该项目投入的金额。只要你发现并投资了具有正 NPV 的项目（现值大于原始投资的项目），你的价值就会增加。

2.1.6 一个容易出错的地方

这里有一个容易出错的地方。假设一家银行给你提供信息说："你们公司经营状况良好，债务少，比较安全，因此，我们银行愿意为你提供该项目所需的 100 000 美元，利率定为 8%。"那么这是否意味着项目的资本机会成本就是 8% 呢？如果是的话，那这个项目就是值得进行的。按 8% 的资本机会成本，项目的 PV 应该等于 110 000/1.08 = 101 852 美元，其 NPV = 101 852 − 100 000 = +1 852 美元。

但这样计算是错误的。首先，贷款的利率与项目风险是无关的，它反映的只是你当前公司的健康状况。其次，无论你是否接受贷款，你仍将面临以下两种选择，即能够提供 10% 期望收益率的项目还是具有相同风险的期望收益率为 15% 的股票。如果公司或股东能够以 8% 的利率借款然后购买相同风险但能够提供 15% 收益率的资产，那么财务经理以 8% 的利率借款但仅投资于收益率为 10% 的项目就是不明智，甚至是愚蠢的。这就是为什么股票 15% 的预期收益率是该项目资本机会成本的原因。

2.2 净现值法则的基础

净现值法则看起来非常合理，你可以根据这一法则决定是否购买那块空地，并建造办公大楼。但这一法则是否适用于所有的投资呢？考虑另一种情况。假设另一个投资者目前缺少现金，并且非常厌恶风险，她真的会愿意现在立刻拿出 370 000 美元去交换一个预计明年才能获得的 420 000 美元吗？或者假设你是一家大型公司的 CFO，该公司有大量的股东，且股东年龄、拥有的财富以及对风险的态度都不相同。那么这些股东都能同意进行新的投资吗？

上班第一天 你刚刚被聘为埃克森—美孚公司（ExxonMobil）股东关系部的职员，上班第一天正赶上公司召开年度股东大会，你被安排列席会议。会议议程本身不过就是例行公事，但你注意到公司 CEO 非常认真地解释了埃克森—美孚公司的资本投资计划。

对此你非常理解，毕竟这是一笔年投入超过150亿美元的资本投资项目，应该进行更多的说明。

正式会议结束后，你与股东们一起来到咖啡间。无意中你听到了在一位显然已经退休的老妇人和一位热心的年轻人之间进行的极其热烈的观点交流：

退休的老妇人：公司一直在花钱开发新油田，他们为什么要买俄罗斯 Sakhalin 项目30%的份额啊？这要花费120亿美元去开发，而且几十年也不会有什么收益。让其他人到俄罗斯去找油好了，我们公司应该多发些股利，我也就可以多用点儿股利了。美元在贬值，我可在等钱支付每年去 Tuscany 的旅游费呢！

热心的年轻人：我女儿米歇尔刚刚出生，要不要看看她的照片？肯定想看对不对？别急，我只带了十来张。我就是为她买的埃克森—美孚的股票。她现在要的是尿布，而不是股利。我们公司应该进行长期投资，在俄罗斯产出的石油可以用来支付她上大学的开支。

你很想加入他们的讨论，但又有些犹豫。是啊，该说点儿什么呢？埃克森—美孚公司的股东成千上万，他们只是其中的两个而已，而这两个股东的意见就已经不一致了。那么，新油田的开发是不是就对小米歇尔有利，而对已经退休的环游世界者就不利呢？其他股东又是什么情况呢？有的可能是支持长期投资，但极其厌恶风险。那么，这些厌恶风险的长期投资者是否认可米歇尔父亲的观点，认为埃克森—美孚公司对俄罗斯东部的境外油田投资是一种明智之举呢？

所有这些问题的答案都是肯定的，只要埃克森—美孚公司进行的投资项目都具有正的净现值，公司的所有股东都能够平等地进入金融市场，公司股东就都能认可公司的投资计划。下面我们就来说明这一原理。

2.2.1 资本市场如何调节对当前消费与未来消费的偏好

不妨估计一下自己未来工作的收入流量，除非你有办法储存或提前支用你的收入，否则你只能在款到的时候才能消费。如果只有到晚年你才能有大量的收入，那你就只能是现在饥肠辘辘，将来暴饮暴食。但资本市场就可以解决这些问题，它使人们能够在当前收入和未来收入之间转换，可以在今天花未来的钱，也可以在未来才花费当前的收入，这样就使得无论收入流量的结构如何，你都总能够在今天或在未来进行适当的消费。

假设你有一笔整整370 000美元的备用现金，你可以现在就将其全部消费掉，也可以把这些现金进行投资，获取5%的利息，这样到下一年你就可以消费1.05×370 000 =388 500美元。你还可以拆开使用，现在消费185 000美元，并将剩下的185 000美元进行投资，获利5%，这样下一年的消费金额就会是1.05×185 000 =194 250美元。另外还有很多其他的拆分方法，形成不同的当前与未来的消费安排，这些不同安排的全部可能结果如图2—1的实线所示，该线的斜率取决于5%的利率水平。

| 图2—1 | 对办公大楼项目投资 370 000 美元的结果图 |

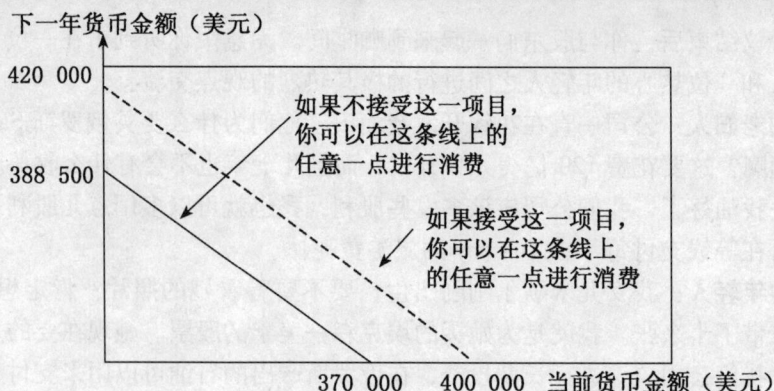

下一年货币金额（美元）

420 000 ·········

388 500

如果不接受这一项目，
你可以在这条线上的
任意一点进行消费

如果接受这一项目，
你可以在这条线上
的任意一点进行消费

370 000   400 000   当前货币金额（美元）

注：该项目30 000美元的正净现值增大了消费机会。接受这一项目，你的消费时间模式将如外侧的虚线所示，其起点为项目的现值400 000美元。无论你偏好于哪种消费计划，接受项目都会使你拥有更多的财富。

假设现在你还有一个投资机会，可以将此备用现金投资与开发前面介绍过的办公大楼，这样做肯定能在下一年为你带来420 000美元，但这并不意味着现在你就一点儿不能消费。你可以借入未来的收入。因为利率为5%，你可以借款并进行消费的数额为420 000美元/1.05＝400 000美元。改变这一借款数额就可以获得当年和下一年消费状况的各种不同组合，所有可能的结果如图2—1中的虚线所示。无论你的偏好如何，投资办公大楼都显然能够使你的财富增加，基建投资增加了价值，增加了你的财富，它使你的消费曲线由图2—1中的实线提升到了虚线。这就是净现值法则发挥作用的根源，只要你接受正净现值的投资项目，你就会拥有更多的财富，可以用于当前及未来的消费。①

现在你就明白了为什么一个规范有效的资本市场可以使消费需求的时间结构不同的投资者能够对是否进行项目投资达成共识。假设有两个偏好完全不同的投资者，投资者A是蜜蜂型，他希望为未来储蓄；投资者G是蚂蚱型，他不惜花光现在拥有的所有财富，只求今朝买醉，全然不顾将来。现在假设他们都面临一个机会，可以对办公大楼投资185 000美元，可以获得50%的大楼份额。

从图2—2中可以看出，A显然会欣然接受对办公大楼的投资。如果他对此大楼投资，到年末，他可以消费0.5×420 000＝210 000美元，但如果他将185 000美元投资

① 个人的当前消费与未来消费选择的精确均衡取决于个人的偏好。熟悉经济理论的读者知道个人的选择可以通过在图2—1中加入无差异曲线来表示，个人对当前消费和未来消费偏好的组合位于利率线和个人的无差异曲线的切点。换句话说，每个理性的经济人都将借入或贷出资金，直到1加上利率的和与时间偏好的边际替代率（即无差异曲线的斜率）相等为止。对投资与当前及未来的消费选择更多规范的图形分析，请参见 Brealey-Myers-Allen 的主页 www.mhhe.com/bma1e。

到资本市场，他将只能消费 $1.05 \times 185\ 000 = 194\ 250$ 美元。①

图2—2　　　　　　　　蜜蜂型消费者和蚂蚱型消费者的不同选择

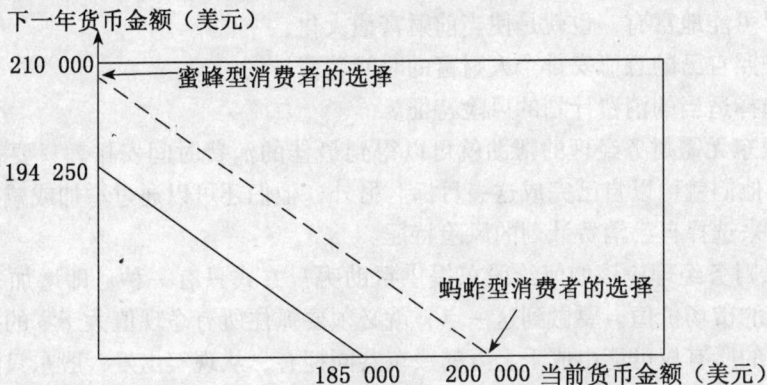

注：蜜蜂型消费者和蚂蚱型消费者均可获得大楼项目的一半股份，投资该项目均可增加 15 000 美元的财富。蚂蚱型消费者会选择立即消费，而蜜蜂型消费者会选择延后到下一年再进行消费。

但是，现在就想拿到钱的 G 又该如何行动呢？他同样会愿意接受投资，因为他可以以投资项目的未来收入为基础借款。从图 2—2 中可以看出，投资将使他今天可以多消费 15 000 美元（210 000/1.05 ＝200 000（美元））。

上面的例子中，A 和 G 都同意兴建新的办公大楼，其关键条件就在于他们都可以在一个规范有效、自由竞争的资本市场中进行交易，都可以以同样的利率借入或贷出资金。公司利用资本市场的收益率对现金流量进行贴现实际上就是基于这样的假设，即股东能够自由平等地在竞争的资本市场中进行交易。

非常容易理解，如果我们没有这样一个规范有效的资本市场，净现值法则就难以继续成立。例如，假设投资者 G 不能以未来收入为基础借款，此时他就可能完全倾向于消费其手头的资金，而不是将之投资于办公大楼。如果投资者 A 和 G 都是同一公司的股东，那么他们之间这种目标的不同就难以得到协调平衡。

没有人会相信资本市场是绝对完善的，在本书的以后章节中，我们将讨论在财务决策中如何考虑税收、交易成本以及资本市场的其他不完善表现对财务决策的影响。但是研究成果表明，一般来说资本市场都是规范有效的。实际上，这也正是我们以净现值作为公司经营目标的一个极好的理由。另外还有一个充分的理由，就是净现值符合常理，我们可以看到，与其主要竞争对象相比，净现值给出显然荒谬答案的情况比较少。尽管我们已经看到了资本市场不够完善的一个方面，但现在还是想象自己是艘沉船上的经济学家，就假设我们已经穿好了救生衣，还是向着安全的彼岸奋力劈波斩浪吧！

2.2.2　一个基本结果

上述讨论说明了净现值法则对两时点投资消费及确定现金流情况的合理性。实际

---

① 如果 A 手头没有用于投资的 185 000 美元，他应该借入这笔资金。到年末，他就可以利用自己在大楼中的股份收入偿还贷款，这仍可以使他多消费 210 000 － 194 250 ＝15 750 美元。同样，G 也应该以 5% 的利率借款，然后对该大楼进行投资，他将获得 13.5% 的收益。

上，对于拓展到任一时刻的不确定的现金流，净现值法则都是成立的，具体论证如下：

1. 财务经理应该为公司的所有者，也就是股东服务，而股东的要求不外乎以下三种：

（1）尽可能地富有，也就是使当前财富最大化；

（2）按照自己的意愿安排个人财富的时间消费计划；

（3）选择适当的消费计划的风险特征。

2. 但股东无需财务经理的帮助就可以得到最佳的消费时间安排。只要存在竞争的资本市场，他们就可以自己完成这一目标。另外，他们还可以通过增加或减少对有风险证券的投资来选择自己消费计划的风险特征。

3. 那么财务经理应该如何给股东提供帮助呢？方式只有一种，即增加每个股东所持公司股份的市场价值。要做到这一点，就必须要抓住所有净现值大于零的投资机会。

大公司的所有权可能由成千上万的股东共同拥有，从现实出发，股东只能将公司投资的控制权托付给代理人。但这并不是问题，我们知道如果存在规范有效的资本市场，股东都会同意这样的观点，即经理人应该只选择具有正的净现值的项目，这样才能使股东财富达到最大。股东们不需要干涉公司的日常经营决策，他们所要做的就是保证公司聘用胜任的经理人，正确地激励他们去选择具有正净现值的项目。经理们也无需知道每个股东的偏好，他们只需遵循一条简单的法则，即使净现值最大化。

在有些国家，资本市场运作得不够理想，有着不同时间偏好、不同风险好恶的股东们对公司投资的选择意见可能难以统一。这将降低股权分散公司股票的市场需求。这些国家往往拥有更多的家族企业和国有企业，控制权和财富都将更加集中。例如，在印度尼西亚、菲律宾和泰国，最大的 10 个家族控制了一半的公司资产。①

2.2.3　其他公司目标

有时我们也会听到公司经理们提到公司的其他目标。例如，他们会说他们的工作就是要使公司利润最大化。这种说法听起来也很有道理，毕竟哪有股东不希望拥有一个盈利的公司而想要一个亏损的公司呢？但是严格来说，以利润最大化作为公司的目标并不合理，原因有以下三个方面：

1. 利润最大化？哪一年的利润？股东不一定愿意让经理增加下一年的利润却牺牲那之后各年的利润。

2. 公司可以通过削减股利支出和增加现金投入来增加未来利润，但如果公司的投资收益较低，反而会有损股东的利益。

3. 不同的会计制度对利润的计算不同。因此，我们会遇到这样的情况：一个会计师眼里会增加利润的决策在另一个会计师看来却是降低利润的。

与利润最大化不同，净现值法则考虑了货币的时间价值，兼顾了项目收益率与资本机会成本的不同。另外，它只注重现金流，因此不会受到会计利润上的歧义影响。

---

① 参见 S. Claessens, S. Djankov, and L. H. P. Lang, "The Separation of Ownership and Control in East Asian Corporations," Journal of Financial Economics 58 (2000), pp. 81 – 112, and R. La Porta, F. Lopez – de – Silanes, and A. Shleifer, "Corporate Ownership Around the World," Journal of Finance 59 (April 1999), pp. 30 – 45。

前面我们解释了经理可以通过对具有正净现值的项目进行投资的方法为股东利益服务，但这又使我们回到了第 1 章谈到的委托代理问题。股东（委托人）如何保证管理者（代理人）不会只考虑自己的利益呢？股东不可能整天盯着经理，看他们是在为股东利益服务还是在试图提高经理人自己的利益，但是，良好的公司监管系统有助于保证经理们能在心中始终记挂着股东的口袋。

公司的董事是由股东推选的，应该代表股东的利益，但他们往往总是支持现任管理者，以至于有时会被看成是被动的傀儡。但是，一旦公司的业绩开始下滑，而经理们又拿不出有效的复兴计划时，董事会就要发挥作用了。近年来，Airbus、Aon、Deutsche Telecom、Dow Jones、Home Depot、Pfizer、Sun Microsystems 及 Volkswagen 等大牌公司的总裁由于公司盈利情况恶化而纷纷落马，急需新的经营战略已经显而易见了。

如果股东认为公司表现不佳，而董事会却未能有效督促经理们做好工作，在下次选举时，他们就会尝试选举自己认定的公司董事人选。例如 2006 年，亨氏食品公司新选举了两名董事会成员，其中就包括 Nelson Peltz，他是这场股东们更换现有董事会成员抗争的领导者（这种抗争叫做代理权之争，因为持有不用意见的股东会从其他股东手里收集投票权）。2005 年，投资者 Carl Icahn 购买了百视达公司（Blockbuster）大量的控股权股票，并且为自己和其他两位同事在百视达董事会赢得了席位。以上两个例子中，新的董事会成员都促使公司削减了成本，提高了其竞争能力。

但这两个例子是一般法则的特例。代理权之争是非常昂贵的且很少成功，因此非常少见。一般情况下，抗议者们往往不是挺身而出，坚决斗争，而只是采取"华尔街漫步"的方法，即抛售他们的股票，然后进行其他投资。

但是华尔街漫步的做法传送了强有力的信号。

如果逃离的股东太多，股价就会跳水，从而影响公司高层管理者的声誉和报酬。高级经理人员的部分收入是来自于公司的利润分红或股票期权的，而股票期权是一种只有股价上涨才有价值，而股价跌破某个约定标准就将分文不值的证券，因此，这就促使经理们增加公司利润，提高公司股价。①

如果经理和董事不能使价值达到最大，那么在市场上就总会存在兼并的威胁。如果公司管理松懈，或者经营方向错误，公司股价进一步下挫，则公司很容易被其他公司或新的投资者群体收购大量的股份。其结果是，老的管理班子也许就会发现自己被扫地出门，而公司在新的领导集体的管理下，锐意改革，实现公司的价值。

这些安排保证了在大多数美国公司中，很少有高级经理人员会消极怠工或无视股东

① 一些批评者认为股票期权的激励力度过于强烈，因为它们会诱使经理人鼓吹业绩，推高股价，以使期权可以换得现金收入，实现短期利润。经理们还有可能试图歪曲期权的条款和被赋予的行权时间，以使这些期权价值更高。2006 年的 du jour 丑闻（scandale du jour）就是采用期权回溯（backdating）的方法，即利用倒推的方法将期权的授予日推到股票价格临时较低的时候（较低的股票价格意味着较低的行权价格，因此会使期权价值更高）。我们将在第 17 章探讨股票期权及期权回溯的问题）。

的利益，相反，他们创造业绩的压力是非常大的。

2.3.1 经理应该关心股东的利益吗？

我们已经说明了经理是股东的代理人，但也许却回避了这样的问题："经理们愿意为其股东的私人利益服务吗？"全力使股东富裕起来是否就意味着经理们必须像贪婪的雇佣兵一样恃强凌弱、蹂躏百姓呢？

本书的大部分内容都在讨论增加公司价值的财务决策，这些决策都不需要恃强凌弱、蹂躏百姓。大多数情况下，企业经营盈利（doing well）（使价值最大化）和正常经营（doing good）并不矛盾。获利的公司应当能够满足客户需求，拥有忠诚的雇员。如果公司招致客户不满，并虐待员工，最终就有可能使利润下降，股价低迷。

当然，我们说公司的经营目标是使股东财富最大化，但这并不意味着就没有任何别的限制。法律会对经理有所制约，使其不至于做出不道德的决策，但大多数经理并不是只盯着法律条文或谨守书面契约。与许多其他日常事务一样，在商业和财务活动中也有很多不成文的默认的游戏规则。要想有效地合作，就需要相互信任。因此，大量的财务交易都是自然地完成于握手之际，而双方都知道对方今后不会因形势转糟而毁约。①

在很多财务交易中，与另一方比较，交易的一方拥有更多的信息，要想准确地判断你所购买的资产或服务的质量是非常困难的，而这就为财务骗局和明目张胆的财务欺诈提供了机会。诚信的公司对此的回应是，通过与客户建立永久的联系，树立自己公平交易的形象和财务上的声誉，声明自己与欺诈无关。大型银行和证券公司都清楚自己最有价值的资产就是自己的声誉，它们强调悠久的历史和令人肃然起敬的商业品行，一旦声誉受损，其成本是难以估量的。以下就是两个例子：

1. 市场择时丑闻

2003 年下半年，共同基金行业爆发了市场择时（market-timing）丑闻。世界各地的股市闭市时间因地理位置的不同而不同，市场择时充分利用了股市上的这一事实。人们知道，如果美国股市出现强劲的增涨，那么亚洲及欧洲股市第二天的开市股价就有可能随之上扬，于是，能够按美国股价高涨前的价值认购国际基金的交易者就可以谋取巨额利润。同样，看到美国股市暴跌却还能以原有价格售出国际基金的交易者也能获利。美国基金管理公司是不应该有这种操作的，但有的公司却采取了这样的行动。丑闻曝光后，人们纷纷从这些公司大量抽走资金，严重影响了公司的未来收入和利润。例如，Putnam Investments 的经理允许市场择时交易的事实被披露后，两个月内该公司的资金流出高达 300 亿美元，同时该公司还被罚款 1 亿美元，并被强制赔款 1 000 万美元。

2. 花旗银行的失策

花旗银行集团（Citigroup）以其国际银行业务以及具有竞争力的内部文化而闻名世界。但这种文化却带来了麻烦。2004 年，由于涉嫌洗钱并向日本客户出售超高风险投

---

① 依据美国的法律，契约即使没有进行书面表述也是有效的。当然，正式文件更为有力，但只要有证据表明契约双方都有清晰的理解和认同，契约就会被强制执行。例如 1984 年，Getty Oil 公司的高层管理者对 Pennzoil 公司口头提出了兼并协议。之后，Texaco 公司开出更高的价格，成功地挤走了兼并对手。但是 Pennzoil 公司提起诉讼，控告 Texaco 公司违背了一项已经商定有效的契约，它成功地打赢了这场官司。

资，花旗在日本的个人银行业务被叫停。2005 年，伦敦的交易商被指控利用所谓的"邪恶博士（Dr. Evil）"交易项目操纵欧洲债券市场（花旗的 CEO Charles Prince 后来称其为"愚蠢交易"）。花旗还被指控帮助智利的独裁者 Augusto Pinochet 隐藏及管理其个人财产。

这些过失基本上不会对花旗集团的整体收入和利润产生影响。但在 2005 年 3 月，美国银行业的监管者责令花旗不能再进行大型的并购活动，直到它实施更严格的内部控制制度，并处理好各种问题。这对花旗来说确实是一个苦果，因为花旗正计划通过并购的方式扩充其规模，尤其是在海外的扩充。

按市场资本化衡量，也就是按其发行在外普通股的总体价值衡量，花旗是世界上最大的银行。但到 2006 年末期，它的对手美洲银行（Bank of America）占据了第一的位置。

2.3.2 公司管理应该为股东服务还是为所有利益相关者服务？

我们往往认为公司经营应该为所有利益相关者服务，而不是仅仅为股东服务。除了公司股东，公司的其他利益相关者还有公司员工、客户、供应商以及公司的工厂及办公所在地的社区等。

不同的国家在公司究竟应该树立什么样的目标方面看法有很大的不同。在美国、英国及其他"盎格鲁—撒克逊（Anglo - Saxon）"经济体里，普遍接受的观点是以股东价值最大化作为公司的首要目标。但在其他国家却更多地强调工人的利益。例如在德国，大公司的工作人员有权选举公司监事会（supervisory board）一半的监事，结果他们在公司监管中发挥着重要的作用，而股东的利益却较少被关注。[①] 在日本，经理人通常将股东利益与员工和客户的利益相同对待，甚至置之于次等地位。例如，丰田公司的经营理念就是要"通过努力寻求人类社会的需求与全球环境及世界经济的平衡，实现公司的长期稳定的增长……与公司的所有利益相关者，包括我们的客户、股东、员工和商业伙伴共同发展"。[②]

图 2—3 汇总了对五个国家大公司经理人员的访谈结果。日本、德国和法国的经理们认为他们的公司应该为所有利益相关者服务，而美国和英国的经理人则坦言要把股东放在优先的地位上。当被问到如何进行工作安全与股利间的权衡时，几乎所有的日本经理和大多数德国和法国的经理们都认为工作安全应该放在首位，但大多数的美国和英国的经理人员则认为股利更应该优先考虑。

---

① 德国银行家 Carl Fürstenberg（1850—1933）曾经说过："股东是愚蠢且无知的，愚蠢是因为他们竟然将自己的资金交给他人，却对他人的作为没有任何的有效控制，而无知则是因为他们竟然会为自己的愚蠢来要求获得奖励的股利。"这是德国经理人过去对股东看法的一种极端的表白方式，摘自 M. Hellwig, "On the Economics and Politics of Corporate Finance and Corporate Control," X. Vives, ed., Corporate Governance (Cambridge, UK: Cambridge University Press, 2000), p. 109.

② 参见 Toyota Annual Report, 2003, p. 10.

图 2—3　　　　　　　　　　对五个国家大公司经理人员的访谈结果

(a)

(b)

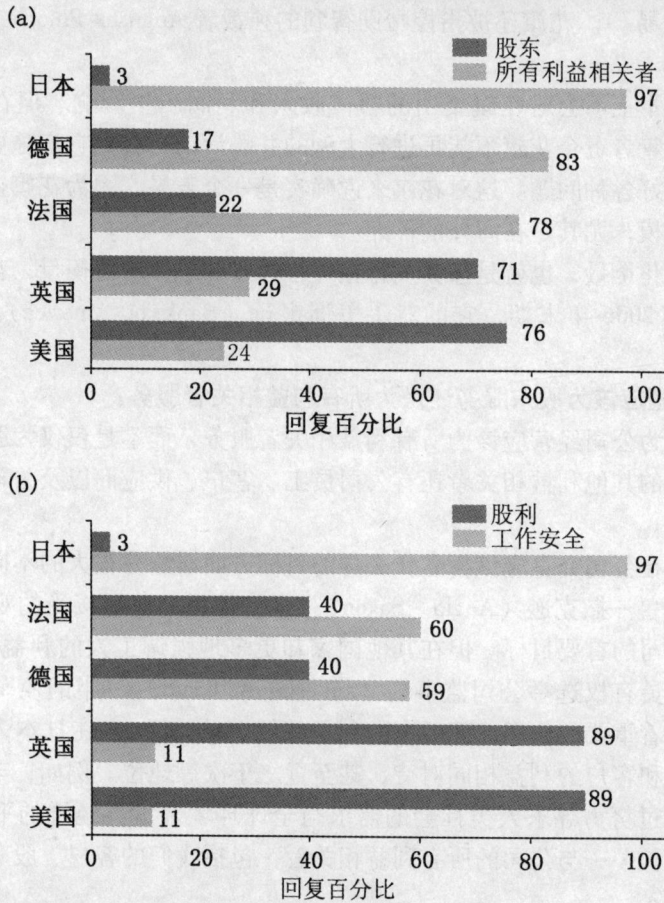

注：（1）公司是谁的？5 个国家 378 位管理者的观点。

　　（2）哪个更重要，员工工作安全还是股东的股利？5 个国家 399 位管理者的观点。

资料来源：M. Yoshimori, "Whose Company Is It? The Concept of the Corporation in Japan and the West," *Long Range Planning*, Vol. 28（August 1995），pp. 33 – 44. Copyright © 1995 with permission from Elsevier Science.

　　随着资本市场全球化的深入发展，在以为股东创造最大化价值作为公司的首要目标方面，世界各国的经理人承受着越来越大的压力。包括戴姆勒—克莱斯勒公司（Daimler Chrysler）和德意志银行（Deutsche Bank）在内的一些德国公司都已经在纽约证券交易所宣称它们的首要目标是要为股东创造财富。但在日本，这种取向的做法仍不多见，例如丰田公司的总裁就曾提出追逐股东利益是不负责任的做法。但另一方面，丰田公司的股票总市值却远远超过通用（GM）和福特（Ford）。因此，实务中的这些目标也许并不是相互冲突的。

2.3.3　安然、世通与萨班斯法案

　　20 世纪 90 年代末期股票市场的迅速增长紧接着带来了 21 世纪早期的经济崩溃。事后我们发现，很过股票，尤其是电信行业和网络行业的，在股票市场激增时其交易价

格都远远超过了基础价值。为什么这些股票的价格能达到那么高呢？从某种程度上来说，这只是一个错误：只是因为投资者的乐观远远超过了现实。造成价格失去理性的过高的原因还有可能是因为"不合理的市场繁荣"及"具有传染性质的贪欲"。① 但在一些案例中，包括安然和世通，投资者们是被管理者误导了，这些管理者过分强调了公司未来的前景和利润，却把损失掩盖了起来。

以安然公司为例。在 2000 年其高峰时期，安然公司的股票总价值约为 600 亿美元，但到 2001 年底，安然公司破产，其股票变得一文不值，因此，安然的股东损失了 600 亿美元。但对整个美国经济来说，损失是小于 600 亿美元的，因为这些价值的很大一部分本身就是不存在的。安然用误导会计及财务计划的方式进行了大量的投资，隐藏了大量的损失。安然的高级管理者，包括其 CFO、CEO 及董事会主席后来都被宣判犯有欺诈罪或诈骗罪，均被判入狱几年的时间。类似的故事还发生在世通公司中，它是伪造了使其公司看起来具有盈利和未来发展潜力的账簿。世通公司的前 CEO Bernie Ebbers 也被判入狱。

安然与世通公司的案例使一些投资者和大部分的政府官员都确信美国的公司监管体系必须要尽快进行改革了，而其中这种改革就包括 2002 年《萨班斯—奥克斯利法案》（Sarbanes – Oxley Act，以下简称为 SOX）的颁布。除包括其他一些规定外，SOX 增加了独立（非管理）董事的责任，要求 CEO 和 CFO 亲自证明其公司财务报告的准确性。SOX 的 404 条款要求提供对公司内部会计和内部控制的详细解释，目的是根除可能对财务报告产生误解的任何缺陷。

2006 年撰写这本教材时，我们听到了越来越多的抱怨，抱怨后安然改革做得过火了。SOX 的高额成本以及为达到那些详细的、灵活的规定而必须承受的沉重负担正将很多公司推向回归私有权（而不是公众公司）的境地。以下的财经报道还对美国金融市场的国际竞争予以了关注。

财经报道

金融业的国际竞争

英国视伦敦为国际金融的中心。金融业，从广义上来说，构成了大约英国 GDP 的 10%。因此，英国政府想要维持伦敦的竞争地位，并希望将伦敦的市场份额在国际金融市场上进行拓展就不足为奇了。

在大西洋的另一端，美国则倾向于认为纽约占据着国际金融的中心地位。金融服务业在美国的经济中也占有着非常重要的份额（约为 GDP 的 8%）。同样，美国的行政官员以及政策制定者也非常关注国际竞争问题。

2006 年 11 月，包括财务执行官、律师、会计师及经济学家在内的一个独立小组——资本市场监管委员会（Committee on Capital Markets Regulation）发布了一项中期报告，指出"与股票市场和国外金融中心相比，美国正在逐步失去领先的竞争地位"。报告引用了国际首发市场（IPOs）上美国份额的下降，其 IPO 资本筹集从 2000 年的 50% 降到了 2005 年的 5%。（"国际 IPO"是指进行首次公开发行的公司是在本国以外的金

---

① 这种说法引自 Alan Greenspan，美国联邦储备委员会前主席。

融市场上进行的。例如，一家意大利公司有可能会决定在伦敦或纽约"上市"）。该委员会还指出了与通过在公开市场上出售股份或债务相比美国公司利用私人筹资方式的增加。

委员会建议在关注规定所带来的利益的同时，必须要更加关注其成本，并且建议更加信任"以原则为基础的规则和指南，而不是现有的详细的说明性规则"。它还建议改变实施SOX的方式，尤其是降低404条款的刚性及减少其成本。

很多财务管理者都非常欢迎这些建议，但有一些回应是很刻薄的。纽约州新任州长Eliot Spitzer预计"当他出现在国会上的时候……会有成千上万的投资者抵制这种难以驾驭的错误的提议"。证券交易委员会的一位前主席Richard Breeden把这些建议叫做"陈腐的、不切实际的想法……非常文雅的马叫声"。

另一方面，看起来伦敦确实是赢得了国际公司的业务，这些国际公司不想在美国市场上上市并筹集资金。英国财政部将伦敦吹捧为"相比之下负担格外低的金本位制度体系……与以硬性规则为基础的方法相比，英国的以灵活的原则为基础的制度大大降低了公司的成本"。原文是这样的："想要发行IPO吗？不喜欢SOX？那么来伦敦吧。"

资料来源：参见"Interim Report of the Committee on Capital Markets Regulation," November 30, 2006, at www. capmktsreg. org and "Financial Services in London: Global Opportunities and Challenges," HM Treasury, March 2006, at www. hm - treasury. gov. uk. The comments by Spitzer and Breeden are from the Financial Executives International Web site, www. fei. org.

这些抱怨是近期展开的大辩论的一部分，这些辩论我们不在本书的第2章中进行详细的讨论。但我们在此稍停一下，简单探讨一下以下这个问题，即若要提高公众公司的经济业绩，必须要制定更严格的制度吗？

金融市场是能够为公司提供可用资本的，而这些公司能够将这些资本以更高的收益进行投资。理想的资本应该是具有流动性的，只有这样才能保证整个经济中每一个具有正净现值的项目都能够筹集到资金。

只有在投资者被保护的情况下资本才能在公众市场进行流动，因此公司监管必须保护股东的投资，而这就意味着要保护公司避免不必要的公司耗费、避免支付过高的管理人员工资或津贴、避免资金被盗和自我交易（同时还要避免政府征用或惩罚规定或税金的支付）。按照以上想法可以得出结论，即对投资者的保护越多越好，如果能够提供全面保护最好。

但是对投资者提供全面保护是不可行的，因为管理者必须要被赋予管理的权力。公众公司的众多分散的股东不可能知道管理者在做什么以及他们为什么要这样做。投资者不可能看到管理者能够看到的问题和机会，投资者也不可能每天盯着管理者，并猜测他们每一种做法的动机。投资者最大限度上所能做的就是监督公司的总体业绩，并对其中间人进行控制，尤其是董事会。当然，董事们离公司具体的行动是更近了，但他们是兼职的，也不能控制公司。

因此，管理者必然有权对自己的分析和想法做出判断，而具有这种判断力，就不可避免地会为他们自己的利益考虑。考虑自己的利益当然也不是一件坏事：如果管理者和投资者的目的或多或少一致的话，那么它就是一种基本的动机。但他们的动机不可能是完全一致的，而仅采用严厉的做法促使他们的动机趋向一致也是不起作用的。唯一的做法是让股东和管理者成为一个人，就像私人企业中那样，但这在公众公司里是不可能的。

即使可行，对投资者提供全面保护实际上也是不必要的。将公众公司设想为合伙公司的一种，其合伙人分别是公司内部人员，即员工和管理者，以及公司外部的投资者。公司内部人员投入的是人力资本，而外部投资者投入的是财务资本。如果你给了财务资本过大的权力，那么人力资本可能就不会显露出来。

在现代经济中，给投资者提供良好的保护是非常重要的，但在某些情况下，如果提供更多的保护，可能会遭遇收益的减少，因为提供更多的保护会使成本增加（例如SOX法案404条款的成本）。而且，它还会限制管理者经营公司的能力，可能会对公司人力资本的发展带来不利影响。

以上权衡是非常困难的，在更严格的公司监管利益和成本之间进行权衡不存在单一的简单方法。正如图2—3所显示的，全球范围内的公司监管体系差异很大，而每一种监管体系都是既有支持者也有批评者。

本章小结

本章关注公司的财务目标。我们看到公司接受所有正净现值的项目，拒绝负净现值的项目，就是最好地在为股东服务。项目的净现值衡量了项目能够创造的财富。

要想得到净现值，必须首先计算现值。这只要利用合适的利率r，通常被称为折现率、利率下限或资本机会成本，将未来现金流折现即可：

$$现值（PV） = \frac{C_1}{1 + r}$$

净现值就是现值加上任何立即发生的现金流：

$$净现值（NPV） = C_0 + \frac{C_1}{1 + r}$$

值得注意的是，如果立即发生的现金流是投资，也就是现金流出的话，那么 C_0 就是负的。

折现率是由资本市场中存在的收益决定的。如果未来的现金流绝对安全，那么折现率就是像美国政府债券之类的安全证券的利率；如果未来现金流的多少并不确定，那么期望现金流就应该用同等风险的证券收益率来折现。我们将在第8章至第10章进一步探讨风险及资本成本问题。

现金流折现基本上就是以下两个简单的原因：（1）今天的一美元比明天的一美元值钱；（2）安全的一美元比有风险的一美元值钱。PV和NPV的计算公式正是这些观念的数量表示。资本市场是安全的和有风险的资金流的交易市场，这就是我们为什么要到资本市场中寻找适当的收益率来对时间和风险进行折现的理由。通过计算资产的现值，我们是在估计，如果人们可以到资本市场上去进行投资的话，他们应该付出多少资金数额。

净现值法则使我们能够有效地分离公司的所有权和经营权。只投资于净现值大于零的资产的经理就是在为公司每个股东的利益最好地服务，无论这些股东的财富水平、风险厌恶程度以及对短期或长期投资的偏好有何不同。资本市场成就了这种分离的可能性，每一位股东都可以利用资本市场精心设计自己的个人投资计划，满足自己的需求。

要使经理们密切关注公司的价值，以下几个制度安排会非常有帮助：

（1）经理受股票期权等激励计划的推动，只有股东获益，股票期权才能使他们获得巨大收益，反之就将分文不值；

（2）经理的行为受到董事会的严密监督；

（3）公司中的懒惰者可能会被勤奋的经理所驱逐，竞争可能来自于公司内部，而业绩不佳的公司则更可能会被收购，而收购可以为公司迎来新的管理团队。

经理们应该善待员工、供应商和客户，因为他们知道这是为了他们共同的利益，而且公司最有价值的资产应该是公司的声誉。当然，在财务管理中也存在伦理道德问题。只要经理人漫不经心、滥用权力，他们就是在危害整个经济、整个社会，因为人们之间的互相信任会因此而降低几分。

在法国、德国和日本这样的国家，经理们更多地看重所有利益相关者的利益，而不仅仅是股东利益。但资本市场的全球化正带给公司越来越多的压力，促使其追求股东利益。

财务经理必须追求财务目标。公司可以权衡财务目标和其他利益相关者的目标，但如果公司不清楚自己的财务目标是什么，那么它就不可能做出理性的权衡。在本书中，我们选取股东价值最大化作为公司的首要财务目标。

推荐读物

有关净现值法则开创性的文献有：

I. Fisher, *The Theory of Interest*（New York：Augustus M. Kelley，1965）. Reprinted from the 1930 edition.

J. Hirshleifer, "On the Theory of Optimal Investment Decision," *Journal of Political Economy* 66（August 1958），pp. 329 – 352.

如果想要深入探讨管理层激励和公司监管间的争论，建议参考以下读物：

J. Brickley, C. W. Smith, Jr., and J. Zimmerman, "Ethics, Incentives and Organizational Design,"*Journal of Applied Corporate Finance* 7（Summer 1994），pp. 8 – 19.

B. Holmstrom and S. N. Kaplan, "The State of U. S. Corporate Governance：What's Right and What's Wrong?" *Journal of Applied Corporate Finance* 15（Spring 2003），pp. 8 – 20.

Journal of Applied Corporate Finance 17（Fall 2005），a special issue on executive pay and corporate governance.

D. H. Chew, Jr., and S. L. Gillan, *Corporate Governance at the Crossroads：A Book of Readings*（New York：McGraw – Hill, 2005）.

概念复习题

完整的本章概念复习题，请登录网站 www. mhhe. com/bma1e。

1. 折现率和折现系数有什么区别?

2. 在 PV 和 NPV 中如何考虑风险因素？

3. 写出投资的 NPV 和收益率的计算公式。证明只要收益率高于资本机会成本，NPV 就为正值。

练习题

1. 某投资的初始现金流为 C_0，1 年后的现金流为 C_1，折现率为 r，则：

（1）C_0 一般是正的还是负的？

（2）投资现值的计算公式是什么？

（3）净现值的计算公式是什么？

（4）折现率等于资本机会成本，为什么？

（5）如果这项投资是没有风险的，应该用什么来衡量 r？

2. 如果 1 年后支付的 150 美元的现值为 130 美元，那么 1 年期的折现系数是多少？折现率是多少？

3. 当折现率分别为（1）10%，（2）20% 和（3）30% 时，计算 1 年期的折现系数 DF_1。

4. 某商人支付 100 000 美元购买了一批谷物，1 年后这批谷物肯定能够卖到 132 000 美元，那么：

（1）这项投资的收益率是多少？

（2）如果该投资的收益率低于利息率，那么该投资的净现值是正的还是负的？

（3）如果利息率是 10%，那么该投资的现值是多少？

（4）该投资的净现值是多少？

5. 给出资本机会成本的定义。对于无风险资产，原则上你应该如何找到其资本机会成本？对风险资产呢？

6. 回到图 2—2 所举的例子。假设利率是 20%，如果蜜蜂型投资者（A）和蚂蚁型投资者（G）开始都有 185 000 美元，两人将会如何行动？他们会对办公大楼进行投资吗？他们是借进资金还是贷出资金？他们将分别于何时消费？消费多少？

7. 我们可以列出很多种做法，说明经理在为公司股东服务，例如：

（1）投资于具有正净现值的项目，尽可能地增加股东财富；

（2）调整公司投资计划，帮助股东安排恰当的消费时间结构；

（3）根据股东的风险偏好，选取适当风险水平的资产；

（4）帮助股东实现收支平衡。

但是对于运作良好的资本市场，股东们赞成的目标只有唯一一个，应该是哪个目标？为什么？

8. 为什么人们希望经理会为股东利益服务？列出几点理由。

实务题

9. 某公司对利率为 5%、1 年期的美国国库券进行投资，其净现值是多少？（提示：资本机会成本是多少？税金忽略不计）

10. 有一块土地价值 500 000 美元。如果再投资 800 000 美元，你就可以在此土地上建一座汽车旅馆，而到第二年，土地与此旅馆的合计价值将为 1 500 000 美元。假设与此投资风险相同的股票能够提供 10% 的期望收益率，你是否应该建此旅馆？为什么？

11. 计算以下各投资项目的 NPV 和收益率。四个投资项目的资本机会成本都为 20%：

投资	初始现金流，C_0	1 年后现金流，C_1
1	− 10 000	+ 18 000
2	− 5 000	+ 9 000
3	− 5 000	+ 5 700
4	− 2 000	+ 4 000

（1）哪项投资价值最大？

（2）假设每项投资都要占用同一块土地，因此你只能选择一项投资。那么你应该选择哪一项？（提示：公司的经营目标是什么？是获取高额的收益率？还是增加公司价值？）

12. 在 2.1 节中，我们分析了在一块估价为 50 000 美元的土地上建办公大楼的可行性。我们得到的结论是，在折现率为 12% 的情况下，该投资的净现值是正的 5 000 美元。

假设一家基因工程公司 E. Coli Associates 提出愿意出资 58 000 美元购买这块土地，其中 20 000 美元立即支付，另外 38 000 美元 1 年后支付。假设 1 年期美国政府证券的收益率为 5%：

（1）假设 E. Coli 肯定能够付清第二笔土地款 38 000 美元。你应该接受这笔交易还是应该开工建造大楼？为什么？

（2）假设你不能肯定 E. Coli 是否能够支付第二笔土地款，但你观察到其他投资者对 E. Coli 公司的贷款要求 10% 的收益率。假设其他投资者正确地评估了该公司到期不能支付的风险，你是否应该继续与它进行交易呢？

13. Norman Gerrymander 刚刚继承了一笔 100 万美元的遗产。他应该如何投资这笔钱呢？以下是四种立即可行的投资机会：

（1）投资于 1 年期美国政府证券，收益率为 5%。

（2）给 Norman 的侄子 Gerald 提供贷款，Gerald 多年来一直渴望在 Duluth 开一家大型餐馆。他已经跟银行协议好了一笔 90 万美元的 1 年期贷款，利率为 10%，但他请求 Norman 能够以 9% 的利率给他提供 100 万美元。

（3）投资于股票市场，期望收益率为 12%。

（4）投资于本地的房地产。Norman 估计其风险与股票市场风险相当。手边的投资机会成本为 100 万美元，预计 1 年后价值为 110 万美元。

以上项目中哪些具有正的净现值？你建议 Norman 投资哪一项？

14. 证明你对实务题第 13 题的回答与采用收益率法则得到的投资决策一致。

15. 再看实务题第 13 题的投资机会（4）。假设一家银行愿意为 Norman 提供利率为 8% 的贷款 60 万美元（Norman 是该银行的长期客户，其信用记录极佳）。如果 Norman 借入这笔资金，然后将 100 万美元投资于房地产项目（4），而将其余的资金投资于以上的项目（3），即股票市场，你认为这是一个明智的投资决策吗？为什么？

16. Espinoza 女士已经退休，依靠其投资收益生活。刘先生是一位年轻的经理，想要为将来进行储蓄。他们都是 Scaled Composites, LLC 公司的股东，该公司正在建造航天飞船 1 号，准备搭载游客进入太空进行商业运营，因此这项投资要在很多年之后才能实现收入。如果这一公司的投资对于刘先生来说具有正的净现值，试解释为什么它同样也对 Espinoza 女士具有正的净现值。

17. 请通过做类似图 2—1 那样的图示来回答以下问题。Casper Milktoast 现在有200 000美元可供在时点 0（现在）和时点 1（第二年）进行消费。他想让每一个时点的消费正好相等。已知利率为 8%，假设不存在风险，那么：

（1）他应该投资多少？每一时点上他能够消费多少？

（2）假设 Casper 面临一个机会，可以投资 200 000 美元的无风险项目，此时利率仍为 8%。他应该怎么做？每一时点上他又能消费多少？

（3）问题（2）中投资机会的 NPV 是多少？

18. 如果某一金融机构被发现有财务丑闻，那么你预计它的价值下降幅度比罚金和清算费高还是低？请说明原因。

19. 现在支付 800 万美元你就可以购买 1 罐乳酸，1 年后在鹿特丹交货。但是这罐乳酸在出售时的净现金流却深受世界经济增长情况的影响：

衰退	一般	繁荣
800 万美元	1 200 万美元	1 600 万美元

（1）假设三种经济状况发生的可能性相同，期望现金流是多少？

（2）项目投资的期望收益率是多少？

（3）如果股票 Z 每股售价为 10 美元，1 年后其报酬为：

衰退	一般	繁荣
8 美元	12 美元	16 美元

计算股票 Z 的期望收益率。说明为什么这个数值可以作为你的乳酸项目的资本机会成本。

（4）计算项目的 NPV。这是一个好的投资项目吗？说明你的理由。

思考题

20. 现实生活中，未来经济状况不可能被简单地归纳为发生可能性相同的衰退、一般和繁荣三种情况。但我们还是要基于这样简单的假设再考虑一个例子。

你们公司找到了两个项目 B 和 C，每个项目都要求立即投入 500 万美元，1 年后的可能收入为（单位：百万美元）：

	衰退	一般	繁荣
B	4	6	8
C	5	5.5	6

同时，你又了解到投资于三种股票 X、Y 和 Z 上的可能收入为（单位：美元）：

		1 年后收入		
	目前每股价格	衰退	一般	繁荣
X	95.65	80	110	140
Y	40	40	44	48
Z	10	8	12	16

（1）项目 B 和 C 的期望现金流入量是多少？

（2）股票 X、Y 和 Z 的期望收益率是多少？

（3）项目 B 和 C 的资本机会成本是多少？（提示：计算股票 X、Y 和 Z 在衰退与一般、繁荣与一般状况下的收入百分比差额，使之与项目 B 和 C 的百分比差额配比。）

（4）项目 B 和 C 的 NPV 是多少？

（5）假设项目 B 和 C 都被采纳，分别投资了 500 万美元，那么你们公司股票的总市值将会增加多少？

第3章

如何计算现值

在第 2 章中我们学习了怎样计算 1 年后产生现金流的资产价值，但没有讨论如何评估今后两年或若干年后产生现金流的资产价值。本章我们将首先处理这一问题，然后再考虑一些现值计算的简便方法，给出一些特殊情形下的现值计算公式。特别是，我们将给出无限期地获得一个稳定收入的投资（永续年金）以及在一段时间里产生稳定现金流的投资（年金）的现值公式。我们还将讨论收入稳定增长的投资的价值。你还会看到我们如何将这些方法应用于不同的个人财务决策中。在接下来的几章中我们将会说明大型公司如何利用这些方法，如何将它们用于超过百万美元的投资项目及证券业务中。

利率这个概念说起来是再直接不过了，但这里读者会看到利率有多种定义方法。首先我们将解释复利和单利之间的差别，然后说明不同复利期间的影响。

到那时，你为学习如何计算现值而进行的脑力投资将会得到回报。我们将在下两章中利用这一工具来评估债券和股票的价值，进而细致务实地处理公司的资本投资决策问题。

为简便，本章的所有问题都以美元作为计价单位，以欧元、日元或其他币种计价的概念和计算方法都完全相同。

3.1　长期资产估价

还记得 1 年后产生现金流（C_1）的资产的现值（PV）如何计算吗？

$$PV = DF_1 \times C_1 = \frac{C_1}{1 + r_1}$$

其中，DF_1 是第 1 年现金流的折现系数，r_1 是资金投资 1 年的机会成本。假设 1 年后你肯定能够获得 100 美元（$C_1 = 100$）的现金流，且美国 1 年期国库券利率为 7%（$r_1 = 0.07$），则现值等于：

$$PV = \frac{C_1}{1 + r_1} = \frac{100}{1.07} = 93.46（美元）$$

类似地，2 年期现金流的现值可以表示为：

$$PV = DF_2 \times C_2 = \frac{C_2}{(1 + r_2)^2}$$

其中，C_2 是 2 年期的现金流，DF_2 是 2 年期现金流的折现系数，r_2 是资金投资 2 年的年利率。假设你在第 2 年里又得到 200 美元的现金流（$C_2 = 200$），2 年期国库券的年利率为 7.7%（$r_2 = 0.077$），这意味着对 2 年期国债投资 1 美元，到第 2 年末你将获得：$1.077^2 = 1.16$（美元），则 2 年期现金流的现值为：

$$PV = \frac{C_2}{(1 + r_2)^2} = \frac{200}{1.077^2} = 172.42（美元）$$

3.1.1 多期现金流的价值评估

资产现值的一个优点就是它们都是以当前的货币单位计量的，因此可以累加。换句话说就是，现金流 A + B 的现值等于现金流 A 的现值加上现金流 B 的现值。例如，假设你现在可以进行这样一个投资，投资的第 1 年可以得到 100 美元的现金流，第 2 年再得到 200 美元的现金流。1 年期的利率为 7%，2 年期的为 7.7%。图 3—1 列示了第 1 年的现金流在今天的价值为 93.46 美元（$C_1/(1 + r_1) = 100/1.07$），而第 2 年的现金流价值为 172.42 美元（$C_2/(1 + r_2)^2 = 200/1.077^2$）。现值可加性告诉我们，此投资的总现值为：

$$PV = \frac{C_1}{1 + r_1} + \frac{C_2}{(1 + r_2)^2} = \frac{100}{1.07} + \frac{200}{1.077^2} = 265.88（美元）$$

图 3—1	第 1 年得到 100 美元、第 2 年得到 200 美元现金流的投资现值

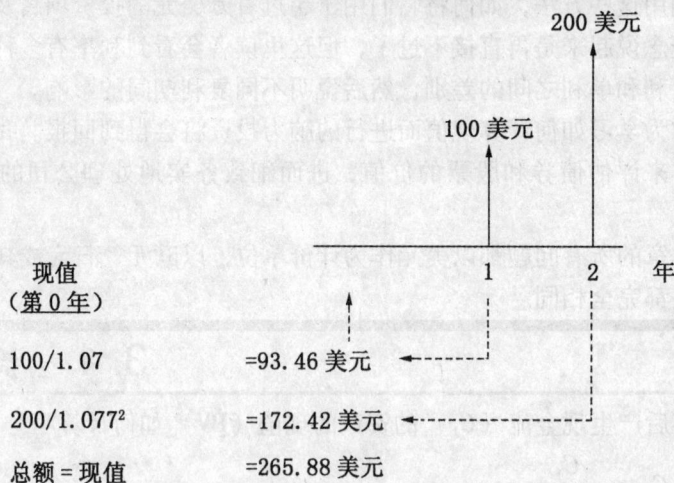

现值（第 0 年）	
100/1.07	=93.46 美元
200/1.077²	=172.42 美元
总额 = 现值	=265.88 美元

继续利用现值可加性原则，我们就可以计算一个现金流系列的现值：

$$PV = \frac{C_1}{1 + r_1} + \frac{C_2}{(1 + r_2)^2} + \frac{C_3}{(1 + r_3)^3} + \cdots$$

这就是所谓的折现现金流（discounted cash flow, DCF）公式。这一公式还可以简写为：

$$PV = \sum \frac{C_t}{(1 + r_t)^t}$$

其中，$\sum$是一系列项目的求和符号。为计算净现值（NPV），还需要加上初始现金流（通常是负的），正像第 2 章中给出的那样：

$$NPV = C_0 + PV = C_0 + \sum \frac{C_t}{(1 + r_t)^t}$$

3.1.2 为什么折现系数随期限的增加而递减——对生钱机器的一点儿题外话

如果明天的 1 美元没有今天的 1 美元值钱，人们自然会想到后天的 1 美元就应该更不值钱。换句话说，折现系数 DF_2 应该比 DF_1 小。但是，如果不同时期的利率 r_t 不同的话，这个结论仍然一定成立吗？

假设 r_1 为 20%，r_2 为 7%，则：

$$DF_1 = \frac{1}{1.20} = 0.83$$

$$DF_2 = \frac{1}{1.07^2} = 0.87$$

很显然，后天得到的 1 美元并不一定比明天得到的 1 美元更不值钱。

但是上面的例子有问题，否则谁要能按照这样的利率借进贷出，那他就能在一夜之间变成百万富翁了。让我们看看这里的"生钱机器"是如何起作用的。假设 Hermione Kraft 女士首先意识到了其中的发财机会，她首先将 1 000 美元放贷 1 年，获得 20% 的利息。虽然这是一笔极为吸引人的收益，但她却找到了可以即刻获利的途径。她进行了如下打算：1 年后她得到 1 200 美元后还可以进行再投资。虽然她不知道 1 年后的利率情况，但有一点很清楚，那就是她到第 2 年末肯定能得到 1 200 美元，因为那时候她至少可以让资金总保留在经常性账户上。因此她下一步要做的就是赶往银行，借入这 1 200美元资金的现值。按照 7% 的利率，其现值应该是：

$$PV = \frac{1\ 200}{1.07^2} = 1\ 048（美元）$$

这样，Kraft 女士借入 1 048 美元，投资 1 000 美元，就可以立刻享有 48 美元的利润了。如果这样不够刺激，那么她就可以借更多的资金、投资更多的资金，从而获得更大的利润。比如说，如果她借入了 21 778 584 美元，投资了 20 778 584 美元，她立刻就成了百万富翁。

当然，上面的故事纯属虚构，这样的机会在真正的资本市场中是不会长久的。任何一家银行，如果允许 1 年期存款利率为 20%，2 年期贷款利率却只要 7%，那么，无论是腰缠万贯的中小投资者，还是奔向亿万富翁之旅的百万富翁就都会蜂拥而至，结果银行将只能很快关门破产。但是我们可以从这个故事中吸取两点教训。首先，明天的 1 美元价值不可能低于后天的 1 美元。也就是说，1 年末得到的 1 美元的价值（DF_1）不可能低于 2 年末得到的 1 美元的价值（DF_2）。与借出仅一个时期相比，资金借出两个时期必须要有一定的额外补偿：$(1 + r_2)^2$ 不可能小于 $(1 + r_1)$。[①]

其次，我们领会到一条广泛达成的共识，也就是下面的总结性陈词："没有生钱的机器。"生钱机器的专业术语叫做套利。在规范有效的资本市场上，出售及购买成本都较低，任何套利机会都会随着投资者的投机行为稍纵即逝。[②] 经济学家所指的一价法则（the law of one price）说的也是这个意思。一价法则就是指两个同样资产的售价肯定应该是相同的，否则投资者就可以通过购买低价资产而出售高价资产来套取利润。

在本书的稍后章节中，我们将在没有生钱机器的假设下证明几个证券定价的有用结论。也就是说，我们将采用这样的论述方式，即"证券 X 和证券 Y 的定价必须满足如下关系——否则资本市场中将会出现潜在的能够套取的利润，资本市场也将不再均衡"。

排除套取利润的可能并不表明未来不同时刻的利率是完全相同的，现金流的利率与到期日之间的关系被称为**利率的期限结构（term structure of interest rates）**。对于利率期限结构的考察，我们将留在第 4 章中进行，现在还是简化这一问题，假设期限结构是"平坦"的，也就是说，无论现金流产生于何时利率都是相同的。这意味着我们可以将一系列的利率 r_1，r_2，$\cdots$，r_n 等都换成一个单一的利率水平 r，因此现值公式将简化为：

$$PV = \frac{C_1}{1 + r} + \frac{C_2}{(1 + r)^2} + \cdots$$

3.1.3 PV 和 NPV 的计算

有关你的办公大楼工程（第 2 章开篇描述的），你得到一些不利消息。建筑商告诉你，楼房建成需要 2 年的时间，而不是 1 年。另外随着时间的推移，还要发生如下支出：

1. 当前投资 120 000 美元（注意：价值 50 000 美元的土地也必须现在就投入资金）；

2. 1 年后 100 000 美元的建设费用；

3. 第 2 年末，楼房交付使用时 100 000 美元的最终付款。

此外，尽管有些耽搁，但你的房地产顾问认为完工后楼盘的价值仍然可以达到 420 000 美元。

以上这些信息带来了新的现金预算情况：

如果利率为 5%，则净现值（NPV）为：

$$NPV = C_0 + \frac{C_1}{1 + r} + \frac{C_2}{(1 + r)^2}$$

---

① 与借出 1 年相比，资金借出 2 年多出的额外收益通常被称为远期收益率（forward rate of return）。以上法则意味着，远期收益率不可能是负的。

② 有时候我们会听到金融人士谈论"风险套利"的话题。风险套利通常是指在认为二者价格不一致的前提下，购买一种证券的同时出售另一种类似的证券。与纯粹的套利不同，风险套利的收益是不封口的。"风险套利"这一概念是带有修饰性质的，更类似于"研究生（graduate student）"或"基础微积分（elementary calculus）"这样的概念。

$$= -170\ 000 - \frac{100\ 000}{1.05} + \frac{320\ 000}{1.05^2}$$

期间	$t = 0$	$t = 1$	$t = 2$
土地	−50 000		
建设费	−120 000	−100 000	−100 000
收入			+420 000
合计	$C_0 = -170\ 000$	$C_1 = -100\ 000$	$C_3 = +320\ 000$

幸运的是，有关办公大楼的消息并不都是坏消息，建筑商同意付款可以延期，这样就意味着建筑费用的现值要低于前面的估计，而这在一定程度上也可以抵消收入的延期。如图3—2所示，该项目的净现值为25 011美元——与第2章中估算的30 000美元相比下降得并不是很多。由于净现值是大于零的，因此你还是应该将项目进行下去。[①]

图3—2　　　　　　　　　　　　　　办公大楼项目净现值的计算

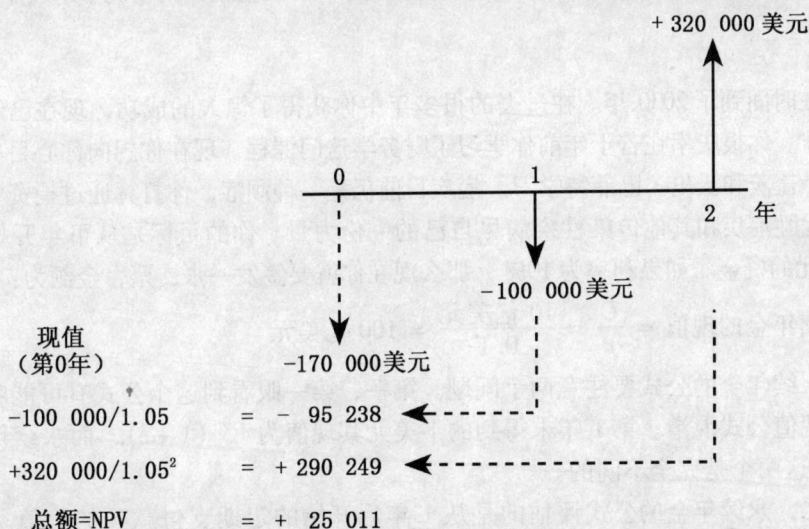

```
                                           +320 000 美元
                                              │
                                              │
                                              ↑
         0            1                    2   年
   ──────┼────────────┼────────────────────┼──────
         │            │
         │            ↓
         │        −100 000 美元
         │
现值
（第0年）         −170 000 美元
−100 000/1.05    = − 95 238  ◄ ─ ─ ─ ┘
+320 000/1.05²   = + 290 249 ◄ ─ ─ ─ ─ ─ ┘
总额=NPV          = + 25 011
```

图3—2中的计算不过是需要按一些计算器上的按键而已，但实际问题可能更为复杂，这时财务经理往往需要借助于财务计算器，特别是带有专门计算现值程序的计算器，或者借助于带有电子表格的个人电脑。本书的网页上附有两个网页附件，可以帮助你利用财务计算器和Excel表格来解决本章中的类似问题。为防止手头没有计算器和计算机时要进行计算，本书书后还附有一些系数表，可以用来解决各种现值的计算问题。

---

① 我们假设现金流是安全的。如果预测值有风险，那么资本机会成本将会升高，比如升为12%。而在利率为12%的情况下，NPV是负的。

3.2 简便计算方法——永续年金与年金

3.2.1 如何评估永续年金的价值

有时候计算现值可以采用简便算法。以下看几个例子。

英国和法国之间有时会产生意见分歧，甚至曾经爆发过战争。在战争末期，英国把在战争期间发行的债券进行了汇总，在这种情况下发行的债券叫做英国统一公债（consols）。统一公债属于**永续年金（perpetuities）**。对这类债券，政府不承担偿还本金的义务，只是每年都要支付一笔固定的报酬，永无终结的时刻。到目前，英国政府仍然在为这些很多年前发行的统一公债支付利息。永续年金的年收益率等于其承诺的年支付额除以其现值[①]：

$$收益率 = \frac{现金流}{现值}$$

$$r = \frac{C}{PV}$$

显然，将上式变形，就可以得到在给定折现率 r 和现金流 C 的情况下永续年金的现值：

$$PV = \frac{C}{r}$$

现在时间到了 2030 年。在过去的很多年中你获得了惊人的成功，现在已已经成为一名亿万富翁。你很庆幸在若干年前你学习了财务学这门课程，现在你想向你心目中的两个偶像比尔·盖茨和沃伦·巴菲特学习。疟疾目前仍是一种顽症，你打算通过捐资资助研究的方式为战胜疟疾和其他传染性疾病尽自己的一份力量。你的目标是从下年开始每年提供 10 亿美元的资金。如果利率为 10%，那么现在你就要签发一张支票，金额为：

$$永续年金的现值 = \frac{C}{r} = \frac{10 亿美元}{0.1} = 100 亿美元$$

对永续年金的公式要注意两个问题。第一，第一眼看到这个公式有可能容易跟单一金额的现值公式混淆。第 1 年末得到的 1 美元其现值为 $1/(1+r)$，而永续年金的价值为 $1/r$，这两个是完全不同的。

第二，永续年金的公式评估的是从 1 年后开始的定期支付款项的价值。因此你的100 亿美元的捐助将从第 1 年开始提供研究基金。如果你还想预先提供一笔数额，那么

---

① 我们可以从现值公式出发来验证这个结论：

$$PV = \frac{C}{1+r} + \frac{C}{(1+r)^2} + \frac{C}{(1+r)^3} + \cdots$$

令 $C/(1+r) = a$，$1/(1+r) = x$，则有 (1) $PV = a(1+x+x^2+\cdots)$，将 (1) 式左右两端同时乘以 x，则有 (2) $PVx = a(x+x^2+\cdots)$。用 (1) 式减 (2) 式，可以得到 $PV(1-x) = a$。因此，将 a 和 x 分别代入公式，可得：

$$PV\left(1 - \frac{1}{1+r}\right) = \frac{C}{1+r}$$

上式两端同时乘以 $(1+r)$，整理即得：

$$PV = \frac{C}{r}$$

你必须再另外安排 10 亿美元的资金。

3.2.2 如何评估年金的价值

年金（annuity）是在一定年份内，每年支付等额款项的资产。常见的年金例子有等额还款的房屋抵押贷款和分期付款的消费信贷等。

年金价值的计算有一种简便的方法，如图 3—3 所示。第 1 行表示的是从第 1 年开始每年支付 1 美元现金流的永续年金的价值，其现值为：

$$PV = \frac{1}{r}$$

图 3—3 1 至 3 年内每年支付的年金等于两个永续年金的差额

现金流

年份：	1,	2,	3,	4,	5,	6…	现值
1. 永续年金 A	1 美元，	1 美元，	1 美元…				$\dfrac{1}{r}$
2. 永续年金 B				1 美元，	1 美元…		$\dfrac{1}{r(1+r)^3}$
3. 3 年期年金（1－2）	1 美元，	1 美元…					$\dfrac{1}{r} - \dfrac{1}{r(1+r)^3}$

第 2 行表示的是从第 4 年开始每年支付 1 美元的又一种永续年金，它在第 3 年末的现值为 $1/r$，因此到今天它的现值为：

$$PV = \frac{1}{r(1+r)^3}$$

从第 4 年开始，两种永续年金都产生现金流，它们唯一的区别就在于，第 1 种永续年金从第 1 年至第 3 年也在生成现金流，也就是说，两种永续年金的差别就在于 3 年中每年支付 1 美元的年金。因此这一年金的现值就应该是两种永续年金的差额：[①]

$$PV = \frac{1}{r} - \frac{1}{r(1+r)^3}$$

从第 1 年开始连续 t 年内每年支付 1 美元的年金价值的通用公式为：

$$年金现值（PV） = \frac{1}{r} - \frac{1}{r(1+r)^t}$$

---

① 这里我们仍然可以从现值计算公式出发来验证这一结论。我们首先要计算有限项的几何级数的和，得到式（1）：$PV = a(1 + x + x^2 + \cdots + x^{t-1})$

其中，$a = C/(1+r)$，$x = 1/(1+r)$。

将上式两端同时乘以 x，可以得到式（2）：$PVx = a(x + x^2 + \cdots + x^t)$。

式（1）减式（2），得：$PV(1-x) = a(1-x^t)$。

因此，将 a 和 x 代入上式可得：

$$PV\left(1 - \frac{1}{1+r}\right) = C\left[\frac{1}{1+r} - \frac{1}{(1+r)^{t+1}}\right],$$

上式两端公式乘以 $(1+r)$，整理即得：

$$PV = C\left[\frac{1}{r} - \frac{1}{r(1+r)^t}\right]$$

这种表达方式叫做 t 年的年金系数。[①] 记公式就像记别人的生日一样困难，但如果你能够理解年金的现值就是一个立即支付的永续年金和一个延期支付的永续年金的现值之差就会非常简单了。

1. 年金现值例题：分期付款计划

大部分分期付款计划都要求每期支付相同的金额。假设 Tiburon Autos 公司对一款新型丰田汽车提供零首付的"轻松付款"计划，只需要在未来 5 年内每年年末支付5 000美元。那么你购买该种车的实际成本是多少？

假设利率为7%，首先我们采用基本算法计算该汽车支付款的现值为 20 501 美元。图3—4 中的时间线表示了每一现金流的价值及总现值。但利用年金公式计算将会更加迅速快捷：

$$PV = 5\ 000 \times \left(\frac{1}{0.07} - \frac{1}{0.7 \times 1.07^5} \right) = 5\ 000 \times 4.100 = 20\ 501 (美元)$$

书后的附录 A 表3 就是年金系数表。如果手头没有计算器或计算机，你可以通过该表查找到 4.100 的系数。

2. 年金现值又一例题：赢得彩票大奖

当13 个来自俄亥俄州的幸运的机械师将现金投入乐透彩票池后，他们赢得了历史上最高纪录的大奖，2.957 亿美元（这伙人中的第 14 个在最后一分钟输入了他自己的数字）。毫无疑问，这些大奖获得者收到了大量的祝贺和祝福，也收到了大量慈善机构要求其捐赠的要求。但实际上他们可以清楚地指出，奖金实际上并不是 2.957 亿美元，这一金额是要分成 25年支付的，每年支付 1 182.8 万美元。假设第 1 笔支付发生在第 1 年年末，那么这笔奖金的现值是多少？当时的利率为 5.9%。

这些支付的数额构成了一项 25 年期的年金。为计算该年金现值，我们可以仅用1 182.8万美元乘以 25 年期的年金系数：

$$PV = 1\ 182.8 \times 25\ 年期年金系数$$

$$= 1\ 182.8 \times \left[\frac{1}{r} - \frac{1}{r\ (1+r)^{25}} \right]$$

当利率为5.9%时，年金系数为：

$$\frac{1}{0.059} - \frac{1}{0.059 \times 1.059^{25}} = 12.9057$$

则现金支付的现值为：1 182.8 × 12.9057 = 1.526（亿美元），远远低于鼓吹的可以得到的奖金金额，但当然了，这还是一笔非常可观的收入。

彩票工作人员通常会给大奖得主安排可以获取相同金额的支付计划。在本例中，获奖者可以选择接受25 年中每年对其支付，总额达到 2.957 亿美元，也可以选择立即得到 1.526 亿美元，两种安排的现值都是一样的。

---

① 有人发现年金现值的下列公式更容易理解：

$$年金现值 = \frac{1}{r} \left[1 - \frac{1}{(1+r)^t} \right]$$

其中，$\frac{1}{r}$ 是永续年金公式，1 是从下年开始的 1 美元，$\frac{1}{(1+r)^t}$ 是指减掉从 $(t+1)$ 年开始的 1 美元。

图 3—4　　　　　　　　　　　每年分期付款的现值计算

```
        5 000   5 000   5 000   5 000   5 000
          ↑       ↑       ↑       ↑       ↑
          |       |       |       |       |
    0     1       2       3       4       5    年份
```

现值
（第0年）

$5\ 000/1.07 = 4\ 673$

$5\ 000/1.07^2 = 4\ 367$

$5\ 000/1.07^3 = 4\ 081$

$5\ 000/1.07^4 = 3\ 814$

$5\ 000/1.07^5 = \underline{3\ 565}$

总额=现值　＝　20 501

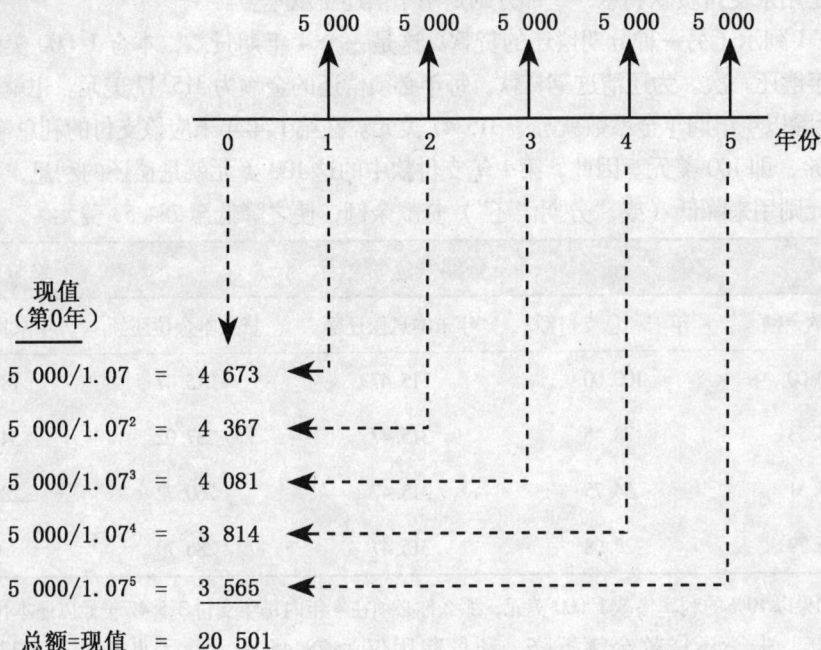

3. 即付年金现值

当我们利用年金公式评估上述乐透大奖时，我们假设的是第 1 笔款项将在第 1 年年末支付。而实际上这 25 年期的分期支付的第 1 笔是立即就支付了的，那么这一变化如何影响该奖金的价值？

如果我们提前 1 年折现各项现金流，则现值将会增加 $(1+r)$。彩票奖金的例子中，该价值将变为：$1.526 \times (1+r) = 1.526 \times 1.059 = 1.616$（亿美元）。

立即开始支付的一系列支付款项叫做**即付年金**（annuity due）。即付年金的现值等于普通年金的现值乘以 $(1+r)$。

4. 计算每年支付款项例题：抵押款项的支付

刚开始接触到年金的时候可能会容易混淆，但你会发现随着使用次数的增多它们实际上是非常简单的。下面看一个例子，在这一例子中你需要在已知现值的基础上利用年金公式倒求每期支付的金额。

假设你刚刚从当地银行取得了250 000 美元的房屋抵押贷款。银行要求你在未来30 年内按年等额偿还，因此就必须确定每年偿还金额，以使其现值等于 250 000 美元，则：

PV = 抵押贷款每年偿还额 ×30 年期年金系数 = 250 000 美元

抵押贷款每年偿还额 = 250 000 美元/30 年期年金系数

假设年利率为12%，于是：

$$30\ 年期年金系数 = \frac{1}{0.12} - \frac{1}{0.12 \times 1.12^{30}} = 8.055$$

因此，

抵押贷款每年偿还额 = 250 000/8.055 = 31 037（美元）

抵押贷款是分期偿还贷款（amortizing loan）的一种。"分期偿还"意味着每年偿还额中有一部分是用来支付贷款利息，一部分则是用于偿还贷款本金。

表3—1列示了另一种分期偿还的贷款。这是一个4年期贷款，本金1 000美元，利率10%，每年偿还一次。为还清这笔贷款，每年必须偿还的金额为315.47美元。也就是说，用1 000美元除以4年期年金系数就等于315.47美元。在第1年年末应该支付的利息额为1 000美元的10%，即100美元。因此，第1笔支付款中的这100美元就是偿还的利息，而剩余的215.47美元则用来降低（或"分期偿还"）贷款余额，使之降低至784.53美元。

表3—1		分期偿还贷款示例			单位：美元
年份	年初贷款余额	年末利息支付额	年末本息偿还额	贷款本金偿还额	年末贷款余额
1	1 000.00	100.00	315.47	215.47	784.53
2	784.53	78.45	315.47	237.02	547.51
3	547.51	54.75	315.47	260.72	286.79
4	286.79	28.68	315.47	286.79	0

注：如果以10%的利率借款1 000美元，那么你必须在4年内每年支付315.47美元以还本付息。

第二年，未偿还贷款余额下降，利息费用仅为78.45美元，因此可以将237.02美元（315.47 - 78.45）用于偿还本金。随着贷款逐步得到清偿，每一笔偿还金额中利息支付所占的比重逐步下降，而贷款本金偿还额的比重逐渐增加，直到第4年年末，贷款的分期偿还额正好将贷款余额降为零。

5. 年金终值示例

有时候你需要计算一个系列支付款项的终值。也许你想买艘游艇，比如40英尺的Beneteau品牌的豪华游艇。但这意味着你必须有足够的积蓄才行。你估计了一下，如果现在开始工作，每年可以存款20 000美元，并获得年率8%的存款利息。那么5年后你能有多少可供消费的钱呢？

这里我们面临的就是一个系列现金流——年金的问题。前面已经论述，计算年金现值时有一个简便的计算公式，因此在计算这类系列现金流终值时也应该有简便的计算公式。

先设想一下你的存款现在值多少钱。在今后的5年中你每年可以拿出20 000美元进行储蓄，那么这个5年期年金的现值就是：

PV = 20 000美元 × 5年期年金系数

$$= 20\ 000 \times \left[\frac{1}{0.08} - \frac{1}{0.08 \times (1.08)^5} \right] = 79\ 854\ （美元）$$

现在想一下如果现在你投资79 854美元那么5年后你将会有多少钱？非常简单，就乘以1.08^5就可以了：

第5年末价值 = 79 854美元 × 1.08^5 = 117 332美元

现在你有能力给自己买一艘117 000美元的豪华游艇了。

计算年金终值的时候，我们可以先计算其现值，然后再乘以$(1 + r)^t$。因此，t年内每年1美元的系列现金流终值的一般计算公式为：

$$\text{年金终值} = \left[\frac{1}{r} - \frac{1}{r(1+r)^t} \right] \times (1+r)^t = \frac{(1+r)^t - 1}{r}$$

3.3 更多简便计算方法——增长型永续年金与增长型年金

3.3.1 增长型永续年金

到现在为止我们已经知道了如何计算系列现金流的价值，但有时我们需要对按一定比率增长的系列现金流进行估价。例如，回想一下为治疗疟疾和其他传染性疾病想要捐助的 100 亿美元。当时我们忽略了薪金和其他成本的增长，比如从第 1 年开始薪金可能每年会增长 4%。因此你不能只是每年捐助 10 亿美元的永续年金，而是应该第 1 年捐助 10 亿美元，第 2 年捐助 1.04×10 亿美元，以此类推。如果用 g 表示成本的增长率，则相应的系列现金流现值计算公式可表示为：

$$PV = \frac{C_1}{1+r} + \frac{C_2}{(1+r)^2} + \frac{C_3}{(1+r)^3} + \cdots$$

$$= \frac{C_1}{1+r} + \frac{C_1(1+g)}{(1+r)^2} + \frac{C_1(1+g)^2}{(1+r)^3} + \cdots$$

幸运的是，对该几何级数求和我们也有一个简单的公式。[①] 假设 r 大于 g，上面烦琐的计算公式就可以简化为：

$$\text{增长型永续年金的现值} = \frac{C_1}{r-g}$$

因此，如果你希望每年捐助的善款都能跟上成本增长的节奏，那你在今天必须拿出来的资金数额就应该是：

$$PV = \frac{C_1}{r-g} = \frac{10 \text{ 亿美元}}{0.10 - 0.04} = 166.67 \text{ 亿美元}$$

3.3.2 增长型年金

你想加入 St. Swithin's and Ancient 高尔夫俱乐部。加入当年的会员年费为 5 000 美元，但你可以提前支付 12 750 美元，这包括了今后 3 年的年费。哪种方案更好呢？答案取决于今后 3 年期间会员年费的增长幅度。例如，假设年费是在每年年末支付的，费用增长率为每年 6%，折现率为 10%。

现在的问题是计算每年增长率为 6% 的 3 年期系列现金流的价值。当然，你可以计算每年的现金流，并把它们都按 10% 进行折现。另一种是使用我们前面介绍过的推导普通年金价值的方法进行推导，如图 3—5 所示。第 1 行列示的是现金流为第 1 年 1 美元、第 2 年 $1 \times (1+g)$ 美元，并以此类推的永续年金的价值，其现值为：

$$PV = \frac{\$1}{(r-g)}$$

---

① 我们需要计算无穷几何级数的和 $PV = a(1 + x + x^2 + \cdots)$，其中，$a = C_1/(1+r)$，$x = (1+g)/(1+r)$。在本书 40 页脚注①中已经证明了这一序列的和为 $a/(1-x)$，将 a 和 x 代入此式，则有：

$$PV = \frac{C_1}{r-g}$$

现金流

年份:	1	2	3	4	5	6……	现值
1. 增长型永续年金 A	$1	$1×(1+g)	$1×(1+g)^2	$1×(1+g)^3	$1×(1+g)^4	$1×(1+g)^5…	$\dfrac{1}{r-g}$
2. 增长型永续年金 B				$1×(1+g)^3	$1×(1+g)^4	$1×(1+g)^5…	$\dfrac{1}{(r-g)(1+r)^3}$
3. 3 年期增长型年金 (1-2)	$1	$1×(1+g)	$1×(1+g)^2				$\dfrac{1}{r-g} - \dfrac{1}{(r-g)(1+r)^3}$

第 2 行列示的是类似的第 4 年 $1 × (1+g)^3$ 美元增长型永续年金现金流的价值。其第 3 年的现值将为 $1 × (1+g)^3 / (r-g)$，因此其今天的价值为：

$$PV = \frac{\$1}{(r-g)} \times \frac{(1+g)^3}{(1+r)^3}$$

图中的第 3 行数额是前两行的差额，即以第 1 年 1 美元开始的 3 年期并且每年增长率为 g 的现金流的价值，它等于两个增长型永续年金的差：

$$PV = \frac{\$1}{(r-g)} - \frac{\$1}{(r-g)} \times \frac{(1+g)^3}{(1+r)^3}$$

在高尔夫例子中，三年中会员年费总额的现值应该是：

$$PV = \{1/(0.10-0.06) - 1.06^3/[(0.10-0.06) \times 1.10^3]\} \times 5\ 000$$
$$= 2.629 \times 5\ 000$$
$$= 13\ 146\ (美元)$$

如果资金不成问题的话，你应该现在一次性交齐三年的会员费。

3.4 复利与现值

复利（compound interest）和单利（simple interest）之间有很重要的区别。如果资金以复利进行投资，那么每期利息都被视为进行再投资，在以后各期内都将产生更多的利息。而在单利的情况下，利息就丧失了再生利息的机会。

表 3—2 对 100 美元进行复利投资和单利投资的结果作了比较。要注意，在单利的情况下，只有 100 美元的初始投资获得利息报酬，此时你的财富每年只增加 10 美元。而在复利情况下，第 1 年的初始投资可以获得 10% 的收益，因此第 1 年年末你的账面金额应该是：$100 × 1.10 = 110$（美元）。然后第 2 年这 110 美元将有 10% 的收益，从而第 2 年年末的账面金额将为：$100 × 1.10^2 = 121$（美元）。

表 3—2 告诉我们，单利和复利计息，投资 1 期并无差异，投资 2 期差别不大，但投资 10 年或更多年数就有天壤之别了。假如在美国独立战争时期进行了 100 美元的投资，如果以年利率 10% 计算的话，现在价值已经超过 3 000 亿美元了。要是你的前几代人在那时拿出一点儿钱进行投资该有多好啊！

表 3—2 利率 10% 情况下 100 美元单利投资和复利投资的价值比较 （单位：美元）

年份	单利				复利				
	初始金额	+ 利息	=	期末金额	初始金额	+	利息	=	期末金额
1	100	+ 10	=	110	100	+	10	=	110
2	110	+ 10	=	120	110	+	11	=	121
3	120	+ 10	=	130	121	+	12.1	=	133.1
4	130	+ 10	=	140	133.1	+	13.3	=	146.4
10	190	+ 10	=	200	236	+	24	=	259
100	1 090	+ 10	=	1 100	1 252 783	+	125 278	=	1 378 061
200	2 090	+ 10	=	2 100	17 264 116 042	+	1 726 411 604	=	18 990 527 646
300	2 390	+ 10	=	2 400	301 248 505 631	+	30 124 850 563	=	331 373 356 194

图 3—6 中上端的两条线比较了以 10% 利率进行单利和复利投资的结果。乍一看来，单利计息时资金的增长率保持不变，而复利则是加速增长，但这只是视觉上的错误。实际上我们知道，在复利方式下，财富的增长速度是稳定在 10% 水平上的。事实上，图 3—7 的表达方式更有用，其中数据以近对数的尺度被标示在图上，而不变的复利增长率表现为一条直线。

图 3—6　　　　　　　　　　复利与单利比较图（1）

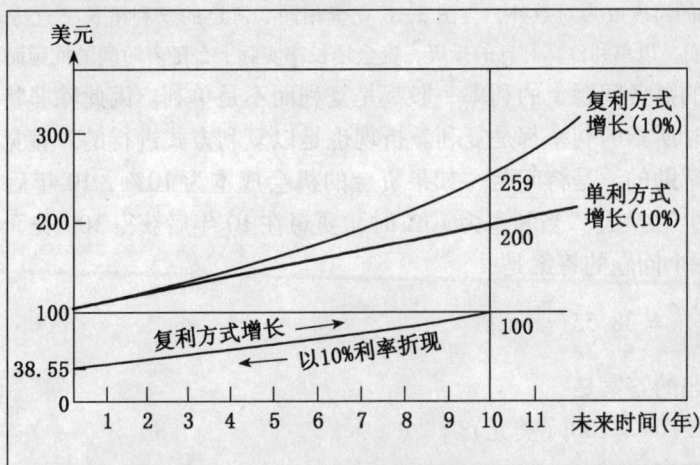

注：上端的两条上升曲线表示的是 100 美元以单利和复利进行投资时利息的增长情况。资金投资的时间越长，复利计息的好处就越明显。最下端的曲线表示的是，要想在 10 年后获得 100 美元，现在需要投资的金额是 38.55 美元。反过来说就是，10 年后收到的 100 美元收入的现值是 38.55 美元。

在美国，你要特别注意理解对消费者利率报价的方式。诚实租借法（the truth-in-lending）要求公司在对年度利息率进行报价时使用每年百分比（annual percentage rate）或 APR。例如，如果你信用卡利率为每月 1%，那么公司的报价就应该是 12% 的 APR。但由于这个 APR 的报价实际上意味着你每月要支付 1%，因此按年份计算累计的实际利率应该是：$1.01^{12} - 1 = 0.1268$，即 12.68%。[①]

图 3—7 复利与单利比较图（2）

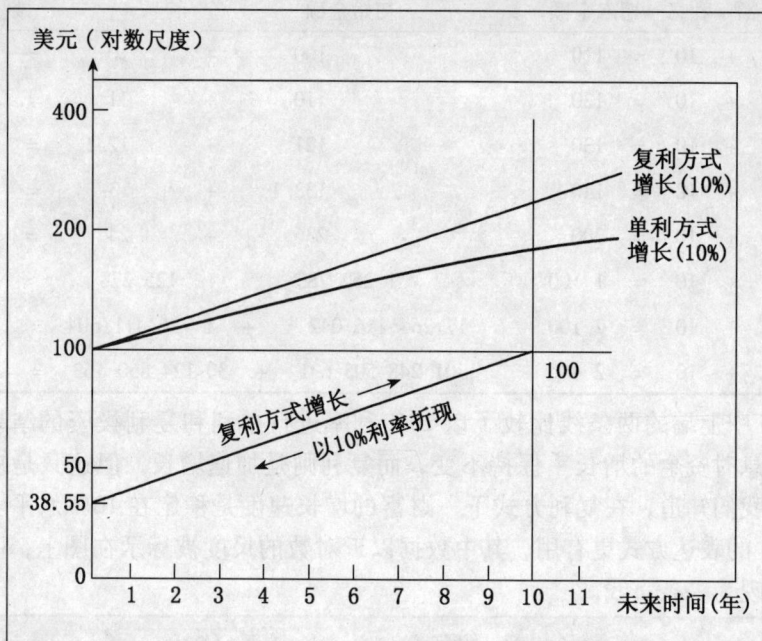

注：除纵轴的尺度改为对数外，与图 3—6 完全相同。恒定的复利增长率意味着一条上升的直线。此图告诉我们，以单利计算利息的投资，资金增长率实际上是随着时间的推延而下降的。

公司面临的财务问题上的利率一般都是复利而不是单利。因此除非特别指明，当与财务人员交谈时所指的利率都是复利。折现也是以复利方式进行的。直觉上，将以下问题互换是很有帮助的，是将问题"如果资金的机会成本为 10%，10 年后收到的 100 美元的现值是多少"换成"当利率为 10% 时，要想在 10 年后获得 100 美元，现在应该投资多少"。第一个问题的答案是：

$$PV = \frac{100}{1.10^{10}} = 38.55（美元）$$

第二个问题的答案是：

投资额 × $1.10^{10} = 100$（美元）

$$投资额 = \frac{100}{1.10^{10}} = 38.55（美元）$$

图 3—6 和图 3—7 中最下端的线描绘了由初始投资 38.55 美元向其终值 100 美元的增长轨迹。我们可以将折现看成是沿图中底线由终值到现值的回归。

3.4.1　关于复利期间的一点注释

到目前为止我们一直都有一个潜在的假设，就是现金流都是发生在每年年末的。实

①　其他国家 APR 的计算方法不同。例如在欧盟，必须以年度复利利率形式表示 APR，因此数额会更高。

际上有时情况确实是这样。例如在法国和德国，大多数公司的债券都是每年付息一次的。但在美国和英国，更多的是半年付息一次。在这些国家，投资者的第一笔利息就能获得额外的 6 个月期的利息，也就是说，利率 10%、复利半年计息一次的 100 美元的债券投资，6 个月后将变成 105 美元，到年底就是：$1.05^2 \times 100 = 110.25$（美元）。换句话说，利率 10%、半年计息一次就等同于复利每年计息一次的年利率 10.25%。

再看一个例子。假设美国银行给你提供了一笔利率 6% 的汽车贷款。如果要求是按月付息，那么你就需要每月偿还年利率的 1/12，即 6%/12 = 0.5%。由于这样实际上是按月复利计息，因此你的实际贷款利率就不是 6% 了，而是 $1.005^{12} - 1 = 0.0617$，即 6.17%。

一般来说，利率为 r、年复利 m 次的 1 美元投资到年末其价值将变为 $[1 + (r/m)]^m$，其实际年复利利率为 $[1 + (r/m)]^m - 1$。

再回到之前 30 年抵押贷款的例子。假设抵押销售人员建议你可以不按年利率 12% 支付利息，而是按月支付 1%，这样对你更方便、更便宜一些。说更方便是因为你的薪金也是按月支付的，这样贷款偿还额可以每月直接从你的银行账户扣除。由于将有 360 次（30×12）还款，抵押贷款销售人员计算了一下每次偿还的金额，用贷款额除以 360 个月的年金系数：

$$360 \text{ 个月年金系数} = \frac{1}{0.01} - \frac{1}{0.01 \times 1.01^{360}} = 97.218$$

因此，

每月抵押贷款偿还额 = 贷款额/360 个月年金系数

= 250 000/97.218 = 2 572（美元）

于是销售人员指出，你每年偿还的抵押贷款额将从 31 037 美元减少到 30 864 美元（12×2 572）。

那么到现在你就可以看出这种花招的问题了，销售人员的论述忽略了资金的时间价值！确实，按月偿还的总金额是减少了，但支付的时间提前了。按月支付 1% 的实际年利率不是 12%，而是 12.68%（$1.01^{12} - 1$），就像上面所举的信用卡例子一样。

3.4.2　连续复利

在我们的汽车贷款例子中，$m = 12$，利率是 6%，于是年复利利率就是：$(1 + r/m)^m - 1 = (1 + 0.06/12)^{12} - 1 = 0.0617$，即 6.17%。复利可以按月进行，也可以按周（$m = 52$）或按天（$m = 365$）进行。实际上，利息支付频率的多少是没有限制的，复利的期间长度也可以缩短。因此不妨设想这样一种情况，即利息的支付是全年均匀连续进行的，连续复利计息，[①] 此时，m 为无穷大。

---

① 当我们谈论连续支付时，我们假设货币就像水龙头中放出的流水一样，是可以连续分割的。但实际上谁也无法做到这一点。例如前面所讲的抗击疟疾的捐款，你可以不用每年捐助 10 亿美元，而是每 $8\frac{3}{4}$ 小时捐助 100 万美元，或每 $5\frac{1}{4}$ 分钟捐助 10 000 美元，或每 $3\frac{1}{6}$ 秒捐助 10 美元，但你不可能做到连续付款。财务经理之所以假设连续支付，而不是每小时、每天或每周支付，其原因是（1）可以简化计算；（2）这样求得的结果与经常性付款所得的 NPV 非常相近。

实际上，公司理财中有很多情况都要用到连续复利。我们很快就将看到，资本预算中就会用到连续复利。连续复利的另一个重要应用就是期权定价模型，例如将在第 18 章中介绍的布莱克—斯考尔斯模型（Black – Scholes model）。这些都是连续时间模型，因此你会发现，在计算期权价值时，计算机程序大多采用的是连续复利利率。

看起来求连续复利利率时可能需要进行大量的计算，但其实不然。回想一下高中代数的内容，你会发现，当 m 趋近于无穷时，$(1 + r/m)^m$ 趋近于 2.718^r，其中数字 2.718，或所谓的 e，就是自然对数的底。因此，以利率 r 连续复利投资，1 美元的投资到第 1 年年末价值将增长为 $e^r = 2.718^r$，到第 t 年年末将增长为 $e^{rt} = (2.718)^{rt}$。

例 1 假设你出资 1 美元，以 11%（$r = 0.11$）的利率连续复利投资 1 年（$t = 1$），则到年末其价值将为 $e^{0.11}$，即 1.116。换句话说，以 11% 利率连续复利 1 年恰好就等于以 11.6% 利率年复利 1 年。

例 2 假设你出资 1 美元，以 11%（$r = 0.11$）的利率连续复利投资 2 年（$t = 2$），则投资的终值为 $e^{rt} = e^{0.22}$，即 1.246 美元。

有时假设项目的现金流是等额发生而不是每年年末发生是更加合理的，可以利用前面的公式来处理这样的问题。例如，假设我们想要计算每年付款 C 美元的永续年金的现值，已经知道，如果是在年末付款的话，则可以用付款额除以年复利利率 r：

$$PV = \frac{C}{r}$$

如果同样的付款额是全年等额支付的，我们仍然可以用这个公式，但要将公式中的利率换成连续复利利率。

例 3 假设年复利利率为 18.5%，年末收到 100 美元现金流的永续年金现值就是 $100/0.185 = 540.54$ 美元。如果现金流是连续收取的，在计算现值时就应当用 100 美元除以 17%，因为 17% 的连续复利利率与 18.5% 的年复利利率相等（$e^{0.17} = 1.185$）。连续现金流的现值为 $100/0.17 = 588.24$ 美元。由于现金立即就开始流动，所以投资者为连续现金流支付的金额就多。

对任何其他的连续支付，我们都可以利用计算年金价值的公式。例如你又想到了你的捐助计划，你决定在发展中国家建立一个接种疫苗的项目，该项目每年的成本为 10 亿美元，这样你必须从现在就开始付款，且在今后 20 年内等额支付。之前我们采用的是年复利利率 10%，但现在我们就要用连续复利利率 $r = 9.53\%$（$e^{0.0953} = 1.10$）。为保

证能够支付这笔开销，现在你必须拿出来的钱数就应该是：[1]

$$PV = C \left(\frac{1}{r} - \frac{1}{r} \times \frac{1}{e^{rt}} \right)$$

$$= 10 \text{ 亿美元} \times \left(\frac{1}{0.0953} - \frac{1}{0.0953} \times \frac{1}{6.727} \right)$$

$$= 10 \text{ 亿美元} \times 8.932$$

$$= 89.32 \text{ 亿美元}$$

如果我们回头看看前面对年金的讨论就会发现，今后 20 年每年年末付款 10 亿美元的现值为 85.14 亿美元，因此如果付款采用连续方式，你需要多花费 4.18 亿美元，与过去相比多花费 5%。

在公司理财中对现值我们经常只是需要一个大体的估计，现值计算中出现 5% 的误差是完全可以接受的。在这种情况下，假设现金流是在期末发生还是连续发生通常关系都不大。但对于有些要求非常精确的问题，我们确实还是需要关注现金流发生的准确频率的。

本章小结

对多个时期都有收益的资产，其基本现值公式显然就是单一时期公式的扩展：

$$PV = \frac{C_1}{1 + r_1} + \frac{C_2}{(1 + r_2)^2} + \cdots$$

利用这一公式能够计算出任意现值，但如果不同到期日的折现率相同，就会有一些简便方法。表 3—3 对这些简便算法进行了归纳。要注意，年金的第一笔现金流是立即发生的，而其他所有的公式都假设第一笔现金流发生在年末。

下一步说明了折现是一个复利的过程。折现就是在复利利率 r 的情况下，要想获得 C_1、C_2 等现金流现在必须进行的投资。当有人向我们提供年利率为 r 的 1 美元贷款时，我们必须检查利息的复利频繁程度。如果复利是按年计算的，我们需要偿还的金额就是 $(1 + r)^t$；但如果复利是连续计算的，那我们必须偿还 2.718^{rt}（通常表示为 e^{rt}）美元。在资本预算中我们通常假设现金流是发生在每年年末的，因此通常是用年度复利利率对其进行折现。但有些时候，假设现金流在年度内均匀发生更为现实，在这种情况下折现

---

[1] 要记住，年金不过就是今天收到的永续年金与 t 年后收到的永续年金的差。每年连续现金流 C 美元的永续年金的价值为 C/r，其中 r 为连续复利利率。因此年金价值为：

$$PV = \frac{C}{r} - t \text{ 年后收到的} \frac{C}{r} \text{ 的现值}$$

由于 r 是连续复利利率，t 年后收到的 C/r 在今天的现值应为 $(C/r) \times (1/e^{rt})$，因此年金公式为：

$$PV = \frac{C}{r} - \frac{C}{r} \times \frac{1}{e^{rt}}$$

有时可作：

$$\frac{C}{r}(1 - e^{-rt})$$

时就必须利用连续复利来进行。

表 3—3					一些有用的简便公式			

现金流，美元

年份	0	1	2...	...	$t-1$	t	$t+1...$	现值
永续年金		1	1...		1	1	1...	$\dfrac{1}{r}$
t 期年金		1	1...		1	1		$\dfrac{1}{r}-\dfrac{1}{r(1+r)^t}$
t 期先付年金	1	1	1...		1			$(1+r)\left(\dfrac{1}{r}-\dfrac{1}{r(1+r)^t}\right)$
增长型永续年金		1	$1\times(1+g)$	$1\times(1+g)^{t-2}$	$1\times(1+g)^{t-1}$	$1\times(1+g)^t$ ...		$\dfrac{1}{r-g}$
t 期增长型年金		1	$1\times(1+g)$	$1\times(1+g)^{t-2}$	$1\times(1+g)^{t-1}$			$\dfrac{1}{r-g}-\dfrac{1}{r-g}\times\dfrac{(1+g)^t}{(1+r)^t}$

本章中引入了两个非常重要的观点，今后这两个观点还将被多次使用。第一个是现值可以相加：如果你计算的 A + B 的现值不等于 A 的现值加 B 的现值，那么你肯定是什么地方算错了。第二个观点是套利机会或生钱机器很少出现，并且通常会很快消失。如果你发现你找到了这样的机会，那还是回头检查一下你的计算吧！

网上练习题

有几十个网站提供计算器，帮助个人进行理财决策，www. quicken. com 和 www. smartmoney. com 就是两个较好的例子。（注意：这两家的计算器中的年利率都等于月利率乘以 12。）

1. 假设你现在有 5 000 美元的银行存款，打算今后每月存款 500 美元。如果每年可以获得 12% 的收益（每月 1%），30 年后你退休的时候将会积累起多少资金？试访问 Quicken 网站，找到适用的储蓄计算器，并检验你的答案。

2. 假设你获得了一笔 200 000 美元的抵押贷款，期限 30 年，利率 10%。你的月供总额将是多少？第 1 个月的还款会使贷款规模降低多少？还款两年后贷款金额减少多少？试访问 www. smartmoney. com 的个人理财网页，并利用抵押贷款计算器检验你的答案。

概念复习题

完整的本章概念复习题，请登录网站 www. mhhe. com/bma1e。

1. 写出产生现金流 C_1、C_2、和 C_3 的投资的现值计算公式。

2. 两年期折现系数 DF_2 的计算公式是什么？

3. 两年期折现率 r_2 有可能小于一年期折现率 r_1 吗？

1. 当利率为 12% 时，6 年期折现系数为 0.507。那么如果以 12% 的利率投资 0.507 美元，6 年后其价值为多少？

2. 如果 139 美元的现值为 125 美元，那么折现系数是多少？

3. 如果资本成本为 9%，那么 9 年后的 374 美元的现值是多少？

4. 某项目产生的现金流为：第 1 年 432 美元、第 2 年 137 美元、第 3 年 797 美元。如果资本成本为 15%，该项目的现值是多少？

5. 如果你以年利率 15% 投资了 100 美元，那么 8 年后你将获得多少美元？

6. 某项成本为 1 548 美元的投资，其所得为每年付款 138 美元的永续年金。如果利率为 9%，其净现值 NPV 是多少？

7. 某普通股股票下一年将发放 4 美元的现金股利，预计此后，股利将以 4% 的年增长率保持持续增长。如果折现率为 14%，此股利现金流的现值（PV）是多少？

8. 利率为 10%。

（1）每年支付 1 美元的永续年金的现值是多少？

（2）年利率 10% 的资产，其资产价值增长 1 倍大约需要 7 年。那么 8 年后开始每年得到 1 美元的永续年金的现值是多少？

（3）今后 7 年每年付款 1 美元的资产现值大约是多少？

（4）某块土地，预计其产生的利润每年可增长 5%。如果第 1 年的现金流为 10 000 美元，那么这块土地的价值是多少？

9.（1）一辆新汽车的成本是 10 000 美元。如果利率为 5%，为了 5 年后能筹足这笔钱，现在你该拿出多少钱？

（2）今后 6 年你必须每年年末支付 12 000 美元的学费。在利率为 8% 的情况下现在你应该拿出多少钱？

（3）如果你以 8% 的利率投资了 60 476 美元。扣除上述学费后，到第 6 年年末你还剩下多少钱？

10. 设连续复利利率为 12%。

（1）以此利率投资 1 000 美元，5 年后你的投资价值是多少？

（2）8 年后收到的 500 万美元的现值是多少？

（3）立即开始付款，连续复利 15 年，每年 2 000 美元的连续现金流的现值是多少？

11. 以 6% 的利率投资 1 000 万美元，如果利率是按以下方式复利计息，（1）每年一次；（2）每月一次；（3）连续复利，那么 4 年后你的投资价值是多少？

12. 下列情况下收到 100 美元的现值是多少？

（1）10 年后（折现率 1%）。

（2）10 年后（折现率 13%）。

（3）15 年后（折现率 25%）。

（4）第 1 至 3 年的每一年（折现率 12%）。

13. （1）如果 1 年期折现系数是 0.905，那么 1 年期的利率是多少？

（2）如果 2 年期利率是 10.5%，那么 2 年期折现系数是多少？

（3）根据以上的 1 年期和 2 年期折现系数，计算 2 年期年金系数。

（4）如果每年 10 美元的 3 年期年金现值是 24.65 美元，那么 3 年期的年金系数是多少？

（5）根据以上（3）、（4）的答案，计算 3 年期的折现系数。

14. 一家现购成本为 800 000 美元的工厂，预计今后 10 年扣除经营成本后每年将有 170 000 美元的现金流入。如果资本机会成本为 14%，该工厂的净现值是多少？工厂在第 5 年末的价值是多少？

15. 某机器成本为 380 000 美元，预计将产生如下现金流：

年份	1	2	3	4	5	6	7	8	9	10
现金流（千美元）	50	57	75	80	85	92	92	80	68	50

如果资本成本为 12%，该机器的净现值为多少？

16. Mike Polanski 今年 30 岁，下一年的工资收入将为 40 000 美元。Mike 估计到他 60 岁退休前，他的工资收入将以 5% 的速度每年稳定增长。

（1）如果折现率为 8%，那么其未来工资收入的现值为多少？

（2）如果 Mike 每年拿出 5% 的工资收入，以 8% 的利率存款，那么到他 60 岁时他的存款将有多少？

（3）如果 Mike 打算在今后 20 年里等额消费这笔存款，那么每年他可以消费的金额是多少？

17. 一家现购成本为 400 000 美元的工厂，扣除经营成本后预计每年可产生的现金流为：第 1 年 100 000 美元，第 2 年 200 000 美元，第 3 年 300 000 美元。如果资本机会成本为 12%，计算该工厂的净现值。

18. Halcyon Lines 正在考虑购买一艘 800 万美元的大型运输船，预计每年收入为 500 万美元，经营成本为 400 万美元。该船将在第 5 年和第 10 年进行两次大修，每次将会耗资 200 万美元。预计 15 年后该运输船将被拆零出售，可得款 150 万美元。设折现率为 8%，该船的净现值是多少？

19. 作为一名早餐麦片类食品大赛的优胜者，你可以获得一项奖励，可供选择的奖金方式有：

（1）立刻领取 100 000 美元；

（2）第 5 年末领取 180 000 美元；

（3）每年领取 11 400 美元，不限期限；

（4）今后 10 年每年领取 19 000 美元；

（5）第 2 年领取 6 500 美元，以后每年增加 5%，不限期限。

如果利率为 12%，那么哪种奖金的价值最高？

20. Siegfried Basset 今年 65 岁，估计还能再活 12 年。他想以年金形式投资 20 000 美元，每年年末能有年金收入，直到寿终为止。如果利率为 8%，那么 Basset 先生每年可望拿到多少？

21. David 和 Helen Zhang 打算购买一只小艇，为此准备在今后 5 年内每年年末进行存款储备。如果小艇需要 20 000 美元，其存款利率为 10%，那么在今后 1 至 5 年内他们每年需要存款的金额应为多少？

22. Kangaroo Autos 公司为其售价 10 000 美元的新车提供无息贷款，消费者可以现付 1 000 美元，然后在今后 30 个月里每月支付 300 美元。而隔壁的 Turtle Motors 公司不提供无息贷款，但在现价的基础上给予 1 000 美元的折让。如果年利率为 10%（每月约为 0.83%），那么哪家提供的售价更为优惠呢？

23. 分别在利率为 5%、10% 和 15% 的情况下，重新计算本章第 3.1 节讨论的办公大楼项目的净现值，并以净现值作为纵坐标，以折现率作为横坐标作图，看看折现率（大约）为多少时项目的净现值为零？检验你的答案。

24. 设利率为 7%，以下 3 种投资的价值是多少？
（1）每年年末得款 100 美元的永续年金投资；
（2）每年年初得款的类似投资；
（3）每年年内等额得款的类似投资。

25. 重新考虑本章 3.2 节的捐款问题。如果利率是 8%，而不是 10%，为了实现以下现金流，你需要提供的资金是多少？
（1）每年年末 10 亿美元的永续年金；
（2）第 1 年末支付 10 亿美元，以后每年以 4% 的速度逐年增长的永续年金；
（3）今后 20 年内每年年末 10 亿美元；
（4）今后 20 年中陆续等额支付，每年 10 亿美元。

26. 如果今天你以 15% 的年复利利率投资 100 美元，20 年后你将有多少钱？如果你投资的是 15% 的连续复利利率呢，你将有多少？

27. 你刚看到一则广告，广告声称"今后 10 年每年给我们 100 美元，从此以后我们将每年给你 100 美元"。如果这是一项公平交易，则其利率是多少？

28. 你倾向于选择以下哪一个投资？
（1）利率为 12% 的每年复利一次的投资；
（2）利率为 11.7% 的半年复利一次的投资；
（3）利率为 11.5% 的连续复利投资。
分别计算上述投资进行 1 年、5 年、20 年后的价值。

29. 1880 年，五名土著侦探被聘请帮助缉拿臭名昭著的罪犯 Ned Kelley，报酬是每人可以得到相当于 100 澳元的奖金。1993 年，其中两名侦探的孙女声称这笔奖金尚未兑现。Victoria 省政府表示，如果事实成立，他们将愿意支付这 100 澳元。然而，这两名孙女同时要求她们应当得到复利利息。那么，如果利率为 5% 的话她们应该得到多少奖金呢？如果利率为 10%，结果又将怎样？

30. 某租赁合同的要求是，立即支付 100 000 美元，其后仍需 9 次支付，每半年一次，每次支付 100 000 美元。如果年利率为 8%，这些费用的现值是多少？

31. 几年前，《华尔街日报》报道了马萨诸塞州彩票大奖获得者不仅破产，而且因欺诈入狱的不幸遭遇。这笔奖金高达 9 420 713 美元，分 19 次每年等额支付（本来是分 20 次每年支付一次，获奖者已经领取了第一笔奖金）。破产法庭判定这笔奖金将售予出价最高的买主，所得款项用于偿还债务。

（1）如果利率为8%，你愿意为之出价多少？

（2）据报道，Enhance Reinsurance 公司为此提出了420万美元的报价。利用 Excel 电子表格计算该公司想要得到的收益率。

32. 一份抵押贷款要求今后8年每年年末支付70 000美元。设利率为8%。

（1）这样支付的现金流的现值是多少？

（2）计算每年尚未偿还的贷款余额、利率支付金额以及贷款余额的减少额。

33. 你估计到你35年后退休时，你所积蓄的存款累计可达200万美元。如果利率为8%，而你在退休后还可以再活15年，这些存款每年可为你带来多少等额开支？

不幸的是，你的退休收入将受到通货膨胀的影响。假设通货膨胀率为4%，试制订一个消费计划，使你退休后每年的实际开支即使在通货膨胀的情况下也能够与上述水平持平。

34. 设年复利利率为5.5%。要求计算每年支付50 000美元，期限为12年的年金现值。请按以下各种情况计算现值：

（1）年金的支付间隔期是1年，第1次支付的时间是1年后；

（2）第1次支付的时间是6个月后，以后每年支付一次（即第18个月、第30个月等等）。

35. 尊敬的财务顾问：

我的配偶和我今年都62岁了，打算在3年后退休。退休后我们可以得到的收入是，税后每月7 500美元的员工退休金和税后1 500美元的社会保险金。但我们每月的生活费却是15 000美元，而社会地位也决定了不可能再有进一步缩减生活费的可能。

目前我们手头有1 000 000美元的免税高级政府债券的共同基金投资，其回报率是每年3.5%。我们打算每年从这些基金中取钱，以弥补退休金和社会保险收入与生活费之间的差额。那么到这笔钱花光之前我们一共可以取多少年呢？

给您添麻烦了！

此致

Marblehead，MA

你可以假设钱（每年取一次）是从支票账户（没有利率）中取出的。老两口要用这些钱添补每月生活费的不足。

思考题

36. 以下是两条经验法则："72法则"指出，利用离散复利方式，一项投资增加一倍所需的时间大约是72/利率（百分比）；"69法则"指出，利用连续复利方式，一项投资增加一倍所需的时间恰好是69.3/利率（百分比）。

（1）如果年复利利率为12%，利用72法则计算你的资金增加一倍大约需要多长时间，然后再精确计算一遍。

（2）你能证明69法则吗？

37. 利用 Excel 电子表格自己建一个年金表。

38. 你所拥有的一条输油管道下一年能带来 200 万美元的回报。该管道的经营成本可以忽略，并且预计管道可以工作很长时间。但输送的石油越来越少，因此现金流预计每年将下降 4%。设折现率为 10%：

(1) 如果这些现金流可以永久持续下去，该管道现金流的现值是多少？

(2) 如果该管道 20 年后将被废弃，该管道现金流的现值又为多少？

第4章

债券估价

对新的厂房和设备进行投资是需要资金的，通常需要大量的资金。有时公司可以通过对利润进行留存并积累来满足投资资金的需要，但通常情况下它们还需要向投资者筹集额外的资金。如果不愿意增发普通股的话，就只能借款。如果资金需要的时间不是很少，它们会选择向银行借款；但如果投资资金需要的时间非常长的话，他们通常会采取发行债券的方式，也就是取得长期的贷款。

公司并不是唯一的债券发行者，市级政府也可以通过出售债券筹集资金，州政府也是一样。一般情况下，公司或市级政府发行债券后可能会有现金不足，难以偿付债券的风险，但投资于州政府的投资者一般都会充满信心，因为州政府发行的债券通常是会足额并且准时偿还和支付的。[1]

本章集中探讨如何对政府债券进行估价，以及政府发行债券时的利率水平。这种债券的市场是非常大的，2006 年中期流通在外的美国国库券本金总额约为 8.4 万亿美元。[2] 相应时期内，德国和英国的分别是 1.1 万亿欧元和 0.4 万亿英镑。同时这一市场也是非常复杂的，债券交易者会出于很小的价格差异而进行大量的交易行为。

政府债券的利率水平是所有利率的一个标尺。公司不可能以政府债券这么低的利率借入资金，但当政府利率升或降的时候，公司利率也会按比例增加或减少。因此，财务管理人员必须了解政府利率是由什么决定的，当其发生变化时公司利率会相应有哪

---

[1] 以上结论仅在政府债券是以本国货币发行的情况下成立。如果政府是借入了其他国家的货币，投资者不能绝对相信会得到足额偿付。

[2] 该数值包括政府本身持有的 3.6 万亿美元。

些变化。

政府债券支付利息和偿还本金时支付的是一系列的现金流，不论在其金额上还是在时间上都不存在不确定性。因此，对政府债券进行估价是非常简单的，就是一个按无风险利率折现的问题。这样说对吗？答案是错误的。原因在于，无风险利率并不只有一个，而是由于到期日的不同存在好多个。你会发现，债券交易者可能会倾向于采用"即期利率"或"到期收益率"，这两个概念是不一样的。

这本书不是为债券交易者写的，但如果你的工作与管理公司债务有关，那你必须理解折现的含义和作用机理。职业财务管理人员对财务方面书籍中债券的相关知识是非常了解的，他们知道当使用即期利率或到期收益率的时候债券经销商指的是什么意思。他们也明白为什么通常情况下短期利率要比长期利率要低（有时会高），以及为什么最长期债券的价格对利率变化是最敏感的。他们能够区分实际（按通货膨胀调整后）利率和名义（名义货币计算的）利率之间的区别，能够预期未来通货膨胀率对利率水平的影响。本章中我们就要探讨以上这些问题。

4.1　利用现值公式评估债券价值

如果你有一份债券，你就会有一份固定的现金收入：直到债券到期，之前的每一年你都会获得一份利息收入；债券到期时，你还会拿回等于债券面值的金额，这一金额叫做本金。因此，当债券到期时，你既可以收回本金，也可以得到利息。

4.1.1　德国政府债券价值评估一瞥

我们将从对德国政府债券的评估开始。德国政府发行一种叫做"bunds"（Bundesanleihen 的缩写）的长期债券，这种债券以欧元（€s）支付利息，偿还本金。例如，假设 2006 年 7 月你决定购买面值为 100 欧元，利率为 5%，2012 年 7 月到期的 bund。这就意味着，直到 2012 年，每一年你都会得到利息 5 欧元（0.05×100），这是债券的**息票**①金额。2012 年债券到期时，政府将支付给你最后的 5 欧元利息，并偿还给你 100 欧元面值。你得到的第一次息票收入是在第一年的 2007 年 7 月，因此，拥有这份债券的现金流可以作如下列示：

现金流（欧元）					
2007	2008	2009	2010	2011	2012
5	5	5	5	5	105

这些收入的现值是多少呢？要得到这一问题的答案，首先要看一下同类证券的收益情况。2006 年 7 月，其他的中期德国政府债券提供的收益率大约为 3.8%，这也是由于你购买了 5% 债券而不得不放弃的收益。因此，要对 5% 的债券进行估价，就要对以上

---

① 债券通常会附有息票。要得到债券的利息，债券持有人就必须撕下息票，将之出示给债券发行人。对于无记名债券（bearer bonds）来说，目前做法还是这样，此时债权的唯一凭证就是债券本身。世界上有很多地方仍在发行无记名债券，对于希望匿名购买的投资者来说，这种债券非常受欢迎。另一种方式就是发行记名债券（registered bonds），此时债券持有者的身份将被记录在案，息票被自动送出。Bunds 是记名债券。

现金流按 3.8% 进行折现：

$$PV = \frac{5}{1.038} + \frac{5}{1.038^2} + \frac{5}{1.038^3} + \frac{5}{1.038^4} + \frac{5}{1.038^5} + \frac{105}{1.038^6} = 106.33（欧元）$$

债券价格通常是以面值的一定百分比表示的，因此我们可以说，你的利率为 5% 的债券其价值为 106.33%。

或许你已经意识到对这一债券估价的简便算法了。你购买的债券就像是两项投资的组合，第一项是 6 年中每年 5 欧元的利息收入，第二项是到期时 100 欧元的面值。因此你可以用年金的公式来对息票的收入进行估价，然后再加上最后的面值收入的现值：

PV（债券） = PV（息票收入） + PV（最终收入）

= 息票 × 6 年的年金系数 + 最终收入 × 折现系数

$$= 5 \times \left(\frac{1}{0.038} - \frac{1}{0.038 \times 1.038^6} \right) + \frac{100}{1.038^6}$$

$$= 26.38 + 79.95 = 106.33 （欧元）$$

任意一种债券都可以作为年金（息票收入）和单一一笔收入额（面值的偿还）的组合来进行估价。

有时我们不想知道债券的价值是多少，可能我们会这样问：如果债券的价格是 106.33 欧元，投资者预期的收益率将会是多少？这种情况下，你需要求解能够满足以下方程式的 y 值：

$$106.33 = \frac{5}{1+y} + \frac{5}{(1+y)^2} + \frac{5}{(1+y)^3} + \frac{5}{(1+y)^4} + \frac{5}{(1+y)^5} + \frac{105}{(1+y)^6}$$

这里的利率 y 叫做债券的**到期收益率**，本例中的到期收益率是 3.8%。也就是说，如果你以 106.33 欧元（原文中为 106.33%，应为 106.33 欧元——译者注）的价格购买了债券，并且将其持有至到期，那么在 6 年中你的收益率就会是 3.8%。这一数值不仅反映了你可以收到的正常的利息，同时也能够反映出你当前的购买价格（106.33 欧元）超过到期时能够得到的面值（100 欧元）这一事实。

计算到期收益率的唯一一种常用方法是试错法（trial and error）。首先你要估计一个利率，然后计算债券收入的现值。如果该现值大于债券的实际价格，就说明你猜测的折现率过低了，那么下一步你必须再试一个更高的折现率。在实践中更常见的做法是用电子表格程序或专门的计算器程序来计算到期收益率。

4.1.2 回到美国的情况：半年期息票和债券价格

和德国政府一样，美国财政部定期也会通过发行新债券的方式筹集资金。有些债券是 30 年到期的，另外一些通常被称为票据（notes），通常其到期日是 10 年或更短的时间。政府还发行到期日不足一年的短期借款，这些被称为国库券（Treasury bills）。

下面看一个美国政府票据的例子。2004 年，财政部发行了 2009 年到期的利率为 4% 的票据。财政部发行的债券面值一般为 1 000 美元，因此，如果你持有该票据至 2009 年，财政部将在债券到期时偿还给你 1 000 美元。同时你还可以得到定期的利息收入，但与上述德国债券不同的是，美国国库券的利息是半年付息[1]的。因此，由于你持有这份 2009 年到期的 4% 债券，那么每 6 个月你就会收到面值 2.0%（4.0/2）的息票收入。

发行后，政府债券就会大范围地在做市商市场上进行交易，而买卖债券的价格都会被列示在每天的财经杂志上。图 4—1 就是《华尔街日报》债券报价版的一部分。看图中 2009 年 6 月到期的 4% 政府债券的那一栏，97：11 的**要价**（asked price）是你想从证券商那里购买债券必须支付的价格，这个价格是用 32 进制而不是采用小数报价的。因此，97：11 的要价意思是说，每一份债券的成本是面值的 97 再加上 11/32，也就是面值的 97.3475%。每份债券的面值是 1 000 美元，即每份成本为 973.3475 美元。[2]

图4—1	《华尔街日报》政府债券报价，2006 年 6 月

Treasury Bonds, Notes and Bills

Explanatory Notes

Representative Over-the-Counter quotation based on transactions of $1 million or more. Treasury bond, note and bill quotes are as of mid-afternoon. Colons in bid-and-asked quotes represent 32nds; 101:01 means 101 1/32. Net changes in 32nds. n-Treasury note. i-Inflation-Indexed issue. Treasury bill quotes in hundredths, quoted on terms of a rate of discount. Days to maturity calculated from settlement date. All yields are to maturity and based on the asked quote. Latest 13-week and 26-week bills are boldfaced. For bonds callable prior to maturity, yields are computed to the earliest call date for issues quoted above par and to the maturity date for issues below par. *When issued.
Source: eSpeed/Cantor Fitzgerald

U.S. Treasury strips as of 3 p.m. Eastern time, also based on transactions of $1 million or more. Colons in bid and asked quotes represent 32nds; 99:01 means 99 1/32. Net changes calculated on the asked quotation. ci-stripped coupon interest. bp-Treasury bond, stripped principal. np-Treasury note, stripped principal. For bonds callable prior to maturity, yields are computed to the earliest call date for issues quoted above par and to the maturity date for issues below par.
Source: Bear, Stearns & Co. via Street Software Technology Inc.

RATE	MATURITY MO/YR	BID	ASKED	CHG	ASK YLD	RATE	MATURITY MO/YR	BID	ASKED	CHG	ASK YLD
Government Bonds & Notes						4.250	Nov 07n	98:27	98:28	-1	5.04
2.750	Jun 06n	99:28	99:29	...	4.36	4.375	Dec 07n	99:00	99:01	...	5.03
7.000	Jul 06n	100:04	100:05	...	4.91	3.625	Jan 08i	102:05	102:06	-1	2.21
2.750	Jul 06n	99:22	99:23	-1	4.72	4.375	Jan 08n	98:30	98:31	-1	5.03
2.375	Aug 06n	99:17	99:18	-1	4.78	3.000	Feb 08n	96:24	96:25	-1	5.02
2.375	Aug 06n	99:13	99:14	-1	4.92	5.500	Feb 08n	100:26	100:27	...	4.96
2.500	Sep 06n	99:07	99:08	-1	5.03	3.375	Feb 08n	97:11	97:12	-1	5.02
6.500	Oct 06n	100:14	100:15	...	5.04	4.625	Feb 08n	99:10	99:11	-1	5.02
2.500	Oct 06n	99:00	99:01	-1	5.04	4.625	Mar 08n	99:09	99:10	-1	5.02
2.625	Nov 06n	98:30	98:31	-1	5.12	4.875	Apr 08n	99:23	99:24	-1	5.01
3.500	Nov 06n	99:10	99:11	...	5.08	2.625	May 08n	95:21	95:22	...	5.01
2.875	Nov 06n	98:30	98:31	-1	5.11	3.750	May 08n	97:22	97:23	-1	5.00
3.000	Dec 06n	98:26	98:27	-1	5.17	5.625	May 08n	101:03	101:04	-1	4.99
3.375	Jan 07i	100:18	100:19	-1	2.32	4.875	May 08n	99:22	99:23	-1	5.02
3.125	Jan 07n	98:23	98:24	-1	5.15	3.250	Aug 08n	96:14	96:15	-1	4.97
2.250	Feb 07n	98:02	98:03	-1	5.13	4.125	Aug 08n	98:10	98:11	-1	4.93
6.250	Feb 07n	100:21	100:22	-1	5.16	3.125	Sep 08n	96:02	96:03	-1	4.97
3.375	Feb 07n	98:24	98:25	...	5.13	3.125	Oct 08n	95:30	95:31	-1	4.96
3.750	Mar 07n	98:29	98:30	-1	5.12	3.375	Nov 08n	96:11	96:12	-1	4.97
3.625	Apr 07n	98:22	98:23	-1	5.13	4.750	Nov 08n	99:14	99:15	-1	4.98
6.625	May 07n	101:10	101:11	-1	5.11	4.375	Nov 08n	98:19	98:20	-1	4.96
4.375	May 07n	99:09	99:10	-1	5.13	3.375	Dec 08n	96:08	96:09	-1	4.96
3.125	May 07n	98:06	98:07	...	5.11	3.250	Jan 09n	95:27	95:28	-1	4.96
3.500	May 07n	98:15	98:16	...	5.11	3.875	Jan 09i	104:03	104:04	-2	2.22
3.625	Jun 07n	98:15	98:16	-1	5.10	4.500	Feb 09n	98:25	98:26	-1	4.98
3.875	Jul 07n	98:21	98:22	-1	5.08	4.500	Feb 09n	95:03	95:04	-1	4.97
2.750	Aug 07n	97:11	97:12	...	5.08	2.625	Mar 09n	94:01	94:02	-1	4.96
3.250	Aug 07n	97:29	97:30	-1	5.06	3.125	Apr 09n	95:05	95:06	-1	4.96
6.125	Aug 07n	101:05	101:06	-1	5.06	3.875	May 09n	97:01	97:02	-1	4.96
4.000	Aug 07n	98:23	98:24	-1	5.07	5.500	May 09n	101:16	101:17	-1	4.92
4.000	Sep 07n	98:20	98:21	-1	5.07	4.875	May 09n	99:22	99:23	-1	4.96
4.250	Oct 07n	98:29	98:30	-1	5.04	4.000	Jun 09n	97:10	97:11	-1	4.96
3.000	Nov 07n	97:06	97:07	...	5.05						

注：图中各列标题为：第一列"利率"，第二列"到期年份和月份"，第三列"出价"，第四列"要价"，第五列"变化"，最后一列"要价到期收益率"——译者注。

资料来源：*The Wall Street Journal*，June 2006 @ Dow Jones，Inc.

---

[1] 每个国家利息的支付频率是不一样的。例如，大部分的欧洲债券都是每年付息的，而在英国、加拿大和日本，债券都是半年付息一次的。

[2] 债券的报价被称为平价或净价（flat or clean price）。债券购买者实际支付的价格（通常被称为全价，full or dirty price）等于平价加上出售方自前一次利息支付后获得的债券利息。不同的债券类型下，计算这种应计利息的方法也有所不同。一般需要用平价计算到期收益率。

出价（bid price）是投资者将债券出售给证券商的价格。证券商的主要收入就是他要在出价和要价之间要一个差价（spread），要注意，4%债券的差价仅为债券价值的1/32，或0.03%。

图4—1的下一列列示的是价格较前一天的变化情况，如4%的债券价格下降了1/32。最后一列的"Ask Yld"列示的是**要价到期收益率**（ask yield to maturity）。由于利息是每半年支付一次的，因此美国债券的收益率通常是按半年期复利报价。因此，如果你以要价购买了4%的债券，并且将其持有至到期，那么你以半年复利计价的年收益率就是4.96%，也就是相当于6个月的收益率为：4.96/2 = 2.48（%）。

现在我们来重复一下在德国政府债券中运用的现值计算方法。但要注意的是，美国债券的面值是1 000美元，其息票是每半年支付一次，且以半年复利收益率报价。

以下是2009年4%债券的现金流量：

现金流（美元）					
2006年12月	2007年6月	2007年12月	2008年6月	2008年12月	2009年6月
20	20	20	20	20	1 020

如果投资者对投资于3年债券要求的半年收益率为2.48%，那么以上现金流的现值为：

$$PV = \frac{20}{1.0248} + \frac{20}{1.0248^2} + \frac{20}{1.0248^3} + \frac{20}{1.0248^4} + \frac{20}{1.0248^5} + \frac{1020}{1.0248^6} = 973.54(美元)$$

每份债券的价格为973.54美元，也就是面值的97.35%。（由于四舍五入的原因，该数值与《华尔街日报》上的报价之间有微小的不同）

4.2 利率变化时债券价格如何变化

债券的价格是随着利率的变化而变化的。例如，假设投资者对3年期政府债券要求的收益率是3%的话，那么2009年到期的那份4%的债券价格会是多少呢？要回答这一问题，仅需要按6个月收益率1.5%重复刚才的计算就可以了：

$$PV = \frac{20}{1.015} + \frac{20}{1.015^2} + \frac{20}{1.015^3} + \frac{20}{1.015^4} + \frac{20}{1.015^5} + \frac{1020}{1.015^6} = 1\ 028.49(美元)$$

或者是面值的102.85%。这里，利率降低导致了债券价格的提高。

图4—2中的实线列示了该4%的债券按不同利率折现的价格。可以看到，随着收益率降低，债券价格是升高的。当收益率正好等于债券息票率（4%）时，债券的卖价就正好是其面值。当收益率高于4%时，债券以低于面值的折价出售；而当收益率低于4%时，债券将按溢价出售。

债券投资者都希望市场利率会下降，这样他们投资的证券价格将会上升。但如果很不幸的是利率升高了，那他们投资的证券价值就会下跌。利率的这种变化对很快就要到手的现金流影响是非常小的，但对很长时间之后才能得到的现金流影响就大得多。因此，与短期债券相比，长期债券的价格受利率变动的影响会更大。

图 4—2

3 年期 4% 债券的价值随利率的上升而下降

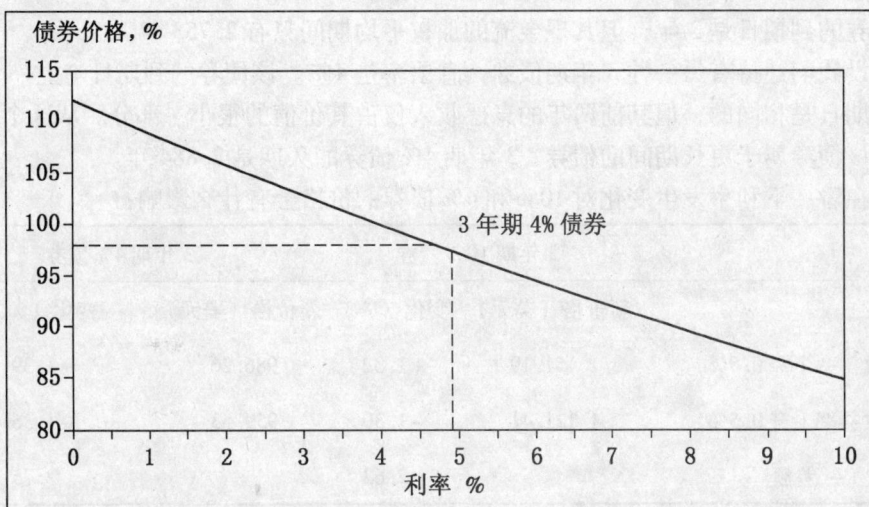

4.2.1 久期与债券波动率

但是"长期"和"短期"到底是指什么呢？对 30 年到期的息票债券来说，第 1 年到第 30 年每年都要进行支付，因此将该债券描述为 30 年期债券会令人误解，实际上，每笔现金流的平均时间总是少于 30 年。

考虑一个每年支付 10% 利息的 3 年期债券的简单例子。表 4—1 中的前三列计算了在假设到期收益率为 5% 情况下的债券现值（V），债券的总价值为 1 136.16 美元。

表 4—1		一个每年支付 10% 利息的 3 年期债券的例子		
年份	Ct	按 5% 折现的 PV（Ct）	占总价值的比重 [PV（Ct）/V]	占总价值的比重 × 时间
1	100	95.24	0.084	0.084
2	100	90.70	0.080	0.160
3	1 100	950.22	0.836	2.509
		V = 1 136.16	1.000	久期 = 2.753 年

注：前四列说明第 3 年的现金流占 3 年期 10% 债券现值的比重还不到 84%。最后一列说明如何计算各期现金流的加权平均时间，这一平均时间就是债券的久期。

第四列说明的是每笔支付对债券价值的贡献。要注意，第 3 年的现金流仅说明了价值不足 84%，其余的 16% 来自于早期的现金流。

债券分析人员经常使用久期（**duration**）来描述每笔支出发生的平均时间。如果债券的总价值为 V，则久期可以按下式计算[1]：

$$久期 = \frac{[1 \times PV（C_1）]}{V} + \frac{[2 \times PV（C_2）]}{V} + \frac{[3 \times PV（C_3）]}{V} + \cdots$$

---

[1] 这一指标以其发明者的名字命名为 Macaulay 久期。

表 4—1 的最后一列说明了该 3 年期 10% 债券的久期：

久期 = （1×0.084）+（2×0.080）+（3×0.836）= 2.753（年）

债券的到期日是 3 年，但其现金流的加权平均期间只有 2.753 年。

假设我们还持有另一种 3 年期债券，息票率是 4%。该债券的到期日与上一 10% 债券的到期日是相同的，但其前两年的息票收入仅占其价值的很小一部分。从这个意义上来说，该债券属于更长期间的债券。3 年期 4% 债券的久期是 2.884 年。

现在看一下利率发生变化对 10% 和 4% 债券的价格会有什么影响：

	3 年期 10% 债券		3 年期 4% 债券	
	新价格（美元）	变化（%）	新价格（美元）	变化（%）
收益率下降 0.5%	1 151.19	+1.32	986.26	+1.39
收益率上升 0.5%	1 121.41	−1.30	959.53	−1.36
差额		2.62		2.75

收益率每变化 1%，会导致 10% 债券变化 2.62%，因此我们可以说，10% 债券具有 2.62% 的**波动率**（volatility），而 4% 债券的波动率为 2.75%。

要注意，4% 债券即具有较大的波动率，其久期又长。实际上，债券的波动率是和其久期直接相关的：[1]

$$波动率(\%) = \frac{久期}{1 + 收益率}$$

对 10% 的债券，则有：

$$波动率(\%) = \frac{2.753}{1.05} = 2.62$$

图 4—3 展示了变化的利率水平对 3 年期 4% 债券和 30 年期 4% 债券价格的影响。每种债券的波动率就是债券价格与利率关系曲线的斜率。30 年期的债券比 3 年期债券的久期要长，因此其波动率更大，这点可以在图 4—3 中更陡的曲线上看出来。同样要注意的是，债券的波动率是随着利率变化而变化的。当利率水平较低时，波动率较高（曲线比较陡峭）；而当利率较高时，波动率较低（曲线比较平缓）。[2]

4.2.2　一点警示

债券的波动率衡量了利率的变化对债券价格的影响。例如，我们计算出 3 年期 10% 债券的波动率为 2.62%，这就意味着利率每变化 1 个百分点，将会导致债券价格变化 2.62 个百分点：

债券价格的变化 = 2.62 × 利率的变化

在了解了利率变化会对你的公司产生什么影响之后，你就可以考虑是否值得对这些风险进行防范了。

---

① 由于这个原因，因此波动率也被称为修正久期（modified duration）。

② 债券投资者通常将这一特征称为债券凸度（convexity）。

图 4—3   3 年期和 30 年期 4％债券的价格图

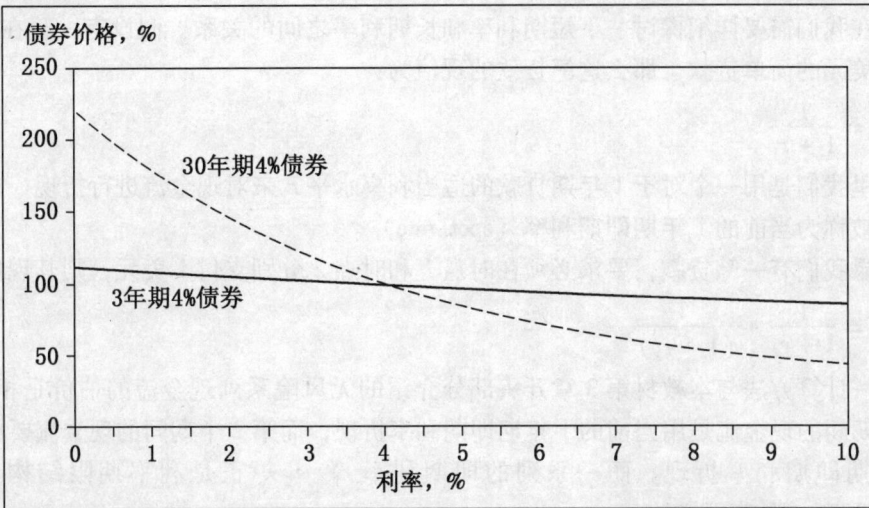

注：与期限较短的债券相比，期限较长的债券其价格对利率的变化更加敏感。每种债券的波动率就是债券价格与利率关系曲线的斜率。

如果所有的债券收益都以精确的步调变动，则波动率衡量的就恰好是利率变化对债券价格的影响。但是，图 4—4 说明，短期利率和长期利率的变化并不是一致的。1992 年到 2000 年间，短期利率水平几乎翻了 1 倍，而长期利率却是下降的。因此，原本是坡度急剧上升的期限结构却变成了向下倾斜。因为长短期收益率并非平行一致，那么仅有一个波动率是不够的，财务管理人员也因此不仅要考虑利率总体水平变化带来的风险，还要考虑期限结构的变化。

图 4—4   短期利率与长期利率的变化并不总是平行一致的

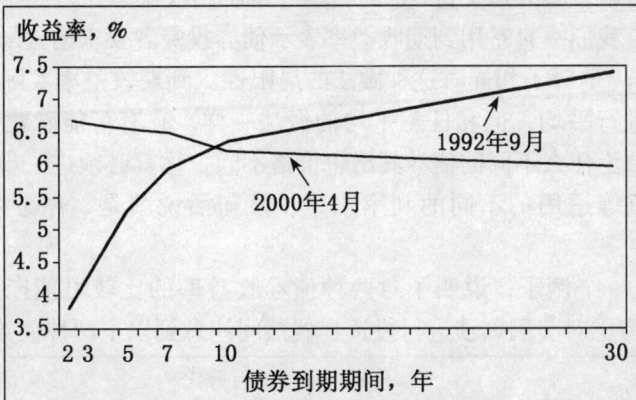

注：1992 年 9 月到 2000 年 4 月这段时间中，短期利率显著地上升，而长期利率却下降了。

4.3 利率的期限结构

现在我们需要详细探讨一下短期利率和长期利率之间的关系。假设有一笔在时点 1 支付 1 美元的简单贷款，那么这笔贷款的现值为：

$$PV = \frac{1}{1 + r_1}$$

这里我们是用一个对于 1 年期贷款的适当利率水平 r_1 来对现金流进行折现，这一利率通常被称为当前的 1 年期**即期利率**（spot rate）。

如果我们有一笔贷款，要求必须在时点 1 和时点 2 分别支付 1 美元，则其现值为：

$$PV = \frac{1}{1 + r_1} + \frac{1}{(1 + r_2)^2}$$

这一计算方法与本教材第 3 章开头部分介绍的无风险系列现金流的估价是相同的。第 1 个期间的现金流是用当前的 1 年期即期利率折现，而第 2 个期间的现金流要用当前的 2 年期即期利率折现。而一系列的即期利率 r_1、r_2 等正是利率**期限结构**（term structure）的一种表示方法。

4.3.1 到期收益率与期限结构

与对每笔支出都用不同的利率进行折现不同，我们可以用一个单一的利率来得到同样的现值。这也是我们在本章 4.1 节中计算德国和美国政府债券到期收益率所采用的方法。在以上两年期的简单贷款例子中，可以按照到期收益率将现值计算过程表示为：

$$PV = \frac{1}{1 + y} + \frac{1}{(1 + y)^2}$$

如果想迅速知道利率的总体水平，财务管理人员可以查询财务杂志中有关政府债券到期收益率的数据，或者也可以利用**收益曲线**（yield curve），即债券收益率随债券到期日变化而变化的曲线。因此财务人员可能会极其笼统地说出这样的话，例如"如果取得的是 5 年期贷款，就必须支付 5% 的利率（也就是收益率）"。

在本教材中，我们一直是用到期收益率表示债券投资者要求的报酬率。但你还是要理解当即期利率 r_1、r_2 等不相同时这种做法的局限性。到期收益率实际上是将这些不同的即期利率水平进行平均，但和任意平均的做法一样，它有可能隐藏了一些有用的信息。如果你想明白为什么不同的债券其出售价格不同，你就必须进一步挖掘对于 1 年现金流、2 年现金流等适用的不同的利率水平。换句话说就是，你必须详细研究即期利率。

［例］以下是一个例子，说明了对两种债券收益率的比较可能产生误解。现在是 2009 年，你正在考虑对美国国债进行投资，偶然间注意到以下两种债券的报价：

债券	价格占面值的百分比	到期收益率
息票率 5%，2014 年到期	85.211%	8.78%
息票率 10%，2014 年到期	105.429%	8.62%

是否因为 5% 利率，2014 年到期的债券具有较高的收益率就意味着它是更值得购买的呢？要获得这一答案的唯一方法就是使用即期利率计算债券的现值。表 4—2 列示了具体的计算过程。为计算简单，假设息票是每年支付一次的。

表4—2

		现值计算			
		息票率5%，2014年到期		息票率10%，2014年到期	
年份	即期利率	现金流（美元）	PV（美元）	现金流（美元）	PV（美元）
2010	$r_1 = 0.05$	50	47.62	100	95.24
2011	$r_2 = 0.06$	50	44.50	100	89.00
2012	$r_3 = 0.07$	50	40.81	100	81.63
2013	$r_4 = 0.08$	50	36.75	100	73.50
2014	$r_5 = 0.09$	1 050	682.43	1 100	714.92
总计			852.11		1 054.29

表4—2中的一个重要假设是长期利率比短期利率高。我们假设的就是，1年的利率 $r_1 = 0.05$，2年的利率 $r_2 = 0.06$，以此类推。当使用各年不同的利率对每年的现金流折现后，我们发现每种债券的现值都等于其报价，因此，每种债券的价格都是公平的。

如果两种债券的价格都是公平的，那么为什么5%债券的收益率会更高呢？因为，对你投资于5%债券的每一美元来说，你在前四年收到的现金流入量会相当少，而在最后一年收到的现金流入量会相当大。因此，尽管两种债券的到期日是相同的，但5%债券在2014年其现金流提供的比例更大。从这个意义上来说，与10%债券相比，5%的债券其实是一种更长期的投资。而其较高的到期收益率正好反映了长期利率高于短期利率水平的事实。

要注意，本例中到期收益率容易使人产生误解的原因。当计算到期收益率时，对债券的所有支付都采用相同的利率进行折现。而在本例中，债券持有者对不同时间发生的现金流要求了不同的报酬率（r_1、r_2等）。由于两种债券的现金流也是不相同的，债券的到期收益率也就不同。因此5%息票率2014年到期的债券的到期收益率仅能为10%息票率2014年到期债券的收益率提供一个粗略的指导。

4.3.2 衡量期限结构

你可以将即期利率 r_t 理解为以下债券的利率，即仅在时点 t 支付一次款项。这样的债券确实是存在的，它们就是**剥离债券**（stripped bonds，或 strips）。在提出要求的情况下，每种政府名义息票债券都可以拆分成若干迷你债券的组合，而每份迷你债券都仅有一次现金的支付。因此，我们的5%息票率2014年到期的债券就可以转换为五份息票剥离债券（每份支付50美元）和一份本金剥离债券（支付1 000美元）。

剥离债券的价格每天都在财经杂志上公布。例如，2006年6月，一份10年期的剥离债券成本价为609.06美元，2016年夏天它将一次性支付给投资者1 000美元。因此10年期的即期利率就是：$(1\ 000 / 609.06)^{1/10} - 1 = 0.0508$，即5.08%。[①]

在图4—5中，我们利用不同到期期限的剥离债券价格，描述了1到10年的即期利率的期限结构。可以看出，与1年的相比，投资者对10年期要求的利率要高。

---

① 这是复利年利率。美国债券经销商报出的收益率是半年复利率。

图 4—5 美国政府剥离债券的即期利率，2006 年 6 月

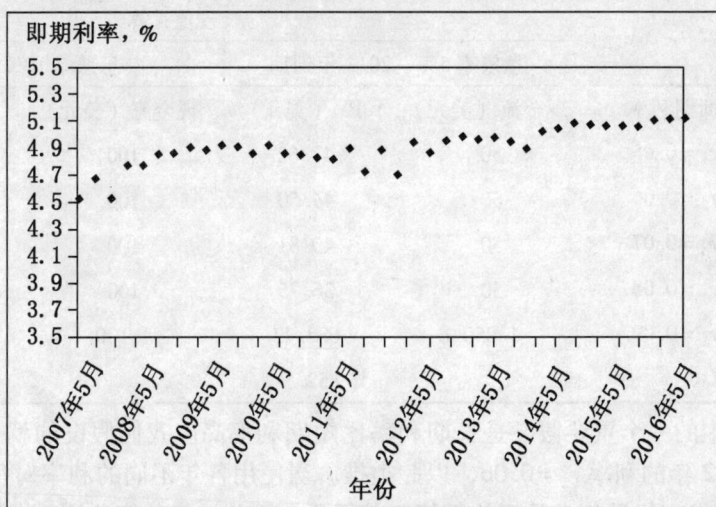

即期利率，%

解释期限结构

4.4 解释期限结构

图 4—5 中我们看到的期限结构是向上倾斜的。换句话说，也就是长期利率比短期利率高。这是较为常见的情况，但有时也会有另外的情况，即短期利率高于长期利率。那么为什么期限结构会有这样的变化呢？

看一个简单的例子。假设 1 年期即期利率（r_1）为 5%，2 年期即期利率 $r_2 = 6\%$。如果你投资于 1 年期政府剥离债券，你得到的是 1 年期即期利率，也就是到第 1 年年末，你投资的每 1 美元都可以升值为：$(1 + r_1) = 1.05$（美元）。但如果你想进行的是 2 年期债券的投资，你就可以获得 2 年期的即期利率 r_2，那么到第 2 年末，你投资的每 1 美元都可以升值为：$(1 + r_2)^2 = 1.06^2 = 1.1236$（美元）。由于你将资金进行了第 2 年的投资，因此你的收入就从 1.05 美元涨到了 1.1236 美元，升值 7.01%。由于你将资金进行了 2 年的投资而不是 1 年，所多得的这 7.01% 就叫做**远期利率**（forward interest rate），或 f_2。

要注意远期利率的计算方法。当进行 1 年的投资时，每 1 美元变为 $(1 + r_1)$ 美元；而进行 2 年投资时，每 1 美元涨到 $(1 + r_2)^2$ 美元。因此第 2 年获得的额外报酬就是 $f_2 = (1 + r_2)^2 / (1 + r_1) - 1$，在本例中应为：

$f_2 = (1 + r_2)^2 / (1 + r_1) - 1 = (1 + 0.06)^2 / (1 + 0.05) - 1 = 0.0701$，即 7.01%

将上式变形，就可以得出由 1 年期即期利率 r_1 和远期利率 f_2 表示的 2 年期即期利率 r_2：

$$(1 + r_2)^2 = (1 + r_1)(1 + f_2)$$

也就是说，我们可以将 2 年期的投资报酬看成是先在第 1 年获得 1 年期的即期利率，然后在第 2 年获得额外报酬，即远期利率。

4.4.1 预期理论

对于你投资了 2 年期债券而不是 1 年期的，因此多获得了 7% 的报酬，你是否会觉

得满意呢？答案取决于你对来年利率变化的预期。例如，假设你非常有信心地认为明年利率将会急剧攀升，到这年年末，1 年期利率水平已升至 8%。在这种情况下，你最好就不要投资于 2 年期的债券去赚那额外的 7% 报酬了，你最好就投资于 1 年期债券，然后当债券到期后再把收回的现金再进行 8% 的 1 年投资。如果其他投资者也和你持有同样的观点，那么就不会有人愿意投资于 2 年期的债券，那么该债券价格就会下跌，一直会跌到持有 2 年期债券的额外报酬与未来 1 年期预期利率相等。我们将此预期利率称为 $_1r_2$，也就是第 2 年末到期的贷款在第 1 年的即期利率。[①] 图 4—6 反映出在这一点上，不论投资于 2 年期债券还是连续进行两次 1 年期债券投资，投资者得到的预期收益都是相同的。

图 4—6	投资者可以投资于 2 年期债券（a），也可以连续两年投资于 1 年期债券（b）

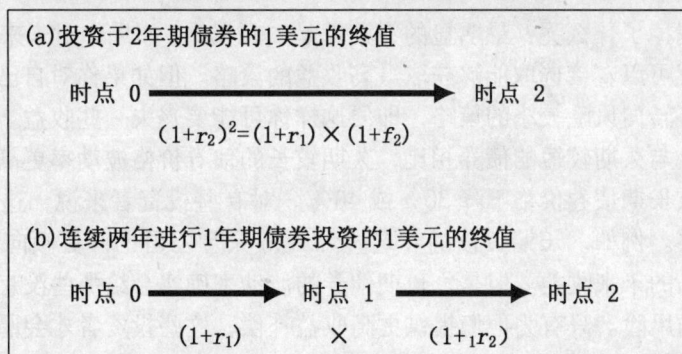

(a) 投资于 2 年期债券的 1 美元的终值

时点 0 ⟶ 时点 2

$$(1+r_2)^2 = (1+r_1) \times (1+f_2)$$

(b) 连续两年进行 1 年期债券投资的 1 美元的终值

时点 0 ⟶ 时点 1 ⟶ 时点 2

$(1+r_1)$ × $(1+_1r_2)$

注：预期理论认为，经济均衡的情况下，这两种投资策略的收益应该是相同的。换句话说，远期利率 f_2 应该等于预期即期利率 $_1r_2$。

这就是所谓的期限结构的**预期理论**（expectations theory）。它认为，在经济均衡的情况下，远期利率 f_2 一定等于预期的 1 年期即期利率 $_1r_2$。预期理论意味着，期限结构向上倾斜的唯一原因是投资者预期短期利率将会上升，而期限结构下降的唯一原因是由于投资者预期短期利率将会下降。[②] 同时预期理论还意味着，连续投资于短期债券与投资于长期债券得到的预期收益是完全相同的。

如果短期利率明显低于长期利率，人们就会更多地借入短期资金，而不进行长期借款。但预期理论意味着这种天真的策略基本上是不起作用的。如果短期利率低于长期利率，那么投资者必定会认为利率将会上升。而当期限结构向上倾斜时，你只有在投资者过高估计了利率增幅的情况下才能通过短期借款而获利。

即使是对预期理论稍加审视，也会发现预期理论似乎并未完全解释期限结构。例如，回顾 1900 年至 2006 年这段期间就会发现，美国的长期政府债券的收益率要比短期

① 注意 $_1r_2$ 和 r_2 之间的区别，r_2 是从时点 0 至时点 2 持有债券的即期利率。$_1r_2$ 是在时点 1 确定的 1 年期即期利率。

② 这可以从例子中看出来。如果 1 年期即期利率 r_1 超过 2 年期即期利率 r_2，则 r_1 也会超过远期利率 f_2；如果远期利率 f_2 等于预期的即期利率 $_1r_2$，那么 r_1 肯定也会超过 $_1r_2$。

的国库券平均高出 1.2%。① 或许短期利率并未上升到投资者预期的水平，但投资者似乎是想通过持有长期债券来获取额外的预期收益，并且从平均意义上说他们确实做到了。如果情况真是这样的话，那么预期理论就是错误的。

目前，预期理论的追随者并不多，但大多数经济学家相信，对未来利率的预期理论确实对期限结构有重要的影响。例如你会经常听到市场评论家这样的说法，即未来几个月的远期利率高于当前的即期利率，因此市场预期政府将会提高利率水平。

有很多证据可以解释以上这种说法。假设在 1950 年至 2005 年的每个月期间，你使用 3 个月的远期利率预计这 3 个月过后即期利率相应的变化。你可能会发现，平均来说，期限结构越陡，即期利率上升得就越高。这样看起来，尽管预期理论并不完全正确，但从这个意义上来说还是正确的。

4.4.2　引入风险

预期理论漏掉了什么呢？最明显的答案就是"风险"。如果你对未来的利率水平非常有信心，那就可以直接选取能够获取最高收益的策略。但如果你对自己的预测并没有把握，那你最好转向风险较小的策略，即便这样你可能要丧失一些收益。

我们知道，与久期较短的债券相比，久期较长的债券价格波动率更高。利率的急剧攀升很容易导致长期债券价格下降 30% 或 40%。对有些投资者来说，这些额外的波动率可能并不重要。例如，长期负债的养老金和人寿保险公司也许更倾向于投资长期债券，以锁定自己的未来收益。但是，长期债券的波动率确实会给那些没有长期负债的投资者带来额外的风险。只有为他们提供更高收益补偿，这些投资者才会愿意持有长期债券。在这种情况下，远期利率必定会高于预期的即期利率，而期限结构向上倾斜的频率也会更高。当然，如果预期未来即期利率将要下降，那么期限结构还是会向下倾斜，并且还会给提供长期借款的投资者带来收益。但长期债券提供的对风险的额外补偿会导致其向下倾斜的幅度降低。

4.4.3　通货膨胀和期限结构

在对不同债券的风险进行比较时还有一个问题要考虑。尽管每份美国政府债券的现金流是确定的，但你不能肯定这些钱能买到什么。这取决于通货膨胀率的水平。

假设你现在在为退休积累存款。以下哪种策略的风险更大呢？是连续投资于 1 年期的政府债券还是一次性投资于 20 年期的债券？

如果你买进的是 20 年期债券，你就能知道在 20 年后自己能有多少钱，但同时你也对未来的通货膨胀押上了长期赌注。或许目前的通货膨胀还比较温和，但谁能知道 10 年或 20 年之后会发生什么情况呢？虽然今天你以固定利率借出了资金，但通货膨胀的不确定性会让这一漫长的借款变得更有风险。

你可以通过对短期债券进行连续投资的方式降低这种不确定性。你不知道每年年末自己再投资时的利率水平，但至少你知道它将反映下一年通货膨胀的最新消息。因此，如果通货膨胀进一步加剧，那么可能的情况就是你能以更高的利率进行再投资。

现在我们对长期债券可以提供风险溢价就又有了一个解释。如果通货膨胀能为长期债券持有者提供额外的风险收益，那么借款者要想让投资者借出长期资金，就必须给予

---

① 国库券是短期政府债务，其到期时间最长不超过 6 个月。

一些激励。这也是为什么尤其在通货膨胀不稳定时期，期限结构会更陡峭地向上倾斜的原因。

4.5 实际利率与名义利率

现在是时候更详细地分析通货膨胀和利率之间的关系了。假设你投资于一种 1 年期债券，该债券将在第 1 年末一次性支付 1 100 美元。你的现金流是确定的，但政府并没有向你允诺这些现金流到底能买到什么东西。如果商品和劳务的价格上涨幅度超过 10%，那么从你能购买到的商品意义上来说其实你是亏损的。

有几个指数可以追踪总体价格水平的变化。最知名的是消费品价格指数 CPI，它衡量的是一个典型家庭支出的美元数额。某一年到下一年 CPI 的变化反映了通货膨胀的水平。图 4—7 列示的就是 1900 年以来美国通货膨胀率的水平。第一次世界大战末通货膨胀率达到了最高水平，21%。但与 1923 年的德国比起来，这一数额简直是微乎其微的，因为德国 1923 年的年通货膨胀率超过了 20 000 000 000%（即每天约为 5%）。当然，价格也并非一直都是上涨的。例如，近年来日本和中国香港都面临通货紧缩的问题。美国在大萧条时期也曾经历过严重的通货紧缩，当时在 3 年的期间内价格下降了 24%。

| 图 4—7 | 1900 年至 2006 年美国年通货膨胀率 |

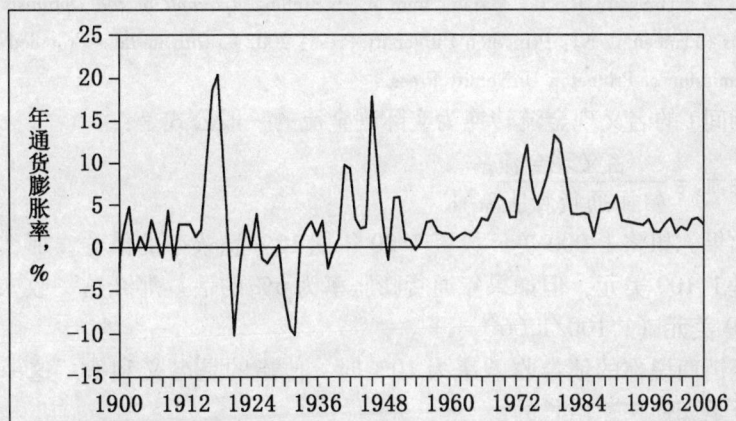

资料来源：E. Dimson, P. R. Marsh, and M. Staunton, *Triumph of the Optimists*：*101 Years of Investment Returns*（Princeton, NJ：Princeton University Press, 2002），with updates provided by the authors. Reprinted by permission of Princeton University Press.

1900 年至 2006 年美国的平均通货膨胀率为 3.1%。从图 4—8 中可以看到，在经济发达国家中，美国基本上处于通货膨胀率最高的范围。被战争摧残的那些国家大都经历了大幅的通货膨胀。例如，1900 年以来意大利和日本平均年通货膨胀率为 11%。

经济学家有时会谈到当前货币（或名义货币）和不变货币（或实际货币）。例如，你投资于 1 年期债券的名义（nominal）现金流是 1 100 美元。但假设商品价格该年上涨 6%，那么与今年相比，每 1 美元你能购买到的商品就会减少 6%。也就是说，到第 1 年末的 1 100 美元能买到的商品数量仅和今天的 1 037.74 美元（1 100/1.06）的一样。债券的名义收入是 1 100 美元，但其实际（real）收入只有 1 037.74 美元。

图4—8　　　　　1900 年至 2006 年 17 个国家的平均通货膨胀率

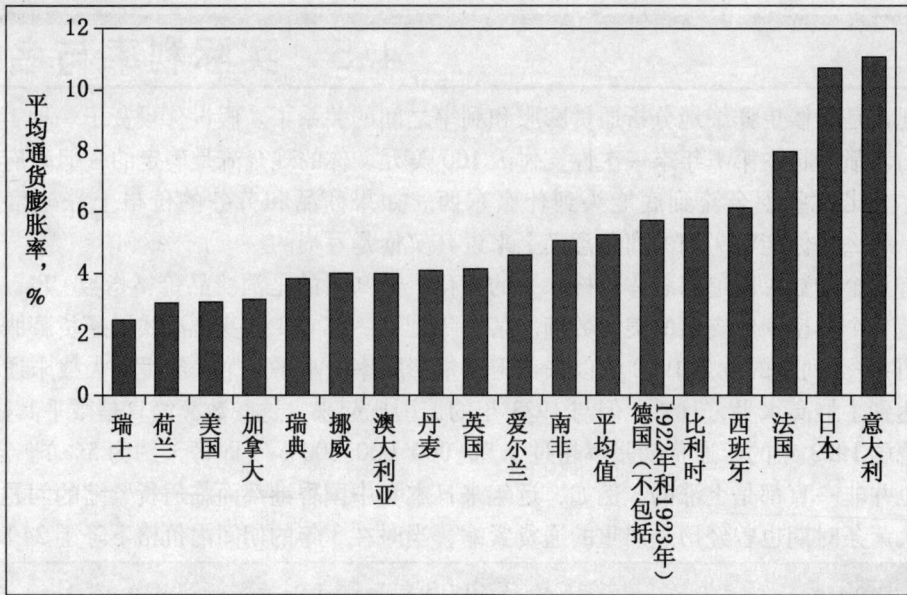

资料来源：E. Dimson，P. R. Marsh，and M. Staunton，*Triumph of the Optimists*：*101 Years of Investment Returns*（Princeton，NJ：Princeton University Press，2002），with updates provided by the authors. Reprinted by permission of Princeton University Press.

将未来期间 t 的名义现金流转换为实际现金流的一般公式是：

$$实际现金流_t = \frac{名义现金流_t}{(1+通货膨胀率)^t}$$

例如，如果你想将 1 000 美元投资于 20 年期 10% 息票率的债券，那么到最后一年你的收入还是 1 100 美元，但如果年通货膨胀率为 6% 的话，那么这一收入的实际价值就仅有 342.99 美元（1 100/1.06^{20}）了。

当债券经销商说你的债券收益率为 10% 时，他指的是名义利率。这一利率告诉你的是你的资金是如何快速增长的：

当前美元投资	收到 1 期美元	结果
1 000 →	1 100	名义收益率 10%

但如果通货膨胀率为 6% 的话，与投资开始相比，你在当年末只能多得 3.774% 的收入：

当前美元投资	1 期美元的预期实际价值	结果
1 000 →	1 037.74	预期实际收益率 3.774%

因此我们可以说，"银行账户提供 10% 的名义收益率"，或者"提供 3.774% 的预期实际收益率"。计算实际收益率的公式为：

$$1 + r_{实际} = (1 + r_{名义}) / (1 + 通货膨胀率)$$

在我们的例子中,[1]

1.03774 = 1.10/1.06

4.5.1　指数债券与实际利率

大多数的债券都是和美国政府债券一样的,它们承诺的是一个固定的名义利率,而你收到的实际利率是不确定的,它取决于通货膨胀的水平。如果到最后通货膨胀率高于你的预期水平,那么你的债券收益将会比预计的要低。

当然你可以锁定实际收益。要做到这一点,你可以购买指数债券,该债券的收益是与通货膨胀挂钩的。指数债券在过去的几十年里已经游历了很多国家,但直到1997年才被美国所熟知。1997年美国财政部开始发行通货膨胀指数债券,被称为 TIPS（财政部抗通胀证券,Treasury Inflation – Protected Securities）。[2]

TIPS 的实际现金流是固定的,反而是名义现金流（利息和本金）会随着消费品价格指数的增加而增加。例如,假设美国财政部以100美元的价格发行了3%20年期 TIPS。如果第1年中消费品价格指数上涨了（假设）10%,那么该债券的息票收入也会增长10%,变为3.3%（1.1×3）。而其本金的最后收入额也将同比例增长,上升至110%（1.1×100）。因此,以发行价购买了该债券并将其持有至到期日的投资者肯定会得到3%的实际收益。

2006年春天,也就是我们写这本书的时候,长期 TIPS 提供的收益率约为2.3%。这一收益率是实际收益率:它衡量的是你的投资允许你购买的额外的商品。长期 TIPS2.3%的收益率要比名义政府债券的名义收益率低大约2.8%。如果最后年通货膨胀率高于2.8%,那么持有长期 TIPS 就能获得更高的收益;但如果通货膨胀率低于2.8%的话,投资于名义债券就会得到更多的收益。

投资者要求的实际收益率取决于人们对储蓄（资本供给）[3] 的意愿和政府及公司提供的生产性投资（资本需求）的机会。例如,假设投资机会增加,公司就有更多的好项目,因此它们愿意以目前的利率水平进行更多的投资。于是,利率就会升高,以吸引

---

[1] 惯常的说法是 $r_{实际} = r_{名义} -$ 通货膨胀率。在本例中该结果为 $r_{实际} = 0.10 - 0.06 = 0.04$,即4%。对真正的实际利率3.774%来说,这是一个不错的近似值。但有些国家通货膨胀率是非常高的（有时甚至为100%或更高）,这种情况下最好还是使用完整的公式。

[2] 1997年以前,美国并不是完全没有指数债券的概念。例如,1780年美国独立战争的士兵们得到的报酬就相当于指数债券的形式,其价值为"5蒲式耳的玉米、$68\frac{4}{7}$磅的牛肉、10磅的羊毛以及16磅的鞋底皮革"。

[3] 有些储蓄是间接进行的。例如,如果你持有100股 IBM 公司的股票,而 IBM 公司每股有1美元的留存收益,那么就相当于 IBM 公司替你储蓄了100美元。政府也可能通过提高对道路、医院等投资的税收的方式迫使你进行储蓄。

个人积攒更多的资金供公司投资使用。① 反过来，如果投资机会减少，那么实际利率将会下降。

这意味着投资者要求的实际利率取决于经济的实际情况。较高的储蓄意愿有可能与较高的社会总财富（因为富裕的人往往储蓄更多）、不公平的财富分配（公平的财富分配意味着有较少的富人，而储蓄大部分是由富人完成的）以及较大比例的中年人（年轻人不需要储蓄，而老年人又不想储蓄——"你无法带走"）有关。相应地，较高的投资倾向可能与较高的工业产出水平或重大的技术进步有关。

实际利率也是变化的，但其变化比较平缓。为说明这一点，可以以英国为例。英国政府从 1982 年起开始发行指数债券。图 4—9 中下面那条线说明这些债券的（实际）收益率在相对狭小的范围内波动，而政府债券的名义收益率（上面那条线）却显著下降。

| 图 4—9 | 实际收益率与名义收益率的变化 |

注：图中下面那条线表示英国政府发行的长期指数债券的实际收益率。上面那条线表示长期普通债券的名义收益率。可以看到，实际收益率比名义收益率要稳定得多。

4.5.2 通货膨胀与名义利率

通货膨胀是如何影响名义利率的呢？以下是经济学家欧文·费雪（Irving Fisher）对这一问题的回答。假设现在的 100 个苹果与 1 年后的 105 个苹果能使消费者达到同样的满意度，则本例中实际或"苹果"的利率就是 5%。如果苹果的价格保持不变，每个（假如）都是 1 美元的话，就相当于现在收到 100 美元或 1 年后收到 105 美元是一样的。而与现在能买的数量相比，多出的那 5 美元就可以使我们在 1 年后多买 5% 的苹果。

但假设，如果苹果价格将要上涨 10%，涨到每个 1.10 美元。这种情况下，如果牺

---

① 这里我们假设的是投资者的储蓄额是随着利率的上升而增加的，但事实有时候并不是这样。这里我们给出一个利率越高储蓄越少的极端例子：假设 20 年后，以现在的价格计算，你需要为孩子读大学准备 50 000 美元的学费，那你今天需要准备多少钱才能完成这一任务呢？答案是 20 年后 50 000美元实际支出的现值，即 50 000/（1 + 实际利率）^{20}。可以看出，实际利率越高，现值越少，你需要准备的资金就越少。

牺今天的 100 美元仅换回明年的 105 美元就不合适了。若想在 1 年后买 105 个苹果，必须得收入 115.50 美元（1.10×105）才够用。换句话说，名义利率必须与预期通货膨胀率同比例增长，要增长至 15.50% 才行。

以下是费雪理论的观点：预期通货膨胀率的变化将会导致名义利率的同比例变化，它对要求的实际利率没有影响。名义利率和预期通货膨胀率之间的关系可以表示为下式：

$$1 + r_{名义} = (1 + r_{实际})(1 + i)$$

其中，$r_{实际}$ 是消费者要求的实际利率；i 是预期通货膨胀率。在我们苹果的例子中，对通货膨胀的预期将导致（$1 + r_{名义}$）增长为 1.155（1.05×1.10）。

名义利率不可能是负的。如果是，那所有的人都会选择持有现金，至少自己持有现金不需要向别人支付利息。那实际利率呢？例如说，是否可能由于货币利率为 5%，预期通货膨胀率为 10% 而导致负的实际利率呢？如果真的发生这种情况，那你可以用下述方法获取额外收益：先按利率 5% 借款，然后用这些钱购买苹果，把苹果储存起来，到第 1 年末再按每个 110 美元的价格卖出去，这样你不仅能足额偿还贷款，每个还能获得 5 美元的收益。

如此简单的赚钱方法是很少见的，因此我们可以得出结论说，如果储存商品不需要花费任何成本，那么货币利率就不可能低于预期的价格涨幅。但是很多商品的储存费用都比储存苹果要高，有些甚至根本无法储存（比如该理发的时候你不可能储存）。对于这些商品，货币的利率就会低于预期的价格涨幅。

4.5.3 费雪理论对利率的解释效果如何？

并不是所有的经济学家都同意费雪的观点，他们并不认为实际利率不受通货膨胀率的影响。例如，如果价格的变化与工业生产水平的变化相关，那么在通货膨胀的情况下，为了补偿今天损失的 100 个苹果，或许我在年底想要的苹果数目就不是 105 个，而可能更多，也可能更少。

我们希望能够向读者展示过去利率和预期通货膨胀率的历史性态。这里我们尽最大的努力描绘出了美国、日本和德国国库券（短期政府债务）的收益与实际通货膨胀率之间的对比图，见图 4—10。可以看到，自 1953 年以来，国库券的收益总体来说比通货膨胀率高一些。这段期间每个国家的投资者都可以赚取 1% 到 2% 的平均实际收益。

现在看一下通货膨胀率和国库券收益率之间的关系。图 4—10 说明，当通货膨胀较高时，投资者通常要求较高的利率。[①] 因此看起来费雪理论至少为财务人员提供了一条有用的经验法则。如果预期通货膨胀率发生变化，那么利率肯定也会有相应的变化。

① 1973 年至 1974 年日本的情况是一个例外，当时石油危机导致了货币利率的急剧增长。

图 4—10 美国、日本及德国国库券收益与通货膨胀率对比，1953 年至 2006 年

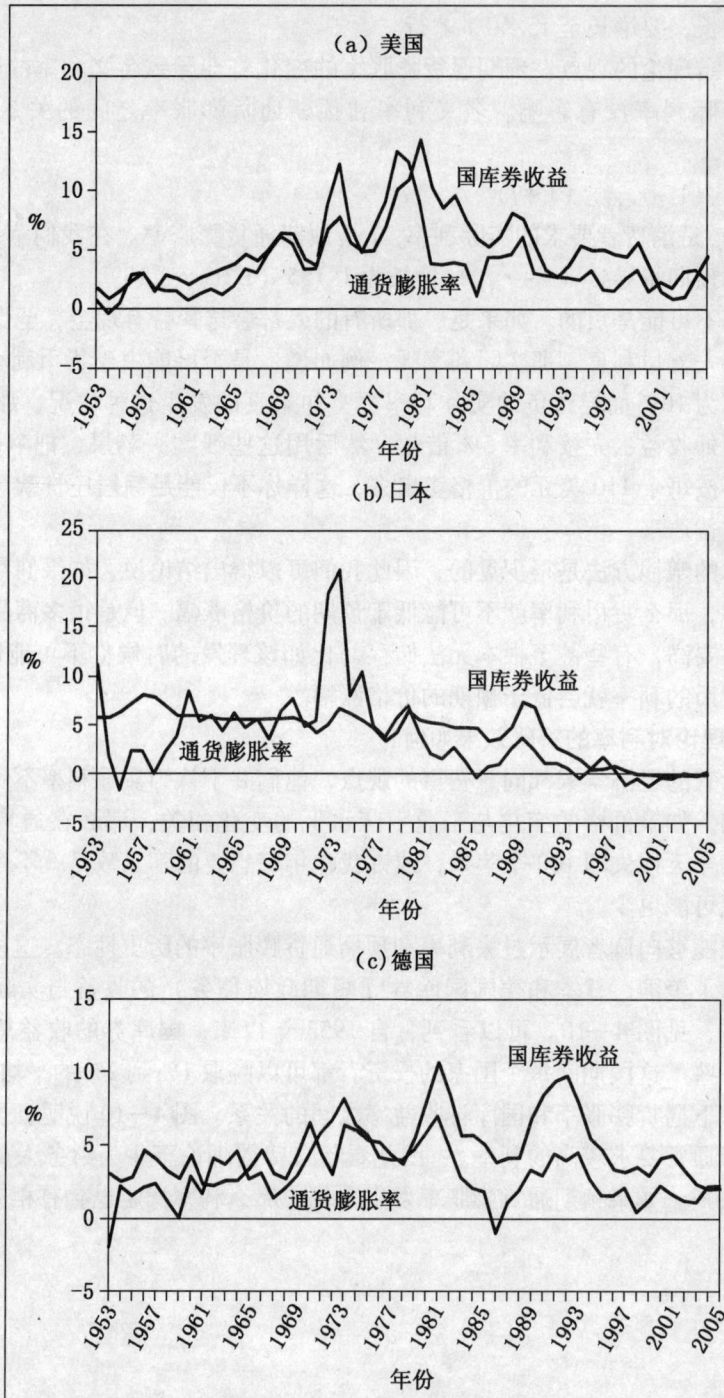

(a) 美国

国库券收益

通货膨胀率

年份

(b) 日本

国库券收益

通货膨胀率

年份

(c) 德国

国库券收益

通货膨胀率

年份

资料来源：E. Dimson, P. R. Marsh, and M. Staunton, *Triumph of the Optimists*：101 *Years of Investment Returns*（Princeton, NJ：Princeton University Press, 2002），with updates provided by the authors. Reprinted by permission of Princeton University Press.

债券就是长期贷款。如果你持有一份债券，那么你就有权得到一系列的利息（或息票）收入，而在债券到期时，还可以收到偿还给你的债券面值（或本金）。美国的债券通常都是每 6 个月付息一次的，但在其他国家，通过每年支付利息一次。

任意债券的价值都等于按即期利率折现的现金流的现值。例如，5% 息票率，10 年到期，每年支付一次利息的债券价值为：

$$PV（面值的 \%）= \frac{5}{1 + r_1} + \frac{5}{(1 + r_2)^2} + \cdots + \frac{105}{(1 + r_{10})^{10}}$$

债券经销商通常使用债券的到期收益率归集债券的未来收益。为计算 10 年期 5% 债券的到期收益率，需要求解满足以下方程式的 y 值：

$$债券价格 = \frac{5}{1 + y} + \frac{5}{(1 + y)^2} + \cdots + \frac{105}{(1 + y)^{10}}$$

到期收益率 y 就相当于即期利率 r_1、r_2 等的平均数。与大部分的平均数一样，它确实是一种有用的归纳方法，但也可能隐藏一些有用的信息。如果想进一步深入研究，我们建议你研究作为即期利率衡量方法的剥离债券的收益率。

债券的到期日告诉你什么时候你能够收到最后一笔收入，但了解每笔收入的平均时间也是非常有用的，这叫做债券的久期。债券久期非常重要，因为在债券久期和波动率之间有非常直接的关系。对较长久期的债券来说，利率的变化对债券价格的影响更大。

1 年期即期利率 r_1 可能与 2 年期即期利率 r_2 有显著的不同。换句话说，投资者对借出 1 年资金和借出 2 年资金常常会有不同的收益率要求。为什么会这样呢？预期理论认为，债券的价格就是要使以下情况得到满足，即连续进行短期债券投资的投资者得到的预期收益与持有长期债券的投资者得到的预期收益是相同的。预期理论认为，只有在预计下年利率水平将会上升的情况下，r_2 才会超过 r_1。

如果投资者担心风险，预期理论就无法对期限结构进行完美的解释。对有长期固定债务的投资者来说，长期债券可能是安全的港湾，但其他投资者可能并不喜欢长期债券额外的波动性，他们可能更担心突然爆发的通货膨胀会大量卷走这些债券的实际价值。这样的投资者仅可能在得到更高的利率作为补偿的情况下投资于长期债券。

债券提供的是固定金额的资金收入，但其提供的实际利率却要取决于通货膨胀水平。投资者要求的实际利率取决于资本需求和储蓄的资本供给。资本需求来源于想要投资于新项目的政府或公司。储蓄的供给来源于愿意明天才进行消费而不是今天就进行消费的个人。均衡的利率就是能够使得供给和需求相平衡的利率。

通货膨胀对利率影响的最知名的理论是由欧文·费雪提出的。他认为，资金（或货币）的名义利率等于要求的实际利率加上预期（及无关的）通货膨胀率。如果预期通货膨胀率增长 1%，则货币利率也将增长 1%。在过去的 50 年中，费雪的简单理论在解释美国、日本和德国短期利率变化方面发挥了很好的作用。

当你购买美国国债时，你相信你肯定能够收回所有的资金。但当你向公司提供借款时，就要承受风险，或许公司会破产而无法偿还你的债券。在本章中我们没有涉及违约风险，但要记住的是，公司要提供更高的利率来对投资者的这种风险进行补偿。

推荐读物

对债务市场的总体论述可以参考：

S. Sundaresan, *Fixed Income Markets and Their Derivatives*, 2nd ed. （Cincinnati, OH：South – Western Publishing, 2001）.

Schaefer 的文章对久期问题进行了很好的回顾，并且解释了如何利用其进行固定债务的套期保值：

S. M. Schaefer, "Immunisation and Duration：A Review of Theory, Performance and Application," in J. M. Stern and D. H. Chew, Jr., *The Revolution in Corporate Finance* （Oxford：Basil Blackwell, 1986）.

网上练习题

登录 www. smartmoney. com，找到提供期限结构变化图的 The Living Yield Curve （活动收益曲线）。与平均水平相比，今天的收益曲线如何？短期利率比长期利率的变动大还是小？你认为为什么会是这样？

概念复习题

完整的本章概念复习题，请登录网站 www. mhhe. com/bma1e。

1. 填空：债券市场价值是其（　　　）和（　　　）收入的现值。

2. 债券的到期收益率是什么？如何计算？

3. 如果利率上升，债券价格应该是升还是降？

练习题

1. 按面值 1 000 美元发行 10 年期债券，每年支付利息 60 美元。如果在该债券发行后不久，市场收益率升高，将会如何影响债券的：

（1）息票率？

（2）价格？

（3）到期收益率？

2. 息票率为 8% 的债券目前销售价格为面值的 97%。那么该债券的到期收益率应该比 8% 高还是低？

3. 2006 年 8 月，息票率 12.5%、2014 年到期的国债半年复利收益率为 8.669%。假设息票每半年支付一次，计算债券的价格。

4. 以下是 10 年到期的三种债券的价格：

债券息票率（%）	价格（%）
2	81.62
4	98.39
8	133.42

如果息票每年支付一次，哪种债券的到期收益率最高？哪种最低？哪种债券的久期最长？哪种最短？

5. （1）用即期利率计算 2 年期，5% 债券价值的公式是什么？

（2）用到期收益计算上述债券价值的公式是什么？

（3）如果 2 年期即期利率高于 1 年期利率，与 2 年期即期利率相比，到期收益率应该是更高还是更低？

（4）对下面的表述，从括号中挑选正确的词语填空：

① 对同一债券的所有现金流，即使它们发生在不同的时点，（到期收益率/即期利率）公式也用同样的利率进行折现。

② 对同一时点收到的所有现金流，即使它们来自于不同的债券，（到期收益率/即期利率）公式也用同样的利率进行折现。

6. 试用一些简单的例子，说明你对以下问题的回答：

（1）如果利率升高，债券价格升还是降？

（2）如果债券收益率高于息票率，债券价格应该比 100 高还是低？

（3）如果债券价格超过 100，收益率应该比息票率高还是低？

（4）与低息票率债券相比，高息票率债券的出售价格应该更高还是更低？

（5）如果利率发生变化，与低息票率债券相比，高息票率债券价格变化的比例应该会更高吗？

7. 下表列示了一组 2006 年 8 月美国国债的剥离债券价格。每份剥离债券都仅在到期日支付 1 000 美元。

到期日	价格（%）
2007 年 8 月	95.53
2008 年 8 月	91.07
2009 年 8 月	86.2
2010 年 8 月	81.08

（1）计算每年的年复利即期利率。

（2）期限结构是向上倾斜、向下倾斜还是平的？

（3）与 2010 年到期的剥离债券的收益相比，你预期 2010 年到期的息票债券收益率更高还是更低？

（4）分别计算到 2008 年 8 月和 2009 年 8 月的 1 年期年复利远期利率。

8. （1）一份 8%、5 年期债券的收益率为 6%。如果收益率保持不变，1 年后其价格应为多少？假设息票每年支付一次。

（2）如果投资者在这一年中持有该债券，其总收益是多少？

（3）你推导出的债券在特定期间的收益与在该期间期初和期末的到期收益率之间的关系是怎样的？

9. 判断以下说法的对错，并解释。

（1）到期日长的债券一定具有更长的久期。

（2）债券的久期越长，其波动率越低。

（3）其他条件相同的情况下，债券息票率越低，波动率越高。

（4）如果利率升高，债券久期也会增加。

10. 分别计算证券 A、B、C 的久期和波动率。其现金流如下表所示，假设利率为 8%：

	期间 1	期间 2	期间 3
A	40	40	40
B	20	20	120
C	10	10	110

11. （1）假设时点 0 的 1 年期即期利率为 1%，2 年期即期利率为 3%。那么第 2 年的远期利率是多少？

（2）期限结构的预期理论认为时点 1 的远期利率和 1 年期即期利率有什么关系？

（3）在相当长的一段期间内，美国的期限结构平均来说是向上倾斜的。这一现象是对预期理论的支持还是违背？

（4）如果长期债券的风险大于短期债券，那么你认为时点 1 的远期利率和 1 年期即期利率是什么关系？

（5）如果你必须承受长期负债（比如你孩子的大学学费），那么投资于长期债券和短期债券哪一个更安全？假设通货膨胀是可以预期的。

（6）如果通货膨胀非常不稳定，但你还必须承受长期负债，那么投资于长期债券和短期债券哪一个更安全？

实务题

12. 一份 10 年期德国政府债券（bund）的面值为 100 欧元，年息票率为 5%。假设利率（欧元单位）为每年 6%，该债券的现值是多少？

13. 再看一下实务题的第 12 题。假设与美国债券一样，德国 bund 也是每半年支付一次利息（该债券每 6 个月支付的数额应为：$0.025 \times 100 = 2.5$（欧元））。这种情况下的债券价值是多少？

14. 一份 10 年期美国国债面值为 10 000 美元，息票率 5.5%（每 6 个月为面值的 2.75%）。半年复利利率为 5.2%（6 个月折现率：5.2/2 = 2.6（%））。

（1）该债券的现值是多少？

（2）画图或表，说明当半年复利利率在 1% 到 5% 范围内变化时债券现值如何变化。

15. 假设 5 年期政府债券目前按 4% 的收益率出售。利用 6% 息票率对 5 年期债券进行估价。首先假设该债券是由欧洲大陆政府发行的，每年支付一次息票。然后再重新计算一次，这次假设债券是美国财政部发行的，每半年支付一次息票，收益率指的是半年复利利率。

16. 仍利用实务题第 15 题的资料。如果利率降到 3%，每种情况下债券的价值将发生什么样的变化？

17. 一份 6 年期政府债券，每年支付 5% 的息票率，提供 3% 的年复利收益率。假设 1 年后该债券收益率还是 3%，那么在这 12 个月的期间债券持有者获得的收益是多少？现在再假设到年末债券的收益率变为 2%，这种情况下债券持有者的收益又是多少呢？

18. 如果 6% 6 年期的债券收益率为 12%；10% 6 年期的债券收益率为 8%。计算 6 年期即期利率。假设每年支付息票一次。（提示：如果你借入 1.2 份 10% 债券，你的现金流是多少？）

19. 当期限结构向上倾斜时，与低息票债券相比，高息票债券的收益率可能会更高还是更低？当期限结构向下倾斜时呢？

20. 1 年期即期利率 $r_1 = 6\%$，2 年后到期的贷款的 1 年期远期利率为 $f_2 = 6.4\%$。类似地，$f_3 = 7.1\%$，$f_4 = 7.3\%$，$f_5 = 8.2\%$，那么即期利率 r_2、r_3、r_4 和 r_5 是多少？如果预期理论成立，你对预期的未来利率有何看法？

21. 假设你们公司将在 $t = 4$ 时收到 1 亿美元，但在 $t = 5$ 时要偿还 1.07 亿美元。假设即期利率和远期利率都是来自于实务题第 20 题的结果。试说明公司怎样才能锁定 $t = 4$ 时的投资利率。如果公司以此锁定利率投资 1 亿美元，其收入能应付 1.07 亿美元的负债吗？

22. 再利用实务题第 20 题的利率。考虑下面的债券，每种期限都是 5 年。计算每种债券的到期收益率。哪一种投资更好（还是它们并无差异）？每种债券的面值都是 1 000 美元，且每年支付一次息票。

债券息票率（%）	价格（%）
5	92. 07
7	100. 31
12	120. 92

23. 你对即期利率估计如下：

年份	即期利率
1	$r_1 = 5.00\%$
2	$r_2 = 5.40\%$
3	$r_3 = 5.70\%$
4	$r_4 = 5.90\%$
5	$r_5 = 6.00\%$

（1）每一时点的折现系数是多少？（也就是在 t 年收入的 1 美元的现值）

（2）每一期间的远期利率是多少？

（3）假设每年支付一次息票，计算下列债券的 PV：

① 5%，2 年期债券

② 5%, 5 年期债券

③ 10%, 5 年期债券

(4) 直观地解释为什么 10% 债券的收益率小于 5% 债券的收益率？

(5) 5 年期零息债券的到期收益率是多少？

(6) 说明 5 年期年金到期收益率的正确取值是 5.75%。

(7) 直观地解释为什么（3）中的 5 年期债券收益率必定是介于 5 年期零息债券和 5 年期年金的收益率之间。

24. 考虑实务题第 23 题的即期利率。假设有人告诉你 6 年期即期利率为 4.80%，为什么你会不相信？如果他的消息属实，你该如何投资？6 年期即期利率最小的合理取值是多少？

25. 再看一下实务题第 23 题的即期利率。在以下假设下，你如何推断 4 年后的 1 年期即期利率？

(1) 期限结构的预期理论是正确的；

(2) 投资于长期债券必须承受额外风险。

26. 查找不同期限、不同息票率的 10 种美国国债的价格。计算当到期收益率增加 1 个百分点时其价格是如何变化的。哪个受收益率的影响更大，长期债券还是短期债券？高息票率债券还是低息票率债券？

27. 在本章 4.2 节中我们指出，3 年期 4% 债券的久期是 2.884 年。试列示一个像表 4—1 那样的表格说明事实确实如此。

28. 在本书网站 www.mhhe.com/bma1e 上找到表 4—1 的 "live（活动）" 工作表。列示以下情况下久期和波动率的变化情况：(1) 债券息票率为面值的 8%；(2) 债券收益率为 6%。并解释你所观察到的结果。

29. 对每年支付相同金额永续年金的永续债券来说，其久期的计算公式是（1 + 收益率）/收益率。如果债券收益率为 5%，以下哪种的久期更长？是永续债券还是 15 年期的零息债券？如果收益率是 10% 呢？

30. 假设你刚刚被解除 CEO 的职务。作为安慰，公司董事会与你签订了 5 年期每年 150 000 美元的咨询合同。如果你的个人借款利率为 9%，这份合同的久期是多少？利用久期计算借款利率增加 0.5% 所导致的合同的现值变化。

思考题

31. 编制一个工作表程序（spreadsheet program），建立一系列的债券表格，说明在给定息票率、债券期间以及到期收益率情况下债券的现值。假设每半年支付一次息票，收益率半年复利一次。

32. 寻找一个套利机会（或几个机会）。为简单起见，假设每年支付一次息票。每种情况下债券面值均为 1 000 美元。

债券	期间（年）	息票（美元）	价格（美元）
A	3	零	751.30
B	4	50	842.30
C	4	120	1 065.28
D	4	100	980.57
E	3	140	1 120.12
F	3	70	1 001.62
G	2	零	834.00

33. 每年支付永续年金的债券的久期是（1 + 收益率）/收益率。试证明之。

34. 如果某股票的股利预期将永远以固定的比率增长，那么其久期是多少？

35. （1）下列国债中包含的即期和远期利率是多少？1 年期（零息）国库券的价格为 93.46%。为简单起见，假设债券每年支付一次利息。（提示：你能否将这些债券的长期头寸与短期头寸进行组合，使得仅在第 2 年有现金收入？仅在第 3 年有现金收入？）

债券息票率（%）	期间（年）	价格（%）
4	2	94.92
8	3	103.64

（2）某 4% 息票率的 3 年期债券目前以 95.00% 的价格出售。这种情况下有获利机会吗？如果有，你该如何利用呢？

第5章

普通股估价

我们必须提醒一下，作为财务专家，你可能会遇到职业性的麻烦。比如说在鸡尾酒会上，你可能会被许多人包围，他们都热切地向你解释投资于普通股股票赚钱的体系。说起这类麻烦，股市下挫反倒成了好事，因为这时这类麻烦自然而然就会暂时消失了。

也许我们夸大了股票交易的风险，但问题是确实没有什么简单的方法确保非凡的投资业绩。本书的后面部分我们将说明，在规范有效的资本市场上，证券价格的变化从本质上来说是无法预测的。因此在这章中，当我们提倡利用现值概念为普通股定价时，我们并不是要传授给你投资成功的秘诀，我们只是相信这种观念可以帮助读者理解为什么有的投资定价会比其他的高。

那学习这章还有什么必要呢？如果你想知道某公司股票的价值，为什么不直接去查看报纸中的股价信息呢？遗憾的是，有时候这是不可行的。例如，作为一家成功公司的创建者，目前你拥有该公司的所有股份，但是你正在考虑公司的上市问题，想将手中的股份卖给其他投资者。在这种情况下，你和你的顾问就要对股票的出售价格进行估计。

企业财务人员需要了解股票的定价机制还有一个更深层次的原因。如果一家公司是以股东利益为出发点的，它就应该接受能够提高公司股份价值的投资机会。而要想做到这一点，就必须先了解股份价值的决定因素。

本章我们首先从股票的交易开始，然后解释股票股价的基本原理，并使用折现现金流（discount－cash－flow，DCF）模型估计预期收益率。

这些原理可以指引我们认清成长股和绩优股之间的根本区别。成长股不只是成长的，持有它可以获得比未来投资资本成本更高的预期收益。对成长股来说，正是增长性和超额收益的组合带来了很高的市盈率。我们将列举成长股和绩优股市盈率和盈余市价比（earning-price ratios）的例子。最后我们将说明如何将 DCF 模型扩展，以使其能够对整个公司进行估价，而不是仅对单个股票估价。

要提醒的另外一点是：每个人都知道股票是有风险的，有的风险较高，有的风险较低。因此，除非某种股票的期望收益与其风险水平相当，否则投资者就不会对其进行投资。但在本章中我们基本上不涉及风险和预期收益之间的关系。本书第 8 章将会详细探讨风险问题。

5.1 普通股如何交易

通用电气（GE）公司流通在外的股票多达 103 多亿股，根据最近的统计数据，这些股票大约为 500 万个股东所拥有。他们中既有掌握几百万股的大型养老金组织和保险公司，也有仅持有几百股的散户。如果你拥有 1 股 GE 股票，那你就拥有 0.000 000 01% 的 GE 公司，对其利润也就拥有同样微量的要求权份额。当然，对该公司股票持有的越多，你的公司"份额"也就越大。

如果 GE 希望筹措更多的资金，它可以向投资者举债，也可以增发新股。出售新股、募集新的资本是在所谓的一级市场中进行的，但 GE 股票交易更多的是现有股票，是在投资者之间进行买卖，因此不会为公司筹措到任何新的资金。这种二手股票市场是所谓的二级市场。GE 股票交易的主要二级市场是纽约证券交易所（NYSE）。这是世界上最大的股票交易所，平均每天的交易量大约为 20 亿股股票，上市公司多达 2 800 家。

GE 和其他大型美国公司同时还在外国交易所交易。例如，GE 还在伦敦和巴黎的 Euronext（欧洲，或泛欧）交易所交易。同时，很多外国公司也在美国交易。如 Toyota（丰田）公司和 Fiat（菲亚特）公司在 NYSE 交易，同样在 NYSE 交易的还有 Air France KLM（法航荷航公司）、Brasil Telecom（巴西电信公司）、Canadian Pacific Railway（加拿大太平洋铁路公司）、Nokia（诺基亚公司）、Royal Dutch Shell（皇家壳牌石油）以及超过 400 家的其他公司。

假设你是一家养老金的首席交易员，你想买入 100 000 股 GE 股票，于是你就告诉你的经纪商，他将你的买单转至 NYSE 的交易大厅。NYSE 的股票交易是由专营商（specialist）负责的，他将记录买单和卖单。接到你的买单，他将检查手中的记录，查找是否有投资者愿意按照你给的价格卖出。此外，专营商也可能从同在一起的其他经纪人处帮你做成一单更好的交易，也可能将他自己所持的股票转售给你。如果没有人愿意按你的出价出售股票，专营商将会对你的订单进行登记，然后尽可能快地促其成交。

NYSE 并不是美国唯一的股票市场，很多股票是通过做市商（dealer）网络场外交易的，做市商在称为 Nasdaq（纳斯达克，美国券商联合会自动报价系统）的计算机终端系统上出示其交易价格。如果你对 Nasdaq 屏幕上的价格满意的话，只要与做市商敲定协议即可。

NYSE 和 Nasdaq 正是两种主要类型的交易场所代表。NYSE 是一个**拍卖型市场**（auction market），专营商作为拍卖商撮合可能的买卖者。世界上的主要交易所大多采用拍卖型市场的组织方式，如东京证券交易所、伦敦证券交易所以及法兰克福证券交易所等。但这些交易所的拍卖师是计算机而不是专营商，[①] 这就意味着不存在晚间新闻中出现的交易大厅，开市交易也不需要响铃报告。Nasdaq 是做**市商市场**（dealer market）的典型例子，其中的交易都是在投资者和一群做市商之间进行。权益交易的做市商市场相对较少，做市商的更多活动是在其他金融工具的交易中，如债券通常是在做市商市场中心交易的。

媒体每天都在报道股票交易的价格，比如说，以下就是《华尔街日报》2006 年 11 月对某日 GE 股票交易的报道方式：

52 周							
最高价	最低价	股票（股利）	收益率（%）	市盈率	交易量（单位：100 股）	收盘价	涨跌幅
36.48	32.06	GE1.00	2.8	21	267 992	35.27	0.50

从中可以看出，投资者在这一天总共交易了 26 799 200 股（267 992 × 100）GE 股票，收盘时该股股价为 35.27 美元，较前一交易日上涨了 0.50 美元。由于流通在外的 GE 股票约有 103 亿股，投资者对此股票总的估价为 3 630 亿美元。

购买股票是冒险的行为，2005 年到 2006 年间 GE 股票价格的波动率并不是很大，其波动范围仅为 32.06 美元至 36.48 美元。但在 2001 年时其股票价格曾飙升至 60 美元。如果哪位不幸的投资者以 60 美元的最高价格买进的话，那他的投资已经损失了 41% 了。当然，鸡尾酒宴上我们一般不会遇到这样的失败者，他们或者三缄其口，或者就已经不在受邀之列了。

除了上面的数据，《华尔街日报》还公布 GE 股票的其他三类信息：GE 每股有 1.00 美元的年度股利，2.8% 的股票股利收益率，数值为 21 的股价与每股盈余比（P/E，市盈率），稍后我们就解释投资者为什么会留心这些数据。

在 NYSE 和其他大型交易场所交易的大部分是普通股股票，但也有其他证券的交易，包括提供固定股利的优先股以及提供给投资者购买普通股选择权的权证。另外，投资者还可以从上百个交易所交易基金（exchange-traded funds，ETFs）中进行选择，它是指能够在一笔交易中进行买卖的股票组合。这样的交易基金包括 SPDRs（标准普尔存托凭证，或"spiders"），这是一种追踪几百个标准普尔股票市场指数的组合，这几百个指数中也包括作为基准的标准普尔 500 指数。你也可以购买 DIAMONDS，它追踪的是道琼斯工业平均指数；QUBES 或 QQQQs，它追踪的是 Nasdaq100 指数；还有追踪特定行业或商品的 ETFs。你还可以购买投资于证券组合的封闭式基金[②]。这些基金包括投资于特定国家股票组合的国家基金，如墨西哥基金和智利基金。

---

① 交易还是在 NYSE 交易大厅里面对面进行的，但计算机交易扩展非常迅速。2006 年，NYSE 兼并了一家电子交易系统 Archepelago，并使自身转型为公众公司。NYSE 集团还通过兼并一家欧洲的电子交易系统 Euronext 向世界扩张。

② 封闭式基金发行的股份在股票交易所交易，而开放式基金发行的股份不在交易所交易。开放式基金的投资者直接与基金交易。基金直接向投资者发行新股份，如果投资者想从基金回收资金就赎回股份。

5.2 普通股如何估价

上一章已经介绍了怎样评估未来现金流的价值，计算股票现值的折现现金流（DCF）公式与其他任何资产现值的计算公式完全相同，我们只需要利用资本市场上具有同样风险的证券所能达到的收益率对股票的现金流进行折现就可以了。因为股东从公司获得的现金流是以股利形式体现的，因此：

PV（股票）= PV（未来期望股利）

乍一看，上面的结论出人意料，我们知道，投资者购买股票通常会希望得到股利收入，但他们还希望能够获得资本利得。为什么以上的现值公式压根儿没有谈到资本利得呢？下面我们就将说明，其实这里并无矛盾之处。

5.2.1 今天的价格

持有普通股股票，投资者会有两种形式的现金流：（1）现金股利；（2）资本利得或损失。假设某种股票的当前价格为 P_0，1 年后的期望价格为 P_1，期望每股股利为 DIV_1，那么到下一年为止，投资者对此股票的期望收益率就被定义为期望每股股利 DIV_1 加上股票价格的期望增值 $P_1 - P_0$，用其合计数除以股票的年初价格 P_0：

$$期望收益 = r = \frac{DIV_1 + P_1 - P_0}{P_0}$$

假设 Fledgling Electronics 公司的股票目前价格为 100 美元（$P_0 = 100$），投资者期望下一年能够得到 5 美元的现金股利（$DIV_1 = 5$），他们还希望 1 年后股票能卖到 110 美元（$P_1 = 110$），那么该股票持有者的期望收益则为 15%：

$$r = \frac{5 + 110 - 100}{100} = 0.15，即 15\%$$

如果给定投资者对股利和价格的预期值，在已知其他同等风险股票期望收益率的情况下，就可以预计股票的当前价格：

$$价格 = P_0 = \frac{DIV_1 + P_1}{1 + r}$$

对于 Fledgling Electronics 公司，$DIV_1 = 5$，$P_1 = 110$。如果对 Fledgling Electronics 公司的期望收益率 r 为 15%，则其股票的当前价格应为 100 美元：

$$P_0 = \frac{5 + 110}{1.15} = 100（美元）$$

以上计算中折现率 r 的准确性有多大呢？它被称为**资本市值率**（**market capitalization rate**），或**权益资本成本**（**cost of equity capital**），是资本机会成本的另一种叫法，被定义为投资于与 Fledgling Electronics 公司具有同等风险的其他证券的期望收益率。

有些股票比 Fledgling Electronics 公司的安全，而有些可能比它的风险更大。但在成千上万的交易股票中，总会有一些风险大体相当，我们可以将这些股票称为 Fledgling Electronics 公司的风险等级（risk class）。同一风险等级所有股票的定价都应该得到相同的期望收益率水平。

现在假设 Fledgling Electronics 公司同风险等级的其他证券提供的期望收益率都相

同，都是15%，那么每股100美元的价格就应该是 Fledgling Electronics 公司股票的正确价格。实际上这也是唯一可能的价格。如果 Fledgling Electronics 公司股票价格高于100美元会怎么样呢？在这种情况下，投资者都会将其资本转向其他的证券，而这一过程肯定会降低 Fledgling Electronics 公司股票的价格。如果低于100美元，就会出现相反的情况。投资者将争相购买 Fledgling Electronics 公司股票，促使其价格上升至100美元。

总而言之，每时每刻同等风险的所有证券的期望收益都是相同的，这是规范有效的资本市场均衡的条件，也是证券市场的共识。

5.2.2 什么决定下一年的价格

我们已经设法用股利 DIV_1 和下一年的期望股票价格 P_1 对当前的股票价格 P_0 进行了解释，但直接预测未来股票价格是一件很不容易的事。不过我们可以考虑一下下一年股票价格的决定因素。如果我们的股票价格公式成立，于是：

$$P_1 = \frac{DIV_2 + P_2}{1 + r}$$

也就是说，1年后的今天，投资者将关注第2年的股利及第2年末的股票价格。因此，我们可以通过预测 DIV_2 和 P_2 来预测 P_1，然后用 DIV_1、DIV_2 和 P_2 来表示 P_0：

$$P_0 = \frac{1}{1 + r}(DIV_1 + P_1) = \frac{1}{1 + r}\left(DIV_1 + \frac{DIV_2 + P_2}{1 + r}\right) = \frac{DIV_1}{1 + r} + \frac{DIV_2 + P_2}{(1 + r)^2}$$

还是看 Fledgling Electronics 公司的例子。投资者对其预期下一年末的股价看涨，一个合理的解释就是因为他们预计第2年 Fledgling Electronics 公司将会获得更多的股利和更多的资本利得。例如，假设他们今天预计第2年的股利为5.50美元，股价为121美元，这将意味着第1年年末的股票价格应为：

$$P_1 = \frac{5.50 + 121}{1.15} = 110 \text{（美元）}$$

于是，我们就可以用原始公式计算当前的股票价格：

$$P_0 = \frac{DIV_1 + P_1}{1 + r} = \frac{5.00 + 110}{1.15} = 100 \text{（美元）}$$

也可以用以上的扩展公式计算：

$$P_0 = \frac{DIV_1}{1 + r} + \frac{DIV_2 + P_2}{(1 + r)^2} = \frac{5.00}{1.15} + \frac{5.50 + 121}{1.15^2} = 100 \text{（美元）}$$

这样我们就成功地将今天的股票价格与未来两年的预期股利（DIV_1、DIV_2）以及第2年末的预期价格（P_2）联系在一起，进一步再将 P_2 换成（$DIV_3 + P_3$）／（$1 + r$），然后将今天的股票价格与未来3年的预期股利（DIV_1、DIV_2 及 DIV_3）以及第3年末的预期价格（P_3）联系在一起，相信你不会觉得吃惊了吧？实际上，对未来的考察，我们想要多少年就可以做到多少年，只要记得每次将 P 进行调换即可。假设最后我们要考虑到期间 H，就会出现下列股票价格计算的一般公式：

$$P_0 = \frac{DIV_1}{1 + r} + \frac{DIV_2}{(1 + r)^2} + \cdots + \frac{DIV_H + P_H}{(1 + r)^H} = \sum_{t=1}^{H} \frac{DIV_t}{(1 + r)^t} + \frac{P_H}{(1 + r)^H}$$

其中，$\sum_{t=1}^{H}$ 表示第1年末到第 H 年末的股利折现之和。

在假设预期股利以10%的复利稳定增长的条件下，表5—1继续探讨了不同时间段内Fledgling Electronics公司的股票价格问题。预期股票价格 P_t 每年是以同样比率增长的，表中每一行给出了用不同的 H 值计算出的一般公式结果。用表5—1的数据我们还画了对应的图，如图5—1所示。该图中每一列给出的都是到给定时间为止的全部股利的现值和该时间的股票价格的现值。随着时间的推延，股利流在股票现值中的比重越来越大，但股利与终结点价格的现值总和始终都是100美元。

表 5—1		Fledgling Electronics 公司股票价值评估公式应用			单位：美元
期间（H）	预期终值		现值		总计
	股利（DIV$_t$）	价格（P_t）	累计股利	未来价格	
0	—	100	—	—	100
1	5.00	110	4.35	95.65	100
2	5.50	121	8.51	91.49	100
3	6.05	133.10	12.48	87.52	100
4	6.66	146.41	16.29	83.71	100
10	11.79	259.37	35.89	64.11	100
20	30.58	672.75	58.89	41.11	100
50	533.59	11 739.09	89.17	10.83	100
100	62 639.15	1 378 061.23	98.83	1.17	100

假设：（1）股利每年以10%比率复利增长；（2）资本市值率为15%。

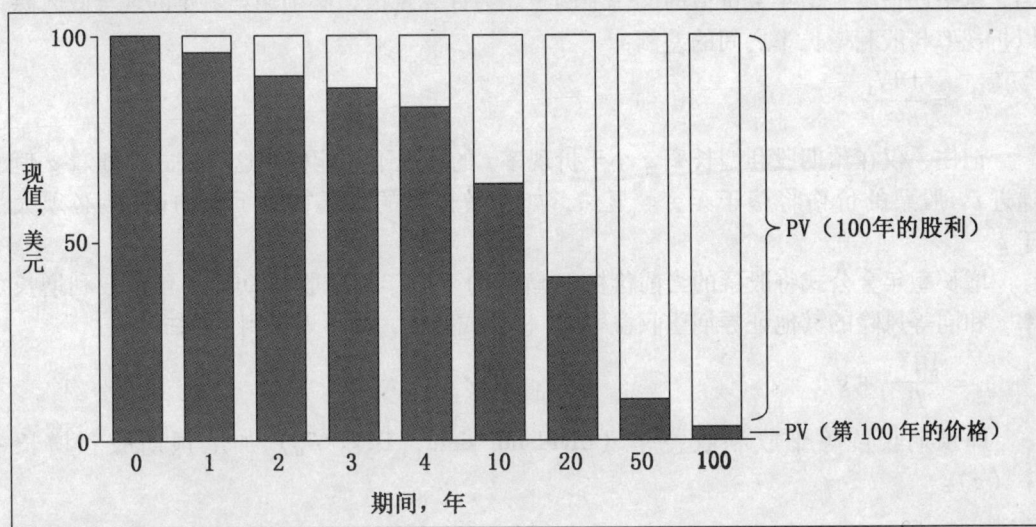

图 5—1　　Fledgling Electronics 公司股票价格现值

注：随着时间的推延，未来股票价格的现值（阴影部分）下降，但股利流的现值（空白部分）上升。现值总和（未来股票价格及股利）保持不变。

这样的推导究竟能到多远？原则上来说，期间 H 可以是无穷远的。普通股不会因为时代久远而到期，除非公司破产或遭受被兼并的厄运，否则股票永远不会消亡（例如，1670 年成立的 Hudson's Bay Company 是最早的公司之一，但作为加拿大的主要零售商至今仍然十分强大）。正如图 5—1 最后一列所示的那样，当 H 趋向于无穷大时，最终股票价格的现值要趋近于 0。因此我们可以完全忽略股票的最终价格，而将当前的价格表示为永续股利流的现值，通常被写为：

$$P_0 = \sum_{t=1}^{\infty} \frac{\text{DIV}_t}{(1 + r)^t}$$

其中，∞ 表示无穷大。

股票现值的上述折现现金流（DCF）公式与其他任意资产的现值计算公式相同，我们只需要利用资本市场中同等风险的证券所能获得的收益率对现金流进行折现，这里的现金流指的是股利流。也许有人觉得 DCF 公式令人难以置信，因为它似乎忽略了资本利得。但我们已经看到，实际上以上的公式是基于一定假设推导出来的，即任何期间的股票价格都是由下一期间的期望股利和资本利得决定的。

应当注意的是，股票的价值等于每股收益的折现和，这样的做法并不正确。通常情况下收益会高于股利，因为收益的一部分会用于新厂房、设备及营运资本的再投资。对收益进行折现实际上是肯定了投资的回报性（较高的未来股利），但却忽视了为之所做的牺牲（较低的当前股利）。正确的说法应该是：股票的价值等于每股股利流的折现之和。

5.3 估计权益资本成本

第 3 章中，我们得出了一些基本现值计算的简化公式，现在就来看一下是否在股票估价中也可以使用。例如，假设我们预计公司股利是稳定增长的，这与每年股利之间具有一定的偏差并不矛盾，这只是意味着预期股利增长率是稳定的。这样的投资是我们在第 3 章中评估增长型年金价值的又一个例子。为计算现值，必须用第 1 年的现金收入除以折现率与股利增长率之间的差额：

$$P_0 = \frac{\text{DIV}_1}{r - g}$$

记住，仅在预期股利增长率 g 小于折现率 r 的情况下才能使用这一公式。随着 g 值逼近 r，股票的价格将趋于无穷。显然，如果增长真的永远持续下去的话，r 必须大于 g。

增长型年金公式将股票的当前价格 P_0 解释为下一年预期股利 DIV_1、预计股利增长率 g 和同等风险的其他证券期望收益率 r。将公式变形，则可以得到 r 的估计值：

$$r = \frac{\text{DIV}_1}{P_0} + g$$

即预期收益等于**股利收益率**（dividend yield，DIV_1/P_0）加上预期股利增长率（g）。

与一般的结论，即"股票价格等于未来期望股利的现值"[①] 相比，上面这两个公式要简单得多。下面看一个实例。

5.3.1 利用 DCF 模型确定煤气电业公司股票价格

地方电力、天然气之类的公共设施实行的是地方政府指导的价格，管理者既要保护消费者利益，尽量压低价格，又要让公共事业部门获得公平的收益率。那么，怎样的收益率才算公平呢？通常的做法是将 r 解释为公司普通股的市场资本化率，也就是说，公共事业的合理的权益收益率应该是权益成本，即与公共事业普通股同等风险等级的证券收益率。[②]

对该收益率估计稍做一个很小的变动就会大大影响消费者承受的价格和相应公司的利润，因此不论是公共事业公司还是政府管理部门都要尽力将权益成本估计得相当准确。它们意识到，公共事业公司经营成熟、业务稳定，理应是运用稳定增长的 DCF 公式难得的样板。[③]

假设你想估计西北天然气公司（Northwest Natural Gas），一家地方天然气供应商的权益成本。2007 年初，该公司的股票价格为每股 41.67 美元，下一年的股利预计为每股 1.49 美元。因此，计算 DCF 公式第一部分就非常简单了：

$$股利收益率 = \frac{DIV_1}{P_0} = \frac{1.49}{41.67} = 0.036, 即 3.6\%$$

问题的难点在于估计 g，股利的预计增长率。一种方法是咨询专门研究各家公司的证券分析师的意见，当然，分析师们很少会伸长脖子，无休无止地对各期股利进行没完没了的估计，通常他们只对今后 5 年的期望增长率给出估计，但他们的这些估计却能够为长期增长模式提供信息。对于西北天然气公司，2007 年，分析师估计的年度增长率为 5.1%。[④] 将这一数据与上述股利收益率相结合，可以得到权益资本成本的估计值为：

---

① 这些公式最早是由 Williams 在 1938 年提出的，后来 Gordon 和 Shapiro 又进行了修正。参见 J. B. Williams，*The Theory of Investment Value*（Cambridge，MA：Harvard University Press，1938）；and M. J. Gordon and E. Shapiro，"Capital Equipment Analysis：The Required Rate of Profit，" *Management Science 3*（October 1956），pp. 102 – 110.

② 这里的解释引自美国最高法院 1944 年的指令，它指出，"（政府调控的企业）权益所有者的收益应与其他具有同等风险的企业投资收益相同"。*Federal Power Commission v. Hope Natural Gas Company*，302 U. S. 591 at 603.

③ 这种说法也有很多例外。比如，太平洋煤气电力公司（PG&E）向加利福尼亚北部地区提供服务，它曾经是一家业绩稳定的成熟企业。但是，2000 年加利福尼亚发生能源危机，电力批发价格高得惊人，但 PG&E 对客户的零售电价却不能随之上调。结果，这家公司 2000 年损失高达 35 亿美元，被迫于 2001 年宣告破产。2004 年该公司从破产中解脱出来，但是，如果想将其作为稳定增长的 DCF 公式的适用对象，可能我们还得要等些时日。

④ 这里的计算中，我们假设收益和股利预计都以通常的增长率 g 永远地增长下去，本章稍后部分将说明怎样放松这个假设条件。对增长率的估计是以 Value Line 公司和 IBES 预测的平均收益增长率为基础的。IBES 归集证券分析师们的预测，并对之进行加总平均；而 Value Line 则出版公布自己公司的分析师的预测结果。

$$r = \frac{\mathrm{DIV}_1}{P_0} + g = 0.036 + 0.051 = 0.087,即8.7\%$$

对长期增长率进行估计的另一种方法是从**股利支付率**（payout ratio）开始，这一比率是每股股利与每股收益（EPS）的比率。对于西北公司估计的这一数值为62%，也就是说，每年公司总要从每股收益中留出38%用于再投资：

$$再投资比例 = 1 - 股利支付率 = 1 - \frac{\mathrm{DIV}}{\mathrm{EPS}} = 1 - 0.62 = 0.38$$

而西北天然气公司每股收益与每股账面权益价值的比值约为10%，这是公司的**权益收益率**（ROE）：

$$权益收益率 = \mathrm{ROE} = \frac{\mathrm{EPS}}{每股账面权益} = 0.10$$

如果西北天然气公司每股权益的收益为10%，而又将其中的38%进行再投资，则其账面权益将增长3.8%，即$0.38 \times 0.10 = 0.038$。每股收益和每股股利相应也将增长3.8%：

$$股利增长率 = g = 再投资比例 \times \mathrm{ROE} = 0.38 \times 0.10 = 0.038$$

这就给出了市场资本化率的又一个估计：

$$r = \frac{\mathrm{DIV}_1}{P_0} + g = 0.036 + 0.038 = 0.074,即7.4\%$$

虽然西北公司权益成本的估计看起来非常合理，但是用稳定增长的DCF公式对任何一个单一公司股票进行分析都有一些误导的危险。首先，未来增长率基于的假设充其量也只能是一个近似的结果；其次，即使这是一个可以接受的近似值，但在对g进行估计时还是会不可避免地产生误差。

要知道，西北公司权益成本其实并不是由它自身决定的。在规范有效的资本市场上，对风险与西北公司类似的所有证券，投资者都使用完全相同的收益率来对其股利收益进行资本化。但是对任何单个公司股票r估计的时候总会有"噪音"的，误差在所难免。因此一个比较好的做法就是，不过分看重单个公司权益成本的估计，而是收集很多样本公司的资料，对每家公司的r都进行估计，然后取平均值。平均值为决策提供了更为可靠的判别标准。

表5—2的倒数第2列给出了西北天然气公司及其他8家天然气供应公司用DCF估计的权益成本的数值。所有这些公司都是经营稳定的成熟公司，稳定增长的DCF公式对它们应该是有效的。但可以看到对它们权益成本估计的差异，这些差异有的可能是其风险差异的反映，而有的可能仅仅是噪音。权益成本估计的平均值为9.9%。

表 5—2	2007 年初对地方天然气供应公司估计的权益成本					
公司	股票价格（美元）	年股利（美元）[a]	股利收益率（%）	长期增长率（%）	DCF 权益成本（%）	多阶段 DCF 权益成本[b]
AGL Resources Inc	39.32	1.48	3.8	4.0	7.7	8.8
Atmos Energy Corp	32.34	1.51	4.7	6.5	11.2	9.6
Laclede Group Inc	36.24	1.49	4.1	4.6	8.7	9.1
New Jersey Resources Corp	51.60	1.50	2.9	5.5	8.4	8.1
Northwest Natural Gas Co（西北公司）	41.67	1.49	3.6	5.1	8.7	8.6
Piedmont Natural Gas Co	27.98	1.49	5.3	4.9	10.2	8.7
South Jersey Industries Inc	33.47	1.51	4.5	6.2	10.7	8.1
Southwest Gas Corp	38.24	1.56	4.1	9.8	13.9	8.2
WGL Holdings Inc	33.13	1.48	4.5	4.3	8.8	9.2
平均值					9.9%	8.6%

[a]预计股利，以当前股利及 1 年的增长为基础。

[b]GDP 长期增长率预计为 3.6%。

注：其中长期增长率是基于证券分析师的预测得到的。在多阶段 DCF 模型中，假设 2011 年之后的增长率逐渐调整至 GDP（国内生产总值）长期增长率的估计值。

资料来源：The Brattle Group, Inc.

表 5—3 给出了 DCF 权益成本估计的又一个例子，这次给出的是 2005 年美国铁路公司的有关数据。

表 5—3	2005 年美国铁路公司权益成本估计值		单位：%
	平均股利收益率[a]	预计增长率[b]	权益成本[c]
Burlington Northern Santa Fe	1.47	12.74	14.21
CSX	1.06	15.52	16.58
Norfolk Southern	1.41	14.92	16.34
Union Pacific	1.91	12.67	14.57
加权平均[d]			15.18

[a]2005 年平均每月股利。

[b]以 IBES 证券分析师对增长率预测的平均值为基础。

[c]由于四舍五入的原因有些加总合计不相等。

[d]以铁路公司普通股总市值为基础的加权平均值。

注：该估计是利用稳定增长 DCF 模型完成的，在本例中，由于预计增长率不能维持永续年金的形式，因此可能高估铁路公司的真实权益成本。

资料来源：U. S. Surface Transportation Board, "Railroad Cost of Capital—2005," September 15, 2006.

这种估计的准确度只能与其基于长期预测估计的准确性相当。比如，有几项研究已经观察到，证券分析师们受其行为偏差的影响，其预测倾向于过于乐观。如果情况确实如此，那么用 DCF 估计的权益成本将被视为对其真实数值估计的最高值。

5.3.2 稳定增长公式应用须知

简单的稳定增长 DCF 公式是极其有用的经验法则，但也仅此而已。过分相信这一公式给很多财务分析人员带来了愚蠢的结论。

上面我们只是通过一种股票的分析，强调了估计 r 值的困难，并说明要尽可能利用同等风险证券的大量样本。即使这样也未必能达到目的，但它至少给分析者提供了有利的战机，因为估计单个证券的 r 时不可避免的误差在大样本估计时往往会相互抵消掉。

另外，对当前高速增长的公司，我们要抵制住应用这个公式的诱惑，因为这种增长率不可能永远持续下去。但稳定增长的 DCF 公式却假设它可以，这一错误的假设会导致 r 值的高估。表5—3 可能就是这种过高估计的一个例证。2005 年和 2006 年是美国的四大铁路公司走出低获利能力的低谷期间，这段期间内它们迅速扩张。证券分析师们预计复苏将持续下去，后几年的收益增长率在 12% 到 15% 之间。但当获利能力恢复结束增长率肯定会下降。因此分析人员和投资者实际上并不是假设了一个预计的增长率，而是至少两个：一个近期的高速增长率，然后转为温和的长期增长率。假设 12% 到 15% 的增长率永远都会存在是没有根据的。

不同增长率下的 DCF 估价

现在看一家增长科技公司（Growth – Tech，Inc.），该公司的 $DIV_1 = 0.50$ 美元，$P_0 = 50$ 美元，公司利润的 80% 用于再投资，权益收益率（ROE）为 25%。这就意味着公司过去：

股利增长率 = 再投资率 × ROE = 0.80 × 0.25 = 0.20

现在我们面临的诱惑是，假设未来的长期增长率 g 也等于 0.20，这样就有：

$$r = \frac{0.50}{50.00} + 0.20 = 0.21$$

但这个结果荒谬透顶。除非未来的通货膨胀持续走高，否则没有哪家公司可以持续每年 20% 的高增长率。因此，公司盈利能力终将逐渐降低，而相应地公司也会减少投资。

在现实生活中，随着时间的流逝，投资收益是逐渐降低的。但为简单起见，下面我们假设到第 3 年末后收益率突然下降至 16%，相应地公司决定仅将利润的 50% 用于再投资，这样 g 值就下降至 0.08（0.50 × 0.16）。

表5—4 列出了几个指标量的变化过程：增长科技（Growth – Tech）公司在第 1 年年初每股资产为 10.00 美元，当年利润为 2.5 美元，发放 50 美分的股利，剩下的 2 美元用于再投资，因此第 2 年初其资产为：10 + 2 = 12（美元）。同样的 ROE 和股利发放率又过了一年，到第 3 年初，权益已达 14.40 美元，但 ROE 下降到 0.16，公司的利润仅为 2.3 美元。由于股利发放率上升，股利跃升至 1.15 美元，而公司仅再投资 1.15 美元。因此，此后的利润及股利年增长率均下降至 8%。

表 5—4	增长科技公司预计利润和股利			金额单位：美元
	年份			
	1	2	3	4
账面权益	10.00	12.00	14.40	15.55
每股收益，EPS	2.50	3.00	2.30	2.49
权益收益率，ROE	0.25	0.25	0.16	0.16
股利发放率	0.20	0.20	0.50	0.50
每股股利，DIV	0.50	0.60	1.15	1.24
股利增长率（%）	—	20	92	8

注：要注意第 3 年的变化：ROE 和利润均下降，但股利发放率提高，结果导致了股利的增加。但其后的利润及股利年增长率均下降至 8%。注意，权益的增长额等于没有作为股利发放的利润。

现在我们可以用一般的 DCF 公式了：

$$P_0 = \frac{DIV_1}{1 + r} + \frac{DIV_2}{(1 + r)^2} + \frac{DIV_3 + P_3}{(1 + r)^3}$$

投资者在第 3 年会把增长科技公司的股利增长率定格在 8%，这样我们就可以利用稳定增长公式计算 P_3：

$$P_3 = \frac{DIV_4}{r - 0.08}$$

$$P_0 = \frac{DIV_1}{1 + r} + \frac{DIV_2}{(1 + r)^2} + \frac{DIV_3}{(1 + r)^3} + \frac{1}{(1 + r)^3} \times \frac{DIV_4}{r - 0.08}$$

$$= \frac{0.50}{1 + r} + \frac{0.60}{(1 + r)^2} + \frac{1.15}{(1 + r)^3} + \frac{1}{(1 + r)^3} \times \frac{1.24}{r - 0.08}$$

我们必须采用试错法才能得到使 P_0 等于 50 美元的 r。最后可以得出，对这个更为现实的估计，其所隐含的 r 的近似值为 0.099，与我们在"稳定增长"假设下的估计 0.21 大不相同。

上面我们利用两阶段 DCF 估价模型计算了增长科技公司的现值。第 1 阶段（第 1 年和第 2 年），增长科技公司盈利能力很强（ROE = 25%），公司将其收益的 80% 用于再投资，账面权益、利润及股利每年都有 20% 的增长。第 2 阶段，即第 3 年以后，公司的盈利能力和再投资比例均有所下降，利润最终以 8% 的年增长率稳定增长，股利在第 3 年攀升至 1.15 美元，此后也以 8% 的年增长率增长。

增长率变动的原因有很多。有时候短时间的高增长并不是因为公司具有超乎寻常的利润带来的，而是可能公司刚刚走出盈利低下的困境。表 5—5 列示了凤凰公司（Phoenix. com）的预计利润和股利，这家公司刚刚熬过几乎崩溃的岁月，现正逐渐恢复生机。凤凰公司的权益每年有 4% 的中等增长，但第 1 年的 ROE 仅为 4%，因此公司不得不将其利润全部用于再投资，没有发放任何现金股利。随着第 2 年、第 3 年盈利的增长，公司发放的股利也在增加。最后，从第 4 年开始凤凰公司步入稳定增长期，其权益、利润和股利每年都以 4% 的年增长率增长。

表 5—5	凤凰公司预计利润和股利			金额单位：美元
	年份			
	1	2	3	4
年初账面权益	10.00	10.40	10.82	11.25
每股收益，EPS	0.40	0.73	1.08	1.12
权益收益率，ROE	0.04	0.07	0.10	0.10
每股股利，DIV	0	0.31	0.65	0.67
股利增长率（%）	—	—	110	4

注：随着盈利能力（ROE）的恢复，公司开始发放股利，且股利逐年增长。注意，账面权益的增长额等于没有作为股利发放的利润。

假设凤凰公司的权益成本为10%，则其股票的价值应为每股9.13美元：

$$P_0 = \underbrace{\frac{0}{1.1} + \frac{0.31}{1.1^2} + \frac{0.65}{1.1^3}}_{\text{PV（第一阶段股利）}} + \underbrace{\frac{1}{1.1^3} \times \frac{0.67}{(0.10 - 0.04)}}_{\text{PV（第二阶段股利）}} = 9.13（美元）$$

我们还可以继续下去，得到三阶段甚至更多阶段的价值评估模型。例如，表5—2的最右面一列给出了我们的老朋友西北天然气公司及其他八家地方天然气供应公司的多阶段DCF对权益成本的估计额。当时我们假设的是表中的长期增长率是不能够永远持续下去的，2011年以后，每家公司的增长率都将逐渐调整至GDP长期增长率的水平。从2017年开始，所有公司的股利预计都以GDP为参照，年增长率为5.3%。这样得出的平均权益成本估计值约为8.6%，比只用永续增长的简单模型估计出的数值略低。但同时这种方法下权益成本估计的离差程度也有所降低。

无论是利用DCF对普通股股票进行估价，还是估计权益成本的数值，我们必须提醒你两点：首先，像表5—4或表5—5那样制作一张简表，从而保证自己的股利预测与公司的利润及增长所需的投资状况保持一致，这是非常值得的。其次，要特别注意利用DCF估价公式检测市场是否正确反映了股票价值的情况。如果你估计的价值与市场价值不同，那可能只是因为你对股利的估计不够准确。要永远牢记我们在本章开头对股票市场赚钱途径的总结：赚钱是没有捷径的。

5.4 股票价格与每股收益的关系

投资者常常会区分两种股票：成长股（growth stocks）和绩优股（income stocks）。投资者购买成长股主要出于他们对资本利得的期望，说明他们更看重的是未来利润的增长而不是下一年的股利。而购买绩优股却主要是为了现金股利。下面我们就来看一下这种区分的实际意义。

首先设想一下公司完全没有增长的情况。此时，公司利润不再用于投资，而只是产生恒定不变的股利流，公司的股票就像第3章中讲过的永续年金。我们知道，永续年金的收益等于每年的现金流除以其现值，因此，我们购买的这类股票的期望收益就等于每年的股利除以股票的价格（也就是股利收益率）。由于所有的利润都以股利的形式发放，则期望收益率也等于每股收益除以股票价格（也就是利润价格比）。例如，如果股利是每股 10 美元，股票价格为 100 美元，则有：

期望收益率 = 股利收益率 = 利润价格比

$$= \frac{DIV_1}{P_0} \qquad = \frac{EPS_1}{P_0}$$

$$= \frac{10.00}{100} \qquad = 0.10$$

价格等于：

$$P_0 = \frac{DIV_1}{r} = \frac{EPS_1}{r} = \frac{10.00}{0.10} = 100$$

成长型公司的预期收益率也可以等于利润价格比。问题的关键在于是否将利润进行再投资，再投资的收益率是高于还是低于市场资本化率。例如，假设刚刚上面讨论的一成不变的公司突然得到一个投资机会，下一年可以每股投资 10 美元，但这样就意味着 $r = 1$ 时不能发放股利。不过公司估计在今后的每年中，由于该项目的投资每股都能生成 1 美元的利润，从而使每年的股利就上升到每股 11 美元。

假设这个投资机会与当前业务风险水平相当，那么就可以用 10% 作为折现率来对其现金流进行折现，从而可以得到其在 1 年后的每股净现值为：

$$1 \text{ 年后每股净现值} = -10 + \frac{1}{0.10} = 0$$

也就是说，该投资机会将不会给公司价值作出任何贡献。其预期收益与资本的机会成本相同。

那么，接受这一项目对公司的股价会有何影响呢？显然没有任何影响。1 年后不发放股利造成的价值损失刚好与以后年份额外股利带来的价值增加相互抵消。因此，市场资本化率还是等于利润价格比：

$$r = \frac{EPS_1}{P_0} = \frac{10}{100} = 0.10$$

表 5—6 对新项目产生的现金流采用不同的假设对例题进行了重复计算。可以看到，只有在新项目的 NPV = 0 时，以下一年预期利润 EPS_1 衡量的利润价格比才等于市场资本化率（r）。这一点非常重要，财务经理们经常会由于混淆了利润价格比和市场资本化率而作出糟糕的财务决策。

表 5—6	1 年后以不同收益率额外投资 10 美元对股票价格的影响					
项目收益率	增量现金流，C（美元）	1 年后的项目净现值[a]（美元）	项目对 0 时刻股票价格的影响[b]（美元）	0 时刻的股票价格，P_0（美元）	$\dfrac{EPS_1}{P_0}$	r
0.05	0.50	−5.00	−4.55	95.45	0.105	0.10
0.10	1.00	0	0	100.00	0.10	0.10
0.15	1.50	+5.00	+4.55	104.55	0.096	0.10
0.20	2.00	+10.00	+9.09	109.09	0.092	0.10

[a]项目成本为 10.00 美元（EPS_1）。$NPV = -10 + C \div r$，其中 $r = 0.10$。

[b]这里的 NPV 是 1 年后的数值。要想换算成对 P_0 的影响，还要用 $r = 0.10$ 折现 1 年。

注：当项目净现值小于 0 时，利润价格比将高估 r 值；而当项目净现值大于 0 时，利润价格比将低估 r 值。

总之，我们可以把股票看成是不成长策略下平均利润的资本化价值与**成长机会的现值 PVGO** 的总和：

$$P_0 = \frac{EPS_1}{r} + PVGO$$

因此，利润价格比等于：

$$\frac{EPS}{P_0} = r\left(1 - \frac{PVGO}{P_0}\right)$$

如果 PVGO 大于 0，将会低估 r 值；而如果 PVGO 小于 0，则会高估 r 值。后一种情况发生的可能性很小，因为很少有公司会被迫接受净现值小于 0 的项目。

5.4.1 计算 Fledgling Electronics 成长机会的现值

在以上例子中，股利和利润都有望增长，但这种增长都对股票价格没有作出任何贡献。这种意义上的股票就是"绩优股"。这里我们要特别当心的是，不要把公司的业绩与其每股收益的增长等同起来，公司只要将利润进行再投资，即使收益率低于市场资本化率 r，利润仍然有可能增长，但股票的价值却在减少。

现在我们还是来看一看 Fledgling Electronics 公司这只著名的成长股。可能你还记得，Fledgling Electronics 公司的资本市场化率 r 是 15%，公司预计在 1 年后发放 5 美元的股利，此后股利预计以 10% 的年增长率永远增长下去，因此我们可以利用简化的稳定增长公式计算 Fledgling Electronics 公司的股票价格：

$$P_0 = \frac{DIV_1}{r - g} = \frac{5}{0.15 - 0.10} = 100（美元）$$

假设 Fledgling Electronics 公司的每股收益 $EPS_1 = 8.33$ 美元，则其股利支付率为：

$$股利支付率 = \frac{DIV_1}{EPS_1} = \frac{5.00}{8.33} = 0.6$$

换句话说，该公司将其利润的 40%（$1 - 0.6$）用于再投资。再假设 Fledgling Electronics 公司的账面权益收益率为：$ROE = 0.25$，这就说明了其增长率为 10%：

$$增长率 = g = 再投资率 \times ROE = 0.4 \times 0.25 = 0.10$$

如果该公司采取不成长策略，则其每股收益的资本化价值将为：

$$\frac{EPS_1}{r} = \frac{8.33}{0.15} = 55.56（美元）$$

但是我们知道，Fledgling Electronics 公司的股票价值为 100 美元，也就是说这二者的差额 44.44 美元应该是投资者对其成长机会进行的投资。下面我们就来着手解释这一数值。

每一年，Fledgling Electronics 公司都将其利润的 40% 用于对新的资产进行再投资。第 1 年里，Fledgling Electronics 公司以 25% 的不变的权益收益率投资了 3.33 美元，这笔投资自 $t = 2$ 开始，每年将生成 0.83 美元（0.25×3.33）的现金流，其在 $t = 1$ 时刻的投资净现值则为：

$$NPV_1 = -3.33 + \frac{0.83}{0.15} = 2.22(美元)$$

第 2 年里,除了投资额为 3.67 美元,较第 1 年增长 10%(要记住 $g = 0.10$)以外,该公司的其他表现没有任何变化,因此 $t = 2$ 时刻投资带来的净现值则为:

$$NPV_2 = -3.67 + \frac{0.83 \times 1.10}{0.15} = 2.44(美元) \text{①}$$

因此,Fledgling Electronics 公司股票持有者的收入可以分解为两部分:(1)基准利润流,如果公司不求发展的话,这笔利润可以作为股利发放出去;(2)未来日子里每年一张的一系列有价证券,它代表正净现值项目的投资机会。对股份的第一部分价值:

$$基准利润流的现值 = \frac{EPS_1}{r} = \frac{8.33}{0.15} = 55.56(美元)$$

第一张有价证券在 $t = 1$ 时刻的价值为 2.22 美元,第二张在 $t = 2$ 时刻的价值为:$2.22 \times 1.10 = 2.44$(美元),第三张在 $t = 3$ 时刻的价值为:$2.44 \times 1.10 = 2.69$(美元)……这些就是有价证券的预计现金流。对这种每年以 10% 比率增长的未来现金流,我们已经知道它们的估价方法。利用简化的 DCF 公式,将其中的预期股利换成预期的有价证券价值,则可以得到:

$$成长机会的现值 = PVGO = \frac{NPV_1}{r - g} = \frac{2.22}{0.15 - 0.10} = 44.44(美元)$$

到此为止,所有的数值都得到了验证:

股票价格 = 基准利润流的现值 + 成长机会的现值

$$= \frac{EPS_1}{r} + PVGO$$

$$= 55.56 + 44.44$$

$$= 100(美元)$$

为什么 Fledgling Electronics 公司是一只成长股呢?这不是因为它每年扩张 10%,而是因为其股票价格中有很大一部分(约为 44%)来自于未来投资的现值。

今天的股票价格反映了投资者对公司未来经营及投资业绩的预期。成长股之所以能以较高的市盈率进行交易,就是因为投资者愿意为尚未取得的未来的高收益进行投资。

5.4.2 成长机会的例子

几乎所有人都将微软(Microsoft)视为成长股,而将像 Cummins 或 Dow Chemical 这样的成熟公司视为绩优股。现在我们就对此看法进行检验。表 5—7 列示了 2007 年年初这些公司和其他几家公司的 PVGO 的估计值。以 Cummins 为例,我们可以从当前公司价值中减掉其股票价格近似地得出 PVGO 的估计值。假设当前公司价值能够产生基准

---

① 按公式给出的数据计算,应为 2.42 美元,原书有 0.02 的误差。同样,其下面的公式最终结果应为 55.53 美元。为说明问题,本书忽略此类误差——编辑注。

未来利润流，并可以用每股 12 美元的预计 EPS 除以 15.7% 的预计资本成本进行估价。[1]
得出的 PVGO 的估计值结果为每股 41.60 美元，是股票价格的 35%。对微软进行相同的计算得出的结果，PVGO 的估计值是其股票价格的 57%。

表 5—7			预计 PVGO		
股票	股票价格，P	EPS[a]	权益成本，r[b]	PVGO = P − EPS ÷ r	PVGO 占股票价格的%
绩优股：					
Cummins, Inc.（美元）	118.18	12.03	0.157	41.56	35%
道氏化学（美元）	39.90	4.11	0.125	7.02	18
联合利华（英镑）	14.16	0.896	0.091	4.31	30
Scottish Power（英镑）	7.40	0.462	0.097	2.64	36
成长股：					
微软（美元）	29.86	1.57	0.123	17.10	57
星巴克（美元）	35.42	0.985	0.092	24.71	70
e2v Technologies（英镑）	3.80	0.234	0.15	2.24	59
Logica（英镑）	1.85	0.111	0.159	1.15	62

[a] EPS 被定义为不成长策略下的平均利润，是用当前及预计每股收益平均值估计出来的数值。

资料来源：Yahoo! Finance（finance.yahoo.com）. Reproduced with permission of Yahoo! Inc. © 2007 by Yahoo! Inc. Yahoo! and the Yahoo! logo are trademarks of Yahoo! Inc.

[b] 市场资本化率是用资本资产定价模型估计的。我们将在第 9 章和第 10 章讨论这一模型及其应用方法。在本例中，我们使用的市场风险溢酬率是 7%，无风险利率为 5%（美国）和 5.5%（英国）。

表 5—7 还包括了其他公司的 PVGO 的估计值，包括了来自英国的两家成熟公司和两家高科技成长公司。可以看到，PVGO 占成长公司股份价值的比重远远超过一半。投资者希望这些公司能够增大投资、成长迅速，因此能为他们带来远远超过资本成本的收益。

5.5 利用折现现金流评估企业价值

投资者经常买卖普通股股票，而公司会经常买卖整个公司或公司的主要股份。例如，2006 年，《福布斯》杂志公司的所有者 Forbes 家族，将其 40% 股份出售给了 Elevation Partners，一家包括摇滚乐团 U2 主唱 Bono 的投资合伙公司。出售价格超过 2 亿美元。可以肯定，Forbes 家族、Bono 及其他们各自的顾问肯定彻夜不眠地研究了很多天才得出了结论说这一交易的定价是公平的。

我们本章讲过的折现现金流公式对整个公司来说也和对普通股股票一样起作用吗？答案是肯定的，因为无论你预计的是每股股利，还是公司的总体自由现金流，都不会对

---

[1] 这里我们将 EPS 视为基准正常利润流，与永续债券的息票支付一样。另一种方法是预计基准实际（按通货膨胀进行调整）利润流，并按实际折现率进行评估。如果使用的实际折现率较低，则会增加当前的公司价值，从而降低 PVGO。但表 5—7 中下半部分公司的 PVGO 还是比上半部分成熟公司的要高。

该公式产生影响。今天的价值就等于以资本机会成本对未来现金流进行折现的现值。

5.5.1 估计 Concatenator Business 价值

现在有传闻说 Establishment Industries（出版业）公司有意要购买你公司的连接符生产业务（concatenator manufacturing operation）。而你的公司认为如果价格合适，能够得到这一增长迅速的业务全额价值的话也同意出售。因此问题的关键就转换为如何确定其真正的现值。

表 5—8 列示了连接符生产业务的预计**自由现金流**（free cash flow，FCF）。自由现金流是指公司在支付完成长所需投资资金之后能够向投资者支付的现金数额。下面我们将会看到，对于高速成长公司来说，自由现金流有可能是负的。

表 5—8					连接符生产部门的预计自由现金流				单位：百万美元	
	年　份									
	1	2	3	4	5	6	7	8	9	10
资产价值	10.00	12.00	14.40	17.28	20.74	23.43	26.47	28.05	29.73	31.51
利润	1.20	1.44	1.73	2.07	2.49	2.81	3.18	3.36	3.57	3.78
投资	2.00	2.40	2.88	3.46	2.69	3.04	1.59	1.68	1.78	1.89
自由现金流	−0.80	−0.96	−1.15	−1.39	−0.20	−0.23	1.59	1.68	1.79	1.89
与上期相比利润增长率（%）	20	20	20	20	20	13	13	6	6	6

注：（1）起始资产价值为 10（百万美元）。业务增长所需资产最初为每年 20%，然后是 13%，最后为 6%；

（2）盈利能力较为稳定，保持在 12%（利润/资产价值）的水平；

（3）自由现金流等于利润减掉净投资，净投资等于资本支出总额减掉折旧。要注意的是利润也是扣除折旧后的。

1 到 6 年的高速扩张意味着自由现金流是负的，因为要求的额外投资金额大于利润额。第 6 年以后由于成长速度放慢，因此自由现金流变为正数。

表 5—8 与表 5—4 非常相似，表 5—4 以增长科技公司每股权益、权益收益率和公司增长率的假设为基础，预计了该公司的利润和每股股利。在本例的连接符业务中，我们也要对资产、盈利能力（本例中使用税后营业利润与资产的比率来衡量）及增长率作出假设。增长率开始是每年高速增长 20%，然后回落到两阶段，最后在长期情况下保持在 6% 的水平。增长率决定了扩张资产要求的额外投资，盈利能力比率决定了公司能够上交的利润。[①]

表 5—8 中倒数第 2 行的自由现金流，从第 1 年到第 6 年都是负的。连接符业务给母公司提供的股利是负的，它从母公司拿到的钱要比交回给它的要多。

那这是一个坏消息吗？不一定。这个公司现在的现金不足并不是其盈利能力不足造

---

① 表 5—8 列示的是净投资金额，即从投资总额中减掉折旧。这里我们假设的是，替换现有资产的投资可以由折旧资金来满足，净投资才是增长的原因。

成的，而是因为它正出于高速成长中。只要公司得到的比其资本机会成本高，那么高速成长就是好消息，而不是坏消息。只要公司能够提供高额收益率的话，你的公司，或Establishment Industries公司明年将非常愿意对连接符业务追加投资800 000美元。

5.5.2 估价格式

公司的估计价值通常等于一个估价时点（valuation horizon，H）前自由现金流的折现现值，加上同一时点上公司预计价值也折回到现在的现值。也就是：

$$PV = \frac{FCF_1}{1+r} + \frac{FCF_2}{(1+r)^2} + \cdots + \frac{FCF_H}{(1+r)^H} + \frac{PV_H}{(1+r)^H}$$

$$\underbrace{\qquad\qquad\qquad\qquad}_{PV（自由现金流）} \quad \underbrace{\qquad\quad}_{PV（时点价值）}$$

当然，连接符部门的业务在评估时点后还要继续，但要无穷无尽地逐年估计现金流是非常不实际的。PV_H就代表了对应于H+1、H+2等时点的现金流在第H年的价值。

评估时点的选择通常是很随意的。有时老板让员工就使用第10年作为评估的时点，因为10本身是个轮回的数字。在本例中我们要使用的是第6年，因为连接符业务从第7年开始就进入长期稳定的增长时期。

5.5.3 估计时点价值

估计时点价值有很多个常用公式或经验法则。首先我们看一下稳定增长的DCF公式。它要求预测第7年的自由现金流（可以从表5—8中获得）、长期增长率（表中可见为6%）以及折现率（收费很高的顾问已经告诉我们是10%），因此：

$$PV（时点价值）= \frac{1}{1.1^6} \times \frac{1.59}{0.10 - 0.06} = 22.4（百万美元）$$

近期自由现金流的现值为：

$$PV（现金流）= -\frac{0.80}{1.1} - \frac{0.96}{1.1^2} - \frac{1.15}{1.1^3} - \frac{1.39}{1.1^4} - \frac{0.20}{1.1^5} - \frac{0.23}{1.1^6}$$

$$= -3.6（百万美元）$$

因此，公司的现值为：

$$PV（公司）= PV（自由现金流）+ PV（时点价值）$$
$$= -3.6 \qquad\qquad + 22.4$$
$$= 18.8（百万美元）$$

至此，我们的目标是否达到了呢？不错，以上计算的运行机制是完美的。但当你发现公司价值大约有119%都来自于其评估时的时点价值时，你是不是会有些不安呢？另外，稍作一些检验你就会发现，评估时点的价值随着假设条件的微小变动呈明显的变动。例如，如果长期增长率不是6%，而是8%，那么该公司的价值将从18.8百万美元上升至 26.3 百万美元①。

换句话说，折现现金流对公司估价的机制是完美的，但在实践中却容易出错。因此精明的财务经理人员通常会对时点价值的评估尝试多种不同的方法，以此来核查其评估结果。

1. 以市盈率为基础的时点价值

假设你可以观察到成熟的生产性公司的股票价格，而目前生产性公司的规模、风险及增长前景都与你对出版公司连接符生产业务第 6 年的预计大致相同。另外假设这些公司以 11 倍的市盈率进行交易，这样你就可以合理地认为对成熟的连接符业务来说，市盈率也应该为 11，这就意味着：

$$PV（时点价值）= \frac{1}{1.1^6} \times (11 \times 3.18) = 19.7（百万美元）$$

$$PV（公司）= -3.6 + 19.7 = 16.1（百万美元）$$

2. 以市价与账面价值比为基础的时点价值

还是假设成熟的生产性公司的样本公司市价与账面价值比都集中在 1.4 左右（市价与账面价值比就是每股市场价格与每股账面价值的比率）。如果连接符公司 6 年后的市价与账面价值比是 1.4，则：

$$PV（时点价值）= \frac{1}{1.1^6} \times (1.4 \times 23.43) = 18.5（百万美元）$$

$$PV（公司）= -3.6 + 18.5 = 14.9（百万美元）$$

当然，我们很容易挑出以上最后两项计算的缺陷。例如，账面价值通常不能很好地反映公司资产的真实价值。如果通货膨胀居高不下，账面价值会远远低于资产的真实价值。另外，账面价值还常常完全忽略重要的无形资产价值，如你的连接符设计的专利。在通货膨胀及大量的主观会计选择条件下，利润也会有很大偏差。最后，你永远也弄不明白自己是否真的找到了真正相似的样本公司。

但要记住，折现现金流的目的是估计市场价值，也就是估计投资者想要为股票或公司支付的价格。如果你能够观察到他们为类似公司实际支付的价格，这就是有价值的证据，我们应该尽最大努力找到利用它的方法。利用其方法之一就是通过经验法则，以市盈率或市价与账面价值比为基础。巧妙地使用一种经验法则有时要比使用复杂的折现现金流计算好得多。

5.5.4 进一步的实际检测

以下是另一种公司价值评估的方法。它是以你对市盈率和成长机会现值的了解为基础的。

假设评估时点不是通过寻找其稳定增长的第 1 年这种方法设定的，而是询问什么时

---

① 如果长期增长率不是 6%，而是 8%，那么第 7 年资产中就会另有 2% 再投资于连接符业务。这导致了自由现金流增加 0.53 百万美元，增长到 1.06 百万美元，因此：

$$PV（时点价值）= \frac{1}{1.1^6} \times \frac{1.06}{0.10 - 0.08} = 29.9（百万美元）（原书中为 29.9 美元，应为 29.9 百万美元——译者注）。$$

$$PV（公司）= -3.6 + 29.9 = 26.3（百万美元）$$

候该行业有可能达到竞争均衡。你可以找到对连接符业务最熟悉的经营管理人员，并且向他询问以下问题：

迟早会有一天，当面临新的重大投资时，你和你的竞争对手所处的地位是相同的。你可能还会从你的核心业务中获取高额的收益，但你会发现，由于新产品的引进或由于尝试着要扩大当前产品销售量会给你带来激烈竞争，而你的竞争对手和你一样聪明，效率和你一样高。请对什么时候能达到这种程度做一个现实的评价。

"那个时间"就是评估时点，该时点之后，增长机会的净现值 PVGO 等于 0。毕竟，只有当投资获取的预期利润大于资本成本时，PVGO 才会是正的。而当你的竞争对手赶上你时，你的乐观前景也就不见了。

我们知道，任何时点的现值都等于下一时点利润的资本化价值加上 PVGO：

$$PV_t = \frac{利润_{t+1}}{r} + PVGO$$

但如果 PVGO $=0$，会发生什么情况呢？则在时点 H 会有：

$$PV_H = \frac{利润_{H+1}}{r}$$

换句话说，当竞争者迎头赶上时，由于 PVGO 消失，因此市盈率等于 $1/r$。

假设竞争者将要在第 9 年及以后迎头赶上，那我们可以计算第 8 年的时点价值，即第 9 年以后并永远持续下去的基准利润流的现值。对连接符公司，其结果价值为[1]：

$$
\begin{aligned}
PV(时点价值) &= \frac{1}{(1+r)^8} \times \frac{第9年利润}{r} \\
&= \frac{1}{1.1^8} \times \frac{3.57}{0.10} \\
&= 16.7 （百万美元）
\end{aligned}
$$

PV（公司）$= -2.0 + 16.7 = 14.7$（百万美元）

现在，对出版业公司需要支付给连接符生产业务多少钱，我们已经有了四种估计，而这四种估计反映了估计时点价值的四种不同方法。没有哪一种方法是最好的，但在很多情况下我们倾向于使用最后一种，即将评估时点设定为管理层预计 PVGO 消失的时间。最后一种方法迫使管理人员记住一点，即迟早有一天竞争对手是会迎头赶上的。

我们对连接符生产业务估计的价值从 14.7 百万美元到 18.8 百万美元不等，相差了大约 4 百万美元。这么大的差距可能会令人感到不安，但这种情况不是经常出现的。折现现金流公式仅估计市场价值，其估计值随预计和假设的变化而变化。除非等到实际交易发生以后，否则管理者是不可能知道确切的市场价值的。

---

[1] 对这一计算另外有三点要注意：第一，时点前自由现金流的现值增长为 -2.0 百万美元，因为包括了第 7 年和第 8 年的现金流入量。第二，如果竞争对手在第 9 年前真的迎头赶上了，那么表 5—8 中第 10 年的利润就过高了，因为它包括了第 9 年投资的 12% 的收益率。激烈的竞争使得公司只能获取 10% 的资本成本。第三，我们假设第 9 年的利润为 3.57 美元，占 29.73 美元资产的 12%。但由于激烈竞争的存在，现有资产及新投资的收益率都有可能被迫降低。也就是说，第 9 年的利润只能是 2.97 美元（29.73 美元的 10%）。实务题第 31 题探究了这些可能性。

本章中，我们利用刚刚掌握的现值知识来审视普通股的市场价格。股票的价值等于股票享有的现金流按一定折现率折成的现值，该折现率是投资者从具有同等风险的其他证券可望得到的收益率。

普通股没有固定的到期日，股票获得的现金收入就是无穷无尽的股利流，因此普通股的现值为：

$$PV = \sum_{t=1}^{\infty} \frac{DIV_t}{(1+r)^t}$$

但是，我们并不假设投资者只是为获取股利才购买股票。实际上，我们的讨论开始于这样的假设，即投资者的投资期间比较短，他们既想获得股利收入，也想获得资本利得。因此我们得到的基本估价公式就是：

$$P_0 = \frac{DIV_1 + P_1}{1+r}$$

这是一个市场均衡条件，如果这一公式不能成立，则股票的价格就会高估或低估，投资者就会强卖或强买，而蜂拥而至的卖单就将迫使股价作出调整，从而最终满足这一基本定价公式。

上面的公式不仅对当前成立，对未来的任何时段也都同样成立。因此我们可以将下一年的预期价格用其后的股利流 DIV_2、DIV_3……来表示。

我们还利用了第 3 章中讲过的增长型永续年金公式。如果股利以不变的比率 g 永远增长下去，则：

$$P_0 = \frac{DIV_1}{r-g}$$

将这一公式变形是很有用处的，可以利用它在给定 P_0、DIV_1 估计值和 g 的情况下估计市场资本化率 r：

$$r = \frac{DIV_1}{P_0} + g$$

但要记住，这个公式立足于一个非常严格的假设：未来的股利永远恒定增长。对于成熟的低风险公司，这也许是一个可以接受的假设，但许多公司往往会有一段时间出现不能持久的高速增长。在这种情况下，你可以采用两阶段DCF 公式，先预测公司的近期股利，并评估其价值，再利用稳定增长的 DCF 公式来评估未来某个时点之后公司股份的长期价值，然后再将公司的近期股利和未来的股份价值都折现得到现值。

通常的 DCF 公式还可以转化成对利润和成长机会关系的表述：

$$P_0 = \frac{EPS_1}{r} + PVGO$$

其中，$\frac{EPS_1}{r}$ 是公司在不成长策略下每股收益的资本化价值。PVGO 是公司为求成长而进行的投资的净现值。成长型股票是与 EPS 的资本化价值相比，PVGO 相对较高的股票，它们大多是高速扩张的公司股票，但是仅仅一味扩张未必会带来高额的 PVGO，真正起作用的是新投资的盈利能力。

用来对普通股股票估价的公式也可以用于对整个公司的估价。在这种情况下，我们折现的不是每股股利，而是公司创造的整个自由现金流。通常是采用两阶段 DCF 模型。首先预计至某一时点为止的自由现金流，并将其折成现值，然后预计并折现时点价值，加到自由现金流现值上。合计数就是公司的价值。

对公司估价原理是很简单的，但实践起来却不容易，而预计合理的时点价值更是困难。通常的假设是公司在估价时点之后具有适度的长期增长率，这就允许我们在该时点上使用增长型永续年金 DCF 公式。时点价值也可以在假设该时点上"正常"的市盈率或市价与账面价值比的基础上进行计算。

在前面的章节里，读者已经掌握了（我们希望是这样）资产估价基本原则的有关知识和折现的机制。现在又了解了普通股股票估价的内容以及市场资本化率的估计。第 6 章我们就将开始利用这些知识更为明确地分析资本预算决策问题。

推荐读物

J. B. Williams 的经典著作依然是非常值得一读的，尤其是第 5 章：

J. B. Williams, The Theory of Investment Value (Cambridge, MA: Harvard University Press, 1938).

Leibowitz 和 Kogelman 将 PVGO 称作"特权因素（franchise factor）"。对其进行的详细分析见：

M. L. Leibowitz and S. Kogelman, "Inside the P/E Ratio: The Franchise Factor," Financial Analysts Journal 46 (November – December 1990), pp. 17 – 35.

Myers 和 Borucki 探讨了规范公司估计 DCF 模型权益成本的实际问题；Harris 和 Marston 报告过整个股票市场收益率的 DCF 估计：

S. C. Myers and L. S. Borucki, "Discounted Cash Flow Estimates of the Cost of Equity Capital—A Case Study," Financial Markets, Institutions and Instruments 3 (August 1994), pp. 9 – 45.

R. S. Harris and F. C. Marston: "The Market Risk Premium: Expectational Estimates Using Analysts' Forecasts," Journal of Applied Finance, 11 (2001), pp. 6 – 16.

概念复习题

完整的本章概念复习题，请登录网站 www.mhhe.com/bma1e。

1. 公司股票的一级市场和二级市场有什么区别？
2. 股票估价的一般 DCF 公式是什么？
3. 股票的现值和投资者持有的时间长短无关。请解释原因。

练习题

1. 以下说法是否正确：
（1）同等风险所有股票的定价对应着相同的期望收益率。
（2）股票的价值等于该股票未来股利的现值。

2. 简要说明你对下列说法的看法：

"什么？你说股票价格等于未来股利的现值？我看你是疯了！我认识的所有投资者想要的都是资本利得。"

3. X 公司年末期望股利为每股 5 美元。股利发放后，公司股价预计为 110 美元。如果市场资本化率为 8%，其当前股价应该是多少？

4. Y 公司从不将利润进行再投资，预期每股股利将保持在每股 5 美元的水平。如果当前股价为 40 美元，那么其市场资本化率应该是多少？

5. Z 公司每股收益和每股股利预期均以 5% 的年增长率保持持续增长。如果其下一年的股利为每股 10 美元，市场资本化率为 8%，则其当前股价应为多少？

6. Z-prime 公司除了 4 年以后停止增长，并且从第 5 年开始将其全部利润均作为股利发放以外，其他方面与 Z 公司完全相同。假设下一年的 EPS 为每股 15 美元，Z-prime 公司的股票价格是多少？

7. 如果 Z 公司（见练习题 5）将其利润全部派发，其股利流将稳定在每股 15 美元的水平，那么市场对其成长机会的估价如何？

8. 设有三名投资者：

（1）独孤先生投资 1 年；

（2）双双小姐投资 2 年；

（3）三圆女士投资 3 年。

假设他们都对 Z 公司（见练习题 5）投资，说明每个投资者每年都能得到 8% 的期望收益率。

9. 下列说法是否正确：

（1）股票的价值等于其未来每股收益流的折现值；

（2）股票的价值等于假设公司不成长情况下每股收益的现值，加上未来成长机会的现值。

10. 在什么情况下，股票的市场资本化率 r 等于收益价格比 EPS_1/P_0？

11. 财务经理们说的"自由现金流"是什么意思？如何计算自由现金流？简单解释一下。

12. 公司的"时点价值"是指什么？如何对其进行估计？

13. 假设评估时点确定为公司正 NPV 投资机会丧失的那一天，那么应该如何计算时点价值（提示：当 PVGO = 0 时，P/EPS 的比是多少）？

实务题

14. 在最近的《华尔街日报》中查看"NYSE-Composite Transactions（NYSE 成分股交易行情）"栏目，然后回答下列问题：

（1）IBM 股票的最新价格是多少？

（2）IBM 股票的年股利支付额及股利收益率是多少？

（3）如果 IBM 将其年度股利调整为 1.50 美元，其股利收益率是多少？

（4）IBM 股票的 P/E 是多少？

（5）利用 P/E 计算 IBM 的每股收益。

（6）与 ExxonMobil（埃克森—美孚）相比，IBM 公司的 P/E 高还是低？

（7）P/E 不同的原因可能有哪些？

15. 重编表 5—1，假设 Fledgling Electronics 公司下一年的每股股利为 10 美元，每年预期增长 5%，资本化率为 15%。

16. 考虑以下三种股票：

（1）A 股票预计股利永远保持在每股 10 美元的水平；

（2）B 股票预计下年股利为每股 5 美元，然后股利以每年 4% 的增长率持续增长；

（3）C 股票预计下年股利为每股 5 美元，此后 5 年（至第 6 年为止）股利将以 20% 的年增长率增长，再之后停止增长。

如果上述股票的市场资本化率都是 10%，哪只股票的价值最高？如果资本化率是 7% 呢？

17. 制药公司（Pharmecology）将要发放每股 1.35 美元的股利。这是一家成熟公司，但其未来的 EPS 和股利将随预期通货膨胀率的增长而增长，预计通货膨胀率为每年 2.75%。

（1）假设名义资本成本为 9.5%，制药公司的当前股价是多少？

（2）利用预计的实际股利和实际折现率重做（1）。

18. Q 公司当前权益收益率（ROE）为 14%，将其利润的一半发放现金股利（股利支付率 = 0.5），当前每股账面价值为 50 美元，每股账面价值将随 Q 公司再投资利润的增长而增长。

假设以下 4 年 ROE 与股利支付率保持不变。之后，由于竞争的存在使得 ROE 降为 11.5%，股利支付率提高至 0.8。资本成本为 11.5%。

（1）Q 公司下一年的 EPS 和股利是多少？第 2、3、4、5 年及之后其 EPS 和股利将如何增长？

（2）Q 公司股票每股价值为多少？第 4 年之后这一价值与股利支付率和增长率的关系如何？

19. 墨西哥汽车（Mexican Motors）的股票售价为每股 200 比索，下一年股利为 8.5 比索。证券分析人员预计今后 5 年内利润将以每年 7.5% 的比率增长。

（1）假设利润和股利预计以 7.5% 的速度持续增长，那么投资者期望的收益率是多少？

（2）墨西哥汽车通常的账面权益收益率为 12%（ROE = 0.12），利润的 50% 作为股利发放。假设在未来长期内公司一直保持相同的 ROE 和股利支付率，则意味着 g 是多少？r 是多少？你需要调整本题第（1）问的答案吗？

20. 石油价格急剧上涨 1 年后，2006 年中期，大多数石油公司的市盈率（P/E）异乎寻常地低。例如，10 月份，《华尔街日报》报道的 ConocoPhillips 的市盈率为 5，Marathon Oil 的为 6。我们知道，报道的市盈率应等于当前价格除以前一年的 EPS。

（1）出现这些低市盈率的原因可能是什么？（提示：如果投资者期望未来石油价格会下降的话，情况会如何呢？）

（2）重新查看《华尔街日报》或其他股票市场数据来源，自从 2006 年以来这些公司的市盈率发生了哪些变化？你如何解释或说明这些变化？

21. 2006 年 8 月,《华尔街日报》报道的 Textron 公司市盈率为 63,这是一家成熟的大型集团公司,通常情况下并不认为会有较高的成长。但后来证明,该公司在其最近的一个一次性非持续经营业务上宣告了大额亏损,这一亏损导致了其报告利润的一次性大额降低。那么这个例子能够解释极端的高市盈率可能被误解的原因吗?简要说明一下。

22. 凤凰公司(Phoenix Corp.)勉强渡过了最近的经济衰退期,并开始逐渐恢复。从 2014 年开始,EPS 及股利开始迅速增长:

	2014	2015	2016	2017	2018
EPS(美元)	0.75	2.00	2.50	2.60	2.65
股利(美元)	0	1.00	2.00	2.30	2.65
鼓励增长率	—	—	100%	15%	15%

当然,2017 年和 2018 年的数字是预测出来的。2016 年凤凰公司的股票价格为 21.75 美元。凤凰公司的经济恢复将在 2018 年完成,然后其 EPS 和股利将不再增长。

一位证券分析人员对凤凰公司股票下一年的收益率作出了如下预测:

$$r = \frac{\text{DIV}}{p} + g = \frac{2.30}{21.75} + 0.15 = 0.256, 约 26\%$$

以上证券分析人员的错误出在哪儿?下一年的预期收益率实际上应该是多少?

23. 对股东必要收益率来说,以下两个计算公式正确与否要看具体的情况:

(1) $r = \dfrac{\text{DIV}_1}{p_0} + g$

(2) $r = \dfrac{\text{EPS}_1}{p_0}$

针对每个公式,举一个简单的数字化的例子,说明使用该公式可能会出现错误,并解释错误发生的原因。然后再举一个简单的数字化的例子,说明使用该公式能够得出正确的答案。

24. Alpha 公司的利润和股利每年增长 15%,Beta 公司的利润和股利每年增长 8%。两家公司当前(0 时刻)的资产、利润和每股股利均完全相同,但 Beta 公司股票价格中 PVGO 所占的比重较大。为什么会这样?(提示:可能不止一个解释)

25. 再看一下表 5—4 中给出的增长科技公司的财务预测数据。这次假设你已经知道资本的机会成本 r 为 12%(而不是文中计算出的数值 0.099)。假设你不知道增长科技公司的股票价值。文中其他假设不变。

(1) 计算增长科技公司的股票价值。

(2) 上述价值中 3 年后的公司预计股价 P_3 的现值所占比重有多大?

(3) 公司 3 年后的成长机会现值(PVGO)在 P_3 中所占比重有多大?

(4) 假设公司竞争者将在 4 年后赶上增长科技公司,因此公司从第 4 年开始,任何新的投资项目其只能获得相当于资本成本的收益。在这种假设条件下,增长科技公司目前的股票价值是多少?(必要时可以添加假设)

26. Compost Science, Inc.(CSI)公司的主要业务是处理波士顿地区下水道的污染物垃圾,将之转化成肥料。该业务本身并没有多少利润,但为使 CSI 坚持这一业务,市区事务委员会（Metropolitan District Commission，MDC）同意补贴足够利润，以保证 CSI 的账面权益收益率达到 10%。这年年末 CSI 预计发放每股 4 美元的股利。该公司一直将利润的 40% 用于再投资，保持 4% 的年增长率。

（1）假设 CSI 继续这种增长趋势，那么，如果以 100 美元的价格购买该公司的股票，其期望的长期收益率为多少？这 100 美元的价格中有多少是公司成长机会的现值？

（2）现在，MDC 宣布了一项由 CSI 处理康桥地区下水道污染物垃圾的计划，为此 CSI 的厂房将在今后 5 年逐步扩张，这意味着 CSI 在今后 5 年必须将其利润的 80% 用于再投资。但从第 6 年开始，公司又将恢复 60% 的股利支付率。那么，这一计划宣布后，也就是市场都清楚 CSI 公司的相应措施后，CSI 的股价将为多少？

27. 重新计算表5—7 中 Cummins、道氏化学、微软和星巴克的数据。为简便，可以直接使用表中的权益成本，但 EPS 要根据更新的预测重新计算，为此可以利用 MSN Money 网（www. moneycentral. MSN. com）或雅虎网（finance. yahoo. com）查找。

28. Permian Partners（PP）在得克萨斯西部历史悠久的油田开发原油。2006 年的年产量为 180 万桶，但在可预见的将来，产量将以每年 7% 的比率下降。生产成本、运输成本与管理成本总计为每桶 25 美元，2006 年原油的平均价格为每桶 65 美元。

PP 公司有 700 万流通在外的股票，资本成本为 9%。PP 公司的所有净利润都作为股利发放。为简便，假设该公司在本行业内能够永远经营下去，并且每桶原油的成本都保持在 25 美元，同时忽略税收的影响。

（1）PP 公司每股股票的 PV 是多少？假设 2007 年原油每桶价格下降为 60 美元、2008 年降为 55 美元，2009 年 50 美元。2009 年以后，假设原油价格在很长时期内以每年 5% 的比率增长。

（2）PP 公司的 EPS/P 比率是多少？为什么这一数值与 9% 的资本成本不相等？

29. 试在 finance. yahoo. com 或标准普尔市场观察网（www. mhhe. com/edumarketinsight）上查找 General Mills，Inc. 和 Kellogg Co.。这两家公司的股票代码分别是 GIS 和 K。

（1）这两家公司当前的股利收益率和市盈率（P/E）分别是多少？与股市中整个食品行业的股利收益率和市盈率相比如何？与整个股票市场（以标准普尔 500 指数为代表）相比呢？

（2）过去 5 年里这两家公司的每股收益（EPS）和股利的增长率是多少？这些增长率是否表现出一种稳定的趋势，并可以用于长期预测呢？

（3）如果对这两家公司使用稳定增长的 DCF 价值评估模型，你是否能够放心呢？为什么？

30. 试在标准普尔市场观察网（www. mhhe. com/edumarketinsight）上查找以下公司：花旗集团（C）、戴尔电脑（Dell）、道氏化学（Dow Chemical，DOW）、Harley Davidson（HOG）以及辉瑞（Pfizer，Inc.，PFE）。查阅每家公司的"财务数据（Financial Highlights）"和"公司简况（Company Profile）"。你会发现，这些公司的市盈率指标有很大的差别，那么，这些差别的可能解释有哪些？你认为这些公司中哪些股票属于成长股（高 PVGO）？哪些属于绩优股？

31. 重新建一个类似于表 5—8 那样的表格，假设是：由于竞争的存在使得盈利能力（包括现有资产和新投资项目的）在第 6 年下降到 11.5%，第 7 年 11%，第 8 年 10.5%，第 9 年及以后 8%。那么，连接符生产业务的价值是多少？

思考题

32. 稳定增长的 DCF 公式

$$P_0 = \frac{DIV_1}{r - g}$$

有时也可以写作

$$P_0 = \frac{ROE(1 - b)BVPS}{r - bROE}$$

其中，BVPS 是每股账面权益价值，b 为再投资比例，ROE 为每股收益与 BVPS 的比率。利用这一公式说明，当 ROE 发生变化时，市价与账面价值比会发生怎样的变化？当 ROE $= r$ 时，市价与账面价值比是多少？

33. 投资组合的管理者往往可以从其管理的基金中按比例提成。假设你管理着 1 亿美元的权益组合，其股利收益率（DIV_1/P_0）为 5%，且股利和投资组合的价值都有望呈稳定增长趋势。你对此投资组合的管理年费为投资组合价值的 0.5%，每年年末结算。假设该投资组合将永远由你管理，那么该管理合同的现值为多少？如果你投资股票必要收益率是 4% 的话，该合同的价值将如何变化？

34. 假设我们之前以表 5—8 数据为基础计算的连接符生产业务部门被分立成一个独立的公司——连接公司（Concatco），其发行在外的普通股股数为 100 万股。每股的售价应为多少？回答这一问题之前，要注意第 1 年至第 6 年负的自由现金流。这些现金流的 PV 为 −360 万美元。假设这一不足必须通过在不久的将来发行额外的股票来补足，同时为简便，假设这 360 万美元的利息率为 10%，并且它们能够完全补足表 5—8 中负的自由现金流。连接公司第 1 年至第 6 年不发股利，但第 7 年之后要将其所有的自由现金流作为股利发放。

现在来计算一下现存的连接公司 100 万股份每股的价值，并简要说明你的答案（提示：假设目前持有 100 万股份的现有的股东为弥补 360 万美元的资金需要而购买新发行的股票。换句话说，也就是这 360 万美元是从现有股东的钱包里直接掏出来的。那么每股价值应该是多少？再假设不是这样，360 万美元的资金完全来自于以公允价格购买的新投资者。这种情况下你的答案会有什么变化？）

【微型案例】

力臂运动器材公司（Reeby Sports）

10 年前，即 1998 年，乔治·力臂（George Reeby）创办了一家小型邮购公司，销售高级运动器材。从那时开始，力臂运动器材公司稳步发展，盈利状况一直良好。公司曾发行 200 万股股票，完全由乔治·力臂和他的五个孩子所拥有。

几个月来，乔治一直在思考公司是否到了上市的时候。上市能够使其部分投资变现，同时也能为今后公司扩张融资提供便利条件。

但是，公司的股价应该定为多少呢？乔治的第一个本能就是看一下自己公司的资产负债表。报表显示，公司权益的账面价值为 2 634 万美元，也就是每股 13.17 美元，而 13.17 美元的股价意味着 6.6 倍的市盈率，但这与他的主要竞争对手茉莉运动器材公司（Molly Sports）13.1 倍的市盈率相比要低得多。

乔治觉得账面价值对股票的市场价值未必能有很好的指导意义，他想到了自己的女儿珍妮。她在一家投资银行工作，想必珍妮肯定知道股票应该如何定价。乔治决定，在她下班之后晚上的 9 点，或在她第 2 天上班之前的早晨 6 点，给她打个电话。

打电话前，乔治摘出了一些公司盈利状况的基本数据。除了最初的亏损，转向盈利后的公司收益超过了其估计的资本成本估计值 10%。乔治非常自信地认为，公司在今后的 6~8 年内仍然会继续相当稳定地增长。事实上，他还觉得过去几年里公司的发展被耽搁了，因为有两个孩子总要求公司派发大量的股利。也许公司上市后就可以留住股利，就可以将资金更多地用于再投资，用于企业的发展。

当然，未来的天空也不是晴空万里，因为竞争在加剧。就在这一天上午，茉莉运动器材公司刚刚宣布成立一个邮购分部。因此乔治担心，在接下来的 6 年或稍晚一些，公司可能很难再找到值得投资的市场机会了。

乔治知道，珍妮要想给出力臂公司价值的最终数据，必须要得到有关公司前景的更多信息，但他希望现有的这些信息已经足以使她能够对公司的股价给出一个初步的判断。

	1999	2000	2001	2002	2003	2004	2005	2006	2007	2008E
每股收益（美元）	−2.10	−0.70	0.23	0.81	1.10	1.30	1.52	1.64	2.00	2.03
每股股利（美元）	0.00	0.00	0.00	0.20	0.20	0.30	0.30	0.60	0.60	0.80
每股账面价值（美元）	9.80	7.70	7.00	7.61	8.51	9.51	10.73	11.77	13.17	14.40
ROE（%）	−27.10	−7.1	3.0	11.6	14.5	15.3	16.0	15.3	17.0	15.4

问题：

（1）帮助珍妮预测力臂运动器材公司未来派发的股利，估计其股票价值。不一定要得出唯一的结果。例如，你可以假设进一步的有利投资机会到第 6 年会减少，也可以假设是第 8 年减少，这样就可以计算出两个不同的结果。

（2）在对力臂运动器材公司股票价值的估计中，有多少来自于公司成长机会的现值？

第6章

为什么与其他标准相比，净现值法则能保证更优的投资决策

公司股东总是希望能够更加富有，而不是更加贫穷，因此，对价值超过成本的每一个项目，他们都想让公司进行投资。而项目的价值与其成本之间的差额就是项目的净现值（NPV）。如果公司能够接受所有正净现值的项目，而拒绝负净现值的项目，那么它就能够最好地为股东服务。

本章中，我们将首先回顾净现值法则，然后转向公司在进行投资决策时可能考虑的其他一些指标。这些指标中的前两个，即投资回收期和账面收益率，容易计算，易于交流，但它们仅比经验法则稍强一些。经验法则总是会占有一席之地的，但要设计百层大厦，仅利用经验法则是不够的，设计师必须进行更加精确的计算；而在进行重大投资决策时财务经理也一样，也不能仅根据经验法则就作出判断。

公司常常不计算项目的净现值，而是计算项目投资的期望收益率，将其与股东在资本市场上同等风险的投资收益率进行比较，并接受收益能够超过股东自己投资所获收益的项目。如果运用得当，这种收益率法则总能挑选出能够增加股东财富的项目。不过我们也会看到，稍不留神可能就会陷入收益率法则布下的陷阱。

本章最后将讨论怎样处理公司资本受限制时的投资决策。此时我们将面临两个问题，第一个问题是计算问题。对简单的情况，我们只要选择单位货币投资净现值最大的项目就可以了，但为了从备选项目中作出选择，有时还需要更加复杂的方法。第二个问题则是判断资本的限制是否真的存在，是否真的能够导致净现值法则的失效。你猜会怎么样？实际上，只要正确合理地表述，NPV 最后总能够胜出。

6.1 基础知识回顾

Vegetron 的首席财务官（CFO）想知道如何分析一个需要投资 100 万美元的新创业投资计划，该项目被称为项目 X。他来征求你的意见。

你应该这样回答他："第一，先要预测项目 X 在其经济寿命期中产生的现金流量。第二，确定合适的资本机会成本。这要求同时考虑资金的时间价值以及项目 X 所涉及的风险。第三，利用资本的机会成本对项目未来现金流进行折现。这些折现现金流的总和就是所谓的现值（PV）。第四，从项目 PV 中减掉 100 万美元投资资金，就可以计算出项目的净现值（NPV）。如果净现值大于 0，就应对项目 X 进行投资。"

但是 Vegetron 的 CFO 不为所动，他问你，NPV 为什么如此重要。

于是你回答："让我们来看看什么是对 Vegetron 股东最为有利的。可以肯定的是，股东都希望你能使 Vegetron 的股票越有价值越好。"

"目前，Vegetron 公司的总市值（每股价格乘以发行在外的普通股股数）是 1 000 万美元，其中包括可用于项目 X 投资的 100 万美元。因此，Vegetron 公司的其他资产和发展机会就应该是 900 万美元。现在我们面临的选择是，到底应该保留这 100 万美元现金，放弃项目 X，还是利用这笔现金，接受该项目。将新项目的价值记为 PV，则面临的选择就是：

资产	市场价值（百万美元）	
	放弃项目 X	接受项目 X
现金	1	0
其他资产	9	9
项目 X	0	PV
	10	9 + PV

很明显，如果项目 X 的现值 PV 大于 100 万美元，也就是其净现值大于 0，它就值得进行投资。"

CFO："那我怎么能知道项目 X 的 PV 肯定能反映在 Vegetron 公司的市值上呢？"

你的回答："假设我们成立一家独立的新公司 X，其唯一的资产就是项目 X。那么 X 公司的市场价值是多少呢？"

"投资者将要估计 X 公司的股利发放情况，然后用与 X 公司风险相当的证券收益率对这些股利进行折现。我们知道，股票价格就等于预计股利流的现值。"

"由于项目 X 是公司的唯一资产，因此我们预计的 X 公司支付的股利流就恰好应该是项目 X 的估计现金流，而且，投资者用于对 X 公司股利进行折现的折现率也恰好就是我们用于对项目 X 现金流进行折现的折现率。"

"当然，X 公司纯粹是虚构的。但如果接受项目 X，持有 Vegetron 公司股票的投资者实际上就是持有了项目 X 和公司其他资产的投资组合。我们知道，独立公司的其他资产价值是 900 万美元。由于资产价值是可加的，因此只要我们计算出项目 X 作为独立公司的价值，就能够轻松得到投资组合的价值。"

"其实我们计算项目 X 的现值，正是在重现 X 公司普通股在资本市场中的股价过程。"

CFO："我还有一件事不明白，那么折现率应该如何确定呢？"

你的回答："应该承认，折现率确实是很难准确确定的。但看出我们想要确定什么就很容易了。折现率是对项目投资，而不是在资本市场投资的机会成本。换句话说，如果不接受这个项目，那么公司总可以将现金发还给股东，让他们自己去对金融资产进行投资。"

"这种交换关系可以用图 6—1 予以说明。接受项目的机会成本就是如果股东自己利用资金进行投资而能获得的收益。通过利用金融资产投资的预计收益率对项目现金流进行折现，我们就知道了投资者愿意为你的项目付出多少钱。"

图 6—1	投资机会成本和收益的关系

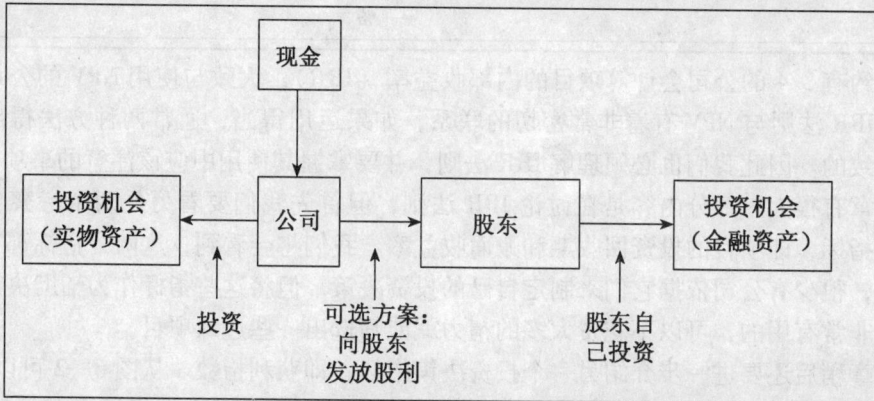

注：公司既可以不分配现金，而将其进行再投资，也可以将其发还给股东。（箭头表示可能的现金流或转移）如果现金被用于再投资，则其机会成本就是股东自己对金融资产进行投资所能获得的收益率。

"但是该选哪种金融资产呢？"Vegetron 公司的 CFO 又问，"如果投资者对 IBM 的股票只期望得到 12% 的收益率，这不等于说我们就应该购买收益率能有 13% 的 Fly－by－Night Electronics 公司的股票吧？"

你的回答："只有风险大体相当的资产相比较的情况下机会成本的概念才有意义。一般来说，你应该先找出与你所考虑的项目风险相同的金融资产，估计这些资产的期望收益率，然后再将其用作机会成本。"

6.1.1 净现值的挑战者

如果你向公司的 CFO 建议计算项目的 NPV，你应该是在一家不错的公司里。目前，只要是进行项目投资决策，有 75% 的公司总是或几乎总是要计算净现值。但从图 6—2 可以看出，NPV 其实并不是公司用来评判投资的唯一指标，公司往往还会考虑更多评价项目吸引力的指标。

| 图 6—2 | CFO 总是利用或几乎总是利用某种投资项目价值评估方法的比例调查结果图 |

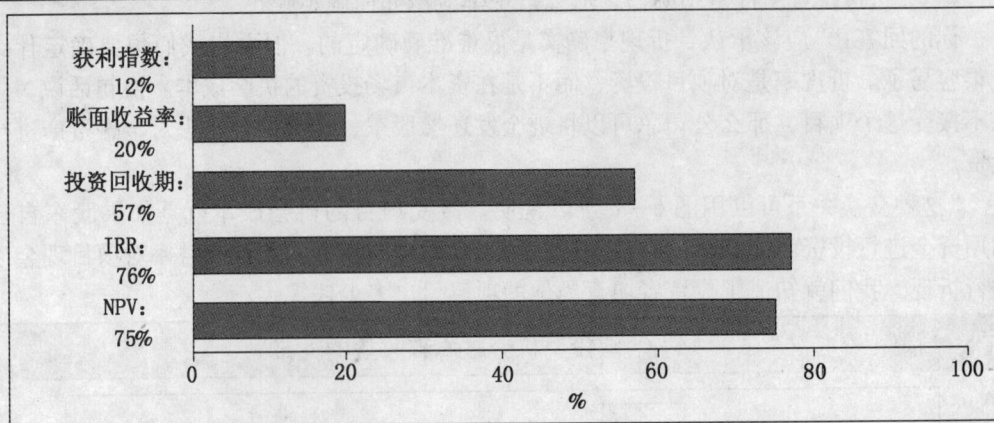

大约有 3/4 的公司会计算项目的内部收益率（IRR），大致与使用 NPV 的公司数量持平。IRR 法则与 NPV 有着非常密切的联系，如果运用得当，通常两种方法得出的结论是一致的。因此我们也必须理解 IRR 法则，并要掌握其使用中应该注意的事项。

本章有很大一部分内容是在讨论 IRR 法则，但首先我们要看另外两个考察项目吸引力的指标，即项目的投资回收期和账面收益率。我们将会看到，这两个指标都有明显的缺陷，很少有公司依据它们来制定自己的投资决策，但将这些指标作为辅助决策的指标还是非常有用的，可以不花费太多的精力就能筛选出一些边缘项目。

本章稍后还要进一步介绍另一个投资决策指标，即获利指数。从图 6—2 可以看出，这一指标用的不是特别多，但我们将会发现，在有些情况下这一指标还是具有独特优势的。

6.1.2　使用 NPV 需要记住的三个问题

在考察净现值法则以外的投资决策判别标准时，我们必须牢记净现值法则以下的关键特征。第一，净现值法则体现了今天的一元钱比明天的一元钱更值钱的观点，因为今天的一元钱可以立即进行投资并带来利息。任何不能体现资金时间价值的投资法则都不能成立。第二，净现值只取决于项目的预计现金流和资本机会成本。任何受到经理嗜好、公司会计方法的选择、公司现行业务的获利水平或其他独立项目获利水平影响的判别标准都只会导致低劣的决定。第三，因为现值都是以今天的货币单位计量的，因此我们可以将其加总。这样，如果有两个项目，A 和 B，则联合投资的净现值就是：

$$NPV（A + B）= NPV（A）+ NPV（B）$$

这种可加性有着非常重要的意义。假设项目 B 的净现值为负，如果我们硬要将其与项目 A 搭配，那么联合投资（A + B）的净现值就会低于 A 项目本身的净现值，因此，我们不会只因为劣质项目（B）已有优质项目（A）相伴，就错误地接受劣质项目（B）。我们将要看到，其他的判别标准并不具备这种可加性。如果我们稍不留心就很有可能上当受骗，认为优质项目与劣质项目的联合项目比优质项目自身更有价值。

6.1.3　净现值取决于现金流，而不是账面收益

净现值仅由项目的现金流和资本的机会成本决定。但是公司在向股东报告时，并不只是报告现金流的情况，同时还要报告账面利润（也就是会计利润）和账面资产。

财务经理有时利用这些数值来计算意向投资的账面（或会计）收益率，换句话说，也就是他们将预计获得的账面利润看作是公司打算获得的资产账面价值的一部分：

$$账面收益率 = \frac{账面利润}{账面资产}$$

现金流与账面利润往往大不相同。比如说，对现金支出款项，会计上有的是作为资本投资处理，有的是作为经营费用处理。经营费用当然是立即从当年利润中扣除的，但资本支出却是出现在资产负债表中，计提折旧，然后从每年的利润中扣除每年的折旧金额。因此，账面收益率不仅取决于会计上对资本投资科目的处理，而且取决于折旧的速度。[①]

然而，投资项目的价值并不取决于会计人员对现金流的划分，[②] 而且目前很少有公司只根据账面收益率来进行投资项目的决策。但是，公司经理们深知公司股东对账面盈利水平的特别关注，因此他们自然也要考虑（甚至会担心）主要项目对公司账面收益的影响，而高级管理层对可能有损公司账面收益的项目也是特别谨慎，考察得更加仔细。

不难看出这样决策的危险性。公司账面收益率并不能很好地衡量公司真实的盈利水平，它不过是公司全部活动的一个平均值而已。历史投资的平均收益率并不能当作选择新投资项目的合理的利率标准。不妨考虑一家经营极其成功的非常走运的公司，假设其平均账面收益率高达24%，是股东资本机会成本12%的2倍。那么，是不是就该要求所有的新投资项目都必须具有24%或更高的收益率呢？当然不是，否则将会丧失太多的收益率在12%~24%之间的正净现值的投资项目。

6.2　投资回收期

有些公司要求项目的初始投资要在特定的期限内得以回收。项目的投资回收期（payback period）就是累计的预计现金流与项目初始投资相等之前的年数。

看以下三个投资项目：

投资项目	现金流（美元）				投资回收期（年）	NPV（10%）
	C_0	C_1	C_2	C_3		
A	-2 000	500	500	5 000	3	+2 624
B	-2 000	500	1 800	0	2	-58
C	-2 000	1 800	500	0	2	+50

项目 A 的初始投资为 2 000 美元（C_0 = -2 000），其后 3 年都有现金流入。假设资本的机会成本为 10%，则项目 A 的 NPV 为 +2 624 美元：

$$NPV（A） = -2\,000 + \frac{500}{1.10} + \frac{500}{1.10^2} + \frac{5000}{1.10^3} = +2\,624（美元）$$

---

① 本章的微型案例将对账面收益率的计算方法，以及会计利润与项目现金流的区别进行说明。阅读这一案例将有助于读者加深对此内容的理解，当然，如果亲自完成其中的计算会受益更多。

② 当然，由于税收的原因，折旧方法确实是会对现金流产生影响的，因此计算净现值时也必须加以考虑。我们将在下一章讨论折旧与税收的问题。

项目 B 的初始投资也是 2 000 美元，但该项目第 1 年有现金流入 500 美元，第 2 年有现金流入 1 800 美元。当资本的机会成本为 10% 时，其 NPV 为 −58 美元：

$$NPV（B）= -2\ 000 + \frac{500}{1.10} + \frac{1800}{1.10^2} = -58（美元）$$

第三个项目，项目 C 需要的初始投资与前两个项目完全相同，但其第 1 年的现金流入额较大，它的 NPV 为 +50 美元：

$$NPV（C）= -2\ 000 + \frac{1800}{1.10} + \frac{500}{1.10^2} = +50（美元）$$

依据净现值法则，我们应该接受项目 A 和项目 C，放弃项目 B。

投资回收期法则

现在来看看各个项目初始投资的回收速度。对于项目 A，我们需要 3 年的时间才能回收其全部 2 000 美元的投资，而对项目 B 和 C，则只需要 2 年。如果企业利用投资回收期法则作为评判标准，且其目标投资回收期是 2 年的话，则只能接受项目 B 和项目 C；如果利用投资回收期法则时的目标投资回收期是 3 年或更长的时间，则可以接受全部的三个项目。因此也就是说，无论目标投资回收期是几年，按投资回收期法则选取的项目都与按净现值法则选取的项目不同。

可以看一下投资回收期可能产生误导性结果的原因：

1. 投资回收期法则忽略了目标回收期以后产生的所有现金流。如果目标投资回收期是 2 年，则按回收期法则会放弃项目 A，而忽略了该项目实际上在第 3 年有非常大的现金流入量。

2. 投资回收期法则对目标回收期之前产生的所有现金流给予了同样的权重。按照回收期法则，项目 B 和项目 C 对企业具有同样的吸引力，但实际上，由于项目 C 现金流入发生的时间较早，因此很显然无论采用怎样的折现率，项目 C 的净现值都会更高。

为了利用投资回收期法则，企业必须选择适当的目标回收期。如果企业无视项目有效期的长短，都采用同样的目标投资回收期的话，它将倾向于选择许多劣质的短期项目，而放弃许多优质的长期项目。

有时公司在计算投资回收期之前会对现金流进行折现。以上三个项目现金流折现的结果显示如下：

项目	折现现金流(美元)				折现投资回收期（年）	NPV（20%）
	C_0	C_1	C_2	C_3		
A	− 2 000	500/1.10 = 455	$500/1.10^2 = 413$	$5\ 000/1.10^3 = 3\ 757$	3	+ 2 624
B	− 2 000	500/1.10 = 455	$1800/1.10^2 = 1\ 488$		−	− 58
C	− 2 000	1800/1.10 = 1 636	$500/1.10^2 = 413$		2	+ 50

折现投资回收期法则回答的是，从净现值的角度看，项目要经过多长时间才可以接受。可以看到，项目 B 的现金流入量的价值总也不会超过其初始投资，因此按照折现投资回收期法则，该项目总是应该被放弃的。因此，折现投资回收期法则从不会接受净现值为负的项目。但同时，它还是没有考虑目标投资回收期之后的现金流，因此像项目 A 那样的长期优质项目就面临着被放弃的危险。

由于投资回收期非常简单，因此它成为投资项目的一种简易描述方法。经理们偶然谈起快速回收项目的时候，就像股市投资者谈到高市盈率的普通股一样，但是，项目的投资回收期通常并不是他们决策的主导方法。有些经理人员，特别是小企业的经理们，他们确实会使用投资回收期作为评判投资项目的标准，我们也不知道这是为什么。也许这些经理们并不相信过于久远的现金流预测，因此也就心灰意懒地决定放弃所有基准回收期以外的预测了。

6.3 内部收益率（或折现现金流收益率）

投资回收期和账面收益率只是些不大正式的投资指标，而内部收益率（IRR）却是备受推崇的经典，很多财务教科书都极力推荐这一方法。因此，尽管下面我们可能将会非常详细地说明其不足，但这不是因为其漏洞过多，而只是因为它们不是那么明显而已。

第 2 章中我们注意到，净现值法则也可以用收益率的形式来体现，就可以得出以下法则："接受收益率超过其资本机会成本的投资机会。"只要解读得当，这一结论是绝对正确的。但是，对长期项目的解读往往并不是很容易的。

如果投资期间只有 1 个期间，且只产生唯一的收入，在这种情况下真实收益率的定义就是非常明确的：

$$收益率 = \frac{收入}{投资} - 1$$

我们也可以写出投资 NPV 的公式，并找出能够使得 NPV = 0 时的折现率：

$$NPV = C_0 + \frac{C_1}{1 + 折现率} = 0$$

因此可以得到：

$$折现率 = \frac{C_1}{-C_0} - 1$$

当然，C_1 就是收入，$-C_0$ 就是所需的投资，这样我们就有两个不同的方程式，但得出的结论却完全相同，也就是说，*能够使得NPV = 0 时的折现率也就是收益率*。

但遗憾的是，对长期资产的真实收益率却还没有一个完全令人满意的定义方法。迄今为止最有用的概念是所谓的**折现现金流**（discounted-cash-flow，DCF）**收益率或内部收益率**（internal rate of return，IRR）。内部收益率在财务领域应用非常多。它使用起来非常方便，但我们也将看到，它也可能出现误导。因此我们必须掌握如何正确计算及正确使用内部收益率。

6.3.1 计算 IRR

内部收益率被定义为能够使得 NPV = 0 时的折现率，也就是说，要想求出持续期间为 T 年的投资项目的 IRR，就必须求解以 IRR 为未知数的下列方程式：

$$NPV = C_0 + \frac{C_1}{1 + IRR} + \frac{C_2}{(1 + IRR)^2} + \cdots + \frac{C_T}{(1 + IRR)^T} = 0$$

内部收益率的实际计算常常需要试错法（trial and error），也就是反复尝试调整。例如，考虑这样一个项目，其产生的现金流如下表所示：

现金流（美元）		
C_0	C_1	C_2
-4 000	+2 000	+4 000

其内部收益率就是下面方程式中的 IRR：

$$NPV = -4\ 000 + \frac{2\ 000}{1 + IRR} + \frac{4\ 000}{(1 + IRR)^2} = 0$$

首先我们用 0 折现率来试一下，结果得到的 NPV 不等于 0，而等于 +2 000 美元：

$$NPV = -4\ 000 + \frac{2\ 000}{1.0} + \frac{4\ 000}{(1.0)^2} = +2\ 000(美元)$$

这一 NPV 是正的，因此 IRR 必定应该大于 0。于是下一步我们用 50% 的折现率再试一下，这次得到的 NPV 是 -889 美元：

$$NPV = -4\ 000 + \frac{2\ 000}{1.50} + \frac{4\ 000}{(1.50)^2} = -889(美元)$$

这次 NPV 小于 0 了，因此 IRR 必定应该小于 50%。利用图 6—3 我们列出了不同折现率可以得出的 NPV 的变化。从图中可以看到，28% 的折现率实现了 NPV 为 0 的目标，因此，IRR 就是 28%。

图 6—3　　　　　　　不同折现率得出的 NPV 的变化

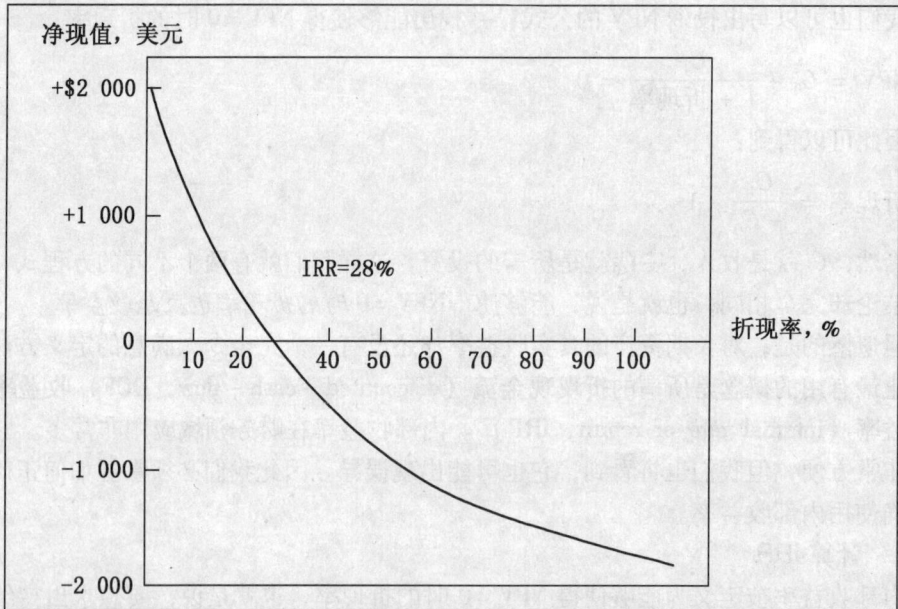

注：该项目初始成本为 4 000 美元，投资第 1 年产生现金流入量 2 000 美元，第 2 年现金流入量 4 000美元。其内部收益率（IRR）为 28%，此时该项目 NPV 为零。

如果真的必须用手工计算 IRR 的话，最简单的方法就是在一张类似图 6—3 的坐标图上标出三四个以 NPV 和相应的折现率为坐标的点，然后将这些点用光滑的曲线相连，找出能够使得 NPV 等于 0 时的折现率。当然，目前大多数财务人员都是利用计算机或设有专门程序的计算器来完成这一工作的，这样做更加快捷，结果更加准确。

可能有人会混淆内部收益率和资本机会成本这两个概念，因为它们都是在 NPV 公式中出现的折现率。实际上，内部收益率是只取决于项目现金流的发生金额和发生时间的盈利水平衡量方法，而资本的机会成本是用来计算项目价值的盈利水平标准。资本机会成本是在资本市场中形成的，是与待评估项目风险相当的其他资产提供的期望收益率。

6.3.2 IRR 法则

依据内部收益率法则，如果项目的资本机会成本低于内部收益率，我们就应该接受这一项目。再次研究图 6—3 就能够理解这一原则的基本原理。如果项目的资本机会成本低于 28% 的内部收益率，则用资本机会成本作为折现率的项目就具有正的 NPV 。如果它等于 IRR，则项目的 NPV 就等于 0 。而如果它高于 IRR，则项目的 NPV 就是负的。因此，将资本的机会成本与项目的 IRR 进行比较，实际上就是在回答项目是否具有正 NPV 的问题。当然，这一法则不仅仅局限于这一个例子。只要项目的 NPV 是其折现率的光滑递减函数，使用内部收益率法则就总能够得出与使用净现值法则相同的答案。

1. 陷阱 1：借入还是贷出？

并不是所有现金流的 NPV 都是随折现率的增加而减少的。看以下两个项目，A 和 B：

项目	现金流（美元）		IRR	NPV（10%）
	C_0	C_1		
A	− 1 000	+ 1 500	+ 50%	+ 364
B	+ 1 000	− 1 500	+ 50%	− 364

两个项目的 IRR 都是 50%（换句话说，− 1 000 + 1 500/1.50 = 0，并且 + 1 000 − 1 500/1.50 = 0。）

这是否说明了这两个项目具有同样的吸引力呢？很明显不是。对项目 A，我们先投入 1 000 美元，是在以 50% 的利率贷出（lending）资金；而对项目 B，我们是先收到 1 000 美元，以 50% 的利率借入（borrowing）资金。当贷出资金时，我们想要的是高收益率；而当借入资金时，想要的收益率就是越低越好了。

如果我们给项目 B 也画出一个类似图 6—3 的图示，就会发现，项目 B 的 NPV 是随折现率的增加而增加的。很显然，前面所述及的内部收益率法则不适用于这种情况。这种情况下，我们追求的是 IRR 低于资本的机会成本。

2. 陷阱 2：多个收益率

Helmsley Iron 打算在澳大利亚西部开发一个露天矿场，预计需要的初始投资为 6 亿澳元。今后 9 年内每年可望带来的现金流入量为 1.2 亿澳元。另外该公司在项目期期末还要承担清理成本 1.5 亿澳元。因此该项目的现金流为：

现金流（单位：百万澳元）				
C_0	C_1	⋯	C_9	C_{10}
-600	120		120	-150

Helmsley 计算的该项目 IRR 和 NPV 结果如下：

IRR（%）	NPV（10%）
-44.0 和 11.6	3 300 万澳元

注意，有两个折现率能够使得 NPV = 0。也就是说，以下两个等式都是成立的：

$$NPV = -600 + \frac{120}{0.56} + \frac{120}{0.56^2} + \cdots + \frac{120}{0.56^9} - \frac{150}{0.56^{10}} = 0$$

$$NPV = -600 + \frac{120}{1.116} + \frac{120}{1.116^2} + \cdots + \frac{120}{1.116^9} - \frac{150}{1.116^{10}} = 0$$

换句话说，该投资项目有两个内部收益率：-44.0% 和 11.6%（原书为 -44.0，应为 -44.0%——译者注）。图 6—4 列示了这种情况的发生过程。随着折现率的增加，NPV 先是增加，然后开始下降。发生这种情况的原因是现金流的符号出现了两次变化。实际上，现金流符号发生多少次变化，项目可能就会有多少个内部收益率。[1]

图 6—4　　　　　　　　　　　Helmsley Iron 矿厂内部收益率

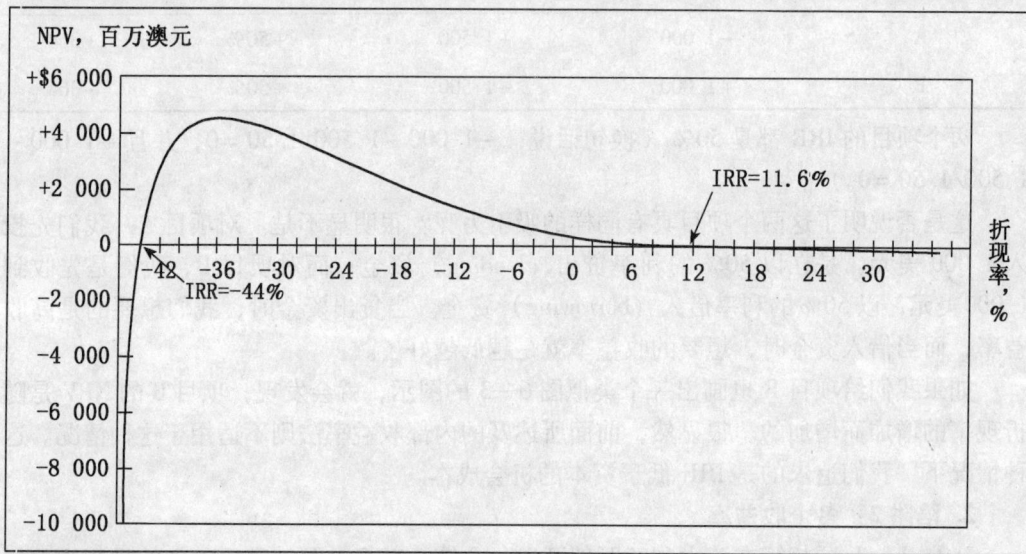

注：Helmsley Iron 的矿场有两个内部收益率。当折现率为 -44% 和 +11.6% 时，NPV 都等于 0。

退出成本和清理成本的数额有时候是非常巨大的。Phillips Petroleum 估计他将需要 10 亿美元的资金才能撤出其在挪威港的石油平台。核电站的退出可能得需要 3 亿美元的成本。很明显，会有很多原因能够使得现金流由正变为负，但我们可能还要想到公司

---

[1] 根据 Descartes 的"符号法则（rule of signs）"，多项式根的个数与其符号变化的次数相等。

需要准备发生后续支出的情况，如轮船需要定期开进船坞进行整修、旅馆可能需要进行全面装修、机器零部件可能需要更换等。

只要预期现金流符号的变化不止一次，那么一般都会看到不止一个的内部收益率。

这还不是很麻烦的，因为有的时候内部收益率根本就不存在。例如，在任何折现率下项目 C 的净现值都是正的：

项目	现金流（美元）			IRR	NPV（10%）
	C_0	C_1	C_2		
C	+1 000	−3 000	+2 500	无	+339

为使 IRR 法则适用这种情况，人们设计了很多修正的方法，

但这些修正不仅是不全面的，而且毫无必要，因为最简单的解决问题的方法就是直接使用净现值。[①]

3. 陷阱 3：互斥项目

要完成同样的工作或利用同样的设施，公司往往可能面临着多种选择。换句话说，它们需要对**互斥项目**（mutually exclusive projects）进行选择。在这种情况下 IRR 法则也可能给人以误导。

看一下项目 D 和项目 E：

项目	现金流（美元）		IRR（%）	NPV（10%）
	C_0	C_1		
D	−10 000	+20 000	100	+8 182
E	−20 000	+35 000	75	+11 818

或许项目 D 是一台人工操作的机械工具，而项目 E 虽然也是一样的工具，但为其增加了计算机控制。两个项目都是好的投资项目，但因为项目 E 的 NPV 更高，因此项

---

① 对多个收益率问题，公司有时采用分步处理法，先将后期的现金流用资本成本向前折现，直到最后出现的现金流只有一次变号为止。对这些调整后的现金流，可以计算其修正的内部收益率（modified internal rate of return）。在我们的例子中，修正的 IRR 可以计算如下：

（1）计算第 9 年和第 10 年产生的现金流在第 8 年的现值：

第 8 年的 PV =（ +120/1.1 ）−（150/1.12）= −14.9（原书为"第 9 年的 PV"，应为笔误——译者注）

（2）将上面计算出的现值加到第 8 年的现金流上：

C_8 + PV（后续现金流）= +120 − 14.9 = 105.1

（3）由于现在现金流符号只有一次变化了，因此该调整后的现金流就只有一个唯一的收益率，即 11.5%：

$$NPV = -600 + \frac{120}{1.115} + \frac{120}{1.115^2} + \cdots + \frac{120}{1.115^7} + \frac{105.1}{1.115^8} = 0$$

由于修正的 IRR11.5% 大于资本成本（且初始现金流为负），因此以资本成本对该项目进行估价时，其 NPV 将大于 0。

当然，在这种情况下，放弃 IRR 法则而仅计算项目的 NPV 就简单多了。

目 E 更好。但是，IRR 法则却得出了不一样的答案。根据 IRR 法则，如果你必须选择一个项目的话，那应该选择项目 D，因为该项目具有更高的 IRR。如果依据 IRR 法则，你能够得到令人满意的 100% 的收益率；而如果遵循 NPV 法则，你的财富却可以增长 11 818 美元。

针对这样的情况，IRR 法则是有补救办法的，那就是计算增量现金流的内部收益率。以下是具体的做法：首先考虑规模较小的项目（本例中的项目 D），其 IRR 为 100%，远远超过 10% 的资本机会成本。因此我们知道，项目 D 是可以接受的。现在我们要问的是，在追加 10 000 美元的投资到项目 E 是不是值得呢？接受项目 E 而不是项目 D，则其增量现金流如下所示：

项目	现金流（美元）		IRR（%）	NPV（10%）
	C_0	C_1		
E－D	－10 000	＋15 000	50	＋3 636

增量投资的 IRR 是 50%，也远远超过了 10% 的资本机会成本。因此我们应该选择项目 E 而不是项目 D。[①]

除非我们考察增量支出，否则在对不同规模的项目进行排序时，IRR 法则是不可靠的。同样，对现金流发生时间模式不同的项目进行排序，IRR 也不可靠。例如，假设公司可以选择项目 F 或者项目 G，但不能两个都选（暂不考虑项目 H）：

项目	现金流（美元）						IRR（%）	NPV（10%）
	C_0	C_1	C_2	C_3	C_4	C_5	⋯	
F	－9 000	＋6 000	＋5 000	＋4 000	0	0	⋯ 33	3 592
G	－9 000	＋1 800	＋1 800	＋1 800	＋1 800	＋1 800	⋯ 20	9 000
H		－6 000	＋1 200	＋1 200	＋1 200	＋1 200	⋯ 20	6 000

项目 F 的 IRR 较高，而项目 G 的 NPV 较高。图 6—5 揭示了为什么两种法则会得出不同的答案。图中项目 F 的曲线给出了项目 F 在不同折现率下的净现值。由于 33% 的折现率使其净现值等于 0，因此项目 F 的内部收益率就是 33%。同样，项目 G 的曲线代表的是项目 G 在不同折现率下的净现值。项目 G 的 IRR 为 20%（假设项目 G 的现金流将会永远持续下去）。可以看到，只要资本机会成本小于 15.6%，则项目 G 就有更高的 NPV。

IRR 产生误导的原因在于项目 G 的现金流入量总额较大，但发生时间比较晚，因此当折现率较低时，项目 G 的 NPV 较高；而当折现率较高时，项目 F 的 NPV 较高。（从图 6—5 可以看出，当折现率为 15.6% 时，两个项目的 NPV 是相同的。）两个项目的内部收益率告诉我们，当折现率为 20% 时，项目 G 的 NPV 为 0（IRR＝20%），而项目 F 的 NPV 大于 0。因此，如果资本机会成本是 20% 的话，投资者将会认为持续期较

---

① 不过，可能我们是刚脱狼窝又入虎穴了，因为增量现金流序列可能会带来多个符号的变化。在这种情况下就会出现多个 IRR，结果我们被迫还是得采用 NPV 法则。

短的项目 F 价值更高。但在我们的例子中，资本的机会成本不是 20%，而是 10%，则投资者就会倾向于对持续期较长的证券给予更高的估价，因此他们愿意为持续期较长的项目付出较高的成本。当资本成本为 10% 时，对项目 G 投资的 NPV 是 9 000 美元，而对项目 H 投资的 NPV 仅为 3 592 美元。[①]

图 6—5 项目 F 的 IRR 超过项目 G 的 IRR，但仅当折现率高于 15.6% 时项目 F 的 NPV 才更高

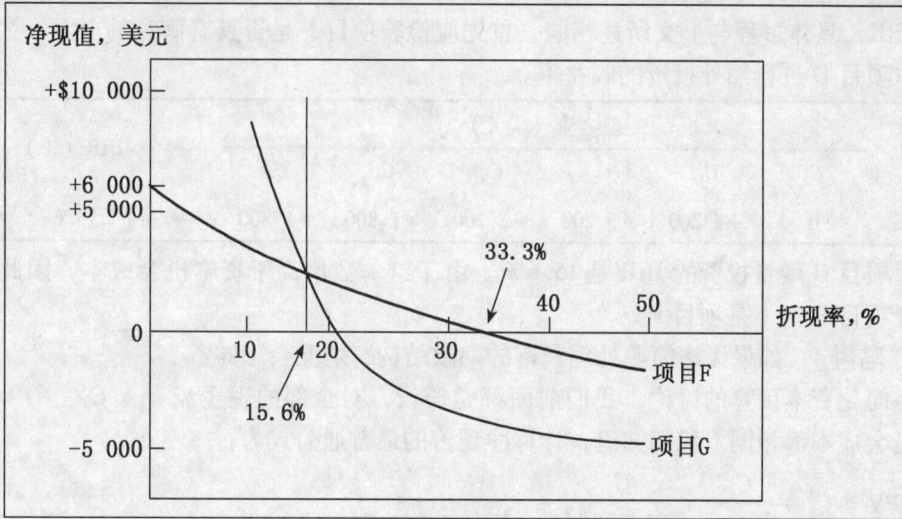

这个例子是我们经常列举的。我们曾经收集过不少商界人士对它的反应。每当问起他们会选择项目 F 还是项目 G 时，很多人都会选择项目 F，原因可能在于项目 F 的投资回收期较短。换句话说，他们相信如果选择了项目 F，稍后他们可能还会有机会再选择项目 H（要注意，项目 H 所需的资金可以通过项目 F 的现金流来筹集），而如果他们选择了项目 G，就不可能有足够的资金再满足项目 H 的需要了。不难看出，实际上他们是设定了一个潜在的假设，也就是说资本的稀缺性对他们选择项目 F 还是项目 G 产生了很大的影响。如果排除这样的潜在假设，他们一般都承认，只要不短缺资本，项目 G 总会是更好的选择。

但是资本限制的引入又带来了两个问题。第一个问题源自这样的事实，即大多数选择项目 F 而不选择项目 G 的决策者所在的企业都能够毫不困难地筹措到更多的资本。比如说，IBM 公司的经理们怎么可能会因为资本有限的原因而选择项目 F 呢?! 无论是选择项目 F 还是项目 G，IBM 公司只要想另选择项目 H 它都可以筹集到大量的资本，因此项目 H 应该不会对项目 F 和项目 G 的选择产生影响。问题的答案似乎是这样的，即作为公司计划和控制系统的一部分，资本预算这一任务在大企业中通常是由下属部门和更基层的部门完成的。由于系统的复杂和拖沓性，预算往往不容易改变，因此在中层管理者们的眼里这些就成为实际的限制条件了。

再看第二个问题。在资本有限制的条件下，无论这种限制是实际的还是人为的，是

① 我们常常听到这样的建议，对净现值法则或内部收益率法则的选择应该取决于可能的再投资率。这种说法是错误的。投资决策永远不应该受另外一项独立投资项目预期收益的影响。

不是就应该使用 IRR 法则来对项目进行排序了呢？答案依然是否定的。在这种情况下，我们要找的是具有最大净现值数额的投资项目群，而 IRR 法则是无法达到这一要求的。下一节我们将证明，要解决这一难题，唯一的实际的一般性方法就是利用线性规划的方法。

如果必须要在项目 F 和项目 G 中作出选择的话，最容易的办法就是比较两个项目的净现值。但如果你就是愿意采用 IRR 法则，也可以，只是此时你必须考察增量现金流的 IRR，具体过程与上文所述相同。首先应检验项目 F 是否具有满意的 IRR，然后再考察对项目 G 进行额外投资的收益率。

| 项目 | 现金流（美元） | | | | | | ... | IRR（%） | NPV (10%) |
	C_0	C_1	C_2	C_3	C_4	C_5			
G - F	0	-4 200	-3 200	-2 200	+1 800	+1 800	...	15.6	+5 408

对项目 G 增量投资的 IRR 是 15.6%。由于这一数值高于资本机会成本，因此你应该选择项目 G 而不是项目 F。

4. 陷阱 4：如果无法简单处理利率的期限结构，情况会怎样？

为简化资本预算的讨论，我们前面都是假设，对全部的现金流 C_1、C_2、C_3 等，其资本机会成本都相同。我们知道，计算净现值的最普通公式为：

$$NPV = C_0 + \frac{C_1}{1 + r_1} + \frac{C_2}{(1 + r_2)^2} + \frac{C_3}{(1 + r_3)^3} + \cdots$$

换句话说，对 C_1 要用 1 年期的资本机会成本进行折现，对 C_2 要用 2 年期的资本机会成本折现，如此类推。但 IRR 法则告诉我们，接受项目的标准是项目的 IRR 要高于资本的机会成本，那么，如果资本机会成本有很多该怎么办呢？是不是要将 IRR 与 r_1、r_2、r_3…挨个进行比较呢？实际上，要想找出 IRR 的参照对象，我们必须计算这些利率的复杂的加权平均值。

那么，这对资本预算又意味着什么呢？这意味着，只要利率的期限结构是重要的，IRR 法则就会有很大的麻烦。如果期限结构的确是重要的，我们就应将项目的 IRR 与某种交易证券的期望 IRR（到期收益率）进行比较，而这种交易证券应当满足以下条件：（1）风险与项目的风险相当；（2）现金流的时间结构与项目的基本相同。但是，以上做法说起来比较容易，要做起来可是非常困难的。

很多公司利用 IRR 作为评判标准，这就意味着它们对短期利率和长期利率不作区分。它们这样做的目的与我们对期限结构的修饰美化目的是一样的：简化。[1]

6.3.3 对 IRR 的最后结论

以上我们给出了四个例子说明了 IRR 可能带来的错误，但我们却很少提及投资回收期或账面收益率的错误，那么这是否意味着 IRR 比那两个指标更糟糕呢？事实恰恰相反。投资回收期或账面收益率的缺陷无需多言，它们不过是一种权宜之计，而且常常会带来错误的决定，而 IRR 法则的地位就尊贵得多了，虽然它没有 NPV 用起来那么简

---

[1] 对短期现金流和长期现金流采用同样的折现率可能带来误导性的结果，第 10 章中我们还将对此使用例子详细说明。

单，但如果运用正确的话，它的结果通常和 NPV 的结果是相同的。

目前，很少有大公司会使用投资回收期或账面收益率作为项目选择的首要标准，大多数都会求助于折现现金流，即"DCF"，而很多公司眼中的 DCF 就是 IRR，而不是 NPV。对那些"规范性"项目，也就是由一笔现金支出开始，然后有一系列现金流入的项目，很容易利用 IRR 法则作出接受或拒绝的决策。但是我们认为，财务经理们还是应该对 IRR 的陷阱 3 予以更多的关注。财务经理永远也不可能将所有的项目都列示出来，大多数项目实际上都是由经营经理们提出的。如果公司引导非财务经理们首先考察项目的 IRR，就会促使他们追逐 IRR 最高而不是 NPV 最高的项目，而且还会诱使他们对项目进行包装，使其表现出更高的 IRR。那么应该到哪儿去找最高的 IRR 呢？应该是初始投入较少的短期项目，但这样的项目对公司价值往往并不能作出很大的贡献。

我们不清楚为什么会有如此多的公司对 IRR 这么重视，但我们怀疑这实际上反映了管理层对项目收入预测的一种不信任。假设有两家公司经理各带着一份新的投资计划找到了你，在公司 8% 的资本成本下这两个项目的 NPV 是相同的，都是正的 1 400 美元，而你却决定接受项目 A，拒绝项目 B，这是否是非理性的决定呢？

两个项目的现金流及其 NPV 如下表所示。从表中可以看出，尽管两个项目的 NPV 相同，但项目 A 只需要投入 9 000 美元，而项目 B 需要投入 900 万美元。投资 9 000 美元就能获得 1 400 美元的 NPV，很显然这是非常有吸引力的，而这也导致了项目 A 接近 16% 的 IRR。投资 900 万美元得到 1 400 美元 NPV 的买卖可能也值得做，但首先你必须能确定企业经理们的预测是正确的，而且项目 B 容不得半点差错。当然，可能你也可以花费时间和金钱去检验现金流预测值的准确性，但这值得吗？大多数经理们会考察 IRR，然后得出结论说，如果资本机会成本为 8% 的话，那么仅能够提供 8.01% 收益率的项目是不值得进行的。

项目	现金流（千美元）					
	C_0	C_1	C_2	C_3	NPV（8%）	IRR（%）
A	−9.0	2.9	4.0	5.4	1.4	15.58
B	−9 000	2 560	3 540	4 530	1.4	8.01

另外，管理层也可能得出结论说，项目 A 明显是赢家，是值得立即进行投资的，而项目 B 可以等待一段时间，看一年以后再进行决策会不会更好。[①] 通常情况下，经理们会通过为 IRR 设定一个高于资本成本的门槛利率的方法推迟类似项目 B 这样的投资决策。

6.4　资源有限条件下资本投资决策

前面对资本预算方法的探讨都是基于这样的假设进行的，即如果公司接受所有具有正净现值的项目，公司股东的财富就会达到最大。但是假设对投资项目有所限制，这使

---

① 当项目是完全的赢家（项目 A）的话，通常该项目值得立即进行投资，可以立即追求现金流。但对边际项目（项目 B）来说，选择等待然后做进一步的观察是更有价值的。第 18 章所介绍的期权估价方法将有助于经理们对何时进行投资作出正确的决策。

得公司不能选择所有项目。经济学家称之为资本约束（capital rationing）。当资本总量受限时，我们就需要在资源允许的范围内选择能够使净现值总额达到最大的项目群。

6.4.1 资本约束的一个简单问题

先来看一下简单的例子。假设资本成本为10%，公司面临着下列机会：

项目	现金流（百万美元）			NPV（10%）
	C_0	C_1	C_2	
A	-10	+30	+5	21
B	-5	+5	+20	16
C	-5	+5	+15	12

这三个项目都是很有吸引力的，但是假设公司可用的资金只有1 000万美元。此时，公司要么投资于项目 A，要么可以投资于项目 B 和 C，但总之它不能对三个项目都进行投资。虽然从单个项目来看，项目 B 和项目 C 的净现值都比项目 A 的要低，但两者合在一起却有更高的净现值。因此我们不能只基于单个项目的净现值对不同项目进行选择。由于资金有限，我们必须努力寻找最能赚钱的，也就是说，我们要找到能使每单位初始投入资金的净现值最高的项目，这一比率被称为**获利指数**（profitability index）：[①]

$$获利指数 = \frac{净现值}{投资额}$$

对以上三个项目，其获利指数可计算如下：[②]

项目	投资额（百万美元）	NPV（10%，百万美元）*	获利指数
A	10	21	2.1
B	5	16	3.2
C	5	12	2.4

* 原书漏掉了折现率10%——译者注。

项目 B 的获利指数最高，其次是项目 C。因此，如果我们的预算限制是1 000万美元的话，那就应该选择这两个项目。[③]

---

① 如果项目需要两期或更多期的资金投入，则分母应该用全部投入的现值。有的公司在计算获利指数时并不对收益或成本进行折现，对这类公司还是少提为好。

② 有时候获利指数也被定义为现值与初始投资额的比率，即 PV/投资额。这一指标也叫做成本效益比率或利润成本率（benefit – cost ratio）。要计算这一比率，只需要在获利指数上加1即可，项目的排序不会改变。

③ 如果项目的获利指数大于0，其 NPV 也一定大于0。因此在资本不受限制的情况下，公司有时候会利用获利指数进行项目的选择。但要注意，与 IRR 一样，在对互斥项目进行选择时，获利指数也会出现同样的误导性的错误。比如说，假设现在我们必须在以下两个项目中选择一个：（1）投资100美元，其收入现值为200美元；（2）投资100万美元，其收入现值为150万美元。第一个项目的获利指数较高，但第二个却能使我们更富有。

但遗憾的是，这种简单的排序方法也有一些局限。最严重的问题就是，当公司面临的资源约束不止一种时，这种方法就无能为力了。[①] 例如，假设公司在当前及 1 年后可分别投资 1 000 万美元，同时，可行的项目中又增加了一个下一年开始投资的项目 D：

项目	现金流（百万美元）			NPV（10%）	获利指数
	C_0	C_1	C_2		
A	-10	+30	+5	21	2.1
B	-5	+5	+20	16	3.2
C	-5	+5	+15	12	2.4
D	0	-40	+60	13	0.4

一种策略是接受项目 B 和项目 C，但如果这样选择，我们就不能接受项目 D，因为项目 D 的成本高于 1 年后的预算限制。另一种策略则是，在初始阶段接受项目 A，虽然其净现值低于项目 B 和项目 C 组合投资的净现值，但它能在第 1 年年末产生 3 000 万美元正的现金流，而这笔现金流与第 1 年 1 000 万美元的预算加在一起，就有足够的资金在下年投资项目 D。与项目 B 和项目 C 相比，项目 A 和项目 D 的获利指数较低，但它们的净现值总额却较高。

在上面的例子中，利用获利指数进行排序之所以失败，就在于两年都有资源的限制。实际上，只要对项目的约束条件多于一个，这种排序方法就不会有效。因此，如果涉及两个互斥项目，或一个项目对另一个项目有依赖性时，就无法使用获利指数来达到对这样的项目排序的目的。

例如，假设你有一长串的可选项目，都可以在今年或明年实施，但每年的可用投资总额却有一定的限制。也许你无法同时选择 α 项目和 β 项目（因为它们两个需要占用同一块土地），而要想对 γ 项目进行投资，就必须先得投资 Δ 项目（因为 γ 项目只是 Δ 项目的一个附属项目），这时我们就需要寻找项目组合，而这一项目组合要满足的条件就是既要满足资源的限制条件，净现值总额也要达到最大。

对这一问题的解决，一种方法就是分析所有可能的项目组合。对每一种项目组合，首先考察它是否满足资源的约束条件，然后计算其净现值。但我们明智地发现，线性规划（LP）方法正好可以解决从多种可能组合中作出选择的这类问题，更方便的是还可以利用装有求解 LP 软件的计算机来完成这一任务。[②]

6.4.2 资本约束模型的应用

当资源有限时，线性规划模型简直就像是求解资本预算问题的专用模型。但是为什么无论从理论上还是实际上这种方法的使用并不是很普遍呢？首先，就在于这些模型应用起来可能会非常复杂。其次，如同所有其他复杂的长期规划工具一样，这里还存在着数据收集质量这一普遍存在的问题，对糟糕的数据肯定是不值得花费较高成本运用复杂

---

① 如果项目决策出现多余资金，这一方法也可能会失效。有时可能最好把全部的资金都用完，即使这意味着要接受净现值较低的项目也必须如此。

② 在本书的网页 www.mhhe.com/bma1e 上，我们列示了如何利用线性规划从前面给出的四个项目中作出选择。

方法处理的。另外，使用这些模型的一个基本假设就是所有未来的投资机会都已经知晓，但在实际生活中，投资的想法可能是一个渐进的过程，不可能一开始就全部明确。

最令我们感到遗憾的还是资本约束这一假设。到后面讨论公司融资的时候我们就会发现，大多数公司实际上并没有资本约束这一问题，它们完全有能力公平地筹集到大量的资金。那么为什么会有那么多的公司老总会对其手下强调资本有限的问题呢？如果他们的说法是有道理的，那就说明我们的资本市场非常不完善，如果是这样，还有什么理由要尽量实现 NPV 的最大化呢？[①] 对这一问题也许我们应该这样想：如果没有资本约束，他们就没有必要使用线性规划模型；而如果资本确实有限，他们肯定不该使用这一模型。但是这样的结论还是过于草率了，下面我们对这一问题进行更详细的探讨。

1. 软约束

很多公司的资本约束都是"软性的"，但这并不反映市场就是不完善的，而是管理层作为财务控制所采用的一种暂时性的限制。

有些雄心勃勃的部门经理习惯于夸大自己的投资机会，而总部的管理者们可能会发现，与其努力进行鉴别，想找出最有价值的项目，倒不如给各部门开支设立一个上限，让各部门自己去为各个项目排序。在这种情况下，预算约束有效地填补了现金流预测问题的漏洞。另外，有时候管理层也可能认为公司的过快增长会给管理带来难以承受的压力。由于这种限制难以对其进行量化，因此只能用预算约束来代表。

由于这样的预算限制与资本市场的无效性毫无关系，因此在预算约束中各部门利用 LP 模型实现净现值最大化并不矛盾。当然，如果某部门的现金流预测严重失实，那么再精确的选择方法也是毫无意义的。

即使资本没有限制，其他资源也有可能会有。例如，管理时间、熟练工的人数以及其他资本设施常常都会严重制约公司的发展。

2. 硬约束

软约束并不会使公司付出很大的代价。如果资本约束过于严格，例如严格到 NPV 远大于 0 的项目都必须被放弃掉，这样会给公司造成伤害，那么企业完全可以筹措更多资金从而放松约束条件。但是，如果企业无法筹集更多的资金，也就是企业面临的是硬约束，又该怎么办呢？

硬约束意味着市场的不完善，但这并不是说在资本预算中就应该放弃 NPV 法则，最后的取舍还应具体分析不完善的原因所在。

Arizona Aquaculture, Inc.（AAI）虽然有一些好的投资机会，但向银行贷款已经不可能了，因为它已经向银行借到了银行能够借给他的最多款项。但只要 AAI 可以增发新股，这就不算是硬约束。但可能增发新股也行不通。因为公司的创办者和大股东会担心失去公司的控制权，因此他们会通过投票来否决这样的融资方案，结果使得新股发行面临着代价高昂的繁文缛节或法律麻烦。[②]

但这并不影响 NPV 法则的正确发挥。AAI 的股东可以借入贷出资金、可以卖出手

---

① 不要忘了，在第 2 章中我们推导 NPV 法则时必须假设资本市场是完善的。

② 许多个人财富被"套牢"在 AAI 的大股东实际上可能已经与资本市场相脱离。尽管 NPV 法则对其他股东仍有价值，但对这部分大股东来说是没有意义的。

中的股票，也可以买入更多的股票，只要他们可以自由地利用证券市场，他们手里的投资组合就与 AAI 的投资或融资决策无关。AAI 对股东的唯一帮助就是增加他们的财富，因此，AAI 应该将其全部可用资金投资于能够取得净现值总额最大的项目群。

只要市场的缺陷是唯一的，即只要有企业本身和资本市场之间的某种障碍，那么这种障碍就不能动摇 NPV 法则的基础。重要的是公司股东能够自由地利用运作良好的资本市场。

但如果市场的不完善限制了股东的资产投资组合，那么 NPV 法则的作用就确实会削弱。假设 Nevada Aquaculture, Inc.（NAI）只由其创立者 Alexander Turbot 所拥有。Turbot 先生没有现金，也没有信用余额，但他却很清楚自己业务的扩张将会有高额的 NPV。他想通过发行股票筹集资金，但却发现自己面对的只有那些疑虑重重，认为自己仿佛是在沙漠中钓鱼的投资者，他们愿意付出的价格远远低于公司的实际价值。如果情况真是这样，那么对 Turbot 先生来说资本市场就相当于是不存在的。而利用资本的市场机会成本对未来潜在的现金流进行折现也就失去了意义。

本章小结

如果你想说服你们公司采用 NPV 法则，你就要做好以下准备，即要解释为什么其他法则可能不能带来正确的决策。这也是本章考察了另外三种不同投资标准的原因。

有些公司考察项目的账面收益率。这种情况下，公司要从一般现金支出中将资本支出分离出来，对其计提适当的折旧，然后计算账面利润与投资账面价值的比率。目前只采用账面收益率进行投资决策的公司非常少，但股东却对公司盈利的账面指标非常看重，结果导致有的经理对有损公司账面收益率的项目侧目而视。

有的公司利用投资回收期进行投资决策，换句话说，它们只接受在特定时期内能够收回初始投资的项目。投资回收期是一个特别的法则，它不考虑投资回收期内现金流的先后顺序，也完全不考虑回收期之后产生的后续现金流，它没有考虑资本的机会成本。

内部收益率（IRR）是能够使 NPV 等于 0 的折现率，这是一个财务中广泛使用的非常方便的概念，因此我们应该掌握它的计算过程。根据 IRR 法则，公司应该接受任何 IRR 超过资本机会成本的投资项目。与净现值一样，IRR 也是以折现现金流为基础的方法，因此，如果使用得当它就能够得出正确的结果。但有以下四点需要注意：

（1）借入还是贷出？如果项目产生正的现金流之后紧跟着又产生负的现金流，那么当折现率上升时，NPV 也将增加。这种情况下我们应该接受 IRR 低于资本机会成本的项目。

（2）多个收益率。如果现金流符号的变化不止发生一次，那么项目就可能出现多个 IRR，或根本没有 IRR。

（3）互斥项目。对不同规模或不同持续期的互斥项目，使用 IRR 对它们进行排序可能会出现错误。如果我们坚持使用 IRR 为互斥项目排序，那么必须考察增量投资的 IRR。

（4）近期现金流的资本成本可能与远期现金流的资本成本不同。IRR 法则要求我们将项目的 IRR 与资本机会成本进行比较。但有时，1 年期的现金流有一个资本的机会成本，而 2 年期的现金流又有一个不同的资本成本，如此等等。这种情况下使用 IRR

没有简单的标准。

如果我们打算不惜代价进行现金流的预测，也许我们应该好好地对这些数据加以利用，公司决策中也就不应该有暂时的应景原则。与其他原则相比，NPV 法则应该优先采用。话说到这里，我们也应该指出，不能过于夸大评估方法的作用。方法的确重要，但这并不是成功进行资本预算的唯一因素。如果对现金流的预测过于拙劣，那么无论对 NPV 法则多么精确地使用也不可能得出好的结果。

在推导 NPV 法则时，我们的假设是公司只要接受所有价值高于成本的项目就能使股东财富达到最大。但是如果资本受到严格的限制，那么公司就可能无法接受所有具有正的 NPV 的项目。如果只有一个时段资本是受限制的，那么可以采取一种简单的判别标准，即首先计算每个项目的获利指数，也就是每一单位投资额能够带来的净现值，然后选择获利指数最高的项目，直到将全部资本用光。但遗憾的是，如果在更多时段都有资本约束，或者项目选择还面临着其他的限制，那么这种方法也就失去作用了。此时，线性规划是唯一的一般性解决办法。

硬资本约束通常反映了市场的不完善，即公司与市场之间存在着沟通的障碍。如果这种障碍还影响到公司股东在运作良好的资本市场上的自由交易，NPV 法则也就丧失了它的理论基础。但幸运的是，在美国，公司的硬约束很少。但的确有很多公司设有软性约束，这是它们自己设定的自我约束指标，是公司财务规划控制的手段。

推荐读物

有关资本预算过程的调查，参见：

J. Graham and C. Harvey, "How CFOs Make Capital Budgeting and Capital Structure Decisions," Journal of Applied Corporate Finance 15（spring 2002），pp. 8 - 23.

概念复习题

完整的本章概念复习题，请登录网站 www. mhhe. com/bma1e。

1. "大多数公司都只使用一种衡量指标来评估项目的吸引力。"这种说法是否正确？

2. "投资回收期过于看重目标回收期之后产生的现金流。"这种说法是否正确？

3. 折现的投资回收期如何计算？折现的投资回收期能够弥补投资回收期法则的不足吗？

练习题

1. （1）以下各项目的投资回收期各为多少？

项目	现金流（美元）				
	C_0	C_1	C_2	C_3	C_4
A	-5 000	+1 000	+1 000	+3 000	0
B	-1 000	0	+1 000	+2 000	+3 000
C	-5 000	+1 000	+1 000	+3 000	+5 000

（2）假设你想用投资回收期法则进行判断，并设目标回收期为 2 年，你会选择哪些项目？

（3）如果目标回收期为 3 年，你会选择哪些项目？

（4）如果资本机会成本为 10%，哪些项目的 NPV 大于 0？

（5）"如果公司对所有项目都使用相同的目标回收期，那么很有可能公司会接受过多的短期项目。"这种说法是否正确？

（6）如果公司使用折现的投资回收期法则，它会不会接受 NPV 小于 0 的项目？会不会拒绝 NPV 大于 0 的项目？请解释。

2. 写出定义项目内部收益率（IRR）的方程式。在实务中如何计算 IRR？

3.（1）分别计算当折现率为 0、50% 和 100% 条件下各项目的净现值：

现金流（美元）		
C_0	C_1	C_2
−6 750	+4 500	+18 000

（2）项目的 IRR 是多少？

4. 假设你有机会参与一个项目，该项目产生的现金流如下所示：

现金流（美元）		
C_0	C_1	C_2
+5 000	+4 000	−11 000

其内部收益率为 13%。如果资本机会成本为 10%，你会接受这一投资吗？

5. 考虑产生如下现金流的项目：

C_0	C_1	C_2
−100	+200	−75

（1）该项目有多少个内部收益率？

（2）下列数字中，哪个是项目的 IRR？

① −50%　② −12%　③ +5%　④ +50%

（3）如果资本机会成本为 20%，这个项目有吸引力吗？简要解释一下。

6. 考虑项目 α 和 β：

项目	现金流（美元）			IRR（%）
	C_0	C_1	C_2	
α	−400 000	+241 000	+293 000	21
β	−200 000	+131 000	+172 000	31

资本机会成本为 8%。

假设你可以选择 α 或者 β，但不能两个都选。试用 IRR 法则进行决策。（提示：对项目 α 的增量投资是多少？）

7. 假设你有下列投资机会，但可用资金却只有 90 000 美元。你将选择哪些项目？

项目	NPV（美元）	投资额（美元）
1	5 000	10 000
2	5 000	5 000
3	10 000	90 000
4	15 000	60 000
5	15 000	75 000
6	3 000	15 000

实务题

8. 考虑下列项目：

项目	现金流（美元）					
	C_0	C_1	C_2	C_3	C_4	C_5
A	−1 000	+1 000	0	0	0	0
B	−2 000	+1 000	+1 000	+4 000	+1 000	+1 000
C	−3 000	+1 000	+1 000	0	+1 000	+1 000

（1）如果资本机会成本为 10%，哪些项目的 NPV 大于 0？

（2）计算每个项目的投资回收期。

（3）如果目标投资回收期为 3 年，利用投资回收期法则公司应该接受哪个（些）项目？

（4）计算每个项目的折现投资回收期。

（5）如果目标投资回收期为 3 年，利用折现的投资回收期法则公司应该接受哪个（些）项目？

9. 给出你对下列说法的意见：

（1）"我喜欢 IRR 法则，因为用这个法则可以在不选定折现率的情况下对项目进行排序。"

（2）"我喜欢投资回收期法则。只要最小回收期够短，就可以保证公司不会涉足介于边界的项目，因此降低了风险。"

10. 计算下列项目的 IRR：

C_0	C_1	C_2	C_3
−3 000	+3 500	+4 000	−4 000

能够使得项目 NPV 大于 0 的折现率的取值范围是多少？

11. 考虑以下两个互斥项目：

项目	现金流（美元）			
	C_0	C_1	C_2	C_3
A	-100	+60	+60	0
B	-110	0	0	+140

（1）分别计算在折现率为0、10%和20%条件下各项目的NPV，并以NPV为纵坐标，以折现率为横坐标，在坐标图上标示出来。

（2）每个项目的IRR大体是多少？

（3）在什么情况下公司应该接受项目A？

（4）计算当折现率为0、10%和20%时的增量投资（B－A）的NPV，并在坐标图上标示出来。证明接受项目A的条件与增量投资的IRR小于资本机会成本的条件相同。

12. Cyrus Clops先生是巨人公司的总裁，他要在以下两个可能的投资方案中选择一个：

项目	现金流（千美元）			
	C_0	C_1	C_2	IRR（%）
A	-400	+250	+300	23
B	-200	+140	+179	36

资本机会成本为9%。Clops先生想选择项目B，因为其IRR较高。

（1）请向Clops先生解释为什么他的做法是不对的。

（2）向他说明使用IRR法则选择最佳项目的正确方法。

（3）向他说明这一项目的NPV也较高。

13. 泰坦尼克造船公司有一份建造一艘小型货船的不可撤销的合同。为了造船，该公司今后两年的每年年末都将有250 000美元的现金支出，到第3年年末，公司将收到650 000美元的收入。公司可以通过增加一个班次来加快造船的进度，但这需要在第1年年末有550 000美元的现金支出，而在第2年年末就可以收到收入650 000美元。请利用IRR法则（大体）找出公司应该增加班次的机会成本的范围。

14. 再看一下本章6.3中的项目D和项目E。假设这两个项目是互斥的，资本机会成本为10%。

（1）计算每个项目的获利指数。

（2）说明如何利用获利指数法则选择较好的项目。

15. Borghia Pharmaceuticals有一笔可用于资本支出的资金100万美元。以此资金数额为限，该公司应该选择下列项目中的哪几个？就公司的市场价值来说，这笔预算限额给公司带来的成本是多少？假设每个项目的资本机会成本均为11%。

项目	投资额（千美元）	NPV（千美元）	IRR（%）
1	300	66	17.2
2	200	-4	10.7

项目	投资额（千美元）	NPV（千美元）	IRR（%）
3	250	43	16.6
4	100	14	12.1
5	100	7	11.8
6	350	63	18.0
7	400	48	13.5

思考题

16. 有些人坚信，甚至动情地宣布，如果所有项目的现金流都可以按该项目的 IRR 进行再投资，那么用 IRR 对各项目进行排序就完全行得通。他们还说，NPV 法则"假设的是现金流按资本机会成本进行再投资"。仔细考虑一下，这些说法正确吗？从这些说法中能得到有益的启示吗？

17. 重新考虑一下实务题第 10 题的现金流，按 123 页脚注的定义，计算修正的 IRR。假设资本成本为 12%。

现在试对修正的 IRR 定义做如下改变：首先找到 x，其满足的条件为 x 与 C_1 及 C_2 的乘积与（负）C_3 的现值相等：

$$xC_1 + \frac{xC_2}{1.12} = -\frac{C_3}{1.12^2}$$

然后将项目修正的 IRR 定义为下列方程式的解：

$$C_0 + \frac{(1-x)C_1}{1+IRR} + \frac{(1-x)C_2}{(1+IRR)^2} = 0$$

现在我们就有两个修正的 IRR 了。哪一个更有意义？如果不确定的话，你认为修正的 IRR 有什么作用？

18. 考虑下列资本约束问题（单位：美元）：

项目	C_0	C_1	C_2	NPV
W	−10 000	−10 000	0	+6 700
X	0	−20 000	+5 000	+9 000
Y	−10 000	+5 000	+5 000	+0
Z	−15 000	+5 000	+4 000	−1 500
可用资金额	20 000	20 000	20 000	

利用线性规划求解这一问题。

假设允许部分投资，即 $0 \leqslant x \leqslant 1$，计算并解释资本约束的影子价格。[①]

---

① 影子价格是目标量关于约束量边际变化的边际变化。

【微型案例】

Vegetron 公司 CFO 的再次造访

（故事的第一幕已在第6.1节给出。）

那次谈话刚过，Vegetron 公司的 CFO 当天下午就又一脸茫然急匆匆地来到了你的办公室，这次他谈到的问题是改变发酵罐设计的最后方案，Vegetron 公司打算从已经粉碎过的库存矿石中提取氢氧化锆。CFO 带来了一份打印出来的表格（表6—1），该表格预测了高温设计（原书为"低温设计"，但根据表格所列内容及案例后部分内容，此处应为"高温设计"——译者注）的收入、成本、利润和账面收益率。Vegetron 公司的工程师最近又提出了一种低温设计（原书为"高温设计"，应为"低温设计"——译者注）的替代方案，该方案可以加快氢氧化锆的提取速度，将项目的完成时间由7年缩短为5年。表6—2给出了低温设计（原书为"高温设计"，应为"低温设计"——译者注）的有关预测数据。[1]

表6—1 高温提取氢氧化锆的利润和账面收益　　单位：千美元

	年份				
	1	2	3	4	5
1. 收入	180	180	180	180	180
2. 经营成本	70	70	70	70	70
3. 折旧[a]	80	80	80	80	80
4. 净利润	30	30	30	30	30
5. 年初账面价值[b]	400	320	240	160	80
6. 账面收益率（4÷5）	7.5%	9.4%	12.5%	18.75%	37.5%

[a] 5 年期间的直线折旧，每年金额为 400/5 = 80，即 80 000 美元。

[b] 第 0 年资本投资额为 400 000 美元。

表6—2 低温提取氢氧化锆的利润和账面收益　　单位：千美元

	年份						
	1	2	3	4	5	6	7
1. 收入	140	140	140	140	140	140	140
2. 经营成本	55	55	55	55	55	55	55
3. 折旧[a]	57	57	57	57	57	57	57
4. 净利润	28	28	28	28	28	28	28
5. 年初账面价值[b]	400	343	286	229	171	114	57
6. 账面收益率（4÷5）	7%	8.2%	9.8%	12.2%	16.4%	24.6%	49.1%

[a] 四舍五入的结果。7 年期间的直线折旧，每年金额为 400/7 = 57.14，即 57 140 美元。

[b] 第 0 年资本投资额为 400 000 美元。

CFO： 为什么这些工程师们总要到最后一刻才会有灵感呢？不过我们必须承认，高

---

[1] 为简便，忽略税收因素。第 7 章将有大量的篇幅来讨论税收问题。

温提取看起来很不错，投资回收得比较快，除第1年外收益率每年都能超过 Vegetron 公司9%的资本成本。可以看到，每年利润有30 000美元，平均投资额为400 000美元初始投资的一半，即200 000美元，也就是说平均收益率能达到30 000/200 000，即15%，远高于9%的门槛利率。而低温处理的平均收益率就不这么好了，它只能达到28 000/200 000，即14%。当然，如果我们对投资采用加速折旧，也可以提高低温处理的平均收益率。你认为我们应该这样做吗？

你：我们不要把目光都盯在会计账面数据上。对 Vegetron 公司，或者对于公司投资者，账面利润与现金流是不一样的，账面收益率并不能准确衡量真实的收益率。

CFO：但人们一直在使用会计数据。我们必须在向投资者公布的年度报告中披露这些数据。

你：会计数据有很多有用之处，但对资本投资决策来说它不是一个可靠的依据。即使在现金流不变的情况下，如果会计处理方式不同也会对账面利润或收益率产生很大影响。

举个例子。假设会计处理中对低温处理的资本投资按6年计算折旧，而不是7年，那么第1年至第6年的利润就会下降，因为折旧高了。而第7年的利润则会因为该年的折旧变为零而上升。但这对各年的现金流却没有影响，因为折旧并不是现金支出，它只是将先期资本支出分次计入到整个项目有效期进行"回收"的一种方法而已。

CFO：那怎样才能得到现金流呢？

你：在这几种情况下这并不困难。在工作表（表6—1和表6—2）中，折旧只是一个非现金的支出，因为我们在计算时不考虑它就可以了。现金流应该等于收入减掉经营成本。对高温处理方案，其每年现金流为：

现金流 = 收入 − 经营成本 = 180 − 70 = 110，即110 000美元

CFO：实际上你就是把折旧加回来了，因为折旧是非现金的费用。

你：是这样的。你也可以这样计算：

现金流 = 净利润 + 折旧 = 30 + 80 = 110，即110 000美元

CFO：当然。现在这些我已经都记住了，但要有人硬要向你推荐账面收益率的话，实际上它也是很重要的。

你：究竟哪个方案更好现在还不清楚。高温处理方案看起来效率较差，其经营成本较高，整个项目有效期内的总收入较低，但当然了，它在第1年至第5年里产生的现金流倒是很多。

CFO：也许从财务的角度来看，这两种方案是同样好的。如果真是这样，我们还是采用低温处理方案，这样就不用在最后一刻再进行调整了。

你：我们还要明确每种方案的现金流，计算它们的净现值。

CFO：好，那就这样做吧！半个小时之后我再过来，到时候我想看到每个方案真正的折现现金流的收益率。

问题：

1. 对于资本投资决策来说，表6—1中报告的账面收益率是否有意义？

2. 计算每种处理方案的 NPV 和 IRR。你的建议是什么？做好准备向 CFO 进行详细的解释。

第 7 章

利用净现值法则
进行投资决策

2003 年末期，波音（Boeing）公司宣布了其要生产并销售 787 梦想飞机（787 Dreamliner）。由于这项决策，波音公司及其合作伙伴要进行大量的资本投资，还涉及 300 万平方英尺的设备投资。但是，除非技术上出现问题，否则波音公司能从这项投资上获取很高的收益。到 2007 年 1 月我们撰写本书时，波音公司已经收到了 471 架 787 梦想飞机的订单，它成了历史上最成功的飞机生产商和销售商之一。

公司（例如波音公司）应该如何决定要进行新的（客机）项目呢？理论上我们是知道答案的。公司先要预测项目的现金流，然后按资本机会成本对其进行折现，得到项目的 NPV。具有正的 NPV 的项目就会增加股东的价值。

但现金流的预测并不是银色托盘上的现成佳肴。首先，公司的管理人员必须回答很多的基本问题。如飞机多快能投入生产？每年可能出售的飞机数量是多少？出售价格是多少？公司需要对新的生产设备投资多少钱，预计的生产成本是多少？项目的有效期是多长时间，到项目有效期期末厂房设备等应该如何处理？

要验证这些预测的完整性和真实性，然后将这些预测整合起来得到一个系列现金流的预测。而这要求仔细考虑税收的影响、营运资本的变动、通货膨胀以及项目有效期期末固定资产的残值。财务管理人员还要查找隐藏的现金流，并小心避开那些看起来像是现金流但实际上并不是的会计数据的值。

本章我们的首要任务就是考察如何规划出项目的现金流。然后将用一个真实的、复杂的例子对资本投资决策进行详细的分析。

本章最后将考察财务管理人员如何在选择经济寿命期不同的投资项目中运用净现值法则。例如，你必须要在具有 5 年使用期的机器 Y 和 10 年使用期的机器 Z 之间进行选择。由于机器 Z 的使用期是机器 Y 的两倍，因此机器 Y 在其有效期内投资和经营成本的现值都小于机器 Z 的。但这是否就一定说明机器 Y 更好呢？当然不是。你会发现，当面临这种问题时，解决的窍门是要把成本的现值转换为等价年成本，也就是每年购买和运作该项资产的总成本。

7.1 应用净现值法则

波音公司制造 787 客机的决策要求其进行大型生产设备的先期投资。但通常情况下，大型的投资项目都要涉及无形资产的获取。例如，考虑一下大型银行在信息技术或 IT（计算机、软件及通讯）上的支出。这些项目可能要消耗几千万的资金。但这些支出的大部分成果最后只能是无形的，如系统设计、规划设计、测试以及培训等。同样还可以作为例子的是制药公司用于研发（R&D）上的大量支出。世界上最大的制药公司之一——辉瑞制药（Pfizer），2006 年花费在 R&D 上的支出是 76 亿美元。据估计，一种新的处方药投放市场的 R&D 成本为 8 亿美元左右。

投资于类似 IT 及 R&D 这种无形资产的支出和投资于新厂房和设备的投资是一样的。每种情况下公司都要进行先期支出，期望它将能够产生未来的利润流。在理想状态下，无论涉及的是无形资产还是有形资产，公司对任意资本投资的决策都应该采用同样的标准。

我们已经知道，如果未来现金流的折现价值超过其先期投资，那么对任意资产进行的投资都能够创造财富。但之前我们都掩盖了对什么进行折现的问题。当面临这样的问题时，我们必须牢记以下三个基本原则：

1. 只有现金流是相关的。
2. 现金流的估计总要以增量为基础。
3. 对通货膨胀的处理要保持一致。

下面我们就将对以上原则逐个进行探讨。

7.1.1 只有现金流是相关的

最基本也是最重要的一点：净现值取决于未来的现金流。现金流是最易于接受的最简单的概念，它就是现金收入与现金支出的差额，但还是有很多人会混淆现金流和会计利润的概念。

利润表向外界披露的是公司运转如何的信息。因此，会计人员通常是以"货币收入"和"货币支出"作为出发点。但要获得会计利润，他们必须对这些变量进行两种方式的调整。首先，他们试图将利润看成是赚得的，而不是公司或客户前来付账的结果。其次，他们将现金流出划为两类：当前费用和资本支出。在计算利润时，当前费用是被扣除的，但资本支出不扣。这样做有一个非常好的理由。如果公司对一笔大额资本项目投入了大量的资金，此时你不能下结论说该公司的业绩就不好，尽管确实要有大量的现金流出了该公司。因此，在计算年度利润时，会计人员是不扣除资本支出的，而是在若干年内计提折旧。

这些调整的结果是，利润中包含了一些现金流，但也排除了一些，同时还扣除了完全不属于现金流的折旧费用。将通常的会计数据转换成真实资金（就像你购买啤酒的那些钱）有时并不容易。如果你对什么是现金流还不是很清楚的话，那就干脆清点到手的钞票，然后再减掉付出的钞票就可以了。千万不要未经检验就认定，只要通过定期操纵会计数据就肯定能够得出现金流来。

对现金流的估计一般都是以税后为基础的。有的公司并不扣除税收支出，它们试图通过用高出资本机会成本的折现率对现金流进行折现的方法抵消这种错误。但遗憾的是，对折现率进行这种调整的可靠公式是不存在的。

我们还要保证现金流只在其发生时予以计量，而不是某一工作开始时或某一负债发生时。例如，税收只能在实际支付日进行折现，而不能在公司账簿中登记税务负债时就进行折现。

7.1.2 现金流的估计要以增量为基础

项目的价值取决于接受项目后整个企业所有的增量现金流。当判断现金流是否应纳入评估范围时，应特别注意以下问题：

1. 不要混淆平均收入与增量收入

如果要将珍贵的资金用于亏损的项目，大多数经理们都会本能地多加考虑。例如，他们不愿意对亏损部门投入更多的资金。但是有时候我们也会有柳暗花明的时候，此时对亏损对象的增量投资的 NPV 将远远大于 0。

相反，如果将珍贵的资金用于去追逐当前盈利的项目也未必就是良策。过去盈利记录辉煌的部门也许已经用尽了所有好的投资机会，再也难现昔日雄风。一匹 20 岁的老马，无论它曾经征服过多少匹赛马、赢得过多少次冠军，只要不是感情用事，一般情况下我们都不会为之付出太多的金钱。

下面又是一个解释平均收益与增量收益区别的例子。假设有一座铁路大桥迫切需要修理。有这座大桥，跌路就可以继续运营；而要没有这座大桥，交通就必须中断。此时，修建工作的收入就应当是铁路运营的全部收益，而投资的增量净现值也会巨大无比。当然，这些收益必须扣除所有其他的成本以及相应的修理费用，否则铁路公司就可能会错误地选择逐段施工，再建起一条无利可图的铁路来。

2. 必须包括所有的连带影响

考虑项目对公司其他业务的影响是非常重要的。例如，假设索尼（Sony）公司想要投产 PS4（PlayStation 4），其视频游戏的一个更新版本，那么对这一新产品的需求肯定会减少索尼公司目前游戏的销量。在考察增量现金流时，这样的连带影响必须要纳入考虑范围之内。当然，索尼公司也可能会有这样的看法，即由于竞争的不断加剧，该公司现有的产品线必须进行更新，生产新的产品。即使它不决定生产新的 PS4，也不可能保证现有产品的销售始终能够保持现有的水平，它迟早是会下降的。

有时新项目也会对公司现有的业务有所帮助。假设你是一家航空公司的财务经理，目前正在考虑新增一条从伊利诺伊州的 Peoria 到芝加哥 O'Hare 机场的短途航线。单独考虑这一新航线时，其 NPV 可能为负。但当你考虑到这一新航线能给你带来从 O'Hare 机场出发的其他航线业务时，这就是一项非常值得进行的投资了。

这些连带影响可能持续很长的时间。当通用电气（GE）、普惠发动机（Pratt & Whitney）或劳斯莱斯（Rolls Royce）致力于设计生产新的喷气式发动机时，它们获得的现金流不仅仅是发动机的销售收入。一旦售出了一台发动机，公司可能就要提供 20 年甚至更长时间的服务，而这期间客户对更换部件也会产生稳定的需求。有些发动机制造厂还能够从提供服务和维护设备中获利。此外，一旦发动机在使用中得到了好评，继续为同样的客户提供其他用途的修正或改良版本的产品就有了很大的机会。所有这些"下游"活动都能够创造大量的增量现金流。

3. 不要忘记营运资本需求

净营运资本（net working capital）（通常被简称为营运资本，working capital）是公司流动资产与流动负债的差额。流动资产主要包括应收账款（客户未付的账单）和原材料及产成品存货等。流动负债主要包括应付账款（公司未付的账单）。大多数的项目都需要大量的额外营运资本的投入，因此这种投资也必须纳入现金流预测的考虑范围之内。同样，当项目终结时，我们也可以回收部分的投资，这也要被确认为现金流入。本章稍后会给出一个有关营运资本投资的例子。

4. 必须包括机会成本

即使手头的现金没有变化，有时资源的成本与投资决策也是相关的。例如，假设新建工厂需要占用一块地，而这块地原本是可以以 100 000 美元出售的。那么这一资源就不是没有代价的：它有机会成本，即如果公司不启动这一项目，而是将其出售或用于其他生产目的可能获得的现金。

这个例子告诉我们，对项目的判定不能以"过去与将来"为基础，正确的做法应该是比较"接受与拒绝"。如果公司经理只是比较过去与将来，他就有可能认为这块土地是没有任何成本的，因为无论是过去还是将来，这块土地都是属于公司的。

过去	接受项目	将来	过去与将来的现金流
公司拥有土地	⟶	公司仍然拥有土地	0

正确的做法是比较接受还是拒绝，如下所示：

接受	接受项目	将来	接受项目的现金流
公司拥有土地	⟶	公司仍然拥有土地	0

拒绝	拒绝项目	将来	拒绝项目的现金流
	⟶	公司以 100 000 美元出售土地	100 000

比较这两种可能的"将来"，我们不难看出，由于公司要启动项目就必须放弃 100 000 美元。如果土地不是出售，而是用作其他用途，并且也值 100 000 美元的话，以上推理仍然成立。

有时要估计机会成本是很困难的，但是，只要所用资源可以自由交易，其机会成本就应该等于其市场价格。为什么呢？因为它不可能是别的价值。如果对公司来说这块土地的价值还不如市场定价，公司就会出售土地；而对于特定项目，占用这块土地的机会成本当然也不会超过购买同样一片替代用土地的费用。

5. 切勿计入沉没成本

沉没成本就像泼出去的牛奶，它们已经成为过去，是不可逆转的现金支出。由于沉没成本已经发生，它们不受是否接受项目的决策的影响，因此不能将其纳入考虑范围之内。

例如，Lockheed 公司为继续发展三星飞机（TriStar airplane），请求联邦政府担保一笔银行贷款。Lockheed 公司及其支持者争辩说放弃这样一个已经耗资 10 亿美元的项目是愚蠢的；但 Lockheed 公司的一些批评者则针锋相对，指责继续一项已经砸进 10 亿美元却仍未出现令人满意的收益前景的项目才是愚蠢至极的。两班人马都错误地陷入了沉没成本悖论（sunk-cost fallacy）之中，10 亿美元是不可逆转的，因此与所论项目无关。

6. 要注意分摊的间接费用

我们已经说过，会计的目标与投资分析人员的目标可能并不一致。间接费用的分摊就是一个很好的例子。间接费用包括管理人员工资、租金、供暖及照明费用等。这些费用不能追溯到公司任意一个特定的项目，但却是必须要支出的。因此会计人员在处理项目成本时必须确定一个费用的分配率。但增量现金流原则告诉我们，在对投资项目进行评估时，我们只能包括项目带来的额外支出。项目有可能会产生额外的间接费用，也可能没有。我们应避免错将会计对间接费用的分摊金额当作项目真实发生的额外支出。

7.1.3 对通货膨胀的处理要保持一致

正如我们在第 4 章中指出的，利率通常是以名义利率，而不是以实际利率来表示的。例如，你购买了利率为 8% 的国库券，政府承诺要每年付给你 80 美元的利息，但却不能保证这 80 美元能买到什么东西。因此投资者在确定可接受的利率水平时必须将通货膨胀因素纳入考虑范围之内。

如果折现率是以名义利率给出的，按照一贯性原则就要求现金流的估计也是名义现金流，必须考虑销售价格、人工成本和材料成本等因素的变化趋势。但对现金流的所有项目不能只使用同一个假设的通货膨胀率。比如说，由于整个经济生活中生产效率的提高，会使得单位工时的人工成本增长速度通常快于消费品物价指数。折旧的抵税是不随通货膨胀而增长的，因为美国税法规定只允许对资产的原始成本计提折旧，因此这一金额应该是保持不变的名义金额。

当然，用实际折现率对实际现金流进行折现，这种方法也不是错误的。实际上，在通货膨胀率高居不下且波动性非常强的国家，这是一个标准的方法。以下一个简单的例子就说明，如果运用得当，按实际进行折现和按名义进行折现能够得到同样的现值结果。

假设你的公司通常都是预测名义现金流，并按 15% 的名义折现率进行折现。但在这个例子中，你得到的却是实际现金流，也就是以当前货币单位计量的现金流：

实际现金流（千美元）			
C_0	C_1	C_2	C_3
-100	+35	+50	+30

如果还用 15% 的折现率对这样的现金流折现就不符合一贯性原则了。有两种方法：要么将现金流按名义现金流重新表述，然后按 15% 进行折现；要么将折现率按实际折现率重新表述，然后用于对上述实际现金流折现。

假设预计通货膨胀率为每年 10%，则 1 年后按当前货币计量的 35 000 美元用 1 年后的货币计量就变为：35 000 × 1.1 = 38 500（美元）。同样，用 2 年后货币计量的 2 年后现金流就是：$50\ 000 \times 1.10^2 = 60\ 500$（美元），以此类推。如果按15%的折现率对这些名义现金流折现，则有：

$$NPV = -100 + \frac{38.5}{1.15} + \frac{60.5}{1.15^2} + \frac{39.9}{1.15^3} = 5.5,即\ 5\ 500\ 美元$$

如果不把预测的现金流换成名义现金流，我们也可以利用以下关系式将折现率转换为实际折现率：

$$实际折现率 = \frac{1 + 名义折现率}{1 + 通货膨胀率} - 1$$

本例中则有：

$$实际折现率 = \frac{1.15}{1.10} - 1 = 0.045,即\ 4.5\%$$

如果用实际折现率对实际现金流进行折现，也可以得到 5 500 美元的 NPV，与上述方法结果相同：

$$NPV = -100 + \frac{35}{1.045} + \frac{50}{1.045^2} + \frac{30}{1.045^3} = 5.5,即\ 5\ 500\ 美元$$

上述内容给我们的启示非常简单：对名义现金流要用名义折现率折现，对实际现金流要用实际折现率折现。千万不要用名义折现率对实际现金流折现，或者用实际折现率对名义现金流折现。

7.2 示例——IM&C公司肥料项目

作为新上任的国际作物养护公司（IM&C）的财务经理，你正着手分析一项将鸟粪用作园林肥料的营销计划。（IM&C公司计划采用的广告策划是这样的：一位乡间绅士走出一块菜地，高声喊道，"我所有的烦恼都变成肥料消失了"[①]。）

对于这个项目，你得到了以下表7—1的预测值[②]（为与表格中货币金额保持一致，以下货币单位将使用百万美元——译者注）。该项目需要对厂房和设备投资 10 百万美元（第 1 行），其中设备将在第 7 年拆卸出售，估计可得净收入 1.949 百万美元（第 1 行，第 7 列），这就是你预测的固定资产的残值（salvage value）。

表7—1中对资本投资在 6 年的使用期内计提折旧，最后得到一个主观确定的残值 500 000 美元，低于你预测的残值。假设使用的方法是直线法折旧。在这种方法下，每年折旧金额等于初始投资减掉残值（9.5 百万美元）后差额的一个固定部分。如果将折旧年限记为 T，则按直线法第 t 年的折旧额为：

第 t 年的折旧额 = （1/T）×折旧总额 = （1/6）×9.5 = 1.583（百万美元）

表7—1的第 6 行至第 12 行列示了一个粪肥项目的简化利润表。[③] 我们就以此为起点估计现金流。表中的所有金额都是名义金额，换句话说，IM&C公司的经理们已经考虑到了通货膨胀对价格和成本的可能影响。

---

① 对不起。

② 表 7—1、表 7—2、表 7—4、表 7—5 及表 7—6 的 "活动" Excel 版本见本书网站：www.mhhe.com/bma1e。

③ 与一般的利润表格式不同，本表中折旧没有包括在销售成本中。

| 表7—1 | IM&C公司粪肥项目——预计数据反映了通货膨胀水平，采用直线法计提折旧　单位：千美元 | | | | | | | |

期间

		0	1	2	3	4	5	6	7
1	资本投资	10 000							−1 949[a]
2	累计折旧		1 583	3 167	4 750	6 333	7 917	9 500	0
3	年末账面价值	10 000	8 417	6 833	5 250	3 667	2 083	500	0
4	营运资本		550	1 289	3 261	4 890	3 583	2 002	0
5	账面价值总额（3+4）		8 967	8 122	8 511	8 557	5 666	2 502	0
6	销售收入		523	12 887	32 610	48 901	35 834	19 717	
7	销售成本[b]		837	7 729	19 552	29 345	21 492	11 830	
8	其他成本[c]	4 000	2 200	1 210	1 331	1 464	1 611	1 772	
9	折旧费用		1 583	1 583	1 583	1 583	1 583	1 583	0
10	税前利润（6−7−8−9）	−4 000	−4 097	2 365	10 144	16 509	11 148	4 532	1 449[d]
11	税金（35%）	−1 400	−1 434	828	3 550	5 778	3 902	1 586	507
12	税后利润（10−11）	−2 600	−2 663	1 537	6 593	10 731	7 246	2 946	942

[a] 残值。

[b] 与一般的利润表格式不同，本表中折旧没有包括在销售成本中，而是将其分离出来作为一个独立的项目（见第9行）。

[c] 第0年和第1年的初始成本，以及第1年至第6年的管理费用。

[d] 残值与年末账面价值500美元之间的差额是应税利润。

表7—2根据表7—1中的投资和利润数据得出了现金流的预测值。经营活动的现金流被定义为销售收入减掉销售成本、其他成本和税金。其他的现金流还包括营运资本变动、初始资本投资以及预计残值的回收额。如果你的估计正确，也就是最后残值高于设备的折余价值，你还必须对此差额支付税金，因此这项数值也要在现金流的预测中加以考虑。

| 表7—2 | IM&C公司粪肥项目——初始现金流分析，假设使用直线法折旧　单位：千美元 | | | | | | | |

期间

		0	1	2	3	4	5	6	7
1	销售收入		523	12 887	32 610	48 901	35 834	19 717	
2	销售成本		837	7 729	19 552	29 345	21 492	11 830	
3	其他成本	4 000	2 200	1 210	1 331	1 464	1 611	1 772	
4	营业税金	−1 400	−1 434	828	3 550	5 778	3 902	1 586	
5	经营活动现金流量（1−2−3−4）	−2 600	−1 080	3 120	8 177	12 314	8 829	4 529	
6	营运资本变动		−550	−739	−1 972	−1 629	1 307	1 581	2 002
7	资本投资与清理	−10 000							1 442[a]
8	净现金流量（5+6+7）	−12 600	−1 630	2 381	6 205	10 685	10 136	6 110	3 444
9	现值（20%）	−12 600	−1 358	1 654	3 591	5 153	4 074	2 046	961

净现值＝　　　　+3 520（第9行数值之和）[b]

[a] 残值1 949美元减掉税金507美元，该税金是按残值与年末账面价值的差额为基础支付的。

[b] 实际数值为3 521，下列NPV计算结果同此，原书计算有误差。

IM&C 公司估计这类项目的名义资本机会成本为 20%。将所有的现金流折现并相加，可以看到，粪肥项目能够提供约为 3.5 百万美元的净现值：

$$NPV = -12\ 600 - \frac{1\ 630}{1.20} + \frac{2\ 381}{(1.20)^2} + \frac{6\ 205}{(1.20)^3} + \frac{10\ 685}{(1.20)^4} + \frac{10136}{(1.20)^5} + \frac{6\ 110}{(1.20)^6} +$$

$$\frac{3\ 444}{(1.20)^7}$$

$$= +3520,即 3520\ 000 美元$$

7.2.1 区分投资决策与融资决策

上面对粪肥项目的分析没有考虑资金如何筹措的问题。IM&C 公司最后可能决定部分资金以债务的形式筹措，但即使是这样，我们也既不从所需投资资金总额中减掉债务收入，也不将利息和本金偿还额看成现金流出。这里我们把项目看成是全部由权益资本筹措的，也就是认为所有的现金流出都由股东支付，所有的现金流入也都属于股东所有。

对这一问题这样处理就可以把投资决策的分析和融资决策的分析区分开来。但这并不意味着融资决策就可以忽略不计。第 16 章我们将解释项目估价时如何确认融资选择的影响。

7.2.2 营运资本投资

以下是一个非常重要的内容。从表 7—2 的第 6 行我们可以看到，在项目初期和中期营运资本是增加的。也许你会产生这样的疑问，什么是营运资本？它为什么会增加呢？

营运资本是某家公司、某项业务或某个项目对流动资产的净投资额，其重要的组成部分有存货、应收账款和应付账款。粪肥项目在第 2 年的营运资本需求可能有如下组成部分：

营运资本　＝　存货　＋　应收账款　－　应付账款
1 289　　＝　635　＋　1 030　－　376

为什么营运资本会增加呢？有好几种可能：

（1）利润表中记录的销售收入高估了粪肥脱手后的实际现金收入，因为在销售收入增加的同时，客户对其账单的支付却在拖延。因此应收账款增加。

（2）鸟粪转化成可用的肥料需要好几个月的时间，因此随着预期销售收入的增长，窖池里的存货也相应增加。

（3）如果延缓对粪肥生产项目的材料费用和服务费用的支付，就会有相反的效果。此时应付账款增加。

第 2 年到第 3 年对营运资本追加的投资就可能是：

对营运资本追加的投资＝存货增加额＋应收账款增加额－应付账款增加额
　　　1 972　　＝　972　＋　1 500　－　500

对第 3 年现金流的更详细的预测可能就如表 7—3 所示：

表 7—3	IM&C 公司粪肥项目第 3 年详细现金流预测　　单位：千美元	
现金流	预计利润表中的数据	营运资本变动
现金流入量　= 31 110　=	销售收入　− 32 610　−	应收账款增加额 1 500
现金流出量　= 24 905　=	销售成本、其他成本及税金　+ (19 552 + 1 331 + 3 550)　+	存货增加额减掉应付账款增加额 (972 − 500)

净现金流量　=　现金流入量　−　现金流出量

6 205　=　31 110　−　24 905

在预计项目现金流时，营运资本是最容易令人混淆的项目之一。以下就是最容易犯错的地方：

（1）彻底忘记了营运资本的存在。我们希望你永远也不要犯这种错误。

（2）忘记了在项目有效期内营运资本可能会发生变动。设想一下某年你销售了100 000美元的商品，客户付款延缓了 6 个月，这时你就会有 50 000 美元的未付账单。现在假设物价上涨了10%，因此销售收入也涨到 110 000 美元。如果客户还是延缓付款 6 个月的话，未付账单金额将涨至 55 000 美元。因此你必须对营运资本再追加投资5 000美元。

（3）忘记了项目有效期期末能够回收营运资本。当项目结束时，存货的消耗已经结束，而未付的账单（至少希望是）都得到了偿还，因此能够回收营运资本投资。这就带来了现金流入量。

还有一种考虑营运资本变动的方法。我们可以直接估计现金流，用从客户手中获取的现金减掉支付给供应商的现金。还要扣除所有其他的生产性现金支出，包括为持有存货商品而支付的现金等。换句话说，

（1）如果我们用每年从客户手中得到的现金收入代替当年的销售收入，就不用考虑应收账款问题。

（2）如果我们用人工费用、材料费用和其他生产成本上的支出代替相应的销售成本，就不用考虑存货或应付账款问题。

但是，我们仍需要编制预计利润表来估计税金的金额。

我们将在第 20 章对现金流和营运资本之间的关系作更详细的探讨。

7.2.3　对折旧的一点补充说明

折旧是一种非付现费用，其重要性在于它能够抵减应税收入。折旧每年带来的抵税额（tax shield）等于折旧金额与边际税率的乘积：

抵税额 = 折旧金额 × 边际税率 = 1 583 × 0.35 = 554，即 554 000 美元

按照20%的折现率，抵税额（6 年中每年 554 000 美元）的现值为 1 842 000美元。

那么，如果 IM&C 公司能够尽快得到这些抵税额，它们的价值就更大，是不是这样呢？幸运的是，税法允许公司这样做：它允许采用加速折旧法（accelerated depreciation）。

美国当前实行的折旧纳税制度是由《1986 年税收改革法案》规定的，其中特别规

定了修正的加速成本回收制度（Modified Accelerated Cost Recovery System，MACRS）。表7—4列示了税法规定的折旧安排。要注意，一共有6种折旧安排，每种对应于不同的折旧年限。大多数的工业设备都属于5年和7年这两大类。为简单起见，我们假设粪肥项目的所有投资都属于5年类的资产。因此，只要资产交付使用，IM&C公司就可以在第1年冲销其应计折旧投资额的20%，第2年冲销其应计折旧投资额的32%，以此类推。下表列示了粪肥项目各年的抵税额：

	年份					
	1	2	3	4	5	6
税法折旧（千美元） （MACRS百分比×应计折旧投资额）	2 000	3 200	1 920	1 152	1 152	576
抵税额（千美元） （税法折旧×税率，$T_C = 0.35$）	700	1 120	672	403	403	202

表7—4　修正的加速成本回收制度（MACRS）下允许的税法折旧　单位：应计折旧投资额的百分比

不同折旧年限下税收折旧安排

折旧年限	3年期	5年期	7年期	10年期	15年期	20年期
1	33.33	20.00	14.29	10.00	5.00	3.75
2	44.45	32.00	24.49	18.00	9.50	7.22
3	14.81	19.20	17.49	14.40	8.55	6.68
4	7.41	11.52	12.49	11.52	7.70	6.18
5		11.52	8.93	9.22	6.93	5.71
6		5.76	8.92	7.37	6.23	5.28
7			8.93	6.55	5.90	4.89
8			4.45	6.55	5.90	4.52
9				6.56	5.90	4.46
10				6.55	5.90	4.46
11				3.29	5.90	4.46
12					5.90	4.46
13					5.91	4.46
14					5.90	4.46
15					5.91	4.46
16					2.99	4.46
17~20						4.46
21						2.23

注：（1）税法折旧额第1年和最后1年较低，因为假设资产仅使用6个月的时间。

　　（2）房地产资产采用直线折旧法，民宅的折旧年限为27.5年，非民宅的折旧年限为31.5年。

这些抵税额的现值为 2 174 000 美元，比采用直线折旧方法高 331 000 美元。

表 7—5 重新计算了粪肥项目对 IM&C 公司未来税负的影响，表 7—6 列示了重新编制的税后现金流及其现值。这次我们兼顾了税收和通货膨胀的现实假设。由于表 7—2 中的数据没有考虑加速折旧带来的额外现值，因此这次得到的 NPV 数值更高。

表 7—5	IM&C 公司粪肥项目的税金支付						单位：千美元
		期间					
		0	1	2	3	4	5	6	7

		0	1	2	3	4	5	6	7
1	销售收入[a]		523	12 887	32 610	48 901	35 834	19 717	
2	销售成本[a]		837	7 729	19 552	29 345	21 492	11 830	
3	其他成本[a]	4 000	2 200	1 210	1 331	1 464	1 611	1 772	
4	税法折旧		2 000	3 200	1 920	1 152	1 152	576	
5	税前利润（1−2−3−4）	−4 000	−4 514	748	9 807	16 940	11 579	5 539	1 949[b]
6	税金（35%）[c]	−1 400	−1 580	262	3 432	5 929	4 053	1 939	682

[a]取自表 7—1。

[b]从税收目的考虑，所有的按税法提取完折旧之后残值为零。因此，IM&C 公司必须按其残值总额 1 949 美元为基础纳税。

[c]假设 IM&C 公司可以利用粪肥项目的应税损失抵减其他项目的应税收入，则纳税额为负意味着现金流入量的产生。

表 7—6	IM&C 公司粪肥项目——修正后现金流分析						单位：千美元
	期间						
	0	1	2	3	4	5	6	7

	0	1	2	3	4	5	6	7
销售收入[a]		523	12 887	32 610	48 901	35 834	19 717	
销售成本[a]		837	7 729	19 552	29 345	21 492	11 830	
其他成本[a]	4 000	2 200	1 210	1 331	1 464	1 611	1 772	
税金[b]	−1 400	−1 580	262	3 432	5 929	4 053	1 939	682
经营活动现金流量（1−2−3−4）	−2 600	−934	3 686	8 295	12 163	8 678	4 176	−682
营运资本变动		−550	−739	−1 972	−1 629	1 307	1 581	2 002
资本投资与清理	−10 000							1 949[a]
净现金流量（5+6+7）	−12 600	−1 484	2 947	6 323	10 534	9 985	5 757	3 269
现值（20%）	−12 600	−1 237	2 047	3 659	5 080	4 013	1 928	912

净现值＝　　　3 802（第 9 行数值之和）

[a]取自表 7—1。

[b]取自表 7—5。

表 7—5 细致工作的背后可能还隐藏着一个问题：美国有替代性最低税（alternative

minimum tax）的规定，即限制或延缓加速折旧抵税额或其他税收优惠（tax preference）的项目。在此我们不对替代性最低税作详细的探讨，但应该记住，不要在尚未检验公司是否已经受到该税的影响之前就匆忙结束对资本预算的分析。

7.2.4 对税收的最后说明

所有的美国大公司一般都部分设两套会计账簿，一套供股东查询，一套为应付国内收入署（IRS）。通常的做法是，在股东账簿上采用直线法折旧，而在纳税账簿上采用加速折旧，IRS 并不反对这种做法，因此这就使得公司报告的利润水平要高于普遍采用加速折旧法的利润水平。当然，纳税账簿和股东账簿还有很多其他的区别。[①]

财务分析人员必须留心他（她）所分析的账簿是哪一种账簿。在资本预算中，只有纳税账簿是有用的，但对于外部的分析人员来说，他只能取得股东账簿。

7.2.5 项目分析

现在让我们回顾一下本部分的内容。此前你进行了 IM&C 公司粪肥项目的分析。首先是利用简化的资产负债表和利润表，求出了一系列的现金流的预测值。然后你想到了加速折旧法，并重新计算了现金流和 NPV。

仅使用了两次 NPV 计算就得出结论是很幸运的。实际生活中，要经过多次的核查和尝试才能最终清理出所有的问题和矛盾。然后你可能就得对很多的问题进行具体的分析。例如，你应该投资于较大的项目还是较小的项目呢？对肥料的销售，是采用批发的方式好呢，还是直接销售给最终客户好？是应该在南达科他州北部建 90 000 平方英尺的粪肥窖池呢，还是应该按计划在北达科他州南部建 100 000 平方英尺的？对于每一种情况，你的选择都应该是能够使 NPV 达到最高的那个答案。但有些时候这些答案并不是立刻就能显现的。例如，也许计划要求有两个耗资巨大的高速包装生产线。但是，如果粪肥的需求是季节性的，我们可以仅建一条高速生产线以应付基本需求，然后在夏季的需求高峰期再建两条速度较低但更便宜的生产线以应付这种季节性需求。在对 NPV 进行比较之前你是看不到答案的。

可能还要回答很多"如果……怎样（what if）"的问题。如果通货膨胀率剧增已无法控制，NPV 将受到怎样的影响？如果由于技术的原因延误了开工日期怎么办？如果园艺工人不接受你的天然产品，而倾向于使用化学肥料怎么办？管理者要采取很多不同的方法来理解这些令人不爽的答案对 NPV 造成的影响。例如，他们可能进行敏感性分析（sensitivity analysis），即分析某一个不利因素的变化给项目带来的影响有多大。他们也可以设立不同的情节（scenarios），并估计每种情节对 NPV 的影响。还有一种方法叫做保本分析（break - even analysis），即分析在项目亏损之前销售收入比预测收入下降的幅度。

第 11 章中我们将对以上每一种"如果……怎样"的方法加以运用。你会发现，项目分析远不是仅计算一两个 NPV 那么简单的事儿。[②]

[①] 这种区分纳税账簿和股东账簿的做法并不是全球通行的。例如，在日本，向股东报告的纳税金额必须等于向政府纳税的金额。法国和其他很多欧洲国家也是如此。

[②] 同时你也可能会有兴趣进一步查看粪肥项目的活动表格，并考察在销售收入轻微幅度下降或成本出乎意料上升的情况下，NPV 将会发生怎样的变化。

7.2.6　其他国家和其他币种下的 NPV 计算

我们的粪肥项目是在美国由一家美国公司实施的，但资本投资的基本原理在世界上都通用。例如，假设你是一家德国公司 KGR（K. G. R. Ökologische Naturdüngemittel GmbH）的财务经理，你正面临着在德国投资 1 000 万欧元的类似的投资机会。此时问题出现了什么样的变化？

（1）KGR 同样也要预测一系列的现金流，但这种情况下，预计现金流是以欧元计价的，也就是欧元区（Eurozone）的货币。

（2）在预测现金流时，公司也必须考虑到德国通货膨胀率对价格和成本的影响。

（3）KGR 公司项目的利润要按德国公司税税率纳税。

（4）KGR 必须使用德国体系的折旧方法。与很多其他国家一样，德国允许公司在两种折旧方法中进行选择：直线法折旧和余额递减法折旧。KGR 选择余额递减法，每年冲销应计折旧设备价值的 30%（德国现行税法规定中允许的最高数额）。因此，第一年，KGR 冲销掉 3 百万欧元（0.30 × 10 百万），设备的折余价值降为 7 百万欧元（10 − 3）。第二年，KGR 冲销掉 2.1 百万欧元（0.30 × 7），设备的折余价值进一步降为 4.9 百万欧元（7 − 2.1）。第四年，KGR 观察到，如果转为直线法折旧数额将会更高，因此将余额 3.43 百万欧元在设备有效期剩余的三年中进行分摊。幸运的是，德国税法是允许这样做的。因此，KGR 每年的折旧金额可计算如下（单位：百万欧元）：

	年份					
	1	2	3	4	5	6
折余价值，年初	10	7	4.9	3.43	2.29	1.14
折旧金额	0.3 × 10 = 3	0.3 × 7 = 2.1	0.3 × 4.9 = 1.47	3.43/3 = 1.14	3.43/3 = 1.14	3.43/3 = 1.14
折余价值，年末	10 − 3 = 7	7 − 2.1 = 4.9	4.9 − 1.47 = 3.43	3.43 − 1.14 = 2.29	2.29 − 1.14 = 1.14	1.14 − 1.14 = 0

从表中可以看到，KGR 公司的折旧在前几年是递减的，后几年趋于平缓。这和美国的折旧制度 MACRS 是一样的。实际上，MACRS 就是后期转为直线法的余额递减法的另一个例子。

7.3　等价年成本

在计算 NPV 时，我们是把未来的每年的现金流转化成用当前美元（或欧元，或其他币种）表示的一次性款项。但有时反过来操作也是很有帮助的，即将当前的投资转换成一系列等价的未来现金流。看以下的例子。

7.3.1　投资于加利福尼亚炼油厂生产精炼汽油

20 世纪 90 年代，加利福尼亚航空资源委员会（California Air Resources Board, CARB）开始制定精炼汽油（reformulated gasoline, RFG）的"第 2 阶段"标准。RFG 这种汽油能够满足降低机动车辆污染的严格要求，CARB 为此广泛咨询了炼油商、环境保护主义者及其他对此标准关心者的意见。

第 2 阶段标准草案形成后，炼油商意识到，他们需要投入大量的资本来更新加利福尼亚的炼油设施。那么这些投资对汽油的零售价格意味着什么呢？炼油商可能会问："如果我的公司投资4亿美元来更新我们的炼油设施，以满足第2阶段标准的要求，那么为收回这些投资，我们每年需要多增加多少收入呢？"下面我们就来看一下能否帮助这些炼油商摆脱困惑。

假设资本投资为4亿美元，（按通货膨胀调整后的）实际资本成本为7%，新设备可用25年，并且原材料成本和经营成本保持不变。

为收回4亿美元的投资，每年需要多少新增收入呢？答案很简单：只要求出现值为4亿美元的25年期年金即可：

年金现值＝年金的支付额×25年期年金系数

资本成本为7%时，25年期年金系数为11.65。

4亿美元＝年金的支付额×11.65

年金的支付额＝每年3 430万美元[①]

这里的年金就是**等价年成本**（equivalent annual cost）。等价年成本是在投资的经济有效期内每年的现金流，该现金流足以回收资本投资，包括该投资的资本成本。

等价年成本简便易行，有时还是非常必要的理财方法。以下我们就再举一例。

7.3.2　有效期长短不一致的设备选择

假设有两种机器，机器A和机器B，公司必须从中选用一种。两种机器的设计是不同的，但其生产能力完全相同，并且可完成同样的工作。机器A的成本为15 000美元，可以使用3年，每年使用费为5 000美元。机器B是一种经济型设备，成本只需10 000美元，但它只能使用两年，每年使用费为6 000美元。这些数据都是实际的现金流：成本都是按不变购买力的货币单位预测的。

由于两种机器生产完全相同的两种产品，因此对其进行选择的唯一方法就是比较二者的成本。假设我们计算的机器成本现值如下：

机器	成本（千美元）				现值（6%）
	C_0	C_1	C_2	C_3	
A	+15	+5	+5	+5	28.37
B	+10	+6	+6		21.00

我们是否应该选择成本现值较低的机器B呢？不一定，因为与机器A相比，机器B必须提前一年重置。换句话说，今天对机器A或机器B的选择关系到未来投资决策的时间安排。

因此，这两台相互竞争的机器，一台服务期为3年（第0、1、2年），（成本）现

---

① 为简便，我们没有考虑税收因素。如果考虑税收，可以有以下两种考虑方式：第一，4亿美元的投资会带来折旧抵税额。处理这些抵税额的最简单方法是计算其PV，并将其从初始投资中减掉。例如，如果折旧抵税额的现值是8 300万美元，则等价年成本将以税后投资4.00 - 0.83 = 3.17亿美元为基础计算。第二，将年金的支付额表示为税后值。要想税后真能够得到，比如说3 430万美元，炼油商就必须得到缴纳税金后仍能剩余3 430万美元的税前收入。如果税率为35%，则所需的税前收入应为3 430/（1 - 0.35）= 5 280万美元。注意税后数值除以1减税率后差额是如何"膨胀"的。

值总额为 21 000 美元，而另一台服务期为 4 年（第 0 至第 3 年），（成本）现值总额为 28 370 美元。两者相比，前者未必就是更好的。我们必须将（成本）现值总额转换成每年的成本，即等价年成本。对机器 A，其等价年成本为 10.61 千美元，即每年 10 610 美元：

机器	成本（千美元）				现值（6%）
	C_0	C_1	C_2	C_3	
机器 A	+15	+5	+5	+5	28.37
等价年成本		+10.61	+10.61	+10.61	28.37

可以通过求解与机器 A 服务期内成本现值相等的 3 年期年金来计算等价年成本：

年金现值 = 机器 A 的成本现值 = 28.37

         = 年金的支付额 × 3 年期年金系数

3 年期、实际资本成本 6% 的年金系数为 2.673，因此：

$$年金的支付额 = \frac{28.37}{2.673} = 10.61$$

同样，对机器 B 的计算如下所示：

机器	成本（千美元）			现值（6%）
	C_0	C_1	C_2	
机器 B	+10	+6	+6	21.00
等价年成本		+11.45	+11.45	21.00

由于机器 A 的等价年成本较低（机器 A 为 10 610 美元，而机器 B 为 11 450 美元），因此机器 A 是较优的选择。

我们可以把机器 A 和机器 B 的等价年成本看成是每年租用设备的租金。假设财务经理想要将机器 A 出租给实际负责生产的车间经理，那么从下一年开始就要有三笔等额支付的租金了。由于三笔租金必须能收回机器 A 在第 0 年的购置成本以及此后第 1 至第 3 年内的运行成本，因此财务经理就必须保证租金的支付额应该是 28 370 美元，与机器 A 的（成本）现值相等。你可以看到，财务经理计算的公平的租金数额实际上就等于机器 A 的等价年成本。

因此，对有效使用其不同的厂房和设备，我们的选择原则就是选取合理租金最低，即等价年成本最低的方案。

1. 等价年成本与通货膨胀

上面计算的等价年成本是以预测的实际成本和 6% 的实际折现率为基础计算的实际年金。当然，我们也可以按照名义单位来处理年金问题。假设预期通货膨胀率为 5%，那么，将第 1 期年金现金流乘以 1.05、第 2 期的乘以 1.05^2，即 1.105，以此类推，则有：

		C_0	C_1	C_2	C_3
机器 A	实际年金		10.61	10.61	10.61
	名义现金流		11.14	11.70	12.28
机器 B	实际年金		11.45	11.45	
	名义现金流		12.02	12.62	

要注意，机器 B 还是不如机器 A 好。当然，名义现金流和实际现金流的现值是相等的。只是要记住，对实际年金要以实际利率折现，而对等价的名义年金要以相应的名义利率来折现。[1]

如果只将等价年成本用于每期成本的比较，也就是像我们对机器 A 和机器 B 进行的比较那样，我们就强烈建议你采用实际单位计量。[2] 但如果你真的要将机器出租给某个工厂经理或其他什么人，你一定要特别注意将所收取的租金与通货膨胀紧密联系上。如果年通货膨胀率为 5%，而你所收取的租金却没有按相应比例增长的话，则所收取租金的实际价值必定下降，将不能弥补机器购置和运行的全部成本。

2. 等价年成本与技术更新

至此，我们得到了这样一条简单的法则：对于两个或更多的发生时间长短不同或时间结构不同的现金流，我们可以将其现值转换成等价年成本，然后对其进行比较。只是要记住计算必须以实际单位为准。

但是，任何过于简单的法则其适用范围都是有限的。例如，当我们对机器 A 和机器 B 进行比较时，其潜在的假设是它们的合理租金将会继续保持在 10 610 美元和 11 450 美元的水平上不变。而这一点仅在机器购置和运行的实际成本保持不变的情况下才成立。

假设情况不是这样。假设由于技术进步，新机器购置和运行的实际成本每年将下降 20%，在这种情况下，拥有新的品牌、成本较低的机器的所有者就可以将其租金降低 20%，而此时旧机器的所有者也被迫要相应地调低租金。于是我们现在要问的是：如果实际租金水平每年下降 20%，那么每台机器的租金成本应该是多少？

如果第 1 年的租金是租金$_1$，第 2 年的租金是租金$_2$ = 0.8 × 租金$_1$，租金$_3$ = 0.8 × 租金$_2$，即 0.64 × 租金$_1$。那么为了收回机器成本的现值，该机器的所有者就不得不调高租金。对机器 A，则有：

---

[1] 名义折现率为：

$r_{名义} = (1 + r_{实际})(1 + 通货膨胀率) - 1$

$= 1.06 × 1.05 - 1 = 0.113$，即 11.3%

用这一利率对名义年金进行折现，其现值与以 6% 利率对实际年金折现的现值相同。

[2] 不要将等价年成本计算成各期等值的名义年金。如果这样，在通货膨胀率非常高时，按实际等价年成本对项目进行的排序结果将会出现错误。见本章章末思考题第 28 题的例子。

$$\text{机器 } A \text{ 的租金现值} = \frac{\text{租金}_1}{1.06} + \frac{\text{租金}_2}{1.06^2} + \frac{\text{租金}_3}{1.06^3} = 28.37$$

$$= \frac{\text{租金}_1}{1.06} + \frac{0.8 \times \text{租金}_1}{1.06^2} + \frac{0.64 \times \text{租金}_1}{1.06^3} = 28.37$$

租金$_1$ = 12.94，即 12 940 美元

而对机器 B，则有：

$$\text{机器 } B \text{ 的租金现值} = \frac{\text{租金}_1}{1.06} + \frac{0.8 \times \text{租金}_1}{1.06^2} = 21.00$$

租金$_1$ = 12.69，即 12 690 美元

现在这两台机器的优劣正好与前面的结果相反了。一旦我们意识到技术进步有可能会降低新机器的实际成本，我们就应该购买有效使用期较短的机器 B，以免如果选择机器 A 到第 3 年会陷入技术过时的困境。

我们还可以想象更为复杂的情况。可能 1 年后等价年成本更低的机器 C 会问世，这时我们就要考虑 1 年后是不是应该将机器 B 报废或者出售的问题了（下文将对这一问题做详细探讨）。在对每种机器的可能替代情况作详细考察之前，我们不能在初始时刻就在机器 A 和机器 B 之间作出取舍的决策。

总之，要时刻牢记等价年成本的比较前提，永远不要机械地进行比较。最后，应当时刻清楚为什么要首先考虑等价年成本，其原因就在于将来机器 A 和机器 B 的更新时间不一样，因此，对二者的选择就会影响未来的投资决策。如果后续决策不受初始选择的影响（比如说，这两台机器哪一台都不需要更新），我们也就不需要考虑未来决策了。[1]

3. 等价年成本与税收

上面我们并没有谈到税收的问题。但我们肯定都能意识到，机器 A 和机器 B 使用有效期内的成本应该计算税后成本，因为经营成本是可以抵税的，并且资本投资也能够带来折旧的抵税作用。

7.3.3 现有设备更新时机的选择

前面的例子中总是假设机器的使用期间已经是给定的，但在实际生活中，设备的更新是经济因素的反映，而不是机器本身物理形式上的报废。我们必须确定更新的时机，设备本身是很少能做这种决定的。

以下是一个常见的问题。你现在使用的机器是一台很老的机器，估计来年和下一年分别能产生 4 000 美元的净现金流入量，然后这台机器就要报废。你可以现在就更新这台机器，新机器的成本是 15 000 美元，但其生产效率较高，在以后的 3 年中每年可以提供 8 000 美元的现金流入量。现在你面临的问题是，应该现在就更新该机器呢？还是等 1 年后再更新？

我们可以计算新机器的 NPV 及等价年现金流，也就是具有相同净现值的 3 年期年金：

---

① 但是，如果两台机器都不更新，我们就必须考虑机器 A 在第 3 年产生的额外收入，因为此时机器 A 仍在运转，而机器 B 却已经报废了。

	现金流（千美元）				
	C_0	C_1	C_2	C_3	现值（6%）
新机器	+15	+8	+8	+8	6.38
等价年现金流		+2.387	+2.387	+2.387	6.38

换句话说，新机器的现金流相当于每年 2 387 美元的年金。因此原来的问题也就转化成在问，我们应该在什么时候用一台每年能产生 2 387 美元的新机器来替换旧机器？这样问的话，答案就很明显了。既然我们的旧机器每年能产生 4 000 美元的现金流，那为什么要把它替换成一台每年只能产生 2 387 美元的新机器呢？

将残值纳入到计算范围之内也不困难。假设机器当前的残值为 8 000 美元，下年的为 7 000 美元，让我们看看如果等上 1 年再将旧机器出售的话收益如何。一方面，我们得到了 7 000 美元，但丧失了当前的残值以及这部分残值 1 年期的收益，即 8 000 × 1.06 ＝8 480（美元）。这样我们的净损失就是：8 480－7 000＝1 480（美元），这只在部分程度上抵消了继续生产的收益。总之我们不应该现在就更新设备。

需要注意的是，以上比较的合理性是基于新机器已经是最佳的可行替代方案的假设，这样才能保证我们讨论的是最佳的更新时间问题。

过剩生产能力的成本。任何具有中央信息系统（计算机服务器、存储器、软件、远程通信接口）的企业都会面临五花八门的建议。刚刚装好的系统往往会有大量的剩余能力，由于系统使用的边际成本几乎可以忽略不计，因此管理者们总会鼓励大家开发对其新的用途。但是系统的能力迟早会饱和，这样管理者就只能下令停止自己曾经积极倡导的应用项目，或者要比原计划提前几年引进一个新的系统。然而，如果可以要求对剩余能力的使用适当付费的话，就可以避免这一问题。

假设我们有一个需要占用现有信息系统的投资项目，接受这一项目会使得原计划 4 年后才要购置的新系统购置时间提前 1 年。这个新系统的使用期为 5 年，按 6% 折现率折现，其购置及运行成本现值为 500 000 美元。

首先我们要将 500 000 美元的新系统成本现值转换成 5 年期 118 700 美元的等价年成本。[1] 当然，新系统报废时我们还要再做替换。这样，我们就将面临每年 118 700 美元的未来信息系统的使用费用。如果我们启动新项目，这一系列的费用就将在 4 年后开始；而如果拒绝新项目，费用将会在 5 年后才开始。因此，新项目将在第 4 年带来 118 700 美元的额外成本，其现值为 $118\ 700/1.06^4$，约为 94 000 美元。如果将此成本恰当地计入新项目的成本，可能就会发现，项目的 NPV 小于零了。如果是这样的话，我们还需要进一步考察现在接受这一项目是否值得，然后等现有系统过剩能力用尽时再将其转手这样的问题了。

本章小结

到现在为止，想必对净现值的计算已经是习以为常了，但对项目现金流的预测却从不是一成不变的。以下几点可以帮助你尽可能减少错误的发生：

---

① 按 6% 折现率计算的 5 年期 118 700 美元的年金现值为 500 000 美元。

1. 要对现金流折现，而不是利润。

（1）要记住折旧是不属于现金流量的（尽管它会对支付的税金产生影响）。

（2）要关注税后现金流。要警惕按税法折旧和向投资者报告的折旧之间的区别。

（3）预测项目现金流时，不应该包括债务的利息或偿还借款的成本。这能够使你将投资决策和融资决策区分开来。

（4）要考虑营运资本投资。随着销售收入的增加，公司可能需要对营运资本进行追加投资；当项目终结时，公司将回收这些投资。

（5）要注意分配的如取暖、供电等间接费用。它们可能不能反映项目的增量成本。

2. 估计项目的增量现金流，也就是接受项目和拒绝项目情况下现金流的差额。

（1）要包括项目所有的连带影响，如对公司其他产品销售收入的影响等。

（2）不应考虑沉没成本。

（3）要包括机会成本，如你原本要出售的土地的价值。

3. 对通货膨胀的处理要保持一致。

（1）如果现金流的预测是以名义单位计价的，则要使用名义折现率。

（2）按实际利率对实际现金流进行折现。

以上对资本投资进行估价的原则是世界通用的，但在不同国家、不同币种情况下其输入变量和假设会有所不同。例如，在德国进行的项目其现金流可能是以欧元，而不是以美元计价的，而且必须按德国税法预测税后现金流。

当我们评估粪肥项目时，我们是将一系列的未来现金流转化成一个现值。但有时相反的操作也是非常有用的，也就是把现值额转化为每年相等的现金流。例如，当在使用期间不相同的设备间进行选择时，我们必须知道哪种设备的等价年成本较低。可以将这种等价年成本看成是财务经理需要为设备的使用而支付的租金金额。在其他条件相同的情况下，如果机器 A 的等价年成本较低，就应该选择机器 A 而不选择机器 B。但要记住，等价年成本要以实际单位计价，必要时还要根据技术更新情况进行调整。

概念复习题

完整的本章概念复习题，请登录网站 www.mhhe.com/bma1e。

1. 财务经理在评估拟进行的资本投资方案时，为什么必须包括机会成本，而忽略沉没成本？试对每种情况各给出一个例子。

2. 假设有位粗心的管理者犯了个错误，他按实际折现率对项目的名义现金流进行了折现。通货膨胀率预期为每年4%。那么该管理者对 NPV 是高估了还是低估了？假设在正确的折现率下项目具有正的 NPV。

3. "区分投资决策和融资决策"是什么意思？在标准的 NPV 分析中，利息支出是否应看成是一种费用？

练习题

1. 在决定是否应投资新建一座生产用厂房时，以下哪些应被视为增量现金流？这块地皮已经为公司所有，但现有的建筑物必须拆除。

（1）这块地皮及现有建筑物的市场价值。

（2）建筑物的拆除费用和土地的清理费用。

（3）上一年新建的一条通道的费用。

（4）由于新设备投资分散了管理者的注意力，因此导致的其他产品利润的损失。

（5）分摊的公司总裁专用飞机的租金。

（6）新厂房未来的折旧费。

（7）新厂房按税法折旧导致的公司税负的减少。

（8）原材料存货的初始投资。

（9）已经支付的新厂房工程设计费用。

2. Art Deco 先生 1 年后可以得到 100 000 美元的收入。这是一个名义的现金流，按 8% 的名义折现率折现可得：

$$PV = \frac{100\ 000}{1.08} = 92\ 593$$

通货膨胀率为 4%。

利用等价的实际现金流和实际折现率计算 Art Deco 先生收入的现值。（提示：得到的答案应该和上面的答案相同。）

3. 下列说法是否正确？

（1）项目的折旧抵税额取决于实际的未来通货膨胀率。

（2）项目的现金流应该考虑为此项目融资所负债务的利息。

（3）在美国，上报给税务部门的利润必须与向股东报告的利润相等。

（4）加速折旧降低了项目近期的现金流，因此减少了项目的 NPV。

4. 表 7—4 中不同的使用有效期情况下，折旧抵税额的现值有何变化？首先给出一个一般性的答案，然后通过计算 5 年期和 7 年期折旧抵税额的现值来进行验证。税率为 35%，折现率为 10%。

5. 下表给出了某个有效期为 4 年的项目营运资本的主要构成内容：

	2007	2008	2009	2010	2011
应收账款（美元）	0	150 000	225 000	190 000	0
存货（美元）	75 000	130 000	130 000	95 000	0
应付账款（美元）	25 000	50 000	50 000	35 000	0

计算净营运资本，以及由于营运资本投资而导致的现金流入量和现金流出量。

6. 在评估互斥的厂房及设备投资时，通常财务经理会计算投资的等价年成本，并以此为基础对投资进行排序。这样做有什么必要吗？为什么不直接比较投资的 NPV 呢？请简单解释一下。

7. 某大学宿舍空调的安装成本为 150 万美元，每年的运行成本为 200 000 美元。该系统可以使用 25 年，实际资本成本为 5%，大学不需要纳税。那么其等价年成本是多少？

8. 机器 A 和机器 B 是互斥的，它们预期可产生的实际现金流如下所示：

机器	现金流（千美元）			
	C_0	C_1	C_2	C_3
A	-100	+110	+121	
B	-120	+110	+121	+133

实际的资本机会成本为 10%。

（1）计算每台机器的 NPV。

（2）计算每台机器所产生的等价年现金流。

（3）你应该购买哪台机器？

9. 机器 C 是 5 年前花了 200 000 美元购买的，其创造的年现金流为 80 000 美元。该机器没有残值，但仍可以再继续使用 5 年。公司可以现在就用机器 B（见练习题第 8 题）来替换机器 C，也可以等到第 5 年年末再替换。应该选择哪个时间更换呢？

实务题

10. 用实际计价单位重新表述表 7—6 的净现金流量。用实际折现率对重新表述的现金流进行折现。假设名义利率为 20%，预期通货膨胀率为 10%。NPV 应该保持不变，仍为 +3 802，即 3 802 000 美元。

11. 1898 年，Simon North 公布了要在其拥有的一块土地上兴建殡仪馆的计划，该地块当时被出租，用作铁路车辆车厢的存放地（一家当地报纸还赞扬了 North 先生没有把铁路车辆的车厢放置在灵车前的做法）。租金收入仅够收回房产税，但这块地要值 45 000 美元。但是，North 先生已经回绝了多位买主，他的打算是，万一有某些原因殡仪馆无法兴建就继续出租这块地。因此，在对殡仪馆项目进行 NPV 分析时，他并没有把这块地的价值作为初始投入的一部分。这种做法正确吗？请解释一下。

12. 以下每一种说法都是正确的，请解释为什么它们是一致的。

（1）公司引入新产品，或扩大当前产品的生产能力时，对净营运资本的投资通常是重要的现金流出量。

（2）如果所有的现金流入量和现金流出量的发生时间都能够明确确定，就没有必要预测净营运资本的变动。

13. T. Potts 女士是理想瓷器公司（Ideal China）的财务主管，她现在遇到一个问题。她的公司刚刚定制了一个新的瓷窑，价格为 400 000 美元。其中有 50 000 美元的成本被告知是供应商的安装成本。Potts 女士不知道国内收入署（IRS）是否允许公司将这部分成本看成是可以抵税的当期费用，还是可以作为资本投资处理。如果是后者，公司就可以按 5 年期的 MACRS 税法折旧方法对这 50 000 美元计提折旧。IRS 的决定将如何影响瓷窑的税后成本？假设税率为 35%，资本的机会成本为 5%。

14. 某项目需要 100 000 美元的初始投资，预计在今后的 5 年内，每年可创造 26 000美元的税前现金流入量。A 公司有大量的累计税前损失，在可预见的将来不可能缴纳任何税负。而 B 公司以 35% 的税率纳税，对该项目的投资可以采用 5 年期 MACRS 税法折旧方法计提折旧。假设资本机会成本为 8%，通货膨胀因素忽略不计。

（1）计算每家公司的项目 NPV。

（2）每家公司税后现金流的 IRR 分别是多少？对 IRR 的比较说明公司的有效税率是多少？

15. 登录 www.mhhe.com/bma1e，找到表 7—1、表 7—5 和表 7—6 的 Excel"活动"表格，回答下列问题：

（1）如果 IM&C 公司只能使用 7 年期 MACRS 的纳税折旧，粪肥项目的 NPV 将如何变化？

（2）新的工程设计预计将提高资本投资的支出，资本投资额可能要超过 1 000 万美元，甚至可能达到 1 500 万美元。而你坚信 20% 的资本成本高得有些离谱了，实际的资本成本应为 11% 左右。在这些假设条件下，这个项目还具有吸引力吗？

（3）继续以假设的 1 500 万美元资本投资和 11% 的资本成本为基础进行分析。如果销售收入、销售成本及净营运资本每年都各提高 10%，结果会怎样？重新计算 NPV。（注意：在表 7—1 的 Excel 工作表中输入变化后的销售收入、成本和营运资本预测值。）

16. 某装饰品生产企业目前的年生产量是 200 000 个单位。该装饰品的顶盖以每单位 2 美元的价格从外部供应商处购入。工厂经理认为自己生产顶盖会比外购便宜，他估计的直接生产成本仅为 1.50 美元/单位，必要的机器成本为 150 000 美元，该机器可以使用 10 年。此投资项目可以按 7 年期纳税折旧方案计提折旧。工厂经理估计，经营这一项目还需要增加营运资本投资 30 000 美元，但他认为这些成本可以忽略不计，因为到项目期期末即第 10 年末可以完全回收回来。如果公司税率为 35%，资本机会成本为 15%，你是否支持工厂经理的计划？确切说明你所需要的任何额外假设。

17. 诚信电子公司（Reliable Electric）正在考虑生产一种新型的工业用电子摩托，该产品将能够替代现有生产线上的大部分产品。一项突破性的研究使诚信公司领先了其竞争对手两年的时间。该项目计划概况如表 7—7 所示。

18. Marsha Jones 花了 35 000 美元，为她在康涅狄格的庄园购置了一辆二手的梅赛德斯赛马运输车，以节省租车运送赛马的费用。

Marsha 此前是每隔一周就要以每天 200 美元，外加每英里 1 美元的价格租用运输车辆，大多数路程的距离总计都在 80～100 英里左右。另外 Marsha 一般还会给司机一笔 40 美元的小费。有了新的运输车，Marsha 就只需要支付燃油费和维护费，大约为每英里 0.45 美元，另外还要支付一笔每年 1 200 美元的运输车保险费用。

8 年后，Marsha 的赛马运输车（取名为 Nike）将退役，（以实际单位计价）该运输车仍价值 15 000 美元。

这个运输车项目具有正的 NPV 吗？假设名义折现率为 9%，通货膨胀率预计为 3%。Marsha 的运输车是个人消费，既不属于商务支出也不属于金融投资，因此税收因素可忽略不计。

19. United Pigpen 公司正在考虑一项高蛋白质生猪饲料的生产计划。该项目将要利用公司现有的仓库，而目前该仓库是出租给临近一家企业的，下一年的租金为 100 000 美元，此后租金可望与通货膨胀同步增长，每年增长 4%。除占用仓库外，计划估计要对厂房及设备等投资 120 万美元，为纳税目的这笔费用可以在 10 年内按直线法计提折旧。但是，United Pigpen 公司打算到第 8 年末就终止该项目，并在第 8 年以 400 000 美元的价格出售厂房及设备。最后，项目还要求有营运资本的初始投资 350 000 美元，之后，从第 1 年至第 7 年预测营运资本为销售收入的 10%。

生猪饲料的销售收入在第 1 年预计为 420 万美元，此后预计每年增长 5%，稍快于通货膨胀的增长速度。预计生产成本是销售收入的 90%，利润按 35% 的税率纳税，资本成本为 12%。

生猪项目的 NPV 是多少？

表7—7	诚信电子公司投资计划现金流及现值（见实务题第 17 题）		单位：千美元
	2006	2007	2008	2009—2016

	2006	2007	2008	2009—2016
1. 资本支出	− 10 400			
2. 研发费用	− 2 000			
3. 营运资本	− 4 000			
4. 收入		8 000	16 000	40 000
5. 经营成本		− 4 000	− 8 000	− 20 000
6. 间接费用		− 800	− 1 600	− 4 000
7. 折旧		− 1 040	− 1 040	− 1 040
8. 利息		− 2 160	− 2 160	− 2 160
9. 利润	− 2 000	0	3 200	12 800
10. 税金	0	0	420	4 480
11. 净现金流量	− 16 400	0	2 780	8 320
12. 净现值 = + 13 932				

注：

1. 资本支出：新机器 800 万美元，仓库扩容 240 万美元。虽然目前只会用到约一半的扩容面积，但本表中包括了全部的扩容成本。另外，由于新机器将安装在现有的工厂大楼里，因此没有计入额外的土地及建筑费用。

2. 研发费用：2005 年耗资 182 万美元。考虑到支付日到现在，通货膨胀率达到 10%，因此该数值应修改为：182×1.1 = 200（万美元）。

3. 营运资本：存货的初始投资。

4. 收入：这些数据假设今后各年的摩托车销售量为：2007 年 2 000 辆、2008 年 4 000 辆、2009—2016 年每年 10 000 辆。初始的单位价格每辆 4 000 美元是以实际单位计价的，金额保持不变。

5. 经营成本：包括所有的直接成本和间接成本。其中间接成本（供暖、照明、能源、职工福利费等）假设是直接人工成本的两倍。每单位经营成本 2 000 美元是以实际单位计价的，金额保持不变。

6. 间接费用：销售与管理成本，假设是收入的 10%。

7. 折旧：10 期直线法折旧。

8. 利息：按诚信公司当前 15% 的债务利率，以资本支出及营运成本总额为基础计算。

9. 利润：收入减研发费用、经营成本、间接费用、折旧及利息后的差额。

10. 税金：利润的 35%。但 2006 年该公司利润是负的，该亏损结转至 2008 年，抵扣当年的应税收入。

11. 净现金流量：假设等于税后利润。

12. 净现值：15% 折现率下净现金流量的 NPV。

（1）仔细阅读表格附注，哪些项目是合理的？哪些是不合理的？为什么？

（2）为合理编制表 7—7 的各项目，你还需要哪些补充信息？

（3）编制类似表格，重新计算 NPV。必要时应增加额外的假设。

20. 在 IM&C 公司例子（见第 7.2 节）中，我们假设项目导致的亏损可以抵扣公司其他部门的应税利润。现在假设项目的亏损只能向后结转，抵扣项目未来的应税利润。则该项目的 NPV 将有何变化？公司立即利用税负抵扣的价值是多少？

21. 由于生产工艺的改进，联合汽车公司可以将现有的两台轧钢机出售一台。两台机器功能相同，但使用时间不同。较新的机器如果现在出售可获得 50 000 美元，其每年的运营成本为 20 000 美元。但 5 年后该机器需要大修，大修成本为 20 000 美元，然后它可以用到第 10 年，但每年运营成本将升至 30 000 美元，10 年后最终出售时还可以收入 5 000 美元。

较旧的机器如果现在出售可以收入 25 000 美元，但如果使用该机器现在就得大修，大修成本 20 000 美元。然后它可以用到第 5 年，每年运营成本为 30 000 美元，5 年后最终出售时可以收入 5 000 美元。

为税收目的，两台机器都可以完全折旧。公司税率 35%，预测的现金流是以实际单位计价的，实际资本成本为 12%。

联合汽车公司应该出售哪台机器？请说明给出这一答案的假设。

22. Hayden 公司有一批 4 年前以 20 000 美元价格购进的复印机。目前的维护费用为每年 2 000 美元，但此维护协议将在两年后到期，此后的维护费用将上升至 8 000 美元。机器目前的出售价格为 8 000 美元，但到两年后其价值将跌至 3 500 美元。而到第 6 年末，这些机器将毫无价值，只能作报废处理。

Hayden 公司正在考虑是否应该更新这批设备，代之以功能完全相同的新机器。这些新机器目前的购入成本为 25 000 美元，公司将会获得一份为期 8 年的维护合同，每年维护费只需支付 1 000 美元。8 年后机器将没有任何价值，作报废处理。

两台机器都按 7 年期 MACRS 计提折旧，公司税率 35%。为简单，假设通货膨胀率为 0。实际资本成本为 7%。

Hayden 公司应该什么时候更新这批复印机？

23. 再来考虑一下第 7.3 节中加利福尼亚炼油厂加工生产精炼汽油的等价年成本的计算。已知资本投入为 4 亿美元，假设该笔投资可按表 7—4 列示的 10 年期 MACRS 纳税折旧方案计提折旧，公司边际税率为 39%（包括加利福尼亚州税），资本成本为 7%，不存在通货膨胀，精炼设备的经济寿命期为 25 年。

（1）计算税后等价年成本。（提示：最简单的做法是将折旧抵税额的现值看成是初始投资的抵减项）

（2）为收回这一等价年成本，零售汽油的消费者会因此多付多少钱？（注意：零售价格上涨所带来的新增利润是要纳税的）

24. Borstal 公司必须从以下两台机器中进行选择，这两台机器功能完全相同，但有效使用期不同。两台机器的成本如下所示：

年份	机器 A（美元）	机器 B（美元）
0	40 000	50 000
1	10 000	8 000
2	10 000	8 000
3	10 000 + 更新成本	8 000
4		8 000 + 更新成本

这些成本是以实际单位计价的。

（1）假设你是 Borstal 的财务经理。你必须购买其中的一台机器，并在机器有效使用期内把它出租给生产部门的经理，你每年要求的租金应该是多少？假设实际折现率为6%，税收因素忽略不计。

（2）Borstal 应该购买哪台机器？

（3）通常情况下，在（1）中你得到的租金只是假设的，它是用来计算并解释等价年成本的一种方法。假设你确实购买了一台机器，并把它出租给了生产部门的经理。如果每年通货膨胀率水平都较为稳定，都为8%，那么你在未来的每一年实际要求的租金是多少？（注意：在（1）中计算出来的租金是以实际现金流计量的。现在你必须增加租金，以弥补通货膨胀带来的损失）

25. 重新看一下上面的实务题第24题。假设技术更新有望使成本每年降低10%。也就是说，1 年后新机器出现，其购置成本和运营成本比机器 A 和机器 B 的低10%；而2 年后又有新的机器出现，再将成本降低10%，以此类推。那么机器 A 和机器 B 的等价年成本将如何变化？

26. 公司总裁的专用飞机没有被完全利用。根据你的判断，如果允许另一些管理人员使用该飞机，每年直接的经营成本只会增加20 000 美元，但每年的机票费用却可以节省100 000 美元。但同时，你相信，由于飞机使用次数的增加，原本应该第4 年年末才需要更换的飞机就必须在第3 年年末就更换。新飞机的现购成本为110 万美元，（按当前的低使用频率）使用期为6 年。假设公司不需要纳税，所有的现金流都是以实际单位预测的，实际资本机会成本为8%。你应该劝说总裁允许其他管理人员使用该飞机吗？

思考题

27. 对实际税率的一种衡量方法就是用税前与税后现金流 IRR 的差额除以税前IRR。例如，看一个投资 I，它将产生永远的税前现金流 C。其税前 IRR 是 C/I，税后IRR 是 $C(1-T_C)/I$，其中 T_C 是法定税率。则实际税率（记作 T_E）应为：

$$T_E = \frac{C/I - C(1-T_C)I}{C/I} = T_C$$

在这种情况下，实际税率与法定税率相等。

（1）计算第7.2 节中粪肥项目的 T_E。

（2）纳税折旧方案对有效税率有什么影响？通货膨胀对有效税率的影响呢？

（3）考虑这样的项目，其全部先期投资在税务上都可以作为费用处理。例如，在美国，研发费用和销售费用的支出都是可以作为当期费用的。这样做不会有纳税折旧的金额发生。对这样的项目来说，实际税率是多少？

28. 我们曾经强调过，等价年成本必须要以实际现金流计价，但并没有详细地说明原因。以下问题将对此做一个交代。

再回顾一下机器 A 和机器 B 的现金流（见"有效期长短不一致的设备选择"），其购置和经营成本的现值分别为 28.37（机器 A，使用 3 年）和 21.00（机器 B，使用 2 年），实际折现率为 6%，通货膨胀率为 5%。

（1）分别计算现值等于 28.37 和 21.00 的 3 年期和 2 年期水平名义（level nominal）年金。解释为什么这些年金不是等价年成本的现实的估计值。（提示：在现实生活中，机器的租金是随着通货膨胀的水平提高的）

（2）假设通货膨胀率上升为 25%，实际利率仍保持在 6%。重新计算水平名义年金。可以看到，机器 A 和机器 B 的排序变了。这是为什么呢？

29. 2005 年 12 月，中美能源公司投产了世界上最大的风力发电农场，其成本预计为 3.86 亿美元，具有 257 台涡轮机，生产能力总计为 360.5 兆瓦特（mW）。由于风速是不稳定的，因此预计大部分的风力发电农场都仅能按其设定生产能力的 35% 运营。在这种情况下，当电力价格为每兆瓦特小时（mWh）55 美元时，项目第 1 年预计能带来 6 080 万美元销售收入（也就是，0.35×8 760 小时×360.5mW×55 美元/mWh）。在运营的第 1 年，维护费用及其他成本的合理估计额为 1 890 万美元，之后销售收入和成本将随通货膨胀水平呈增加趋势，每年大约增加 3%。

传统的发电厂可以按 20 年期 MACRS 计提折旧，其利润按 35% 纳税。假设该项目可以持续 20 年，资本成本为 12%。为鼓励可更新能源的开发，政府为风力发电农场提供几个税率的范围。

（1）为使中美能源公司的项目具有正的 NPV，最大的税率（如果有的话）应该是多少？

（2）有些风力发电农场的经营者认为生产能力利用率应该是 30%，而不是 35%。这一更低的利用率对项目的 NPV 有何影响？

【微型案例】

新经济运输公司（New Economy Transport）（A）

新经济运输公司（NETCO）成立于 1952 年，这是一家穿梭于太平洋西北部和阿拉斯加港口间的专门从事客货运送业务的公司。到 2005 年，该公司的船队已经拥有 4 艘船只，其中包括一艘叫做活力（Vital Spark）的小型干货运输船。

活力这艘船已经有 25 年的航行历史了，现在急需大修。该公司的财务主管 Peter Handy 为此刚刚完成了一项计划，提出了如下的费用要求（单位：美元）：

发动机及动力系统大修	340 000
雷达及其他电子设备更换	75 000
船体及船面设施修缮	310 000
油漆及其他修理费	95 000
	820 000

Handy 先生相信，出于税收因素考虑，所有上述费用都可以按 7 年期 MACRS 方案计提折旧。

McPhail 是 NETCO 公司的总工程师，他对轮船大修后的经营成本进行了预计，如下所示（单位：美元）：

燃料费用	450 000
人工和福利费	480 000
维护费用	141 000
其他费用	110 000
	1 181 000

这些成本通常会随通货膨胀水平的提高而增加，预计每年增加2.5%。

活力这艘船在 NETCO 公司账面上的折余价值仅为 100 000 美元，但"照现在的样子"，连同大量的零配件存货，可能能够卖到 200 000 美元的价钱。零配件存货的账面价值为 40 000 美元。如果出售活力轮则可以立刻产生出售价格和账面价值之间差额上的税收负债。

总工程师还建议安装一种新品牌的发动机和控制系统，这需要多付出 600 000 美元的成本。[①] 这种额外设备不能显著提高活力轮的性能，但可以使每年的燃料费用、人工费用及维护费用等降低至以下水平（单位：美元）：

燃料费用	400 000
人工和福利费	405 000
维护费用	105 000
其他费用	110 000
	1 020 000

活力轮的大修会使其停航好几个月，下一年大修后的轮船就可以恢复运营。根据过去的经验，Handy 先生相信下一年它将带来 140 万美元的收入，然后该收入将与通货膨胀率同步增长。

但活力轮不可能永远运营下去。即使经过大修，它的有效使用年限可能也不会超过 10 年，最多能达到 12 年。而当最终退役后，其残值金额很小，可以忽略不计。

隶属于成熟行业，NETCO 的融资相当保守，公司通常使用 11% 的资本成本对资本投资进行评估，这是一个名义利率，而不是实际利率。NETCO 公司的税率为 35%。

---

① 这笔额外支出也可以按 7 年期 MACRS 计提折旧。

问题：

分别在安装新发动机和控制系统以及不安装的情况下计算活力轮大修项目的 NPV。为完成计算，你需要建立一个电子表格，列示该轮船剩余使用期内的所有税后成本。要特别注意对折旧抵税和通货膨胀的假设。

新经济运输公司（New Economy Transport）（B）

毫无疑问，活力轮现在就需要大修。但是 Handy 先生认为，如果不将其与购买一艘新的轮船比较一下就进行大修有些不大明智。威斯康星的一家造船企业 Cohn and Doyle 公司已经与 NETCO 公司进行了洽谈，他带来了具有 Kort 喷嘴、全面自动导航和能源控制系统、能为船员提供更为舒适空间的最新设计的船只。这种新船估计每年经营成本为（单位：美元）：

燃料费用	380 000
人工和福利费	330 000
维护费用	70 000
其他费用	105 000
	885 000

为操作新轮船这些更复杂尖端的设备，公司的船员要接受额外的培训，预计下年的培训费用可能要花费 50 000 美元。

新船经营成本的上述估计是基于这样的假设的，即新船的经营方式与活力轮的完全相同。但是，新船在某些航道上将具有更强的运力，因此扣除额外支付的费用，它每年可以带来 100 000 美元的额外收入。另外，新船的有效使用期将为 20 年，或更长。

Cohn and Doyle 公司提供新轮船的报价是一个固定的价格，3 000 000 美元，一半立即支付，另一半下年支付。

在活力轮引擎的轰鸣声中，Handy 先生走出轮船的厨房，来到甲板上。"锈迹斑斑的老伙计啊"，他自言自语道，"但她从来没有令我们失望。我敢肯定，在 Cohn and Doyle 公司打造新船的过程中她还可以继续航行。我们可以使用这些零配件让她继续航行。等接替者到来后，还可以按账面价值卖了她，或者将她拆除"。

"但我应该怎么对新船的 NPV 和这艘旧活力轮进行比较呢？当然，我可以编制一张 20 年期的 NPV 电子表格，但到 2020 年或 2025 年时新的替代船只应该如何处理我还没有思路。也许我应该比较成本，也就是活力轮大修和经营的所有成本与预计替代者的购买和运营成本。"

问题：

1. 计算并比较等价年成本：（1）活力轮大修，并再使其运营 12 年；（2）预计的替代船只购买成本和 20 年的经营成本。如果替代船只的年成本相同或较低，Handy 先生应该如何决定？

2. 假设替代船只的等价年成本高于活力轮，在这种情况下 Handy 先生还应该搜集哪些信息？

第 2 部分

T 风 险

　　亚马逊（amazon. com）股票 1997 年 5 月开始上市交易，当时市场价格为每股 1. 73 美元。到 1999 年 12 月，该股票价格已经涨至每股 107 美元。但随后仅仅 1 年多点儿的时间，它又暴跌到每股 8. 4 美元。到 2007 年 2 月，该股票价格又升回到每股 37 美元的价位上来。亚马逊股票惊人的波动起伏是不多见的，但它提醒了我们对普通股股票进行投资的风险有多大。

　　大多数投资者都不是追求刺激成瘾的人，他们都不喜欢承担风险，因此他们对有风险的投资就会要求较高的期望收益。公司在进行资本预算决策时就要考虑到这一点。有风险的新项目只有在下列情况下才能获得价值的增值，即获得超过投资者在资本市场上进行同等风险投资项目所能得到的期望收益。

　　但这就带来了两个问题。风险应该如何衡量？风险和期望收益之间是什么关系？第 2 部分中我们将集中探讨这两个问题。

第8章

风险、收益及资本机会
成本概述

在前面第 7 章中我们一直都尽量避免直接谈论风险问题，但是现在是时候了，我们再也不能满足那种"资本的机会成本取决于项目的风险"这样的含糊的提法了。我们要具体了解风险是如何定义的，风险和资本机会成本之间的关系如何，以及在实际操作中财务经理是如何处理风险问题的。

本章中我们将首先回答第一个问题，将后两个留给第 9 章和第 10 章。我们首先将对资本市场一百多年的收益率情况进行总结，然后对投资风险进行初步的考察，说明如何通过投资组合的多元化来降低风险。我们将引入衡量单个证券的标准指标——贝塔系数。

因此本章的主要内容就是投资组合的风险、证券风险以及多元化投资。本章的论述大部分将从单个投资者的角度出发，但在本章末将转向讨论多元化投资是否对公司经营目标具有重要的意义。

8.1　资本市场百年历史简要回顾

财务分析人员是非常幸运的，因为他们拥有大量的数据。市场上既有有关美国股票、债券、期权、商品价格的数据库，也有其他国家证券的大量数据。我们先来看一下 Dimson、Marsh 和 Staunton 的一项研究成果，该成果研究了以下三种证券投资组合的历史表现：[①]

---

① 参见 E. Dimson，P. R. Marsh，and M. Staunton，*Triumph of the Optimists*：101 *Years of Investment Returns*（Princeton，NJ：Princeton University Press，2002）。

（1）国库券（treasury bills）投资组合，即期限小于 1 年的美国政府债券组合。[①]

（2）美国政府债券的投资组合。

（3）美国普通股的投资组合。

上面这些投资组合其风险程度并不相同。国库券是我们能选择的最安全的投资，因为它不仅没有违约风险，而且由于期限较短，它的价格相对来说比较稳定。实际上，如果投资者想借出资金的话，比如说想借出 3 个月，那么他完全可以通过购买 3 个月期的国库券来获得完全确定的报酬。但是投资者还是不能锁定实际收益率；因为仍然存在着通货膨胀的不确定性问题。

如果转向长期政府债券的投资，则投资者就将获得这样的资产，即资产的价格会随利率的不同而波动（债券的价格随利率的上升而下降，随利率的下降而上升）。而如果进一步由政府债券转向普通股投资，则投资者的收益就将与股票发行公司始终同涨同跌。

图 8—1 列示了以下这种投资的收益情况，即在 1990 年年初在上述三种投资组合中选取任意一个，投资 1 美元，并将所得的所有股利或利息进行再投资。[②] 图 8—2 和图 8—1 基本相同，但它描绘的是以实际价值单位计量的投资组合的增长。这里我们将集中讨论以名义价值计价的结果。

图 8—1	1900 年年初的 1 美元投资的增长情况

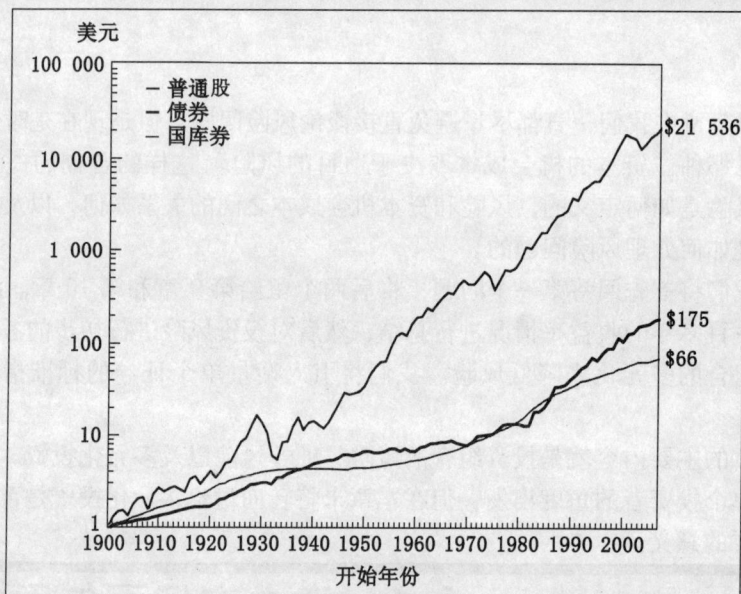

注：假设所有的股利和利息均用于再投资。

资料来源：E. Dimson, P. R. Marsh, and M. Staunton, *Triumph of the Optimists：101 Years of Investment Returns*（Princeton, NJ：Princeton University Press, 2002），© 2002 Reprinted by permission of Princeton University Press；with updates provided by the authors.

---

① 1919 年以前是不发行国库券的，当时所采用的利率是商业票据的利率。

② 这里的投资组合价值是按取对数尺度画出来的，如果不这样处理的话，普通股的投资组合价值将因为尾值过高而无法在图上列示出来。

图 8—2　　　　　1900 年年初的 1 美元投资的实际增长情况

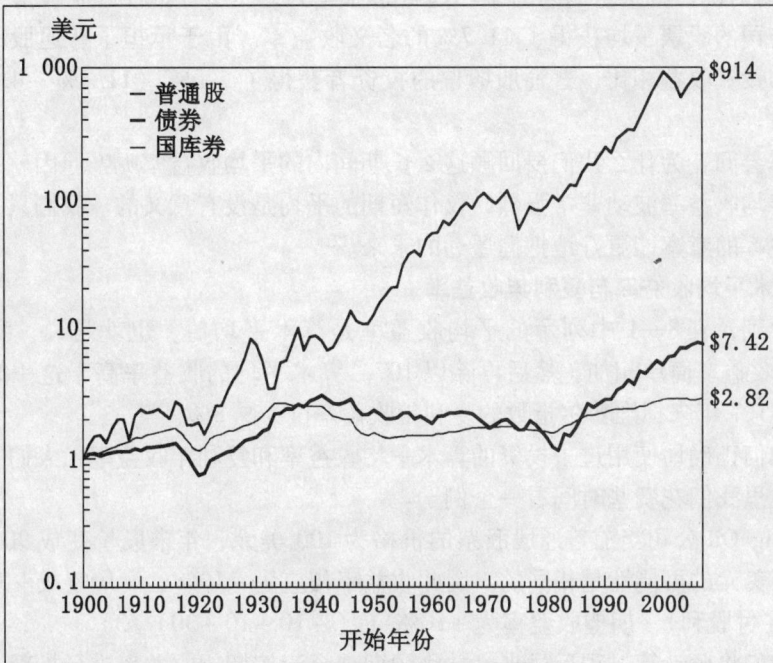

注：假设所有的股利和利息均用于再投资。将本图与图 8—1 进行比较，注意通货膨胀是如何侵蚀投资者收益的购买力的。

资料来源：E. Dimson, P. R. Marsh, and M. Staunton, *Triumph of the Optimists：101 Years of Investment Returns*（Princeton, NJ：Princeton University Press, 2002），© 2002 Reprinted by permission of Princeton University Press；with updates provided by the authors.

投资的表现与我们直觉上的风险评级非常一致。到 2006 年，最安全的 1 美元投资，即对国库券的投资，其价值增加到 66 美元，勉强跟得上通货膨胀的步伐。对长期政府债券的投资已经升至 175 美元，而普通股股票的则自成一类，用 1 美元投资于美国大公司股票的投资者将得到 21 536 美元。

我们还可以计算从 1900 年至 2006 年每种投资组合的年收益率，这种收益率既反映了股利或利息的现金收入，也反映了当年实现的资本利得或损失。每种投资组合 107 年以来的平均年收益率如表 8—1 所示。

表 8—1　　美国国库券、政府债券及普通股股票的平均收益率，1900—2006 年　　单位：每年%

	年均收益率		平均风险溢酬（与国库券相比额外的收益）
	名义	实际	
国库券	4.0	1.1	0
政府债券	5.2	2.4	1.2
普通股股票	11.7	8.5	7.6

资料来源：E. Dimson, P. R. Marsh, and M. Staunton, *Triumph of the Optimists：101 Years of Investment Returns*（Princeton, NJ：Princeton University Press, 2002），© 2002 Reprinted by permission of Princeton University Press；with updates provided by the authors.

1900 年以来，国库券的平均收益率最低，年均名义收益率仅为 4.0%，实际仅为 1.1%。换句话说，就是这期间的年均通货膨胀率大约为 3%。普通股股票再次成为赢家，主要公司的股票平均获得了 11.7% 的名义收益率。由于承担了普通股的风险，与国库券上的投资收益相比，普通股股票的投资者获得了 7.6%（11.7% – 4.0%）的风险溢酬。[①]

可能你会问，为什么我们要回顾这么长期间内的平均收益率呢？原因就在于，普通股股票的年均收益率波动非常强烈，仅作短期的平均是没有意义的。我们只是希望通过对历史收益率的考察能更好地把握遥远的未来。[②]

8.1.1 算术平均收益率与复利年收益率

可以看到，表 8—1 中列示的平均收益率是算术平均值，也就是说，我们只是把 107 年来的收益率简单相加，然后再除以 107。算术平均的收益率高于这一时期的复利年收益率，107 年来标准普尔指数的复利年收益率仅为 9.8%。[③]

对于如何正确地使用过去投资的算术平均收益率和复利年收益率，人们常常产生误解。因此这里我们花费些时间看一个例子。

假设 Big Oil 公司当前普通股股票的价格为 100 美元，年末股价变成 90 美元、110 美元和 130 美元的可能性是相同的。因此收益率相应为 –10%、+10% 或 +30%（假设 Big Oil 不支付股利），期望收益率为 +10%（（–10 + 10 + 30）/3）。

如果我们将此计算过程反过来，并将预期现金流按期望收益率进行折现，就可以得到 Big Oil 公司的股票价值：

$$PV = \frac{110}{1.10} = 100(美元)$$

于是 10% 的期望收益率就是对 Big Oil 公司股票预期现金流进行折现的正确的折现率，也是与 Big Oil 公司同等风险等级投资的资本机会成本。

现在我们对 Big Oil 公司的股票收益率进行长期追踪。假设收益的可能性不变，即这些年中始终有 1/3 的时间收益率为 –10%，还有 1/3 的时间收益率为 +10%，剩下的时间收益率为 30%，那么这些年的年度算术平均收益率就是：

---

① 由于四舍五入，因此没有加 0.1。

② 我们无法确定这段时期是否真的具有代表性，也无法知道这里的平均值是否被一些异常的高收益或低收益所曲解。平均收益率估计的可靠性通常用它的标准误差（standard error）来衡量。例如，对普通股股票的平均风险溢酬，我们估计有 1.9% 的标准误差，因此真实的平均收益率就有 95% 的可能性是处于 7.6% 的估计值加减两个标准误差这个区间范围内。换句话说，假设你认为真实的平均收益率是 3.8% ~ 11.4%，那有 95% 的可能你是正确的。技术性注解：均值的标准误差等于标准差（standard deviation）除以观测样本数的平方根。在本例中，标准差为 19.8%，因此标准误差就是：$19.8 / \sqrt{107} = 1.9$。

③ 可以通过求解方程式得到：$(1 + r)^{107} = 21\ 536$，这意味着 $r = 0.098$。技术性注解：对于服从对数正态分布的收益率来说，其年复利收益率等于算术平均收益率减去方差的一半。例如，美国市场上年收益率的标准差大约为 0.20，即 20%，因此方差为 0.20^2，即 0.04。复利年收益率为 0.04/2 = 0.02，即比算术平均收益率少两个百分点。

$$\frac{-10 + 10 + 30}{3} = +10(\%)$$

这种情况下，算术平均收益率就正确地反映了与 Big Oil 公司股票风险类似的投资的资本机会成本。[①]

Big Oil 公司股票的平均复利年收益率[②]为：

$$(0.9 \times 1.1 \times 1.3)^{1/3} - 1 = 0.088,即 8.8\%$$

该数值小于资本机会成本。如果投资者能在资本市场上得到 10% 的期望收益，他们就不可能投资于期望收益率只有 8.8% 的项目。这样的项目其净现值为：

$$NPV = -100 + \frac{108.8}{1.1} = -1.1$$

忠告：如果资本成本是根据历史收益率或风险溢酬估计出来的，就应该使用算术平均，而不是复利的年收益率。[③]

8.1.2 利用历史资料估计当前的资本成本

假设你知道了一个项目（别问是怎么知道的），它与标准普尔综合指数具有同样的风险，这时我们就说它与市场组合（market portfolio）的风险程度相同，尽管实际上这种说法并不是很确切的，因为标准普尔综合指数并没有包括所有的风险证券。那么这时你应该采用什么折现率来对这个项目的预计现金流进行折现呢？

很显然，应该采用当前市场组合的期望收益率进行折现，这也是决定对此项目进行投资而必须放弃其他投资机会的投资收益率，我们将其称为市场收益率（market return）r_m。估计 r_m 的一种方法是假设未来跟过去是一样的，这样现在的投资者期望得到的"正常"收益率就应该与表 8—1 中列示的收益率相同。在这种情况下，我们可以让 r_m 等于 11.7%，也就是过去的市场平均收益率。

但遗憾的是，事情并不是这么简单。随着时间的推移，r_m 也不是一成不变的。要记住它是无风险收益率 r_f 与风险溢酬的合计数，而我们知道，r_f 是会变化的。例如，1981年美国国库券的收益率大约为 15%，因此如果说当年的投资者会满足于持有收益率仅为 11.7% 的普通股股票，这显然是令人难以置信的。

如果要估计投资者要求得到的收益率，一个更明智的方法是取国库券利率的值，然后在其基础上加上 7.6%，即表 8—1 中列示的平均风险溢酬。例如，2006 年中期国库

---

① 有时你会听说这样的说法，说算术平均数能够正确地衡量 1 年期现金流的资本机会成本，但在多期的情况下就不适用了。现在让我们检验一下。假设两年后你将收入一笔 121 美元的现金流。我们知道 1 年后投资者对其价值进行评估时将采用 10%（可能收益率的算术平均数）的折现率对该现金流进行折现。换句话说，到年末他们将愿意为此预期现金流支付 110 美元（$PV_1 = 121/1.10$）。但是我们已经知道应该如何评估 1 年后支付 110 美元的资产了，只要将其按 10% 的资本机会成本进行折现即可。于是，$PV_0 = PV_1/1.10 = 110/1.10 = 100$（美元）。这个例子说明，无论针对多少期的现金流，算术平均数（本例中的 10%）都能够正确反映其资本机会成本。

② 复利年收益率通常也被称为几何平均（geometric average）收益率。

③ 以上的讨论我们是假设知道收益率为 -10%、+10% 和 +30% 发生的可能性是相等的。对期望收益不确定性影响的分析请参见 I. A. Cooper, "Arithmetic Versus Geometric Mean Estimators: Setting Discount Rates for Capital Budgeting" European Financial Management 2 (July 1996), pp. 157 - 167.

券的利率约为5%，加上平均（正常）风险溢酬，就有：

$$r_m（2006）= r_f（2006）+ 正常风险溢酬$$
$$= 0.05 + 0.076 = 0.126，即 12.6\%$$

这里有一个关键的假设，就是假设市场组合存在一个正常的、稳定的风险溢酬，这样期望的未来风险溢酬才可以按过去的平均风险溢酬进行衡量。

尽管收集了100多年的数据，但我们还是不能精确地估计风险溢酬，也不能确定现在的投资者是否与50年前或100年前的投资者具有同样的风险溢酬的要求。所有这些都为风险溢酬实际到底是什么提供了广阔的探索空间。[1]

很多财务经理和经济学家们认为长期的历史收益率是能够获得的最好衡量方法，但另外有些人却有一种本能上的直觉，他们认为投资者持有普通股股票并不需要如此高额的风险溢酬。[2] 例如，对首席财务官的问卷调查一般会显示，他们期望得到的市场风险溢酬通常比历史平均数值低几个百分点。[3]

如果你相信期望市场风险溢酬要比历史平均水平低的话，也许你会认为历史一直对美国投资者出人意料地厚爱，而投资者的好运也不大可能重现。历史资料有可能高估当前投资者要求的风险溢酬，理由有以下两个：

理由1

1900年以来，美国是世界上最为持续繁荣的国家，其他国家的经济要么由于战争原因要么由于国内的动荡受到影响，甚至崩溃。如果仅观察美国的权益收益率，可能估计值就歪曲了投资者的预期。历史资料的平均值并没有反映出美国有可能成为那些不大幸运国家之一的可能性。[4]

图8—3清楚地反映了这一问题，该图选自 Dimson、Marsh 和 Staunton 对17个国家

---

[1] 有些争论只是反映了这样一个事实，即风险溢酬的定义方式是不一样的。有的风险溢酬衡量的是股票收益率与长期债券收益率（或内部收益率）之间的平均差额，有的衡量的是股票复利增长率与利率之间的差额。但前面我们已经说过，对资本成本来说这并不是合适的衡量方法。

[2] 这种本能上的直觉也是有支撑理论的。市场上赚取的高风险溢酬意味着投资者都是极度厌恶风险的。如果事实果真如此，那么当股票价格下跌、财富减少时，投资者就会削减消费。但有证据表明，当股价下跌时，投资者的消费水平基本保持不变。这与高度的风险厌恶和高度的市场风险溢酬是不一致的。参见 R. Mehra and E. Prescott, "The Equity Premium：A Puzzle," *Journal of Monetary Economics* 15（1985），pp. 145 – 161。

[3] 很难对这类问卷的调查结果进行精确的解释。最有名的问卷调查是由 Duke 大学和 CFO 杂志每季度进行的，并将结果报告在网站上：www. cfosurvey. org。按一开始直至现在期间的平均水平来说，CFO 们预计10年期美国权益证券的收益率高出10年期国库券收益率3.7%。但是，问卷调查的回答者好像是按预计复利年收益率来回答这一问题的。这种情况下，可比的期望（算术平均）溢酬大约为6%，比国库券高出大约2或3个百分点。问卷调查的详细数据分析，参见 J. R. Graham and C. Harvey, "The Long-Run Equity Risk Premium" *Finance Research Letters* 2（2005），pp. 185 – 194.

[4] 这种可能性的提出参见 P. Jorion and W. N. Goetzmann, "Global Stock Markets in the Twentieth Century," *Journal of Finance* 54（June 1999），pp. 953 – 980。

市场收益的深入调查，描述出了 1900 年至 2006 年每个国家的平均风险溢酬水平。① 通过该图可以看出，没有证据表明美国的投资者是特别幸运的，从收益率的角度来说他们仅获得了平均值。

图 8—3　平均市场风险溢酬（名义股票收益率减名义国库券收益率），1900—2006

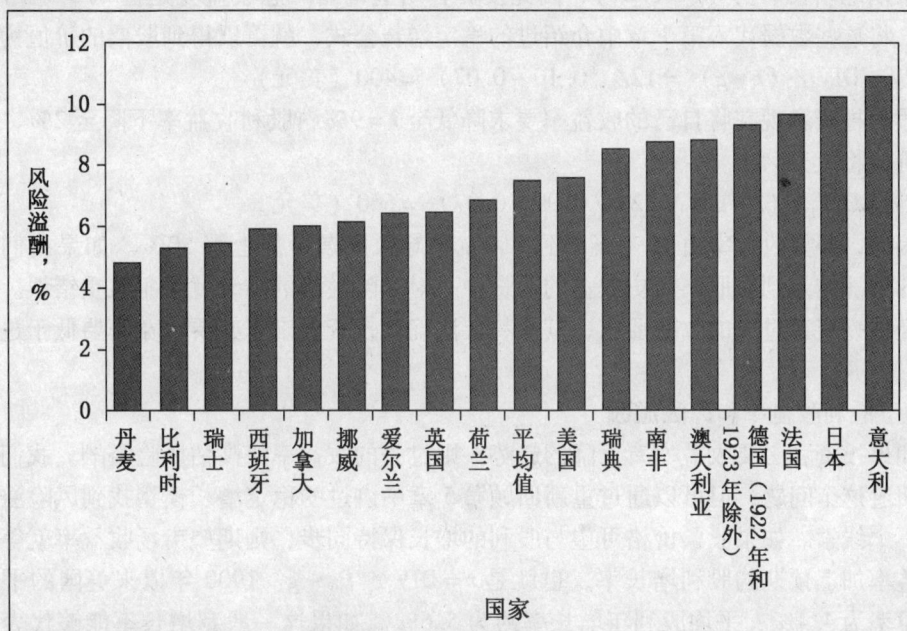

资料来源：E. Dimson, P. R. Marsh, and M. Staunton, Triumph of the Optimists：101 Years of Investment Returns（Princeton, NJ：Princeton University Press, 2002），with updates provided by the authors. © 2002 Reprinted by permission of Princeton University Press.

图 8—3 中，丹麦的普通股股票收益率在这些国家中最低，丹麦的平均风险溢酬仅有 4.9%。很明显，最大的赢家是意大利，其风险溢酬高达 11.0%。各国之间风险溢酬在一定程度上反映了风险的不同。例如，意大利的股票波动尤其大，因此其投资者也就会要求更高的补偿。但要记住，准确把握投资者必要收益率（required return）是非常困难的，即使你得出的结论是所有国家的期望风险溢酬都相同，可能错误也不至于太大。

理由 2

有些年份中，美国股票价格的增长速度超过了公司股利或利润的增长。比如 1950 年至 2000 年间，美国的股利收益率由 7.2% 降到了 1.1%。投资者不大可能预料到股利收益率下跌幅度如此之大，因此这段期间内实现的收益率有一部分是出人意料的。

有人认为世纪末的低股利收益率反映了市场的乐观情绪，人们看好新经济，认为它将带来利润的高涨。但也有人认为，股利收益率跌落是因为市场风险溢酬的下降。或许共同基金的发展使个人投资者分散风险变得更加容易；或许养老金及其他金融机构已经

①参见 E. Dimson, P. R. Marsh, and M. Staunton, Triumph of the Optimists：101 Years of Investment Returns（Princeton, NJ：Princeton University Press, 2002）。

认识到，将部分资金投资于海外可以降低风险。如果与过去相比，投资者可以降低风险，那么他们就可能满足于更低的收益水平。

为说明风险溢酬的下降如何导致普通股股票价格的上升，假设有只股票将在下一年支付 12 美元的股利（$DIV_1 = 12$）。股票的股利收益率为 3%，股利预期每年以 7% 的比率无限期地增长下去（$g = 0.07$），因此投资者期望得到的总收益就是：$r = 3\% + 7\% = 10\%$。将这些数据代入第 3 章中介绍过的稳定增长公式，就可以得到股票的价值为：

$$PV = DIV_1 / (r - g) = 12 / (0.10 - 0.07) = 400 （美元）$$

假设投资者现在将自己的收益率要求降低至 $r = 9\%$，股利收益率下降至 2%，则股票的价值将上升为：

$$PV = DIV_1 / (r - g) = 12 / (0.09 - 0.07) = 600 （美元）$$

因此，必要收益率由 10% 下降到 9% 就会导致股票价值上涨 50%。如果我们将此价值的上涨纳入到对股票历史收益的衡量中，对风险溢酬的估计就会犯双重错误。首先将会高估投资者过去的收益要求；其次将无法确认投资者未来必要收益率要低于过去的要求。

8.1.3 股利收益率和风险溢酬

如果投资者必要收益率有下降的趋势，则过去的收益率将高估风险溢酬。我们不能完全回避这个问题，但可以通过重新回顾第 5 章中讲过的稳定增长模型找到风险溢酬的另外一个线索。如果股票价格可望与股利的增长保持同步，则期望市场收益率就等于股利收益率加上预期的股利增长率，也就是 $r = DIV_1 / P_0 + g$。1900 年以来美国的平均股利收益率为 4.4%，平均股利年增长率约为 5.6%。如果这一股利增长率能够代表投资者的预期，则这段时间内的期望市场收益率就应该是：$DIV_1 / P_0 + g = 4.4\% + 5.6\% = 10.0\%$，即比无风险利率高 6.0%。这一数值比表 8—1 中报告的实现的风险溢酬低 1.6%。[①]

1900 年以来股利收益率平均是 4.4%，但从图 8—4 中可以看出，股利收益率波动得非常剧烈。1917 年年末，股票提供的收益率为 9.0%；而到 2000 年，收益率仅为 1.1%。可能有时你会听财务经理们建议说，股利收益率非常低的时候，像 2000 年，资本是相当便宜的。这种论断正确吗？公司应不应该调整其资本成本以反映收益率的这种变化呢？

要注意，图 8—4 中收益率的变化仅有两个可能的原因。一个是，在有些年份，投资者对未来的股利增长率 g 表现出了出乎寻常的乐观或者悲观。另一个是，必要收益率 r 异乎寻常地高或低。对股利收益率行为进行过研究的经济学家得出结论，这些变化几乎与后来的股利增长率没有任何关系。如果他们是正确的，那么收益率水平应该是在告诉我们与投资者必要收益率有关的信息。

---

① 参见 E. F. Fama and K. R. French，"The Equity Premium," *Journal of Finance* 57 （April 2002），pp. 637 - 659. Fama 和 French 甚至给出了更低的风险溢酬估计值，尤其是在这段期间的后半段。这种差异部分反映了这样的事实，即他们将风险溢酬定义为市场收益率与商业票据利率的差额。除了 1900 年至 1918 年，表 8—1 中使用的利率都是美国国库券的利率。

图 8—4　　　1900 年以来美国的股利收益率

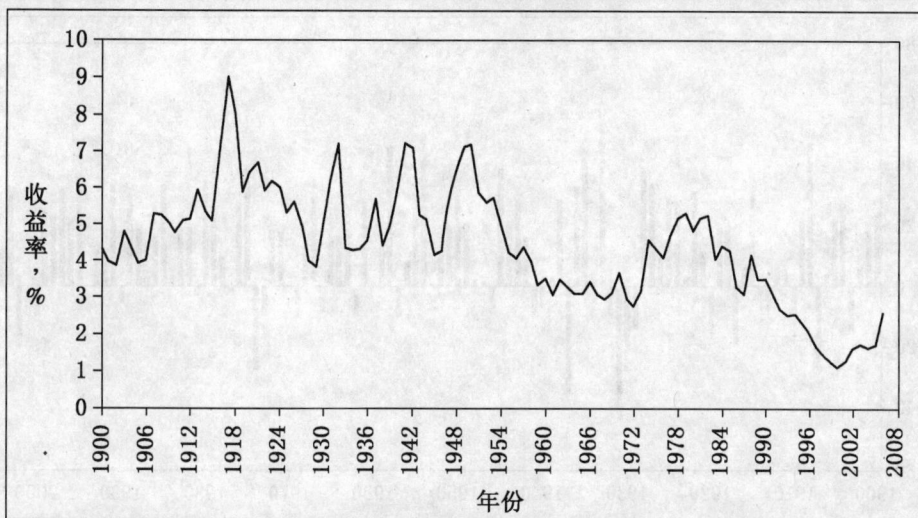

图 8—4　1900 年以来美国的股利收益率

实际上确实是这样。股利收益率的下降预示着投资者在接下来的几年里期望能够得到的风险溢酬的下降。因此，当收益率相当低时，公司减少其未来几年期望收益率的做法就是正确的。但是，股利收益率的变化无法告诉公司在接下来 10 年或 20 年期望风险溢酬的信息。看起来应该是这样的，当估计更长时期投资折现率的时候，公司忽略股利收益率各年波动的做法是很安全的。

这样的争论只能导出一条无可争辩的结论，即不要相信任何自称知道投资者期望收益的人。历史资料确实提供了线索，但我们最终还是要判断平均而言，投资者的收益率是否都得到了满足。不少金融经济学家以历史数据为基础，因此采用了约为 7.5% 的风险溢酬，其余的则普遍采用了稍低的数值。Brealey、Myers 和 Allen 对此问题不代表官方的立场，但我们相信，在美国，风险溢酬在 5% 至 8% 的范围内取值是合理的。

8.2　投资组合风险衡量

现在你已经掌握了好几个标准。你知道了无风险项目的折现率，也估计得出了具有市场平均风险水平的项目收益率，但对不属于这两种简单情况的资产，你还不知道该如何估计它们的折现率。要做到这一点，你还要学会：（1）如何衡量风险；（2）风险与要求的风险溢酬之间的关系如何。

图 8—5 列示了美国普通股股票 107 年以来的年收益率。可以看出，年与年之间的收益率波动幅度非常大，最高的年收益率为 1933 年的 57.6%，这是 1929 年至 1932 年股票市场崩溃后的部分反弹。但是，损失超过 25% 的也有 5 年，最差的是 1931 年的 −43.9%。

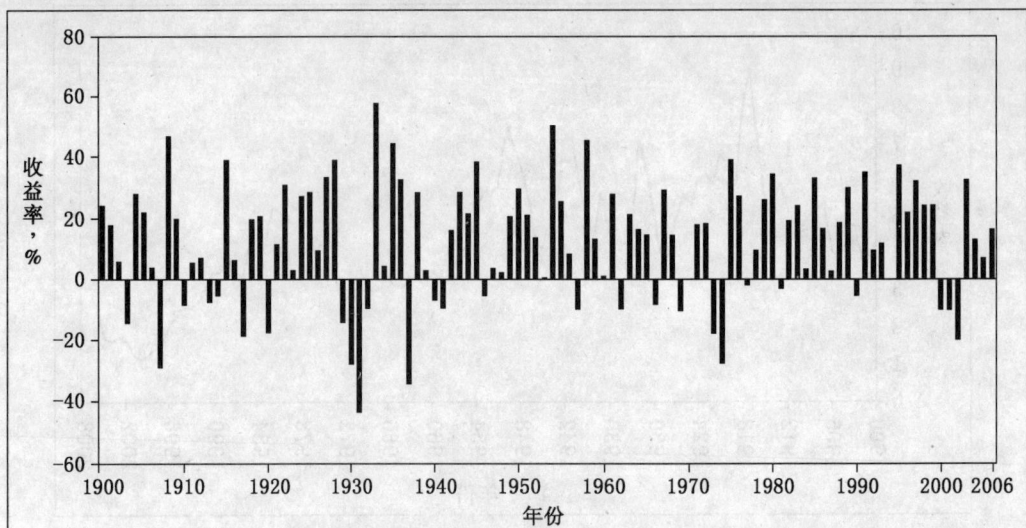

| 图 8—5 | 股票市场投资盈利性很强，但波动性非常大 |

资料来源：E. Dimson, P. R. Marsh, and M. Staunton, *Triumph of the Optimists：101 Years of Investment Returns*（Princeton, NJ：Princeton University Press, 2002），with updates provided by the authors. © 2002 Reprinted by permission of Princeton University Press.

也可以利用直方图或频率分布图来列示这些数据，结果如图 8—6 所示，此时不同年份收益的波动性通过收益结果"范围"分布相当广泛来体现。

8.2.1 方差和标准差

方差（variance）和标准差（standard deviation）是衡量统计变量变动幅度的标准统计方法。市场收益率的方差是它偏离市场期望收益率的平方的期望值，换句话说就是，

$$\bar{r}_m \text{ 的方差} = (\bar{r}_m - r_m)^2 \text{ 的期望值}$$

其中，$\bar{r}_m$ 是实际收益率，r_m 是期望收益率。[①] 标准差就是方差的平方根：

$$\bar{r}_m \text{ 的标准差} = \sqrt{\bar{r}_m \text{ 的方差}}$$

标准差通常用 σ 表示，方差通常用 σ^2 表示。

[①] 又一个技术注解：当方差是根据收益率的观测样本估计时，我们把这些偏差的平方相加，并除以 $N-1$，其中 N 是观测到的样本数量。除以 $N-1$，而不是除以 N，是为了纠正所谓的自由度损失（the loss of a degree of freedom），具体的公式为：

$$\bar{r}_m \text{ 的方差} = \frac{1}{N-1} \sum_{t=1}^{N} (\bar{r}_{mt} - r_m)^2$$

其中，$\bar{r}_{mt}$ 是第 t 期的市场收益率，r_m 是 $\bar{r}_{mt}$ 价值的均值。

年数

收益率，%

（直方图：横轴为收益率 %，分组为 -50 至 -40、-40 至 -30、-30 至 -20、-20 至 -10、-10 至 0、0 至 10、10 至 20、20 至 30、30 至 40、40 至 50、50 至 60；纵轴为年数，刻度 0、5、10、15、20、25、30）

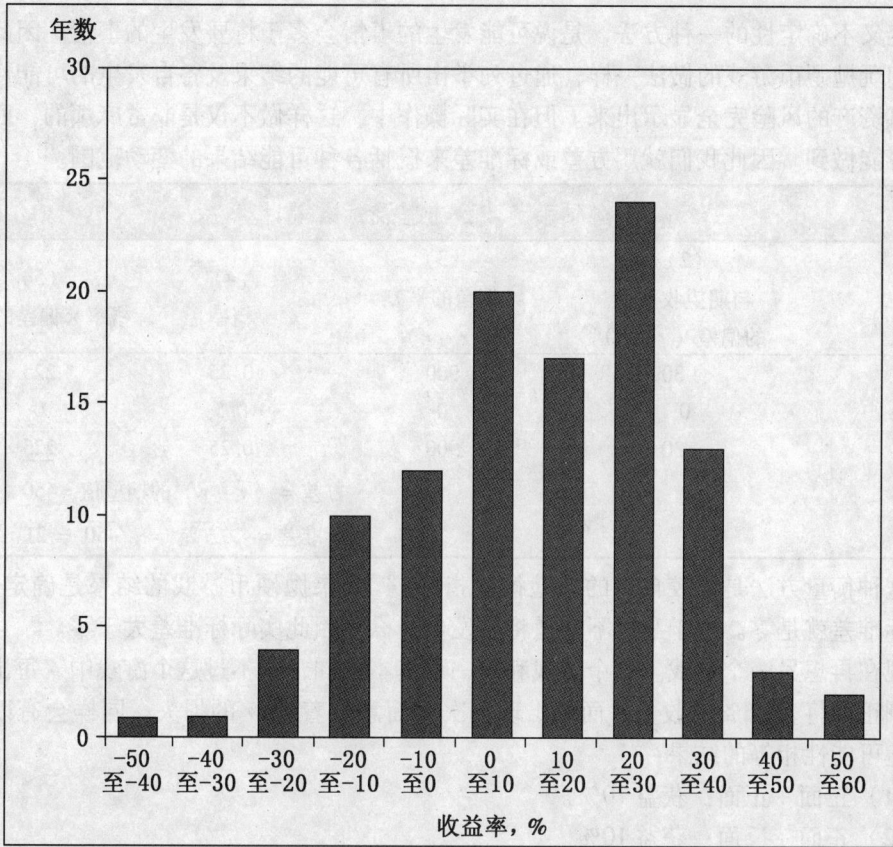

注：该图表明了普通股投资收益的分布相当广泛。

资料来源：E. Dimson，P. R. Marsh，and M. Staunton，*Triumph of the Optimists：101 Years of Investment Returns*（Princeton，NJ：Princeton University Press，2002），with updates provided by the authors. © 2002 Reprinted by permission of Princeton University Press.

以下是一个非常简单的例子，可以说明方差和标准差是如何计算的。假设你有机会参加这样一个游戏：首先你要投资 100 美元，然后要抛两枚硬币。硬币每出现一次正面，你的资金就增加20%；每出现一次反面，你的资金就减少10%。很显然，这里有四种发生可能性相等的结果：

（1）正面 + 正面：获益 40%。

（2）正面 + 反面：获益 10%。

（3）反面 + 正面：获益 10%。

（4）反面 + 反面：损失 20%。

于是你有 1/4，即 25% 的可能会赚取 40% 的收益；有 2/4，即 50% 的可能会赚取 10% 的收益；还有 1/4，即 25% 的可能会损失 20%。因此这个游戏的期望收益率，也就是可能发生结果的加权平均值就是：

期望收益率 $= 0.25 \times 40\% + 0.5 \times 10\% + 0.25 \times (-20\%) = +10\%$

表 8—2 表明，以百分比形式表示的收益的方差为 450，标准差是 450 的平方根，

即21。这一数值的单位与收益率的单位相同，这样我们就可以说，这个游戏的波动性是21%。

定义不确定性的一种方法，是说可能发生的事情会多于将要发生的事情。因此，就像我们玩抛硬币游戏的做法一样，通过列举出所有可能的结果及各自发生的可能性，就能够将资产的风险完全显示出来。但在实际操作中，这样做不仅是非常麻烦的，而且往往不可能做到。因此我们就用方差或标准差来概括各种可能结果的变动范围。[①]

表8—2		抛硬币游戏：方差及标准差计算		单位:%
(1) 收益率（$\bar{r}$）	(2) 与期望收益率 的偏差（$\bar{r}-r$）	(3) 偏差的平方 （$\bar{r}-r$）^{2}	(4) 概率	(5) 概率×偏差的平方
+40	+30	900	0.25	225
+10	0	0	0.5	0
−20	−30	900	0.25	225

$$方差 = （\bar{r}-r）^2 的期望值 = 450$$
$$标准差 = \sqrt{方差} = \sqrt{450} = 21$$

这种衡量方法是比较自然的风险衡量指标。[②] 如果抛硬币游戏的结果是确定的话，那么标准差就是零。由于我们不知道将会发生什么，因此实际标准差大于零。

现在再想另一个游戏。这个游戏和前一个基本相同，只不过这个游戏中，每出现一次溢酬正面将有35%的收益，而每出现一次反面意味着25%的损失。同样会有以下四种发生可能性相等的结果：

(1) 正面＋正面：获益70%。

(2) 正面＋反面：获益10%。

(3) 反面＋正面：获益10%。

(4) 反面＋反面：损失50%。

这个游戏中，期望收益率与前一个的完全相同，都是10%。但其标准差是前一个的两倍，42%和21%。根据这一数据来衡量可以说，第二个游戏的风险是第一个风险的两倍。

8.2.2 衡量波动性

原则上来说，你可以利用刚才描述过的步骤来估计任意一个股票或债券组合的波动性。你可以先确定所有可能发生的结果，然后给出发生每一个结果的概率，再计算出其波动性。但概率从哪里来呢？你不可能从报纸上找到它们，因为报纸似乎是在尽力回避对证券前景给予明确的论述。我们曾经读到过这样一篇文章，文章题为"债券价格可能正面临着大幅涨跌（Bond Prices Possibly Set to Move Sharply Either Way）"。股票经

[①] 至于要用这两个当中的哪一个，完全取决于方便程度。由于标准差的单位与收益率的单位一致，一般使用标准差比较方便。但是，当我们探讨某种因素引发的风险所占的比例时，往往会使用方差。

[②] 我们将在第9章讲到，如果收益率服从正态分布的话，标准差和方差就是衡量风险的正确的方法。

纪人基本上也是一样。如果你向你的经纪人询问市场的可能走向，可能你会得到类似这样的回答：

市场当前似乎正在经历一个整合期。就中线来说，只要经济的恢复能够持续下去，我们就可以持有这样的建设性观点。今后 1 年内，市场可能上扬 20%，如果通货膨胀不严重的话反弹还可能更多。另一方面……

这种模棱两可的回答（delphic oracle）能给出一些建议，但没有涉及事情发生的可能性。

大多数财务分析人员首先从观察过去的波动性开始。当然，事后聪明是没有什么风险的，但从历史上看具有高度波动性的投资组合，认为其未来的表现也会不可预测，这样的想法也是很好理解的。

1900 年至 2006 年间，我们的三个投资组合的年标准差和方差表现如下[①]：

投资组合	标准差（σ）	方差（σ^2）
国库券	2.8	7.8
政府债券	8.1	66.4
普通股股票	19.8	391.5

正如我们所预料的那样，国库券是波动性最小的证券，股票的波动性最大，而政府债券则处于中间位置。

如果把抛硬币游戏和股票市场当成两个可供选择的方案进行比较，你会发现一个非常有趣的现象。股票市场产生的年均收益率是 11.7%，其标准差为 19.8%；而抛硬币游戏相应的数值分别为 10% 和 21%，也就是收益率稍低，但波动性却非常接近。也许你的赌友正是最原始的股票市场参与者的代表吧！

图 8—7 比较了 17 个国家同样的 107 年间股票市场收益的标准差。加拿大的标准差最低，约为 16.8%，而其他国家的标准差大多数都集中在比 20% 稍低一些的区间内。

当然，我们不可能假设市场的波动性在 100 多年的时间里一直保持不变。比如说，与第二次世界大战前以及大战期间相比，德国、意大利和日本的经济现在已经稳定多了。从图 8—8 中也可以看出，目前美国经济的波动性也比 20 世纪 30 年代大萧条时期明显要低了。[②]

---

① 在讨论债券的风险时，要注意必须指定一个时期的期间，而且要明确自己谈论的是名义利率还是实际利率。对一个持有债券直到到期日的投资者来说，长期政府债券的名义收益率绝对是最确定的。换句话说，如果我们忽略通货膨胀因素，它就是无风险的。毕竟，政府总能印制足够的钞票来清偿其所欠的债务。但是国库券的实际收益却是不确定的，因为没有人知道未来的一元钱到底能买到多少东西。

② 这些估计是根据月收益率得出的。按每 10 年估计波动性的话，仅使用年观测值是不够的。可以用月方差乘以 12 转换成年方差，也就是说，月收益率的方差是年方差的 1/12。持有证券或投资组合的时间越长，承担的风险就越大。

这一转换假设连续数月的月收益率具有统计的独立性。实际上，在第 12 章中我们将看到，这是一个非常好的假设。

由于方差与证券或投资组合的观测时间间隔长度近似地成比例关系，因此标准差与时间间隔长度的平方根成比例关系。

图 8—8 并不支持近年来股价波动尤为剧烈这样一种广泛现象。不过也确实存在一些波动性极高的极端时期。1987 年 10 月 19 日的黑色星期一，美国市场在一天之内狂泻 23%。黑色星期一所在的那一周市场的标准差相当于一年的 89%。幸运的是，股灾几周之后，波动性就下降，并恢复到了正常水平。

图 8—7　　世界各国的市场风险（年收益率的标准差），1900—2006

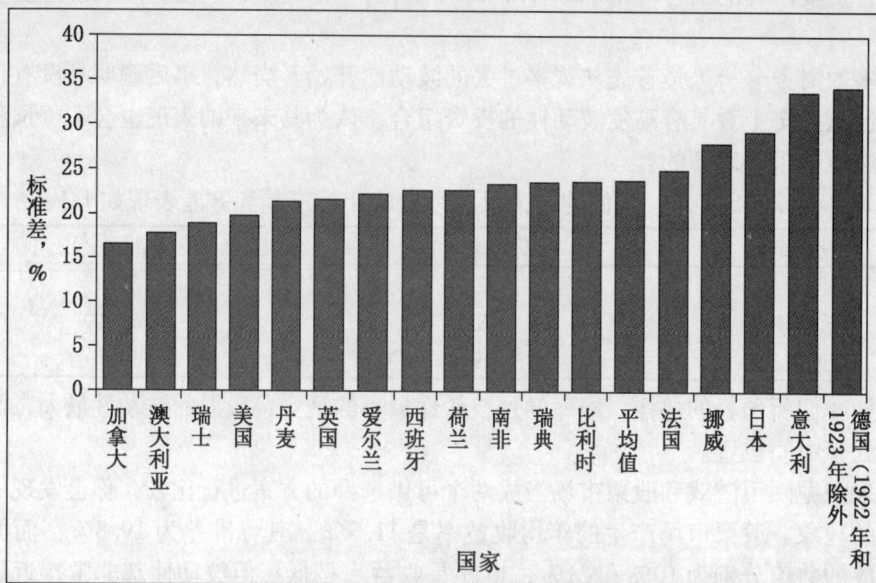

资料来源：E. Dimson, P. R. Marsh, and M. Staunton, *Triumph of the Optimists：101 Years of Global Investment Returns*（Princeton, NJ：Princeton University Press, 2002），with updates provided by the authors. © 2002 Reprinted by permission of Princeton University Press.

图 8—8　　道琼斯工业平均指数 52 周变化的年标准差，1900—2006

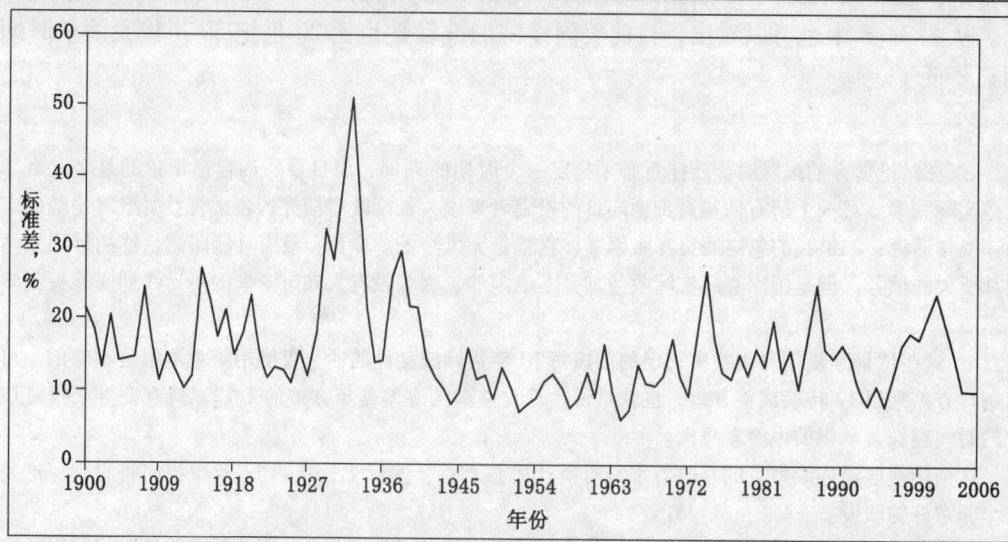

8.2.3 多样化投资如何降低风险

对波动性衡量方法的计算无论对个别证券的投资还是投资组合都是适用的。当然，相对于市场组合来说，计算一个特定公司100多年的波动性水平没有多大的意义，因为很少有这样的公司，它在目前面临的商业风险仍跟一个多世纪之前面临的一样。

表8—3列示出了最近5年期间内10只著名股票标准差的估计值。[①] 在你看来，这些标准差数值高吗？应该是很高的，这期间市场组合的标准差大约为16%。在个股中，只有亨氏（Heinz）公司的标准差接近这一数值。亚马逊（Amazon.com）股票的波动性几乎是市场组合的3倍。

表8—3	美国部分股票的标准差，2001年7月至2006年6月（单位：每年百分比）		
股票	标准差（σ）	股票	标准差（σ）
亚马逊（Amazon）	56.0	微软（Microsoft）	24.4
星巴克（Starbucks）	29.9	沃尔玛（Wal-Mart）	19.8
波音（Boeing）	29.8	辉瑞（Pfizer）	19.2
IBM	29.7	埃克森美孚（ExxonMobil）	19.2
迪斯尼（Disney）	27.7	亨氏（Heinz）	16.5

再看一下表8—4，该表列示了从不同国家选出的一些著名股票及其所在交易市场的标准差。其中有些股票的波动性明显要比其他的大得多，但我们会再次发现，大多数个股的波动性确实比市场指数的波动性更大。

表8—4	部分外国股票及其所在的交易市场指数的标准差，2001年7月至2006年6月（单位：每年百分比）						
股票	标准差（σ）	所在市场	标准差（σ）	股票	标准差（σ）	所在市场	标准差（σ）
Alcan	29.7	加拿大	12.3	LVMH	31.0	法国	19.4
英国石油（BP）	18.4	英国	14.1	雀巢（Nestlé）	13.8	瑞士	22.8
德意志银行（Deutsche Bank）	30.1	德国	9.8	诺基亚（Nokia）	42.1	芬兰	27.8
菲亚特（Fiat）	35.9	意大利	21.1	索尼（Sony）	32.5	日本	17.7
喜力（Heineken）	17.2	荷兰	22.8	阿根廷电信（Telefonica de Argentina）	84.4	阿根廷	43.9

这就产生了一个重要的问题：既然市场组合是由个股组成的，那为什么市场组合的波动性不能反映它的各个组成个股波动性间的平均值呢？原因就在于，多样化投资可以降低波动性。

即使是稍作多样化投资也可以大大地减少波动性。假设你可以计算并比较2000年至2005年间一只股票的投资组合、两只股票的投资组合、五只股票的投资组合等的标准差。从图8—9就可以看出，多样化投资可以将收益的波动性削减一半。但要注意，

---

① 这些标准差仍是以每月数据计算出来的。

仅用相对较少的股票你就能获得这种削减波动性的收益，当证券数量增加到超过，比如说 20 只或 30 只时，波动性的下降幅度就很小了。[1]

图 8—9　随机选取的包含不同数量的纽约证券交易所股票投资组合的风险（标准差）

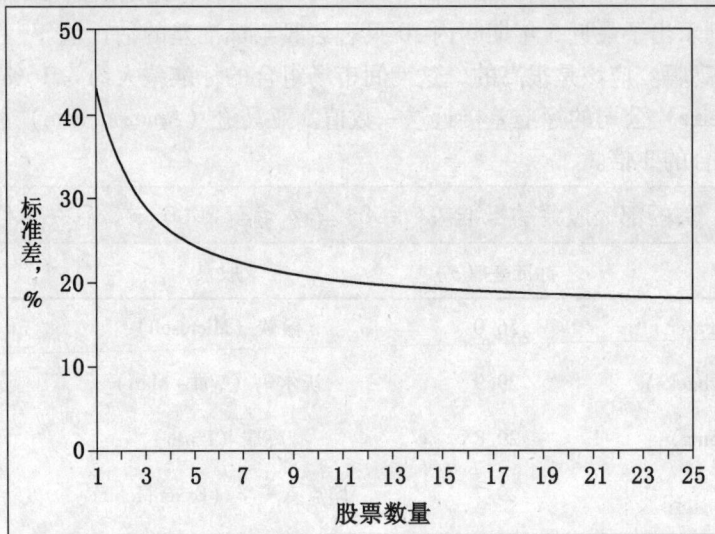

注：从图中我们可以看到，多样化投资在开始时使风险急剧降低，然后降低幅度越来越慢。

多样化投资之所以能够起作用，是因为不同股票的价格不是恰好同样变动，用统计学家们的话说，股票价格的变动是不完全相关的。例如，看图 8—10，前面两个方块分别列示了到 2006 年 6 月为止的 60 个月期间 IBM 和波音公司股票月收益率的直方图。我们曾在表 8—3 中给出，这一期间内它们月收益的标准差大约为 30%。尽管这样，但如果你将你所有的资金投资于 IBM，你的投资将有 6 次至少会损失投资的 10%；而如果你将全部资金投资于波音公司的股票，可能会有 5 次你至少要损失投资的 10%。现在再来看一下图 8—10 中的第三个直方图，它列示的是平均投资于 IBM 和波音公司股票的投资组合的月收益率的分布情况。你会发现，很多情况下一只股票价值的下降会被另一只股票价格的上升所抵消，[2] 因此即使是这样有限的多样化投资也能使收益变得更加平滑，去掉了很多的峰值和低谷。例如，现在的投资组合中，任意一个月内损失超过 10% 的可能性大体被降低了一半，这可以从两种股票投资组合较低的标准差数值上体现出来。

---

① 有证据表明，近年来个股的风险更高了，但涨跌的同步性却在降低。因此多样化投资降低波动性的好处更大了。参见 J. Y. Campbell, M. Lettau, B. G. Malkiel, and Y. Xu, "Have Individual Stocks Become More Volatile? An Empirical Exploration of Idiosyncratic Risk," *Journal of Finance* 56（February 2001），pp. 1 - 43。

② 这期间这两种股票收益的相关系数是 0.5。

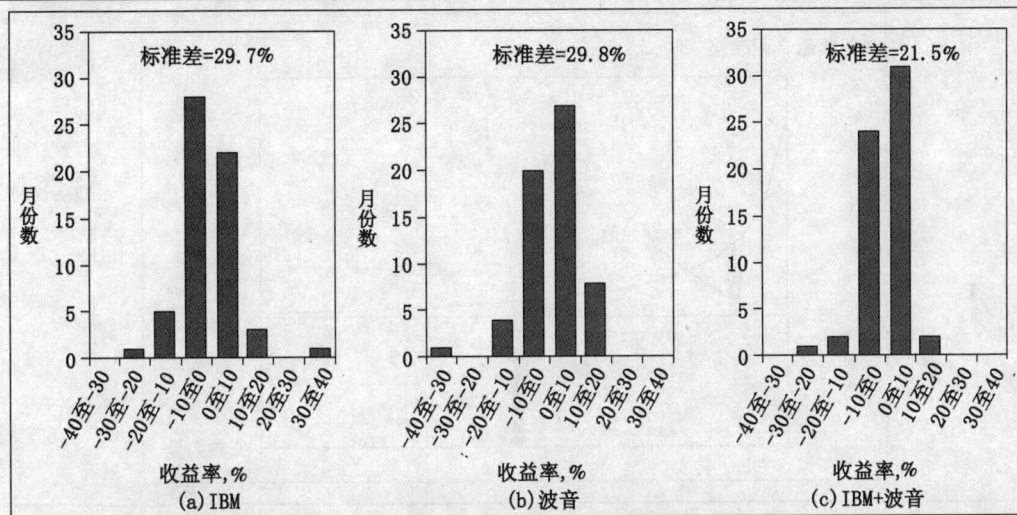

图 8—10　等量持有IBM和波音公司股票的投资组合收益的波动性低于单只股票的波动性，收益数据取自2001年7月至2006年6月

　　通过多样化投资可以消除的风险叫做**个别风险（unique risk）**。① 个别风险来源于这样的事实，即困扰单个公司的很多威胁是其自身特有的，可能就来源于它的直接竞争对手。但还存在一些风险，无论你怎样进行多样化投资都不可能避免，这样的风险通常叫做**市场风险（market risk）**。② 市场风险来源于这样的事实，即经济生活中还有一些其他因素会对所有的企业都造成威胁。正因为如此，股票才会有同涨同跌的趋势，而这也是无论投资者拥有多少只股票他们还是必须接受市场不确定性的原因。

　　图 8—11 中我们把风险分成了两部分：个别风险和市场风险。如果你只有一只股票，那么个别风险是非常重要的；而一旦你拥有了 20 只或更多只股票组成的投资组合，多样化就分散掉了大部分的个别风险。如果投资组合的多样化充分有效，它将只受市场风险的影响。因此对于进行了多样化投资的投资者来说，不确定性的主要来源就是市场的上涨或下跌而导致的投资组合相应的上涨和下跌。

① 个别风险也被称为非系统风险（unsystematic risk）、剩余风险（residual risk）、特定风险（specific risk）或可分散风险（diversifiable risk）。

② 市场风险又被称为系统风险（systematic risk）或不可分散风险（undiversifiable risk）。

图 8—11　　　　　　　　　　多样化投资消除了个别风险

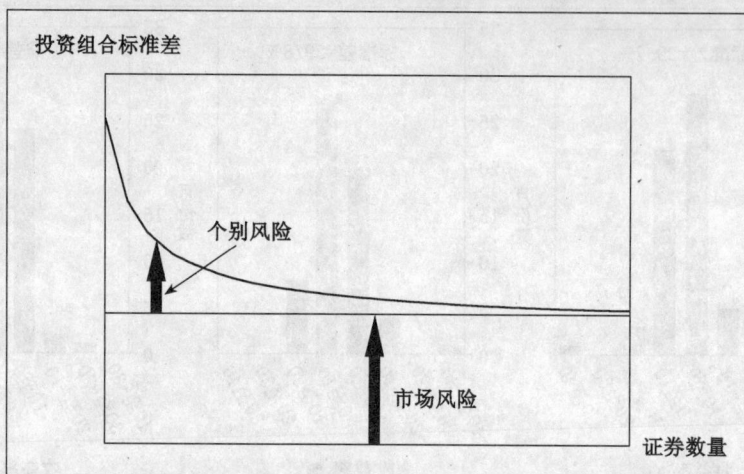

投资组合标准差

个别风险

市场风险

证券数量

注：但有一部分风险是不能通过多样化消除的，这就是市场风险。

8.3　投资组合风险计算

对于多样化投资如何减少风险我们已经给出了一个比较直观的概念，但要完全理解多样化投资的作用，我们还需要知道投资组合的风险和个股风险的依赖关系。

假设你的投资组合中有 60% 投资于沃尔玛，剩下的投资于 IBM。预计在未来的一年内，沃尔玛将给你带来 10% 的收益率，IBM 的是 15%。此时，你的投资组合的期望收益率就只是单个股票期望收益率的加权平均数：[①]

投资组合的期望收益率 = 0.60 × 10% + 0.40 × 15% = 12%

计算投资组合的期望收益率是非常简单的，难的是如何计算投资组合的风险。过去，沃尔玛收益的标准差是 19.8%，而 IBM 的是 29.7%。你相信这些数字很好地估计了未来可能结果的偏差，于是一开始，你也许倾向于假设投资组合的标准差就是两种股票标准差的加权平均数，也就是 0.60 × 19.8% + 0.40 × 29.7% = 23.8%。但只有当这两种股票价格的变动完全一致时，这个假设才是正确的。其他任何情况下，多样化都能够把风险降至这一数值以下。

两种股票组成的投资组合风险的具体计算程序如图 8—12 所示。我们需要填满四个方格。对于左上方的方格，必须用股票 1 的收益率的方差（σ_1^2）乘以其投资比重的平方（x_1^2）；同样，对右下角的方格，要用股票 2 的收益率的方差（σ_2^2）乘以其投资比重的平方（x_2^2）。

对角线上的这两个数值取决于股票 1 和股票 2 的方差，而另两个方格的数值则取决于它们之间的**协方差（covariance）**。正如你猜想的那样，协方差是衡量两种股票"相

---

①　让我们验证一下。假设你对沃尔玛投资了 60 美元，对 IBM 投资了 40 美元，于是沃尔玛的期望收益应为：0.10 × 60 = 6（美元），IBM 的为：0.15 × 40 = 6（美元），你的投资组合的期望收益则是：6 + 6 = 12（美元），投资组合的收益率为：12/100 = 0.12，即 12%。

互变动"程度的指标，它可以用两种股票的标准差及相关系数 ρ_{12} 表示如下：[1]

　　股票 1 和股票 2 的协方差 $= \sigma_{12} = \rho_{12}\sigma_1\sigma_2$

| 图 8—12 | 两种股票组成的投资组合的方差是四个方格相加之和 |

注：其中，x_1、x_2 = 股票 1 和股票 2 的投资比重；σ_1^2、σ_2^2 = 股票收益的方差；σ_{12} = 股票收益的协方差（$\rho_{12}\sigma_1\sigma_2$）；$\rho_{12}$ = 股票 1 和股票 2 收益的相关系数。

　　大多数股票都是同涨同跌的，此时相关系数 ρ_{12} 就为正值，因此协方差 σ_{12} 也是正值；如果未来两种股票可能变得毫无关系，那么相关系数和协方差就都变为零；如果两种股票变动趋势相反，那么相关系数和协方差就都是负的。正如将投资比重的平方作为方差的权重一样，我们必须将持有两种股票的比重 x_1 和 x_2 的乘积作为其协方差的权重。

　　一旦你完成了这四个方格，只要将这四项相加就可以得到投资组合的方差：

　　投资组合的方差 $= x_1^2\sigma_1^2 + x_2^2\sigma_2^2 + 2(x_1x_2\rho_{12}\sigma_1\sigma_2)$

　　当然，投资组合的标准差就是其方差的平方根。

　　现在我们就可以试着将沃尔玛和 IBM 的数值代入方格。前面我们说过，如果两种股票完全相关，则投资组合的标准差将位于两种股票标准差 40% 的位置上。下面我们将 $\rho_{12} = +1$ 填入这些方格，对这一结果进行验证。

	沃尔玛	IBM
沃尔玛	$x_1^2\sigma_1^2 = 0.6^2 \times 19.8\%^2$	$x_1x_2\rho_{12}\sigma_1\sigma_2 = 0.6 \times 0.4 \times 1 \times 19.8\% \times 29.7\%$
IBM	$x_1x_2\rho_{12}\sigma_1\sigma_2 = 0.6 \times 0.4 \times 1 \times 19.8\% \times 29.7\%$	$x_2^2\sigma_2^2 = 0.4^2 \times 29.7\%^2$

　　投资组合的方差就是这四项的合计数：

---

　　[1] 协方差的另一种定义方法如下：

　　股票 1 和股票 2 的协方差 $= \sigma_{12} = (\overline{r_1} - r_1) \times (\overline{r_2} - r_2)$ 的期望值

　　要注意，任意一种证券与它自身的协方差就是其方差：

　　$\sigma_{11} = (\overline{r_1} - r_1) \times (\overline{r_1} - r_1)$ 的期望值

　　　　 $= (\overline{r_1} - r_1)^2$ 的期望值 = 股票 1 的方差 $= \sigma_1^2$

投资组合的方差 = $(0.6^2 \times 19.8^2)$ + $(0.4^2 \times 29.7^2)$ + 2 × $(0.6 \times 0.4 \times 1 \times$
$19.8 \times 29.7)$

= 564.5（%）

标准差为 $\sqrt{564.5}$ = 23.8（%），即位于 19.8% 和 29.7% 之间的 40% 处。

沃尔玛和 IBM 股票价格的变动并不是完全一致的，如果过去的经验确实具有指导意义，那么这两种股票的相关系数大约为 0.35。将 ρ_{12} = +0.35 重新代入上述计算过程，则有：

投资组合的方差 = $(0.6^2 \times 19.8^2)$ + $(0.4^2 \times 29.7^2)$ + 2 × $(0.6 \times 0.4 \times$
$0.35 \times 19.8 \times 29.7)$

= 381.1（%）

标准差为 $\sqrt{381.1}$ = 19.5（%），现在这一风险小于 19.8 和 29.7 之间的 40% 了。实际上，它比单独投资于沃尔玛的风险还要稍小一些。

当两种股票为负相关时，多样化投资带来的收益最大。但遗憾的是，在真实的股票上这种情况基本上从来不会发生。但为了解释清楚这一问题，我们假设沃尔玛和 IBM 公司股票就是这样。既然已经做了不切实际的假设，那我们就再加一个：假设它们完全负相关（ρ_{12} = -1）。这种情况下：

投资组合的方差 = $(0.6^2 \times 19.8^2)$ + $(0.4^2 \times 29.7^2)$ + 2 × $[0.6 \times 0.4 \times (-1) \times 19.8 \times 29.7]$

= 0

当完全负相关情况存在时，总是存在这样的投资组合策略（由特定的组合权重确定），它能够完全消除风险。[1] 但实际情况是很糟糕的，因为普通股之间完全负相关的情形不可能真的出现。

8.3.1 投资组合风险的一般计算公式

计算投资组合风险的方法很容易推广到三种或三种以上证券组成的投资组合中，我们只需要填满更多的方格即可。图 8—13 中对角线上的灰色方格包括按投资比重的平方加权后的方差，其他的方格中每一个都包括相应证券的协方差，同样要以投资比重的乘积进行加权。[2]

---

[1] 由于 IBM 的标准差是沃尔玛的 1.5 倍，因此在这两种股票组成的投资组合中，沃尔玛的投资额必须是 IBM 的 1.5 倍，这样才能消除风险。

[2] 将"所有方格相加"也可以表示为：

投资组合的方差 = $\sum_{i=1}^{N} \sum_{j=1}^{N} x_i x_j \sigma_{ij}$

注意，当 $i = j$ 时，σ_{ij} 就是股票 I 的方差。

注：为求出由 N 种股票组成的投资组合的方差，我们必须在矩阵中像这样增加一些方格。对角线上的方格是方差（$x_i^2\sigma_j^2$）；非对角线上的方格是协方差（$x_ix_j\sigma_{ij}$）。

8.3.2 多样化投资的局限性

你是否注意到，在图 8—13 中，当我们在投资组合中加入更多证券时，协方差就显得尤为重要。当只有两种证券时，方差的方格数与协方差的方格数相同；但当有更多证券时，协方差的方格数就要比方差的方格数大得多。因此，多样化投资有效的投资组合的波动性主要反映的是协方差。

假设我们正在经营一个具有 N 种股票的投资组合，该组合中每种股票的投资金额都相等。因此每一种股票所占的投资比重就都是 $1/N$。于是在每一个方差的方格中，我们要用（$1/N$）^{2} 乘以方差，在每一个协方差的方格中，我们要用（$1/N$）^{2} 乘以协方差。由于一共有 N 个方差方格和（$N^2 - N$）个协方差方格，因此：

$$\text{投资组合的方差} = N(\frac{1}{N})^2 \times \text{平均方差} + (N^2 - N)(\frac{1}{N})^2 \times \text{平均协方差}$$

$$= \frac{1}{N} \times \text{平均方差} + (1 - \frac{1}{N}) \times \text{平均协方差}$$

我们注意到，随着 N 的增大，投资组合的方差逐渐趋近于平均协方差。如果平均协方差为零，就有可能通过持有足够多的证券种类来消除所有风险。但遗憾的是，普通股的变动趋势一般都是相同的，价格的变动并不是独立的，因此，投资者实际所能购买的股票绝大多数被一个正的协方差捆绑在了一起，因此限制了多样化投资的收益。现在我们就能理解图 8—11 中列示的市场风险的精确含义了，它实际上就是多样化投资发挥作用之后剩余的、构成风险基础的平均协方差。

8.4 单个证券如何影响投资组合风险

前面我们曾经展示过 10 种美国个别证券波动性的数据，其中亚马逊的标准差最高，亨氏的最低。如果你单独持有亚马逊，那么你的可能收益的范围就要比单独持有亨氏的多 3 倍。但这个事实没有多大意义。聪明的投资者不会将所有的鸡蛋都放在同一个篮子里：他们都通过多样化投资来降低风险，因此他们感兴趣的是每只股票对投资组合风险的影响。

这就带来了本章的一个主要议题：有效分散（well-diversified）的投资组合，其风险取决于投资组合中所有证券的市场风险。要是你无论如何也记不住这句话，就把它印在你的脑门上吧，因为它是本书最重要的观点之一。

8.4.1 市场风险是用贝塔来衡量的

如果你想知道单个证券对有效分散的投资组合风险的影响，单独考虑持有这一证券的风险是没有意义的。我们要衡量它的市场风险（market risk），而这就要求衡量这一证券对市场波动的敏感性，这种敏感性被称为**贝塔（β）系数**。

贝塔大于 1.0 的股票会将整个证券市场的波动放大，贝塔处于 0 和 1.0 之间的股票与市场波动的方向相同，但波动幅度没有市场那么剧烈。当然，市场是由所有股票组成的投资组合，因此"平均"股票的贝塔系数就是 1.0。表 8—5 报告了我们之前提到过的 10 只著名的普通股的贝塔系数。

表 8—5	美国部分股票的贝塔系数，2001 年 7 月至 2006 年 6 月		
股票	贝塔（β）系数	股票	贝塔（β）系数
亚马逊（Amazon）	2.20	星巴克（Starbucks）	0.69
IBM	1.59	埃克森美孚（ExxonMobil）	0.65
迪斯尼（Disney）	1.26	沃尔玛（Wal－Mart）	0.57
微软（Microsoft）	1.13	辉瑞（Pfizer）	0.55
波音（Boeing）	1.09	亨氏（Heinz）	0.36

2001 年中期到 2006 年中期这 5 年当中，迪斯尼的贝塔系数为 1.26。如果未来与过去情况相似的话，那就意味着，平均来说，当市场每上扬 1%，迪斯尼的股票价格就会上涨 1.26%；如果市场下跌 2%，则迪斯尼的股票价格就会下跌 2.52%（2% ×1.26）。因此，拟合迪斯尼股票收益与市场收益关系的直线斜率就是 1.26，如图 8—14 所示。

当然，迪斯尼股票的收益与市场收益并不是完全相关的，该公司也要受其个别风险的影响，因此实际的收益将散落在图 8—14 中那条斜线的周围，而有时候迪斯尼的股票还可能与市场背道而驰。

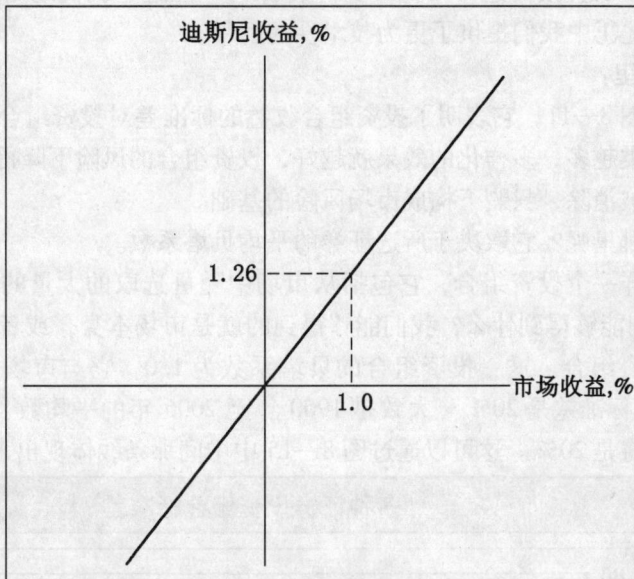

图8—14　　　　　　　　迪斯尼股票收益与市场收益关系

注：市场收益每变动1%，迪斯尼股票收益平均就变动1.26%。因此贝塔系数就是1.26。

表8—5中所列的10种股票中，迪斯尼是贝塔**系数**最高的股票之一，而亨氏的则恰好相反。用一条直线来拟合亨氏的收益与市场收益关系的话，这条线将更为平缓一些，因为其斜率只有0.36。要注意的是，很多标准差较高的股票同时贝塔**系数**也较高，但也不全是这样。比如星巴克，它的标准差非常高，但却属于低贝塔**系数**的股票，位于表8—5的右边一列。看来，如果单独持有星巴克股票，那么该投资风险将会非常大，但它却给充分分散的组合投资带来了相当低的风险。

和衡量美国市场的波动对美国股票收益的影响一样，我们也可以衡量其他国家市场的波动性对该国股票收益的影响。表8—6列示出了一些外国公司股票的贝塔系数。

表8—6	外国公司股票的贝塔系数，2001年7月至2006年6月（贝塔系数是根据股票所在市场计算得出的）		
股票	贝塔系数（β）	股票	贝塔系数（β）
Alcan	0.54	LVMH	1.26
英国石油（BP）	0.71	雀巢（Nestlé）	0.17
德意志银行（Deutsche Bank）	0.53	诺基亚（Nokia）	1.44
菲亚特（Fiat）	1.01	索尼（Sony）	1.05
喜力（Heineken）	0.31	阿根廷电信（Telefonica de Argentina）	1.05

8.4.2　为什么证券的贝塔系数决定了投资组合的风险

让我们回顾一下有关证券风险和投资组合风险的两个关键问题：

（1）市场风险构成了有效分散的投资组合的大部分风险；

（2）个别证券的贝塔系数衡量的是它对市场波动的敏感性。

这样很容易就可以得出以下的结论：在投资组合中，证券的风险是由贝塔系数来衡量的。也许我们可以直接对这一结论本身进行探讨，但这里我们还是先直观地解释一下。在 193 页脚注①中我们提供了更为技术性的解释。

1. 基础在哪里？

再回顾一下图 8—11，它表明了投资组合收益的标准差对投资组合中证券的种类的依赖性。证券种类越多，多样化的效果就越好，投资组合的风险下降得也越多，直到所有的个别风险都被消除，只剩下构成市场风险的基础。

那么基础在哪里呢？它取决于所选证券的平均贝塔系数。

假设构建这样一个投资组合，它包括从市场中随机选取的大量的证券，比如说有500 种。那么我们能够得到什么？我们能够得到的就是市场本身，或者是一个与市场本身非常接近的投资组合。这一投资组合的贝塔系数为 1.0，它与市场的相关系数也是1.0。如果市场的标准差是 20%（大致是 1900 年至 2006 年的平均数），那么这一投资组合的标准差也将是 20%。这可以通过图 8—15 中中间那条线体现出来。

图 8—15　　　　　　　　　　多种证券投资组合标准差

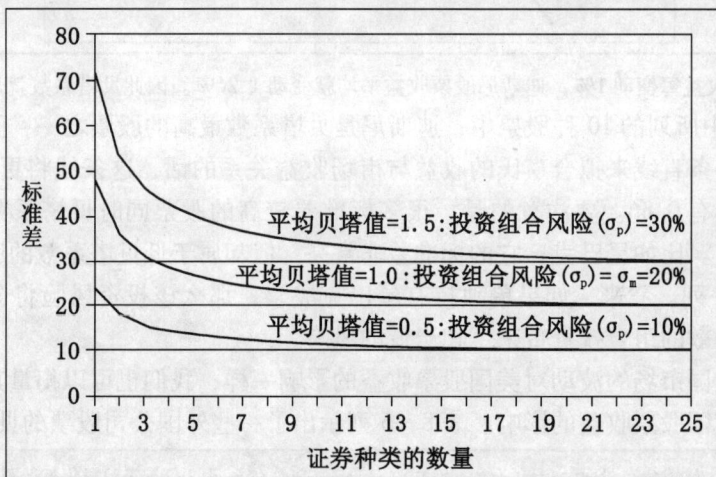

注：中间那条线表示的是由随机选取的股票组成的 β=1 的有效分散的投资组合，其标准差等于市场的标准差，本例中为 20%。上面那条线表示的是 β=1.5 的有效分散的投资组合，其标准差是市场标准差的 1.5 倍，本例中为 30%。下面那条线表示的是 β=0.5 的有效分散的投资组合，其标准差为市场的一半，约为 10%。

但是假设这个投资组合是从一组含有大量股票、平均贝塔系数为 1.5 的股票群中选择的，尽管我们又将得到一个由 500 种股票组成的没有个别风险的投资组合，因为它与市场的波动是一致的，但这一组合的标准差将是 30%，是市场标准差的 1.5 倍。① 一个有效分散的贝塔系数为 1.5 的投资组合会将市场的波动放大 50%，于是风险就是市场

---

① β=1.5 的 500 种股票的投资组合还是会略有风险的，因为我们选择的股票都是集中在高贝塔行业中的。它实际的标准差要比 30% 略高一些。如果你觉得不明白，没关系。我们将在第 9 章中说明，如何通过市场组合的借款和投资来构建完全分散的 β 等于 1.5 的投资组合。

风险的 150%。图 8—15 中最上面那条线显示了这种情况。

当然，我们也可以用贝塔**系数**等于 0.5 的股票重复这一试验，这样就会得到一个有效分散风险且仅是市场风险一半的投资组合。图 8—15 对这种情况同样进行了列示。

以上三种情况的共同点就是：一个有效分散的投资组合，其风险与其贝塔系数成正比，而投资组合的贝塔系数等于组合中包括的所有证券贝塔系数的平均值。这就说明了证券的贝塔系数对投资组合风险的决定作用。

2. 计算贝塔

统计学家将股票 i 的贝塔系数定义为：

$$\beta_i = \sigma_{im}/\sigma_m^2$$

其中，σ_{im} 是股票收益与市场收益的协方差，σ_m^2 是市场收益的方差。这一协方差与方差的比率衡量了单只股票对整个投资组合风险的影响。[①]

以下是一个计算的简单例子。表 8—7 的第 2 列和第 3 列列示了一个特定的 6 个月期间内市场收益和凤尾鱼王后（Anchovy Queen）连锁饭店股票的收益。我们可以看到，尽管两种投资都能够提供平均 2% 的收益，但凤尾鱼王后连锁饭店的股票对市场波动还是非常敏感，当市场上升时，它上升得更多；而当市场下降时，它下降得也更多。

第 4 列和第 5 列列示了每个月的收益与平均值的偏差。为计算市场方差，我们需要对市场收益偏差的平方进行平均（第 6 列）。为计算股票收益与市场的协方差，我们需要对两种偏差都进行平均（第 7 列）。β 是协方差与市场方差的比率，即 76/50.67 = 1.50。由与凤尾鱼王后股票具有相同贝塔系数的股票组成的有效分散的投资组合，其波动性将是市场波动性的 1.5 倍。

---

① 为理解其原因，再回顾一下图 8—13。图 8—13 中每一行的方格都代表了特定证券对投资组合风险的影响。例如，股票 1 的影响为：$x_1 x_1 \sigma_{11} + x_1 x_2 \sigma_{12} + \cdots = x_1 (x_1 \sigma_{11} + x_2 \sigma_{12} + \cdots)$

其中，x_i 是股票 i 的投资比重，σ_{ij} 是股票 i 和股票 j 的协方差（σ_{ii} 等于股票 i 的方差）。换句话说，股票 1 对投资组合风险的影响就等于股票 1 的持有比重（x_1）乘以股票 1 与投资组合中所有股票的平均协方差。我们还可以将此公式确切地说成，股票 1 对投资组合风险的影响等于股票 1 的持有比重（x_1）乘以股票 1 与整个市场的协方差（σ_{1p}）。

要找出股票 1 对风险的*相对*贡献，我们就直接除以投资组合的方差，得到 $x_1 (\sigma_{1p}/\sigma_p^2)$。换句话说，它就等于股票 1 的持有比重（$x_1$）乘以股票 1 对投资组合的贝塔值（$\sigma_{1p}/\sigma_p^2$）。

要计算一只股票对*任意*投资组合的贝塔系数，我们只要将其与该组合的协方差除以该投资组合的方差即可。如果我们要计算一只股票*对于市场组合*的贝塔系数，我们只需要计算它与市场组合的协方差，然后除以市场的方差即可：

$$\text{对于市场组合的贝塔系数（或简称为贝塔系数）} = \frac{\text{与市场的协方差}}{\text{市场的方差}} = \frac{\sigma_{im}}{\sigma_m^2}$$

表 8—7	计算市场收益的方差以及市场收益与凤尾鱼王后连锁饭店股票收益的协方差
	贝塔值是协方差与方差的比率（也就是，$\beta = \sigma_{im}/\sigma_m^2$）

(1) 月份	(2) 市场收益	(3) 凤尾鱼王后股票收益	(4) 市场平均收益偏差	(5) 凤尾鱼王后平均收益偏差	(6) 市场平均收益偏差的平方	(7) 平均收益偏差 (4) × (5)
1	-8%	-11%	-10	-13	100	130
2	4	8	2	6	4	12
3	12	19	10	17	100	170
4	-6	-13	-8	-15	64	120
5	2	3	0	1	0	0
6	8	6	6	4	36	24
平均	2	2		合计	304	456

$$方差 = \sigma_m^2 = 304/6 = 50.67$$

$$协方差 = \sigma_{im} = 456/6 = 76$$

$$\beta = \sigma_{im}/\sigma_m^2 = 76/50.67 = 1.50$$

8.5　分散化与价值可加性

我们已经看到，多样化（或称分散化——译者注）可以分散风险，这对投资者来说是非常有意义的。但是它对公司也有意义吗？与没有进行多样化投资的公司相比，是否进行了多样化投资的公司会更受投资者的青睐呢？如果是这样，那我们就会面临一个非常麻烦的结果了。如果将多样化投资作为公司的目标是合理的，那我们就要分析每一个项目对公司资产组合的潜在的增加值，而多样化资产的整体价值就将大于各部分的价值之和，于是现值将不再具有可加性。

毫无疑问，多样化投资是一个好的做法，但这并不意味着公司就一定要实行多样化投资。如果投资者没有能力持有大量的证券，那他们就会希望公司为他们进行多样化投资以分散风险。而实际上投资者是能够进行多样化投资的。[①] 在很多方面，投资者比公司更容易做到这一点。个人投资时可以本周投资于钢铁行业，下周就将资金抽回，但公司却不能这样做。当然，个人买卖钢铁公司的股份是要支付中介费用的，但这与公司收购一家钢铁公司，或启动新的炼钢业务相比显然是天壤之别。

也许你已经想到我们要说什么了。如果投资者能够自己进行多样化投资以分散风险，那么他就不会对进行多样化投资的公司追加额外投资。如果可供投资者选择的证券种类足够多，那么他们也不会减少其投资，因为他们不可能对每一个行业都单独地进行投资。因此，在像美国这样资本市场规模庞大、竞争激烈的国家，多样化投资既不能增加公司的价值，也不会减少公司的价值。公司总的价值只能是各部分价值之和。

这个结论对公司理财非常重要，因为它证明了现值增加的合理性。价值可加性

---

① 个人进行多样化投资的最简单方法就是购买持有多样化投资组合的共同基金。

（value additivity）这一概念相当重要，我们必须给出一个正式的定义。如果资本市场对资产 A 和资产 B 的定价分别为 PV（A）和 PV（B），则仅持有这两项资产的公司的市场价值就是：

PV（AB）＝PV（A）＋PV（B）

持有三项资产 A、B、C 的公司市场价值则为 PV（ABC）＝PV（A）＋PV（B）＋PV（C），如此类推到资产数量为任意数量的公司市场价值。

我们在此介绍的价值可加性是根据直观上的感觉作出的，但实际上，作为一条一般原则，这个概念可以通过好几种不同的方法得到证明。价值可加性的概念似乎已经得到了广泛的认可，因为每天都会有成千上万的经理们在进行着现值累加的工作，而一般情况下他们都是不假思索地就完成了这样一个过程。

本章小结

对资本市场的回顾表明，投资者的收益随证券的风险不同而不同。一个极端是，像美国国库券那样非常安全的证券，107 年以来仅提供了 4.0% 的年均收益。我们看到的风险最大的证券是普通股股票。股票市场提供的年均收益率是 11.7%，与无风险利率相比有 7.6% 的风险溢酬。

这就给我们提供了衡量资本成本的两个标准。如果我们评估的是无风险项目，那我们就应该用当前的无风险利率进行折现；如果我们评估的是具有平均风险的项目，则应该用普通股的平均期望收益率作为折现率。历史资料表明，普通股的这一收益率比无风险利率高 7.6%，但很多财务管理人员和经济学家却倾向于选择一个更低的数值。另外还有很多资产，它们并不属于这类简单情况。在处理这些资产之前，我们先要学习如何衡量风险。

风险最好在投资组合的情况下进行判断。大多数的投资者并不会将所有的鸡蛋都放在同一个篮子里：他们会进行多样化投资。因此任何一种证券的有效风险都不能仅通过对该证券本身进行考察来判断，当该证券与其他证券组成投资组合时，证券收益的不确定性就可以得到部分的分散。

投资风险意味着未来的收益是不可预见的。各种可能结果的范围通常用标准差来衡量。市场组合的标准差通常用标准普尔综合指数来表示，其年标准差一般为 15% 到 20%。

大部分单个股票的标准差比市场组合的要大，但股票的波动性有很大一部分代表的是其个别风险，它是可以通过多样化投资分散掉的。多样化投资不能分散市场风险，充分分散的投资组合只受市场总体水平波动的影响。

单个证券对有效分散的投资组合风险的影响取决于该证券受市场整体下跌影响的幅度，对市场波动的这种敏感性被称为贝塔（β）系数。贝塔系数衡量的是市场每波动 1% 时投资者对股票价格变动幅度的预期。所有股票的平均贝塔值为 1.0，贝塔值大于 1 的股票对市场的波动极其敏感，而贝塔值小于 1 的股票则对市场的波动极其不敏感。一个有效分散的投资组合的标准差与其贝塔值是成正比例的，因此对于多样化投资组合来说，投资于贝塔值为 2.0 的股票组合的风险是投资于贝塔值为 1.0 的股票组合风险的 2 倍。

本章的另一个议题是多样化投资对投资者来说是件好事，这并不意味着公司也应该进行多样化投资。如果投资者自己能够进行多样化投资，那么公司进行多样化投资就是多余的。因为多样化投资并不影响公司的价值，因此即使明确地将风险考虑在内，现值仍然是增加的。很庆幸我们有价值可加性，在这种情况下即使在不确定性发生时资本预算的净现值法则仍然能够发挥作用。本章中我们介绍了好多个公式，在本书最后对这些公式进行了复述，你最好再看一下这些公式，并确信你已理解了其含义。

推荐读物

对1926年以来美国证券业绩进行的很有价值的记录见：

Ibbotson Associates, Inc., Stocks, Bonds, Bills, and Inflation, 2007 Yearbook (Ibbotson Associates, 2007).

市场收益的国际证据，参见：

E. Dimson, P. R. Marsh, and M. Staunton, "The Worldwide Equity Premium：A Smaller Puzzle," in R. Mehra (ed.), Handbook of Investments：Equity Risk Premium 1 (North Holland, 2007).

E. Dimson, P. R. Marsh, and M. Staunton, Triumph of the Optimists：101 Years of Global Equity Returns (Princeton University Press, 2002).

对有关市场风险溢酬文献的技术性调查，参见：

M. J. Brennan, "Corporate Investment Policy," in G. M. Constantinides, M. Harris, and R. M. Stulz (eds.), Handbook of the Economics of Finance (Elsevier Science, 2003).

讨论风险溢酬的著作包括：

B. Cornell, The Equity Risk Premium：The Long – Run Future of the Stock Market. New York：Wiley, 1999).

R. Ibbotson, W. Goetzmann, and B. Kogut, The Equity Risk Premium：Research and Practice (Oxford University Press, 2004).

有若干研究探讨了多样化投资降低标准差的方法，包括：

M. Statman, "How Many Stocks Make a Diversified Portfolio?" Journal of Financial and Quantitative Analysis 22 (September 1987), pp. 353 – 364.

概念复习题

完整的本章概念复习题，请登录网站 www. mhhe. com/bma1e。

1. 解释算术平均数年收益与复利年收益之间的区别。哪一个数值更高？

2. 如果股票价格的上涨速度超过股利的上涨速度，一个可能的解释是资本成本下降了。请说明为什么。历史收益的平均值是会高估还是低估资本成本？

3. 收益的方差和标准差的计算公式是什么？

练习题

1. 有一个游戏，它提供的报酬以及发生的可能性如下所示。每玩一次游戏需要花费100美元，因此每玩一次游戏的净收益就是报酬减掉100美元。

概率	报酬（美元）	净收益（美元）
0.10	500	400
0.50	100	0
0.40	0	-100

期望的现金报酬和期望收益率是多少？计算这一收益率的方差和标准差。

2. 下表给出了美国股票市场的名义收益率和通货膨胀率：

年份	名义收益率（%）	通货膨胀率（%）
2002	-20.9	2.4
2003	+31.6	1.9
2004	+12.5	3.3
2005	+6.4	3.4
2006	+15.8	2.5

（1）市场收益率的标准差是多少？

（2）计算平均实际收益率。

3. Stephen Oblonsky 是一个一流的共同基金经理。2002 年到 2006 年他获得的以百分比表示的收益率如下所示。给出市场收益率是为了进行比较。

	2002	2003	2004	2005	2006
Oblonsky 先生	-12.1	+28.2	+11.0	+8.9	+15.0
标准普尔 500	-20.9	+31.6	+12.5	+6.4	+15.8

计算 Oblonsky 先生共同基金的平均收益率及标准差。根据这些数值来看，与市场情况相比孰优孰劣呢？

4. 以下说法是否正确：

（1）投资者倾向于对进行多样化投资的公司进行投资，因为它们的风险较小。

（2）如果股票完全正相关，多样化投资就不能降低风险。

（3）对大量的资金进行多样化投资可以完全消除风险。

（4）只有当资产不相关时，多样化投资才能起到分散风险的作用。

（5）与具有低标准差的股票相比，具有高标准差的股票对投资组合风险的分散作用较小。

（6）单个股票对充分分散的投资组合风险的影响取决于其市场风险。

（7）贝塔系数为 2.0 的充分分散的投资组合其风险是市场组合风险的两倍。

（8）贝塔系数为 2.0 的未充分分散的投资组合其风险小于市场组合风险的两倍。

5. 通过投资两种股票，下列情形中哪种可以最大限度地降低风险？

（1）两种股票完全相关。

（2）两种股票不相关。

（3）两种股票稍显负相关。

（4）两种股票完全负相关。

6. 为计算由三种股票组成的投资组合的方差，你需要填满9个方格：

利用本章中使用过的符号完成这9个方格。例如 x_1 = 股票1的投资比重；σ_{12} = 股票1和股票2的协方差。

7. 假设市场收益的标准差为20%，

（1）贝塔系数为1.3的充分分散的投资组合，其收益的标准差是多少？

（2）贝塔系数为0的充分分散的投资组合，其收益的标准差是多少？

（3）如果充分分散的投资组合标准差为15%，其贝塔系数是多少？

（4）如果未充分分散的投资组合标准差为20%，那么你将对它的贝塔系数发表什么意见？

8. 有一个投资组合，它由10种等额投资的股票组成。其中五个的贝塔系数是1.2，其余的贝塔系数是1.4，那么投资组合的贝塔系数是多少？

（1）1.3。

（2）大于1.3，因为投资组合没有做到充分分散。

（3）小于1.3，因为多样化投资导致贝塔系数降低。

9. 表8—8中列示的各股票的贝塔系数是多少？

表8—8	计算贝塔系数（见练习题第9题）	
	市场收益率为如下数值时的股票收益率	
股票	−10%	+10%
A	0	+20
B	−20	+20
C	−30	0
D	+15	+15
E	+10	−10

实务题

10. 以下是1929年至1933年美国的通货膨胀率、股票市场收益率及国库券收益率（单位:%）：

年份	通货膨胀率	股票市场收益率	国库券收益率
1929	−2	−14.5	4.8
1930	−6.0	−28.3	2.4
1931	−9.5	−43.9	1.1
1932	−10.3	−9.9	1.0
1933	0.5	57.3	0.3

（1）每年股票市场的实际收益率是多少？

（2）平均实际收益率是多少？

（3）每年的风险溢酬是多少？

（4）平均风险溢酬是多少？

（5）风险溢酬的标准差是多少？

11. 表8—3中大部分甚至全部公司的股票月调整价格都可以在标准普尔市场观察网（www.mhhe.com/edumarketinsight）或雅虎网（finance.yahoo.com）上找到。至少将三家公司的价格数据下载到 Excel 工作表中，计算每家公司月收益率的方差和标准差。可以利用的 Excel 函数是 VAR 和 STDEV。然后再将其乘以12，得出的乘积再求平方根，将月收益率的标准差转化为年标准差。与表8—3中报告的数值相比，这些公司股票的单独风险有什么变化？

12. 以下说法都是很危险或容易造成误解的，请解释原因。

（1）美国政府长期债券通常是绝对安全的。

（2）所有的投资者都应该倾向于股票投资，而不是债券投资，因为股票能够提供更高的长期收益率。

（3）对未来股票市场收益率最合实际的预测是5年或10年历史收益率的平均值。

13. Hippique s. a. 公司拥有一群赛马，它刚刚又投资了一匹体格健壮但血统有争议的神奇的黑种马。有的赛马专家预计这匹马将赢得 Prix de Bidet 奖，而其他人认为它只适合放牧。对 Hippique 公司的股东来说，这是一项具有风险的投资吗？请解释。

14. Lonesome Gulch Mines 公司股票的年标准差为42%，贝塔系数为 +0.10。Amalgamated Copper 公司股票的年标准差为31%，贝塔系数为 +0.66。请说明对于进行多样化投资的投资者来说，为什么 Lonesome Gulch 股票是一项更为安全的投资。

15. Lambeth Walk 将其资金的60%投资了股票 I，其余的投资了股票 J。股票 I 收益的标准差是10%，J 的是20%。根据以下假设计算投资组合收益的方差：

（1）两种收益的相关系数为1.0。

（2）相关系数是0.5。

（3）相关系数是0。

16. （1）对由100种股票组成的投资组合，如果想计算其风险，需要用到的方差有多少项？需要用到的协方差有多少项？

（2）假设所有股票的标准差都为30%，且相互之间的相关系数都是0.4。那么从中选取50种股票进行等额投资组成的投资组合，其收益的标准差是多少？

（3）由这些股票组成的充分分散的投资组合的标准差是多少？

17. 假设典型股票收益率的年标准差是 0.40（或 40%），每对股票收益率的相关系数都是 0.3。

（1）分别计算对两种股票、三种股票……一直到 10 种股票进行等额投资构成的投资组合收益的方差和标准差。

（2）根据你的估计值，做一个像图 8—11 那样的图。此时不能分散掉的市场风险有多大？

（3）假设每对股票的相关系数是零，重复以上问题。

18. 试从雅虎网（finance. yahoo. com）或标准普尔市场观察网（www. mhhe. com/edumarketinsight）上下载可口可乐、花旗集团（Citigroup）及辉瑞制药（Pfizer）股票月调整价格工作表。

（1）利用最近三年的月收益数据，利用 Excel 的 STDEV 函数，计算每家公司月收益的标准差，再乘以 12，得出的乘积再求平方根，将其转化为年标准差。

（2）利用 Excel 的 CORREL 函数，计算每两只股票月收益的相关系数。

（3）计算对这三家公司进行等额投资所构成的投资组合的收益的标准差。

19. 表 8—9 列示了从不同国家选取的 7 种不同股票的标准差和相关系数。计算由对每种股票进行等额投资所构成的投资组合的方差。

表 8—9	7 种样本股票收益的标准差和相关系数						
	相关系数						
	Alcan	BP	Deutsche Bank	Fiat	Heineken	LVMH	Nestlé	标准差（%）
Alcan	1.00	0.34	0.53	0.30	0.20	0.53	0.08	29.7
BP		1.00	0.44	0.26	0.20	0.27	0.29	18.4
Deutsche Bank			1.00	0.52	0.22	0.56	0.24	30.1
Fiat				1.00	0.17	0.42	0.26	35.9
Heineken					1.00	0.33	0.50	17.2
LVMH						1.00	0.31	31.0
Nestle							1.00	13.8

注意：相关系数和标准差是根据各国本币收益计算的，换句话说就是假设投资者受汇率风险防范的保护。

20. 表 8—3 中大部分公司的资料都可以在雅虎网（finance. yahoo. com）或标准普尔市场观察网（www. mhhe. com/edumarketinsight）上找到，对能够找到的公司，计算其贝塔系数非常容易。下载"月调整价格"工作表，注意保持股票收益率和标准普尔 500 指数的数值分别排列。用"y"值（因变量）表示公司股票收益率，"x"值（自变量）表示市场收益率，利用 Excel 的 SLOPE 函数计算贝塔值。与表 8—5 中报告的贝塔值相比，这些数值有什么变化？

21. 你古怪的 Claudia 阿姨给你留下了价值 50 000 美元的 Alcan 公司股票以及 50 000美元的现金。但是她要求你在 1 年之内不能出售 Alcan 公司的股票，并且必须将

50 000 美元的现金完全投资于表 8—9 中列示的某种股票。在这样的限制条件下，最安全的投资组合是什么？

22. 贝塔值为负的真实公司即使有，也非常少。但假设你发现了一家，该公司 $\beta = -0.25$。

（1）如果整个市场上升 5%，你预计这种股票的收益率将会如何变化？如果整个市场下跌 5% 呢？

（2）你有 100 万美元投资在一个充分分散的投资组合上，现在你又收到了 20 000 美元的馈赠。以下哪种做法能使整个投资组合产生最安全的收益？

①将 20 000 美元投资于国库券（其 $\beta = 0$）。

②将 20 000 美元投资于 $\beta = 1$ 的股票。

③将 20 000 美元投资于 $\beta = -0.25$ 的股票。

试解释你的答案。

23. 你可以组建一个资产 A 和资产 B 的投资组合，其中有关资产 A 和资产 B 收益的相关信息如下所示：

股票	期望收益	标准差	相关系数
A	10%	20%	0.5
B	15%	40%	

如果你要求得到 12% 的期望收益率，那么投资组合的权重是多少？投资组合的标准差是多少？

24. 在雅虎网（finance. yahoo. com）或标准普尔市场观察网（www. mhhe. com/edumarketinsight）上下载通用汽车（GM）和 Harley – Davidson（HOG）公司股票的"月调整价格"表。

（1）按照实务题第 20 题介绍的程序，计算每家公司的贝塔值。

（2）根据标准普尔 500 指数的月收益率，利用 Excel 的 STDEV 函数，计算市场月收益率的标准差，然后再乘以 12，得出的乘积再求平方根，将其转化为年标准差。同样计算 GM 和 HOG 的年标准差。

（3）假设（1）和（2）的结果提供了较好的预测价值。由与 Harley – Davidson 公司贝塔值相等的股票组成的充分分散的投资组合，其标准差将是多少？与 GM 贝塔值相同的股票组成的呢？

（4）GM 总风险中有多少是个别风险？HOG 的呢？

（5）利用 GM 和 Harley – Davidson 公司股票的月价格，计算两种收益的协方差和相关系数。

思考题

25. 以下是有关戴尔（Dell）和家得宝（Home Depot）公司风险的相关历史数据：假设市场收益的标准差是 15%。

	戴尔	家得宝
β (贝塔) 系数	1.25	1.53
收益的年标准差（%）	29.32	29.27

（1）戴尔与家得宝的收益相关系数是 0.59。对戴尔和家得宝各投资一半组成的投资组合的标准差是多少？

（2）三分之一投资于戴尔，三分之一投资于家得宝，另三分之一投资于国库券，这样构成的投资组合标准差是多少？

（3）假设投资组合中有戴尔和家得宝的投资各一半，是以 50% 信用交易方式对此组合进行的投资，也就是投资者仅提供总资金的 50%，其余资金则从经纪人处借得。这样的投资组合其标准差是多少？

（4）由 100 种戴尔这样的贝塔系数为 1.25 的股票组成的投资组合的标准差大约是多少？由 100 种类似家得宝公司的股票组成的又是多少？（提示：问题（4）只需要用简单的算术平均方法回答）

26. 假设国库券的收益率约为 6%，期望的市场风险溢酬为 8.5%。国库券收益的标准差为 0，市场收益的标准差为 20%。利用投资组合风险公式计算由不同比例的国库券和市场组成构成的投资组合的标准差（注意，当其中一种收益率的标准差为 0 时，两种收益率的协方差一定为 0），画出能够表示期望收益和标准差的图。

27. 选择两只银行股和两只石油股，计算其近 60 个月的收益。（月股票价格和指数的数据可以从雅虎网 finance. yahoo. com 中得到）

（1）利用 Excel 的 SDEV 函数和 CORREL 函数，计算每只股票月收益的标准差和每两只股票月收益的相关系数。

（2）利用上面的结果，计算对每两只股票等额投资所构成的投资组合的标准差。哪一种多样化投资能降低更多的风险，是投资于同行业的股票呢？还是投资于不同行业的？

28. 计算表 8—9 中每只股票相对于对这些股票等额投资构成的投资组合的贝塔系数。

第9章
风险与收益

第8章我们已经开始着手处理有关风险衡量的问题，下面先来回顾一下这些内容。

股票市场是有风险的，因为其可能的结果会有很多个。对可能结果范围进行衡量的一般方法就是使用标准差或方差。任意股票的风险都可以被分为两部分：一部分是与特定股票相关的个别风险，另一部分是与整个市场波动情况相关的市场风险。投资者可以通过持有充分分散的投资组合消除个别风险，但无法消除市场风险。充分分散的投资组合面临的全部风险就是市场风险。

个别股票对充分分散的投资组合风险的影响程度取决于该股票收益对市场变化的敏感程度，这种敏感程度一般被称为贝塔系数。贝塔值等于1.0的证券具有和市场平均风险水平相等的风险，由这种证券组成的充分分散的投资组合的标准差与市场指数的标准差相同。贝塔值等于0.5的证券具有比市场平均风险水平低的风险，由这种证券组成的充分分散的投资组合，通常其波动幅度是市场波动的一半，其标准差也是市场标准差的一半。

本章将以这些新建立的理论为基础，探讨有关竞争经济下风险与收益间的投资前沿理论。我们将说明如何应用这些理论对股票市场中进行不同投资的投资者所必要收益率加以估计。我们首先讨论应用最为广泛的一种理论，即根据前一章的观点发展起来的资本资产定价模型。我们还将考虑另外的模型，即所谓的套利定价模型或因素模型。然后在第10章，我们将说明在实际的资本预算中，财务经理们如何利用这些观点处理风险问题。

9.1 哈里·马科维茨与投资组合理论的产生

第 8 章的大部分观点都可以追溯到 1952 年由哈里·马科维茨（Harry Markowitz）撰写的一篇文章。[①] 马科维茨集中精力研究了多样化组合投资的一般做法，明确指出了投资者如何通过选取变化不完全同步的股票来降低投资组合收益的标准差。但马科维茨并没有停止其研究，他进一步总结出了投资组合构建的基本原理。这些原理奠定了有关风险和收益关系的众多论述的研究基础。

我们从图 9—1 开始，该图列示了 1986 年至 2006 年 IBM 公司股票日收益的直方图，同时在该图上我们还叠加了一个钟状的正态分布图。其结果是很具有代表性的：当按相当短的期间进行衡量时，任何股票的历史收益都非常接近于正态分布。[②]

| 图 9—1 | IBM 公司股票日价格变化接近于正态分布 |

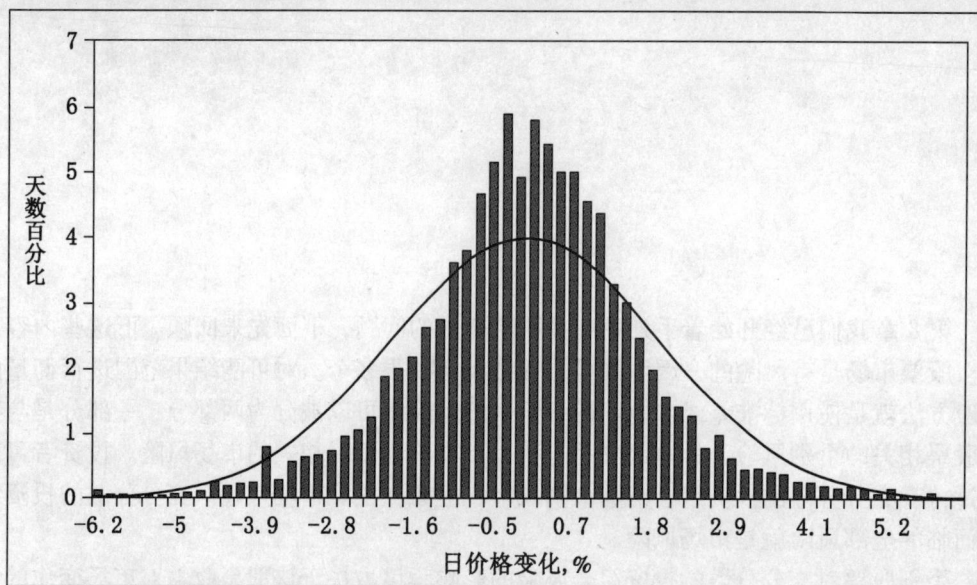

注：图中数据的范围是 1986 年至 2006 年。

正态分布完全可以由两个数值确定，一个是平均收益或期望收益，另一个是方差或标准差。现在你明白为什么我们要在第 8 章讨论期望收益和标准差的计算了。它们并不只是主观的衡量方法：如果收益呈正态分布，那么期望收益和标准差就是投资者需要考虑的仅有的两个指标。

[①] H. M. Markowitz, "Portfolio Selection," *Journal of Finance* 7（March 1952），pp. 77 – 91.

[②] 如果衡量的时期比较长，得到的分布就会有些偏斜。比如说你有可能会得到高于 100% 的收益，但一般不会有低于 –100% 的情况。收益在一定时期（比如说一年）内的分布最好用对数正态分布来衡量。与正态分布一样，对数正态分布也可以完全按照其均值和标准差确定。

| 图 9—2 | 三种投资可能收益的分布图 |

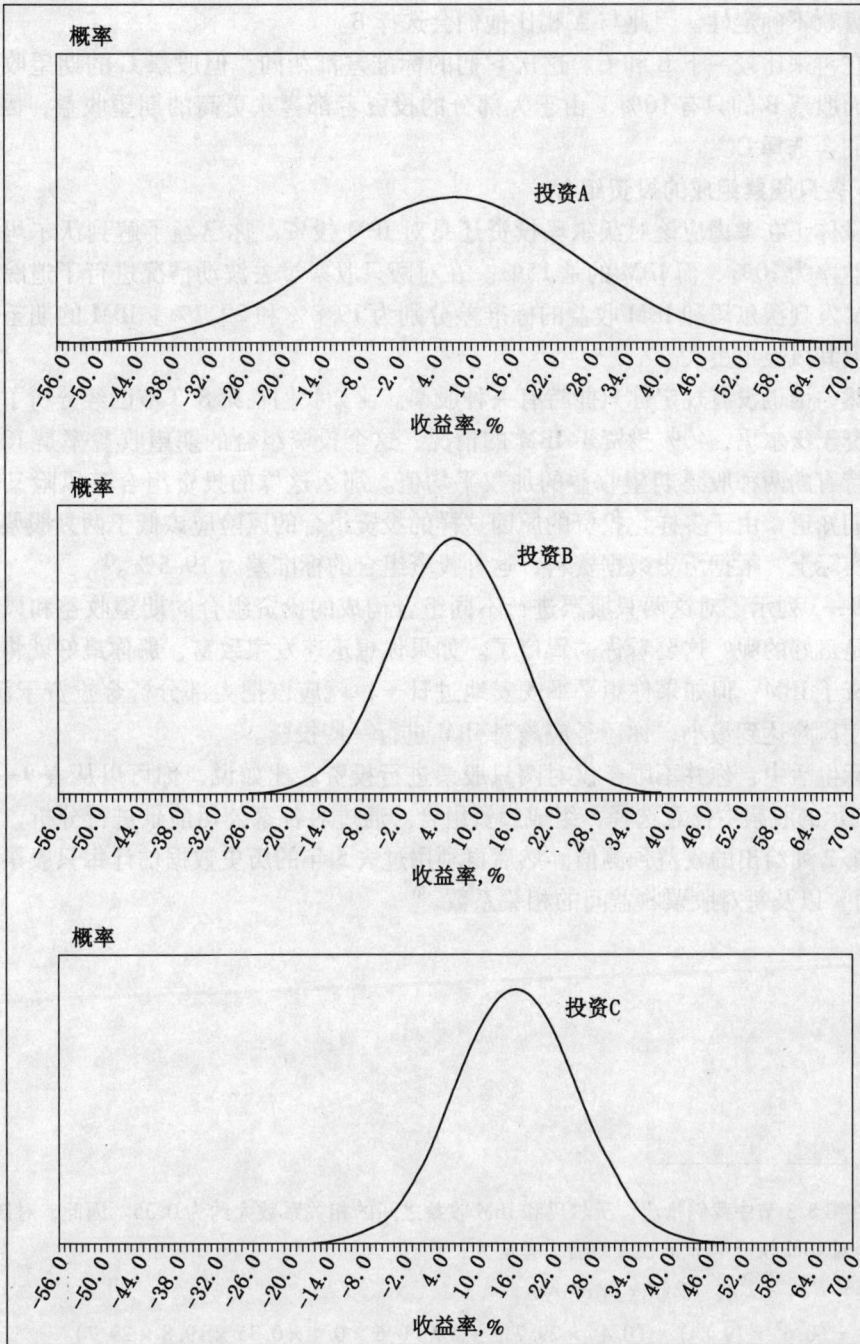

图 9—2 三种投资可能收益的分布图

注：A 投资和 B 投资的期望收益率都是 10%，但由于 A 投资可能收益的分布范围更广，其风险比 B 投资的更大。可以用标准差来衡量偏离程度，A 的标准差为 15%，而 B 的为 7.5%。与 A 相比，大部分的投资者会选择 B。B 投资和 C 投资的标准差相同，但 C 的期望收益率更高，与 B 相比，大部分的投资者会选择 C。

图 9—2 给出了三种投资可能收益的分布图，A 和 B 的期望收益率都是 10%，但 A 可能收益的分布范围更广，其标准差为 15%；而 B 的标准差为 7.5%。由于大部分投资者都不喜欢不确定性，因此与 A 相比他们会选择 B。

现在再来比较一下 B 和 C。这次它们的标准差都相同，但股票 C 的期望收益率为 20%，而股票 B 的只有 10%。由于大部分的投资者都喜欢更高的期望收益，因此与 B 相比他们会选择 C。

9.1.1　多只股票组成的投资组合

假设你正在考虑应该对沃尔玛投资还是对 IBM 投资。你已经了解到沃尔玛股票的期望收益率为 10%，而 IBM 的是 15%。在对两只股票过去波动情况进行了追踪调查之后，你又发现沃尔玛和 IBM 收益的标准差分别为 19.8% 和 29.7%。IBM 的期望收益比较高，但其风险也更大。

当然，谁也没有规定你只能持有一种股票。比如我们在第 8.3 节已经分析了将资金 60% 投资于沃尔玛，40% 投资于 IBM 的情况，这个投资组合的期望收益率是 12%，它就是所持有的两种股票期望收益的加权平均值。那么这样的投资组合其风险又是多少呢？我们知道，由于多样化投资的原因这样的投资组合的风险应该低于两只股票各自的风险。实际上，根据历史数据资料，这种投资组合的标准差为 19.5%。[1]

图 9—3 列示了对这两只股票进行不同组合构成的投资组合的期望收益和风险。哪种组合是最好的呢？这要看你的胃口了。如果你想迅速发家致富，那你最好就将全部资金都投资于 IBM；但如果你想平平安安地过日子，就应该把大部分资金投资于沃尔玛。但为了使风险达到最小，你还是应该对 IBM 进行一些投资。[2]

实际生活中，你并不限于仅对两只股票进行投资。比如说，你可以从表 9—1 的第 1 列所列示的股票中任意选择，组成投资组合。通过对各家公司前景进行分析，可以得到表中第 2 列给出的收益预测值。然后再利用过去 5 年的历史数据估计每只股票的风险（第 3 列）以及每对股票收益间的相关系数。[3]

---

① 在第 8.3 节中我们指出，沃尔玛和 IBM 收益之间的相关系数大约为 0.35。因此，对沃尔玛投资 60%、对 IBM 投资 40% 的投资组合方差应为：

$$方差 = x_1^2 \sigma_1^2 + x_2^2 \sigma_2^2 + 2(x_1 x_2 \rho_{12} \sigma_1 \sigma_2)$$
$$= (0.6^2 \times 19.8^2) + (0.4^2 \times 29.7^2) + 2 \times (0.6 \times 0.4 \times 0.35 \times 19.8 \times 29.7)$$
$$= 381.1(\%)$$

投资组合的标准差为：$\sqrt{381.1} = 19.5$（%）。

② 风险最小的投资组合是对沃尔玛投资 78.4%。图 9—3 中我们假设对这两只股票都不可能出现负的头寸，也就是排除了卖空的可能。

③ 能计算出 45 个不同的相关系数，因此我们没有在表 9—1 中列出这些数值。

图 9—3	对两只股票进行不同组合构成的投资组合的期望收益和风险

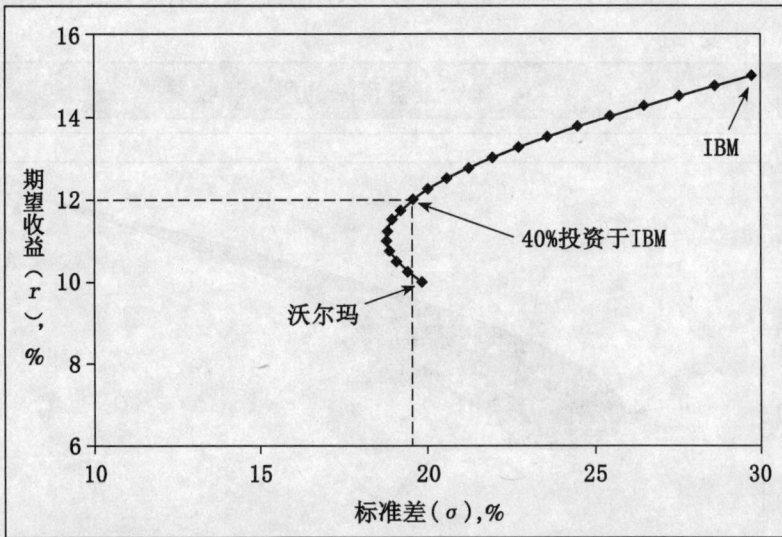

注：图中曲线表示，随着两只股票组合方式的改变，由这两种股票构成的投资组合期望收益率和标准差的变化。比如说，如果你将资金的40%投资于IBM，其余的投资于沃尔玛，那么你的期望收益就是12%，它位于两只股票自身期望时间之间的40%处。此时的标准差为19.5%，低于两只股票自身标准差之间40%处的对应值这是多样化投资风险被分散的结果。

| 表 9—1 | 从 10 种股票中选出的有效投资组合示例 | | | | 单位：% |

股票	期望收益	标准差	有效投资组合——各种股票投资百分比			
			A	B	C	D
亚马逊	23.1	56.0	100	52.2	19.2	1.0
IBM	15.0	29.7		33.8	9.4	
迪斯尼	13.4	27.7				
微软	14.2	24.4		13.7	25.8	1.9
波音	11.7	29.8				
星巴克	12.3	29.9				5.9
埃克森美孚	7.9	19.2				16.7
沃尔玛	10.0	19.8				23.7
辉瑞	8.0	19.2				15.1
亨氏	10.6	16.5		0.2	45.6	35.6
投资组合期望收益			23.1	19.1	14.3	9.9
投资组合标准差			56.0	36.1	17.8	10.6

注：股票收益的标准差和相关系数是按2001年7月至2006年6月间的月股票收益估计的。这里的有效投资组合是假设不存在卖空情况下的投资组合。

现在再来看看图9—4，图中每个小菱形都代表了不同的单个证券带来的风险和收益。例如，亚马逊（图中的A）标准差最高，其期望收益也最高，它对应的是图9—4中右上角那个小菱形。

图9—4	单个证券带来的风险和收益

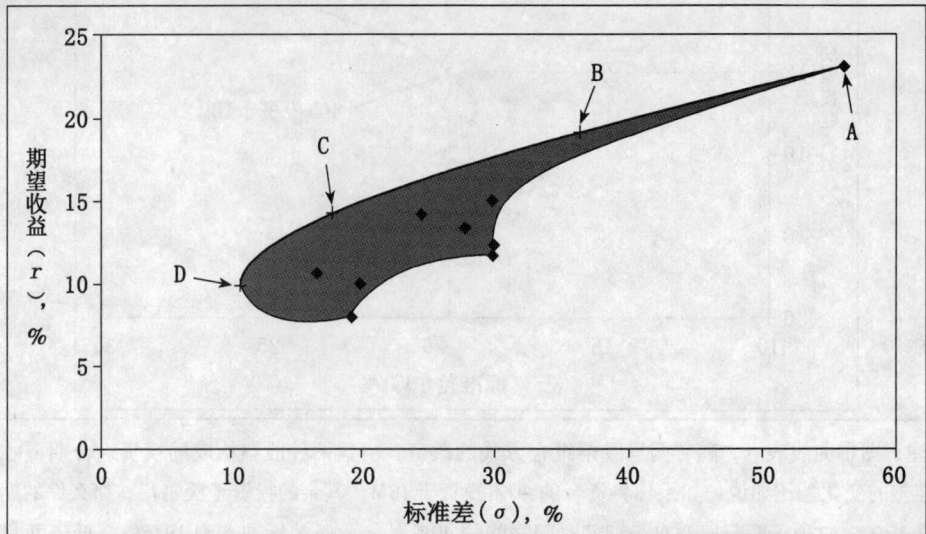

注：每个小菱形对应了表9—1中给出的10种股票中的一个的期望收益和标准差。阴影部分代表了对这些证券进行组合投资所能达到的期望收益和标准差。如果你想得到高的期望收益，但不想要高的标准差，你就应该选择图中粗线所对应的投资组合。这些就是有效组合。图中标示出了表9—1中列出的那四个有效投资组合（A、B、C和D）。

通过对单个证券的组合，我们就可以得到更多的风险和收益的可能组合。实际上，图9—4中阴影部分内的任意一点都可能达到。但是哪一点最好呢？好，现在要想一下，你投资的目标是什么？按图上所列示的，你追求的投资组合的方向应该是朝向哪一方？答案是很明显的：要往高处（以提高期望收益），并朝左方（以降低风险）走。朝这样的方向能走多远就走多远，最终就会选到图中粗线上的某一个投资组合了。马科维茨将其称为**有效投资组合（efficient portfolios）**。这些投资组合显然要比阴影部分内对应的点要好。

这里我们并不想具体计算有效投资组合的集合，但可能你对其算法比较感兴趣。让我们回顾一下第6.4节讨论的资本约束问题。那时我们的目的是要将有限的资本投资于待选的项目群，以使NPV的总额达到最大。现在我们的目的则是在标准差给定的情况下，使投资者资金的期望收益达到最大。原则上，这两个问题都可以通过反复尝试法求解——但这只是从原则上来说。要解决资本约束问题，我们可以利用线性规划方法；而要解决组合投资问题，我们可以利用线性规划的另一种形式，即所谓的二次规划（quadratic programming）方法。当每种股票的期望收益和标准差以及各种股票相互之间的相关系数都已给定时，我们可以在计算机上安装标准的二次规划求解程序，利用它来计算有效投资组合构成的集合。

以上有效投资组合集中的四个已经在图9—4中列示了出来，我们在表9—1中对这四个投资组合的结构进行了总结。A 组合的期望收益最高，它只对亚马逊一种股票进行了投资；D 组合的风险最小，从表 9—1 中可以看出，这种组合持有了大量的亨氏股票，而亨氏股票的标准差是最低的。要注意，尽管从单个股票角度来说亚马逊风险非常高，但 D 组合还是持有了一小部分的亚马逊股票。为什么呢？历史数据表明，亚马逊与这一组合中的其他股票相关性很差，因此它实际上起到了额外的风险分散作用。

表 9—1 还说明了 B 组合和 C 组合这两种有效投资组合的构成情况，这两种组合的风险水平和期望收益都是介于 A 组合和 D 组合中间的。

9.1.2 引入资金的借贷

当然，大型投资基金可以选择数千种股票，从而对风险和投资收益都享有较为广泛的选择机会。这种选择机会如图 9—5 中破鸡蛋形的阴影部分所示，同样，有效投资组合用粗曲线表示。

图 9—5　　　　　　　　　　　　　　**有效投资组合**

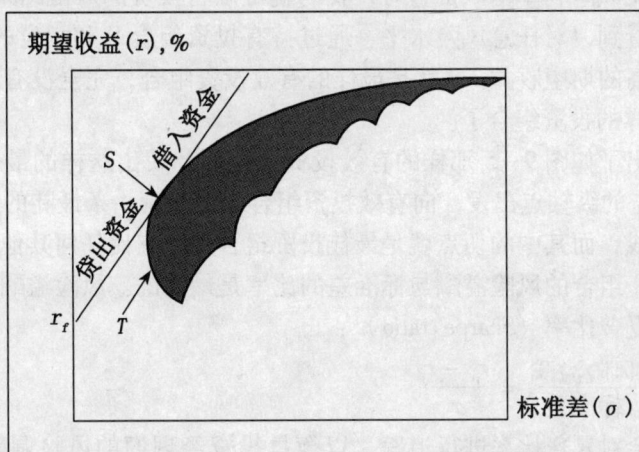

注：资金的借贷拓展了投资结果的可能范围。如果在对投资组合 S 进行投资的同时，还以无风险利率 r_f 借入或贷出资金，我们就可以达到从 r_f 到 S 线段上的任意一点。与仅对普通股股票进行投资相比，在给定的风险下，这样做总能获得更高的期望收益。

现在我们就引入另外一种可能性，即假设我们还可以按某种无风险利率 r_f 贷出或借入资金。如果我们将部分资金投资于国库券（即贷出资金），而将剩余资金投资于由普通股股票组成的投资组合 S，我们就可以得到图 9—5 中连接 r_f 和 S 的线段上任意一点所对应的期望收益和风险的组合。由于借款可以看作是负的贷出，因此只要以无风险利率 r_f 借入资金，同时将其与自己原有的资金一起投入投资组合 S，那么我们就可以将投资实现的收益范围拓展到 S 的右端。

现在我们就用一些数值来说明这一问题。假设投资组合 S 的期望收益为 15%，标准差为 16%，国库券的利率（r_f）为 5%，而且它是无风险的（也就是标准差为零）。如果我们将一半的资金投资于投资组合 S，剩下的一半以 5% 的利率贷出，那么这一投资的期望收益就将位于 S 的期望收益与国库券利率连线的中间位置：

$$r = （（1/2）\times S 的期望收益）+ （（1/2）\times 利率）$$
$$= 10\%$$

而标准差也将位于 S 的标准差与国库券标准差连线的中间位置上[①]：

σ =（（1/2）×S 的标准差）+（（1/2）×国库券的标准差）

= 8%

或者假设我们现在想做笔大生意：先以国库券利率借入与你的初始财富相等的钱，然后把所有的资金投资于投资组合 S。这样你投资于 S 的钱就是你原始资金的两倍。但我们还必须支付贷款的利息，因此我们的期望收益应该是：

r =（2×S 的期望收益）-（1×利率）

= 25%

而此时该投资的标准差为：

σ =（2×S 的标准差）-（1×国库券的标准差）

= 32%

从图 9—5 中可以看出，当贷出部分资金时，我们的最终结果将位于 r_f 和 S 之间的线段上；而当以无风险利率借入资金时，我们就可以将投资的可能结果延伸到 S 以外。另外我们还可以看到，对任意风险水平，通过持有投资组合 S 和相应的资金借入贷出，我们总能获得最高的期望收益。S 就是最佳的有效投资组合，完全没有理由再去持有类似比如说像 T 这样的投资组合了。

如果已经做出了如图 9—5 那样的有效投资组合图，找出这样的最佳投资组合就非常容易。从 r_f 对应的纵轴点出发，向有效投资组合的粗线画一条最陡的直线，这条直线将是粗曲线的切线，而其中的切点就是最佳投资组合点，它比任何其他的组合都好。但要注意的是，这一组合的风险溢酬与标准差的比率是最高的。风险溢酬与标准差之间的这种比率被称为夏普比率（Sharpe ratio）：

$$夏普比率 = \frac{风险溢酬}{标准差} = \frac{r_\rho - r_f}{\sigma_\rho}$$

投资者一般会对夏普比率进行追踪，以衡量投资经理们的风险调整后业绩（看一下本章末尾的微型案例）。

现在我们可以把投资者的工作分成两部分。第一，必须选取普通股的最佳投资组合，也就是本例中的 S。第二，要通过适当的借入或贷出资金与第一步中选择出来的投资组合构成一个新的投资组合，以此来满足特定投资者对风险的偏好。因此，每个投资者就只应该将资金投资于两个基准的投资项目上，一个是有风险的投资组合 S，另一个是无风险的贷款（借入资金或贷出资金）。

那么，投资组合 S 应该是什么形式的呢？如果确信自己能够比竞争对手获得更多的信息，就应该在该投资组合中更多地包括我们认为被低估了的股票。但在竞争市场条件下，绝妙的经营想法是不可能被独占的，因此就没有理由与别人持有不一样的普通股股票投资组合了。换句话说，持有市场组合就可以了。这也是很多职业投资者对市场指数投资，而大部分的其他投资者会持有充分分散的投资组合的原因。

---

① 如果你想对此进行验证的话，首先写下两种股票组合的标准差公式：

标准差 = $\sqrt{x_1^2\sigma_1^2 + x_2^2\sigma_2^2 + 2（x_1 x_2 \rho_{12}\sigma_1\sigma_2）}$

注意：当证券 2 是无风险证券，也就是 σ_2 等于零时该公式的结果。

9.2 风险与收益的关系

第8章中我们介绍了几种投资的收益情况。风险最小的投资是美国国库券，由于国库券的收益是固定的，它不受市场波动情况的影响。换句话说就是，国库券的贝塔系数等于零。我们还介绍了一种风险非常大的组合，即普通股的市场组合，它的风险就是市场平均风险，其贝塔系数为1.0。

精明的投资者是不会只因为要追求刺激才承担风险的，因为他们花的是实实在在的钱。因此他们对市场组合必要收益就比对国库券要求的要高。市场收益与利率之间的差额叫做市场风险溢酬（market risk premium）。1900年以来市场风险溢酬（$r_m - r_f$）平均每年为7.6%左右。

在图9—6中，我们作出了国库券和市场组合风险和期望收益的对应图。可以看到，国库券的贝塔系数等于0，其风险溢酬也等于0[①]；市场组合的贝塔系数为1，其风险溢酬等于$r_m - r_f$。这样我们就有了期望风险溢酬的两个标准。那么，如果贝塔系数不等于0，也不等于1的时候，期望风险溢酬又是多少呢？

图9—6	国库券和市场组合风险和期望收益的对应图

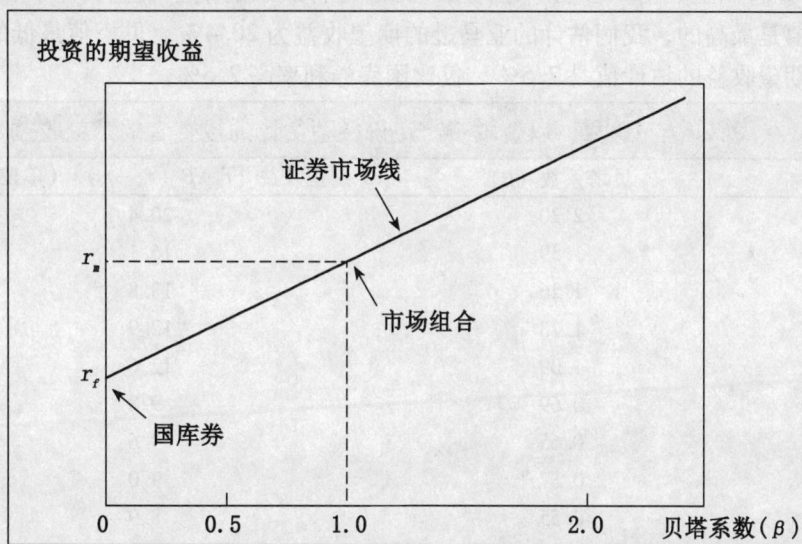

注：资本资产定价模型认为，每种投资的期望风险溢酬与其贝塔系数成正比。这就意味着每种投资都应位于连接国库券和市场投资组合的那条倾斜的证券市场线上。

20世纪60年代中期，三位经济学家 William Sharpe、John Lintner 和 Jack Treynor

---

① 我们知道，风险溢酬是投资期望收益与无风险利率之间的差额。对于国库券来说，这一差额等于零。

给出了这个问题的答案，① 这一答案被称为**资本资产定价模型**（capital asset pricing model），即CAPM。模型所能提供的信息是令人震惊的，而且非常简单易行。在竞争市场中，期望风险溢酬与投资组合的贝塔系数成正比，这意味着在图9—6中，所有的投资都将位于一条斜线上，这条斜线就是**证券市场线**（security market line）。因此，贝塔系数为0.5的投资其期望风险溢酬就是市场期望风险溢酬的一半；而贝塔系数为2的投资其期望风险溢酬就是市场期望风险溢酬的两倍。我们可以将这一关系写成：

股票的期望风险溢酬 = 贝塔系数 × 市场的期望风险溢酬

$$r - r_f = \beta \times (r_m - r_f)$$

9.2.1 对期望收益的一些估计

在讨论这个公式的来龙去脉之前，我们先来看看投资者对特定股票要求的收益是多少。为此，我们需要三个数值：β、r_f和$r_m - r_f$。我们使用表8—5中给出的10种股票的贝塔值。2006年10月国库券的利率约为5%。

市场的风险溢酬是多少呢？正如上一章中讲过的，对$r_m - r_f$我们无法准确地进行衡量。根据历史数据，其数值大约为7.6%，但很多经济学家和财务管理人员预计的数值比这个要低。我们就使用7%来继续我们的讨论。

表9—2将以上数据综合在一起，估计出了每种股票的期望收益。样本股票中亚马逊的贝塔值是最高的，我们估计的亚马逊的期望收益为20.4%。贝塔值最低的是亨氏，我们对其期望收益的估计值是7.5%，仅比国库券利率高2.5%。

表9—2	2006年10月，以资本资产定价模型估计的投资者的期望收益	
股票	贝塔系数（β）	期望收益〔$r_f + \beta(r_m - r_f)$〕（单位:%）
亚马逊	2.20	20.4
IBM	1.59	16.1
迪斯尼	1.26	13.8
微软	1.13	12.9
波音	1.09	12.6
星巴克	0.69	9.8
埃克森美孚	0.65	9.6
沃尔玛	0.57	9.0
辉瑞	0.55	8.9
亨氏	0.36	7.5

注：假设利率r_f为5%，期望风险溢酬（$r_m - r_f$）为7%。

还可以利用资本资产定价模型来确定新的资本投资的折现率。例如，假设要分析辉瑞公司扩张其经营能力的计划，那么该用什么折现率来对预计现金流进行折现呢？按照表9—2的资料，投资者对与辉瑞公司同等风险的业务要求的收益率是8.9%，因此对

---

① W. F. Sharpe, "Capital Asset Prices: A Theory of Market Equilibrium under Conditions of Risk," *Journal of Finance* 19 (September 1964), pp. 425 - 442 and J. Lintner, "The Valuation of Risk Assets and the Selection of Risky Investments in Stock Portfolios and Capital Budgets," *Review of Economics and Statistics* 47 (February 1965), p. 13 - 37. Treynor 的文章没有发表。

同样业务进一步投资的资本成本就应该是 8.9%。[①]

但在实际中，选择折现率远不是这么简单的（毕竟你不可能指望仅凭着往公式中填入一些数据就可以大把大把地拿钱）。例如，你还要考虑长短期利率的差别。如果长短期的利率水平有很大的不同，那么以短期利率为基础的资本成本就不适用于长期的资本投资项目。但对这些细节问题我们将在以后再进行阐述。[②]

9.2.2 资本资产定价模型回顾

让我们回顾一下选择投资组合的基本原则：

（1）投资者偏好高期望收益和低标准差。在给定标准差的情况下，能够提供最高的期望收益的普通股股票的投资组合叫做有效投资组合。

（2）如果投资者可以按无风险利率贷出或借入资金，就会存在一种最优的有效投资组合，它比任何其他的投资组合都好，能够提供最高的风险溢酬与标准差的比（也就是图 9—5 中的投资组合 S）。厌恶风险的投资者总会将其部分资金投资于这个有效投资组合，部分投资于无风险的资产；而愿意冒险的投资者就会将其全部资金投入到这个投资组合中，甚至他可能还要借入一部分钱使其投资资金更多。

（3）这种最佳有效投资组合的构成取决于投资者对期望收益、标准差和相关系数的估计，但我们必须假设所有的人都有同样的信息和同样的估计。如果没有人能享有信息上的优势，那么每个投资者持有的投资组合都和其他投资者的相同；换句话说就是，每个人都会持有市场组合。

现在再来看一看个别股票的风险：

（1）不能孤立地考察某一单个股票的风险，而应考虑其对投资组合风险的影响。这种影响取决于该股票对投资组合价值变化的敏感性。

（2）股票对市场组合价值变化的敏感性被称为贝塔系数。因此，贝塔系数衡量的是股票对市场组合风险的边际影响。

因此，如果所有投资者都持有市场投资组合，贝塔系数衡量了每种证券对市场投资组合风险的影响，那么投资者要求的风险溢酬与贝塔值成正比就不足为怪了，这也正是 CAPM 的观点。

9.2.3 如果股票不落在证券市场线上呢？

假设你看到了图 9—7 中的股票 A，你会购入这种股票吗？希望你不要买。[③] 如果你要投资于贝塔系数为 0.5 的投资，你可以将一半资金投资于国库券，另一半投资于市场组合，这样你得到的期望收益会更高。如果每个投资者对股票预期的想法都与你的一样，A 的价格就会下降，直到其期望收益能与你从其他投资中获得的收益持平为止。

---

① 我们知道，如果公司不对厂房和设备进行投资，就可以把手中的资金还给股东，因此投资的机会成本就是股东购买金融资产期望获得的收益。这种期望收益取决于资产的市场风险。

② 还要考虑税收的问题，因为公司只要对国库券或其他支付利息的投资项目进行了投资，就必须对该投资产生的利润纳税，因此实际上，无风险投资的正确的折现率应该是税后的国库券利率。我们将在第 16 章讨论这一问题。对贝塔系数和资本资产定价模型在实际应用中的其他问题，我们将在第 10 章中加以讨论。

③ 当然，除非我们是想卖出这种股票。

那图 9—7 中的 B 又将如何呢？你会不会被它的高收益所吸引呢？如果你够聪明的话就应该不会。如果你借入相当于你已有资金的一半，然后将全部资金都投资于市场组合，你就会在贝塔值相同的情况下得到更高的期望收益。同样，如果每个投资者都与你对股票的估价相同，那么 B 的价格就将难以维持，它将会下降，直到其期望收益与借款（用于对市场组合进行投资所构成的投资组合）的期望收益相等为止。

图 9—7	市场均衡时，任何股票都不会落在证券市场线以下

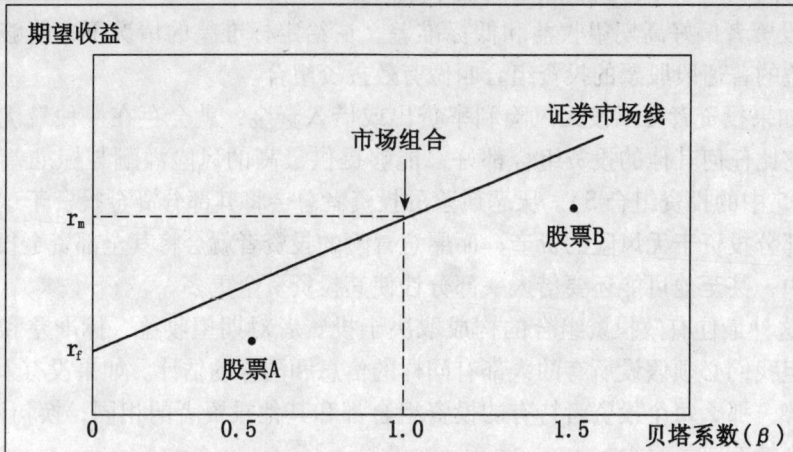

注：例如，投资者不购买 A 股票，而是将其一部分资金贷出，并将余额投资于市场组合。他们也不购买 B 股票，而是借入资金，再投资于市场组合。

至此我们就说明了这样的结果，即投资者总是可以通过持有市场组合和无风险贷款构成的组合来获取数值为 β $(r_m - r_f)$ 的期望风险溢酬。因此在完善的市场中，没有投资者会持有提供的风险溢酬低于 β $(r_m - r_f)$ 的股票。但是还有没有其他可能性呢？有没有能够提供比期望风险溢酬更高的股票呢？换句话说，有没有股票会落在图 9—7 的证券市场线以上呢？如果我们持有全部股票，就会得到市场组合。因此我们知道，平均来说，股票总是位于证券市场线上的。由于没有股票能位于该线的下方，因此同样也不会有股票会位于其上方。于是，所有股票中的每种股票都必须落在证券市场线上，且其提供的期望风险溢酬为：

$$r - r_f = \beta \times (r_m - r_f)$$

9.3　资本资产定价模型的有效性及作用

任何经济模型都是现实世界的简单概括，为了解释我们身边发生的一切，我们必须对其进行简化。但是也应该清楚我们的模型到底有多大的可信度。

我们从已经达成广泛共识的观点开始谈起。首先，如果投资者承担了风险，那他们总会要求有额外的补偿，对这一点很少有争议存在。这就是总的来说，普通股股票的收益高于国库券收益的原因。如果有风险的普通股股票提供的期望收益与国库券提供的相同的话，那么还有谁会愿意对其进行投资呢？我们不会，相信你也不会。

其次，投资者确实表现出更关心那些他们自己不能通过多样化投资分散掉的风险。如果不是这样的话，只要两家公司兼并到一起，实现了分散风险的目的，我们就应该看到公司的股价会立即上涨这样的现象；我们还将看到，对其他公司股票进行了投资的投资公司，其自身的价值就应该比其所持有的股票价值还高这样的现象。但我们并没有看到以上两种中的任意一种。只为分散风险目的进行的兼并并不会提高公司股票的价格，投资公司的价值也没有高于其所持有的股票价值。

资本资产定价模型非常简明地抓住了上述观点，正因为如此，财务经理们发现它是捕捉含糊的风险概念的一种非常简便的工具，有将近 3/4 的财务经理用它来估计资本成本。[1] 也正因为如此，很多经济学家常常利用资本资产定价模型来说明一些重要的财务观点，而实际上用别的方法同样也能够说明这样的观点。但这并不意味着资本资产定价模型就是至高无上的真理，稍后我们还将探讨它的一些缺陷，还要介绍其他的一些相关理论。谁也无法说清这些相关理论是否最终会占据主导地位，是否它们才是至今尚未显露出真面目的更好的风险收益模型。

9.3.1 资本资产定价模型检验

设想 1931 年华尔街的一个酒吧内，10 名投资者聚集在一起，他们同意要为自己的儿孙们建立信托投资基金。每个投资者都决定采取不同的投资策略。第 1 位投资者选择纽约证券交易所交易股票中贝塔估计值最低的 10% 进行投资，第 2 位投资者选择次低的 10% 进行投资，依此类推，所以第 10 位投资者会选择贝塔估计值最高的股票进行投资。他们还计划每年年末将对纽约证券交易所全部股票的贝塔估计值进行重新评估，并重新组合他们的投资结构。[2] 然后大家满腔热情充满憧憬地各奔前程了。

岁月流逝，10 位投资者都已经去世了，但 2006 年初，他们的儿孙们决定在同一酒吧重新再聚一次，并对其投资组合的收益情况进行比较。图 9—8 列示了他们各自的进展情况。第 1 位投资者投资组合的风险远小于市场风险，它的贝塔值仅为 0.49。第 1 位投资者实现的收益也是最低的，仅比无风险利率高 8.5%。另一个极端的情况是，第 10 位投资者投资组合的贝塔值是 1.53，是第 1 位投资者投资组合的 3 倍，但他也得到了最高的收益，平均每年收益比利率高 15.6%。因此，这 75 年来，收益确实是与贝塔值同向增长的。

从图 9—8 中可以看出，同样的 75 年间，市场组合提供的平均收益比利率高 12.5%，[3]（当然）其贝塔值为 1.0。CAPM 预计风险溢酬应与贝塔值成正比例增长，因此每种投资组合的收益都应该位于图 9—8 中向上倾斜的证券市场线上。由于市场的风险溢酬是 12.5%，第 1 位投资者的贝塔值为 0.49 的组合应该提供大约 6% 的风险溢酬，

---

[1] 见 J. R. Graham and C. R. Harvey, "The Theory and Practice of Corporate Finance: Evidence from the Field," *Journal of Financial Economics* 61 (2001), pp. 187 - 243. 很多接受调查的经理指出，他们在估计资本成本时不只使用一种方法。73% 的人会使用资本资产定价模型，但其中 39% 的人声称他们使用的是历史股票收益的平均数，34% 的人使用的是资本资产定价模型及其他风险系数的方法。

[2] 贝塔估计值是按过去 60 个月的收益数据来估计的。

[3] 图 9—8 中，"市场组合"的股票采用的权重相同。由于小公司的股票平均收益大于大公司股票，因此相等权重指数的风险溢酬高于按市值加权的风险溢酬。这就是图 9—8 中市场风险溢酬为 12.5%，与表 8—1 中溢酬 7.6% 不同的原因。

而第 10 位投资者的贝塔值为 1.53 的投资组合提供的风险溢酬将超过 19%。我们可以看到，尽管高贝塔值的股票确实比低贝塔值的股票业绩要好，但其间的差距并没有 CAPM 预计的那么大。

虽然图 9—8 给 CAPM 提供了很大的支持，但批评者却指出，证券市场线的斜率近年来已经非常平缓。比如说，图 9—9 列示出了这 10 位投资者从 1966 年至 2005 年间的投资成就。现在谁是赢家已经不是很明显了：除两种风险最大的投资组合以外，其收益已经非常接近 CAPM 的预计了。持有高贝塔系数投资组合的第 10 位投资者获得的收益比市场收益要低。当然，1966 年之前该线还是很陡峭的，这在图 9—9 中也有所体现。

| 图 9—8 | 投资组合实际的平均风险溢酬 |

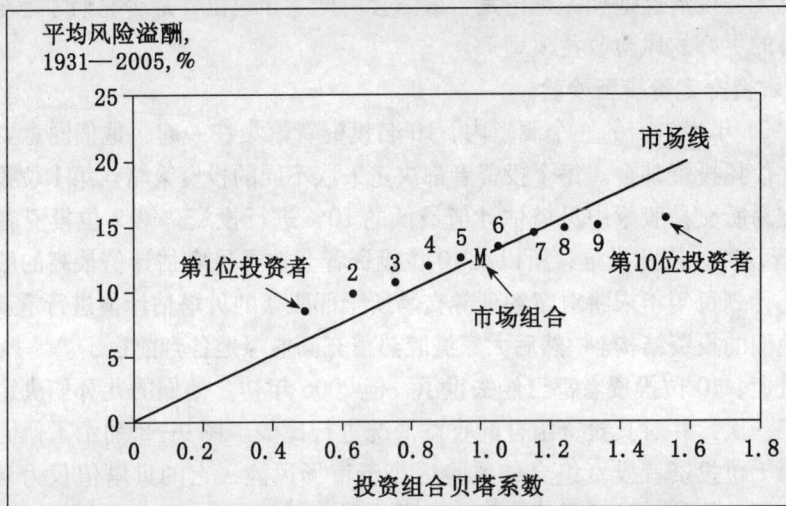

注：资本资产定价模型认为，任何投资的期望风险溢酬都应该位于证券市场线上。图中各点表示了不同贝塔系数的投资组合实际的平均风险溢酬。高贝塔值的组合会带来高平均收益，这与 CAPM 的预计是一致的。但高贝塔值的组合位于市场线的下方，而低贝塔值的组合位于市场线的上方。由这 10 个投资组合的收益拟合得到的直线比市场线更"平缓"。

资料来源：F. Black, "Beta and Return," *Journal of Portfolio Management* 20 (Fall 1993), pp. 8 – 18. © 1993 Institutional Investor. Used with permission. 作者感谢 Adam Kolasinski 为更新数据所做的计算工作。

这是怎么发生的呢？的确很难说清楚。资本资产定价模型的支持者们强调，模型关心的是期望收益，而我们观察到的却是实际收益。实际收益虽然反映了人们的预期，但其中包含了太多的"噪声（noise）"，也就是令人诧异的稳定现象掩盖了投资者是否获得了他们期望的收益这一事实。噪声的存在使得我们无法判断，与另一个期间相比，模型在一个期间的表现是否会更好。[1] 也许我们能做的最好办法就是关注最长的时期，以保证数据的合理性。这样我们就又回到了图 9—8，它认为，尽管期望收益比简单的

---

[1] 检验模型的第二个问题在于市场组合应该包括所有的有风险的投资，包括股票、债券、商品、实物资产，甚至人力资本。但大部分的市场指数只是由股票样本组成的。

CAPM 预计的增长要慢，但它确实是随着贝塔系数的增长而增长的。[①]

| 图 9—9 | 10 位投资者从 1966 年至 2005 年间的投资成就 |

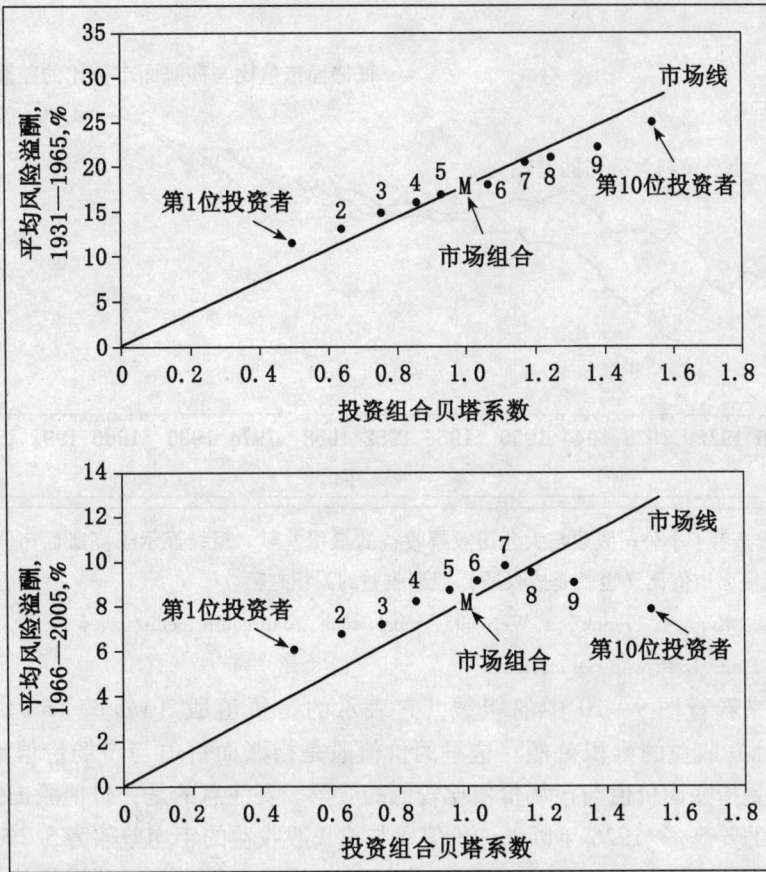

注：自从 20 世纪 60 年代中期以来，贝塔系数和实际的平均收益之间的关系已经越来越弱了，特别是高贝塔值的股票其收益比较差。

资料来源：F. Black, "Beta and Return," *Journal of Portfolio Management* 20（Fall 1993），pp. 8－18. © 1993 Institutional Investor. Used with permission. 作者感谢 Adam Kolasinski 为更新数据所做的计算工作。

CAPM 受到攻击的另一个方面是，虽然近年来股票的收益不随贝塔系数的增长而增长，但却与其他经济指标相联系。比如说，图 9—10 中细线显示了小公司股票与大公司股票收益的累积差额。如果你购进了市场资本总额最小的公司股票，同时又卖出最大的，那么你的财富变动情况就如这个图所示。可以看到，小盘股（small－cap）并不是一直表现出众的，但就长期走势而言，其所有者所得的收益将会更高。从 1926 年末算起，这两种股票间收益的平均年差额已经达到了 3.7% 的水平。

---

① 我们之所以用"简单"，是因为 Fischer Black 已经证明，如果存在借款限制，期望收益与贝塔系数之间仍存在正向关系，但此时证券市场线的倾斜程度会更低。见 F. Black, "Capital Market Equilibrium with Restricted Borrowing," *Journal of Business* 45（July 1972），pp. 444－455。

图 9—10	小公司股票与大公司股票收益的累积差额

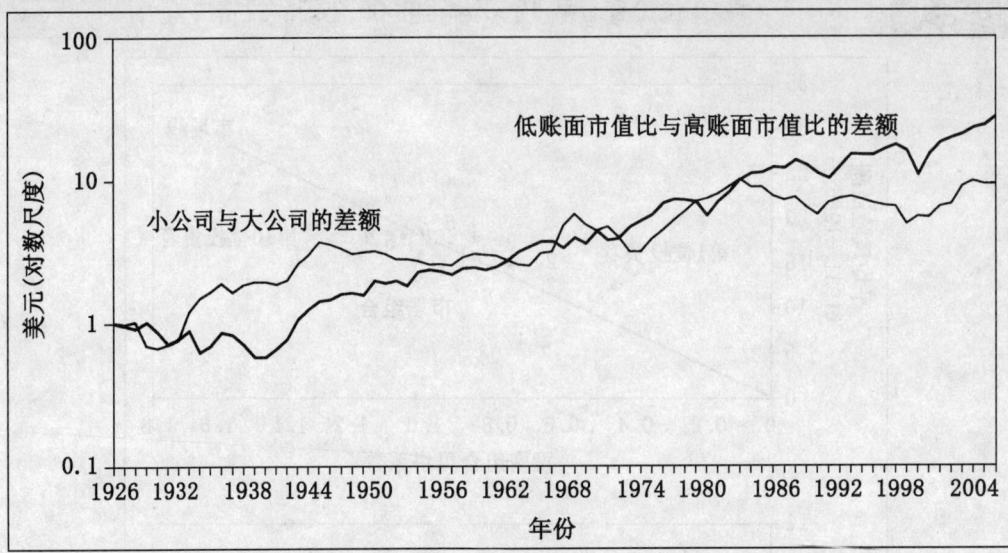

注：细线显示了小公司股票与大公司股票收益的累积差额。粗线显示了高账面市值比（也就是价值股）和低账面市值比（也就是成长股）股票收益的累积差额。

资料来源：Kenneth French's Web site, mba. tuck. dartmouth. edu/pages/faculty/ken. french/data_ library. html. Used with permission.

现在再来看看图 9—10 中的粗线，它表示的是价值股（value stock）和成长股（growth stock）收益的累积差额。这里的价值股是指账面价值与市场价值比较高的股票，成长股是指账面价值与市场价值比较低的股票。要注意的是，价值股提供的长期收益比成长股的要高。[1] 1926 年以来，价值股与成长股收益的年均差额为 5.2%。

图 9—10 的内容与 CAPM 并不一致，CAPM 告诉我们贝塔值是期望收益差额出现的唯一原因。似乎投资者们认为，"小盘股"和价值股是不需要用贝塔值进行衡量的。[2] 以价值股为例，因为可能公司正面临着很大麻烦，所以很多这类股票可能是以低于账面价值出售的。如果经济发展出人意料地缓慢，那么公司很有可能彻底崩溃。衰退时工作也将难保的投资者们也许就会特别担心这类股票的风险，并要求更高的期望收益来补偿。如果事情真是这样的话，那么简单的 CAPM 就不是完全正确的了。

---

[1] Fama 和 French 计算了投资组合的收益，以利用规模效应和账面市值效应。见 E. F. Fama and K. R. French, "The Cross – Section of Expected Stock Returns," *Journal of Financial Economics* 47 (June 1992), pp. 427 – 465。当计算这些投资组合的收益时，Fama 和 French 在比较低账面市值比与高账面市值比股票时注意了公司规模差异的控制。同样，在比较小公司与大公司股票时则注意了账面市值比差异的控制。其具体方法及更新的规模因素和账面市值比因素的收益参见 Kenneth French 的个人网页（mba. tuck. dartmouth. edu/pages/faculty/ken. french/data_ library. html）。

[2] 购买小公司股票出售大公司股票的投资者可能会面临一些风险，她的投资组合的贝塔系数可能会有 0.20，这个值没有大到足以解释收益差额原因的程度。价值股与成长股组成的投资组合的收益与贝塔系数并不存在简单的关系。

同样，很难说这种发现在多大程度上动摇了 CAPM 的理论。有大量的文献对股票收益和公司规模以及账面市值比的关系进行了研究，但是如果我们将眼光放长远，并努力地对股票的历史收益进行审视，那么肯定就会偶然发现一些对过去来说能够起到一些作用的策略。这样的操作就是所谓的"数据挖掘"或"数据侦查"。或许公司规模和账面市值比的影响只是数据侦查的偶然结果，如果真是这样的话，它们应该是稍纵即逝的，发现这一现象的时候也就是这一现象消失的时候。已经有证据表明，情况确实是这样的。重新看一下图 9—10 就会发现，在过去 20 年间，小公司股票业绩更差的频率与其业绩更好的频率基本相当。

毫无疑问，CAPM 成立的依据并不像学者们想象的那样具有说服力，但是否认 CAPM 模型也会产生很多合理的疑问。既然数据和统计结果不可能给出最后的明确答案，那么 CAPM 理论的争议就需要"事实"来检验了。

9.3.2 资本资产定价模型的假设

资本资产定价模型是建立在一些假设基础之上的，但我们并没有对这些假设进行全面的叙述。比如说，我们假设对美国国库券进行投资是没有风险的。确实，对美国国库券进行投资发生违约的可能性非常小，但国库券不能保证你的真实收益，还存在通货膨胀的不确定性。另一个假设是，我们认为投资者可以按照与贷出资金相同的利率水平借入资金，但通常情况下，借入资金的利率水平应该高于贷出资金。

不过，很多这样的假设并不是至关重要的，只要稍作修正或拓展，就可以利用资本资产定价模型来处理更为一般的问题。真正重要的观念是投资者满足于将其资金投资于数目有限的标准投资组合（在 CAPM 的基本框架内，这些标准投资组合是国库券和市场的组合）。

修正之后 CAPM 的期望收益仍然取决于市场风险，但此时市场风险的定义要取决于标准投资组合的性质。不过在实际中，标准形式的资本资产定价模型的使用还是要比修正后的模型广泛得多。

9.4 其他理论

资本资产定价模型认为投资者只关心其未来财富的水平和不确定性，但这可能过于简化了。比如说，投资者可能已经习惯了某种特定的生活方式，因此如果过去非常富有的人让他将来变穷他就会觉得非常难以承受。行为心理学家通过观察也发现，投资者关注的并不只是其所持资产的当前价值，还要回头看看他们投资的时候能够获得的利润。只要有收益，无论这一收益的数额有多小，总能够给投资者带来额外的满足。而资本资产定价模型并不考虑投资者反省其所购买股票价格的可能，也就是投资者实际上会为自己是在股价最低时购买股票而兴高采烈，也会为在股价最高时进入股市而懊悔不已。[①]

---

① 我们在第 12 章还会再次探讨对损失的厌恶。对资产定价影响的研究，参见 S. Benartzi and R. Thaler，"Myopic Loss Aversion and the Equity Premium Puzzle," *Quarterly Journal of Economics* 110 (1995)，pp. 75 – 92；and in N. Barberis，M. Huang，and T. Santos，"Prospect Theory and Asset Prices," *Quarterly Journal of Economics* 116 (2001)，pp. 1 – 53。

9.4.1　消费贝塔系数与市场贝塔系数

对大多数人来说，财富本身并不是最终目的。如果不能消费这些财富，那它们又有什么用处呢？人们现在之所以会进行投资，就是因为他们希望自己或家人或财产继承者将来有消费的资本。因此，最重要的风险就是可能对未来消费有削减作用的影响因素。

Douglas Breeden建立了这样一个模型，即证券的风险是按其对投资者消费水平变化的敏感程度衡量的。如果他是正确的，那么股票的期望收益应该随着消费贝塔（consumption beta）系数，而不是市场贝塔系数的变化而变化。图9—11总结了标准型CAPM和消费型CAPM之间的主要差别。在标准模型中，投资者们只关心其未来财富的金额和不确定性。所有投资者的财富最终都与市场投资组合的收益完全相关，因此对股票和其他风险资产的需求主要取决于市场风险。投资的更深层次的动机，即为消费提供支持，是在模型中不予以考虑的。

但在消费型资本资产定价模型中，股票收益的不确定性与消费的不确定性是直接相关的。不过，虽然消费取决于财富（投资组合的价值），但模型中却并没有明确地反映财富。

消费型CAPM具有一些相当有吸引力的特征。比如说，我们无需划定一个市场，也无需寻找标准的投资组合，我们根本不必担心标准普尔综合指数是否能够反映所有有风险的投资的收益。

但是我们必须对消费进行衡量。插入问题：上个月你消费了多少？可能要清点汉堡包的数量或电影票的张数是非常简单的。但你的汽车或洗衣机的折旧，或者你的房屋投保的保费呢？我们认为，对这些消费数额的估计要依靠粗略的或主观的分配标准。政府统计人员月复一月地估计我们大家的消费数量，其工作任务之艰巨可想而知。

图9—11	标准型CAPM和消费型CAPM之间的主要差别

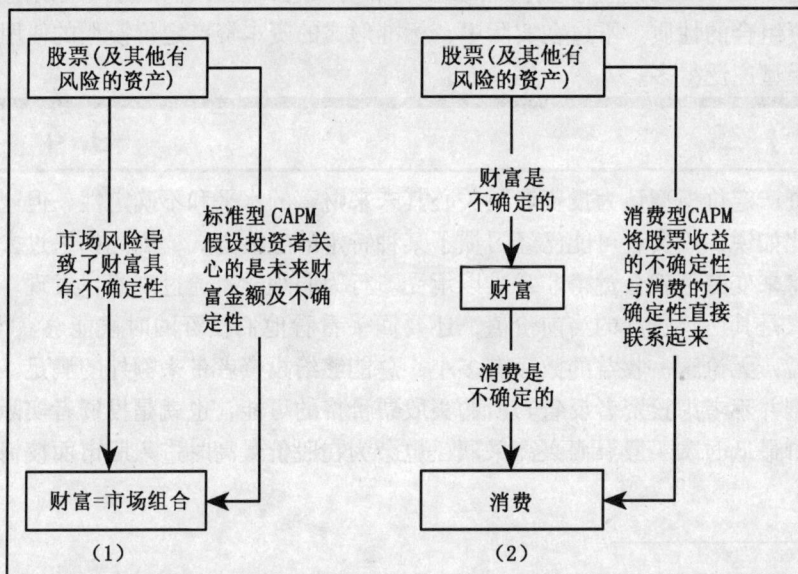

注：（1）标准型CAPM集中关注股票对投资者财富水平和不确定性的影响，消费是不包括在模型中的。（2）消费型CAPM将风险定义为股票对消费的不确定性的影响，但财富（介于股票收益和消费的中间环节）不包括在模型中。

与股票价格相比，估计得到的消费总量是随着时间的推移呈平缓的、逐渐有变化的趋势。其结果是，这种消费的波动率显得过低，除非假设投资者对风险厌恶的程度高到令人难以置信的地步，否则无法解释普通股过去的平均收益。这可能反映了我们对消费的衡量不够准确，也或许是对个人安排消费的时间模式的衡量不够准确。总之，除非以上这些问题得到解决，否则消费型 CAPM 在实践中还是不大可能得到应用的。

9.4.2　套利定价理论

资本资产定价理论分析以投资者如何构建有效的投资组合作为出发点，而 Stephen Ross 的**套利定价理论**（arbitrage pricing theory，APT），出发点与之完全不同。它不研究哪种投资组合才是有效的，而是以以下假设为起点，即假设每种股票的收益都是部分取决于一般的宏观经济影响，即"因素"；部分取决于"噪声"，也就是与特定公司相关的特殊事件。另外，套利定价理论还假设收益满足以下的简单关系：

$$收益 = a + b_1 \left(r_{因素1}\right) + b_2 \left(r_{因素2}\right) + b_3 \left(r_{因素3}\right) + \cdots + 噪声$$

该理论并没有说明这些因素到底是什么，可能是石油价格因素，也可能是利率因素等等。市场组合的收益可能也是一个因素，当然也有可能不是。

与其他股票相比，某些股票可能对某一个特定因素的敏感性更强。比如说与可口可乐相比，埃克森美孚对石油价格因素肯定要敏感得多。如果第一个因素反映了石油价格的意外变动，那么对埃克森美孚来说 b_1 就会较高。

对任意一种股票来说，其风险都来自于两个方面。首先是来自于一般的宏观经济因素的变化，这种风险不能通过多样化投资予以消除。其次是来自于与个别公司有关的可能事件带来的风险。由于这种风险可以通过多样化投资分散掉，因此投资者在决定是否买入或卖出某种股票时可以不予考虑。股票的期望风险溢酬受因素，即宏观风险的影响，但不受公司个别风险的影响。

套利定价理论认为，股票的期望风险溢酬应该由与相关因素有关的期望风险溢酬以及股票对每种因素的敏感性（b_1、b_2、b_3 等等）决定。因此其公式为[1]：

$$期望风险溢酬 = r - r_f$$
$$= b_1 \left(r_{因素1} - r_f\right) + b_2 \left(r_{因素2} - r_f\right) + \cdots$$

值得注意的是，该公式进行了以下两点陈述：

（1）如果我们让公式中所有的 b 都取值为 0，那么期望的风险溢酬就是 0。如果适当地选择分散化的投资组合，使其对所有宏观经济因素的敏感性都为 0，那么得到的投资组合就是没有风险的，其当前的定价应能使资产享有无风险利率的收益。如果该投资组合的收益较高，那么投资者可以通过借入资金，购进这种投资组合来获得无风险的（或"套利"）报酬；如果该投资组合的收益较低，就可以采用相反的策略获取套利收益。换句话说，就是应该出售这种零敏感性的投资组合，然后将其收入投资于美国国库券。

（2）如果所选的分散化投资组合受到某种因素（比如说因素 1）的影响，则其风

---

① 也有一些宏观因素是投资者无需考虑的。例如，一些经济学家们认为股票收益和货币供给是无关的，因此投资者无需担心通货膨胀的问题。这样的因素不要求额外的风险溢酬，因此也不会出现在 APT 期望收益的计算公式中。

险溢酬将恰好与其对此因素的敏感性成正比。例如，假设我们选择了两个投资组合，A和B，它们都只受到因素1的影响。如果投资组合A对因素1的敏感程度是投资组合B的两倍，那么投资组合A的风险溢酬也应该是投资组合B的两倍。因此，如果我们将已有的资金分成两半，分别投资于美国国库券和投资组合A，那么这个投资组合对因素1的敏感程度就与投资组合B的完全相同，并将与之享有同样的风险溢酬。

如果套利定价理论不成立，比如说，上面的国库券与投资组合A组成的投资组合能够产生较高的收益，那么在这种情况下，投资者就可以通过卖出投资组合B，对国库券与投资组合A组成的组合进行投资来获利。

上面我们所说的套利定价理论是应用于充分分散的投资组合的，其个别风险都已经通过多样化投资分散掉了。但是，如果套利定价关系对所有分散后的投资组合都成立，那么它对单个股票一般也都会成立，每种股票也就必须享有与其对投资组合风险影响相匹配的期望收益。APT认为，这种影响取决于股票收益对宏观经济因素意外变化的敏感程度。

9.4.3　资本资产定价模型与套利定价理论比较

与资本资产定价模型一样，套利定价理论强调期望收益取决于经济影响带来的风险，不受公司个别风险的影响。我们可以将套利定价中的因素看成是受普通因素影响的特殊股票投资组合的代表。如果这些投资组合的期望风险溢酬都与投资组合的市场贝塔系数成正比，那么套利定价理论与资本资产定价模型就能得到同样的结果。但若不是这样，二者就不会相同。

那么将这两种理论进行比较结果如何呢？套利定价理论有一些吸引力的特征。例如，在资本资产定价模型中起到核心作用的市场组合在套利定价理论中是不予考虑的。[1] 因此我们不必担心市场组合的衡量问题。原则上，即使我们只有一个有风险的样本资产数据，我们仍然可以验证套利定价理论的正确性。

遗憾的是，有得必有所失。套利定价理论并没有告诉我们那些影响因素是什么，这与资本资产定价模型是不一样的。资本资产定价模型将所有的宏观经济风险都集中到了一个明确定义的单一因素中，这个因素就是市场组合收益。

9.4.4　三因素模型

再回顾一下APT的等式。为估计期望收益，你首先必须遵循以下三个步骤：

步骤1：明确可能影响股票收益的宏观经济因素。

步骤2：估计每种因素的期望风险溢酬（$r_{因素1} - r_f$等）。

步骤3：衡量每种股票对这些因素的敏感程度（b_1、b_2等）。

完成这些步骤的捷径是利用Fama和French的研究成果。该研究成果指出，小公司的股票以及具有高账面市值比的公司的股票提供的收益要高于平均水平收益。这可能只是一种巧合而已，但也有证据表明这些因素确实与公司的盈利能力有关，因此也许它们的确把握了简单的CAPM模型未能反映的风险因素。[2]

---

① 当然，市场组合可能是构成因素之一，但这不是套利定价理论成立的必要条件。

② E. F. Fama and K. R. French, "Size and Book - to - Market Factors in Earnings and Returns," *Journal of Finance* 50 (1995), pp. 131 - 155.

如果投资者在承受这些因素的风险时，确实会要求额外的收益，那么对期望收益，我们就能得到与套利定价理论非常相似的一个计算公式：

$$r - r_f = b_{市场}\,(r_{市场因素}) + b_{规模}\,(r_{规模因素}) + b_{账面市值比}\,(r_{账面市值比因素})$$

这就是广为人知的 Fama – French 三因素模型。运用这一模型估计期望收益，其操作方法与利用套利定价理论完全相同。以下是一个例子：[①]

步骤 1：明确经济因素

Fama 和 French 已经确定了三个似乎能够决定期望收益的因素，每种因素的收益特征如下所示：

因素	用以衡量的指标
市场因素	市场指数收益减去无风险利率
规模因素	小公司股票收益扣除大公司股票收益
账面市值比因素	高账面市值比的股票收益扣除低账面市值比的股票收益

步骤 2：估计每种因素的风险溢酬

我们还是将市场风险溢酬的取值固定在7%的水平上。历史资料能够提供对另外两项因素风险溢酬的相关信息。正如我们之前看到的，1926 年至 2006 年间，小公司与大公司股票的年均收益的差额为每年 3.7%，而高账面市值比的股票收益与低账面市值比的公司股票收益的差额为 5.2%。

步骤 3：估计股票对因素的敏感程度

对这三种因素的收益波动，有的股票比其他股票更为敏感。为此可以看一下表9—3 中的前三列数值，该表列示了截至 2006 年 6 月的 60 个月期间 10 个行业集团股票因素敏感程度的估计值。例如，账面市值比这一因素的收益每增加1%，计算机类股票的收益就将减少 1.07%，而公用事业类股票的收益就会增加 0.63%。换句话说，当价值股（高账面市值比）的业绩超过成长股（低账面市值比）时，计算机类股票的业绩相对更差，而公用事业类股票的业绩相对会更好。

得到了因素敏感程度的估计值之后，剩下的工作就很简单了，就是将其与相应的期望收益相乘，然后再加总就可以得到想要的结果了。例如，计算机类股票的期望风险溢酬为：$r - r_f = (1.67 \times 7) + (0.39 \times 3.7) - (1.07 \times 5.2) = 7.6\ (\%)$。为计算 2006 年投资者期望的收益，必须再加上大约5%的无风险利率。因此，根据三因素模型，2006 年计算机类股票上的期望收益应该是 5% + 7.6% = 12.6%。

将这一数值与利用资本资产定价模型估计出的期望收益（表9—3 的最后一列）进行比较可看到，对计算机类股票，三因素模型得出的期望收益的估计值要低得多。为什么会这样呢？这主要是因为计算机类股票对账面市值比因素的变动反映较低（−1.07）的结果。

---

① 三因素模型最初被 Fama 和 French 用于估计不同行业集团的资本成本。见 E. F. Fama and K. R. French，"Industry Costs of Equity," Journal of Financial Economics 43（1997），pp. 153 – 193。Fama 和 French 强调了利用 CAPM 或 APT 形式的模型估计投资者期望的投资收益的不严密之处。

表 9—3	利用 Fama – French 三因素模型和 CAPM 对几类行业股票期望收益的估计				单位:%
	三因素模型				**CAPM**
	因素敏感程度			期望收益[a]	期望收益[b]
	$b_{市场}$	$b_{规模}$	$b_{账面市值比}$		
汽车	1.51	0.31	1.08	22.3	14.9
银行	0.92	−0.17	0.13	11.5	11.0
化工	1.04	0.01	0.26	13.7	12.0
计算机	1.67	0.39	−1.07	12.6	18.7
建筑	0.41	1.12	1.05	17.5	14.1
食品	0.43	−0.09	0.28	9.1	7.5
石油天然气	0.77	0.21	0.73	15.0	9.9
制药	0.68	−0.62	−0.43	5.2	9.1
电信	1.36	−0.81	−0.05	11.3	13.0
公用事业	0.71	0.13	0.63	13.7	9.5

[a] 期望收益等于无风险利率加上因素敏感程度与相应因素风险溢酬的乘积，也就是 $5 + (b_{市场} \times 7) + (b_{规模} \times 3.7) + (b_{账面市值比} \times 5.2)$。

[b] 按 $r_f + \beta (r_m - r_f)$ 估计的，也就是 $5 + \beta \times 7$。要注意，此处 β 是按简单回归估计的，因此可能与 $b_{市场}$ 列示的价值有所不同。

本章小结

　　我们将选取投资组合归结为常识性的表述，它的一个基本原则就是投资者会努力提高其投资组合的期望收益，而降低这一收益的标准差。在给定标准差的情况下，能够提供最高期望收益的投资组合，或在给定期望收益的情况下，标准差最低的投资组合就叫做有效投资组合。为找出哪种投资组合才是有效投资组合，投资者必须清楚每种股票的期望收益和标准差，以及股票间的相关程度。

　　仅限于持有普通股股票的投资者对有效投资组合的选取与其对待风险的态度有关；但如果投资者能够以无风险利率借入或贷出资金，那么他们选择的最佳普通股投资组合就与其对待风险的态度无关。选定了最佳的普通股组合之后，投资者可以通过决定其愿意投入普通股的投资比重来确定投资组合的总体风险。最佳的有效投资组合中，预计风险溢酬与投资组合标准差之间的比率是最高的。

　　如果所有投资者都与其他投资者一样拥有同样的投资机会和信息，那么其最佳的股票组合就和其他投资者的股票组合是相同的。换句话说，他或她应该投资于市场组合与无风险借贷（也就是借入资金或贷出资金）构成的混合投资。

　　股票对投资组合风险的边际影响是通过其对投资组合价值变化的敏感程度进行衡量的。股票对市场投资组合风险的边际影响是用 β 衡量的。这就是资本资产定价模型（CAPM）的基本思想。该模型得出结论认为，每种证券的期望风险溢酬应该与投资组合的贝塔系数成正比：

期望风险溢酬 = 贝塔系数 × 市场风险溢酬

$$r - r_f = \beta \times (r_m - r_f)$$

资本资产定价模型是将风险和收益联系起来的一个广为人知的模型，该模型说起来很有道理，得到了广泛的运用，但它也不是完美无缺的。在长期内，虽然实际收益与贝塔系数有关联，但其关系并不像 CAPM 预计的那么牢固。另外 20 世纪 60 年代中期以来其他的因素看起来能够对收益进行更合理的解释。小公司的股票，以及与市场价格相比账面价值较高的股票看起来都存在着 CAPM 未能揭示出的风险。

资本资产定价模型还由于其过于简化的假设而受到批评。一个被称为消费型资本资产定价模型的新理论指出，证券风险反映了收益对投资者消费变化的敏感程度，这一理论提倡的是消费贝塔系数，而不是与市场组合相关的贝塔系数。

套利定价理论是处理风险和收益的又一个理论。该理论认为，股票的风险溢酬是由影响股票收益的几个一般性宏观经济因素决定的：

$$风险溢酬 = b_1 (r_{因素1} - r_f) + b_2 (r_{因素2} - r_f) + \cdots$$

其中，b 代表的是单个资产对因素资产变化的敏感程度，$r_{因素} - r_f$ 是投资者由于承担了这个因素带来的风险因此所要求的风险溢酬。

但套利定价理论并没有说明这些因素是什么。这就要求经济学家们利用其所掌握的统计方法来揭示未知的游戏秘密。Fama 和 French 提出了以下三种因素：

（1）市场组合收益减掉无风险利率。

（2）小公司与大公司股票收益的差额。

（3）高账面市值比公司股票收益与低账面市值比公司股票收益的差额。

在 Fama – French 三因素模型中，每种股票的期望收益都取决于其受这三种因素的影响程度。

每种风险和收益模型都有其支持者。但是所有的财务经济学家都同意以下两个基本的观点：（1）如果投资者承担风险，他们总要要求额外的期望收益；（2）投资者主要关心不能通过多样化投资分散掉的风险。

推荐读物

有关投资组合选择的开创性文章是：

H. M. Markowitz, "Portfolio Selection," Journal of Finance 7 (March 1952), pp. 77 – 91.

很多教科书在讨论投资组合的选择时都既解释了马科维茨的原始理论，也介绍了其他的简化方法。比如：

E. J. Elton, M. J. Gruber, S. J. Brown, and W. N. Goetzmann: Modern Portfolio Theory and Investment Analysis, 6th ed. (New York: John Wiley & Sons, 2002).

在研究资本资产定价模型的三篇开创性论文中，Jack Treynor 的没有发表过。其他两篇文章是：

W. F. Sharpe, "Capital Asset Prices: A Theory of Market Equilibrium under Conditions of Risk," Journal of Finance 19 (September 1964), pp. 425 – 442.

J. Lintner, "The Valuation of Risk Assets and the Selection of Risky Investments in

Stock Portfolios and Capital Budgets," *Review of Economics and Statistics* 47（February 1965）, pp. 13 - 37.

此后涌现了大量的与资本资产定价模型有关的文献，还发表了很多对资本资产定价模型的验证文章。Fisher Black 的文章是一个可读性非常强的例子。对这一理论的探讨都是各执一词，没有任意一方想要妥协。两个非常优秀但比较超前的例子是 Campbell 的调查报告和 Cochrane 的著作。Copeland 等人的文章提供了比本章中阐述的资本资产定价模型更详细的细节。

T. E. Copeland, J. F. Weston, and K. Shastri, *Financial Theory and Corporate Policy*, 4th ed.（Pearson Addison Wesley, 2005）.

F. Black, "Beta and Return," *Journal of Portfolio Management* 20（Fall 1993）, pp. 8 - 18.

J. Y. Campbell, "Asset Pricing at the Millennium," *Journal of Finance* 55（August 2000）, pp. 1515 - 1567.

J. H. Cochrane, *Asset Pricing*（Princeton, NJ: Princeton University Press, 2005）.

有关 APT，最容易进行的实施方面的文章是：

E. J. Elton, M. J. Gruber, and J. Mei, "Cost of Capital Using Arbitrage Pricing Theory: A Case Study of Nine New York Utilities," *Financial Markets, Institutions, and Instruments* 3（August 1994）, pp. 46 - 73.

概念复习题

完整的本章概念复习题，请登录网站 www.mhhe.com/bma1e。

1. 如果股票收益呈正态分布，则其分布完全可以由两个数值进行定义。这两个数值是什么？

2. "有效的投资组合集"是指什么？

3. 如果投资者可以按相同的利率借入贷出资金，那么对普通股投资组合的选择是否取决于投资者愿意承受风险的态度？为什么？

练习题

1. 以下是四种投资的收益和标准差情况：

	收益（单位:%）	标准差（单位:%）
国库券	6	0
股票 P	10	14
股票 Q	14.5	28
股票 R	21.0	26

计算以下投资组合的标准差：

（1）50% 投资于国库券，50% 投资于股票 P。

（2）分别对 Q 和 R 投资 50%。假设二者的相关性为：

① 完全正相关　② 完全负相关　③ 不相关

（3）对 Q 和 R 画一个类似于图 9—3 那样的图，假设相关系数为 0.5。

（4）与股票 R 相比，股票 Q 的收益较低，但标准差较高。这是否意味着 Q 的价格过高，或 R 的价格过低呢？

2. 以下每组投资中，理性的投资者一般会倾向于哪一个（假设这些是投资者唯一的投资机会）？

（1）投资组合 A，$r=18\%$，$\sigma=20\%$

　　投资组合 B，$r=14\%$，$\sigma=20\%$

（2）投资组合 C，$r=15\%$，$\sigma=18\%$

对贝塔系数和资本资产定价模型在实际应用中的其他问题，我们将在第 10 章中加以讨论。投资组合 D，$r=13\%$，$\sigma=8\%$

（3）投资组合 E，$r=14\%$，$\sigma=16\%$

对贝塔系数和资本资产定价模型在实际应用中的其他问题，我们将在第 10 章中加以讨论。投资组合 F，$r=14\%$，$\sigma=10\%$

3. 图 9—12 旨在列示可获得的期望收益与标准离差组合的可能范围。

（1）哪个图画得不正确？为什么？

（2）有效投资组合集是什么？

（3）如果 r_f 是利率，试用 X 标出最佳股票投资组合。

图 9—12	见练习题第 3 题

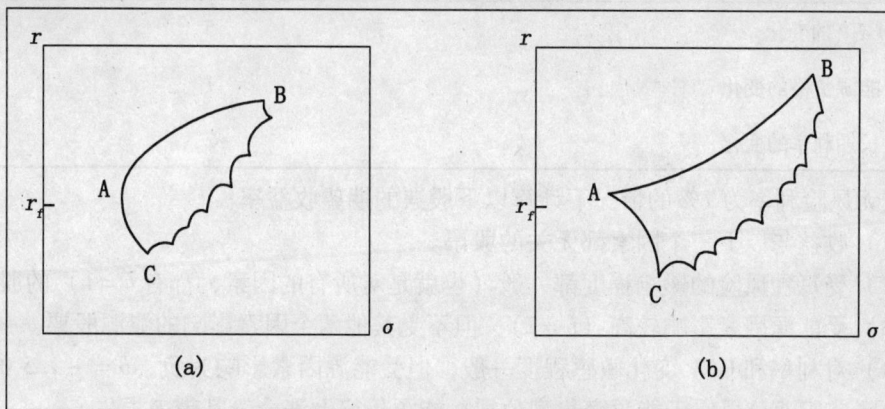

(a)　　　　(b)

4.（1）作图，在图上标出以下有风险的投资组合：

	投资组合							
	A	B	C	D	E	F	G	H
期望收益（r），%	10	12.5	15	16	17	18	18	20
标准差（σ），%	23	21	25	29	29	32	35	45

（2）以上投资组合中，有五个是有效投资组合，有三个不是。无效的投资组合是哪几个？

（3）假设你可以以 12% 的利率借入贷出资金。以上投资组合中哪个的夏普比率最高?

（4）假设你可以接受 25% 的标准差。如果不能借入或贷出资金的话，你能够获得的最大期望收益是多少?

（5）如果你能以 12% 的利率借入或贷出资金，并准备接受 25% 的标准差，那么你的最佳策略是什么? 在这样的风险下你能获得的最大期望收益是多少?

5. 假设国库券利率为 4%，市场期望收益率为 10%。利用表 9—2 中的贝塔系数:

（1）计算微软的期望收益。

（2）找出能够提供最高期望收益的股票。

（3）找出能够提供最低期望收益的股票。

（4）如果利率不是 4%，而是 6% 的话，IBM 提供的期望收益会更高还是更低? 假设期望市场收益仍保持在 10%。

（5）如果利率是 8%，那么埃克森美孚提供的期望收益会更高还是更低?

6. 以下说法是否正确:

（1）CAPM 意味着，如果你能找到贝塔值为负的投资机会，那么期望收益会比利率更低。

（2）贝塔值为 2.0 的投资，其期望收益是市场期望收益的两倍。

（3）如果一只股票位于证券市场线的下方，那么其价值是被低估了。

7. 看一个三因素 APT 模型。其影响因素及相应的风险溢酬为:

影响因素	风险溢酬（单位:%）
GNP 的变化	5
能源价格的变化	−1
长期利率的变化	+2

在无风险利率为 7% 的情况下计算以下股票的期望收益率。

（1）收益与以上三个因素都无关的股票。

（2）受每种风险的影响程度都一般（也就是对所有的因素，都有 $b=1$）的股票。

（3）受能源因素影响较高（$b=2$），但不受其他两个因素影响的能源股票。

（4）对利率和 GNP 变化敏感程度一般，但受能源因素影响为负，$b=-1.5$ 的铝业公司股票（铝业公司属于能源密集型公司，能源价格上涨会给其带来损失）。

实务题

8. 以下说法是否正确? 解释你的答案，必要时可以添加限制条件。

（1）股票收益率波动越大，投资者要求的期望收益率就越高。

（2）根据 CAPM，贝塔值为 0 的证券其期望收益也为 0。

（3）如果投资者对国库券投资 10 000 美元，对市场组合投资 20 000 美元，那么这一投资组合的贝塔系数为 2.0。

（4）股票收益率受宏观经济因素的影响越大，投资者要求的期望收益率就越高。

（5）股票收益对股票市场的波动越敏感，投资者要求的期望收益率就越高。

9. 再看一下第 9.1 节中沃尔玛和 IBM 股票收益率的计算。假设相关系数 $\rho_{12} = 0$，对 x_1、x_2 取不同的值重新计算投资组合的期望收益率和标准差。像图 9—3 那样画出期望收益与标准差的可能组合范围。再按照 $\rho_{12} = +1$ 和 $\rho_{12} = -1$ 重复这个过程。

10. Mark Harrywitz 打算投资于两种股票 X 和 Y。他对 X 要求的期望收益率为 12%，对 Y 要求 8%，X 和 Y 收益的标准差分别为 8% 和 5%。两种股票收益的相关系数为 0.2。

（1）计算以下投资组合的期望收益和标准差。

投资组合	X 的投资比重（%）	Y 的投资比重（%）
1	50	50
2	25	75
3	75	25

（2）画出由 X 和 Y 构成的投资组合集。

（3）假设 Mark Harrywitz 先生还可以以 5% 的利率借入或贷出资金。在你作出的图中，显示在这种条件下其投资机会如何变化。在他能够借入或贷出资金的条件下，其普通股投资组合中投资于 X 和 Y 的比重应该是多少？

11. Ebenezer Scrooge 将其资金的 60% 投资到股票 A，将剩余资金投资到股票 B。他估计的股票前景如下：

	A	B
期望收益（%）	15	20
标准差（%）	20	22
收益的相关系数	0.5	

（1）其投资组合的期望收益和收益的标准差是多少？

（2）如果相关系数变成 0 或 -0.5，你的答案会有什么样的变化？

（3）假设 Scrooge 先生将全部资金都投资于股票 A，与原有投资组合相比哪个更好？还是无法比较？

12. 在计算表 9—1 的有效投资组合时，我们假设投资者不能持有卖空头寸（也就是不能出现负的持有量）。本教材网站（www. mhhe. com/bma1e）上有允许卖空条件下的有效投资组合的计算程序。（在此感谢 Simon Gervais 给我们提供这个程序）

（1）看表 9—1 中 10 只股票组成的有效投资组合。存在卖空交易的可能性如何影响投资者可获得的投资组合选择？

（2）从雅虎财经网 finance. yahoo. com 或标准普尔市场观察网（www. mhhe. com/edumarketinsight）上下载 10 只不同股票的"月调整价格（Monthly Adjusted Prices）"，并将历史收益输入 Excel 程序（该程序最多可以处理 10 年的收益）。给每只股票输入合理的期望收益，然后找出有效投资组合集。

13. 从雅虎财经网 finance. yahoo. com 或标准普尔市场观察网（www. mhhe. com/edumarketinsight）上下载通用（GM）和 Harley - Davidson（HOG）公司的"月调整价

格"。利用 Excel 的 SLOPE 函数计算每家公司的贝塔值（具体见第 8 章实务题的第 11 题）。

（1）假设标准普尔 500 指数出乎意料地下降了 5%，那么你估计 GM 或 HOG 会下降多少？

（2）对充分分散的投资者，哪个公司的风险更大？与另一个相比风险能高出多少？

（3）假设国库券利率为 4%，标准普尔 500 指数期望收益率为 11%。利用 CAPM 预计每种股票的期望收益率。

14. 从标准普尔市场观察网（www. mhhe. com/edumarketinsight）上下载波音公司和辉瑞公司"月调整价格"工作表。

（1）利用最近三年的月收益数据，计算每家公司年度标准差。先利用 Excel 的 STDEV 函数计算月收益的标准差，然后乘以 12 的平方根转换成年度数值。

（2）利用 Excel 的 CORREL 函数计算这两只股票月收益的相关系数。

（3）利用 CAPM 估计期望收益率。计算贝塔值，或利用市场观察网上"月估价数据（Monthly Valuation Data）"报告的最近贝塔值。利用当前的国库券利率和合理的市场风险溢酬估计值。

（4）画一个像图 9—3 那样的图。什么样的波音和辉瑞的组合才能具有最低的投资组合风险？这种最小风险的投资组合的期望收益是多少？

15. 国库券利率为 4%，市场组合的期望收益率为 12%。利用资本资产定价模型：

（1）画一个像图 9—6 那样的图，说明期望收益如何随贝塔值的变化而变化。

（2）市场的风险溢酬是多少？

（3）对贝塔值为 1.5 的投资必要收益率是多少？

（4）如果某项贝塔值为 0.8 的投资其期望收益率为 9.8%，它的 NPV 是正的吗？

（5）如果市场对股票 X 期望的收益率为 11.2%，那么它的贝塔值是多少？

16. 表 9—2 中的大部分公司资料都可以从标准普尔市场观察网（www. mhhe. com/edumarketinsight）上找到。对能找到的公司，根据"月调整价格"工作表中的月收益数据，利用 Excel 的 SLOPE 函数重新计算贝塔值。要利用尽可能多的月收益数据，但最多不要超过 60 个月。利用 CAPM 公式，按当前无风险利率和 7% 的市场风险溢酬，重新计算期望收益率。与表 9—2 中报告的数值相比，期望收益有何变化？

17. 到雅虎财经网 finance. yahoo. com 或标准普尔市场观察网（www. mhhe. com/edumarketinsight）上寻找一只低风险的绩优股——埃克森美孚或家乐士（Kellogg）或许是可选的公司。利用最近三年的月收益数据估计公司的贝塔值，以证实它确实是低于 1.0 的。根据同一期间的数据，估计股票收益的年标准差、标准普尔 500 的年标准差和股票收益与标准普尔 500 收益之间的相关系数（利用前面几个实务题中给出的 Excel 函数）。假设 CAPM 成立的话，按照 12% 的市场收益率和 5% 的无风险利率水平预测股票的期望收益率。

（1）画一个像图 9—5 那样的图，说明当股票的投资比重从 0 到 100% 之间变化时，对低风险股票和市场进行投资所组成的投资组合的风险和收益的关系。

（2）假设你可以按 5% 的利率借入或贷出资金，你会投资于由低风险股票和市场构成的投资组合吗？还是你只想对市场进行投资？为什么？

（3）假设你对某只股票收益的预测值比在（1）中用到的 CAPM 中的收益值高 5 个百分点。用这一较高的收益率重做第（1）问和第（2）问。

（4）寻找一只高贝塔值的股票，重做问题（1）至（3）。

18. Percival Hygiene 对长期公司债券投资了 1 000 万美元。这一债券组合的期望年收益率为 9%，年标准差为 10%。

Percival 的财务顾问 Amanda Reckonwith 建议 Percival 考虑对一个严格跟随标准普尔 500 指数的指数基金进行投资。该指数的期望收益率为 14%，标准差为 16%。

（1）假设 Percival 将其所有的资金投资于由指数基金和国库券组成的投资组合，那么他能否在不改变其组合风险的情况下获得更高的期望收益率呢？国库券收益率为 6%。

（2）如果 Percival 对公司债券组合和指数基金进行等额投资，这样做是否会更好呢？假设债券组合和指数基金之间的相关系数为 +0.1。

19. 以下有关 APT 的说法是否正确？

（1）APT 的影响因素不能反映可分散风险。

（2）市场收益率不能作为 APT 的影响因素。

（3）不存在特别明确的 APT 影响因素的理论。

（4）APT 模型可能是正确的，但不是特别有用。例如在相关影响因素发生出人意料变化的情况下。

20. 看以下简化的 APT 模型：

影响因素	期望风险溢酬（%）
市场	6.4
利率	−0.6
收益率差额	5.1

假设 $r_f = 5\%$，计算以下股票的期望收益：

股票	因素的风险影响程度		
	市场	利率	收益率差额
	(b_1)	(b_2)	(b_3)
P	1.0	−2.0	−0.2
P^2	1.2	0	0.3
P^3	0.3	0.5	1.0

21. 再看一下实务题第 20 题，假设对 P、P^2 和 P^3 进行等额投资，构成了一个投资组合：

（1）此投资组合的因素风险影响程度如何？

（2）该投资组合的期望收益率是多少？

22. 下表列示了到 2006 年 6 月为止的 5 年中，四种股票对 Fama-French 三因素的敏感程度。假设利率为 5%，市场的期望风险溢酬为 7.6%，规模因素的期望风险溢酬为

3.7%，账面市值比的期望风险溢酬为 5.2%（这些都是 1926 年至 2006 年的实际数据），估计每种股票的期望收益。

因素	因素敏感程度			
	可口可乐	福特	辉瑞	微软
市场	0.36	2.00	0.58	0.89
规模[1]	−0.23	−0.03	−0.47	−0.07
账面市值比[2]	0.38	1.10	−0.15	−1.17

（1）小公司股票收益减去大公司股票收益。

（2）高账面市值比公司股票收益减掉去账面市值比公司股票收益。

思考题

23. 在 206 页脚注②中我们注意到，最小风险的投资组合是包括 78.4% 的沃尔玛投资和 21.6% 的 IBM 投资。试证明之。（提示：为证明这一问题需要进行一些计算）

24. 再看一下第 9.1 节中计算的有效投资组合集。

（1）如果利率为 10%，那么四个有效投资组合中你会持有哪一个？

（2）相对于这一投资组合，持有的每种组合的贝塔值是多少？（提示：如果投资组合是有效的，那么持有的每种投资组合的期望风险溢酬必然与该股票相对于*此投资组合*的贝塔值成正比）

（3）如果利率是 5%，你对以上两问的答案将会有何变化？

25. 以下是一个解释 APT 的问题。假设只有两个一般性的宏观经济影响因素。投资 X、Y、Z 对这两个因素的敏感程度为：

投资	b_1	b_2
X	1.75	0.25
Y	−1.00	2.00
Z	2.00	1.00

假设因素 1 的期望风险溢酬为 4%，因素 2 的为 8%。显然，国库券的风险溢酬为 0。

（1）根据 APT，这三种股票的风险溢酬分别是多少？

（2）假设你买进 200 美元 X、50 美元 Y，卖出 150 美元 Z。那么你这个投资组合对这两个因素的敏感程度分别是多少？期望风险溢酬又是多少？

（3）假设你买进 80 美元 X、60 美元 Y，卖出 40 美元 Z。那么你这个投资组合对这两个因素的敏感程度分别是多少？期望风险溢酬又是多少？

（4）最后，假设你买进 160 美元 X、20 美元 Y，卖出 80 美元 Z。那么你这个投资组合对这两个因素的敏感程度又分别是多少？期望风险溢酬又是多少

（5）给出两个可行的方案，使你构建的基金仅对因素 1 有 0.5 的敏感程度。（提示：一个包括国库券投资的组合）比较这两种投资的风险溢酬。

（6）假设 APT 不成立，并且 X 的风险溢酬为 8%，Y 的风险溢酬为 14%，Z 的风险溢酬为 16%。设计一种投资，使其对每种因素的敏感程度都为 0，且具有正的风险溢酬。

【微型案例】

John 和 Marsha 的投资组合选择

场景：第 10 章微型案例发生的前几年，John 和 Marsha 手挽手坐在曼哈顿市中心一家舒适的法国餐馆里。Marsha 是期货市场的经纪人，John 为一家大型养老金基金管理着 1.25 亿美元的普通股股票投资组合。他们刚刚叫了菲力牛排的主食和法式馅饼的甜点。John 正在烛光下阅读《华尔街日报》的财经版。

John：哇！土豆期货到每日限量了。咱们再加一个 gratin Dauphinoise 的订单吧！你对欧元贷款的远期利率进行套期保值了吗？

Marsha：John，快合上那份报纸吧！（他不情愿地这样做了）John，我爱你。你会娶我吗？

John：哦，Marsha，我也爱你，但是……我必须告诉你点儿有关我的事，这些事我从来没有告诉过任何人。

Marsha（关心地）：John，是什么事？

John：我想我只是个活动能力有限的人（closet indexer）。

Marsha：什么？为什么这么说？

John：看起来我的投资组合收益总是追随标准普尔 500 市场指数的。有时候比它好，有时候比它差。但我的收益和市场收益之间的相关系数大于 90%。

Marsha：这有什么问题吗？你的客户想要大盘股的充分分散的投资组合，当然你的投资组合就要追随市场情况呀。

John：那为什么我的客户不直接购买指数基金呢？他们为什么要付给我钱？我真的是在通过积极管理来为他们增加价值吗？我是想努力达到这样的效果的，但我想我可能只是……只是个指数选择者（indexer）。

Marsha：哦，John。我知道你确实给他们增加了价值。你是一个证券分析界的明星。

John：要想找到真正被高估或低估的股票其实是不容易的。当然我也有一些自己的看法。

Marsha：你不是解释了 Pioneer Gypsum 为什么值得买嘛，而且你也看好 Global Mining。

John：对，就是 Pioneer。（从口袋里掏出一张写满字的纸条。）股价 87.50 美元。在年标准差为 32% 的情况下，我估计期望收益率为 11%。

Marsha：只有 11%？你预测的市场收益可是 12.5% 啊。

John：是，我用的市场风险溢酬是 7.5%，无风险利率是 5%，因此得出的是 12.5% 的市场收益。但 Pioneer 的贝塔值只有 0.65。今天早上我本来想买进 30 000 股的，但后来放弃了。我想我还是多样化投资比较好。

Marsha：你试过现代组合理论（modern portfolio theory）没有？

John：MPT？太不实际了。在课本中可能看起来是不错的，因为就有 5 到 10 种的股票，能够说明它们的有效性。我可是要在上百种，甚至是上千种股票中进行选择的啊。我到哪儿去找 1 000 种股票的信息？那得有 100 万个方差和协方差！

Marsha：实际上只有 500 000 啦！位于对角线以上的协方差和以下的数量是一样多的。但你是对的，大部分的估计值都过时了，或本身就是垃圾。

John：就是，对期望收益没有任何意义。输入的是废品，输出的肯定也是废品。

Marsha：但是 John，你没有必要去算 1 000 个组合的权重啊，只需要几个就行了！是这样的：拿你的标准的投资组合，比如说标准普尔 500 作为证券 1，这是你作为指数选择者的最后一个步骤。然后找几个你确实比较了解的证券，比如说 Pioneer 可以作为证券 2，Global 作为证券 3 等。然后你就可以充分利用你的理财想法了！

John：我明白了。积极的管理意味着出售一些标准的投资组合，然后将其收入投资于某些特定的股票，如 Pioneer。但我怎样才能知道 Pioneer 是否会提高我的投资组合的价值呢？即使能，我得买多少呢？

Marsha：就让夏普比率最高就对了，亲爱的。

John：哦，我明白了！答案是：好！

Marsha：什么问题的答案是好？

John：你不是让我娶你吗？答案是好！你觉得我们去哪儿度蜜月好呢？

Marsha：澳大利亚怎么样？我想参观墨尔本证交所。

问题：

（1）表 9—4 就是 John 从口袋里掏出的纸条，是他提到的 Pioneer Gypsum 和 Global Mining 的信息。计算部分投资于市场，部分投资于 Pioneer 构成的投资组合的期望收益、风险溢酬和标准差（你可以按表中给出的贝塔值和标准差计算所需要的信息）。在市场标准化的组合当中加入 Pioneer 会提高夏普比率吗？John 应该对 Pioneer 和市场各投资多少呢？

表 9—4	John 纸条上关于 Pioneer Gypsum 和 Global Mining 的信息	
	Pioneer Gypsum	Global Mining
期望收益	11.0%	12.9%
标准差	32%	20%
贝塔值	0.65	1.22
股票价格	87.50 美元	105.00 美元

（2）对 Global Mining 重复以上的分析。在这种情况下 John 应该采取什么行动？假设 Global 占标准普尔指数的 0.75%。

第10章

资本预算与风险

远在将风险与收益联系起来的现代理论发展之前,精明的财务经理们就已经在资本预算中进行了风险调整。他们知道,在其他条件相同的情况下,有风险的项目的价值比不上安全的项目,这是常识。因此他们对有风险的项目要求较高的收益率,或者在对有风险的项目进行决策时总是立足于对项目现金流的保守预测。

目前,对新的投资项目,大部分公司以公司资本成本为基准开始对折现率进行风险调整。公司资本成本是对整个公司进行投资的资本机会成本,它通常通过计算加权平均的资本成本获得,也就是投资于公司债务和权益性证券的投资者要求的平均收益率。本章我们的首要任务是解释公司资本成本什么时候可以,什么时候不可以用于对项目的现金流进行折现。我们将会看到,如果项目风险与公司现有业务风险相同,那么公司资本成本就是正确的折现率;但如果项目风险高于公司当前的风险,那么项目的资本成本就应该提高;对风险较低的项目就应该降低公司资本成本作为折现率。

在估计公司成本中,最困难的地方在于计算投资者对公司股票要求的期望收益率。很多公司都利用资本资产定价模型(CAPM)来寻找答案。CAPM认为,期望收益等于无风险利率 r_f 加上一个风险溢酬,该风险溢酬取决于贝塔值和市场风险溢酬($r_m - r_f$):

期望收益率 $= r_f + \beta \times (r_m - r_f)$

上一章中,我们利用这个公式估计普通股样本股票的期望收益率,但并没有说明如何估计贝塔值。遗憾的是,在报纸上是找不到贝塔值的,也不能通过追踪少量股票每天或每月股票价格的变化而得出这一数值。但我们通常可以通过观察股价随市场波动而变化的历史数据得到一个近似的估计值。精明的财务经理们还会考察类似公司投资组合的平均贝塔值。对投资组合贝塔值进行的估计通常情况下要比对单个公司进行的估计要准确得多。

但有时我们没有贝塔值，或者得到的贝塔估计值只是些统计上的垃圾。在这种情况下，你可以评估项目的经营杠杆（固定成本与变动成本的比率），考察项目的未来现金流对经济周期是否是超乎寻常地敏感。经营杠杆较高的周期性项目通常贝塔值比较高。但要注意不要混淆可分散风险和市场风险。可分散风险是不增加资本成本的。

不同项目的贝塔值是不同的，同样的项目不同时间下贝塔值也可能不同。例如，某些项目初期比晚期的风险高，因此在项目的初始期我们就必须使用较高的折现率。但大多数情况下，财务经理们假设在未来的任一期间风险都是相同的，因此对所有的未来现金流都只使用一个单一的风险调整折现率。普通项目的风险会随着时间的推移而增加，我们将使用确定当量（certainty equivalents）来加以说明。

最后我们将简单探讨一下国际项目的风险和折现率，并以此结束本章内容。

10.1　公司资本成本与项目资本成本

所谓公司**资本成本**（company cost of capital），就是所有的公司现有证券组成的投资组合的期望收益率。它是投资于公司资产的资本机会成本，因此是公司平均风险项目的合适的折现率。

如果公司目前发行在外的债务不多，那么公司的资本成本就是公司股票的期望收益率。包括微软公司在内的很多大型的成功公司都属于这种情况。在表9—2中我们估计的微软公司投资者要求的普通股期望收益率为12.9%。如果微软正打算扩张公司的现有业务，就可以用12.9%的折现率对预测的现金流进行折现。

如果新项目的风险比公司现有业务的风险高或低时，公司资本成本就不能作为正确的折现率。原则上，每个项目都应该按照其自有的资本机会成本估计其折现率，这也是我们在第8章中介绍过的价值可加性的基本观点。对由资本A和资本B构成的公司来说，其公司价值应为：

公司价值 = PV（AB）＝PV（A）＋PV（B）

＝个别资产价值合计

其中，对PV（A）和PV（B）的估价就像是将它们看成是小型公司，股东可以直接对其进行投资。投资者将通过按反映A风险的折现率对预测现金流进行折现的方法对A估价，同样，通过按反映B风险的折现率对预测现金流进行折现来对B估价。一般来说，这两个折现率应该是不一样的。如果资产的现值取决于购买该资产的公司的特征，那么现值就是不能相加的，但我们知道它们确实可以相加。（设想一个对辉瑞投资100万美元、对美洲银行投资100万美元组成的投资组合。会有理性的投资者认为这一投资组合的价值比200万美元高或低吗?）

如果公司考虑对第三个项目C进行投资，它也要将C看成是一个小型企业对C进行估价。也就是说，公司应该用对投资项目C进行了单独投资的投资者要求的期望收益率对C的现金流进行折现。真实的资本成本取决于资本的投资对象。

这意味着微软应该接受任何足以补偿项目贝塔值的项目。换句话说，微软应该接受位于图10—1中连接期望收益和风险的那条向上倾斜的证券市场线上方的所有项目。与低风险的项目相比，如果项目的风险较高，则微软就需要更高的期望收益。现在与公司资本成本法则比较一下，公司资本成本法则认为，只要项目提供的收益比公司资本成本高，无论其风险多大都应该接受。按图10—1来说，这个法则告诉微软应该接受任何位于水平的公司资本成本线以上的项目，也就是提供的收益率高于12.9%的项目。

图 10—1	公司资本成本法则与资本资产定价模型下的要求收益率比较

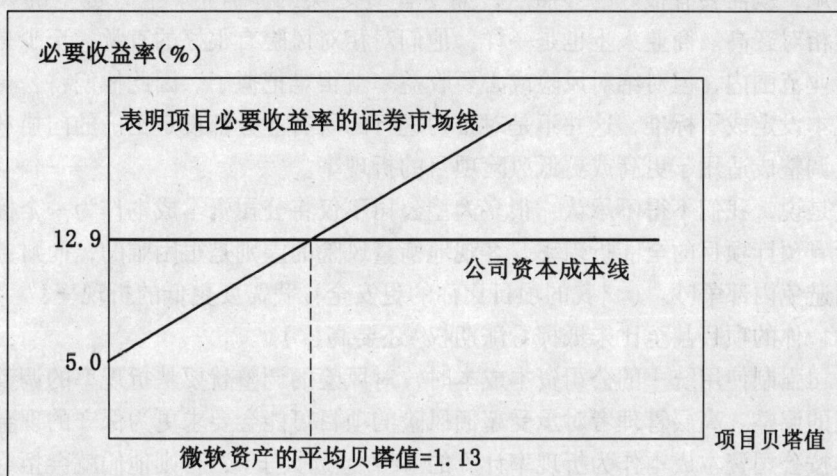

图中：必要收益率（%）；表明项目必要收益率的证券市场线；公司资本成本线；12.9；5.0；微软资产的平均贝塔值=1.13；项目贝塔值

注：微软的公司资本成本约为12.9%，只有项目贝塔值为1.13，才是正确的折现率。一般来说，正确的折现率会随着项目贝塔值的增加而增加。微软应该接受收益率位于连接必要收益率和贝塔值的证券市场线上方的项目。

如果建议微软对非常安全的项目和对有风险的项目要求同样的收益率很显然是非常愚蠢的。如果微软采用公司资本成本法则，它将拒绝很多非常好的低风险项目，接受很多不好的高风险项目。同样，如果仅仅因为另一个公司的公司资本成本较低，它就可以接受微软拒绝的项目也是非常不明智的。

每家公司都只需要一个折现率或资本成本，这一观点是广为流传的，但它不是万能法则。很多公司对不同种类的投资可能会要求不同的收益。例如，折现率可能按以下确定：

投资种类	折现率（%）
投机冒险	30
新产品	20
现有业务扩张	15（公司资本成本）
成本改进、现有技术	10

10.1.1 完美定位和资本成本

实际的资本成本取决于项目风险，而不是实施这一项目的公司。那么为什么我们还要花费大量的时间来估计公司资本成本呢？

有两个原因：第一，很多（可能是大多数）项目都可以被看作是具有平均风险的，也就是不比公司其他资产的平均风险大或小。对这些项目来说，公司资本成本是正确的折现率。第二，对具有超常风险或非常安全的项目来说，公司资本成本是设定其折现率的一个有用的出发点。与临时估计每个项目的资本成本相比，在公司资本成本的基础上进行相应的增减处理更为简单。

这样的情形可以和美妙的音乐相比。我们中的大多数人都没有完美的音高感。要想唱歌不跑调，就需要有很好的参照点，如中音 C 之类的。但是，五音健全的人总能正确地把握相对音高。商业人士也是一样，他们对相对风险有很好的直觉，至少是在他们所处的行业范围内，但对绝对风险或必要收益率就很难把握了。因此他们将公司范围内的资本成本设定成了标准，这并不是对公司进行的所有业务都设定正确的门槛利率，但可以将其调整成适用于更高或更低风险项目的折现率。

这就是说，我们不得不承认，很多大型公司不仅将公司资本成本作为一个标准，而且作为所有预计项目的全能折现率。客观地衡量风险的差别是很困难的，而财务经理们总在试图避免内部争吵。（"我的项目比你的更安全！我需要更低的折现率！""不，不是这样的！你的项目甚至比未抵押看涨期权[①]还要高！"）

当公司强制使用统一的公司资本成本时，对风险的调整就要从折现率的调整转为项目现金流的调整。高层管理者对承受超额风险的项目可能会要求更为保守的现金流预测值。除非按公司资本成本作为折现率计算的 NPV 远远大于 0，否则他们就会拒绝在超高风险项目上签字。粗略但有准备的风险调整总比一点儿没有要强。

10.1.2 债务与公司资本成本

我们将公司资本成本定义为"公司所有的现有证券构成的投资组合的期望收益"。这个投资组合中通常既包括债务资金也包括权益资金，因此估计资本成本就要将债务成本（利率）和权益成本（公司普通股投资者要求的期望收益率）结合起来。

如果你的投资组合是由公司的所有证券构成的，即 100% 的债务和 100% 的权益资金，那么你就完全拥有该公司的所有资产。你不用和其他人分享现金流，公司支付的每 1 美元的现金也都是支付给你的。在这种情况下，你可以将公司资本成本想象成这种假想的投资组合的期望收益。为计算这一期望收益，你只需要对债务和权益的期望收益进行加权平均即可：

$$公司资本成本 = r_{资产} = r_{投资组合}$$

$$= \frac{债务}{债务 + 权益} \times r_{债务} + \frac{权益}{债务 + 权益} \times r_{权益}$$

例如，假设按公司市场价值计算的资产负债表如下所示：

资产价值	100	债务价值（D）	30
		权益价值（E）	70
资产价值	100	公司价值（V）	100

要注意，债务价值加上权益价值等于公司价值（D + E = V），而且公司价值等于资产价值。这些价值都是市场价值，而不是账面（也就是会计）价值：公司权益的市场价

[①] "未抵押（naked）"看涨期权是不利用标的股票或其他期权获得冲抵（对冲）头寸所认购的期权。我们将在第 17 章探讨期权问题。

值与其账面价值通常是有很大不同的。

如果投资者对债务要求 7.5% 的收益率，对权益要求 15% 的收益率，则资产的期望收益率应该是：

$$r_{资产} = \frac{D}{V} \times r_{债务} + \frac{E}{V} \times r_{权益}$$

$$= (\frac{30}{100} \times 7.5) + (\frac{70}{100} \times 15) = 12.75\%$$

如果公司正在考虑投资一个与公司现有业务具有相同风险的投资项目，那么这一项目的资本机会成本就与公司资本成本相同，也就是 12.75%。

要注意，公司资本成本不是债务的成本，也不是权益的成本，而是二者的平均数。因此这一混合性的成本通常被称为**加权平均资本成本**（weighted-average cost of capital），即"WACC"。估计 WACC 可能稍微复杂一点儿，特别是在必须考虑税收和债务比率变化的情况下。例如，由于对公司来说利息是一项可以抵税的费用，因此税后的债务成本应该是 $r_D(1 - T_C)$，其中，T_C 是公司税率。因此：

$$税后 WACC = r_D(1 - T_C)\frac{D}{V} + r_E\frac{E}{V}$$

我们将这些复杂的问题留到第 14 章和第 16 章再进行探讨。本章中我们将主要讨论权益成本的衡量问题。但在没有阅读本书第 14 章和第 16 章之前，不要在任何实际用途中估计和使用加权平均资本成本。

10.2　权益成本衡量

假设你正在考虑对你的公司进行全面扩张，这样的投资将具有和公司现有业务风险水平相同的风险。因此，你应该对项目的预计现金流按加权平均资本成本进行折现。为计算加权均资本成本，你就必须估计权益成本数额。

你决定使用资本资产定价模型（CAPM）。这里假设你在一家很好的公司工作。正如我们在上一章中看到的，大多数的美国大公司都使用 CAPM 估计权益成本。[1] CAPM 认为：

股票期望收益 $= r_f + \beta(r_m - r_f)$

然后就要估计贝塔值了。下面我们就来看一下实践中是怎么做的。

10.2.1　估计贝塔值

原则上我们关心的是公司股票未来的贝塔值，但我们没有预测未来的方法，因此只能从历史数据出发。例如，看一下图 10—2 中左上角的散点图，该图中的每个点代表的是在特定月份内英特尔（Intel）公司股票收益和市场收益。图中数据开始于 1996 年 7 月，结束于 2001 年 6 月，因此一共有 60 个点。

左边第二个图列示的是 GE 股票收益的类似的点，第三个图是亨氏的。在每种情况

---

[1] 当然，CAPM 并不是衡量风险和收益关系的最后一种方法，但本章介绍的原则和方法也同样适用于其他模型，如 Fama - French 三因素模型。

下我们都对这些点拟合了一条线，这条线的斜率就是贝塔的估计值。[①] 它告诉我们，市场指数每变化1%时股票价格平均变化多少。

右边的图列示的是同样的三只股票在截止到2006年6月的后一阶段时间段类似的点。尽管第一个时间段和第二个时间段拟合线的斜率有所不同，但毫无疑问，亨氏的贝塔值比英特尔的要小得多，GE的贝塔值在另外两者之间。如果你想利用每种股票的历史贝塔值预计其未来的贝塔值，那么对GE和亨氏来说可能结果相差得还不是很大，但对英特尔，其贝塔值在后一个阶段从大约0.7升到了2.22。

| 图 10—2 | 三种股票1996年7月至2001年6月（左边的图）的贝塔值和2001年7月至2006年6月（右边的图）的贝塔值 |

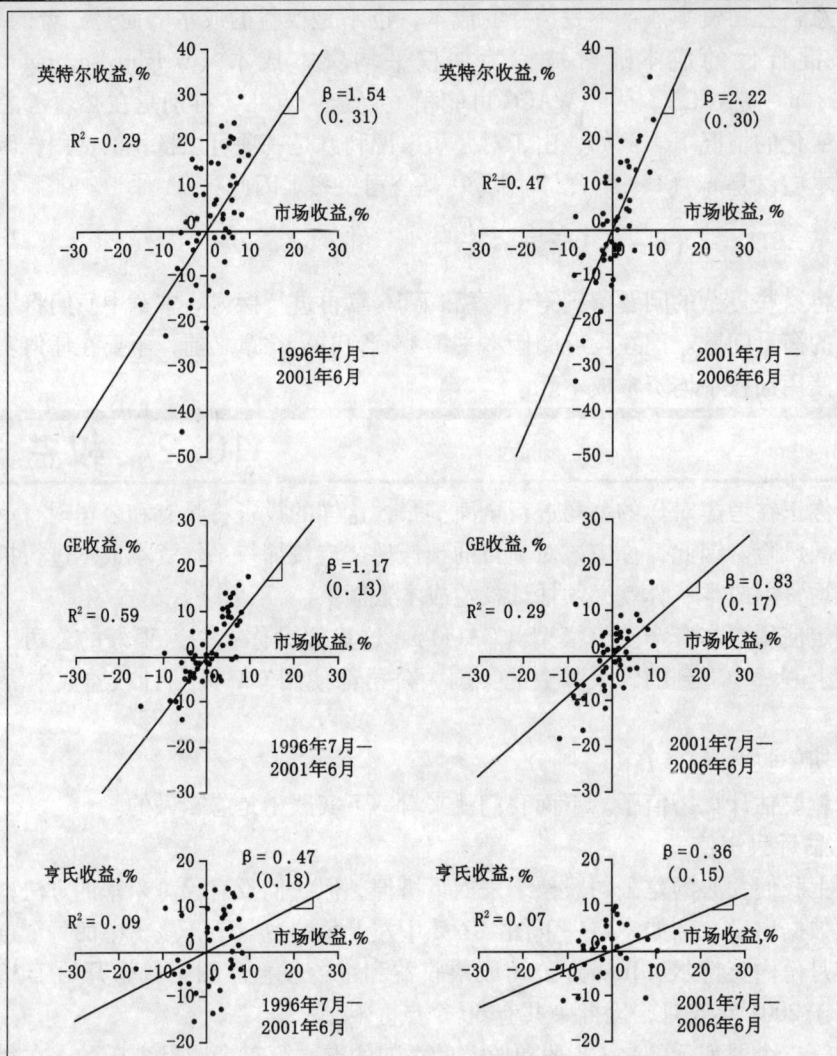

注：贝塔值是拟合线的斜率。可以看到，这两个期间中，英特尔的贝塔值都是最高的，亨氏的贝塔值都是最低的。贝塔值下面的括号里表示的是标准误差，标准误差说明了贝塔值估计中可能发生的误差的范围。图中还给出了由于市场波动带来的风险占总风险的比重（R^2）。

每种股票的总风险中只有很小的一部分是来源于市场的波动，其余的都是个别风险，表现为图 10—2 中拟合线附近的那些散点。R 的平方（R^2）衡量的就是股票收益的总方差中能够被市场波动解释的那一部分。例如，2001 年到 2006 年，英特尔的 R^2 是 0.47，换句话说也就是英特尔的风险中有一半是市场风险，有一半是个别风险。英特尔股票收益的方差是 1 901[①]，因此我们可以说，由于市场原因带来的股票收益的方差是：0.47 × 1 901 = 893，而其个别收益方差就是：0.53 × 1 901 = 1 008。

图 10—2 中列示的贝塔值就是如此。图中的取值是以特定的 60 个月的股票收益为基础的，但收益中的噪声可能掩盖真实的贝塔值。因此统计学家们还计算估计贝塔值的标准误差，以说明可能发生误估的可能性。然后他们就将置信区间设定为估计值加上或减去两个标准误差。例如，根据最近期间数据估计的 GE 贝塔值的标准误差是 0.17，因此 GE 贝塔值的置信区间是 0.83 加上或减去 2 × 0.17。如果你说 GE 的真实的贝塔值是在 0.49 和 1.17 之间，那么就有 95% 的可能你是正确的。但要注意的是，我们对亨氏贝塔值的估计是比较有把握的，但对英特尔的就有些缺乏信心了。

通常情况下，我们得到的信息并不限于上面的简单计算的结果（因而也就更加有信心）。例如，你知道在前一个阶段中亨氏的贝塔估计值远远小于 1，而英特尔的远远大于 1。尽管如此，在对单个股票的贝塔值进行估计时，往往还是会有很大的偏差。

幸运的是，当估计投资组合的贝塔值时，这些估计误差将有削减的趋势。[②] 这也是为什么财务经理们通常会估计行业贝塔值的原因。例如，表 10—1 给出了六家大型铁路公司普通股股票的估计贝塔值以及这些估计值的标准误差。其中有四家公司的标准误差大于 0.2，这个数值如此之高，足以说明了对任何特定的铁路公司，贝塔估计值都不是非常精确的。但是该表格同时也说明了由这六家铁路公司股票组成的投资组合的贝塔估计值。要注意的是，估计的行业贝塔还是比较可靠的，因为标准误差较低。

表 10—1	对一些大型铁路样本公司及等额投资于这些公司组成的投资组合贝塔值的标准误差的估计	
	$\beta_{权益}$	标准误差
Burlington Northern Santa Fe	0.83	0.19
Canadian Pacific	0.90	0.31
CSX	0.99	0.20
Kansas City Southern	1.02	0.24
Norfolk Southern	0.78	0.26
Union Pacific	0.69	0.18
行业组合	0.87	0.16

---

① 这是年方差额，是用月方差乘以 12 得出的 181 页脚注②。标准差为：$\sqrt{1901}$ = 43.6（%）。

② 如果观察值相互独立，则估计贝塔均值的标准误差与投资组合中股票数量的平方根成正比递减。

注：以 2001 年 10 月至 2006 年 9 月的月收益数据为基础。投资组合贝塔估计值的精确度高于个别公司贝塔估计值（可以看到投资组合的标准误差较低）。

10.2.2 联合太平洋公司（Union Pacific Corporation）普通股的期望收益

假设 2006 年末期，你接到任务要对联合太平洋公司的资本成本进行估计。表 10—1 为联合太平洋公司股票的真实贝塔值提供了两条线索：直接估计得到的 0.69 和行业平均的估计值 0.87。在此我们使用行业均值 0.87。[1]

下一个问题是无风险利率该取什么值。CAPM 各个期间都会发挥作用，它要求的是短期的利率。2006 年 10 月，短期和长期利率大约都是 5.0%。问题是，以 5.0% 的短期利率为基础的折现率能作为 10 年或 20 年后现金流的合适的折现率吗？

不错，既然提到了这一点，答案可能是否定的。但你也不能用长期利率，因为所谓的市场风险溢酬是用市场收益和短期国库券利率之间的平均差额来进行定义和衡量的。我们建议先从估计项目有效期内国库券的期望收益开始。在第 4 章中我们观察到，与持有国库券相比，持有长期债券的投资者要求得到风险溢酬。表 8—1 给出了过去 100 年中，这一风险溢酬的平均数值大约为 1.2%。因此要想通过国库券投资获得长期期望收益的粗略但合理的估计值，我们必须从当前长期债券的收益率中减掉 1.2%。在本例中，

长期国债的期望收益率 = 长期债券收益率 − 1.2%

$$= 5.0\% - 1.2\% = 3.8\%$$

这是对国库券未来平均期望收益的一个比较合理的估计值，因此在本例中我们将使用这个数值。

有时长期国债利率不用调整就可以使用。如果使用这种简单方法，那么市场风险溢酬就必须被重新表述为市场收益与长期国债收益间的平均差额。

回到我们联合太平洋公司的例子。假设你决定使用 7% 的市场风险溢酬，那么联合太平洋公司权益成本的估计值大约应该是 9.9%：

权益成本 = 期望收益 $= r_f + \beta(r_m - r_f)$

$$= 3.8 + 0.87 \times 7.0 = 9.9\%$$

对这些估计值作些检验还是非常有用处的。在这里我们可以回顾一下表 5—3 的结果，表 5—3 给出的是基于稳定增长的 DCF 公式估计的联合太平洋公司和铁路公司权益成本的平均值。可以看到，按 DCF 估计的值比较高，太平洋公司的为 14.6%，行业平均是 15.2%。那么是 DCF 估计得过高（正如我们怀疑的）了呢，还是 CAPM 估计得过低了？你还可以作进一步的检验，可以利用未来增长率变化的 DCF 模型，[2] 或许还可以利用三因素模型等。我们曾在第 9.4 节介绍过如何利用三因素模型估计期望收益。

---

[1] 如果联合太平洋公司债务比率非常高或非常低，那么比较联合太平洋公司的贝塔值和其他铁路公司的贝塔值将会令人产生误解。幸运的是，它的债务比率与表 10—1 中所有样本公司的平均债务比率大致相等。

[2] 表 5—3 中的平均增长率约为 14%，对年金式的项目来说这一数值比较高。使用多阶段 DCF 模型估计权益成本，其结果可能与 CAPM 的估计值差不多。

10.3　无 β 值时折现率的确定

股票的贝塔值或行业贝塔值给不同行业可能遇到的风险提供了初步的评判，但对于铁路行业的资产贝塔值，也就只能起到这种作用而已。铁路行业的所有投资并不是都具有平均风险水平。如果你是第一个利用铁路铁轨网络发射星际天线的公司，可能你连可用做初始参照的行业贝塔值都没有。

某些情况下资产是公开交易的，如果是这样，那么我们可以利用过去的价格估计风险。例如，假设你的公司想要评估对商业房地产进行投资的风险，你的公司想投资于一个大的办公楼作为公司总部。在这种情况下，公司可以利用房地产价格指数以及商业物业的销售收入与评估值对其进行评估。[①]

如果无法得到该资产如此方便的价格记录的话，那经理又该怎么办呢？如果拟进行的投资与公司的常规业务不大相同，不能使用公司资本成本，又该如何处理呢？

显然，这样的情况需要进行判断。对于这类判断，我们给经理们提供以下三点建议：

（1）切勿人为地臆造因素。不要因为要抵消那些可能与要进行的投资相悖的因素，就随意在折现率中加入人为的臆造因素。首先应该调整预测现金流。

（2）要考虑资本贝塔值的决定因素。即使贝塔值本身无法观察到，通常情况下高贝塔值和低贝塔值资产的特征还是可以观察到的。

（3）不要受可分散风险的愚弄。

下面对以上各点展开讨论。

10.3.1　切勿人为地臆造因素

我们已经给出了风险的定义，从投资者的角度看，它是投资组合收益的标准差或普通股或其他证券的贝塔值。但在日常生活中，风险往往就等于"坏结果"。人们往往把项目的风险看成是各种可能出现的问题。比如：

（1）勘探石油的地质学家担心打出没有油的枯井的风险。

（2）开发一种治疗谢顶的新药的制药厂担心食品药品管理局可能会不批准的风险。

（3）在政局动荡的国家经营旅馆的老板担心财产被没收的政治风险。

为抵消类似以上例子中的这种风险，管理者们往往会在折现率中添加一些主观臆造的因素。

这样的调整使我们感到很不安。首先，上面列举的坏结果都是个别风险（也就是可分散风险）的反映，它们并不影响投资者要求的期望收益率。其次，之所以需要调整折现率，通常是因为管理者们无法在现金流预测中给这些不良后果定位，因此他们才会试图通过在折现率中添加主观臆造的因素来弥补这一过失。

举例

项目 Z 预计只产生一笔现金流，就是预计 1 年后产生的 100 万美元。该项目具有平均风险，可以用 10% 的公司资本成本进行折现：

---

① 见 Chapter 23 in D. Geltner, N. G. Miller, J. Clayton, and P. Eichholtz, *Commercial Real Estate Analysis and Investments*, 2nd ed. (South-Western College Publishing, 2006)。

$$PV = \frac{C_1}{1 + r} = \frac{1\,000\,000}{1.1} = 909\,100(美元)$$

但是现在你发现公司的工程师对此工程所需技术的开发时间比原计划的进度要落后。虽然他们相信这个项目能够成功，但也不否认不成功的可能性也有，只是这种可能性比较小。你因此仍然认为最有可能得到的结果是 100 万美元，但你也意识到了也有可能项目 Z 明年的现金流为 0 。

由于你对技术的担心，那么这一项目的前景暗淡下来，因此项目的价值应该低于此前没有担心情况下计算出的 909 100 美元。但是会低多少呢？总会有那么个折现率（10% 加上主观臆造的因素）能够给出正确的价值，但我们不知道这个调整后的折现率是多少。

我们建议你重新考虑最早对项目 Z 预测的 100 万美元的现金流。项目现金流应该是无偏差的预测，应该对所有可能的结果，无论是有利结果还是不利结果都给予同等的考虑。总体来说，进行无偏差预测的经理们一般都是正确的，他们的预测结果有时会过高，有时会过低，但多次项目评估后这些误差就会相互抵消。

如果你对像 Z 这样的项目预测的现金流为 100 万美元，你就会高估平均现金流，因为你可能会遇到 0 的时候。而这些 0 应该"平均一下"你的预测现金流。

对很多项目来说，最有可能的现金流也就是无偏差的预测现金流。如果项目有三种可能结果，这三种可能结果的概率如下所示，那么无偏差的预测现金流就是 100 万美元。（无偏差预测现金流就是现金流概率的加权平均和。）

可能现金流	概率	现金流概率的加权平均	无偏差预测
1.2	0.25	0.3	
1.0	0.50	0.5	1.0，即 100 万美元
0.8	0.25	0.2	

这可能是最初的项目 Z 的数据情况，即没有考虑到 0 的可能性。但如果技术的不确定性使现金流为 0 的可能性为 10% ，那么无偏差的预测将降为 90 万美元：

可能现金流	概率	现金流概率的加权平均	无偏差预测
1.2	0.225	0.27	
1.0	0.45	0.45	0.90，即 90 万美元
0.8	0.225	0.18	
0	0.10	0.0	

此时的现值为：

$$PV = \frac{0.90}{1.1} = 0.818，即 818\,000 \ 美元$$

现在，你当然可以计算得出要在折现率基础上加上多大的臆造因素才能保证 100 万美元初始预测折现后得到正确的答案。但是为了得出这样的臆造因素，你必须考虑所有可能的现金流；而一旦你已经考虑了所有可能的现金流，也就没有必要臆造因素了。

经理们在对主要项目进行估算时，经常会估算出一系列可能的收入，有时还明确地给出相应的概率值。我们将在第 11 章给出详细的例子，并作进一步的探讨。但即使无法写出这一系列收入的结果以及相应的概率，经理们还是可以考虑好结果和坏结果，并估计最有可能发生的情况。当坏结果超过好结果时，就应该降低现金流的预测，直至重新恢复平衡。

因此，第一步就是要尽力对项目的现金流进行无偏差的预测；第二步是考虑投资者是否认为该项目会比公司或其分支机构的典型业务风险更高或更低。这里我们给出的建议是寻找这一资产中与高贝塔值或低贝塔值相关的特点，我们希望自己对这些特点究竟是什么有本质的科学认识。我们能够看见资本市场上有很多的商业风险，但还没有令人满意的理论来解释这些风险是如何形成的。尽管如此，有些问题还是比较明确的。

10.3.2　要考虑资本贝塔值的决定因素

1. 周期性

很多人都直觉地认为风险是和账面利润或会计利润的波动相联系的，但大多数的波动性反映的是个别风险或可分散风险。寂寞的金矿勘探者在寻找金矿时追求的是一笔极其不确定的未来收入，但他们是否会挖到金矿成为富翁不在于市场投资组合表现的好坏。即使他们确实挖到了金矿，他们也不需要承担多少市场风险。因此，对金矿进行的投资标准差很高，但其贝塔值却相对较低。

真正起作用的是公司盈利和所有实物资产总体盈利之间关系的强弱，我们可以用会计贝塔值或现金流贝塔值来衡量它。这两种贝塔值与实际贝塔值基本类似，但用账面利润或现金流的变化替代了证券的收益率。我们可以预言，具有高会计贝塔值或现金流贝塔值的公司其股票收益贝塔值也较高，这个预言确实是正确的。

这意味着周期性公司（即收入和利润严重依赖于商业周期情况的公司）的贝塔值比较高。因此，对业绩情况与经济状况高度相关的公司进行投资，我们会要求更高的收益率。

2. 经营杠杆

与变动成本相比，如果生产设施具有较高的固定成本，我们就说它具有较高的经营杠杆（operating leverage）。高经营杠杆意味着高风险，下面我们来看一看为什么会是这样。

任意生产性资产产生的现金流都可以被分为收入、固定成本和变动成本三个部分：

现金流 = 收入 - 固定成本 - 变动成本

如果成本与产出量相关，那么这种成本就是变动成本，如原材料、销售佣金及其他人工和维修费用等。固定成本是指无论资产在用还是闲置都会发生的现金流出量，比如财产税或工人的合同工资等。

我们也可以将资产的现值按同样方式分解为：

PV（资产）= PV（收入）- PV（固定成本）- PV（变动成本）

或者可以写成：

PV（收入）= PV（固定成本）+ PV（变动成本）+ PV（资产）

接受固定成本的人就像是项目的债权人，他们仅得到固定的支付额；而接受资产净现金流的人像是普通股的持有者，他们得到的是支付固定成本后剩余的金额。

现在我们就可以弄清楚资产贝塔值与收入及成本价值贝塔值之间的关系了。PV

（收入）的贝塔值是其构成部分的贝塔值的加权平均值：

$$\beta_{收入} = \beta_{固定成本} \frac{PV(固定成本)}{PV(收入)} + \beta_{变动成本} \frac{PV(变动成本)}{PV(收入)} + \beta_{资产} \frac{PV(资产)}{PV(收入)}$$

固定成本的贝塔值应该等于 0；接受固定成本的人得到的是固定的现金流。[①] 收入的贝塔值和变动成本的贝塔值大体相同，因为它们都随着同一个变量，即产出量的变化而变化。因此我们可以将 $\beta_{变动成本}$ 代入公式，求出资产的贝塔值。记住，$\beta_{固定成本} = 0$。

$$\beta_{资产} = \beta_{收入} \frac{PV(收入) - PV(变动成本)}{PV(资产)} = \beta_{收入} \left(1 + \frac{PV(固定成本)}{PV(资产)} \right)$$

因此，在给定收入周期性（以 $\beta_{收入}$ 反映）的情况下，资产贝塔值同固定成本现值与项目现值的比率成正比。

现在，对生产的同类产品，你就有了判断替代方案或技术的相对风险的经验法则。在其他条件相同的情况下，固定成本占项目价值比率越高的替代项目，其项目贝塔值也越大。实证数据证明了，高经营杠杆的公司确实具有较高的贝塔值。[②]

3. 其他因素

到现在为止我们已经关注了现金流带来的风险，但这个现金流风险并不是唯一的风险。项目的价值等于按风险调整折现率 r 对期望现金流进行折现的价值。如果无风险利率或市场风险溢酬发生变化，那么 r 就会发生变化，项目价值也要改变。与具有短期现金流的项目相比，具有长期现金流的项目面临的这种折现率的变化会更多一些。因此，即使在其经营杠杆水平和周期性都不高的情况下，这种项目的贝塔值可能也会很高。[③]

你不可能指望估计得出的资产相对风险会非常精确，但有经验的经理们对任何项目通常都会从多个方面进行考察，以寻找与其风险相关的线索。他们知道，高市场风险是周期性风险投资、高固定成本项目以及对折现率市场变化非常敏感的项目的重要特征，因此他们会考虑影响经济的主要不确定性，并考察这些不确定性对项目的影响。

最后，不要混淆贝塔值与可分散风险。近距离看一个项目也许它的风险比较高，但如果这个项目的不确定性与市场或其他宏观经济风险关系不大的话，那么对进行多样化投资的投资者来说，这个项目的风险就只是平均水平的。

10.4 确定当量——进行风险调整的另一种方法

在实际资本预算中，一般都是仅用一个折现率对所有的未来现金流进行折现。例如，财务经理们也许利用资本资产定价模型估计资本成本，然后用这个数值对每年的期望现金流进行折现。

---

① 当然，现金流不是绝对安全的。公司有可能会关闭其厂房，彻底终止固定成本。我们将在第 11 章探讨这种放弃期权。

② 见 B. Lev，"On the Association between Operating Leverage and Risk，" *Journal of Financial and Quantitative Analysis* 9（September 1974），pp. 627 - 642；and G. N. Mandelker and S. G. Rhee，"The Impact of the Degrees of Operating and Financial Leverage on Systematic Risk of Common Stock，" *Journal of Financial and Quantitative Analysis* 19（March 1984），pp. 45 - 57。

③ 见 J. Y. Campbell and J. Mei，"Where Do Betas Come From？ Asset Price Dynamics and the Sources of Systematic Risk，" *Review of Financial Studies* 6（Fall 1993），pp. 567 - 592。

除了其他的假设条件，使用一个常量的折现率意味着假设项目的风险不会随着时间的变化而变化，而是年复一年地保持在一个特定的水平。我们知道这是不大可能的，因为公司面临的风险始终都处于变化之中。这使我们贸然陷进了一种困难的境地，但我们换一种思路来考虑风险，就有可能理出一条新的思路来。这就涉及将期望现金流转化为**确定当量（certainty equivalents）**。首先我们通过一个例子说明什么是确定当量。然后对你的投资给予一些奖励，我们将利用确定当量来揭示使用同一个风险调整折现率对未来一系列的现金流进行折现到底意味着什么。我们还会对风险随时间变化而变化、普通折现失效的项目进行估价。[①]

10.4.1　利用确定当量估价

回顾一下我们在第 2 章介绍现值概念时用到的那个简单的房地产投资的例子。你正在考虑建一座办公大楼，打算一年后以 420 000 美元出售。由于现金流不确定的风险与市场风险相同，因此 $\beta = 1$。假设 $r_f = 5\%$，$r_m - r_f = 7\%$，因此你要使用的风险调整折现率应该是 $5 + 1 \times 7 = 12\%$，而不是无风险利率 5%。这样得出的现值为：420 000/1.12 = 375 000（美元）。

假设现在一家房地产公司找到你，并提出愿意在年底以固定的价格从你手中购买此楼。这样的保证就消除了我们投资的不确定性，因此我们就可以接受比不确定的收入 420 000 美元稍低的价格。但应该低多少呢？如果办公大楼的现值为 375 000 美元，利率为 5%，则：

$$PV = \frac{确定的现金流}{1.05} = 375\ 000（美元）$$

确定的现金流 = 393 750（美元）

换句话说，393 750 美元的确定的现金流和 420 000 美元的不确定的期望现金流具有同样的现值。因此，393 750 美元的现金流就被称为确定当量现金流。为补偿报酬的延后和房地产价格的不确定性，你就需要有 45 000 美元（420 000 – 375 000）的收益。这里的差额，一部分是货币时间价值的补偿，另一部分（420 000 – 393 750 = 26 250（美元））的削减或"剪理（haircut）"则是 420 000 美元预测现金流的风险补偿。

以上例子说明了对有风险的现金流 C_1 进行评估的两种方法：

方法 1：对有风险的现金流按高于 r_f 的风险调整折现率 r 进行折现。[②] 风险调整折现率既对时间进行了调整，也对风险进行了调整，其过程如图 10—3 中的顺时针路径所示。

[①] 在第 17 章和第 18 章中讲到期权时，你的投资还会有进一步的好处。期权定价公式对确定当量折现。

[②] 对具有负贝塔值的资产来说，折现率 r 也有可能小于 r_f。但实际的贝塔值大部分都是正的。

| 图 10—3 | 计算现值的两种方法 |

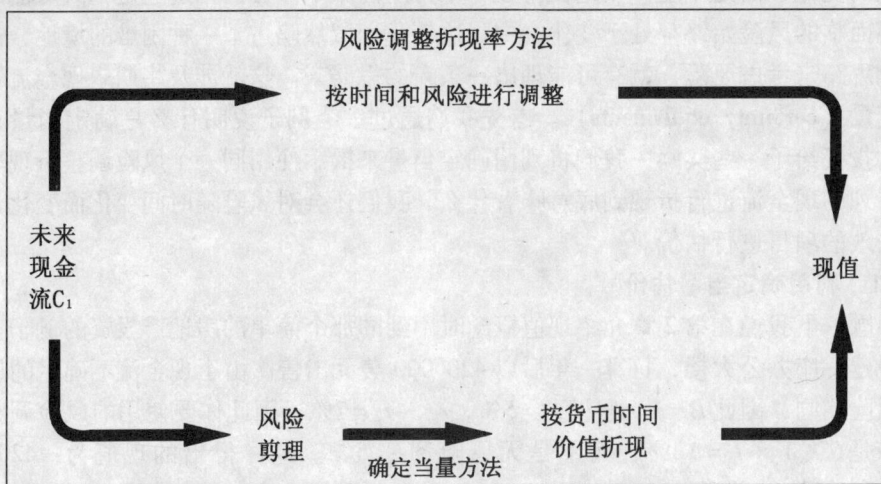

风险调整折现率方法

按时间和风险进行调整

未来
现金
流C_1

现值

风险
剪理

按货币时间
价值折现

确定当量方法

注："风险剪理"是将现金流的预测值降低成其确定当量的财务界常用的俚语。

方法 2：找到确定当量现金流，按无风险利率 r_f 对其折现。如果使用这种方法，你需要回答这样的问题：为了替换有风险的现金流 C_1，我最少得获得多少确定的收入？这被称为 C_1 的确定当量，表示为 CEQ_1。[①] 由于 CEQ_1 是与安全现金流等价的价值，因此它应该用无风险利率进行折现。确定当量方法将对风险和时间的调整区分开来，其过程如图 10—3 中的逆时针路径所示。

现在我们就有两个相同的 PV 表达式了：

$$PV = \frac{C_1}{1 + r} = \frac{CEQ_1}{1 + r_f}$$

对 2 年、3 年或 t 年后的现金流，则有：

$$PV = \frac{C_t}{(1 + r)^t} = \frac{CEQ_t}{(1 + r_f)^t}$$

10.4.2 什么时候对长期资产使用单一的风险调整折现率

现在我们要考察一下利用单一的风险调整折现率 r 计算现值到底意味着什么。

考虑以下两个简单的项目。项目 A 在今后的三年中，每年可望获得 1 亿美元的现金流。无风险利率为 6%，市场风险溢酬为 8%，项目 A 的贝塔值为 0.75 的情况下，可以计算项目 A 资本机会成本如下：

$$r = r_f + \beta (r_m - r_f)$$

---

① CEQ_1 可以直接从资本资产定价模型中计算得出。CAPM 的确定当量模式指出，现金流 C_1 的确定当量价值为 $C_1 - \lambda \mathrm{cov}(\overline{C_1}, \overline{r_m})$。其中，$\mathrm{cov}(\overline{C_1}, \overline{r_m})$ 是不确定的现金流 $\overline{C_1}$ 和市场收益 $\overline{r_m}$ 的协方差。λ 是风险的市场价格的衡量指标，它被定义为 $(r_m - r_f) / \sigma_m^2$。例如，如果 $(r_m - r_f) = 0.08$，市场收益的标准差 σ_m 为 0.20，则 $\lambda = 0.08/0.20^2 = 2$。本书的网页（www.mhhe.com/bma1e）上给出了如何将 CAPM 公式变形以得到这种确定当量模式的方法。

$=6 +0.75 \times 8 = 12\%$

按 12% 进行折现，每年的现金流现值如下：

项目 A		
年份	现金流	PV（按 12% 折现）
1	100	89.3
2	100	79.7
3	100	71.2
PV 合计		240.2

现在比较一下项目 B 的现金流。要注意，项目 B 的现金流比 A 的要低，但 B 的更安全，因此对它们按无风险利率进行折现。两个项目每年现金流的现值是相同的。

项目 B		
年份	现金流	PV（按 6% 折现）
1	94.6	89.3
2	89.6	79.7
3	84.8	71.2
PV 合计		240.2

第一年中，项目 A 产生有风险的现金流 100，它的现值与项目 B 的安全现金流 94.6 的现值相等。因此 94.6 就是 100 的确定当量。由于这两个现金流的 PV 相等，因此为了消除不确定性，投资者愿意放弃第一年期望收入中的 5.4（100 – 94.6）。

第二年中，项目 A 有风险的现金流是 100，而 B 的安全现金流是 89.6。同样，两个现金流的现值相等。因此为消除第二年的不确定性，投资者准备放弃 10.4（100 – 89.6）的未来收入。为消除第三年的不确定性，他们准备好要放弃 15.2（100 – 84.8）的未来收入。

在对项目 A 估价时，你使用了同一个风险调整折现率 12% 对每一年的现金流进行折现，现在可以看看这样做意味着什么了。通过使用一个不变的折现率，你实际上是因为风险的原因大大降低了对未来现金流的估计。

年份	项目 A 的预计现金流	确定当量现金流	避险降低额
1	100	94.6	5.4
2	100	89.6	10.4
3	100	84.8	15.2

第二年的现金流比第一年的现金流风险更大，因为它承受了两年的市场风险。第三年的风险更大，因为它承受了三年的市场风险。每一期间确定当量现金流稳步递减反映了这种风险的增加。

因此，对一系列现金流使用相同的风险调整折现率进行折现，就意味着你认为在遥远的将来风险是按固定比率增加的。

10.4.3 一个常见的错误

有时候你可能听别人说，由于更远的现金流风险更大，因此对更远的现金流应该使用比更近现金流更高的折现率进行折现。这个论断是错误的：我们刚刚看到了，对每一年的现金流都使用同样的风险调整折现率意味着对后期的现金流进行了更多的扣减。原因就在于折现率弥补了每一个时期产生的风险。现金流的发生时间越远，时期数越多，总风险调整的数值就越大。

10.4.4 什么时候对长期资产不能使用单一的风险调整折现率

有时我们使用单一的风险调整折现率也会遇到麻烦。例如，在本书稍后部分我们将探讨期权估价的问题。由于期权的风险一直处于变化中，因此就应该采用确定当量方法。

下面是一个本书作者分析过的一个实际项目，但我们对其进行了修饰、简化，并对某些内容稍作了夸张处理。Vegetron 公司的科学家们设计出一种电动拖布，公司准备进行试验性生产，并进行市场测试。该项目前期需要一年的时间，耗资 125 000 美元。公司管理层认为试产和市场测试成功的机会只有 50%。如果成功的话，公司将投资 100 万美元建厂房，并可望在以后各年中每年以永续年金的形式获得税后期望现金流 250 000 美元。如果不成功的话，该项目就应该被放弃。

该项目的期望现金流（单位：千美元）有：

$C_0 = -125$

C_1 为 $-1\,000$ 的概率为 50%，0 的概率为 50%：

$C_1 = 0.5 \times (-1\,000) + 0.5 \times 0 = -500$

C_t 为 250 的概率为 50%，0 的概率为 50%（$t = 2, 3\cdots$）：

$C_t = 0.5 \times 250 + 0.5 \times 0 = 125$

由于管理层对消费品的经验很少，因此他们认为这个项目的风险极高。[1] 于是管理层决定用 25% 对这些现金流折现，而不使用 Vegetron 通常采用的 10% 的标准折现率：

$$NPV = -125 - \frac{500}{1.25} + \sum_{t=2}^{\infty} \frac{125}{1.25^t} = -125，即 -125\,000 \text{ 美元}$$

看起来这个项目是不值得进行投资的。

但管理层的分析受到了批评，因为大部分的风险都体现在第一年的试验过程中。如果试验阶段就已经失败，那就根本不存在风险了——这个项目肯定不值得投资。如果试验成功，那么从那时候起该项目的风险就应该与平均风险水平相当。这就意味着有 50% 的可能 Vegetron 公司在第一年有在正常风险水平下进行投资的机会，对这种情况可以采用 10% 的正常折现率。因此该公司有 50% 的可能对项目投资 100 万美元，赢得的净现值是 150 万美元：

$$\text{试验性生产和市场测试} \begin{cases} \text{成功} \longrightarrow NPV = -1\,000 + \dfrac{250}{0.10} = +1\,500 \text{（50\% 可能）} \\ \text{失败} \longrightarrow NPV = 0 \text{（50\% 可能）} \end{cases}$$

---

[1] 这里我们假设他们考虑的是高市场风险，25% 与 10% 之间的差额并不是为了抵消乐观的现金流预测而引入的主观臆造因素。

因此我们可以认为该项目在 t = 0 时投资 125 000 美元，在 t = 1 时能够获得：$0.5 \times 1500 + 0.5 \times 0 = 750$，即 750 000 美元的期望收入。当然，这笔收入的确定当量是低于 750 000 美元的，但这一差额必须非常大，才能够根据其得出应拒绝该项目的结论。例如，如果确定当量是预计现金流的一半，且无风险利率为 7%，那么此项目的价值仍然具有 225 500 美元：

$$\text{NPV} = C_0 + \frac{\text{CEQ}_1}{1 + r} = -125 + \frac{0.5 \times 750}{1.07} = 225.5 \text{，即 } 225\ 500 \text{ 美元}$$

对 125 000 美元的投资项目来说，这一数值也算是不错的。它与管理层对所有的未来现金流都按 25% 折现得到负的 NPV 的结论大相径庭。

10.5　国际项目的折现率

我们已经说明了如何利用 CAPM 来估计美国公司在国内进行的投资的资本成本。但能不能把这一过程拓展到对其他国家进行的投资呢？答案是，原则上可以，但实际操作起来非常复杂。

10.5.1　国外投资不一定风险更高

常识测试：对一个美国的投资者来说，以下哪一个风险更大？是标准普尔综合指数还是埃及的股票市场？如果你的回答是埃及，你答对了，但只有在风险被定义为总体波动性（标准差）的条件下才成立。但在埃及进行投资的话，其贝塔值高吗？它会给在美国持有的分散化投资组合增加多大的风险呢？

表 10—2 给出了在埃及市场和其他 8 个国家市场上进行投资的贝塔估计值。这些市场上收益的标准差都比美国市场上的大得多，但只有巴西和土耳其的贝塔值是大于 1 的，其原因就在于它们的相关性比较差。例如，中国市场上的标准差是标准普尔指数的 1.96 倍，但相关系数仅为 0.02，因此贝塔值则为 $1.96 \times 0.02 = 0.04$。

表 10—2	9 个国家市场指数与美国市场的贝塔值		
	标准差比率[a]	相关系数	贝塔[b]
阿根廷	2.36	0.32	0.75
巴西	2.10	0.64	1.34
中国	1.96	0.02	0.04
埃及	1.49	0.09	0.14
印度	1.80	0.39	0.70
印度尼西亚	1.71	0.34	0.58
墨西哥	1.36	0.68	0.93
斯里兰卡	2.07	-0.06	-0.13
土耳其	2.96	0.53	1.57

[a] 国家市场指数与标准普尔综合指数的标准差之比。

[b] 贝塔是协方差与方差的比率。协方差可以写成 $\sigma_{IM} = \rho_{IM}\sigma_I\sigma_M$；$\beta = \rho_{IM}\sigma_I\sigma_M / \sigma_M^2 = \rho(\sigma_I/\sigma_M)$，其中 I 表示国家指数，M 表示美国市场指数。

注：以 2002 年 2 月至 2007 年 1 月的月收益为基础计算得出。尽管波动性很大，但很多贝塔值都是小于 1 的。原因就在于它们与美国市场的相关性相对较低。

表10—2并不能证明在国外进行投资就比在国内投资安全，但它可以提醒你要时刻区分可分散风险和市场风险。资本机会成本应该取决于市场风险。

10.5.2　在美国进行的国外投资

假设建筑材料的法国大型制造商拉法基（Lafarge）正在考虑在波尔多市建一家新的工厂。财务经理以欧元预测项目的现金流，并对这些现金流以欧元的资本成本进行折现。在计算资本成本时，她使用的方法与其美国建筑材料公司的同行使用的方法相同，即首先估计拉法基公司的贝塔值以及法国建筑材料公司投资组合的贝塔值。但这些贝塔值是相对于法国市场指数计算出来的。假设两种贝塔值的取值都是0.94，且法国市场的期望收益率比欧元利率高7%，则拉法基需要对新工厂的欧元现金流进行折现的折现率就应该比欧元利率高6.6%（0.94×7）。

这样的计算是非常直接的。但现在假设一下拉法基考虑要到美国去扩张市场。同样，财务经理还是要估算相对于法国市场指数的贝塔值。但是美国工厂的财富可能与法国市场的波动性关系不大，因此美国工厂相对于法国指数的贝塔值就应该低于0.94。但是低多少呢？一种有用的方法就是利用美国建筑材料公司股票相对于法国市场的贝塔值。这个贝塔值一般约为0.54。[①] 如果这个估计是正确的，那么拉法基对其美国项目产生的欧元现金流进行折现的折现率就应该高出欧元利率3.8%（0.54×7）。

为什么拉法基的管理者衡量的是投资相对于法国指数的贝塔值，而她的美国同行衡量的却是相对于美国指数的贝塔值？答案就在第8.4节中。在那里，我们解释了不能孤立地考虑风险，风险还取决于投资者投资组合中持有的其他证券。贝塔值衡量的是相对于投资者投资组合的风险。如果美国投资者已经持有美国市场上的证券，那么在国内进行追加投资并没有什么额外的风险。但如果法国投资者已经持有了法国市场上的证券，那么在美国再进行投资就会降低风险。这就解释了为什么与对 Martin Marietta 的股东相比，对拉法基的股东来说，在美国投资新建工厂的风险会更低。同样这也解释了与 Martin Marietta 的股东相比，为什么拉法基的股东愿意接受收益更低的这样一个投资项目。[②]

当一家公司衡量相对于其国内市场的风险时，他们的经理们实际上都在假设股东们仅会持有国内股票。这种假定不算是个太坏的近似处理，尤其在美国是这样。[③] 尽管美国投资者可以通过持有国际范围内多样投资组成的投资组合来降低风险，但通常情况下

---

① 这是美国建筑材料公司投资组合相对于法国市场的贝塔值，是根据2002年1月至2006年12月这5年期间的月收益数据计算出来的。

② 如果投资者持有有效投资组合，则投资组合中每种股票的期望风险补偿都与相对于投资组合的贝塔值成正比。因此，如果法国市场指数对于法国投资者来说属于有效投资组合，那么如果新建工厂的期望风险补偿与相对于法国市场指数的贝塔值成正比，这些投资者就会愿意让拉法基投资这个新建的工厂。

③ 但有时在其他地方这就是一个比较糟糕的近似处理方法。对于那些金融边界开放的小国，比如卢森堡来说，相对于当地市场计算出来的贝塔值是没有多大意义的。卢森堡的投资者很少只持有当地股票。

他们仅会将其资金的一小部分投资于海外。为什么他们会如此谨慎呢？这很令人不解。[1] 看起来他们似乎是担心在海外进行投资的资本成本，但我们不知道这些成本包括什么。也许比较难确定的是应该购买哪只外国股票。也许是投资者担心外国政府会没收他们的股票，限制股利的发放，或者通过改变税收法令使他们陷入困境。

但是，世界正在变得越来越小，世界各地的投资者都在增加他们对外国证券的持有份额。美国的大型金融机构大大增加了其海外投资，而数十家专为满足个人在海外投资需要的基金也已成立。比如你现在就可以购买到专门投资于越南、秘鲁或匈牙利等新兴资本市场的基金。随着投资者增加了其对海外股票的投资，如果还是评估相对于国内市场的风险就不合适了，重要的是要衡量相对于投资者持有的投资组合中所有投资的风险。

谁知道呢？或许过几年投资者就将在国际范围内进行多样化投资了，或许本书的以后版本就会建议公司应该计算相对于世界市场的贝塔值。如果全世界的投资者都在世界范围内进行多样化投资，那么不论是法国公司还是美国公司，他们对在美国、法国或者埃及进行投资所要求的收益率就是一样的了。

10.5.3 有些国家会具有较低的资本成本吗？

有些国家能够享受到比其他国家低的利率水平。比如说在我们写这本书时，日本的长期利率约为1.7%，而美国的是4.8%。人们经常据此得出结论说日本公司享受着较低的资本成本。

这种观点有些含混不清，但有一部分是对的。说它含混不清是因为日本的利率是用日元来衡量的，而美国的利率用美元衡量。你不可能说10英寸的兔子比9英尺的大象要高，你用的是不同的比较单位。同样，比较日元计算的利率和美元计算的利率也是没有意义的，因为它们的衡量单位也不同。

但假设在每种情况下你都能使用实际单位衡量利率。这样一来，我们就会问，海外投资是否真的能使日本公司的实际资本成本更低呢？2007年，金融机构在日本大约借入了2 000亿美元，并在其他地方以更高的利率水平进行了再投资。[2] 这种交易被称为"利差交易（carry trades）"。巨大数量的利差交易实际上意味着，投资者相信日本的实际资本成本比其他国家的要低。

本章小结

在第9章中我们列出了对风险资产进行估价的一些基本原则。本章中我们探讨了如何在实际问题中利用这些原则。

如果你相信项目的市场风险与公司现有资产的相同，这时问题是最简单的。在这种情况下，必要收益率等于公司所有现有证券的投资组合的期望收益率，这种收益率被称为公司资本成本。

---

[1] 当国际化多样投资本身发生成本时对国际投资资本成本影响的讨论，见 I. A. Cooper and E. Kaplanis, "Home Bias in Equity Portfolios and the Cost of Capital for Multinational Firms," *Journal of Applied Corporate Finance* 8 (Fall 1995), pp. 95 - 102。

[2] 见 "Yen Low Sparks Carry Trade Alert," *Financial Times*, January 30, 2007。

公司资本成本是公司作为一个整体时的投资资本成本，通常通过计算加权平均的资本成本得到，也就是公司债务性证券和权益证券的投资者要求获得的平均收益率。但在本章中我们集中精力探讨了权益成本。我们将风险定义成贝塔值，然后利用资本资产定价模型估计期望收益率。

估计股票贝塔值最常用的方法是计算出过去股票价格对市场变化的反应。当然这只能给你一个股票真实贝塔值的大体估计值。如果你计算的是一组类似公司的行业贝塔值，就可以得到一个比较可靠的贝塔值。

对与公司现有业务风险相同的项目，公司资本成本是正确的折现率。但很多公司利用公司资本成本对所有新项目的预测现金流进行折现，这就比较危险了。从原则上来说，每个项目都应该按照自己的资本机会成本进行估价，真正的资本成本取决于资本的投入对象。如果我们希望估计某项特殊项目的资本成本，那么应该考虑项目风险。当然，对于具有平均风险水平的项目来说，公司资本成本作为折现率也是可以的，同时它也可以作为估计更安全或风险更大项目折现率的一个有用的出发点。

接着我们就转向评估项目风险的问题，我们给经理们提供了好几个寻找项目贝塔值的线索。首先，要避免在折现率中添加主观臆造的因素以抵消对项目出现不好结果的担心。对好的结果和坏的结果都应当给予相应的权重，以调整预测现金流。然后回答坏结果出现的可能是否会增加项目的市场风险。其次，即使项目贝塔值不能直接计算得出，我们也可以考察确认高贝塔值或低贝塔值项目的特征。比如你可以尽量弄清楚现金流在多大程度上受总体经济运行状况的影响：周期性投资通常是高贝塔值投资项目。你还可以考察项目的经营杠杆水平：固定性生产费用与债务费用相似，也就是它们都会使贝塔值增加。再次，不要受可分散项目风险的愚弄。不要为抵消投资者可以通过多样化投资分散掉的风险而提高折现率。

还有一个问题需要处理。大部分项目都会在几年内产生现金流，而公司通常都是采用同一个风险调整折现率对所有的这些现金流进行折现。当它们这样操作时，实际上是在假设在未来的时期内，项目的累积风险是以固定的比率增长的。通常情况下这个假设是很合理的。如果项目未来的贝塔值保持不变，也就是每个期间的风险都是不变的话，那么这个假设就是完全正确的了。

但有时也有例外，要时刻注意风险很显然不是稳定增长的那种项目。在这种情况下，你应该把项目分成不同的部分，以使在每一个不同的部分中使用同一个折现率比较合理。或者你也可以利用 DCF 模型的确定当量方法，它允许按每个期间的现金流进行风险调整。

这些基本原则在国际范围内也是适用的，当然会更为复杂。股票或实物资产的风险可能取决于是谁在进行投资。比如说，对默克公司进行了投资的瑞士投资者计算的贝塔值就比美国投资者的要低。同样，对瑞士制药公司进行了投资的美国投资者计算的贝塔值就要比瑞士投资者的要低。这两个投资者在国外进行投资的风险都比较低，是因为这两个国家的市场是不完全相关的。

如果所有的投资者都持有世界各地的市场投资组合，这个差别就没有意义了。但在现实生活中存在着极强的本土倾向。或许有的投资者愿意留守国内是因为他们认为进行国外投资风险更大。我们怀疑他们是混淆了总风险和市场风险的概念。例如，我们列举过股票市场具有高度波动性的国家，但对于持有美国市场股票的投资者来说，大多数市场投资的贝塔值都较低。同样，原因就在于不同市场间的相关性较低。

推荐读物

对资本资产定价模型在资本投资决策中的应用，Rubinstein 有一篇非常优秀的文章：

M. E. Rubinstein, "A Mean – Variance Synthesis of Corporate Financial Theory," Journal of Finance 28 (March 1973), pp. 167 – 182。

Fama 的文章深入研究了普通的 DCF 计算方法下暗含的假设。Cornell 重新考察了近期与远期现金流的相对风险。

E. F. Fama, "Discounting Under Uncertainty," Journal of Business 69 (October 1996), pp. 415 – 428.

B. Cornell, "Risk, Duration and Capital Budgeting: New Evidence on Some Old Questions," Journal of Business 72 (April 1999), pp. 183 – 200.

概念复习题

完整的本章概念复习题，请登录网站 www. mhhe. com/bma1e。

1. 写出公司资本成本的计算公式，忽略税收因素。公司资本成本对什么项目来说是正确的折现率？

2. 与单个公司估计的资本成本相比，行业资本成本有什么好处？

3. 详细说明应该如何估计公开交易股票的贝塔值。

练习题

1. 假设某家公司利用公司资本成本对所有项目进行估价。那么对高风险的项目来说，价值是会被高估呢，还是被低估？

2. 再看一下图 10—2 右上角的图。英特尔的收益中有多大一部分是由市场波动带来的？多大一部分是个别风险或可分散风险？如何在图中反映个别风险？估计贝塔值时可能的误差范围是什么？

3. 某公司利用无风险债务筹集了 40% 的资金，利率是 10%，市场期望收益是 18%，股票的贝塔值为 0.5。公司资本成本是多少？

4. 为降低法国油炸食品中的卡路里，Gonzalez 农场正通过基因工程培植一种新品种的西红柿。但不幸的是培植计划还没有完成，而且新品种的西红柿还要通过美国食品药品管理局的批准。而培植成功并通过批准的可能性大约只有 50%。投资需要的资金为 1 500万美元。

Gonzalez 农场的普通资本成本为 12%。对这种低卡路里的西红柿，该公司应该如何预测未来的现金流并对其进行折现呢？它是否应该用比 12% 更大的折现率呢？为说明有 50% 失败的可能，能否用 24% 的折现率呢？简要解释一下。

5. 以下说法是否正确：

(1) 远期现金流的风险比近期现金流的风险大，因此长期项目要求的风险调整折现率更高。

（2）对长期项目和短期项目，财务经理应该使用同样的风险调整折现率。

6. 以下公司中哪个可能会有更高的资本成本？

（1）A 公司销售人员的薪水每年固定，而 B 公司是以销售佣金为基础发放。

（2）C 公司生产机械工具，而 D 公司生产早餐麦片。

7. 以下说法是否正确？

（1）很多外国股票市场波动性都比美国市场波动性更强。

（2）外国股票市场的贝塔值（相对于美国市场计算的）通常都会大于 1.0。

（3）投资者主要持有其国内市场的证券，这意味着在不同国家定居的公司对同样的项目要计算不同的折现率。

8. 某项目的期望现金流如下：第 1 年 110 美元，第 2 年 121 美元。利率为 5%，估计的市场风险溢酬为 10%，项目的贝塔值为 0.5。利用固定不变的风险调整折现率，那么：

（1）项目的 PV 是多少？

（2）第 1 年和第 2 年的确定当量现金流是多少？

（3）第 1 年和第 2 年确定当量现金流与期望现金流的比率是多少？

实务题

9. Okefenokee 房地产公司普通股市场价值总计为 600 万美元，其债务总价值为 400 万美元。财务主管估计目前股票的贝塔值是 1.5，期望的市场风险溢酬为 6%。国库券利率为 4%。为简便，假设 Okefenokee 公司的债务是无风险的，并且公司不需要缴税。

（1）Okefenokee 公司股票必要收益率是多少？

（2）估计公司资本成本。

（3）如果公司想要扩展现有业务，其折现率是多少？

（4）假设公司想进行多样化投资，经营玫瑰色眼镜的生产。无负债眼镜生产商的贝塔值是 1.2，估计 Okefenokee 公司新的风险投资的必要收益率。

10. Nero Violins 的资本结果如下：

证券	贝塔值	市场价值总计（百万美元）
债务性证券	0	100
优先股	0.20	40
普通股	1.20	299

（1）公司资产的贝塔值是多少？（提示：公司所有证券投资组合的贝塔值是多少？）

（2）假设 CAPM 成立，那么 Bero 想要扩展公司业务，但不改变资产贝塔值的情况下对其投资应该设定什么样的折现率？假设无风险利率为 5%，市场风险溢酬为 6%。

11. 再看一下表 9—2 中列示的公司资料。大部分公司的月收益率都可以从雅虎网 finance.yahoo.com 或标准普尔市场观察网（www.mhhe.com/edumarketinsight）上找到——见"月调整价格（Monthly Adjusted Price）"工作表。该表还给出了标准普尔 500 市场指数的月收益。利用 Excel 的 RSQ 函数计算 R^2。每家公司收益方差中能够由指数解释的部分占多少？

12. 从实务题第 11 题中至少选出五家公司（finance. yahoo. com 或 www. mhhe. com/edumarketinsight）。"月调整价格"工作表中应该包括至少 4 年的公司股票和标准普尔500 指数的月收益率。

（1）分别考虑连续两年的收益率。利用 Excel 的 SLOPE 函数计算每个期间的贝塔值。每家公司贝塔值的稳定性如何？

（2）假设你利用 CAPM 和以上计算出的贝塔值估计期望收益率。不同期间的估计值有显著变化吗？

（3）或许你会发现，利用"周调整价格"工作表中的周收益重复以上的分析比较有趣。对每两年的期间来说，这将有 100 多个周收益的数据。

13. 下表列示了两家著名的加拿大公司股票的风险估计值：

	标准差（%）	R^2	贝塔值	贝塔值的标准误差
Alcan	29	0.37	1.58	0.27
Canadian Pacific	22	0.15	0.75	0.23

（1）每种股票风险中有多大部分属于市场风险，多大部分属于个别风险？

（2）Alcan 的方差是多少？个别风险的方差呢？

（3）Canadian Pacific 公司贝塔值的置信水平是多少？

（4）如果 CAPM 是正确的，那么 Alcan 的期望收益率是多少？假设无风险利率为5%，期望市场收益为 12%。

（5）假设下一年市场收益为 0。在已知这一前提的情况下，你对 Alcan 的期望收益率是多少？

14. 在雅虎网（finance. yahoo. com）或标准普尔市场观察网（www. mhhe. com/edumarketinsight）上找到一些食品公司的样本。例如你可以选取 Campbell Soup（CPB）、General Mills（GIS）、Kellogg（K）、Kraft Foods（KFT）及 Sara Lee（SLE）。

（1）利用 Excel 的 SLOPE 和 RSQ 函数，估计每家公司的贝塔值和 R^2。

（2）计算行业贝塔值。计算的最佳过程如下：首先计算你选取的样本公司等额加权的股票投资组合的月收益，然后利用投资组合收益计算行业贝塔值。投资组合的 R^2 与个股平均的 R^2 相比如何？

（3）利用 CAPM 计算食品行业平均的权益成本（$r_{权益}$）。利用当前利率——看一下第 10.2 节的最后一部分——和对市场风险溢酬的合理估计值。

15. 对于 Golden Fleece 财务公司，你已经取得了如下资料：

流通在外的长期负债	300 000 美元
当前的到期收益率（$r_{负债}$）	8%
普通股股数	10 000 股
每股价格	50 美元
每股账面价值	25 美元
股票期望收益率（$r_{权益}$）	15%

计算 Golden Fleece 公司资本成本，忽略税收因素。

16. 再看一下表 10—1。这次我们要看看 Burlington Northern。

（1）利用其自己的贝塔估计值和行业贝塔估计值，通过 CAPM 计算 Burlington 公司的权益成本。你的结果有什么不同？假设无风险利率为 5%，市场风险溢酬为 7%。

（2）你能确信 Burlington 公司真正的贝塔值不是行业平均数吗？

（3）在什么情况下你会建议 Burlington 公司以自己的贝塔估计值为基础计算权益成本？

17. 你有一台永续运转的加工机，它每年可以创造平均 2 000 万美元的收入。原材料成本是收入的 50%，这些成本的性质是变动性的，也就是它们总是收入的一定百分比。不存在其他的经营成本。资本成本为 9%，你公司的长期借款利率为 6%。

现在 Studebaker 资本公司找到你，它每年可以按照固定价格 1 000 万美元给你提供原材料，期限为 10 年。

（1）如果你同意签订这个固定价格的合同，那么这台加工机的经营杠杆和商业风险会发生什么变化？

（2）分别在签订固定价格合同和不签订该合同的情况下计算这台加工机的现值。

18. 夫妻杂货店刚刚派发了对中南极洲共和国政府为期 1 年的杂货供给。经过雪地火车的运送，货物到后，货款 250 000 美元将于一年后支付。但不幸的是，这期间该国很有可能发生政变，而如果真发生的话，新政府将不支付这笔款项。因此，夫妻杂货店的总会计师决定对这笔收入按 40% 而不按公司的资本成本 12% 折现。

（1）为抵消政治风险，利用 40% 作为折现率错在什么地方？

（2）如果发生政变的可能性为 25%，那么这笔 250 000 美元的收入到底值多少钱？

19. 某石油公司正在某产油区边缘开钻一系列的新油井，其中大约有 20% 的新油井不会出油。即使新油井能够出油，其产量也是很不确定的：能够出油的新油井有 40% 每天能产出 1 000 桶，60% 每天能产出 5 000 桶。

（1）如果未来的油价为每桶 15 美元，预测从一口边缘新油井中可以得到的年现金收入。

（2）有地质学家建议对新油井的现金流用 30% 的折现率进行折现，以抵消干井的风险。石油公司正常的资本成本为 10%，这个建议合理吗？请解释原因。

20. 回顾一下第 10.4 节中的项目 A，现在假设：

（1）5 年中每年预期现金流为 150 美元；

（2）无风险利率为 5%；

（3）市场风险溢酬为 6%；

（4）估计的贝塔值为 1.2。

重新计算确定当量现金流，并列出这些确定当量现金流与有风险的现金流的比率，说明它是否每年按固定比率下降。

21. 某项目的预计现金流如下所示：

现金流，单位：千美元			
C_0	C_1	C_2	C_3
−100	+40	+60	+50

项目的贝塔估计值为 1.5，市场收入 r_m 为 16%，无风险利率 r_f 为 7%。

（1）估计资本的机会成本和项目的 PV（对每一笔现金流都使用同样的折现率）。

（2）每年的确定当量现金流是多少？

（3）每年的确定当量现金流与期望现金流的比率是多少？

（4）解释该比率下降的原因。

22. McGregor 威士忌公司正打算将苏格兰口味的开胃威士忌推向市场。该产品首先要在南加州进行为期两年的市场测试，初始成本为 500 000 美元。市场测试不会带来任何利润，但会得出有关消费者偏好的信息，有 60% 的可能需求是令人满意的。在这种情况下，McGregor 公司将投资 500 万美元在全国范围内推介该产品，估计今后每年将有 700 000 美元的利润，且会一直持续下去。但如果需求不令人满意的话，将取消这种开胃威士忌。

在已知消费者偏好的情况下，该产品的风险就是平均水平的风险，因此 McGregor 公司对该投资要求 12% 的收益率。但是初始的市场测试阶段风险是非常大的，对这个初始阶段，McGregor 公司要求 40% 的收益率。

这种开胃威士忌项目的 NPV 是多少？

23. 看表 10—2。如果每个国家的相关系数都是 0.5 的话，这 9 个国家的贝塔值是多少？计算其结果，并加以说明。

24. 重新看表 10—2 中列示的各国指数的贝塔估计值。对正在考虑想要在这些国家进行资本项目投资的美国公司来说，这个信息有用吗？对德国公司有用吗？请解释原因。

25. 登录网站 quote. yahoo. com/m2?u，下载与表 10—2 列示期间相同的中国台湾市场指数和美国标准普尔 500 市场指数的月收益。计算中国台湾市场标准差与标准普尔 500 市场指数标准差的比率、两种指数的相关系数和相对于标准普尔 500 市场指数的中国台湾市场的贝塔值。

思考题

26. 假设你正在评估一个高风险（高贝塔值）的未来支出现金流的价值。高风险意味着高折现率，但折现率越高，现值就越低。因此看起来似乎可以说，现金流出量的风险越大，对该支出就越不用太关注。这样的推理正确吗？现金流的正负号会影响合适的折现率的选择吗？请解释原因。

27. 某石油公司经理正在考虑是否对以下一个或两个油井进行 1 000 万美元投资：油井 1 在今后的 10 年中每年将产出价值为 300 万美元的石油；油井 2 在今后的 15 年中每年将产出价值为 200 万美元的石油。这些现金流都是实际（通货膨胀调整后）现金流。

产油井的贝塔值是 0.9，市场风险溢酬为 8%，名义无风险利率为 6%，预期通货膨胀率为 4%。

两口油井都是对过去发现的油田进行的再开发，但遗憾的是两口井还是有 20% 的可能是干井。干井就意味着现金流为 0，且将彻底损失 1 000 万美元的投资。

忽略税收因素，如有必要可以作进一步的假设。

（1）对过去发现的油田带来的现金流，其正确的实际折现率是多少？

（2）该石油公司经理打算在实际折现率基础上加上 20 个百分点，以抵消干井的风险。利用这个调整后的折现率计算每口油井的 NPV。

（3）你认为这两个油井的 NPV 是多少？

（4）为得到两口油井正确的 NPV，是否可以在过去发现的油井的折现率上加上某个单一的主观臆造因素呢？请解释原因。

28. 如果你已经进入 Excel 的"数据分析工具（Data Analysis Tools）"栏，利用"回归"函数考察实务题第 12 题和第 14 题估计的贝塔值的可靠性。

（1）实务题第 12 题（1）和（3）的贝塔值的标准误差是多少？在给定这些标准误差的情况下，你是否认为这些公司的贝塔估计值是非常显著的不同？（或许差异只是些"噪音"）对这些公司，你建议的最可靠的贝塔预计值是多少？

（2）实务题第 14 题（1）中贝塔估计值的可靠性如何？

（3）比较实务题第 14 题（2）中行业贝塔值的标准误差和个别公司贝塔值的标准误差。在给定这些标准误差的情况下，你应该利用行业贝塔值，还是个别公司的贝塔值？

【微型案例】

琼斯家族公司

场景：夜幕初降，曼哈顿的一家普通人家屋里。现代的家具，到处散落的《华尔街日报》、《金融时报》等旧报纸。阿兰·格林斯潘（Alan Greenspan）和乔治·索罗斯（George Soros）的签名照醒目高挂。窗外隐约可见哈德逊河的璀璨灯光。约翰·琼斯（John Jones）坐在一台计算机终端前，闷闷不乐地喝着饮料，正在互联网上进行着日元的利差交易。这时他的夫人 Marsha 走了进来。

Marsha：嗨，亲爱的，回到家真高兴。今天在交易所又是烦透了的，一笔交易也没有。不过我还是设法完成了我们铜矿下一年产品的对冲交易。我没找到合适的期货头寸，所以我做了一笔商品互换交易。

John 没有回应。

Marsha：John，你怎么了？你还在卖出日元吗？这几个星期以来这种交易可是一直在亏啊！

John：嗯，是的。我真不该到高盛（Goldman Sachs）那里去参加那个外汇交易早餐会。但我总得出去转转啊！你在外面进行商品期货交易的时候，我就整天待在家里算这些协方差和有效的风险收益的均衡。你可是大展身手了。

Marsha：别担心亲爱的，很快就会好的。我们只需要每个季度计算一次最有效的普通股投资组合，然后你就可以继续你的杠杆租赁生意了。

John：你做交易，倒叫我来担心一切事情。最近可有传言说有人要恶意收购我们的租赁公司。我知道我们的负债比率太低了，而你又忘了放置毒丸。现在你又投资了一笔净现值为负的项目！

Marsha：什么项目？

John：那口野猫油井，那块荒地上的又一口油井。这可是要花费 500 万美元的啊！那边发现油了吗？

Marsha：John，荒地的那口井对我们可是有好处的。你以为你那日元交易的资本得从什么地方来啊？我敢肯定我们能找到油田。我们的地质学家说了，只有30%的可能是干井。

John：即使我们打出了油，我打赌每天也只能产出300桶原油。

Marsha：那可是每天出入的300桶啊！一年有365天呢，亲爱的。

John和Marsha的十几岁的儿子Johnny冲进了房间。

Johnny：嗨，爸爸！嗨，妈妈！你们猜怎么着？我组织了一个大学衍生资产代表队！这就意味着我可以进芝加哥期权交易大厅内进行交易啦！（停顿）怎么了？

John：你妈妈又做了一笔负净现值的投资。一个野猫油井，在阿拉斯加北坡那边。

Johnny：那没问题啊，爸爸。妈妈跟我说过这事儿。我昨天本想算算它的净现值来着，但我得先计算次级债券违约的概率，那是我公司理财的作业（从他背包里拿出一个计算器）。我们算算，每天300桶，乘以一年365天，再乘以在洛杉矶卖出的每桶25美元……是每年270万美元。

John：那也是下一年的270万美元，前提得是我们能找得到油才行。产量每年是递减5%的。另外要把原油从北坡运到阿拉斯加，我们还要支付输油管道和油罐钱每桶10美元。我们的经营杠杆可是不大好。

Marsha：但另一方面，我们的能源顾问估计了，他说石油价格是会上涨的。如果石油价格跟着通货膨胀率一起上涨，那每年每桶的油价也要涨大约2.5%。油井至少能产油15年。

Johnny：我做完那个违约概率作业后计算一下净现值吧！利率是6%。用0.8的贝塔值和我们常用的市场风险溢酬7%来算可以吗？

Marsha：我想是可以的，Johnny！但我担心的是那些固定的运输成本。

John：（深吸了一口气，然后站起身来）行了，来一顿丰盛的家庭晚餐如何？我已经在四季餐馆老地方定了位了。

所有的人都走出房间。

画外音：这个野猫油井的净现值真的是负的吗？John和Marsha是否要回击恶意收购？Johnny的衍生资产代表队会用到布莱克—斯考尔斯模型或二项式方法吗？在琼斯家族公司的下一集中我们将找到答案。

你可能并不渴望琼斯家族的生活方式，但是他们的做法，从本书后面将要介绍的期货合约到二项式期权定价方法，你都要从中学到东西。同时你可能愿意重复一下Johnny的NPV分析。

问题：

（1）在考虑干井可能性、运输成本、产量下降和预计油价上涨的情况下，计算野猫油井的NPV。油井要持续产油多少年才能保证该投资的NPV为正？忽略税收因素和其他可能的复杂因素。

（2）现在考虑经营杠杆问题。假设在已知产量，并且运输成本是固定的情况下，如何对运输成本进行估价？如果运输成本与产量成比例的话，你的答案会有什么变化？假设产量的意料之外的变化是0贝塔值并且可分散。（提示：琼斯的石油公司信誉度很高，其长期借款利率仅为7%）

第 3 部分

资本预算实务

　　欧洲隧道公司（Eurotunnel）创纪录地耗资 150 亿美元修建了英格兰和法国之间的隧道。工程开始之前，公司预测的现金流显示能够有 14% 的收益率。但遗憾的是，精确计算的 DCF 并没有保证项目的成功，隧道的实际成本比预期的要高，而且耗费的时间更长，但收入却是令人失望的。隧道开通 10 年之后，公司仍然没有办法获取足够的利润来支付债务的利息，因此大批股东在盛怒之下，奋起抗争，解聘了全部董事会成员。

　　欧洲隧道公司的不幸经历提醒我们，折现现金流分析工具并不能自动形成好的投资决策。为保证项目真的具有正 NPV，你还需要问一些与项目有关的基本问题。随着时间的推移公司会具有战略优势或领先地位吗？竞争对手们的反应如何？他们的反映是否会降低项目的盈利能力？比如说现在看来，欧洲隧道公司的管理者们很有可能是低估了目前现有的海峡轮渡有力的降价力度。

　　第 3 部分中我们主要介绍进行这些判断的三个前提。首先从公司如何组织资本预算过程开始，这样可以确保它们获得了想要获得的信息。其次，管理层要了解项目的成功与否取决于什么。因此我们要考察管理者们用来揭示项目影响因素的方法。最后，我们要介绍公司如何对其投资设定一定的弹性，这样，如果有灾难威胁，它们就可以撤回投资，而出现有利因素时又可以扩张投资。

第11章

项目分析

阅读过以前各章的资本预算内容后，你或许得出结论说项目应该拒绝还是接受是一种很简单的选择，你只需要得出一系列的现金流预测，选择合适的折现率，然后得出净现值就可以了。但寻找能够增加股东价值的项目绝不仅仅是一个机械化的实验而已。因此以下将提供几种方法，使公司认清形势，在进行投资决策时作出正确的选择。

投资提案可能出现在公司的不同部门中，因此公司需要采取一个程序，以保证每个项目评估的一致性。本章中我们的首要任务是回顾公司应如何安排资本投资的计划和预算，如何批准特定的项目，以及如何检查项目的业绩是否与承诺的一致。

当管理者们面临投资方案时，他们一般不接受按面值预测的现金流。他们通常会尽力去理解这个项目为什么是可取的，可能有什么因素会导致其失败。要记住墨菲（Murphy）法则，"如果有任一因素可能出错，那么它就真的会出错"；以及 O'Reilly 进一步的推论，"麻烦总出现在最坏的可能时刻"。

在弄清为什么项目可取后，或许你就能对其进行重新考察以提高其成功的概率了。如果你理解了为什么这项风险投资可能会失败，那么你就可以决定是否值得尝试这个项目，并尽力排除所有引起失败的可能原因。也许再有一笔市场调研费用支出，就能弄明白对消费者接受程度的担心；也许再钻一口深井，就能更清楚矿产的规模；也许在测试台上作进一步的试验，就能核实器件焊点的可靠程度。

如果项目的净现值确实为负，那么判定得越早越好。即使在不作进一步分析的基础上我们认定该项目值得经营，我们也不希望到项目将来出现问题时会让我们惊慌失措。我们需要找到预警信号以及可以采取的防范措施。

本章的第二个任务是介绍经理们如何利用敏感性分析、保本分析和蒙特卡罗模拟，以确认资本项目的关键假设，并揭示可能出现问题的因素。这些方法并没有什么神秘之处，只不过是一些需要计算机辅助的常识知识。你也不需要申办许可证，任何人都可以自由使用。

折现现金流分析通常假设公司被动地持有资产，它忽略了项目成功时的扩张机会，也忽略了项目不利时的退出机会。但是，精明的经理们总会在考虑是否进行投资时确认这些机会。他们找到了很多方法将成功机会资本化，并降低失败成本，他们时刻准备着投资那些具有经营弹性的项目。未来形势明朗时可以对项目进行调整的机会就是实物期权。在本章的最后部分我们将介绍几种主要的实物期权，并且说明如何利用决策树来确定这些未来的选择权。

11.1　资本投资程序

高层管理人员需要提前知道未来投资费用的支出情况。因此在大部分的大型公司中，投资过程是从编制年度**资本预算（capital budget）**开始的，年度资本预算就是为下一年计划的有关投资项目的清单。

大部分公司允许车间提出项目提案，以供部门管理层审核；然后部门管理层的项目提案再由高层管理部门和计划委员会成员进行审核。当然，中层管理人员不可能确认所有有价值的项目。比如说，A车间和B车间的管理者不可能预见到如果关闭其各自的车间，重新合并成一个新车间C所带来的潜在效益，而部门管理者则可能会有成立C车间的建议。但部门1和部门2的管理者们也不愿意放弃他们自己的计算机而使用整个公司范围内的信息系统。因此这种提议通常都是由高层管理人员提出的，比如说公司的首席信息官。

支出计划中有时会有矛盾的假设。例如，家具部门的管理者认为新屋开工率将会增长，而器具部门的管理者却认为将会下跌。因此，家具部门可能会提议对新的设施进行大额投资，而器具部门则提出了削减计划。要是两个部门的管理者对新屋开工率的估计是相同的，并且都依据这一相同的估计提出其投资方案就好了。这就是为什么很多公司在实施资本预算程序时都要先进行意见调查，调查各部门对以下因素的预测是否一致，即一些经济影响因素（如通货膨胀率以及国民生产总值的增长率等）以及对公司业务比较重要的特定因素（如新屋开工率或原材料价格等）。然后将这些预测值用作资本预算的基础。

编制资本预算并不是官方下达的严格命令，而是需要有足够的、反复多次的意见交换。部门管理者要同车间管理者进行协商，从而对部门项目清单进行微调。而最后的资本预算也必须能够反映公司的战略计划。战略计划是公司由上至下观点的反映，它要试图确认公司具有竞争优势的业务，同时还要试图确认哪些业务可以被出售或被关闭。

公司的资本投资选择应该既能够反映公司由下至上的观点，也能反映由上至下的观点，也就是分别反映资本预算的编制和战略计划的制订。承担由下至上资本预算大部分任务的车间和部门管理者不可能看到整个森林中的所有树木，而战略计划制定者由于不可能挨棵树进行考察，因此可能会对森林有错误的认识。

11.1.1　项目批准以及有偏见预计的问题

一旦资本预算被高级管理层和董事会批准，它就成为下一年的正式计划了。但这时还不是特定计划的最后签署时间。大部分公司对每个项目方案要求**拨款申请**（appropriation requests），这些申请包括详细的预测、折现现金流分析和一些支持信息。

很多投资项目的价格是非常高的，而且它们通常会影响公司未来10年或20年的业务，因此最终的拨款请求一般都是留给高级管理层的。公司一般设定部门管理者能够批准的项目规模的上限，但通常这个上限出人意料地低。比如说，一家每年进行4亿美元投资的大型公司可能会要求对超过50万美元的所有项目都要由高级管理层批准。

这种集权制的决策带来了一些问题：高层管理人员不可能对成百个项目的详细信息一一进行核实，他们必须依靠由项目提议者归集在一起的预测信息。精明的管理者很快就意识到，这些预测值是否符合实际是个需要担心的问题。

即使这些预测值不是主观上夸大的，有时候也会有错误。例如，大部分人在进行预测时都是过于自信的。通常他们认为几乎肯定会发生的某件事可能实际上只有80%的可能性会发生，而他们相信不可能发生的也有20%发生的可能性。因此实际上项目的风险是被低估了。希望接受项目的人在预测项目现金流时，很有可能会更关注该项目好的一面。在财务预测中，这种过分乐观是很常见的。过分乐观也会影响政府，而且可能比对私人企业影响的程度还要大。你听过多少次新水坝、高速公路或军用飞机的实际成本比原本预测的要低的？

在提出投资方案时，你可以希望车间或部门管理者更多关注项目好的一面，这也并不完全是坏事。心理学家指出，乐观和自信会提高努力的程度、承诺和坚持。但问题是，每年有上百个拨款申请会摆在高层管理人员的面前，每一个都是由一线提出来并且想要得以实施的重要文件。其他的早在开始阶段就已经被过滤掉了。

当然，要彻底消除偏见几乎是不可能的，但高层管理人员应该注意不要鼓励偏见的出现。例如，如果管理者相信成功与否取决于最大规模的部门，而不是最具营利性的部门，那么他们可能就会提出大型的扩张项目，而实际上他们自己也不相信这个项目会有正NPV。或者，如果新的车间管理者面临马上提高盈利的压力，那么他们可能会提出投资回收期较快的项目，尽管可能要以NPV为代价。

有时高层管理人员试图通过提高资本支出门槛利率的方法抵消这种偏见。假设真正的资本成本为10%，但由于有很大一部分项目盈利不了10%，所以CFO很郁闷。于是她要求项目提出者用15%作为折现率。换句话说，她在折现率中增加了5%的主观臆造的因素以抵消预测上的偏见。但这是不起作用的，它从来就不会起作用。Brealey，Myers和Allen的第二法则[①]解释了原因。该法则指出：按公司门槛利率折现具有正NPV项目的比例不受门槛利率的影响。

这一法则并不是开玩笑的臆想，它已经在一家大型石油公司中得到了验证，这家石油公司的员工对资本投资项目进行了精确的统计，大约有85%的项目具有正NPV。（剩下的那15%是根据其他原因提出的，比如说要达到环境标准。）在经历了几个季度的令人失望的收益后的一年，高级管理者决定要追加更多的财务要求，并且将公司的门槛利

---

① 没有第一法则。我们认为"第二法则"听起来更好一些。有第三法则，但它是针对另一章内容提出的。

率增长几个百分点。但到下一年发现，具有正 NPV 项目的比重还是稳定地保持在 85%。

如果你担心预测现金流中的偏见问题，那么唯一的补救方法就是仔细分析预测值。不要在资本成本中加入主观臆造的因素①。

11.1.2 事后审计

很多公司通过在项目开始运营后较短时间内对项目进行**事后审计**（postaudits）的方法跟踪检验大型项目的进程。事后审计能够确认需要修改的问题、检查预测的准确性，并且可以提出项目开始实施之前就应该提出的问题。事后审计的作用是帮助管理者在投资进行到下一个阶段时能够更好地工作。事后审计之后，主管人员可以说，"我们真应该要求生产工人们接受一些额外的培训"。当下一个方案提出时，培训就能够得到应有的重视了。

事后审计不能衡量所有项目的成本和收益，通常情况下将项目与公司的其他业务进行严格区分基本上是不可能的。假设你刚刚接手了一家货车运输公司，为当地商店提供运输服务。你决定安装客户软件追踪运送的物品，并安排适当的货车以提高服务水平。同时你还设立了配送中心，并购买了五辆新的柴油机货车。一年之后你试图对软件进行的投资作事后审计。你能够确认它是在正常运转的，能够跟踪到购买、安装和运营的实际成本。但你怎么样才能确认其增量现金流呢？没有人能有本该早就采用的额外的柴油燃料记录，或如果没有软件的话，就会丧失掉的额外运输记录。你可能能够确信服务水平确实提高了，但有多大一部分的提高是源自于新货车？多大一部分源自于配送中心？多大一部分源自于软件呢？对成功进行衡量的唯一有意义的方法就是将运输业务看成一个整体。

11.2　敏感性分析

不确定性意味着可能发生的事情多于将会发生的。只要我们想要进行现金流的预测，就必须努力找出可能发生的其他情况。

设想一下你是日本大阪 Otobai 公司富有的财务主管，你正在考虑一种供城市使用的电动踏板车。你的员工已经提供了现金流的预测，如表 11—1 所示。由于按 10% 的资本机会成本计算，其 NPV 是正的，所以看起来这个项目是可以接受的。

$$NPV = -15 + \sum_{t=1}^{10} \frac{3}{(1.10)^t} = +34.3 \ （亿日元）$$

在你作出决定之前，你要仔细斟酌这些预测数据，并从中找出决定项目能否成功的关键变量。实际上，公司市场部门对收入所作的估计如下：

销售数量 = 新产品的市场份额 × 踏板车的市场规模

$$= 0.1 \times 1\ 000\ 000 = 100\ 000 \ （辆）$$

---

① 在资本成本中加入主观臆造的因素会偏袒投资回收期短的项目，但对长期项目不利，而长期项目可能具有较低的收益率，但其 NPV 比较高。在折现率中主观地加上 5% 大体上就相当于降低了第一年现金流预测值和现值 5%，而对未来 10 年后现金流现值的影响更大，因为主观因素在折现率中是按复利发挥作用的。主观因素对 2 到 3 年的项目不会是很大的负担，但对 10 年或 20 年项目的影响非常大。

表 11—1

	第 0 年	第 1 年—第 10 年
Otobai 公司电动踏板车项目预计现金流量表 单位：十亿日元		

		第 0 年	第 1 年—第 10 年
1	投资额	15	
2	收入		37.5
3	变动成本		30
4	固定成本		3
5	折旧		1.5
6	税前利润		3
7	税金		1.5
8	净利润		1.5
	经营现金流		3
	净现金流量	−15	3

假设：

①投资按 10 年直线法计提折旧；

②利润按 50% 的税率纳税。

表 11—1 至表 11—5 的"活动" Excel 表格可在本书网站 www. mhhe. com/bma1e 上获得。

销售收入 = 销售数量 × 单价

= 100 000 × 375 000 = 375 （亿日元）

生产部门估计的变动成本是每辆 300 000 日元。由于预计业务量为每年 100 000 辆踏板车，因此变动成本总额为 300 亿日元。固定成本为每年 30 亿日元。初始投资可以在 10 年期间按直线法计提折旧，利润按 50% 的税率纳税。

这些似乎都是你应该了解的重要信息，但要看一下未确认的变量。也许专利会有问题，或许你还要对踏板车充电的服务平台进行投资。最大的危险一般都隐藏在这些未知的因素中，即科学家们所说的"未知变量"中。

一旦确信没有这样的未知变量之后（毫无疑问你以后可能还会发现），你就可以对市场规模、市场份额等进行**敏感性分析（sensitivity analysis）**。为进行敏感性分析，首先要求市场部门和生产部门的人员对基本变量给出乐观和悲观的估计，如表 11—2 中左边栏目所示。右边栏目表示的是，对应于这些乐观或悲观的估计，如果每次只让一个变量发生变化，其他变量保持不变时的相应净现值的估计值。你的项目绝不是一个肯定的事情，最危险的变量是市场份额和单位变动成本。如果市场份额只占 0.04 （其他所有的变量均与预期一致），那么项目的 NPV 仅有 −104 亿日元。如果单位变动成本为 360 000 日元（其他所有的变量均与预期一致），则项目的 NPV 为 −150 亿日元。为对电动踏板车项目进行敏感性分析，我们按顺序将每个变量设成为最乐观或最悲观的价值，然后重新计算项目的 NPV。

表 11—2		对电动踏板车项目进行的敏感性分析				
	范围			NPV（十亿日元）		
变量	乐观	预期	悲观	乐观	预期	悲观
市场规模（百万日元）	0.9	1	1.1	1.1	3.4	5.7
市场份额	0.04	0.10	0.16	−10.4	3.4	17.3
单价（日元）	350 000	375 000	380 000	−4.2	3.4	5.0
单位变动成本（日元）	360 000	300 000	275 000	−15.0	3.4	11.1
固定成本（十亿日元）	4	3	2	0.4	3.4	6.5

11.2.1 信息的价值

现在你可以考察一下，在进行 150 亿日元的投资之前你是否应该解决一些不确定性的问题。假设单位变动成本的悲观估计有一部分反映了生产部门的担心，它们担心某台特殊的生产设备可能不能实现其设计的生产能力，因此要采用另一种生产方法，而这样的话，就要每单位产品额外支出 20 000 日元。发生这种情况的可能性只有 1/10，但是如果真的发生了，那么 20 000 日元的额外单位成本将使税后现金流降低：

销售数量 × 额外的单位成本 × （1 − 税率）

= 100 000 × 20 000 × 0.50 = 10（亿日元）

它将使该项目的 NPV 降低：

$$\sum_{t=1}^{10} \frac{1}{(1.10)^t} = 61.4 （亿日元）$$

这将使踏板车项目的 NPV 降低为 +34.3 − 61.4 = −27.1（亿日元）。踏板车设计上相对微小的变化可能就会消除对新机器的需求，这是非常可能发生的。或者如果追加 1 000 万日元的机器调试费用，就可以完全弄清楚机器是否能够起作用。投资 1 000 万日元就能避免 61.4 亿日元的 NPV 下降 10%，这是非常值得的，你可以节省 −10 + 0.10 × 6 140 = +604（百万日元）。

另一方面，有关市场规模的额外信息是没有多大价值的。因此即使在最悲观的市场规模假设情况下，这个项目也应该被接受，因此即使你对变量估计不准确，你也不大可能会有很大的麻烦。

11.2.2 敏感性分析的局限性

敏感性分析对现金流追根溯源，它首先要寻找与项目有关的关键变量，然后计算这些变量估计有偏差时所导致的结果。它迫使管理者们确认基础变量，指出哪些额外信息是最有用的，并能够帮助他们揭示预测中容易混淆或不适当的问题。

敏感性分析的一个缺陷就是有时候它会给出十分模糊的结果。比如说，乐观或悲观到底意味着什么呢？市场部门对其的解释可能和生产部门的不同。也许 10 年以后，经过几百个项目之后才能看出市场部门的悲观下限常常超过生产部门的 2 倍以上，但你 10 年之后才能发现的问题对现在是没有任何意义的。当然，你也可以专门设定，所谓的"悲观"和"乐观"，就是指实际价值比悲观数额更坏或比乐观数额更好的 10% 的可能性。但是，对一个主观的预测，要想明确预测者对可能结果所赋予的真实概率是非常不容易的①。

敏感性分析的另一个问题是基础变量之间可能相互影响。孤立地考察市场规模增加所带来的影响会有什么意义呢？如果市场规模超过预期，那么需求很可能要比你的估计更加强劲，单价也有可能更高。为什么要孤立地考察价格升高所带来的影响呢？如果通货膨胀迫使价格上升到了你的价格上限，那么你的成本也极有可能会升高。

有时分析人员通过引入相对独立的基础变量来绕开这些问题。但我们不能希望每次只变动一个变量的敏感性分析能起到多大的作用，我们不能单凭表 11—2 中的信息就能得出整个项目现金流的预期、乐观和悲观的估计价值来。

11.2.3　方案分析

表 11—3	油价上涨、世界经济衰退影响电动踏板车项目的 NPV		
		现金流，第 1 年—第 10 年，单位：十亿日元	
		基础情况下	油价上涨、经济衰退情况下
1	收入	37.5	44.9
2	变动成本	30	35.9
3	固定成本	3	3.5
4	折旧	1.5	1.5
5	税前利润	3	4.0
6	税金	1.5	2.0
7	净利润	1.5	2.0
8	净现金流量	3	3.5
	现金流的 PV	18.4	21.4
	NPV	3.4	6.4
		假　　设	
		基础情况下	油价上涨、经济衰退情况下
	市场规模（百万日元）	1	0.8
	市场份额	0.10	0.13
	单价（日元）	375 000	431 300
	单位变动成本（日元）	300 000	345 000
	固定成本（十亿日元）	3	3.5

如果各变量之间相互影响，那么换一种方式考察一些比较合理的方案可能会有帮助。比如说，或许公司的经济分析人员很担心世界油价可能又一次急剧上涨，由此产生的直接后果就是推动电动运输工具的使用。2006 年油价上涨所带来的小型汽车的普及让你相信，如果油价立即上涨 20%，那么将使电动踏板车额外获得 3% 的增长。另一方

---

① 如果你对此有疑问，可以进行一些简单的实验。问一下给你修理电视机的人，让他说出你的电视机至少还能看上一年的概率，或者建立一个对下周可能接听的电话号码的主观概率分布。这种操作是很容易的，你可以试一下。

面，经济分析人员还相信，油价上涨将导致世界经济衰退，并引发通货膨胀。在这种情况下，这个地区的踏板车的市场规模将会是80万辆，并且价格和成本都会比预期的高15%。表11—3列示了石油价格上涨、经济衰退也许最终对你的新投资是有利的，其NPV将会上升至64亿日元。

管理者经常发现**方案分析**（scenario analysis）是非常有用的，它允许管理者同时考察多个变量互动的不同组合情况。预测者一般更愿意在某种特定的情况下给出收入或成本的估计值，而不愿意给出绝对乐观或悲观的估计值。

11.2.4 保本分析

当我们对某一项目进行敏感性分析或考察其他方案时，我们都是在回答这样的问题，即如果销售收入或成本比我们预期的要差，那么项目状况究竟会恶化到什么程度？管理者们有时会换一种方式来处理这一问题，他们考虑的是，销售收入差到什么情况才会导致项目发生亏损。这就是所谓的**保本分析**（break-even analysis）。

表11—4的左端列示了在年销售收入不同假设下电动踏板车项目的收入和成本[①]。在表的右端，我们对这些收入和成本进行了折现，计算出了流入量的现值和流出量的现值。当然，净现值就是这两者的差额。

表11—4	在销售量不同的假设下电动踏板车项目的 NPV					单位：十亿日元		
销售数量（千辆）	现金流入量	现金流出量				现金流入量的 PV	现金流出量的 PV	NPV
		第 0 年	第 1 年—第 10 年					
	销售收入，第 1 年—第 10 年	投资额	变动成本	固定成本	税金			
0	0	15	0	3	−2.25	0	19.6	−19.6
100	37.5	15	30	3	1.5	230.4	227.0	3.4
200	75.0	15	60	3	5.25	460.8	434.4	26.5

可以看到，如果公司一辆电动踏板车也没有售出，那么NPV将远远小于0。如果（与预期的一样）售出了100 000辆，那么NPV就是大于0的，而如果售出200 000辆，NPV将远远大于0。很明显，使NPV等于0应该发生在销售量稍微低于100 000辆的那一点上。

在图11—1中，我们画出了对应于不同年销售量假设情况的现金流入量和现金流出量现值。两条线相交于销售量为85 000辆那一点，这就是能够使项目NPV为0的那一点。只要销售量大于85 000辆，项目的NPV就会大于0[②]。

管理者们通常是通过会计利润，而不是现值来计算保本点的。表11—5列示了Otobai公司电动踏板车三种不同销售量情况下的税后利润。图11—2又一次画出了销售

---

① 要注意，如果项目出现亏损，那么亏损额可以抵消公司其他业务的应税额。在这种情况下，项目提供了一种抵税收益，也就是税金的支付是负的。

② 我们也可以通过画出等量年成本和收入的方式计算保本点销售量。当然，保本点销售量肯定还是85 000辆电动踏板车。

收入和成本与销售量的对应图。但这次得到的结果是不一样的。以会计利润为基础，图11—2给出的保本点销售量是60 000辆踏板车，而以现值为基础的图11—1给出的保本点是85 000辆。为什么会出现不一样的结果呢？

当我们利用会计利润计算保本点时，我们扣除了每年15亿日元的折旧，以弥补初始投资成本。如果Otobai公司每年销售60 000辆，那么销售收入就既能满足经营成本的需要，也能弥补150亿日元的初始支出。但不能弥补150亿日元支出的资本机会成本。因此，按会计利润计算保本点的项目NPV肯定小于0。

图 11—1	保本图

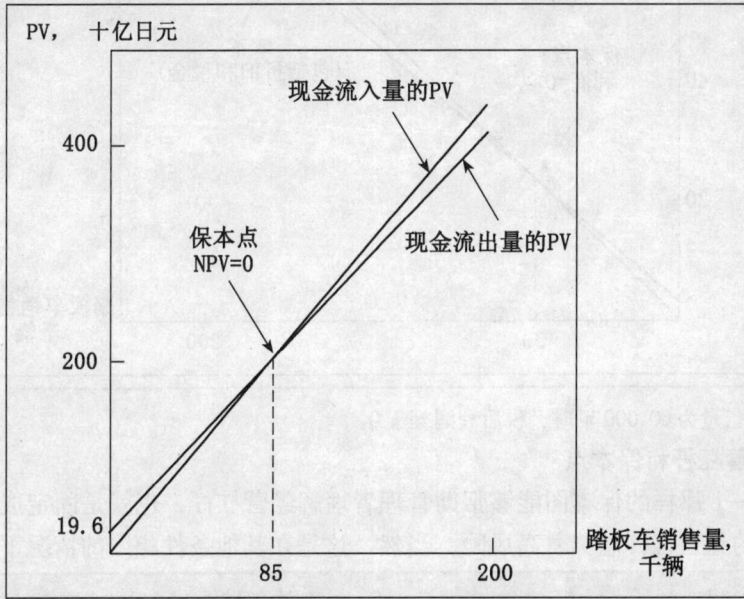

注：本图列示了Otobai公司不同销售量假设下现金流入量和现金流出量的现值。当销售量为85 000辆时，NPV等于0。

表 11—5	不同销售量假设下电动踏板车项目的会计利润					单位：十亿日元	
销售量（千辆）	销售收入 第1年—第10年	变动成本	固定成本	折旧	税金	总成本	税后利润
0	0	0	3	1.5	-2.25	2.25	-2.25
100	37.5	30	3	1.5	1.5	36.0	1.5
200	75.0	60	3	1.5	5.25	69.75	5.25

图 11—2　　　　　　　　根据会计数字画出保本图

会计收入和成本，
十亿日元

销售收入

成本
（包括折旧和税金）

保本点：
利润=0

60

40

20

60　　　　　　　　200

踏板车销售量，
千辆

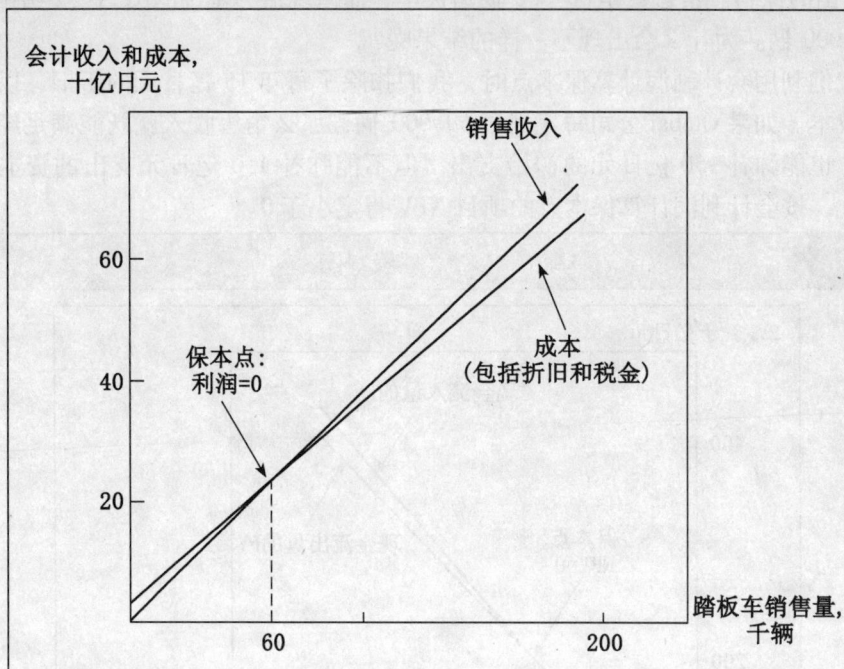

注：当销售量为 60 000 辆时，税后利润等于 0。

11.2.5　经营杠杆和保本点

　　像图 11—1 那样的保本图能够帮助管理者理解经营杠杆，也就是固定成本对项目的影响。高效的经营杠杆意味着高风险，当然，这是在其他条件相同的情况下。

表 11—6		电动踏板车的现金流预测和 NPV	单位：十亿日元
		第 0 年	第 1 年—第 10 年
	投资额	15	
1	收入		37.5
2	变动成本		12.0
3	固定成本		19.0
4	折旧		1.5
5	税前利润（1−2−3−4）		5.0
6	税金		2.5
7	净利润（5−6）		2.5
8	经营现金流（4＋7）		4.0
	净现金流量	−15	＋4.0

$$NPV = -15 + \sum_{t=1}^{10} \frac{4.0}{(1.1)^t} = +96（亿日元）$$

电动踏板车项目的固定成本很低，与375亿日元的销售收入相比，固定成本只有30亿日元。但现在假设Otobai公司正在考虑另一种生产技术，该技术的变动成本比较低，每单位只有120 000日元（与每单位300 000日元相比），但固定成本较高，为190亿日元。由于预计的总生产成本下降了（120 + 190 = 310（亿日元），与330亿日元相比），因此盈利能力提高。比较一下表11—6和表11—1可以看到，项目的NPV很明显增加到了96亿日元。表11—6假设采用了另外一种生产技术，因而固定成本增加，但总成本下降。将表11—6与表11—1进行一下比较。

图11—3是新的保本图。尽管总生产成本下降了，但与图11—1相比保本点销售量增加到了88 000辆（这可不好）。如果再进行一次敏感性分析就能发现，市场规模、市场份额或者单位价格的变化对项目NPV的影响都增大了。所有这些变化都可以归因于另一种替代的生产技术所具有的较高的固定成本。

那么替代的生产技术比原来的技术好吗？在进行最终决策之前，财务经理们需要考虑替代技术较高的经营风险，以及可能需要按较高的折现率重新计算其NPV[①]。

图11—3	具有较高固定成本的替代生产技术的保本图

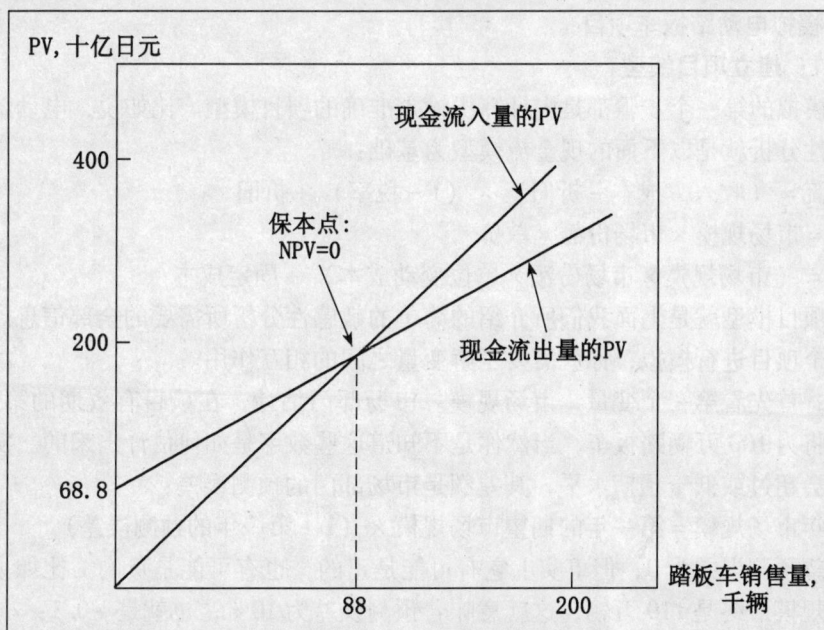

注：与图11—1相比，保本点销售量增加到了88 000辆。

11.3 蒙特卡罗模拟

敏感性分析允许你考虑每次只让一个变量发生变动情况下的影响。而如果观察不同方案下的项目，你就可以得到有限变量合理组合的影响。**蒙特卡罗模拟**（Monte Carlo simulation）是能够考察所有可能组合的一种方法，它使你能够观察到项目结果的全部

---

① 他或她可以按照第10.3节中介绍的程序重新计算贝塔，并得出新的折现率。

分布状况。

设想你是一个蒙特卡罗的赌博者，你完全不知道什么概率法则（赌博的人很少知道），但你的一个朋友给你提了一个玩轮盘赌的建议。你的朋友自己并没有真正验证过这种策略，但他相信，在每50次的轮盘转动中，平均来说将有2.5%的收益。你朋友的乐观估计是每50次轮盘转动将使你得到55%的收益，而悲观估计则是损失50%。那么，你该怎样检验这个概率的真实性呢？一个简单却非常昂贵的方法就是亲自玩一下这个轮盘游戏，并记录每一回合的50次轮盘转动的结果。在比如100个回合的50次轮盘转动结束之后，你可以画出这些结果的频率分布图，并计算出均值和上下限。如果发现一切真的很好的话，那么你就可以认真地实际赌一把了。

另一种方法就是让计算机模拟这个轮盘游戏并给出策略。换句话说就是，你可以让计算机随机挑选数字来决定每次轮盘转动的结果，然后计算特定的赌博策略究竟给你带来了多少输赢。

以上就是蒙特卡罗模拟的一个例子。在资本预算中，我们用项目方案代替了赌博策略，用项目的经营环境代替了轮盘赌的转盘。下面我们来看看对我们的电动踏板车项目如何采用这种方法进行模拟分析。

11.3.1　模拟电动踏板车项目

步骤1：建立项目模型

任何模拟的第一个步骤都是向计算机输入准确的项目模型。比如说，电动踏板车项目的敏感性分析就是以下面的现金流模型为基础：

现金流 =（收入 − 成本 − 折旧）×（1 − 税率）+ 折旧

收入 = 市场规模 × 市场份额 × 单价

成本 =（市场规模 × 市场份额 × 单位变动成本）+ 固定成本

这个项目模型就是上面我们所介绍的简单的敏感性分析所需要的全部信息。但如果你想对整个项目进行模拟，你就需要了解变量之间的相互作用。

例如，首先看第一个变量，市场规模。市场部门估计，在项目有效期的第一年里，市场规模将为100万辆踏板车，当然你是不知道这些数字是如何估计出来的。实际的市场规模将会超过或低于预期水平，其差额是市场部门的预测误差：

第一年市场规模 = 第一年的期望市场规模 ×（1 + 第一年的预测误差）

你希望预测误差为0，但事实上它有可能是正的，也有可能是负的。比如说，假设实际市场规模最终是110万辆，这就意味着预测误差为10%，也就是 +0.1：

第一年的市场规模 = 1 ×（1 + 0.1）= 110（万辆）

按同样的方法，你可以将第二年的市场规模确定为：

第二年的市场规模 = 第二年的期望市场规模 ×（1 + 第二年的预测误差）

但这时，你还必须考虑第一年的结果对第二年期望市场规模的影响。如果电动踏板车第一年的销售量比预期要低，那么以后各年内很可能也会比预期的要低。假设第一年销售量的下降将使你对第二年的销售量预期进行同样数量的下降调整，则，

第二年的期望市场规模 = 第一年的实际市场规模

于是，你可以将第二年的市场规模重新确定为：前一年实际市场规模加上一个预测误差：

第二年的市场规模＝第一年的市场规模×（1＋第二年的预测误差）

按照同样的方法，你可以将第三年期望市场规模按第二年市场规模来确定，依此类推。

这些等式解释了你应该如何描述不同时期的相互影响，但是你还要考虑不同变量之间的相互影响。例如，电动踏板车的价格很有可能是随着市场规模的增加而提高的。假设这是唯一的一种不确定性，市场规模每增加10%将导致预测价格上涨3%。那么你可以将第一年的价格表示如下：

第一年的价格＝第一年的预期价格×（1＋0.3×第一年市场规模的预测误差）

然后，如果市场规模的变化始终会给价格造成这样的影响，那么你就可以将第二年的价格表示为：

第二年的价格＝第二年的期望价格×（1＋0.3×第二年市场规模的预测误差）
＝第一年的实际价格×（1＋0.3×第二年市场规模的预测误差）

要注意我们是如何将每一时期的销售价格与所有以前各期的实际销售价格（包括预测误差）联系起来的。我们还可以对市场规模采用同样的联系方法。这些联系意味着预测误差是逐年累积的，它们不会随着时间的推移而消失。因此，不确定性是随着时间的增长而增加的：对未来考虑的时间越长远，实际价格或实际市场规模与你原来预测的可能就相差得越远。

一个完整的项目模型应该包括每一个变量的一系列等式：市场规模、价格、市场份额、单位变动成本以及固定成本。即使你只在变量之间、不同时期之间设定很少的相互作用，结果也会是相当复杂的等式①。如果它能迫使你全面理解自己的项目，那么这也不算一件坏事。建立模型就像是菠菜一样：你可能不喜欢它的味道，但它对你确实是有好处的。

步骤2：确认概率

还记得模拟那个赌博策略的程序吗？第一步是确认策略，第二步是设定轮盘赌的转轮数目，第三步是让计算机随机选取数值，计算策略的结果。

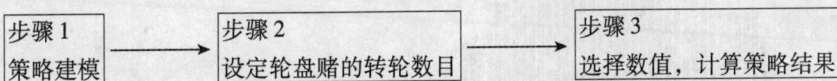

步骤1 策略建模	→	步骤2 设定轮盘赌的转轮数目	→	步骤3 选择数值，计算策略结果

对你的电动踏板车项目，步骤是一样的：

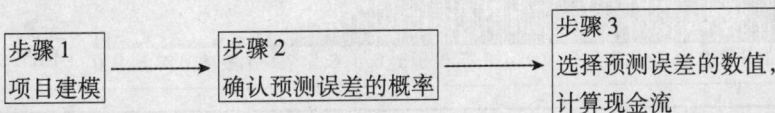

步骤1 项目建模	→	步骤2 确认预测误差的概率	→	步骤3 选择预测误差的数值， 计算现金流

想一想你会怎样确认在预测市场规模时出现的可能误差。你预期的市场规模是100万辆踏板车，很明显你是不会认为你高估或低估了这一数值的，因此预期预测的误差是0。另一方面，市场部门已经给你提供了一个可能的估计范围，市场规模最低可能是85万辆，最高可能是115万辆。因此，预测误差的期望值为0，但在正负15%的范围内变动。如果市场部门实际上已经给你提供了最低和最高的可能结果，那么实际的市场规模

① 确认相互影响是模拟中最难和最重要的部分。如果项目现金流中的所有要素都是无关的，那么就不需要进行模拟分析了。

就几乎毫无疑问地会落在这个范围内①。

这样就完成了对市场规模的处理。现在你还需要对模型中其他变量的可能预测误差进行类似的估计。

步骤3：模拟现金流

现在计算机就可以从预测误差的分布中抽取样本了，计算每一期间的现金流结果，并对其进行记录。经过多次迭代运算，你就可以精确地得到项目现金流概率分布的估计了——当然，这里的精确只是相对于你所设定的模型和预测误差的概率分布的精确而言。时刻不要忘记垃圾（GIGO）法则："输入的是垃圾，输出的也肯定是垃圾"。

图11—4列示了一次对电动踏板车项目进行实际模拟的结果②。值得注意的是，模拟的结果呈现出正偏度——非常大的结果比非常小的结果更可能出现。在预测误差随时间推移而累积的情况下，这种现象是很常见的。由于这种偏度的存在，所以平均现金流要比最可能出现的结果稍微高一些，换句话说就是，稍微偏向于分布峰值的右侧③。

图11—4	对电动踏板车第10年现金流的模拟

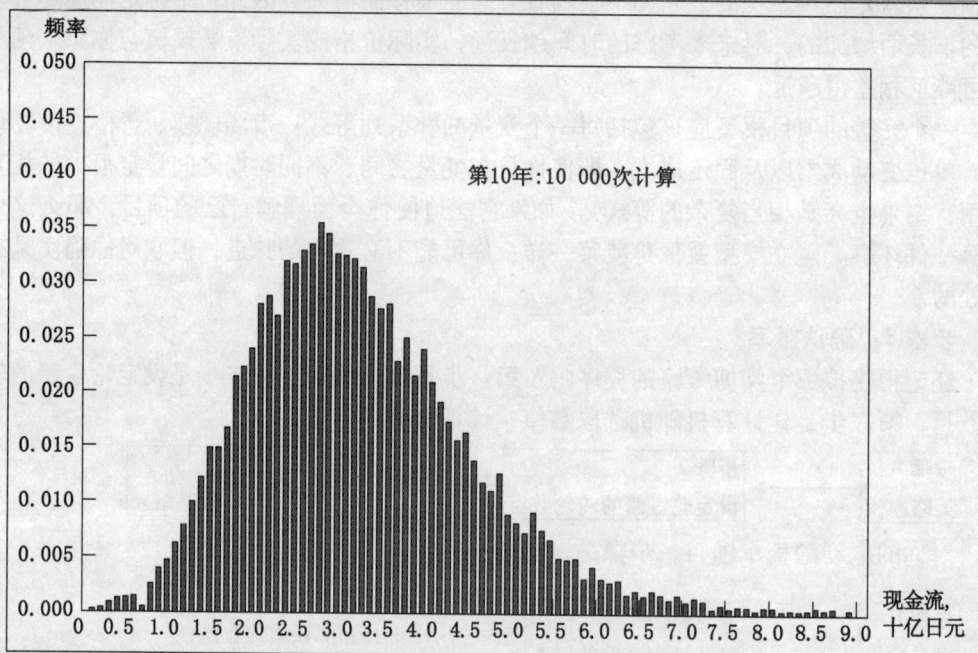

---

① 假设"毫无疑问"意味着"99%的次数"。如果预测误差服从正态分布，那么确定性的程度要求的取值就在正负3倍于标准差的范围内。

② 这是通过 Crystal Ball™软件生成的实际输出结果。模拟时假设预测的年误差呈正态分布，进行了10 000次计算。在这里我们要感谢 Christopher Howe 进行的这一模拟计算。另外在我们的网站www. mhhe. com/bma1e 还提供了 Marek Jochec 对 Otobai 项目进行的模拟运算。

③ 在进行现金流预测时，要时刻记住期望价值与最可能（或表现出的）价值之间的区别。现值是以期望现金流，也就是以概率作为权数的未来可能现金流的加权平均值为基础的。如果像图11—4那样，可能结果的分布有偏度，那么期望现金流将高于最有可能发生的现金流。

步骤 4：计算现值

项目现金流的分布允许你更精确地计算期望现金流。因此你需要做的最后一步就是将这些期望现金流进行折现，以求得现值。

11.3.2 药品研发模拟

虽然有时候成本较高且比较复杂，但模拟具有一个非常明显的好处，那就是促使预测者正视不确定性，并考虑因素间的相互影响。在建立了模拟模型之后，分析现金流中不确定性的主要来源，以及通过更好地预测销售量及成本能在多大程度上减低不确定性就非常简单了。我们甚至还能分析项目调整的可能效果。

一些大型的制药公司已经利用蒙特卡罗模拟来分析新药的研发（R&D）投资。基础研究中得到的备选新药中，只有很小比例的药品最终能够转化成疗效显著、利润丰厚的产品。在 R&D 的每一个阶段，究竟是将其推向下一个阶段，还是就此终止都要进行决策。制药公司通常要面临两种不确定性：

（1）所选的配药行得通吗？它会不会有不好的副作用呢？它最终能得到 FDA 的批准吗？（大部分药品是不能的：在 10 000 种潜在的配药中，最终只有一两种能够进入市场，而这一两种药品必须带来足够的现金流，以弥补其他 9 999 或 9 998 次失败的损失。）

（2）市场的成功开拓。FDA 的批准并不能保证药品就能卖得出去。竞争者也许先行一步，已经在出售类似（或更好）的药品了。公司既有可能将药品推向世界，也有可能达不到这样的市场范围。药品的销售价格和营销成本也都是未知的。

假设你在考虑某项研究项目，计划对一种有潜力的配药展开研究。你能列出此项目未来 25 年甚至 30 年的预期现金流入量和现金流出量吗？我们认为，如果没有模型帮助，没有人能完成这样的任务。而模拟则可以提供这样的答案[1]。

听起来好像模拟是能够治愈所有病症的万能药，但实际上，它也只是一种普通工具，利用它也要付出一定的代价，有时候付出的可能要比得到的还要多。模拟的问题不仅仅在于建立模型所耗费的时间与金钱，而是在于其难度。无论你是否平心静气，无论你是否公正无私，确定各个变量之间的相互关系，估计它们的概率分布总是非常困难的[2]。而且在资本预算中，很少有预测者能够做到不偏不倚，而根据这种模拟得出的概率分布就会与实际分布相差很大。

在实际中，要想追求更为现实的模拟也是相当复杂的。因此决策者们通常会把建立模型的任务交给管理专家或咨询顾问。而这样做的危险性就在于，模型建立者非常清楚自己的创意所在，但决策者们却未必了解，因此也不作为决策的依据。这是一种常见的具有讽刺意义的现象。

---

[1] N. A. Nichols, "Scientific Management at Merck: An Interview with CFO Judy Lewent", *Harvard Business Review* 72 (January-February 1994), p. 91.

[2] 与对其他公司相比，这种困难对制药公司要小得多。制药公司已经收集了有关科学和临床上的成功概率，获得了 FDA 核准所需时间和费用等方面的大量信息。

11.4　实物期权与决策树

当使用折现现金流（DCF）方法对项目进行估价时，我们实际上是假设公司是被动地持有资产。但是经理们并不是只会拿钱的傀儡，资金投入新项目后，他们并不只是闲坐在一边，静观未来形势的发展。如果项目发展顺利，他们就有可能拓展项目；而如果项目发展不顺利，他们就可能会削减项目甚至彻底撤销项目。与无法提供这种灵活性的项目相比，易于进行这种调整的项目更有价值。未来的前景越不确定，这种灵活性的价值就越高。

这似乎是显而易见的，但要注意，敏感性分析和蒙特卡罗模拟并不确认调整项目的机会[1]。比如，还是看一下 Otobai 公司电动踏板车项目。现实生活中，如果项目进展受挫，那么 Otobai 公司完全可以放弃该项目以减少其损失。如果真是这样的话，那么最坏的结果就并不是我们在敏感性分析和模拟分析中得到的。

调整项目的选择权就是**实物期权**（real options）。但经理们可能并不经常使用实物期权这个词来描述这些机会。比如，他们可能会谈到易于调整项目的"无形优势"。但当他们评价大型投资项目的提案时，这种无形的期权往往是他们决策的关键。

11.4.1　扩展期权

像 FedEx 这样的长途货物空运公司每天要运输大量的商品。因此当 Airbus 公司宣布将推迟投入其 A380 超大运输机时，FedEx 就转向了波音公司，订购了 15 架 777 运输机为其执行 2009 年—2011 年的运输任务。如果业务继续扩展，那么 FedEx 还需要更多的运输机。但 FedEx 在 2006 年没有订购更多的运输机，而是通过以确定价格再购买 15 架运输机这种期权的方式获得了波音公司产品线的支持。这些期权不能承诺 FedEx 一定会扩展，但为其提供了灵活条件。

图 11—5	以简单的决策树形式表示的 FedEx 公司扩展期权

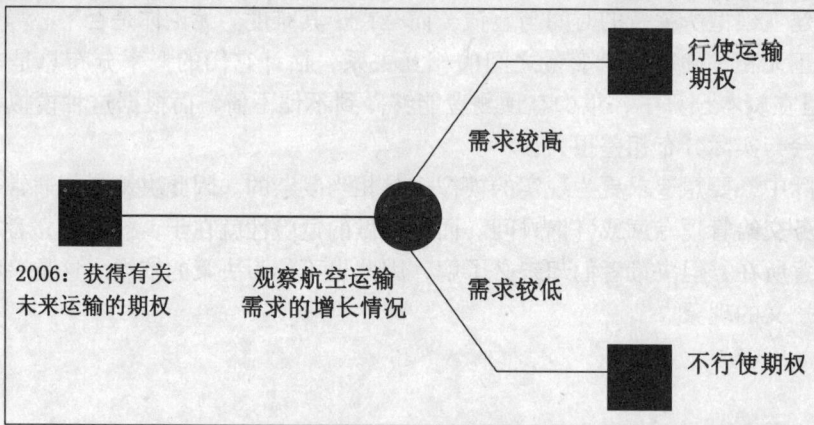

图 11—5 列示了 FedEx 公司扩展期权的简单**决策树**（decision tree）形式。你可以

---

[1] 有些模拟模型确实能够确认改变策略的可能性。例如，当制药公司利用模拟分析研发决策时，它允许公司考虑在任何阶段放弃该项目的可能性。

将其看成是 FedEx 与运气的一场博弈，每个方块代表了公司所采取的行动或所作的决定，每个圆圈代表了其运气抉择的结果。在这种情况下只有唯一的结果——当运气显示航空运输需求和 FedEx 的运能要求。FedEx 则据此作出是否行使期权额外购买 777 运输机的决定。这时作出未来决策是很容易的：只有在需求较高，公司经营能够获利的情况下才购买运输机。如果需求较低，那么 FedEx 公司就会扬长而去，波音公司只有自己处理其余的问题，即向其他客户推销本来预留给 FedEx 的运输机。

你或许可以想到很多其他这样的投资，即能够通过进一步提供期权来增加价值。例如：

（1）当开发新产品时，公司往往先进行试产，来解决可能出现的设计问题，并且要进行市场检验。公司可以对试产结果进行评估，然后根据结果决定是否扩展到满负荷生产。

（2）筹划工厂时，合理保有额外的地块和室内空间可以降低第二条生产线的建设成本。

（3）修建 4 条车道的高速公路时，也许建 6 车道的大桥是值得的，以便将来交通容量出人意料地剧增时能够将道路拓宽到 6 车道。

这种扩展期权是不作为资产列示在公司资产负债表中的，但通常投资者们都很关注它的存在。如果公司拥有价值很大的实物期权，从而可以投资于能够获利的新项目，那么公司的市场价值就会高于其现有的实物资产价值总额。

在第 5 章中我们曾经介绍过增长机会现值（PVGO）对公司普通股价值的贡献。PVGO 等于全部未来投资的预计 NPV 总额，但实际上将 PVGO 理解成公司进行投资和扩展期权的价值更为有益。公司的扩大并不是强制进行的，如果正 NPV 的项目数量较多，则公司就可以投资更多；而如果这种项目数量较少，那么公司投资就可以放缓。对未来投资的灵活性正是使 PVGO 如此有价值的重要因素。

11.4.2 放弃期权

如果扩展期权是有价值的，那么放弃决策呢？项目并不一定都是要进行到资产报废为止，项目的终止决定往往都是管理者们作出的，而不是资产自然状态的结果。一旦项目不再盈利，公司就会为了减少损失而执行项目的放弃期权。

有些资产清算比较容易，而有些则较困难。有形资产比无形资产易于出售，由此形成了活跃的二手市场，而这种市场通常只适用于标准的商品，如房地产、飞机、卡车及某些机器设备。另一方面，作为特定的无形资产，软件公司研发课题积累的知识可能就没有那么可观的放弃价值。（有些资产，比如旧床垫，其放弃价值甚至有可能是负的，因为你必须为其支付处理费。核动力发电厂的退役，以及矿产开采后土地的复原等成本也都是相当高昂的。）

举例

进行新项目或新业务的初始投资时，管理者们应该确认其放弃期权。比如说，假设你现在必须在以下两种生产技术中选择一种，用以生产一种新产品——装备舷外Wankel 发动机的摩托车：

（1）A 技术使用为客户量身定做的由电脑控制的机器设备，可以低成本、大规模生产 Wankel 发动机所需要的复杂的外部构造。但如果 Wankel 发动机无法出售，那么这一设备将毫无价值。

（2）B技术使用标准的机器工具。人工成本较高，但如果发动机无法出售，这一设备就可以售出，价格为1 000万美元。

从新产品现金流的折现分析来看，A技术更好一些，因为在计划产量下，它的可能成本最低。但如果你不确定新产品是否能在市场上立足的话，你就应该考虑B技术所具有的灵活性。

这种灵活性的价值可以通过实物期权的形式更加明确地体现出来。为简便起见，假设A技术和B技术的初始资本投入是相同的。A技术由于采用面向客户的低成本技术，当舷外发动机受到船主青睐时，它可以带来1 850万美元的收入；但如果市场销路不畅，它就只能带来850万美元的收入。不妨将此收入看成是项目投产1年后的现金流与后续年份现金流现值的总和。同样地，在两种市场情况下B技术的收入分别为1 800万和800万美元。

	生产舷外发动机的收入（百万美元）	
	A技术	B技术
需求旺盛	18.5	18
需求低迷	8.5	8

如果无论项目盈利与否你都必须继续生产，那么很明显，A技术将是最好的选择。但是记住，1年之后你可以按1 000万美元出售B技术。如果舷外发动机在市场上没有取得成功，你就应该以1 000万美元的价格出售厂房设备，因为继续该项目仅能得到800万美元的现值。

图11—6按决策树形式对这个例子进行了归纳。放弃期权发生在与B技术有关的右侧方框里。决策是很明显的：如果需求旺盛，就继续，否则就放弃生产。因此，B技术的收入为：

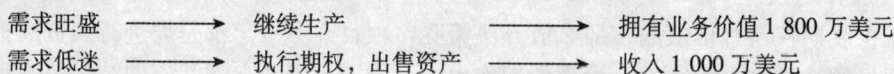

需求旺盛 ——————→ 继续生产 ——————————→ 拥有业务价值1 800万美元

需求低迷 ——————→ 执行期权，出售资产 ——————→ 收入1 000万美元

B技术提供了一份保单：如果舷外发动机的销售状况不理想，那么你可以放弃这一项目，收回1 000万美元。因此你可以将这个放弃期权看成是一份以1 000万美元出售资产的期权。使用B技术的项目总价值就是假设公司不放弃情况下其DCF的价值加上这份放弃期权的价值。当对这种期权进行估价时，你就是在评估这种灵活性的价值。

图 11—6

Wankel 舷外发动机摩托车项目决策树

```
                    旺盛 ────────── 1 850万美元
          显示需求状况
              ●
                    低迷 ────────── 850万美元
    A技术

                                        继续 ──── 1 800 万美元
  ■                                  ■
                    旺盛
    B技术                                放弃 ──── 1 000万美元

              ●
          显示需求状况          继续 ──── 800万美元

                    低迷        ■

                                放弃 ──── 1 000万美元
```

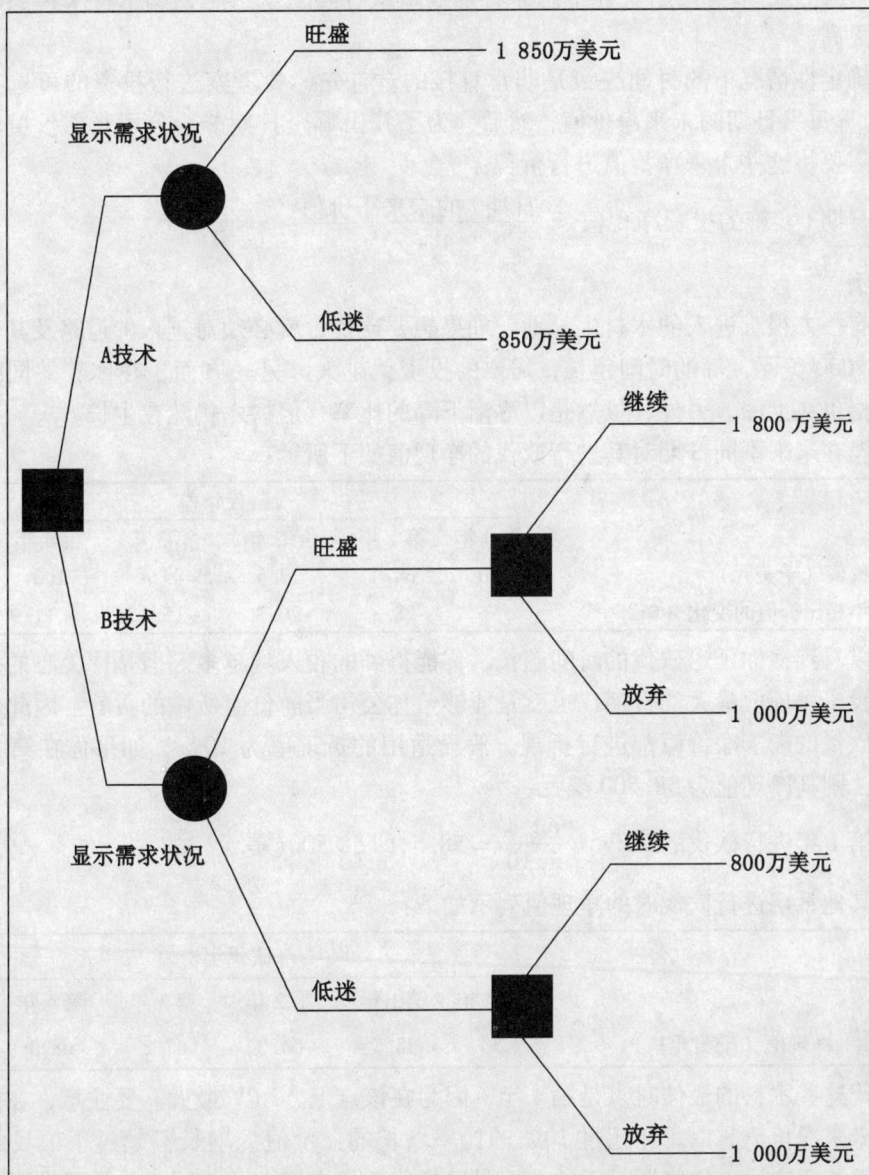

注：如果市场低迷，B 技术允许公司放弃项目，收回 1 000 万美元。

11.4.3 生产性期权

公司着手进行新投资时，通常都会考虑以后阶段它们想要调整项目的可能性。毕竟，可能今天人人都想要圆形的钉子，而明天可能就想要方形的钉子了，谁知道呢？但如果这样的话，那么公司在建立生产钉子的工厂时，就要保持足够的灵活性，以备生产各种形状的钉子。同样的道理，预先对原材料保持适当的灵活性往往也是非常有价值的。例如电力公用事业公司通常就会建立可以在燃油和天然气之间转化的期权。通常我们把这种机会称之为生产性期权（production options）。

11.4.4 择时期权

项目具有正 NPV 的事实并不意味着该项目最好马上就实施，如果将来再实施可能价值就更高。

在确定性情况下的时间决策是非常直接的。首先你要考察进行投资的可选择日期（t），计算每一日期的未来净价值，然后，为了找出哪个日期能给公司当前价值增值最大，你需要将这些未来净价值进行折现：

$$在日期 t 实施的投资净现值 = \frac{日期 t 的未来净价值}{(1 + r)^t}$$

举例

你有一方很难进入的木材生长地。如果想要砍伐，就必须对进入的道路及其他设施投资 75 000 美元，等的时间越长，需要的投资就越大。另一方面，在你等的同时，圆木的价格也在上涨，另外，虽然是以逐渐下降的比率，但树木仍然在生长。

假设在未来不同日期对其进行砍伐的净现值如下所示：

	砍伐年份					
	第 0 年	第 1 年	第 2 年	第 3 年	第 4 年	第 5 年
未来净价值（千美元）	50	64.4	77.5	89.4	100	109.4
与上一年相比价值的变化（％）		+28.8	+20.3	+15.4	+11.9	+9.4

可以看到，你延迟砍伐的时间越长，你能得到的收入就越多。但是你关心的是能够让你的投资净现值最大的日期，也就是能够给你公司当前价值所做的贡献。因此你需要将这些砍伐的未来净价值都进行折现。假设适用的折现率为 10％，如果你在第 1 年进行砍伐，则其净现值为 58 500 美元：

$$在第 1 年进行砍伐的 NPV = \frac{64.4}{1.10} = 58.5, 即 58 500（美元）$$

在其他日期进行砍伐时的净现值列示如下：

	砍伐年份					
	第 0 年	第 1 年	第 2 年	第 3 年	第 4 年	第 5 年
净现值（千美元）	50	58.5	64.0	67.2	68.3	67.9

砍伐这些木料的最佳时点是第 4 年，因为在该点上，NPV 最大。要注意，在第 4 年以前，未来净价值是以每年超过 10％ 的比率增长的：价值的增长额超过了项目的资本成本。第 4 年之后，价值还是正的，但是已经小于资本成本了。因此，继续推迟砍伐时间只会减少股东财富①。

---

① 这一圆木砍伐例子很好地说明了正确选择投资时机的观点，但它遗漏了一个很现实的问题：你砍伐第一批树木的时间越早，第二批树木开始生长的就越快。因此，第二批树木的价值取决于你砍伐第一批树木的时间。更加复杂和现实的问题可以采用以下两种方法中的一种进行处理：

（1）将幼苗和老树不同的生长率都考虑在内，找到能使一系列砍伐的现值最大的日期。

（2）重复以上过程，计算砍伐后土地的未来市场价值占第一批砍伐所得收入的百分比。砍伐后土地的价值包括所有砍伐后项目的现值。如果你能够计算出砍伐后土地值多少钱，那么第二种方法会更为简单。

在圆木砍伐例子中，我们假设现金流的发生没有不确定性，因此，能够确定行使期权的最佳时间是第 4 年。但在不确定性条件下择时期权就非常复杂了。不在 $t = 0$ 时利用机会的吸引力可能比在 $t = 1$ 时更高或更低，要想知道确切的答案是非常困难的。即使在机会更加有利的情况下或许最好趁热打铁。另一方面，如果你等一段时间，或许你得到的信息更多，因此会避免重大错误的发生。这也就是为什么你会发现管理者们对那些 NPV 边际为正的项目也不愿今天进行投资的原因，因为推迟投资可能更值得。

11.4.5　有关决策树更多的内容

我们将在第 17 章和第 18 章探讨有关期权的问题，并说明如何计算它们的价值。现在我们对决策树进行进一步的考察，并以此结束本章内容。

决策树通常被用于描述隐含在资本投资项目中的实物期权，但决策树用于项目分析的时间要早于实物期权被首次确认。决策树可以帮助我们理解项目的风险，把握未来决策对项目现金流的影响。即使你从没有学习或使用过期权估价理论，决策树也应该是你进行财务决策的重要工具。

要想更好地了解决策树在项目分析中的应用，最好还是看一个详细的例子。

11.4.6　示例：Magna Charter

Magna Charter 是由 Agnes Magna 创办的，是提供美国东南部专项包机飞行服务的一家新公司。其创建者看准的是一种日渐成熟的企业需求，也就是很多公司目前虽没有常备飞机的需要，但却不时会有包机的需求。但是这个业务前景并不明朗。第 1 年业务需求量非常低的可能性是 40%，而如果真的需求比较低的话，那么今后各年继续保持较低需求的可能性是 60%。但如果初始需求较高，则这种高需求会持续的可能性是 80%。

当前公司急需解决的问题是决定要购进什么样的飞机。涡轮螺旋桨飞机的成本为550 000 美元，而带活塞发动机的飞机成本只需 250 000 美元，但其运载能力较差，对客户的吸引力也不足。另外，带活塞发动机的飞机设计比较陈旧，可能折旧年限较短。Magna 女士估计，到下一年二手的活塞发动机飞机就只值 150 000 美元了。

这给 Magna 女士提供了一个主意：为什么不先购进一架带活塞发动机的飞机，然后如果需求量依然很高的话再购进另一架呢？这时的扩展成本只需要 150 000 美元。如果需求量较低，那么 Magna Charter 可以仍然保持一架相对来说较为低廉的飞机。

图 11—7 列示了这些选择。左边的方块表示的是公司初始决策的选择，也就是应该购买 550 000 美元的涡轮螺旋桨飞机，还是 250 000 美元的带活塞发动机的飞机。作完这一决策之后，第一年的需求量要看运气了。从括号里的需求概率看出需求量有可能是高的，也有可能是低的，同时我们还给出了在高需求和低需求情况下的现金流的结果。由于我们不想在这里考虑风险问题，因此在图 11—7 中我们都将期望的不确定现金流转化成了确定当量现金流①。这意味着我们可以用无风险利率对这些确定当量现金流正确地进行折现。

---

① 确定当量现金流是与实际不确定的现金流具有同样现值的肯定能够得到的现金流。我们在第 10 章中介绍过确定当量现金流，并介绍了如何利用它们计算现值。在第 18 章，也就是期权估价时我们还会用到这种确定当量现金流。

图 11—7　　　　　　　　　　**Magna Charter** 公司项目决策树

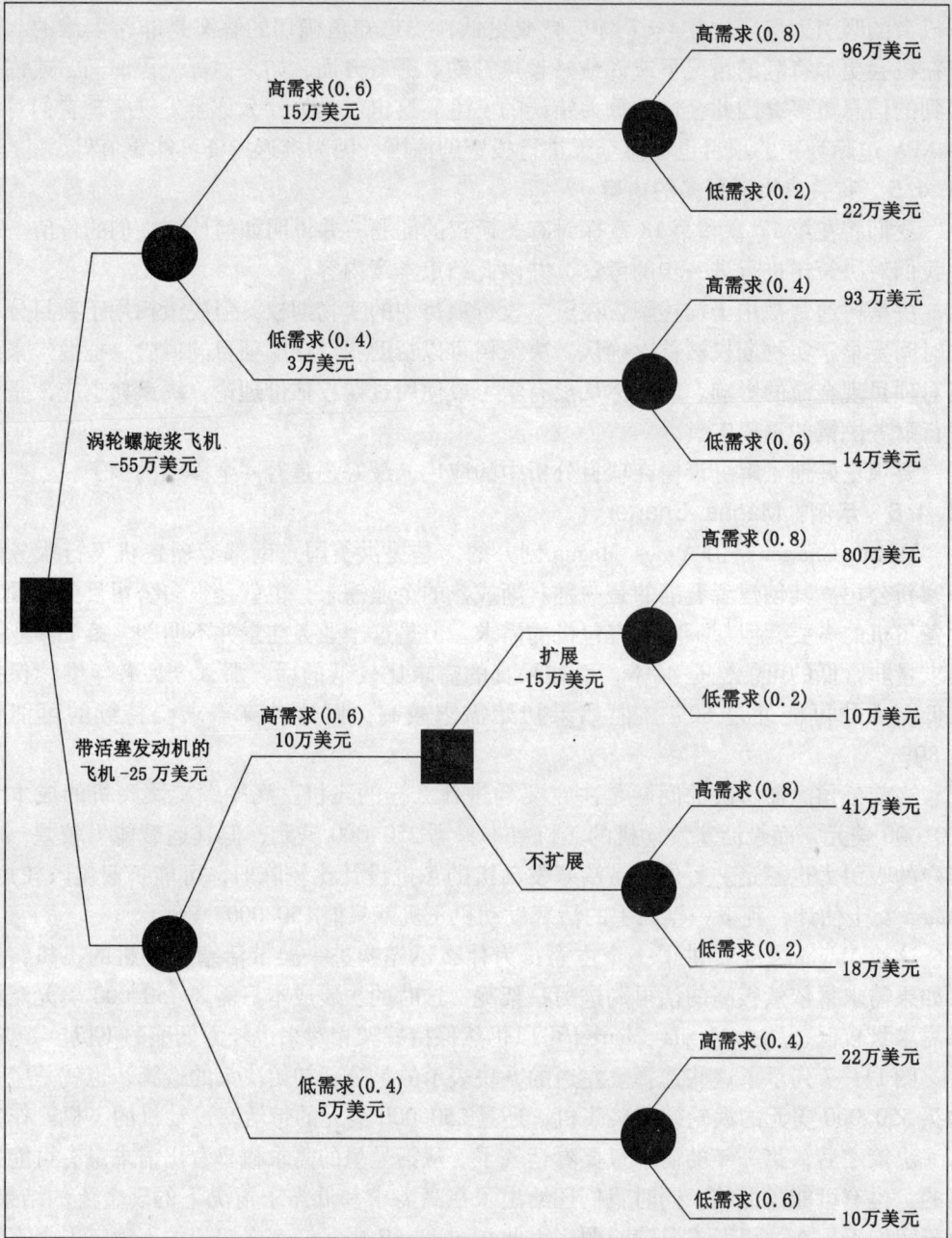

注：如果需求量较高的话，那么1年后还可以再购进一架带活塞发动机的飞机（概率用括号表示）。

　　如果公司最初选择的是带活塞发动机的飞机，则年末公司还要再次进行决策：可以扩展，或维持原有规模。这一决策用图中的第二个方块表示。最后还要看运气，决定第2年的需求量水平。同样，还是可以从括号里的概率情况看出需求量是高还是低。要注意，第2年的概率取决于第1年的结果。比如说，如果第1年的需求量较高，那么第2年需求还很高的可能性是80％的。也就是说，第1年和第2年需求量都高的概率是0.6

$\times 0.8 = 0.48$。在括号后面，我们还是同样给出了不同需求水平和不同飞机选择所对应的利润情况。我们可以将这些数值看成是第 2 年年末及以后期间全部现金流的现值。

对于 Magna 女士，问题在于当前应该做什么。为解决这一问题，我们先来看一下她下一年应该做什么。这就意味着我们要从决策树的右边开始，然后向左边的起点倒推。

Magna 女士下一年要做的唯一决策就是，如果购买了第一架带活塞发动机的飞机后需求量较高，那么是否应该继续进行扩展。如果扩展，她就需要投资 150 000 美元，而如果需求仍然较高，她就能够获得 800 000 美元的收入；但如果需求量下降，她就只能获得 100 000 美元的收入。因此，其期望收入为：

（高需求的概率×高需求的收入）＋（低需求的概率×低需求的收入）

＝（0.8×800）＋（0.2×100）＝ +660，即 660 000（美元）

如果折现率是 10%，则第 1 年扩展的净现值为：

$$NPV = -150 + \frac{660}{1.10} = +450, 即 450 000（美元）$$

如果 Magna 女士不扩展，期望收入为：

（高需求的概率×高需求的收入）＋（低需求的概率×低需求的收入）

＝（0.8×410）＋（0.2×180）＝ +364，即 364 000（美元）

如果折现率是 10%，则第 1 年不扩展的净现值为：

$$NPV = 0 + \frac{364}{1.10} = +331, 即 331 000（美元）$$

如果市场需求量较高的话，那么很明显扩展是值得的。

现在我们已经知道 Magna Charter 公司对扩展问题的正确决策了，由此我们可以向前倒推到当前的决策。如果购买了第一架带活塞发动机的飞机，而市场需求量又很高的话，Magna 公司将在 1 年后得到 550 000 美元的收入；如果需求量较低，则可以得到 185 000 美元：

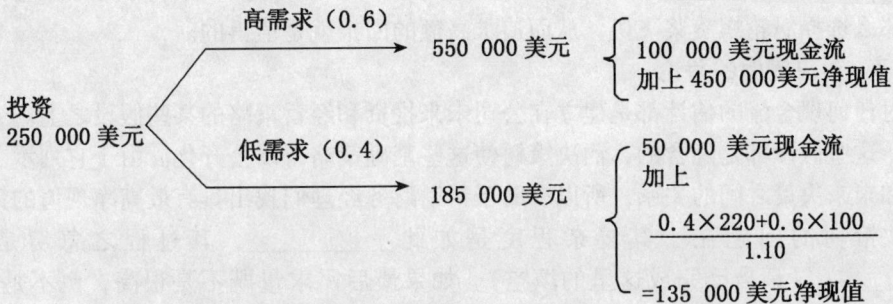

因此，对带活塞发动机的飞机进行投资的净现值为 117 000 美元：

$$NPV = -250 + \frac{0.6 \times 550 + 0.4 \times 185}{1.10} = +117, 即 1170 00（美元）$$

如果 Magna 购进的是涡轮螺旋桨飞机，就不用分析未来的决策了，因此也就不需要往前倒推。我们只需要计算期望现金流，然后折现即可：

$$NPV = -550 + \frac{0.6 \times 150 + 0.4 \times 30}{1.10} +$$

$$= \frac{0.6 \times (0.8 \times 960 + 0.2 \times 220) + 0.4 \times (0.4 \times 930 + 0.6 \times 140)}{(1.10)^2}$$

$$= -550 + \frac{102}{1.10} + \frac{670}{(1.10)^2} = +96，即 96\,000（美元）$$

于是，对带活塞发动机的飞机进行投资，NPV 为 117 000 美元，对涡轮螺旋桨飞机进行投资，NPV 为 96 000 美元，所以，带活塞发动机的飞机更好一些。但是要注意，如果我们不考虑扩展期权的话，那么结果可能就不同了。在这种情况下，带活塞发动机的飞机 NPV 将从 117 000 美元降为 52 000 美元：

$$NPV = -250 + \frac{0.6 \times 100 + 0.4 \times 50}{1.10} +$$

$$= \frac{0.6 \times (0.8 \times 410 + 0.2 \times 180) + 0.4 \times (0.4 \times 220 + 0.6 \times 100)}{(1.10)^2}$$

$$= +52，即 52\,000（美元）$$

因此扩展期权的价值为：

117 000 - 52 000 = 65 000（美元）

图 11—7 的决策树告诉我们，如果 Magna 女士购进的是带活塞发动机的飞机的话，那么其投资也并不一定就拘泥于这一种，因为她得到了一份扩展期权，如果对公司提供的服务需求量出乎意料地高，她就可以再购进一架飞机。但图 11—7 也假设，如果 Magna 女士选择的是购进一架涡轮螺旋桨飞机的话，如果市场需求量出乎意料地低，那么她无法采取任何补救措施。但这个假设是不实际的。如果第 1 年业务需求量很低，那么 Magna 女士完全可以出售涡轮螺旋桨飞机，并放弃整个投资项目。我们可以在图 11—7 中再加一条决策线（另一个方块），表示在公司购进涡轮螺旋桨飞机而第 1 年需求量非常低的情况下项目的放弃期权。如果真发生这种情况，那么 Magna 女士可以决定出售飞机，也可以坚持下去，期望市场需求回升。如果这种放弃期权的价值相当可观，那么选择涡轮螺旋桨飞机，从而追求高额的回报就是值得的。

11.4.7 对决策树的争论

对任何现金流的估计都是建立在公司未来投资和经营策略的某些假设之上。通常情况下，这些假设都是隐含的，而决策树使这些基础策略得以公开化。由于它列示了当前决策和未来决策之间的关系，所以有助于帮助财务经理们找出具有最高净现值的策略。

决策树的问题在于其复杂程度是如此 _____，其过程之急切是如此 _____（请自己完成这里的填空）。如果最后需求量既不是很高，也不是很低，而只是处于中间水平，那么 Magna Charter 该怎么办呢？在这种情况下，Magna 女士可能出售涡轮螺旋桨飞机，购进一架带活塞发动机的飞机，也或者到第 2 年再作决定是扩展还是放弃。面对中等需求量，公司或许还可以采用降价或加强销售攻势的方法来处理。

结合这些新的事件和对策，我们可以重新画一个决策树图。如果你愿意，不妨尝试一下：你就会看到决策树中的圆圈、方块和枝干将会非常迅速地增加。

生活是复杂的，我们不可能面面俱到，正因为如此，一味地指责决策树方法的复杂性是不公平的。我们要批评的是那些将决策树搞得非常复杂的分析人员。决策树的根本目的是为了确认各种可能的未来事件和对策,不是追求包罗万象,而是力求把握当前决策与未来决策之间的关系。虽然现实生活中的决策树远比图11—7复杂,但即使这样,它们仍然只是各种可能的未来事件和决策中的一部分。决策树就像是葡萄架:没有适宜的剪枝修理,就不会产出硕果。

决策树可以帮助管理者们把握未来的可能选择,可以明确项目的现金流和风险情况。但是,在对 Magna Charter 包机项目的分析时我们避开了一个重要的问题。我们知道,扩展期权扩大了未来产出的可能范围,因此加大了带活塞发动机飞机的投资风险;相反,放弃期权缩小了产出的可能范围,因此降低了投资的风险。对这个问题,我们采取的处理方法是将图11—7中所有的现金流转化成确定当量现金流,然后就可以用无风险利率进行折现了。到第18章我们探讨期权定价的问题时,我们将会解释如何通过计算确定当量现金流来对投资期权进行估价。

11.4.8 决策树和蒙特卡罗模拟

我们已经说过,任何现金流的估计都要建立在对未来投资和经营策略的假设之上。回顾一下我们为 Otobai 公司电动踏板车项目所建立的蒙特卡罗模拟模型,那时我们基于的策略是什么呢?我们并不知道。毫无疑问,Otobai 公司将面临有关定价、产品生产、扩展及放弃等方面的决策,建立模型的人将这些决策的有关假设都纳入到了模型的方程之中。也许建立模型的人在模型中确实包含了 Otobai 公司的未来策略,但很明显它不是最优的。模型模拟时可能出现几乎所有的因素都与预期变动不一致的情况,而在现实生活中如果发生这种情况,那么 Otobai 公司完全可以放弃项目以减低损失。但模型却对 Oyobai 公司现金资源的流失熟视无睹,依然会一轮一轮地模拟下去。于是,模拟模型报告中的最不利的结果其实在现实生活中是不可能遇到的。

另一方面,如果几乎所有因素都如愿发生,那么模拟模型还有可能低估项目的潜在价值:没有利用运气进行扩展。

大多数的模拟模型都只基于常规的经营策略,只要没有太大的意外,这样做是没有问题的。如果市场的成长性、市场份额、成本这些因素偏离期望水平越多,模拟的现实性就会越差。因此,处理最大模拟值和最小模拟值,也就是模拟产生的分布"尾翼"必须特别谨慎。不要将尾翼下的取值当成现实,它既不是真的大难临头,也不是真的时来运转。

本章小结

以前章节解释了公司如何计算项目 NPV,即先预测现金流,然后用反映项目风险的利率对其进行折现。其最终结果就是项目对股东财富的贡献。了解折现现金流分析是非常重要的,但对于有效的资本预算实践来说,仅有折现的能力是远远不够的。

首先,公司必须建立一整套资本预算程序,以确保决策是按正常方式进行的。大部分公司都编制年度资本预算,这是一个有关来年投资项目计划的具体表格。在资本预算中包括项目并不意味着对支出费用的最终批准。车间或部门被批准继续运作之前,通常要提交拨款申请,包括预测的详细信息、折现现金流分析以及一些基础数据信息。

资本投资项目的负责人经常会高估未来现金流,低估风险,因此公司需要一系列的程序，以确保项目与公司的战略计划相符，项目是在一致性基础上开发出来的，并且鼓励诚信和公开的探讨。（这些程序不应该包括为抵消乐观预测而在项目门槛利率中加入的主观臆造因素。）然后，等项目开始运营之后，公司还要进行事后审计。事后审计能够确定需要解决的问题，并帮助公司从失误中吸取教训。

有效的资本预算实践还会努力确定项目提案中的重大不确定因素。对这些不确定因素予以关注能够使公司找出降低项目风险的方法，或能够提供证实该项目是否有价值的额外研究信息。

公司确认和评估对项目成功构成威胁的方法有很多种。第一种是敏感性分析。管理者们逐个考察项目现金流的影响因素或假设，在该变量乐观的取值和悲观的取值之间重新计算 NPV，由此可以得到可能的价值范围。如果对某个变量，NPV 的取值范围非常大，尤其是悲观情况下的偏离程度很大，则说明该项目对这个变量是"敏感性"的。

通常敏感性分析可以转为保本分析，即确认关键变量的保本价值。假设管理者特别关系竞争可以导致价格和收入下降，那么他（她）可以计算项目刚好保本（NPV = 0）时的价格水平，并考察价格下降到那个程度的可能性。保本分析还可以按会计收入来进行，但我们不推荐这种方法。

敏感性分析和保本分析都很简单，它们确认的是实际可能导致项目成功或失败的预测情况和假设情况。但是，重要的变量并不是每次仅变化一个。例如，如果原材料价格比预计得高，那么售价肯定也会更高。对这种情况可以采用方案分析，即考察几个变量同时变动对 NPV 的影响。

方案分析仅能够考察有限数量的变量组合。如果我们希望分析彻底的所有可能的组合，就要使用蒙特卡罗模拟。在这种情况下，我们必须建立项目的财务模型，确认决定现金流的每个变量的概率分布。然后让计算机对这些变量分别随机取值，计算出相应的现金流。实际上你会让计算机进行上千次的运算，以得到未来现金流的完整分布。有了这些分布，我们就可以对期望现金流和项目风险有更好的掌握了。我们还可以通过任意变量改变项目范围或取值来考察其对分布的影响。

对资本预算的简单论述有时候会形成这样一种印象，即一旦管理者们作出了某项投资决策，那就再也无法采取任何措施，只能闲坐在一边，静观现金流的变化。但在现实生活中，公司是可以经常调整其经营的。如果现金流比预计情况好，那么项目可能被扩展；而如果现金流情况不好，那么项目可能被压缩，甚至被全盘放弃。调整项目的期权被称为实物期权。本章中我们介绍了实物期权的主要种类：扩展期权、放弃期权、择时期权以及提供生产灵活性的期权。

优秀的管理者们对项目估价会考虑实物期权。归纳实物期权及其对现金流影响的一种最简便的方法是建立决策树。我们确定项目可能出现的主要情况，提出相应的对策，然后由未来倒推回当前，计算出在相应的情况下当前应该采取的措施。

决策树可以帮助我们确认实物期权对项目现金流的影响，但我们绕过了如何对实物期权进行估价的问题。到第 18 章，我们将举例详细说明如何利用期权估价方法对实物期权进行估价。

Merk 对蒙特卡罗模拟应用问题的讨论，见：

N. A. Nichols，"Scientific Management at Merck：An Interview with Judy Lewent," Harvard Business Review 72（January – February 1994），pp. 89-99.

下面给出的是三部比较通俗的实物期权方面的文献：

A. Dixit and R. Pindyck，"The Options Approach to Capital Investment," Harvard Business Review 73（May – June 1995），pp. 105-115.

W. C. Kester，"Today's Options for Tomorrow's Growth," Harvard Business Review 62（March – April 1984），pp. 153-160.

A. Triantis and A. Borison，"Real Options：State of the Practice," Journal of Applied Corporate Finance 14（Summer 2001），pp. 8-24.

概念复习题

完整的本章概念复习题，请登录网站 www. mhhe. com/bma1e。

1. 解释以下做法中涉及的内容：①建立资本预算；②提交拨款申请；③进行事后审计。

2. 管理者们可以利用三种方法确认对项目成功构成的主要威胁：敏感性分析、方案分析和蒙特卡罗模拟。简要说明应该如何利用这些方法。

3. 利用敏感性分析你能得出整个项目现金流乐观和悲观的价值吗？为什么？

练习题

1. 以下说法是否正确：

（1）资本预算被批准后就允许管理者们继续进行预算中包括的任何项目了。

（2）资本预算和项目批准大部分都是"由下至上"的。而战略计划则是"由上至下"的过程。

（3）项目负责人通常可能会过于乐观。

（4）对营销（对新产品）和研发进行的投资不属于资本支出。

（5）很多资本投资没有包括在公司资本预算中。（如果正确的话，请给出几个例子。）

（6）事后审计一般是在项目完成大约五年后进行的。

2. 以下任意一种做法或问题都会导致资本预算过程的歪曲或中断，请解释为什么。

（1）项目负责人过于乐观。

（2）行业和宏观变量预测不一致。

（3）仅按照由下至上的程序组织资本预算。

3. 定义并简要解释以下各术语或程序：

（1）敏感性分析

（2）方案分析

（3）保本分析

（4）蒙特卡罗模拟

（5）决策树

（6）实物期权

（7）放弃价值

（8）扩展价值

4. 以下说法是否正确？

（1）对贝塔为 0 的项目不需要进行敏感性分析。

（2）敏感性分析可以用来确认对项目成功最有影响力的关键变量。

（3）如果只有一个变量是不确定的，那么敏感性分析给出了项目现金流及其 NPV 的"乐观"和"悲观"取值。

（4）与会计利润定义下的保本点销售量相比，NPV 定义下的保本点销售量较高。

（5）蒙特卡罗模拟有助于预测现金流。

5. 假设某位管理者已经估计了项目的现金流，计算了其 NPV，并进行了类似于表 11—2 那样的敏感性分析。请列示出要进行项目现金流蒙特卡罗模拟所需要的其他步骤。

6. 下列说法是否正确？

（1）决策树有助于确认和描述实物期权。

（2）扩展期权会增加 NPV。

（3）较高的放弃价值会降低 NPV。

（4）如果项目具有正 NPV，那么公司就应该立即对其进行投资。

7. 设定更高的折现率并不能消除向上偏移的现金流预测，请解释原因。

实务题

8. 列举一个大纲，或画个图示，说明从具有新投资项目初始投资想法到项目完成并进行运营的整个资本预算过程。假设进行新的模糊型机器投资的想法来自于现代语言公司（Modern Language Corporation）解构部门的管理者。

以下是你的大纲或图示中需要注意的问题：谁负责准备最初的提案？提案中应该包括哪些信息？谁负责对其进行评估？它需要得到什么样的批准，谁能给予这种批准？如果购买和安装成本比原计划高 40% 的话会有什么影响？那么机器最终安装完并且已进入运转后会发生什么问题？

9. 回顾一下第 6.3 节中项目 F 和项目 G 的现金流。假设资本成本为 10%，另外假设平均来说，这类项目的预测现金流一般都会被高估 8%，也就是说，每个项目的每个预测现金流都应该降低 8%。但一个不大勤快的财务经理，他不愿意花费时间与项目负责人沟通，因此决定采用 18% 的折现率。

（1）项目真正的 NPV 是多少？

（2）以 18% 作为折现率的 NPV 是多少？

（3）是否存在这样的情况，即用 18% 作为折现率能够得出正确的 NPV？（提示：现金流越远，其向上的偏移程度会越厉害吗？）

10. 以下情况下电动踏板车项目的 NPV 是多少？

市场规模	110 万辆
市场份额	0.1
单位价格	400 000 日元
单位变动成本	360 000 日元
固定成本	20 亿日元

11. Otobai 公司的员工提供了以下电动踏板车的修正数据：

	悲　观	期　望	乐　观
市场规模	80 万辆	100 万辆	120 万辆
市场份额	0.04	0.1	0.16
单位价格	300 000 日元	375 000 日元	400 000 日元
单位变动成本	350 000 日元	300 000 日元	275 000 日元
固定成本	50 亿日元	30 亿日元	10 亿日元

利用"活动"电子表格（见 www. mhhe. com/bma1e）进行敏感性分析。项目最主要的不确定性是什么？

12. Otobai 公司正在考虑其电动踏板车的另外一种生产方法，这种方法要求额外投资 150 亿日元，但会将单位变动成本降为每辆 40 000 日元。其他假设条件与表 11—1 相同。

（1）这种生产方案的 NPV 是多少？

（2）如图 11—1 那样，作出这种生产方案的保本图。

（3）解释你应该如何说明这个保本数值。

（4）现在假设 Otobai 公司的管理层想知道，单位变动成本是多少时，11.1 节中的电动踏板车项目达到保本。分别计算能使项目盈利为 0 和 NPV 为 0 的成本水平。假设初始投资为 150 亿日元。

13. Rustic Welt 公司正在考虑更换公司陈旧的滚边机器，购入更现代化的设备。新设备成本为 900 万美元（现有设备没有残值）。新设备的吸引力在于，它有望将生产成本从当前的每滚边一次 8 美元降为 4 美元，但正如下表所示，未来销售收入和新设备的业绩都存在一些不确定性：

	悲观	期望	乐观
销售量（百万次滚边）	0.4	0.5	0.7
新设备每次滚边的生产成本（美元）	6	4	3
新设备的经济年限（年）	7	10	13

假设折现率为 12%，对这一更新项目进行敏感性分析。Rustic Welt 不需要纳税。

14. Rustic Welt 可以对打算使用的新滚边机器进行机械测试，以明确其加工成本的实际节省情况（见实务题第 13 题），但进行该测试需要花费 450 000 美元。你会建议该公司继续这项测试吗？

15. 经营杠杆通常表示销售收入每增加 1% 情况下扣除折旧后税前利润增长的百分比。

（1）假设电动踏板车的销售量为 100 000 辆（见 11.2 节），计算该项目的经营杠杆。

（2）证明这一数值等于 1 +（包括折旧在内的固定资产除以税前利润）。

（3）如果销售量是 200 000 辆踏板车的话，那么经营杠杆会更高还是更低？

16. 重新考虑一下 10.4 节中的 Vegetron 公司电动拖布项目。假设试验失败了，但 Vegetron 公司仍然想继续这一项目，100 万美元的投资每年仅能带来 75 000 美元的净现金流。用决策树的形式描述 Vegetron 公司的问题。

17. 在本书网站（www. mhhe. com/bma1e）中包括了一个用于模拟 Otobai 公司项目现金流的 Excel 程序。利用这一程序检验该项目的主要不确定性因素。假设进行更进一步的分析就可以有效去除其中的一个变量。试回答应该针对哪一个变量来进行会使作用最大。

18. 试用实物期权描述以下各种情况：

（1）Deutsche Metall 公司推迟了一个大型工厂的扩建项目。现金流折现计算证明该扩展具有正的 NPV，但公司高管希望等产品需求旺盛之后再进行扩建项目。

（2）Western Telecom 公司进行了特别针对欧洲市场的数字切换设备的生产。该项目 NPV 为负，但考虑到需要在快速发展且具有盈利潜力的市场中占据有利位置的战略，项目投资是值得进行的。

（3）Western Telecom 公司否定了为生产这一新的数字切换设备装备全套自动化生产线。尽管现金流折现计算表明，自动化生产线在各个方面效率更高，但公司还是依赖便宜一些的标准化设备。

（4）富士山航空公司购买了一架喷气式飞机，该飞机装有能够进行客运货运相互转换的特殊设备。

（5）英国和法国就在英吉利海峡建设海底铁路达成了一项谅解备忘录，该备忘录声明，如果"技术条件成熟，经济状况允许……，而交通分流不至于使第一条（铁路）枢纽的期望收益受到损失"，那么双方就将在 2000 年着手筹划再建一条"直通道路"。截至 2020 年以前，所有其他公司都不允许进行这种海底通道的建设。

19. 假设投资 1 亿美元建设一家汽车制造厂，它拥有新的轿车生产线，在该生产线成功时，能带来现值为 1.4 亿美元的现金流；而如果该生产线失败，则只有 5 000 万美元。你认为，该生产线成功的概率为 50%。

（1）你会投资兴建该厂吗？

（2）假设如果生产线不成功，那么可以按 9 000 万美元的价格将该厂出售给另外一家汽车制造厂。在这种情况下，你会投资兴建该厂吗？

（3）利用决策树解释这样的放弃期权。

20. Agnes Magna 在其数据中（见 11.4 节）发现了几个错误。正确的数值应该如下所示：

涡轮螺旋桨飞机价格（第 0 年）	350 000 美元
带活塞发动机飞机价格（第 0 年）	180 000 美元
折现率	8%

根据修改后的数据重新进行决策树分析。计算扩展期权的价值。Magna 女士应该购进哪种飞机呢？

21. 发现其数据错误（见实务题第 20 题）后，Magna 女士又想到了另一种可能性：她可以在第 1 年年末全盘放弃该项目，将飞机出售。假设带活塞发动机的飞机可以卖150 000 美元，而涡轮螺旋桨飞机可以卖 500 000 美元：

（1）在什么情况下，Magna 女士出售任意一架飞机是值得的？

（2）重画图 11—7 中的决策树，注意考虑 Magna 女士选择回收资金和清算的情况。

（3）在考虑放弃期权的情况下重新计算项目的价值。

（4）放弃期权给带活塞发动机的飞机项目增加了多大的价值？给涡轮螺旋桨飞机项目呢？

思考题

22. 你有一座未开发的金矿，假设如果开采需要投资 100 000 美元。如果你开采金矿，则可望在今后 3 年中每年开采出 1 000 盎司的黄金，此后矿藏将全部开采完毕。黄金的价格目前是每盎司 500 美元，从其年初开始每年的金价都可能上升或下降 50 美元，上升或下降的可能性是相等的。开采成本是每盎司 460 美元，折现率为 10%。

（1）你应该现在开采金矿呢，还是等到 1 年后金价上涨之后再开采呢？

（2）如果在任何阶段关闭你的金矿都不需要花费成本（但已经发生的成本不能收回），那么在这种情况下你的决策会有什么变化吗？

23. 重新考虑 7.2 节中的粪肥项目。利用 Crystal Ball™ 软件对通货膨胀的不确定性如何影响项目现金流进行模拟分析。

【微型案例】

Waldo County

Waldo County 是一位著名的房地产开发商，他总是争分夺秒地工作，并且希望他所有的员工都能这样做。因此，其员工 George Chavez 在正要准备出发利用夏日周末去度假时却收到他老板的电话，但他一点儿也没有觉得奇怪。

County 先生的成功在于他对房地产的选址有着非凡的才华。每一次计划会议，他总会不失时机地强调"地段！地段！地段！"。但财务可不是他的强项，因此这次他让George 审核一个新批发市场的有关数据。该商场将耗资 9 000 万美元，主要是想招揽前往缅因州旅游的东部游客。他将文件交给 George，并说，"要保证星期一能完成工作。我回 Bar Harbor 的家，如果有事就去找我。"

George 的第一个任务是归纳该项目的预计收入和成本，其结果如表 11—7 所示。要注意，商场的收入来源于两个方面：公司根据租用面积向零售商征收年租金，并且还对每家店铺的毛收入征收 5% 的费用。

表 11—7

表 11—7			东部旅游商场预计收入和成本的实际金额			单位：百万美元
			年份			
	第 0 年	第 1 年	第 2 年	第 3 年	第 4 年	第 5 年—第 17 年
投资：						
土地	30					
建筑	20	30	10			
经营：						
租金				12	12	12
零售收入提成				24	24	24
经营与维护成本	2	4	4	10	10	10
房地产税	2	2	3	4	4	4

商场的建造大概需要 3 年的时间。从第 3 年开始，商场的建造成本可以在 15 年内按直线法计提折旧。商场的建设将坚持最高标准，今后 17 年都将无须进行改造。预期地产不会贬值，但不能按税收目的再计提折旧。

建造成本、收入、经营与维护成本以及房地产税都有可能随通货膨胀的上涨而上涨，预计通货膨胀率每年增长 2%。公司的税率为 35%，名义资本成本为 9%。

George 决定先来核实该项目是否具有财务意义，然后打算考察一下哪些方面可能会出现问题。公司老板当然对优秀的零售项目有着敏锐的嗅觉，但难保他总不会犯错误。比如 Salome 项目就陷入了困境，因为其营业额比预计降低了 40%。如果这个项目也出现这种情况，那么该怎么办呢？因此 George 想知道，销售额比预计的降低多少时该项目就有可能亏损。

通货膨胀是不确定性的又一个来源。有些人认为长期的通货膨胀率是 0，但 George 也想知道，如果通货膨胀上升，比如说上升 10%，将会对该项目有什么影响。

George 关心的第三个问题是由于必要的区划变化和环保考虑，建造成本可能超支或延误。在 George 所知道的类似这样的建设项目中，有 25% 的项目超支，从购买土地到开工延误 12 个月。他决定应该考察这种情况发生对项目盈利状况的影响。

"嗨，这真挺有趣的，" George 对 Waldo 先生的秘书，正要到 Old Orchard 海滩过周末的 Fifi 说，"我可能还会试试蒙特卡罗。"

"Waldo 去过蒙特卡罗，" Fifi 回答说，"他在轮盘赌上输过不少钱，我可不敢提醒他这点。只要让他清楚底线就行了。到底赚钱，还是赔钱，这就是底线。"

"好吧，那就不用蒙特卡罗了，" George 会意地说。但他意识到仅仅编制一个工作表，进行方案分析是远远不够的。他还得考虑应该如何将其结果进行汇总，并呈交给County 先生。

问题：

（1）根据表 11—7 的预测，该项目的 NPV 是多少？

（2）对该项目进行敏感性分析和方案分析。这些分析揭示了哪些与该项目风险和潜在价值有关的内容？

第4部分

融资决策与市场有效性

到上一章为止，我们的重点都是放在了投资决策上。现在我们要转向投资资金的来源问题。例如，假设你是 BP 公司的财务经理，你必须保证能有足够的现金支付每年130 亿美元的资本支出。这些投资分布于世界各地，包括在安哥拉、阿塞拜疆和俄罗斯等国进行的重大开发项目。BP 有好几种可能的融资方式，比如说，它可以截留部分利润、从银行借款，或公开发行股票或长期债券等。

在后面的章节，我们将详细介绍主要的融资来源，但第 4 部分只进行一些总体的介绍。在第 12 章我们将首先回答这样一个基本问题：管理者能够信任投资者对其公司证券的估价吗？很多学者们认为证券是竞争定价的，但我们也会看到一些与之相矛盾的证据。

第12章
有效市场与行为融资

　　到现在为止，我们讨论的问题几乎全都集中在资产负债表的左侧，也就是公司的资本支出问题。现在我们要转向资产负债表的右侧，考虑资本支出的资金筹集问题。通俗地说就是，过去讨论了如何花钱，现在要探讨如何筹钱了。

　　当然，在资本预算中我们也并没有完全忽略资本筹集问题，但我们作了最简单的假设，即公司的全部资金都是权益资金。那意味着我们假设公司通过发行股票筹集资金，然后将所得的现金对实物资产进行投资。一旦这些资金创造了现金流，就将现金返还给股东。股东提供公司的全部资本，承担公司的全部风险，但也享受公司的所有收益。

　　现在我们换一个角度来考虑。假设在公司当前的实物资产组合以及未来投资战略都给定的情况下来寻找最佳的融资战略。例如：

　　（1）公司应该将其大部分收益进行再投资呢，还是应该将现金分配给股东？

　　（2）如果公司需要更多的资金，它应该发行更多的股票呢，还是应该借款？

　　（3）公司应该进行短期借款呢，还是长期借款？

　　（4）公司应该通过发行普通的长期债券借款呢，还是发行可转换债券（也就是可以由债券持有人转换为股票的债券）？

　　稍后你可以看到，这样的融资权衡问题多得数不胜数。

　　坚持资本预算决策不变的目的是想将其与融资决策区分开来。严格来讲，是假设资本预算和融资决策是相互独立的。在很多情况下，这确实是比较合理的假设，公司往往可以通过回购一种证券，发行另一种证券的方式自由地变换其资本结构。此时就没有必要把特定的投资项目与特定的资金来源联系起来，公司完全可以先考虑什么项目可以投资，然后再考虑该怎么筹集相应的资金。

有时候资本结构决策要取决于项目的选择，或者相反，项目的选择要取决于资本结构决策。在这两种情况下，投资决策和融资决策就必须同时考虑了。但我们把对这种融资决策和投资决策相互影响的探讨留到本书的后面几个章节再进行。

从本章开始，我们先对投资决策和融资决策进行比较，这两种决策的目标都是相同的，就是使 NPV 达到最大。但是，要想找到具有正 NPV 的融资机会是非常困难的。通过精明的融资策略来增加价值之所以困难，其原因就在于资本市场是有效的。我们说资本市场有效，是指投资者在资本市场上的激烈竞争消除了盈利的机会，使债务和股票形成了合理定价。如果你觉得这种观点听起来非常笼统，那么你是对的，这也正是我们用整章内容来对有效市场假设进行解释和评价的原因。

也许你会问，为什么我们连证券和发行过程的基本知识都没有掌握就先从如此概念化的问题开始讨论融资呢？这样做是因为，如果你没有掌握如何正确地提出问题，就会使融资问题看起来特别复杂。我们担心你可能因此在迷茫中陷入公司融资的谜团。你必须了解有效市场假设的原因不是因为它是普遍真理，而是因为它会引导你正确地提出问题。

我们将在第 12.2 节中给出有效市场假设的更详细的定义。根据投资者可以得到的信息的不同，有效市场假设又可以分为不同的层次。第 12.2、12.4 节回顾了支持和反对有效市场的证据。尽管有相当多的证据"支持"有效市场假设，但随着时间推移，很多令人困惑的现象也在增多。很多人还相信，理性市场假设与 20 世纪 80 年代日本和美国以及 20 世纪 90 年代世界上其他国家出现的股票市场泡沫下夸张的价格是不一致的。为解释这些非正常现象和泡沫现象，学者们开始转向对行为心理学家们已经大量研究过的非理性行为的研究。我们将会介绍行为融资的主要特点，及其他给有效市场假设带来的挑战。

最后我们将以市场有效性的 6 点启示结束本章内容。

12.1　净现值法则是我们始终坚持的原则

尽管将投资决策与融资决策进行区分有助于问题的解决，但两者的决策标准却基本相同。购买机器工具和出售债券都要涉及风险资产的估价，而前一种资产是实物资产，后一种是金融资产，这没有关系。两种情况下我们都要计算净现值。

可能借款的净现值（net present value of borrowing）这个词让你感到很奇怪，下面这个例子能帮助我们解释它的意思：假设为了落实鼓励小企业发展的政策，政府给你的公司提供一笔 100 000 美元的 10 年期贷款，利率 3%，这意味着该公司在未来的 1 到 10 年内必须每年支付 3 000 美元的利息，并于最后一年偿还本金 100 000 美元。你是否应该接受这笔贷款呢？

我们可以按照一般方法计算这笔贷款的 NPV，只不过现在的第一笔现金流是正的，而其后的现金流是负的：

$$NPV = 借款额 - 支付利息的现值 - 偿还本金的现值$$

$$= + 100\ 000 - \sum_{t=1}^{10} \frac{3\ 000}{(1+r)^t} - \frac{100\ 000}{(1+r)^{10}}$$

其中唯一的未知变量是 r，也就是资本的机会成本，你需要这一数值来评估由这笔贷款带来的负债价值。对此我们可以评估如下：对你来说，政府给你提供的贷款是一种金融资产，是一张你承诺每年支付 3 000 美元，并在最后偿还 100 000 美元的票据。那么，如果在金融市场上自由交易，这张票据能卖多少钱呢？答案是将这些现金流按 r，也就是你们公司发行的其他证券的收益率作为折现率折成的现值。而要确定 r，你必须回答这样的问题，即如果不从市场取得贷款，而是直接从资本市场上借钱的话，那么我的利息率应该是多少？

$$NPV = +100\ 000 - \sum_{t=1}^{10} \frac{3\ 000}{(1.\ 10)^t} - \frac{100\ 000}{(1.\ 10)^{10}}$$

$$= +100\ 000 - 56\ 988$$

$$= 43\ 012(美元)$$

当然，如果合理的利率水平是 10% 的话，那么你不用计算也能知道 3% 利率水平的借款是非常优惠的，但 NPV 计算可以告诉你这个贷款机会到底值多少钱（43 012 美元）[1]。同时它也说明了投资决策和融资决策本质上的相似性。

投资决策与融资决策的区别

一定意义上来说，投资决策比融资决策更简单。不同证券和融资策略的数量数以百计（我们已经不再计算具体的数目了），你不但要了解它们的主要族群纲目，还要熟悉融资的相关术语。你必须学会类似剥离债券（strips）、互换（swaps）、绿鞋条款以及主承销商等术语。实际上，每一个术语的背后都有一个有趣的故事。

在某些情况下融资决策也能比投资决策更简单一些。首先，融资决策不像投资决策那样不可逆转。可以随时对它们进行修正，也就是说，放弃价值比较高。其次，想通过精明的融资策略赚取额外的钱是非常不容易的，其原因就在于，资本市场的竞争程度比产品市场更强。这就意味着与寻找正 NPV 的投资策略相比，寻找正 NPV 的融资策略更为困难。

当公司考虑资本投资决策时，它通常不会假设面临的是完全的竞争市场。也许在同一地区、同一行业中只有很少的竞争者，也许公司拥有可以给自己带来竞争优势的某种特殊的资产。通常这些资产都是无形的，如专利权、专有技术或声誉等。所有这些都为获取超额利润、发现正 NPV 的项目提供了机会。

在金融市场上，所有寻找资金的其他公司都是你的竞争对手，更不用说到纽约、伦敦和其他金融中心去筹集资金的州政府、地方政府和联邦政府了。相对而言，提供资金的投资者数量是非常多的，而且他们都非常精明，毕竟聪明的人才能赚到钱。外行的金融人士一般把资本市场看成是分割的（segmented），也就是被分成了不同的区域。但实际上，资金不仅在各区域间自由流动，而且流动得相当迅速。总之我们将会看到，公司应该假设它们发行的证券是被合理定价的，这就带来了本章的一个主要议题：有效资本市场问题。

---

① 这里我们忽略了借款的税收影响，这些影响我们将在第 15 章进行探讨。

12.2 有效市场是什么

12.2.1 一个惊人的发现：价格的变动是随机的

与很多其他的重要概念一样，有效资本市场的概念也是源自于一个偶然的发现。1953 年，英国统计学家 Maurice Kendall 向皇家统计学会递交了一份关于股票和商品价格的颇受争议的研究报告[1]。Kendall 希望看到有规律的价格周期，但让他惊讶的是并没有出现这种结果。所有的数据系列都像在"'漫游'，几乎就像是每星期随机画出一个数字……然后加在目前价格上，就能得出下星期的价格"。换句话说，商品和股票的价格遵循的规律似乎都是随机游走（random walk）。

如果你不确定我们的"随机游走"到底指的是什么，你或许可以想想下面的例子：你可以花 100 美元做一个游戏。每到周末投一次硬币。如果硬币正面朝上，你就能获得 3% 的投资收益；如果反面朝上，你就要损失 2.5%。到第 2 周的周末再投一次硬币。你的可能结果就如下所示：

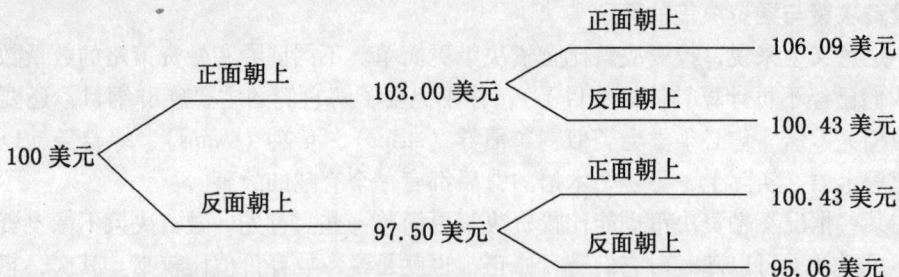

```
                          正面朝上 ── 106.09 美元
           正面朝上 ── 103.00 美元
                          反面朝上 ── 100.43 美元
100 美元
                          正面朝上 ── 100.43 美元
           反面朝上 ── 97.50 美元
                          反面朝上 ── 95.06 美元
```

这就是一个随机游走的过程，其每周的漂移程度为 0.25%[2]。说它是随机游走，因为其相邻各周数值之间的变动是相互独立的。也就是说，不管一周开始时的数值是多少，也不管过去几周硬币到底是正面朝上还是反面朝上，每周出现不同结果的可能性是相同的。

如果你不相信股票价格的变化是没有规律的，可以看看图 12—1 中的两个图。这其中有一个图表示的是连续五年抛硬币游戏的结果，另一个是五年期标准普尔指数的实际业绩。你能对它们进行辨别吗[3]?

---

[1] 见 M. G. Kendall, "The Analysis of Economic Time Series, Part I. Prices", *Journal of the Royal Statistical Society* 96 (1953), pp. 11 – 25。Kendall 的观点也不完全是新的。早在 53 年前，一位法国博士生 Louis Bachelier 就在其撰写的一篇几乎已经被人遗忘的论文中提到过这一观点。Bachelier 相关的随机过程数学理论比爱因斯坦对气体分子碰撞的几何布朗运动的著名研究早了 5 年。见 L. Bachelier, *Theorie de la Speculation* (Paris：Gauthiers-Villars, 1900). Reprinted in English (A. J. Boness, trans.) in P. H. Cootner (ed.), *The Random Character of Stock Market Prices* (Cambridge, MA：MIT Press, 1964), pp. 17 – 78。

[2] 漂移程度等于期望结果值：(1/2)(3) + (1/2)(−2.5) = 0.25%。

[3] 图 12—1 中下面的那个图列示的是标准普尔指数从 2002 年 2 月到 2007 年 2 月的实际业绩；上面那个图是一系列随机数值的累计。当然，可能有 50% 的人猜对了，但我们敢打赌这肯定就是猜的。

图 12—1　　　　　标准普尔五年期的业绩与连续五年的抛硬币游戏的结果

水平

220
200
180
160
140
120
100
80
月份

水平

140
130
120
110
100
90
80
70
月份

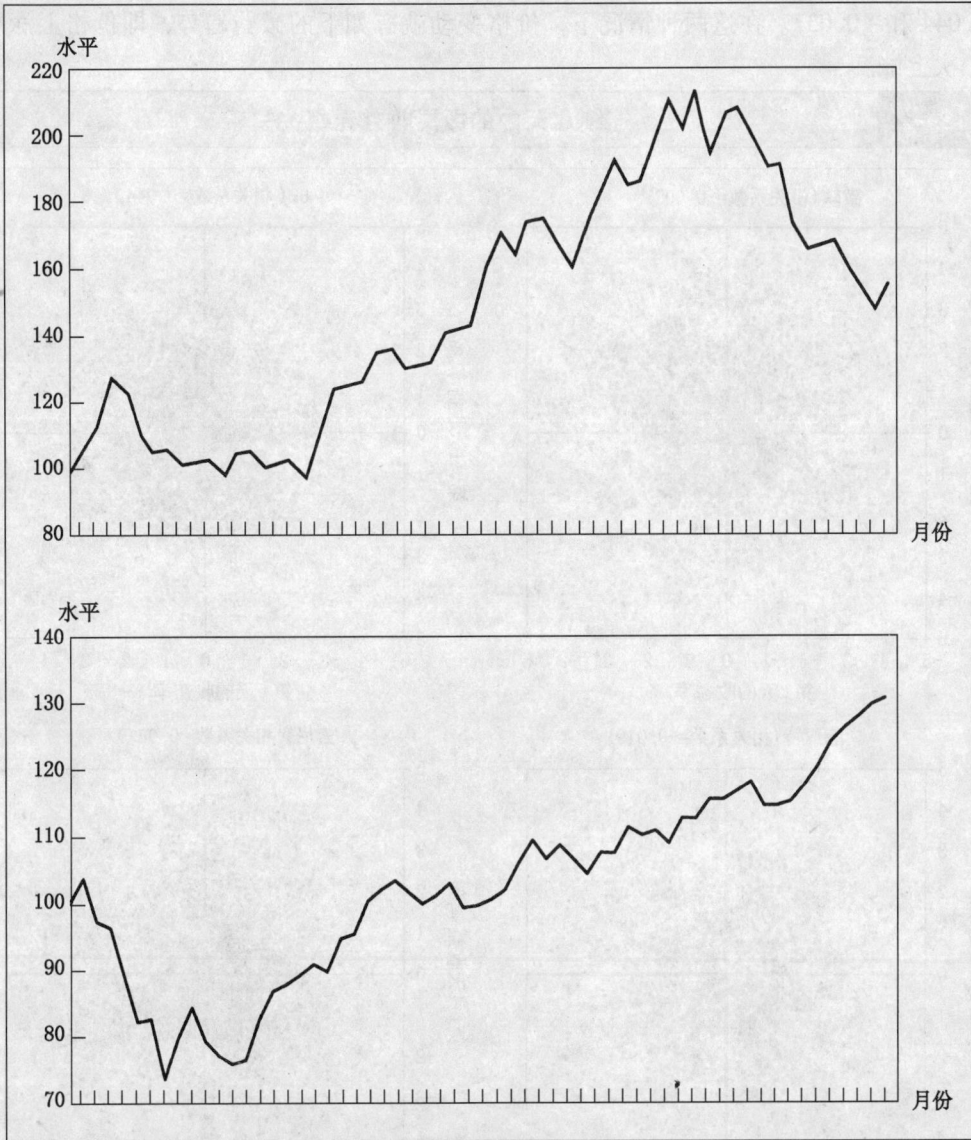

当 Maurice Kendall 提出股票价格遵循随机游走时，他暗示每个价格的变化都是相互独立的，就像我们抛硬币游戏获得的损益是独立的一样。图 12—2 说明了四只股票的价格变化正是如此，这四只股票是微软、BP、菲亚特和索尼。每个格都列示了在连续天数内股票价格的变化。在微软图中，东南象限内的圆点表示在几天内，股票价格先是上涨了 3%，然后又下跌了 3%。如果先涨后跌是股票价格变化的一种系统趋势，那么图中就应该有很多的点集中在东南象限，东北象限内就只能有很少的点。我们一眼就可以看出，这种图中很少有价格变动的模式，但是我们可以通过计算相邻两天股价变化的相关系数来更精确地检验这种认识。如果价格的变化持续下去，那么相关系数就是正的；如果价格变化没有关系，那么相关系数就是 0。在我们的例子中，微软股票相邻两天价格变化的相关系数是 − 0.008，表现出一种非常微弱的趋势，价格上升之后再下降①。菲亚特的相关系数也是负的，− 0.019，但 BP 和索尼的相关系数是正的，分别是 + 0.044 和 + 0.037。在这两种情况下，价格变动就有如下的微弱趋势，即价格上涨后再一次上涨。

图 12—2	连续几天内的股票收益无相关关系

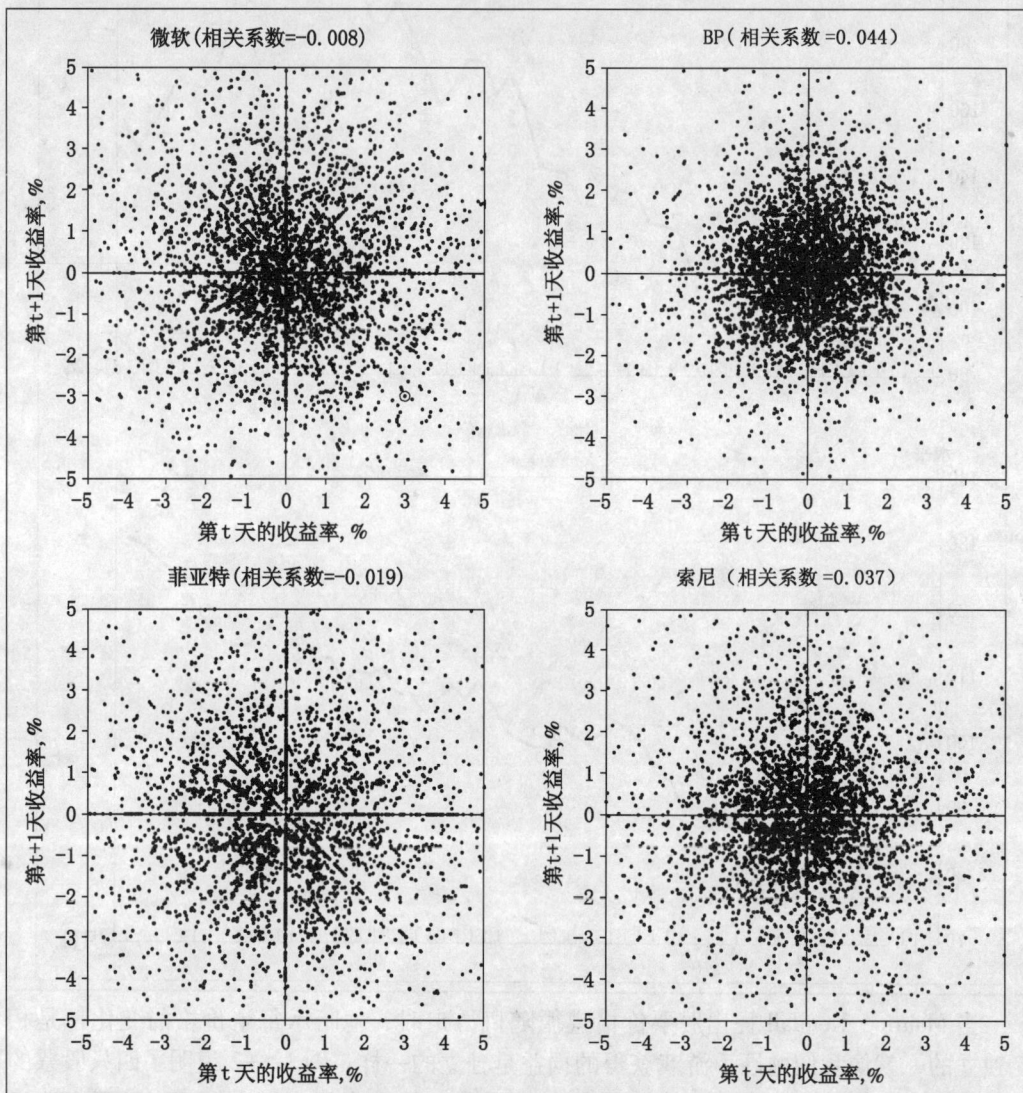

注：每个点给出的是 1900 年 1 月至 2007 年 2 月间相邻两天股票的收益。微软的圆点记录的是 + 3% 的收益后，下一天为 − 3%。图中的散点说明，连续几天内的股票收益没有重要的无相关关系。

---

① 连续观测值之间的相关系数叫做自相关系数（autocorrelation coefficient）。− 0.008 的自相关系数表明，如果微软昨天的股票价格比平均价格上涨了 1%，那么你对今天价格变化的最好预测就是比平均价格下降 0.008%。

图12—2表明，所有这四种股票连续价格的变动实际上都是无关的。今天价格的变动不能给投资者带来有关明天价格变化的任何信息。这是不是令你很吃惊呢？如果是，那么设想一下，假设情况不是这样的，微软公司股票价格有望在连续几个月内保持不变。图12—3给出了这样一种可预测周期的例子。可以看到，微软公司股票从上个月的20美元开始，一直保持着一种上涨的趋势，可望在下一个月涨到40美元。如果投资者们都觉察到了这样一个信息，那么会发生什么情况呢？原有的趋势将会自我消失。由于微软股票的协议价是30美元，所以投资者们将会蜂拥而至，竞相购买，直到股票提供的收益率达到普通水平为止。因此，只要股价的变化呈现出某种趋势，投资者马上就可以通过交易使这种趋势消失。

图12—3	股票价格与预期未来价格的现值水平

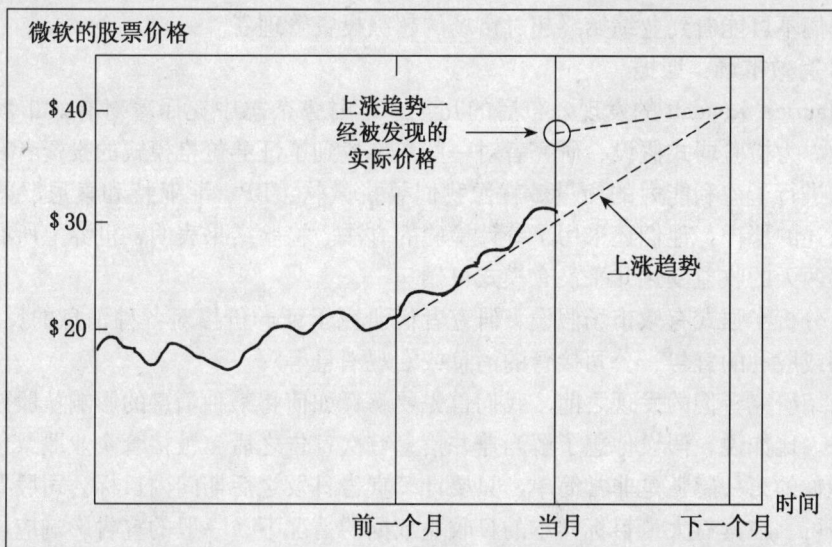

注：只要投资者们一发现股价变动趋势，趋势就会自我毁灭，股票价格会立即跳升到预期未来价格的现值水平。

12.2.2　市场有效性的三种形式

　　现在你应该明白为什么竞争市场上的价格变化肯定是遵循随机游走规律的。如果根据过去的价格变化可以预测未来的价格变化，那么投资者们可以非常容易地获取利润。但在竞争市场上，轻松获利是不会长久的。如果投资者试图利用过去的价格信息，那么价格就会迅速调整，导致研究过去价格信息所带来的超常利润立即消失。其结果是，过去价格的所有信息只能反映今天的股票价格，而不能反映明天的价格。价格变化模式将不再存在，相邻两个期间内的价格变化也是相互独立的。换句话说就是，股票的价格遵循随机游走规律。

　　在竞争市场中，当前的股票价格必然已经反映了过去的价格信息。那么此时的价格究竟是如何达成的呢？如果市场是竞争性的，那么股票的当前价格不应该反映投资者所能得到的所有信息吗？如果是这样，那么证券就是被合理定价的，而证券收益也将无法预测。在这样的市场中，没有人能够获取超常收益，收集更多的信息也是没有用的，因为所有的可得信息都已经在当前的股票价格中得到了反映。

经济学家们往往从三个层次定义市场有效性，它们是按证券价格反映信息的程度来划分的。在第一个层次中，价格反映历史价格中所包含的信息，这就是所谓的弱式有效性。如果市场是弱式有效的，那么通过研究过去收益来持续获取超常利润几乎是不可能的。在这种情况下，价格将遵循随机游走规律。

第二个层次要求价格不仅反映过去的价格信息，而且包含所有的公开信息，比如你从报纸的金融版面中读到的信息。这被称为市场的半强式有效性。如果市场有效性是半强式的，那么价格就会根据公开信息立即进行调整，这些公开信息包括上一季度利润情况的宣告、发行新股、两家公司的兼并计划等等。

第三个我们还可以想到市场的强式有效性，也就是价格能够反映所有经过潜心分析所能得到的公司和经济状况信息。在这样的市场中，我们可能会看到幸运和不幸的投资者，但我们不可能看到业绩始终超过市场的超级投资管理者。

12.2.3 有效市场：证据

在 Maurice Kendall 的发现公布后的几年中，财务杂志中充斥着对有效市场假设的各种检验。为检验弱式假设，研究者对一些声称找到了证券价格模式的投资者利用的交易规则，进行了盈利能力的衡量。就像我们寻找微软、BP、菲亚特和索尼股票收益模式时所描述的那样，他们还采用了统计检验的方法。检验结果表明，世界上所有的市场中，相邻两天的收益变化几乎没有模式可循。

为了分析半强式有效市场假设，研究者们研究了证券价格对各种消息的反映速度，比如利润或股利的宣告、公司接管的消息或宏观消息等。

在介绍研究者们的发现之前，我们首先要解释如何将某种消息的影响从股票价格中分离出来。比如说，假设你想了解当兼并信息首次宣告之后，被接管企业股票价格的反应。可能你的第一感觉是非常简单，只要计算宣告日及之后期间内目标公司股票的平均收益率即可。在具有大量目标样本的日收益数据的情况下，一般的宣告影响应该是很明显的。不过事实上，宣告日及其稍后几天整个市场的变动不是特别大，因为市场日收益率只是一个非常小的数值[①]。然而，对于周收益或月收益，潜在的影响就会增加，因此你可能经常要对市场变动进行调整。例如，你可以只把市场收益减掉即可：

调整后股票收益 = 股票收益 - 市场指数收益

第 9 章将介绍以贝塔为基础的修正方法（仅仅减掉市场收益就是假设目标公司的贝塔等于 1.0）。这种调整叫做市场模型（market model）：

股票期望收益 = $\alpha + \beta \times$ 市场指数收益

其中，阿尔法（α）表示市场指数不变时股票价格的平均变化幅度；贝塔（β）则

---

① 比如说，假设市场收益率为每年 12%，那么按该年有 250 个交易日计算，平均的日收益率仅为 $(1.12)^{1/250} - 1 = 0.00045$，即 0.045%。

告诉我们市场指数每变化1%时股票价格所能带来的额外变化①。假设其后某一月份中股票价格的收益为 $\bar{r}$，市场收益为 $\bar{r}_m$。在这种情况下，我们可以按以下方法计算该月份的非正常收益（abnormal return）：

股票非正常收益 = 实际股票收益 − 期望股票收益

$$= \bar{r} - (\alpha + \beta \bar{r}_m)$$

这一股票的非正常收益是股票的价格波动扣除市场影响后的结果②。

图12—4 给出了信息的发布如何迅速地影响股票价格的非正常收益。该图显示了将近17 000家公司被列为接管目标的样本公司的非正常收益。在大多数的接管中，收购公司都愿意支付比被收购公司当前市场价格高出很多的溢价，因此一旦公司成为被收购的目标公司，其股票价格就会因为这种溢价的预期而上涨。图12—4 表明，在公众了解了收购倾向之日（图中的第0天），典型的目标公司的股票价格大幅攀升。股价的调整是非常迅速的：股价在公告日升高，之后就没有进一步的变化了，即不升高也不降低③。也就是说，在这一天，新的股价就已经明显地（至少从平均意义上来说）反映了兼并溢价的幅度。

Patell 和 Wolfson 的一项研究显示了价格对新信息反应的速度④。他们发现，当一家公司发布最新的收益公告或宣告股利的变化时，价格调整的大部分都将在宣告后5到10分钟内发生。

---

① 在估计 α 和 β 时，选取的数据的时间段是非常重要的，必须选取你认为股价正常变动的时期。如果股票业绩不正常，那么就不能用 α 和 β 的估计值来衡量投资者期望得到的收益。为避免出错，要注意明确自己得到的期望收益估计值是不是合理的。估计非正常收益的具体方法见 A. C. MacKinlay，"Event Studies in Economics and Finance"，*Journal of Economic Literature* 35（1997），pp. 13 – 39；以及 S. P. Kothari and J. B. Warner，"Econometrics of Event Studies，" in B. E. Eckbo （ed.），*The Handbook of Empirical Corporate Finance*（Amsterdam：Elsevier/North – Holland，2007），第 1 章。

② 影响股票价格的共同因素不只有市场因素一个，比如说，我们在第9.4节中介绍过 Fama – French 的三因素模型，该模型指出，股票收益受三个共同因素的影响，它们是市场因素、规模因素和账面市值比因素。在这种情况下，股票期望收益的计算公式可以表达为：

$a + b_{市场}(\bar{r}_{市场因素}) + b_{规模}(\bar{r}_{规模因素}) + b_{账面市值比}(\bar{r}_{账面市值比因素})$

③ 参见 A. Keown and J. Pinkerton，"Merger Announcements and Insider Trading Activity"，*Journal of Finance* 36（September 1981），pp. 855 – 869。要注意，在公告之前的日子里，股票价格确实表现出一种上涨的趋势，这反映了可能的收购意向正在逐渐明朗。

④ 参见 J. M. Patell and M. A. Wolfson，"The Intraday Speed of Adjustment of Stock Prices to Earnings and Dividend Announcements"，*Journal of Financial Economics* 13（June 1984），pp. 223 – 252。

图 12—4　　　　　　　　　　目标公司股票业绩与市场业绩的比较

累计异常收益, %

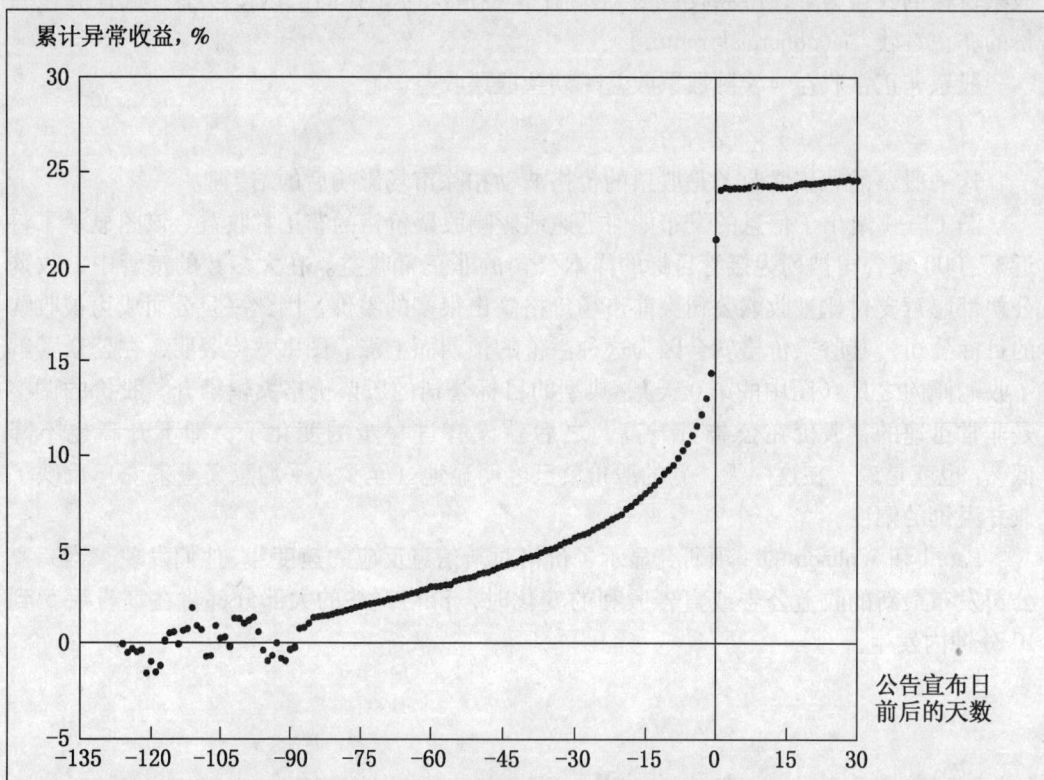

公告宣布日
前后的天数

注：目标公司股票价格在宣告日迅速上升，但从那之后就再没有异常的变动了。看来，收购意向的公布在宣告日当天的股价中就得到了充分的反映。

资料来源：A. Keown and J. Pinkerton，"Merger Announcements and Insider Trading Activity"，*Journal of Finance* 36（September 1981），pp. 855－869. © 1981。重印已获 Blackwell Publishers Journal Rights 的批准。感谢 Jinghua Yan 对 1979 年至 2004 年间数据计算进行的更新。

关于强式有效假设的验证，考察过专业证券分析人士的建议，以及寻求预计业绩超过市场业绩的共同基金或养老基金。有些研究者已经确认它们有稍微持久的超越业绩，但更多的研究成果表明，专业性的管理基金不能弥补管理成本。比如，看一下图12—5，这是 Mark Carhart 最新一项研究成果，表明大量美国共同基金样本的平均收益。从图中可以看出，在某些年份，共同基金的业绩超过了市场业绩，但大约有 2/3 时间的表现却不尽如人意。图12—5 提供的比较是相当粗略的，因为共同基金往往关注的是市场中的某些特定板块，比如贝塔较低的股票或大公司的股票等，因此它们的平均收益也较低。为了反映这种差异，每种基金都应该与类似证券的某种标准资产组合进行比较。Mark Carhart 也对这种比较进行了研究，但其结论仍然是不变的：扣除费用后，共同基金获得的收益要比标准资产组合低，而扣除费用之前，大体与标准资产组合相当。

这可能会让人比较奇怪，如果管理者不比别人更聪明，为什么他还可以获取超常的收益呢？但似乎要找到聪明的人是很困难的，某一年业绩优异的管理者在下一年一般会有业绩下滑的可能性[①]。

大量美国共同基金样本的平均年收益与市场指数平均年收益

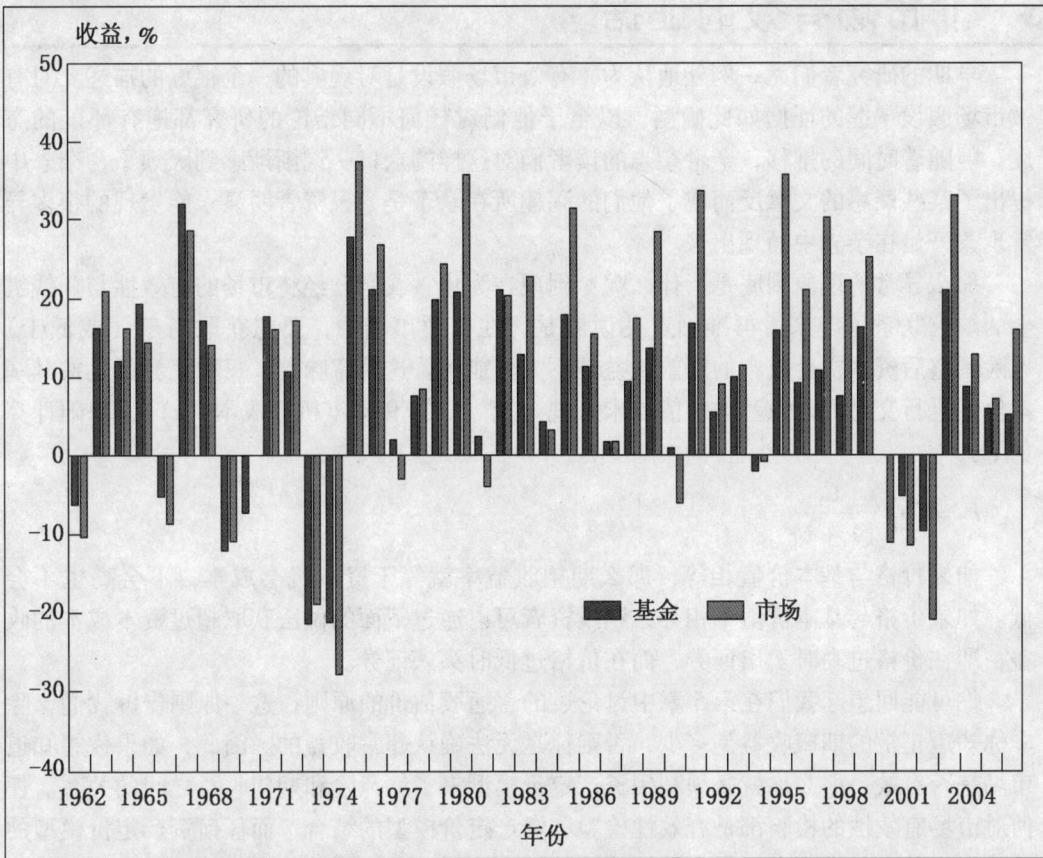

注：可以看到，有大约三分之二的时间共同基金的业绩表现都不如市场业绩。

资料来源：M. M. Carhart，"On Persistence in Mutual Fund Performance"，*Journal of Finance* 52（March 1997），pp. 57-82. © 1997 Blackwell Publishers。感谢 Jinghua Yan 对计算所做的更新。

　　这一强式有效性的证据充分证明了很多专业性管理基金已经放弃了追求卓越的业绩。它们只是简单地"买进指数"，这样既可以最大限度地分散风险，又能使投资组合的管理成本最小。目前公司养老金计划投资的 1/4 都采用指数基金的形式。

　　指数到底能带来多大的收益呢？不能达到 100%：因为如果所有的投资者都持有指数基金，那么就没有人再去收集信息了，而价格对新的信息也不会再有任何反应。有效的市场需要一些精明的投资者去收集信息，并试图利用它们获利。为了给收集成本高的

　　① 比如参见 B. G. Malkiel，"Returns from Investing in Equity Mutual Funds 1971 to 1991"，*Journal of Finance* 50（June 1995），pp. 549-572。对良好的业绩表现能够持续的观点也有一些相反的证据，见 R. Kosowski，A. Timmerman，R. Wermers and H. White，"Can Mutual Fund 'Stars' Really Pick Stocks? New Evidence from a Bootstrap Analysis"，*Journal of Finance* 61（December 2006），pp. 2551-2595。

信息提供激励，价格就不应该反映所有的信息①。允许信息成本补偿一定是有利可图的。

12.3 非市场有效的证据

早期的研究者们无一例外地认为，有效市场假设是对现实的一个很好的描述。对有效市场假设掌握的证据如此确凿，以至于他们对任何不同结论的研究都抱有怀疑的态度。但随着时间的推移，金融杂志的读者们对这样的众口一词渐渐感到厌烦了，杂志中提出了某些疑惑的文章反而成了他们的兴趣所在。于是，投资者明显未能发现的很多异常现象开始在杂志中涌现出来。

那么异常的现象到底是指什么呢？到现在为止，我们已经将市场的有效性与赚钱机会的缺乏联系了起来，再准确点儿说就是，在有效市场中，要想获取高于（或低于）风险调整后资本机会成本的期望收益是不大可能的。这就意味着，每种证券都是按其基本价值进行交易的，该基本价值以未来现金流（C_t）和资本机会成本（r）为基础计算如下：

$$P = \sum_{t=1}^{\infty} \frac{C_t}{(1+r)^t}$$

如果价格与基本价值相等，那么期望收益率就等于资本机会成本，不会高也不会低。如果价格与基本价值不相等，则投资者可以通过下面的做法获取超过资本成本的收益，即在价格过高时卖出证券，而在价格过低时买入证券。

你可能回想起我们在第5章中讨论过的普通股估价的原则，这一原则告诉我们，除非你知道正常的期望收益是多少，否则你是无法确认超常收益的。因此，如果你想知道市场是否有效，那么你就必须利用资产定价模型来了解风险和期望收益之间的关系。任何对市场有效性的检验都是有效性检验和资产定价模型的结合，而任何资产定价模型的检验也都是有关模型和市场有效性检验的结合。

最常用的资产定价模型是CAPM。在第9章中，我们曾经指出过一些明显有悖于CAPM的现象，包括小公司股票非正常的高收益。比如，回顾一下图9—10，该图列示了小公司股票收益和大公司股票收益的累计差别。可以看出，自1926年以来，市场资本总额最低公司的股票业绩远远超过资本总额最高的公司。

这可能就意味着以下几种情况中的其中一种（或多种）。首先，这可能是由于投资者在对小公司进行投资时，会要求较高的期望收益，以弥补一些在简单的资本资产定价模型中不能包括的额外的风险因素。这就是为什么我们在第9章中讨论小公司效应是不是一种反对CAPM证据的原因。

其次，小公司的超常业绩可能只是一种巧合，是众多研究者在数据中寻找有趣模式的努力发现。对这种巧合理论，既有支持者，也有反对者。有些人相信，小公司效应是一种普遍现象，他们指出，在很多其他的国家中，小公司股票同样也具有较高的收益。另一方面，我们从图9—10中也可以看出，小公司效应在1981年首次见诸报端后似乎

---

① 见 S. J. Grossman and J. E. Stiglitz, "On the Impossibility of Informationally Efficient Markets", American Economic Review 70 (June 1980), pp. 393－408.

便消失了①。

最后，小公司效应可能是有效市场假设的一个重要的例外，这一例外给投资者提供了机会，使他们能在20年的期间内具有持续获得超常收益的机会。如果这种异常现象很容易被人发现，那么你就会发现将有很多投资者急于对其进行利用。其结果是，当有很多投资者试图利用这种异常现象时，要想通过这种方式去获利就会变得非常困难。比如说，对市场异常现象具有非常的了解的 Richard Roll 教授就坦言：

过去十年里，按照"非有效性"建议的交易规则，通过实际投入大量交易资金，我已经试图利用了很多看起来前景十分看好的"非有效性"……，但至今我也没有找到一个在实践中能行得通的，也就是扣除成本后能获得比购买并长期持有策略更高的收益②。

12.3.1　投资者对新信息的反应迟钝吗？

我们一直在讨论小公司效应，但市场中还有很多其他的令人困惑的问题或异常现象，这其中有一些与股票价格的短期行为有关。例如，股票收益在1月份比在其他月份要高，在周一比在一周内的其他天要低，每天的收益大多来自于该日开盘和收盘时的交易等。

如果想利用这种短期模式来获取利润，你就必须是一个专业的交易商，一只眼睛盯着计算机屏幕，另一只眼睛盯着自己的年终奖金。如果你是公司的财务经理，那么在你看来，这些股票价格的短期模式也许就是一个难猜的谜，但它们不可能改变投资于哪些项目以及如何为项目筹资之类的主要财务决策。对于公司财务经理来说，更加困难的问题是，新的信息发布后投资者可能需要几年的时间才能完全意识到它的重要性。前面我们对每日价格和每小时价格的研究也许并不能揭示出这样的长期价格偏差，但下面两个例子能够明显表现出价格对新信息反应滞后的长期性：

1）收益公告的困惑

图12—6归纳了收益公告的困惑，该图列示了1972—2001年间公布公司出人意料的高收益和低收益之后股票的业绩情况③。消息公布后的6个月内，有最好收益消息的公司其10%的股票业绩超过有最坏消息的公司股票，超额幅度为每月1%以上。看来投资者对收益公告的反应迟缓，而且只有在获得了更多的消息后他们才能意识到全部的重要性。

---

① 这也可能意味着，在1981年以前，投资者确实低估了小公司股票的吸引力，但只要这种误定价一被见诸于报端，从业者就立即行动，消除了这种获利机会。

② R. Roll, "What Every CFO Should Know about Scientific Progress in Financial Economics: What Is Known and What Remains to Be Resolved," *Financial Management* 23 (Summer 1994), pp. 69–75.

③ T. Chordia and L. Shivakumar, "Inflation Illusion and the Post–earnings Announcement Drift," *Journal of Accounting Research* 43 (2005) (4), pp. 521–556.

图 12—6　　　　　　　　公司季度收益公布后 6 个月内股票的平均收益

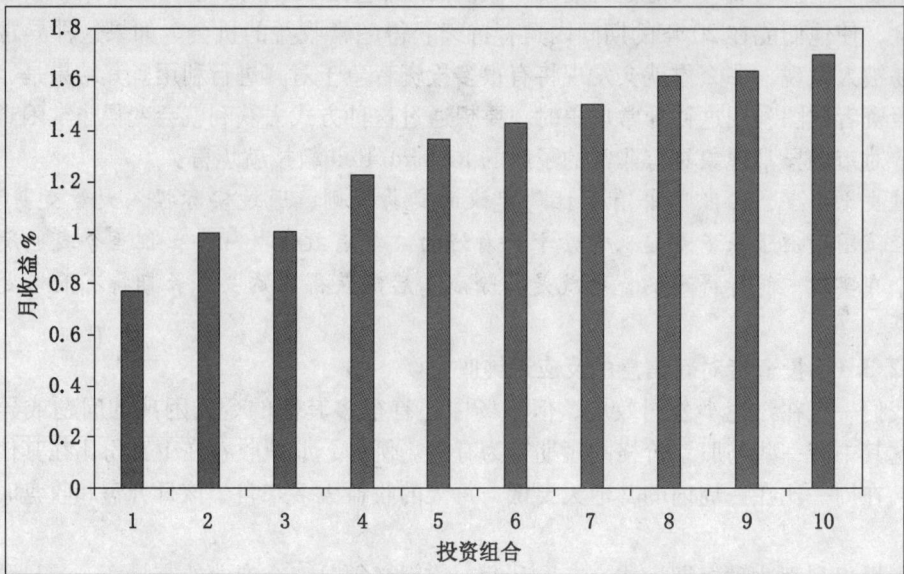

注：具有最佳盈利消息的公司（投资组合 10）股票中有 10% 表现超过具有最坏消息的公司股票（投资组合 1），其超额幅度约为每月 1%。

资料来源：T. Chordia and L. Shivakumar，"Inflation Illusion and the Post – earnings Announcement Drift"，*Journal of Accounting Research* 43（2005），pp. 521 – 556.

2）新股发行的困惑

当公司向公众发行股票时，投资者一般会踊跃购买。平均来说，那些相当幸运中到新股的人立即就会得到资本利得。但是研究者发现，这些早期的获利一般都会变成损失。例如，假设你在每份股票首次公开发行后就立即购买股票，并持有 5 年。那么在 1970 年至 2003 年间，你的平均年收益就比同类规模股票投资组合的收益低 4.1% 左右。

这些对长期异常现象的研究也是存在争议的，比如说新股发行的困惑。过去 30 年中大部分新发行的股票都是具有高市场价值和有限账面资产的成长性股票。当新发行股票的长期业绩与规模及账面市值比都相匹配的资产组合进行比较的话，业绩表现的差异就将减半[1]。因此，新股发行的困惑实际上就转化成了伪装的市场价值与账面价值比的困惑[2]。

---

[1] 对新股发行长期业绩表现不佳的描述，见 R. Loughran and J. R. Ritter，"The New Issues Puzzle"，*Journal of Finance* 50（1995），pp. 23 – 51。Jay Ritter 的个人网页上对该数据进行了更新，并将新股发行的收益与规模及账面市值比两种指标都相匹配的资产组合进行了比较。（见 bear. cba. ufl. edu/ritter.）

[2] 还有很多其他的因素，比如税收效应。IPO 股票的风险是非常大的，很多 IPO 在几年之后就倒闭了，但有少数的一些表现得很好。进行 IPO 投资组合的投资者可以通过出售失败公司的股票，并从其他收益中减掉这些损失的方式获取税收好处。投资者还可以简单地通过持有股票，延缓资本利得实现时间的方式推迟发行成功公司的税金支付。这些税收好处可以抵消 IPO 税前平均收益较低的损失。

12.3.2　股票价格是由基础因素决定的吗？

像新股发行困惑这样的异常现象可以从不完全的资产定价模型中得到解释。很多人认为，异常现象并不是反对市场有效性的有力证据。

但是，也有一些非有效性的例子是不能忽视的。其中例子之一就是"连体双胞胎"，即具有完全相同的现金流要求权，从不单独交易的两种证券。2005年7月壳牌（Shell）兼并两家公司以前，荷兰皇家石油公司（Royal Dutch Petroleum）和英国公司壳牌运输贸易公司（Shell Transport & Trading，T&T）就是分享石油巨头利润的一对连体双胞胎。荷兰皇家享有联合公司60%的股利和利润，壳牌运输贸易享有40%。因此你会认为荷兰皇家股票的市场价值总会等于壳牌运输贸易价值的60/40 = 1.5倍。但是从图12—7中可以看出，长期以来，现实交易中这两支股票常常背离1.5比1这种平价关系。

图 12—7	荷兰皇家与壳牌运输贸易平价关系的对数偏离程度

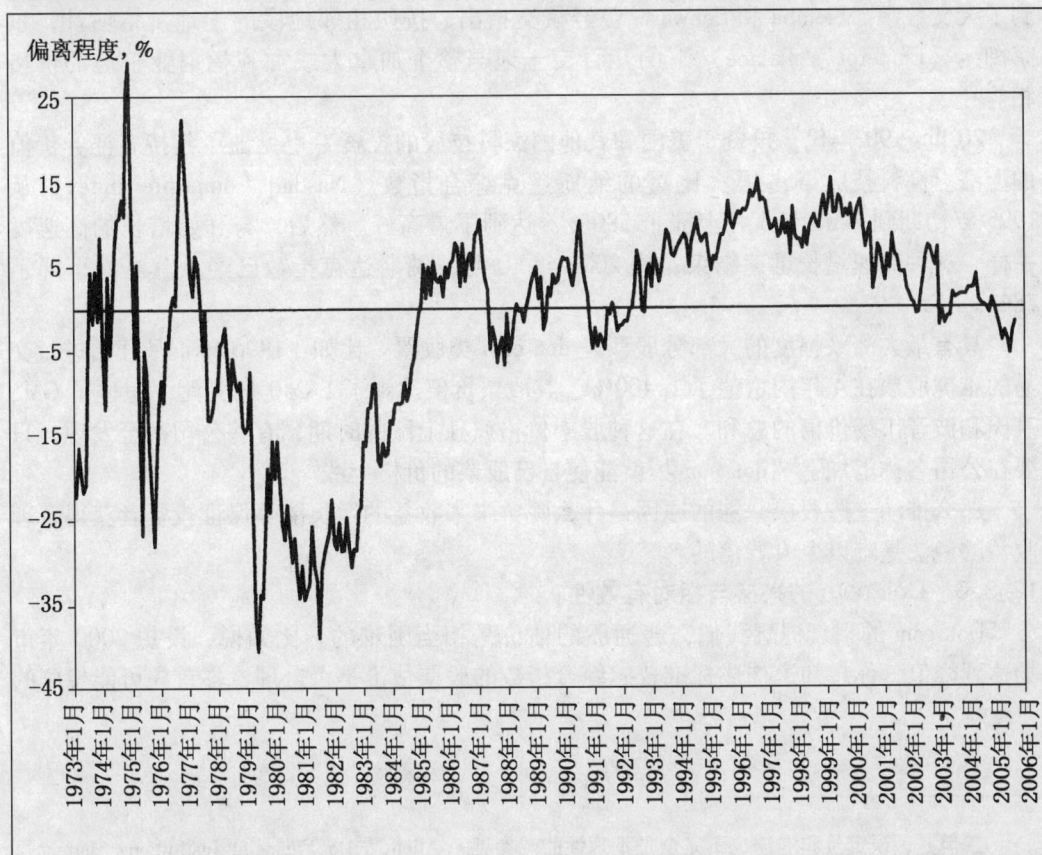

资料来源：图中各点是对以下原始数据的扩充和更新，K. Froot and E. Dabora，"How Are Stock Prices Affected by the Location of Trade"，*Journal of Financial Economics* 53（1999），pp. 189–216. © 1999 Elsevier Science，经允许后使用。

泡沫也是价格与基本价值相脱离的一个证据。当资产价格迅速上涨、越来越多的投资者基于价格将持续上涨的假设而争相购买时，泡沫就会发生。泡沫通常会自我保持一段时间。只要你相信会有更多的不明智的人跟进，你最终能够将证券出售给他们的话，你就可以进入这个泡沫，而且这种进入是很理性的。但要记住，当最终泡沫破灭时你很可能会损失很多资金①。

在大部分臭名昭著的泡沫中，资产价格在下降前上涨很高，以至于很难相信资产的价格是由现金流折现决定的。这样的例子包括 1635 年的 Dutch Tulipmania、1718—1720 年的密西西比土地（Mississippi Land）泡沫以及 1720 年的南海（South Sea）泡沫。更近一些的例子，比如 20 世纪 80 年代日本的股票和房地产市场，以及 20 世纪 90 年代末期美国和其他国家的技术股票。

日本泡沫是一个很好的例子。1985 年初期到 1989 年 12 月期间，日经 225 指数（Nikkei 225 Index）上涨了 300%。1990 年初期利率急剧上升之后，股票价格开始下降。到 1990 年 10 月 1 日，日经指数已经回落到其最高峰的一半左右，2003 年 4 月它下降了 80%，到 2007 年 3 月，它还是连 17 年前的一半都不到。

1955—1990 年间，日本的土地价格不间断地上涨。在最高峰时期，房地产价格达到了天文数字。Ziemba 和 Schwartz 曾经撰文指出，按照相邻地段的土地价格估计，东京御苑（Emperor's Palace）下的几百亩土地与整个加拿大或加利福尼亚土地的价格相等②。

20 世纪 90 年代，投资于美国和其他国家科技股的投资者也见证了其持有证券价值的上涨。高科技股票占很大比重的纳斯达克综合指数（Nasdaq Composite Index）从 1995 年初期到 2000 年 3 月上涨了 580%，达到了最高峰。然后，与开始增长的高速度一样，这种高速增长迅速结束，到 2002 年 10 月，纳斯达克指数已经从其高峰下降了 78%。

具有最大涨跌幅度的大部分股票是 dot.com 类股票。比如，1996 年 4 月开始进行交易的雅虎股票在 4 年内增值了 1 400%，其股票价值达到了 1 240 亿美元，超过了 GM、亨氏和波音市场价值的总和。在这种股票价格疯狂上涨的时期，有些公司甚至发现，只要在公司名称上加上"dot.com"就能使自己股票的价格上涨③。

那么推动这些股票暴涨的原因是什么呢？未来收益的增长能够保证投资者获得合理收益的说法是难以令人置信的④。

12.3.3　Dot.com 的兴盛与相对有效性

Dot.com 的兴衰提醒我们，普通股的估价是相当困难的。比如说，设想 2000 年市场达到峰值，你想知道构成标准普尔综合指数的股票估价是否合理，你首先可能想到的

---

① 但是，误定价和泡沫也不完全是不理性的。参见 F. Allen, "Do Financial Institutions Matter?"。

② 见 W. T. Ziemba and S. L. Schwartz, Invest Japan (Chicago, IL: Probus Publishing Co., 1992), p. 109。

③ P. R. Rau, O. Dimitrov, and M. Cooper, "A Rose.com by Any Other Name", Journal of Finance 56 (2001), pp. 371 - 2388。

④ 例如可以参见 E. Ofek and M. Richardson, "The Valuation and Market Rationality of Internet Stock Prices", Oxford Review of Economic Policy 18 (Autumn 2002), pp. 265 - 287。

是利用我们在第 5 章中介绍过的稳定增长公式①。2000 年，该指数中公司支付的年度股利总计为 1.546 亿美元。假设这些股利将以每年 8% 的比率稳定增长，并且投资者要求的收益率为 9.2%，那么根据稳定增长公式可以计算普通股股价如下：

$$PV(普通股) = \frac{DIV}{r - g} = \frac{1.546}{0.092 - 0.08} = 128.83(亿美元)$$

这和 2000 年 3 月它们的总价大致相等。但是投资者对这些数字的信心如何呢？也许股利增长率每年可能只有 7.4%，那么在这种情况下普通股股价将下降为：

$$PV(普通股) = \frac{DIV}{r - g} = \frac{1.546}{0.092 - 0.074} = 85.89(亿美元)$$

这就是这些股票在 2002 年 10 月的价格。换句话说，投资者仅对其未来的预计股利增长率下调 0.6 个百分点，就会导致 S&P 指数下降 33%。

从零做起对普通股估价的极端困难导致了两个重要的后果。第一，投资者发现，依据可比证券昨天或今天的价格对普通股估价比较容易。也就是说，他们通常认为昨天的价格是正确的，基于今天的信息对昨天的价格进行向上或向下调整就可得到今天的价格。如果信息的获得是平缓的，那么随着时间的推移，投资者们就会越来越相信当前市场价格的正确性。但是，如果投资者丧失了对昨天价格的信心，不再以昨天的价格作为基准，那么市场就会出现一段时期的交易混乱，在新的价格基准确立以前就会出现价格的大幅波动。

第二，市场有效性的检验大多针对的是相对价格，关注是否存在简便的获利机会。要想对股票估价是否正确进行检验几乎是不可能的，因为没有人能准确衡量出真实的价格。比如说，Hershey 公司股票，2007 年 4 月份股票交易价格为 55 美元。我们能否证明这是它的真实价格呢？当然不能，但我们较为肯定的是，Hershey 公司的股价与 Smucker 公司的股价（55 美元）不会相差太多，因为两家公司的盈利情况和每股股利基本相同，并且具有相近的增长前景。

12.4　行为融资

现在让我们假设市场通常是非有效的。在很多理性的、精力充沛的投资者跃跃欲试追逐异常获利机会的世界里，非有效性如何幸存呢？首要的原因就是套利的局限性，也就是理性的投资者利用非有效市场的能力的局限性。套利的局限性为研究行为融资（behavioral finance）敞开了大门，行为融资认为个人投资者具有内在的偏见和误解，可能会使价格偏离其基本价值。

12.4.1　套利的局限性

严格来说，套利（arbitrage）是指能够保证超额收益而没有任何风险的投资策略。在实务中，套利的定义比较随意，它就是指利用市场的非有效性，在价格回到基本价值的情况下赚取超额收益的策略。这种战略可能具有很大的获利性，但却很少是没有风险的。

---

① 不能利用这一公式对 dot.com 启动期的价值进行评估。但 S&P 指数中的大多数公司都是成熟企业，因此，稳定增长的假设对它们来说是比较合理的。

在有效市场中，如果价格偏离了基准，那么套利会迫使它回到基准上来，因为套利就是购买被低估的证券（促使其价格上涨），出售被高估的证券（促使其价格下降）。套利者通过低买高卖并等待价格聚集到基准数据上而获利。因此套利交易也被称为集中交易（convergence trading）。

在实践中，套利看起来要困难得多，交易成本非常大，而且有些交易很难进行。例如，假设你找到了一种被高估的证券，目前你现有的投资组合中没有包括这种证券。你想"高价出售"，但你怎么才能出售一种你并没有持有的股票呢？如果能的话，那么你就必须卖空（sell short）。

要想卖空股票，你可以从投资者的投资组合中借入股票，卖掉它，然后希望价格下降，直到你可以用比你出售时更低的价格再把股票买回来。如果你的预计是错误的，股票价格升高了，那么迟早你也要按更高价格（因此会发生损失）购回股票以偿还给借给你股票的出借方。但如果你的预计是正确的，股票价格下降了，那么你就购回，然后可以把出售价和购回价之间的差额揣入自己的衣兜，并偿还借入的股票。这一卖空的操作程序听起来是比较简单的，但要支付一定的成本和费用，并且在某些情况下你可能无法找到想借入的股票[1]。

套利最重要的局限性是价格在聚集之前将更加偏离的风险。因此通常套利者都要持有一定的头寸，以应付在情况变好之前糟糕的情况。再看一下图 12—7 的荷兰皇家和壳牌运输贸易。前面说过，荷兰皇家可以按平价进行交易。假设你是 1977 年的专业资金管理人员，当时荷兰皇家的交易价格低于其平价的 10%，因此你买入荷兰皇家，卖空壳牌运输贸易，然后充满信心地等待价格聚集在平价那一点。这是一个时间非常长的等待。你第一次看到的可能的获利机会是在 1983 年，那时误定价更加严重了，而没有变得更好。1979 年早期荷兰皇家下降到了低于平价的 35%。因此那一年你不得不在你的"套利"策略中报告一项重大损失，你被解雇了，只能开始了你的二手车销售人员的新的事业生涯[2]。

当然，对于你的离职我们是在开玩笑了。但长期资本管理（LTCM）基金在 1998 年的失败提供了一个有关集中交易危险的戏剧化的例子。20 世纪 90 年代最大、获利能力最强的对冲基金（hedge funds）之一的 LTCM 相信，当欧元代替欧洲其他国家的原有货币时，欧元区不同国家的利率水平将会聚集到一点。LTCM 为利用这种集中交易获利准备了大量的头寸，同时还有为利用其他误定价机会准备的头寸。而在 1998 年秋季俄罗斯政府宣告将延期支付其债务之后，金融市场上出现了剧烈的波动，LTCM 赌注的偏

---

[1] 投资公司和经纪公司会确认符合借出条件的股票，并安排对卖空人员的出借。能够借入的股票量是很有限的，借入股票时还要支付一定的费用，还需要提供担保品，以保护在股票价格上涨、卖空人员无法购回股票并将其偿还情况下出借者的利益。如果卖空人员能够得到市场利率，那么提供担保品就是没有成本的，但有时只能提供较低的利率水平。

[2] 对两家壳牌公司与平价偏离的分析，见 K. A. Froot and E. M. Dabora, "How Are Stock Prices Affected by the Location of Trade?", Journal of Financial Economics 53（August 1999），pp. 189 – 216；以及 A. Shleifer and R. W. Vishny, "The Limits to Arbitrage", Journal of Finance 52（March 1997），pp. 35 – 55。

差突然增大了很多，LTCM 每天都在损失成千上万的美元。当纽约联邦储备银行安排一批 LTCM 债权银行接管 LTCM 的剩余资产，并有序地封闭了其剩余资产时，这一基金资本甚至几乎消失。

LTCM 的突然垮台没有阻止 20 世纪 20 年代对冲基金行业的迅速增长。如果对冲基金能够克服掉套利的局限性，避免 LTCM 遇到的问题，那么市场的发展就会更加有效。但如果要求完全有效的市场可能就比较过分了，如果套利策略的风险超过期望收益，那么价格还是会偏离其基准水平并保持一段时间的。

12.4.2　行为融资和市场有效性

套利并没有强有力到能使所有的价格都聚集到基本价值的水平，这就给误定价留下了空间。那么误定价本质和方向的决定因素是什么呢？行为融资的支持者认为，误定价是由投资者心理所决定的。人们并不是在 100% 的时间内都是 100% 理性的，这可以从投资者对风险的态度和他们评估发生概率的方法上得以体现。

1）对待风险的态度。心理学家通过观察指出，在进行风险决策时，人们特别不愿意面临损失。看起来投资者并不仅仅是关注其持有证券的当前价值，还要回顾一下他们的投资是否已经获利或亏损。例如，假设我以 10 000 美元的价格出售我持有的 IBM 股票，如果当初购买该股票时的成本仅为 5 000 美元，我就会欣喜若狂了，但如果其成本是 11 000 美元，那我就不会那么高兴。这种现象就是预期理论提出（prospect theory）的基础①。预期理论认为，①投资者预计的特定成果的价值是由损失或收益决定的，这种损失或收益是从资产取得时或持有时就发生了；②投资者尤其厌恶损失，即使损失发生的可能性很小，也需要较高的收益来弥补。

遭受损失的痛苦似乎还取决于它是否与上一个损失相连续，一旦投资者承受了损失的痛苦，他们就会更谨慎地以免再一次遭受损失。相反，就像赌博者如果赢了就还想赢更多一样，如果投资者享受到了意料之外的高收益的话，那么他们就会更加信心百倍地迎接股票市场上风险的挑战②。虽然他们确实遭受了一点小小的损失，但至少当年他们还是得到了安慰。

当我们在第 8 章和第 9 章中讨论投资组合理论时，我们认为投资者是只向前看的，我们没有提及过去发生的收益或损失。只有投资者当前的财富和预期以及未来财富的风险才是我们所关心的。我们不认可这样的可能性，即 Nicholas 可能非常高兴，因为他的投资是盈利的；而尽管 Nicola 具有相同金额的财富，但由于其投资是亏损的，因此他就非常沮丧。

2）对概率的信心。大多数的投资者都不可能具有概率理论的博士学位，因此在评

---

① 预期理论的首次提出出现在 D. Kahneman and A. Tversky，"Prospect Theory：An Analysis of Decision under Risk"，*Econometrica* 47（1979），pp. 263 – 291。

② 这一影响体现在以下文献中，即 R. H. Thaler and E. J. Johnson，"Gambling with the House Money and Trying to Break Even：The Effects of Prior Outcomes on Risky Choice"，*Management Science* 36（1990），pp. 643 – 660。以下文献探讨了股票收益预期理论的含义，N. Barberis，M. Huang，and T. Santos，"Prospect Theory and Asset Prices,"*Quarterly Journal of Economics* 116（February 2001），pp. 1 – 53。

估不确定事件的概率时难免要犯错误。心理学家发现，当对未来事件的可能结果进行判断时，人们通常会回顾一下过去类似事件的情况。其结果是，他们对近期事件给予的权重过低。例如，某位投资者可能认为一个投资经理的投资技巧是特别熟练的，因为他在连续三年内"冲击了市场"，或那三年迅速增长的价格就是投资于股票市场能够获得未来收益的很好信号。但这个投资者可能不会关心从这三年的经验中可能学到的关于期望收益的一些东西。

大多数的个人投资者还是过于谨慎的，也就是他们更新新证据的速度过慢。人们通常在更新其信念的方向上还是正确的，但通常认为这些变化的重要程度不如理性要求的那么高。

另一个系统性的偏见就是过于自信。我们大多数人都相信自己做司机要比一般司机都好，而大多数的投资者都认为在股票选择上，自己都比一般人要强。相互进行交易的两个投机者不可能同时都赚钱，但他们还是作好了继续交易的准备，因为他们都相信另一个才会是失败者。过分自信还表现为在确定性情况下人们对其判断的表达，他们一贯会高估未来收益与其所希望一致的可能性，而低估不可能事件的概率。

行为融资的支持者认为，以上行为模式可以解释市场为什么不总是有效的原因。或许投资者对收益公告的反应不及时是因为他们过于谨慎，表现为在公告新的信息之后行动比较迟缓。过多关注近期事件以及因此对近期消息反应过于灵敏的趋向可以解释 IPO 长时期业绩不佳的原因。看起来好像是投资者观察到了新的热点，对于当前唾手可得的明显的收益失去了控制力，然后再用接下来几年的时间来反省他们当时的热衷行为。

因此，行为融资为一些长期存在的疑惑和异常现象提供了新的解释。另一方面，我们不可能每次一遇到无法解释的现象就去寻求心理学的帮助。投资者心理方面有很多怪现象，而其中之一就是事后诸葛亮。行为融资的最终有用性将取决于它被实际观察之前是否能够预测误定价。

12.5 市场有效性的 6 点启示

有效市场假设强调，套利能够很快消减任意的超常盈利机会，迫使市场价格回归其合理水平；而行为融资专家也承认不存在简便的获利机会，但认为套利的成本是非常高的，并且有时反应速度较慢，因此与合理价格的偏离可以长期存在。

尽管消除疑惑是需要时间的，但我们在此还是建议财务经理们进行假设，至少要以此假设为出发点，即假设华尔街上没有免费的午餐。

"没有免费午餐"这一原则给我们提出了有关市场有效性的 6 点启示。回顾这些启示之后，我们就能知道市场非有效性对财务经理们意味着什么了。

12.5.1 启示 1：市场没有记忆

弱式有效市场假设认为过去价格变化的顺序不包括未来变化的任何信息。而经济学家们更为精确地阐述了同样的看法，他们认为市场是没有记忆的。但有时财务经理们的做法却好像认为情况不是这样。例如，市场价格非正常上涨之后，经理们更愿意通过权益证券融资而不是通过债务融资①。经理们的目的是想在高价位时抓住市场机会。同样，在价格下跌之后他们通常不愿意进行股票融资，他们宁愿坐等价格反弹。但是我们知道，市场是没有记忆的，财务经理们想要依靠的这种周期并不存在②。

有时候财务经理们会得到一些内部消息，能够表明公司股票价格是被高估还是被低估了③。例如，假设你知道了一些市场并不知道的好消息，一旦这些消息公布，股票的市场价格就会急剧攀升。因此，如果公司按当前价格出售股票，公司就让新投资者白捡了便宜，但却让原有的股东承受了损失。

当然，当经理们拥有利好的内部消息时，他们是不会愿意发行新股的。但这样的消息和股票的历史价格毫无关系。即使你只以相当于一年前价格的一半销售公司的股票，你仍有可能拥有一些特殊的信息，使你确信这样的定价仍然是高估了股票的价格；即使现在的股价是去年的两倍，但低估了该股票价格的情况也是很有可能的。

12.5.2　启示2：相信市场价格

在有效市场中你可以相信价格，因为价格中包含了有关每种证券价格的所有信息，这也意味着在有效市场中，大多数投资者都无法持续获得超额的收益率。如果想持续得到超额收益，那么你不仅需要知道的比任何人都多，而且需要知道的比每个人都多。这个信息对财务经理来说是非常重要的，财务经理要对公司的汇率政策负责，要确定债券的买入和卖出。如果你认为自己比别人更擅长预测汇率的变动或利率的走势，并以此为基础进行操作，那么你持续进行的交易策略就将始终处于痴人说梦的梦幻之中。

公司资产还可能受到管理者对其投资技巧自信程度的直接影响。例如，一家公司购买另一家公司可能仅仅是因为公司管理层认为该股票被低估了。根据事后统计发现，被收购公司的股票价格确实被低估的情况大约为一半，但另一半却会出现高估的情况。平均来说，价格还是正确的，因此扣除收购成本后公司收购过程仍然是一笔合理的交易。

12.5.3　启示3：读懂内涵

如果市场是有效的，那么所有的信息都会在价格中得到反映。因此，如果我们能够读懂信息的内涵，那么证券价格就会给我们带来很多关于未来的信息。例如，公司财务报告中披露的信息可能有助于财务经理们估计公司破产的可能性。而市场对公司证券的评价还能够提供很多关于公司前景的重要信息。因此，如果公司债券提供的收益水平远高于市场平均水平，那么就可以断定该公司可能陷入了困境。

以下又是一个类似的例子：假设投资者们相信下一年利率将会上涨，在这种情况

---

① 例如，参见 P. Asquith and D. W. Mullins, Jr., "Equity Issues and Offering Dilution", *Journal of Financial Economics* 15 (January - February 1986), pp. 16 - 89; and (for the U. K.) P. R. Marsh, "The Choice between Debt and Equity: An Empirical Study", *Journal of Finance* 37 (March 1982), pp. 121 - 144。

② 如果股价高昂意味着投资机会增多，对新增投资的融资需求也增多的话，那么我们应该能够看到这样的现象，即当股价处于历史高位时公司融资总额将会更多。但这并不能解释为什么在这种情况下公司更愿意利用股票筹集额外的现金，而不利用债务。

③ 管理者们成功地选择时机发行股票的证据，参见 M. Baker and J. Wurgler, "The Equity Share in New Issues and Aggregate Stock Returns", *Journal of Finance* 55 (October 2000), pp. 2219 - 2257。

下，他们就愿意等待，不急于进行长期贷款。于是，任何想在当前就得到长期借款的公司就必须承受更高的利率。换句话说就是，长期利率肯定比1年期利率要高。长期利率和短期利率的差额在一定程度上反映了投资者对未来短期利率的预期[1]。

示例：惠普（Hewlett - Packard）与康柏（Compaq）的兼并计划

2001年9月3日，两大计算机巨头，惠普和康柏公司披露了公司兼并计划。惠普的执行总裁Carly Fiorina在公布兼并计划中声称，"双方的结合提升了我们的行业领导地位，极大地改善了公司的成本结构，给企业带来了新的成长机会"，从而"实质性地增加了公司的价值"。但这一计划却遭到了投资者和分析家们的一致批评。图12—8表明，在接下来的两天里，惠普股票的业绩比市场收益低了21%，而康柏股票低了16%。看起来投资者们相信这场兼并的净现值是负的，达到负130亿美元。11月6日，惠普宣布这一计划将由投票决定，于是投资者信心大增，第二天惠普股价就上涨了16%[2]。我们提到这个事实并不是想评判投资者对该兼并的认识是否合理，因为管理层可能具有投资者缺少的重要信息。我们的本意是想说明，两支股票的价格变化提供了有价值的信息来源，充分反映了投资者对于该兼并给公司价值带来影响的看法。

图12—8	惠普和康柏股票的累计异常收益

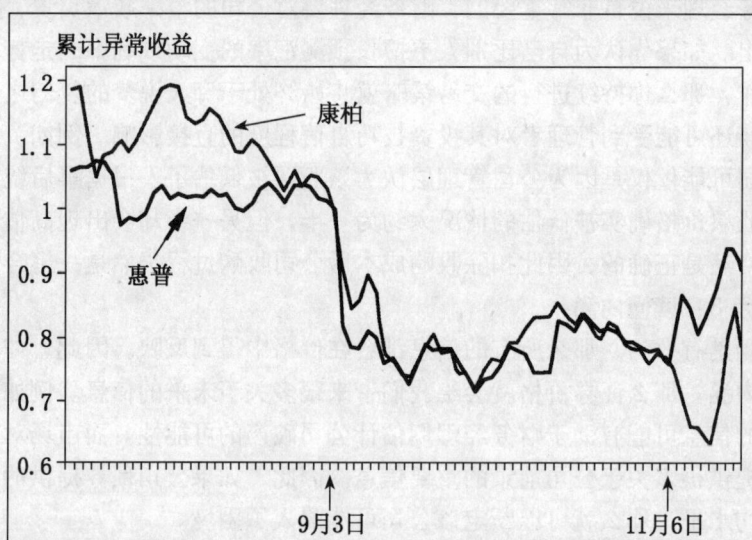

注：11月6日惠普集团宣布公司将把兼并计划交由投票决定后，惠普股价回升。

12.5.4 启示4：没有财务幻觉

有效市场上没有财务幻觉。投资者都非常务实，他们关心的是公司现金流以及这些现金流中他们自己应该拥有的份额。但在有些情况下，管理者似乎会认为投资者也会受到财务幻觉的影响。

---

[1] 我们在第4章探讨过长期利率和短期利率的关系。但要注意，在有效市场中，短期和长期合约中出现的任何价格差异都在一定程度上反映了参与者对价格走势的预期。

[2] 康柏股票受兼并的负面影响比较小，其股票在消息公布后也下跌，然后上涨。

示例：会计变更

有些公司煞费苦心地致力于操纵如何向股东报告收益情况，它们采用所谓的"创造性会计"，也就是选择能够稳定和增加账面收益的会计方法。公司之所以这样做是因为管理人员相信股东们都只是关注账面的数字[①]。

公司影响其账面收益的一种方法是选择存货成本的处理方法。它有两种方法，在先进先出法（FIFO，first-in，first-out）下，公司扣除列入存货清单的第一批存货成本；而在后进先出法（LIFO，last-in，first-out）下，公司扣除列入存货清单的最后一批存货成本。如果通货膨胀较高，那么早购进的存货成本就有可能比晚购进的存货成本低，因此在 FIFO 法下计算出的收益就要比在 LIFO 法下计算出的收益要高。

当然，如果这只是一种表述问题，那么 LIFO 和 FIFO 之间的转换就没有什么不好的地方。但 IRS 坚持要求，面向股东公布的方法必须和用于计算税收的方法相同。因此，能使公司账面收益较低的 LIFO 方法也给公司带来了当期较低的纳税额。

如果市场是有效的，即使 LIFO 会计方法会降低利润，那么投资者也会希望公司改用这一方法。Biddle 和 Lindahl 对这一问题进行了研究，他们得出的结论是，事实恰好就是这样，因此改用 LIFO 方法会带来估价的非正常上涨[②]。看起来股东们已经看透了这些数字，他们更关注税收节约情况。

12.5.5 启示 5：自己动手的选择

在有效市场上，投资者不会花钱请别人来做自己也能做好的事情。就像我们将要看到的，公司理财中争论的焦点就是如果自己进行公司财务决策，其结果会如何。例如，公司经常从以下原因出发认为兼并是可行的，即兼并后他们可以进行分散化经营，因此公司也将更为稳定。但如果投资者已经持有了这两家公司的股票，那么他们为什么要感谢公司为他们进行的分散化经营呢？他们自己进行分散化投资要比公司容易得多，也方便得多。

财务经理在决定应该发行债券还是普通股时也应该考虑相同的问题。如果公司发行债券，将给公司带来财务杠杆效应。其结果是，股票的风险将会更大，因此不得不提供更高的期望收益。但如果公司不发行债券，股东也能获得这样的财务杠杆，他们可以用自己的账户借钱。因此给财务经理带来的问题就是，要判断公司发行债券是否会比个人股东更便宜。

12.5.6 启示 6：一叶知秋

商品的需求弹性就是该商品的价格每增加 1 个百分点，需求量相应变化的百分点。如果这种商品的替代性较强，那么其弹性将远小于 0，如果不是，则会接近于 0。例如，咖啡是一种常用商品，它的需求弹性大约为 -0.2，这意味着咖啡价格每增加 5%，销

---

① 对利润操纵不能蒙混投资者证据的探讨，参见 R. Watts, "Does It Pay to Manipulate EPS?" in J. M. Stern and D. H. Chew, Jr. (eds.), *The Revolution in Corporate Finance* (Oxford: Basil Blackwell, 1992)。

② G. C. Biddle and F. W. Lindahl, "Stock Price Reactions to LIFO Adoptions: The Association between Excess Returns and LIFO Tax Savings", *Journal of Accounting Research* 20 (Autumn 1982, Part 2), pp. 551-588.

售量将变化 −0.2×0.05 = −0.01，换言之，其需求量仅会降低 1%。消费者一般认为不同品牌的咖啡都是非常接近的替代品，因此对特定地区的某个特定品牌，其需求弹性可能就是 −2.0。在这样的情况下，与 Folgers 咖啡相比，Maxwell House 咖啡价格只要上涨 5%，需求量就会下降 10%。

投资者不会因为某种特殊品质而去购买一种股票，他们购买股票的目的只是因为公司能够提供与其风险相当的合理收益。这就意味着股票就和非常相近的不同品牌的咖啡一样，几乎属于完全替代品。因此公司股票的需求弹性非常高。如果就其风险而言，一个公司股票的未来期望收益太低，那么就没有人愿意持有这种股票；而相反，如果一个公司股票的未来期望收益非常高，那么每个人都会去抢购这种股票。

假设你打算出售一大笔股票。因为具有需求弹性，因此你想当然地认为，只要稍微降低一点出售价格你的股票就可以卖得出去。但遗憾的是，事实未必如此。当你开始出售股票时，其他的投资者也许就会怀疑，你之所以想卖掉股票是因为你得到了一些他们不知道的消息，因此他们就会修正对该股票的估价，降低其原来的估价水平。需求仍然是有弹性的，但在这种情况下整个需求曲线向下移动了。需求弹性并不意味着大量股票出售或购买时股价不会变动，它的意思是，只要你能让其他投资者相信你并没有私人消息，那么你就可以按照接近市场价格的价格出售大量股票。

这里我们又遇到了显然与实际并不一致的地方。很多公司不仅相信需求弹性很低，而且相信它会随股票价格的变动而变动，因此当股价较低时，新股就只能以相当低的折扣价发行。负责制定地方电话公司、电力公司和其他公益事业价格的州和联邦管理委员会有时也允许这些公司拥有明显较高的收益，以缓解这种价格"压力"。即在向投资者发行新股时可能会引起公司股价下降的压力。然而 Paul Asquith 和 David Mullins 在寻找这种压力的证据时却发现，公用事业公司在增发新股时仅会导致其原始股价下降 0.9%[①]。

12.5.7　如果市场不是有效的呢？对财务经理的意义

以上的 6 个启示都要依存于有效市场存在，如果市场不是有效的，那么财务经理们应该怎么做呢？这个问题的答案取决于非有效性的实质。

1）交易机会：它们确实存在于非财务公司吗

假设你公司的财务主管人员发现了固定收益市场或商品市场上的误定价机会，就是那种能够在集中交易中加以利用的对冲基金的误定价。那么财务主管是否应该授权下属进行类似的集中交易呢？大部分情况下的答案是否定的。首先，公司面临着套利局限性，这与对冲基金和其他投资者的遭遇相同。其次，在集中交易业务中，公司很有可能不存在竞争优势。

宝洁公司（Procter & Gamble，P&G）在 1994 年初为这一观点提供了一个成本高昂的例子，它在一笔空头交易中损失了 1.02 亿美元。1993 年宝洁公司的财务主管认为利率将会比较稳定，因此决定以此为依据采取行动来降低宝洁公司的借款成本。他们授权银行家信托公司（Bankers Trust）处理这个问题。当然，世上没有免费的午餐，为了得

---

① 见 P. Asquith and D. W. Mullins，"Equity Issues and Offering Dilution"，*Journal of Financial Economics* 15（January‐February 1986），pp. 61‐89。

到更低的利率，宝洁公司同意在利率急剧上涨时补偿 Bankers Trust 的损失。但在 1994 年初利率确实戏剧化地上涨了，这使得宝洁公司濒临绝境。

然后宝洁公司就指责 Bankers Trust 误解了其授权的业务，并起诉了 Bankers Trust，但这种指控是比较令人尴尬的，因为宝洁公司并不是在没有作任何调查的背景下进行了投资。

我们不对最终解决问题的这一诉讼的价值进行探讨，但考虑一下宝洁公司在固定收益市场上交易的竞争者。其竞争者包括所有大型投资银行的交易方、像 LTCM 这样的对冲基金和固定收益投资组合管理者。实际上，宝洁公司在固定收益游戏领域没有任何特殊的洞察力或竞争优势，也没有明显的证据表明它想要进行的交易具有正 NPV。那么它到底为什么要进行这项交易呢？如果在该市场上没有竞争优势，宝洁公司就根本不应该进行投资而进入新的消费者市场。

除非公司能够确认竞争优势和经济租金来源，否则公司就不应该进行投资。市场非有效性或许能够从集中交易中提供经济租金，但很少有公司能在追逐这些租金上面具有竞争优势。一个基本的规律是，从平均意义上来说，非财务公司在金融市场的投机交易中得不到任何收益，它们不应该模仿对冲基金[①]。

2）如果公司股票被误定价了呢

财务经理们不一定拥有有关未来利率水平的特殊信息，但他们肯定掌握有关他（她）们自己公司股票价格的特殊信息。强式市场有效性并不总是存在的，因此财务经理们总会了解一些外部投资者不能知道的信息。或者即使投资者和管理层一样可以掌握相同的信息，但可能他们对该信息的反应速度较慢，或会受到行为偏见的影响。

有时候你会听到经理们大声地说出下面这样的话：

太好啦！我们的股票很明显是被高估了。这意味着我们可以以更低的成本筹资然后投资于 X 项目了。较高的股价让我们比竞争对手更有优势，X 项目可能就不值得他们投资了！

但实际上这是没有道理的。如果你的股票真的被高估了，那么你可以通过出售额外的股份，并将所得现金用于资本市场上其他证券投资来帮助现有的股东，但你绝不能通过发行股票筹资，然后投资于一个比其他项目收益低的项目。这样的项目其 NPV 肯定是负的。你总能找到比投资于具有负 NPV 项目更好的投资选择：你的公司可以走出去，购买普通股股票。在有效市场上，这种购买行为的 NPV 总会是 0。

相反的情况会如何呢？假设你知道你们公司的股票被低估了。在这种情况下，通过出售额外的"便宜"股票，然后投资于其他被合理定价的股票，这种做法肯定对现有股东是没有任何帮助的。如果公司股票价格被低估得相当厉害，那么哪怕是放弃一个正 NPV 的投资机会，也不要让新的投资者以较低的价格购买你们公司的股票，成为你们公司的股东。那些认为自己公司的股价被低估的财务经理们理所当然地不愿意发行更多的股票，他们宁可选择发行债券来为其项目筹集资金。在这种情况下，市场的非有效性会影响公司融资的选择，而不会影响其真正的投资决策。

---

① 当然也有一些例外情况。Hershey 和 Nestlé 就是可可豆期货市场上非常可靠的交易者，另外对于能源市场，大型石油公司可能具有更特殊的技巧和更多的认识。

3）如果你的公司处于泡沫中呢

除非是极端的情况，真正的泡沫是很少见的，而且很难发现。但偶尔会有一次，可能你公司的股票价格就像 20 世纪 90 年代末期繁荣的 dot.com 那样陷入了泡沫之中。泡沫可能是令人兴奋的，会吸引你加入到抬高公司股价的热情的投资者人群中。另一方面，也给深陷泡沫的内部财务管理层带来了非常困难的个人和道德方面的挑战。管理者们不希望"主动降低"飞速高涨的股票价格，特别是在其奖金和股票期权的收入都取决于股价的情况下，因此尽量压制坏消息、创造好消息的欲望非常强烈。但泡沫持续的时间越长，最终其破灭时带来的破坏性就越大。当泡沫最终真的破灭时，由于经理们为维持夸张的股价而采取的不适当的会计方法，或对公众提供的误导性报告，他们有可能会面临诉讼，甚至会有牢狱之灾。

本章小结

西班牙巴塞罗那的 Bolsa（证券交易所）的守护神是 Nuestra Señora de la Esperanza，我们的希望女神。她是一个完美的保护女神，因为我们投资时都希望能够获得超常的收益，但是投资者之间的竞争最终总会形成有效的市场。在这样的市场中，价格对任何最新的消息都能够很快地作出反应，因此要想持续获得超常收益是非常困难的。我们可以心存希望，但在有效市场上我们所能做的唯一理性行为就是期望获得能足够补偿资金的时间价值和所承受风险的收益。

有效市场假设有三种不同的层次。弱式有效假设指出，价格能够反映过去的股价序列中所包含的所有信息。在这种情况下，仅靠寻找股票价格模式来获取超常收益是不可能的，换句话说就是，价格的变动是随机的。半强式有效假设指出，价格能够反映所有的公开信息，这就意味着仅通过阅读报纸、研究公司年报等来持续获取超常收益也是不可能的。强式有效假设指出，股票价格有效地反映了所有的可得信息，它告诉我们要想获得超常的信息是很困难的，因为在寻找这种信息的过程中，你必须要与成千上万的主动的、精明的、贪婪的投资者进行竞争。在这种情况下最好的做法就是假定证券的定价是合理的，然后希望有一天我们的希望女神 Nuestra Señora 会因为我们的勤勉而赐福于我们。

20 世纪 60 年代至 70 年代，关于这类话题的每一篇文章似乎都在提供市场有效的额外证据。但后来读者们厌倦了再听到类似的消息，希望能读到一些例外的东西。20 世纪 80 年代到 90 年代，越来越多的异常现象和疑惑被揭开。同时 20 世纪 80 年代日本的股票市场和房地产泡沫，以及 20 世纪 90 年代科技股的泡沫导致了对任何市场是否总是有效的怀疑。

套利的局限性可以解释为什么资产价格会偏离其基本价值。依据心理学证据解释投资者行为的行为融资与市场有效性的很多偏离是一致的。行为融资认为，即使是很小的损失，投资者也会非常厌恶，特别是在近期投资收益不令人满意的情况下。在预计未来情况时，投资者过于依赖少数的近期事件。他们对未来的预计可能会过于自信，但对新消息的反应可能会比较迟缓。

人类的行为中有很多无法解释的现象和偏见，因此行为融资的来源渠道很广。但如果任何疑惑或异常现象都能够被怪现象、偏见或事后诸葛亮这样的说法所解释的话，那么我们学到了什么呢？对行为融资文献的研究给我们提供了很多有吸引力的信息，但目前在有些模型能够解释大部分市场有效性偏离原因的阶段，它的作用不是特别明显。

对正在考虑发行或购买证券的公司财务主管来说，有效市场理论的意义是显而易见的。但在某种意义上，这一理论带来的问题比它所能回答的问题还要多。有效市场的存在并不意味着财务经理可以对融资行为放任自流，它不过是提供了一个分析的出发点。

推荐读物

Malkiel 的著作是有关市场有效性的一本通俗易懂的著作，而 Fama 曾就相同的论题撰写过两篇经典的综述文章：

B. G. Malkiel, *A Random Walk Down Wall Street*, 8th ed. (New York: W. W. Norton, 2004).

E. F. Fama, "Efficient Capital Markets: A Review of Theory and Empirical Work", *Journal of Finance* 25 (May 1970), pp. 383 – 417.

E. F. Fama, "Efficient Capital Markets: II", *Journal of Finance* 46 (December 1991), pp. 1575 – 1617.

行为融资方面有很多有用的成果，包括 Barberis 和 Thale、Baker、Ruback 和 Wurgler：

N. Barberis and R. H. Thaler, "A Survey of Behavioral Finance" in G. M. Constantinides, M. Harris, and R. M. Stulz (eds.), *Handbook of the Economics of Finance* (Amsterdam: Elsevier Science, 2003).

M. Baker, R. S. Ruback, and J. Wurgler, "Behavioral Corporate Finance" in B. E. Eckbo (ed.), *The Handbook of Empirical Corporate Finance* (Amsterdam: Elsevier/North – Holland, 2007), chapter 4.

R. J. Shiller, "Human Behavior and the Efficiency of the Financial System," in J. B. Taylor and M. Woodford (eds.), *Handbook of Macroeconomics*, (Amsterdam: North – Holland, 1999).

A. Shleifer, *Inefficient Markets: An Introduction to Behavioral Finance* (Oxford: Oxford University Press, 2000).

R. H. Thaler (ed.), *Advances in Behavioral Finance*, (New York: Russell Sage Foundation, 1993).

对市场有效性有争议的观点，见：

G. W. Schwert, "Anomalies and Market Efficiency" in G. M. Constantinides, M. Harris, and R. M. Stulz (eds.), *Handbook of the Economics of Finance* (Amsterdam: Elsevier Science, 2003).

M. Rubinstein, "Rational Markets: Yes or No? The Affirmative Case?" *Financial Analysts Journal* 57 (May – June 2001), pp. 15 – 29.

B. G. Malkiel, "The Efficient Market Hypothesis and Its Critics", *Journal of Economic Perspectives* 17 (Winter 2003), pp. 59 – 82.

R. J. Shiller, "From Efficient Markets Theory to Behavioral Finance", *Journal of*

Economic Perspectives 17（Winter 2003），pp. 83 - 104.

对泡沫的探讨，见：

M. Brunnermeier, *Asset Pricing under Asymmetric Information*：*Bubbles*，*Crashes*，*Technical Analysis*，*and Herding*（Oxford：Oxford University Press，2001）．

R. J. Shiller, *Irrational Exuberance*，2nd ed.（Princeton，NJ：Princeton University Press，2005）．

对非有效金融市场对财务经理意义的探讨，见：

J. C. Stein, "Rational Capital Budgeting in an Irrational World"，*Journal of Business* 69（October 1996），pp. 429 - 455.

概念复习题

完整的本章概念复习题，请登录网站 www. mhhe. com/bma1e。

1. "随机游走"的意思是什么？请解释为什么有效市场中的价格应该遵循类似于随机游走之类的模式。

2. 说出有效市场假设的三个层次，并对每个层次举出一个例子。

3. 试给出三个显然不符合有效市场假设的例子。

练习题

1. 下列说法哪个（如果有的话）是正确的？股价序列看起来像是一系列的（1）随机数值；（2）按正常周期变化的数值；（3）有别于随机数值。

2. 填空：

"有效市场假设有三个层次。检验股票收益的随机性提供了有关（　　　）假设形式的证据，检验股价对广为传播的消息的反应提供了有关（　　　）假设形式的证据，而考察专业管理基金的业绩表现则提供了有关（　　　）假设形式的证据。市场有效性是投资者竞争的结果，很多投资者努力寻找有关公司经营的最新消息，以帮助自己更准确地评价公司股票的价格。这种研究有助于股价反映出所有的可得信息，换句话说，它有助于维持（　　　）形式的市场有效性。其他投资者则研究过去的股价，寻找重复出现的模式，以求获得超额的利润，这类研究有助于股价反映出过去股价的走势所包含的全部信息，换句话说，它有助于维持（　　　）形式的市场有效性。"

3. 下列说法是否正确？有效市场假设的前提是：

（1）没有税收；

（2）具有完全预期；

（3）相邻各期价格的变化是相互独立的；

（4）投资者是非理性的；

（5）没有交易成本；

（6）预期无偏见。

4. 下列说法是否正确？

（1）与投资决策相比，融资决策更不容易修正。

（2）检验表明，相邻各期价格的变动具有几乎完全负相关的关系。

（3）半强式有效市场假设指出，价格反映了所有公开的可得信息。

（4）有效市场上，每种股票的期望收益都是相同的。

5. 对 United Futon 普通股 60 个月投资收益的分析表明，其每月的贝塔为 1.45，阿尔法是 -0.2%。一个月后，市场上涨 5%，United Futon 上涨了 6%。Futon 的非正常收益率是多少？

6. 以下说法是否正确？

（1）证券分析人员和投资者的分析有助于实现市场的有效性。

（2）心理学家发现，一旦人们已经蒙受了损失，他们就更有可能从容面对承受更大损失的可能。

（3）心理学家观察到，人们倾向于将当前事件看成是未来可能事件的先兆。

（4）如果有效市场假设是正确的，那么管理者们就无法通过夸大报告利润的创造性会计来提高股票的价格。

7. Geothermal Corporation 刚刚收到好消息：该公司利润比去年增加了 20%。而大部分投资者也预计增长 25%。当这个消息宣布时，Geothermal 公司的股票价格是会上升呢，还是下降？

8. 以下是市场有效性的 6 个启示，针对每个启示请给出一个与财务经理有关的例子：

（1）市场没有记忆；

（2）相信市场价格；

（3）读懂内涵；

（4）没有财务幻觉；

（5）自己动手的选择；

（6）一叶知秋。

实务题

9. 对下列说法，你的意见如何？

（1）"有效市场，天哪！我可知道很多投资者做了很多疯狂的事。"

（2）"有效市场？胡说！我知道至少有一批人在股票市场赚了一大笔。"

（3）"有效市场理论的问题在于它忽略了投资者的心理。"

（4）"尽管有很多局限，但公司价值的最好体现还是书面的账面价值，它比依赖暂时的市场价值要稳定得多。"

10. 对下列说法，你的意见如何？

（1）"随机游走理论及其含义，即对股票进行投资就好比玩轮盘赌，是对我们的资本市场有力的控诉。"

（2）"如果每个人都相信你能通过画股价图赚钱，那么股价变化就不是随机的。"

（3）"随机游走理论意味着事件是随机的，但很多事件并不是随机的。如果今天下了雨，那么很有可能明天也会下雨。"

11. 以下哪种现象看起来能够说明市场的非有效性？解释该现象看起来是否与弱式、半强式或强式有效市场假设相矛盾。

（1）与应税的政府债券相比，免税的市政债券税前收益更低。

（2）经理们通过购买自己公司股票的方式获取超常收益。

（3）前一季度公司股票的市场收益和下一季度的利润总额变化之间存在着正相关关系。

（4）虽然尚有争议，但有证据表明，在最近一段时间内价格上涨的股票今后其价格仍将上涨。

（5）在兼并计划宣布之前，被收购公司的股票价格将会上升。

（6）利润超出预期的公司，其股票在利润宣布后的几个月内表现出较高的收益。

（7）与无风险的股票相比，风险非常高的股票平均来说提供的收益率会更高。

12. 以下是 Intel 和 Conagra 公司截至 2007 年 1 月为止的 60 个月的阿尔法和贝塔。阿尔法的取值是每月百分比：

	阿尔法	贝塔
Intel	−0.87	2.02
Conagra	0.40	0.40

解释如何应用以上估计值计算非正常收益。

13. 有人认为市盈率较低的公司股票的股价可能被低估。试对此说法给出一种可能的检验，并尽可能准确地进行描述。

14. "如果有效市场假设是正确的，那么养老基金的经理人可以随意选择投资组合。"请解释为什么这种说法不正确。

15. 两个财务经理，阿尔法和贝塔，正在探讨一张图，该图显示了标准普尔综合指数为期 5 年的实际业绩情况。每个经理所在的公司都要在明年的某个时候发行新的普通股股票。

阿尔法：我们公司的股票马上就要发行了。股市显然已经达到了一轮行情的最高点，接下来肯定会往下走。最好还是现在就发行，股票价格也能够好些。

贝塔：你太紧张了！我们还想再等等。确实，股市自去年以来没有什么变化，但数据明显表现出股市向上的基本走势。市场正在迎来一轮新的高潮。

你对阿尔法和贝塔的说法有何感想？

16. 有效市场假设会对以下两种说法作何评论？

（1）"我注意到短期利率比长期利率低大约 1%。我们现在应该借入短期借款。"

（2）"我注意到日本的利率比美国的利率要低。我们现在应该借入日元，而不是美元。"

17. 对小公司效应，我们认为有三种可能的解释：对某种不确认风险因素要求的收益率、巧合，或者市场非有效性。试简要说明这三个观点。

18. 表 12—1 的（A）栏列示了 2005 年 5 月—2007 年 2 月英国 FTSE100 指数的月收益率，（B）栏和（C）栏分别给出了两家公司的股票收益率，Executive Cheese 和 Paddington Beer。两家公司都在 2007 年 2 月公布了其收益情况。试分别计算这两支股票在盈利宣布月的月平均非正常收益。

表 12—1	英国 FTSE100 指数的月收益率和两家公司的股票收益率		单位：每月百分比
月份	（A）市场收益率	（B）Executive Cheese 收益率	（C）Paddington Beer 收益率
2005 年：			
5 月	3.4	−1.9	−0.5
6 月	3.0	−10.1	−17.2
7 月	3.3	8.1	9.8
8 月	0.3	7.5	16.5
9 月	3.4	4.3	6.7
10 月	−2.9	−5.3	−11.1
11 月	2.0	5.7	−7.3
12 月	3.6	−9.7	4.5
2006 年：			
1 月	2.5	−4.7	23.0
2 月	0.5	−10.0	−1.1
3 月	3.0	−2.7	−1.2
4 月	1.0	0.1	6.2
5 月	−4.9	3.4	12.4
6 月	1.9	5.6	−7.9
7 月	1.6	−2.2	11.5
8 月	−0.4	−6.5	4.3
9 月	0.9	−0.2	3.4
10 月	2.8	−3.7	4.1
11 月	−1.3	−9.0	−14.1
12 月	2.8	7.3	−6.5
2007：			
1 月	−0.3	4.7	12.6
2 月	−0.5	−7.1	−14.1

19. 1997 年 5 月 15 日，科威特政府要出售 1 700 万股 BP 股票，价值约为 20 亿美元。伦敦股市闭市后，科威特政府和高盛公司（Goldman Sachs）进行了接触，要其在

1 小时内决定是否出价接盘。高盛公司决定出价每股 710.5 便士（相当于 11.59 美元），科威特政府接受了。接下来，高盛公司开始寻找买主，在全世界找到了 500 个机构和个人投资者，按每股 716 便士（相当于 11.70 美元）的价格售出了全部股票。在第二天伦敦股市开市之前，高盛公司完成了所有交易，并在一夜之间赚得了 1 500 万美元[①]。

这个例子是否说明了市场有效性？试讨论一下。

思考题

20. "强式有效市场假设简直就是在胡说！看看共同基金 X，它在过去的 10 年中每年都有超常的业绩表现。"这位发表言论的人的观点正确吗？假设基金 X 仅凭运气每年也有 50% 的获得超常表现的可能。

（1）如果 X 是唯一的基金，计算其在过去 10 年中每年都获得超常表现的概率。

（2）现在考虑一下，美国市场一共有超过 10 000 个共同基金，10 000 个基金中至少有一个仅凭运气就能连续 10 年获得超常表现的概率是多少？

21. "对国际收支严重失衡的国家接受国际援助前后一段时间的汇率和债券价格走势进行的分析表明，一般来说，在宣布援助前的几个月内价格一般都会大幅下降，而在宣布之后，价格则相当平稳。这说明援助是有效的，但有点儿太晚了。"真的是这样吗？

22. 在雅虎网 finance.yahoo.com 或市场观察网（www.mhhe.com/edumarketinsight）数据库下载 5 支美国股票近 12 个月的日价格。对每支股票，做一个像图 12—2 那样的相邻两天日收益变化的散点图，然后计算相邻两天日收益的相关系数。你能找到始终如一的模式吗？

---

① "Goldman Sachs Earns a Quick $15 Million Sale of BP Shares", *The Wall Street Journal*, May 16, 1997, p. A4.

第5部分

股利政策与资本结构

很多能源公司一直背负着大量的债务,很多年以来,堪萨斯州的 Westar Energy 也不例外。但是,2003 年,Westar Energy 开始削减其巨额债务,并重新得到对其债券投资的等级评估。它出售了一些不需要的业务,将其股利从每股 1.20 美元降低为 0.76 美元,并且发行了 2.5 亿美元的普通股。到 2006 年,Westar 已经卸掉了其巨额债务的一半。

Westar 的管理者们面临着两个基本的财务决策,一个是公司应该给股东分配多少现金。在下调股利的同时,公司宣布计划发放未来收益的 60% ~ 75%,但公司也可以选择保持股利不变,然后通过发售更多普通股的方式来筹集资金。第 13 章我们将探讨公司应该支付多少股利的选择问题。

Westar 的第二个决策是减少其借款,代之以权益融资。公司债务和权益的比重被称为该公司的资本结构。第 14 章到第 16 章将考察资本结构选择及其对资本成本的影响。

无论是股利决策,还是资本结构决策,都没有简单的答案。例如,增加负债对公司来讲有可能是好事,也有可能是不好的事,这要看具体的情况。但第 5 部分将会引入更多的概念和方法,以帮助公司确定应该向股东派发多少股利,以及合理的资本结构是什么样的。

第13章

股利政策

公司将现金返还给股东可以采取两种方式，支付股利或回购其所持有的股票。本章我们将首先说明公司应如何确定其股利发放的数额及发放方式，然后讨论股利政策对公司价值的影响这个颇有争议的问题。

理解股利政策的首要步骤是明确这个短语对不同人的不同含义。因此，我们首先要明确我们所指的股利政策到底是指什么。

公司派发多少现金的决策通常是与其他融资决策和投资决策混合在一起的。一些公司之所以发放的现金比较少，是因为其管理层比较看好公司的未来状况，因此希望保留利润以实现公司的扩张。但是，如果未来投资机会丧失，此时发布增加股利的公告，公司的股价就会下跌。我们怎样才能将增发股利的影响和由于丧失增长机会而导致投资者失望沮丧所造成的影响相区分呢？

有些公司可能主要通过借款来解决其资本支出的融资问题，这就产生了大量的可以分配给股东的现金。在这种情况下，股利支付就成了借款决策的副产品。

我们必须将股利政策与其他财务决策加以区别，严格说来，我们应该回答的问题是：在公司资本预算和借款决策一定的情况下，股利政策的变化有什么影响？如果公司打算增发股利，那么它所需要的现金就必须通过某种途径取得。在公司投资支出和借款额一定的情况下，取得现金就只有一种可能的资金来源，即发行股票。如果公司决定减少，那么其股利又会是什么情况呢？在这种情况下，公司将会有多余的现金。在投资支出和借款额一定的情况下，这些现金就只有一种可能的用途，即回购股票。因此，股利政策就意味着要在发放高股利还是低股利，以及增发普通股还是回购普通股之间进行权衡。

本章开始，我们将首先介绍一些有关股利发放和股票回购机制的基本知识，然后考察公司如何确定股利的发放数额及发放方式，说明股利和股票回购如何向投资者提供有关公司前景的信息，接着再回到本章的核心问题，即股利支付决策或回购股票如何影响公司的价值。

13.1 股利政策的选择

公司向其股东发放现金可以采用两种方式，可以支付股利或购回一些流通股份。图13—1指出，从总体上看，发放的股利和股票回购的金额在收益中占有较高的比重。例如，2001—2005年间，美国公司发放的股利平均占收益的49%，而回购占到了47%。

图 13—1	美国公司股利和股票回购

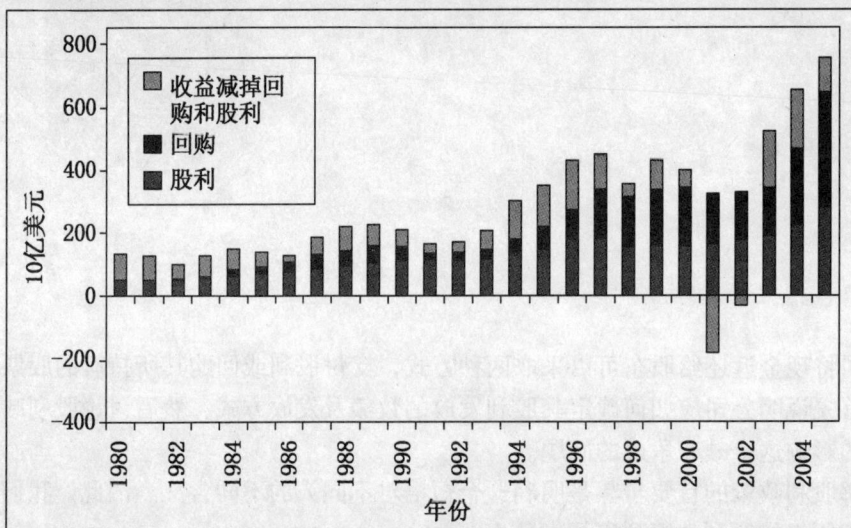

注：1980—2005年；单位：十亿美元。

资料来源：Standard & Poor's Compustat.

尽管股利是公司向其股东返还现金的主要方式，但在很多国家，支付股利的公司比重已经下降了。在美国，1980年支付股利的公司有64%，到2005年该数值已经下降到了41%[①]。有些不支付股利的公司在过去曾经支付过股利，但后来公司的经营发生了困难，于是不得不将现金保存起来。最近几年有很多面向公众的新兴公司不支付股利。在美国，这样的公司包括大的家族公司，如太阳微系统（Sun Microsystems）、思科（Cisco）、甲骨文（Oracle）、亚马逊（Anazon）、谷歌（Google），以及一些成长迅速的、还没有完全盈利的小型公司。

---

① 美国工业公司中支付股利的比重更低，参见 E. Fama and K. French，"Disappearing Dividends：Changing Firm Characteristics or Lower Propensity to Pay？" *Journal of Financial Economics* 60（2001），pp. 3 - 43。在欧洲，支付股利公司比重的下降尤以德国为标志，见 D. J. Denis and I. Osobov，"Why Do Firms Pay Dividends？ International Evidence on the Determinants of Dividend Policy"，unpublished paper，Purdue University，August 2006。

从图 13—1 中可以看出，1983 年以前，股票回购还是非常少见的，但从那以后就迅速地变得非常普遍了。2005 年是创股票回购记录的一年，这一年中，11 家美国公司都各自回购了超过 50 亿美元的股票，这其中就包括了经验丰富的股票回购老手，埃克森美孚（ExxonMobil）[1] 回购了 182 亿美元，花旗银行（Citi）回购了 128 亿美元，思科回购了 102 亿美元。

股票回购突然增多的原因是什么呢？一种解释是，1982 年美国证券交易委员会（SEC）实施了 10b－18 规则（Rule10b－18）[2]。在该规则实施以前，如果公司回购自己公司的股票就会面临被控操纵股价的风险，但 10b－18 规则提供了保护公司免于被起诉的规定。

13.2　公司如何发放股利及回购股票

在考察股利和股票回购选择之前，我们需要回顾一下这些对股东进行的支付是如何发生的。

公司的股利是由董事会决定的，宣告股利时要指出，此次股利是支付给在特定登记日（record date）记录在册的所有股东。然后大约一个星期左右，向股东邮寄股利支票。通常股票都是带息（with dividend）（或附息，cum dividend）买卖的，但在登记日两天之前，如果再进行买卖就是除息（ex dividend）的了。如果你是在除息日之前购买的股票，那么你这笔购买就无法在登记日之前计入公司账簿，因此你就不能获得这次发放的股利了。

图 13—2 列示了一系列的事件。2007 年 1 月 31 日，埃克森美孚宣告发放每股 0.32 美元的季度股利，股利将在 3 月 9 日发放给 2 月 9 日登记在册的所有股东。两天之前，也就是 2 月 7 日股票开始进行除息交易，在这一天购买了股票的所有投资者都无法将这次的股票购买在登记日之前计入公司的账簿，因此也就无法获得本次的股利发放。

图 13—2	解释股利如何支付		
2007 年 1 月 31 日	2007 年 2 月 7 日	2007 年 2 月 9 日	2007 年 3 月 9 日
埃克森美孚宣布每股 0.32 美元的季度正常股利	股票开始除息交易	股利将支付给在这一天登记在册的股东	向股东邮寄股利支票
股利宣告日	除息日	股利登记日	股利支付日

公司选择发放多大的股利并不是没有限制的，在某些国家，如巴西和智利，法律强制要求公司发放的股利必须占到收益的最小比重。而有些限制条件是由贷款人提出来的，他们担心的是如果公司发放了过多的股利，那么留做偿还他们贷款的资金可能就无

---

[1] 截至 2005 年的 10 年间，埃克森美孚共回购了 540 亿美元的股票。

[2] 见 G. Grullon and R. Michaely, "Dividends, Share Repurchases and the Substitution Hypothesis", *Journal of Finance* 57（August 2001），pp. 1649－1684。

法满足。在美国，各州的法律也通过限制超额股利的发放来帮助保护公司债权人的利益。例如，公司不允许从法定资本中支付股利，法定资本一般是指未收回的面额股票①。

　　大部分美国公司每个季度都支付正常现金股利（regular cash dividend），但偶尔还一次性地支付额外（extra）或特殊股利（special dividend）。很多公司给股东提供自动的股利再投资计划（DRIPs）。在通常情况下，新股按市场价5%的折扣价格发行。在股利再投资计划下，有时会有股利总额的10%甚至更多用于再投资②。

　　股利也不全是以现金的形式发放的，有时公司还会宣告发放股票股利（stock dividend）。例如，如果公司支付5%的股票股利，那么对当前的股东，每持有100股就会给他们额外增发5股股票。实际上，股票股利和股票折分基本上是一样的，两者都会增加股票的数量，但不影响公司资产、利润或公司总价值，因此两者都会降低每股的价值③。本章我们将主要探讨现金股利。

公司是如何回购股票的

　　如果公司不向股东支付股利，它可以利用这些现金回购股票。回购的股票可以作为公司的库藏股，也可以在公司需要资金的时候重新出售。回购股票有四种主要方式，到目前为止，最常用的第一种方法是公司就和其他的投资者一样在公开市场上宣布它将回购自己的股票。有时公司也使用第二种更委婉的方式，它们提出要按固定价格回购特定数量的股份，而这一固定价格通常情况下比当前市场价格高20%。然后股东可以选择是否接受这个出价。第三种方法是采用拍卖（Dutch auction）的方式，在这种情况下，公司对其准备回购股票提出一系列的价格，然后股东提供在每一种价格下他们愿意出售的股份数量，最后由公司计算在他们想要购买的股份数量下可以采用的最低价格。第四种方法，股票回购也可以通过直接与主要股东协商的方式进行。最出名的一个例子是绿邮（greenmail）交易，即兼并对象竭力购买敌意兼并者手中的所有股票来收买敌意兼并者。"绿邮"意味着这些股份必须以兼并者满意的价格买入，但这一价格的通过不会令被兼并的股东们高兴。

---

　　① 如果没有面值，那么法定资本是指发行股票获得收入的一部分或全部。拥有递耗资产（wasting assets）的公司，如一些采矿公司，有时允许用法定资本支付股利。

　　② 有时公司不仅允许股东对其股利进行再投资，而且允许他们以折扣价格购入另外的股份。一个有意思的穷人变富翁的真实故事，见 M. S. Scholes and M. A. Wolfson，"Decentralized Investment Banking: The Case of Dividend - Reinvestment and Stock - Purchase Plans," *Journal of Financial Economics* 24（September 1989），pp. 7 - 36。

　　③ 股票股利和股票分割之间的区别是技术性很强的。股票股利体现在账户中，是从留存收益到权益资本的转移，而股票分割体现为每股面值的减少。

13.3 公司如何进行股利决策

2004 年，一项研究调查了一些高级管理人员对其公司股利政策的看法[①]。图 13—3 对这些管理人员的回答进行了解释，有三个突出的特征：

1）管理者们不愿意对以后可能出现反复的股利作出变化的决策。他们尤其担心必须取消股利的增长，如果有必要，那么他们更愿意通过筹集新的资金来维持股利的支付。

2）为了避免降低股利支付带来的风险，管理者们通常会"平稳"股利的支付，因此，股利仅在长期可持续盈利变化的情况下才会变化，暂时的收益变化一般不会影响股利的发放。

3）管理者们一般更关注股利的变化，而不是股利的绝对数额。因此，如果去年的股利是每股 1.00 美元，那么是否支付每股 2.00 美元的股利就是比较重要的财务决策，但如果去年的股利已经是每股 2.00 美元，那么今天是否还支付这个数额就不是很重要了。

图 13—3	2004 年对财务执行官的调查

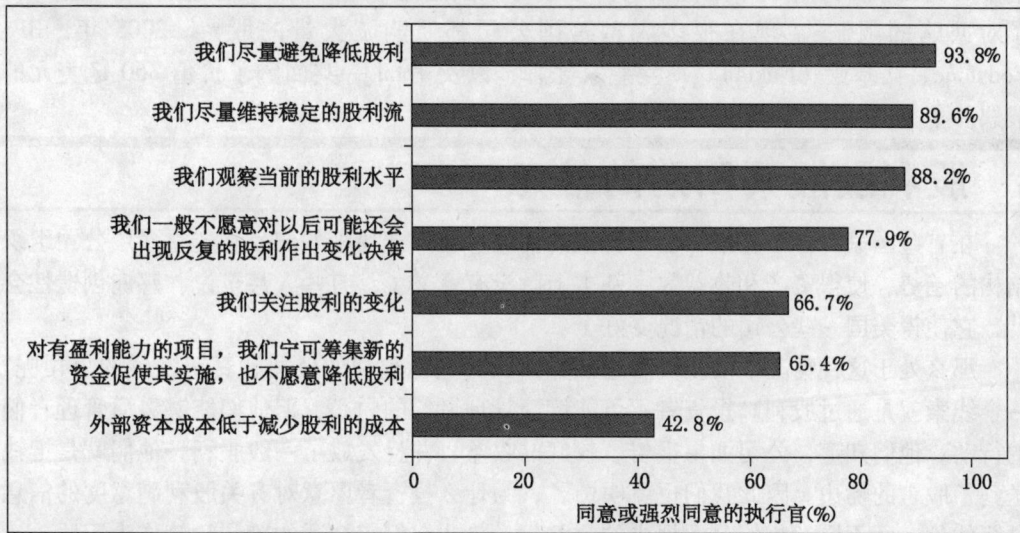

注：公司都不愿意降低股利，都愿意努力维持平稳的股利支付。

资料来源：A. Brav, J. R. Graham, C. R. Harvey, and R. Michaely, "Payout Policy in the 21st Century," *Journal of Financial Economics* 77（September 2005），pp. 483－527. © 2005 Elsevier Science, with permission.

尽管股票回购就像是大额的股利支付，但是通常它们不能代替股利。2005 年支付

[①] 见 A. Brav, J. R. Graham, C. R. Harvey, and R. Michaely, "Payout Policy in the 21st Century", *Journal of Financial Economics* 77（September 2005），pp. 483－527。这篇文章是对以下更早的较为经典的股利政策访谈的再次探讨，见 J. Lintner, "Distribution of Incomes of Corporations among Dividends, Retained Earnings, and Taxes", *American Economic Review* 46（May 1956），pp. 97－113。

了股利的公司中有超过2/3的也回购了股票。在以下情况下，公司有可能购回股票，即公司累积了大量的不需用的现金，或者想通过用权益资本代替债务这样的形式改变公司的资本结构。因此有可能发生的情况是，公司在这一年中想要回购大量的股票，但下一年就一点儿也不想回购。

支付股利的公司通常将股票回购看成是分配可持续收益的另一种可选择的方法，但反过来就不一定正确了。与股票回购不同，股利并不能被看成是支付暂时收益的合适方法。因此，回购股票的很多公司一般不会考虑利用现金去支付股利，由此出现了维持股利支付的承诺①。

基于股利和回购方式的不同，发现回购比股利更为易变就不足为奇了。通常在繁荣时期，公司积累了大量的额外现金，回购一般都会迅速增长；反之，在经济衰退时就会萎缩。从图13—1中也可以看出这一点，20世纪90年代早期回购急剧下降，2000—2002年间也是一样。

迄今为止，很多国家禁止或严格限制股票回购的应用，其结果是，积累了大量现金的公司就被迫对收益率非常低的项目进行再投资，而不能将现金返还给股东，实际上，股东在公司缺少现金的时候是可以对公司进行再投资的。现在有很多限制条件已经被取消了，例如，1995年日本允许回购，2000年瑞典也允许回购；而德国也在1998年放松了对回购的限制②。现在很多大型跨国公司都回购了大量的股票。2005年，BP、Vodafone、诺基亚（Nokia）、荷兰皇家壳牌，以及Total一共回购了价值360亿美元的股票。

13.4 股利及股票回购的信息

在有些国家，你不能依靠公司提供的信息。对保守秘密的偏爱和建立多层公司组织结构的趋势，使得资产和收益数字基本上就没有意义了。有些人甚至说，感谢创造性会计，它使得美国一些公司的情况变好了。

那么处于这种情况下的投资者应该如何区分边际盈利的公司和真正赚钱的公司呢？一个线索就是通过股利。投资者不可能读懂管理者们的内心，但他们能够看懂管理者们的行动。他们知道，公司如果报告了较好的收益，并且发放了一般股利，他们就是把钱送到了股东的嘴边。因此我们也就明白了，为什么投资者愿意对有关股利满意度的信息进行估价，而不愿意相信公司报告的收益额，除非它们有合适的股利政策作为后盾。

当然，公司也可以通过虚报公司收益，并向股东发放一般股利的做法在短期内愚弄股东。但这种愚弄在长期是行不通的，因为长期内如果公司不能赚取足够的资金，它就不能有足够的现金发放股利。如果公司没有现金流作为后盾却选择了较高的股利支付政策，那么该公司最终一定会减少其投资计划，或向投资者借入更多的债务，或向投资者

---

① 例如参见 R. Dittmar and A. Dittmar, "Stock Repurchase Waves: An Examination of the Trends in Aggregate Corporate Payout Policy", working paper, University of Michigan at Ann Arbor, February 2004。

② 对不同国家回购实务的调查，见 International Organization of Securities Commissions (IOSCO), "Report on Stock Repurchase Programs", February 2004, www. iosco. org。

吸收更多的权益性资本来进行融资。而所有这些后果的成本都是巨大的。因此，除非管理者相信将有足够的现金支付，否则他们一般不会增加股利额。

对股利变化的信息加以考量的研究者们获得了各种各样的证据。有些研究结果发现，股利变化基本对预测未来收益毫无作用，或仅有一点儿作用，但专门针对首次支付股利的公司进行研究的 Healy 和 Palepu 发现，平均来说，在股利支付那一年收益平均上涨 43%。如果管理者们仅认为这是一笔暂时的意外收获，对是否发放现金他们可能就会比较谨慎，但看起来似乎这些管理者完全有理由对未来前景充满信心，因为在接下来的几年中收益确实是持续增长的①。

投资者当然是希望股利增长的。当宣布股利增长时，经济分析人员一般都会加强对当前收益情况的预测②。因此，较高的股利会立即抬高股价、而股利削减将会导致股价下降就不足为怪了。例如在 Healy 和 Palepu 对股利进行的最初研究中就发现，股利宣告导致股票价格非正常上升了 4%③。

要注意，投资者并不会因为公司股利的水平而感到兴奋，他们关心的是股利的变化，他们将这种变化看成是公司可持续收益的一个重要指示器。在财经新闻中，我们例证了当投资者试图解释股利变化重要性的情况下，股利的意外变化如何导致股票价格的来回波动。

财经新闻

股利削减的消息到处传播

1994 年 5 月 9 日，佛罗里达电力与照明公司（Florida Power and Light Company）的母公司 FPL 集团（FPL Group），宣布将其季度股利支付额从每股 62 美分降为 42 美分。在其公告中，FPL 集团想尽了一切办法，向投资者解释为什么会采取这种反常做法。公司强调指出，在仔细研究过公司经营状况之后，考虑到公用电力行业的竞争日趋激烈，公司历史上的高股利发放率（过去 4 年一直保持在 90% 的水平）已不再符合股东的最佳利益。公司新的股利政策决定，将上一年度利润的大约 60% 作为股利发放。同时管理层还宣布，从 1995 年开始，公司将在 2 月份考虑股利发放问题，而不再是 5 月份，以加强股利和年利润之间的联系。公司这样调整的目的是为了使未来可能出现的股利变化导致的"信号效应"最小化，因为这种信号效应是公司管理层不想看到的。

就在公司宣布其股利政策变化的同时，FPL 集团董事会通过了在今后 3 年里回购 1 000 万股股票的回购计划。对该决策，公司特别提出，1990 年以来的美国税法变化已

---

① 参见 P. Healy and K. Palepu， "Earnings Information Conveyed by Dividend Initiations and Omissions"，*Journal of Financial Economics* 21 (1988)，pp. 149 – 175。对在公布中没有发现任何信息的研究成果，见 G. Grullon, R. Michaely, and B. Swaminathan， "Are Dividend Changes a Sign of Firm Maturity?" *Journal of Business* 75 (July 2002)，pp. 387 – 424。

② 见 A. R. Ofer and D. R. Siegel， "Corporate Financial Policy, Information, and Market Expectations：An Empirical Investigation of Dividends"，*Journal of Finance* 42 (September 1987)，pp. 889 – 911。

③ Healy 和 Palepu 还考察了停止支付股利的公司。在这个研究中他们发现，宣告导致了股票价格平均异常下降了 9.5% 以及接下来 4 个季度内的利润下降。

经使得资本利得比股利对股东更为有利。

除向股东派发过剩现金以给股东提供更有效的避税方法外，FPL集团利用股票回购代替股利也是为了加强公司财务的灵活性，以应对公用事业企业间竞争日益激烈的局面。对于削减股利而节省下来的现金，扣除用股票回购方式返还给股东的部分外，其余部分则用于削减公司债务，从而降低公司的负债比例。公司降低负债的目的是想更好地面对可能出现的增大的经营风险，使银根宽松一些，公司能够更好地把握未来的商业机会。尽管这些听起来都很有道理，但投资者的第一反应却是感到大祸临头。公告日当天公司股票价格就下降了约14%。但是分析师们理解了这一消息，并对FPL削减股利的理由进行深入分析后，他们得出了这样的结论：这种行为并不是财务状况恶化的信号，而是经过深思熟虑之后制定的一个战略决策。这一观点在财经界迅速传开，然后FPL集团的股价开始回升。到下一个月的中旬，至少有15家主要经纪商都将FPL的普通股列入了"买"单，股票价格也基本上恢复到了其首次下跌前的价格水平。结果，在公告日一个月后股价的涨幅反而超过了下跌的幅度。

资料来源：Modified from D. Soter, E. Brigham, and P. Evanson, "The Dividend Cut Heard 'Round the World': The Case of FPL", *Journal of Applied Corporate Finance* 9 (Spring 1996), pp. 4-15. © 1996 Blackwell Publishers.

看起来，在其他国家中投资者并不特别关注股利的变化。比如在日本，公司和大部分股东之间的关系非常亲密，因此信息更容易在投资者之间共享。其结果是，在收益减少的情况下，日本公司更容易降低其股利支付额，但投资者不会像美国投资者那样认为这是股价急剧下降的信号①。

股票回购的信息满意度

与股利一样，股票回购也是将现金返还给股东的一种方式。但与股利不同，股票回购一般是一次性行为。因此，如果公司宣布回购股票的计划，它并不是在作长期的承诺，承诺能够获取收益，并分配更多的现金。因此，股票回购计划宣告当中的信息与股利支付的信息可能是不同的。

当公司累积了超过盈利项目投资所需的更多的现金时，或者当它们希望提高其债务水平时，公司可以回购其股份。以上哪一种情况对公司自身来说都不是好消息，但股东们通常更愿意看到公司支付超额的现金，而不愿意看到它们将现金浪费在不盈利的项目上。股东们也知道具有大量债务的公司不大可能浪费现金。Comment和Jarrell对新兴市场股票回购计划宣告进行的一项研究发现，平均来说，这样的宣告导致了价格非正常上

---

① 对日本财团 (Keiretsus) 股利政策的分析，见 K. L. Dewenter and V. A. Warther, "Dividends, Asymmetric Information, and Agency Conflicts：Evidence from a Comparison of the Dividend Policies of Japanese and U. S. Firms", *Journal of Finance* 53 (June 1998), pp. 879-904。

涨 2%①。

股票回购也可以作为反映经理们对未来信心的信号。假设你是一位经理，你相信你的股票是被严重低估了。如果你宣布将以高出市价 20% 的价格回购公司 1/5 的股票，而（你声明）你本人不会以这一回购价格卖出自己股票的话，那么投资者显然会得出这样的结论：你一定认为即使股价比当前价格高出了 20%，公司的股票仍然非常有价值。

当公司以溢价回购股票时，高级经理和董事们一般都会继续持有公司股份②。因此不足为怪的是，研究者们发现以高出市价的价格来回购股票的公告会促使股价有更大幅度的上涨，平均能达到 11% 左右③。

13.5　股利政策的争议

我们已经看到，股利的变化为管理者提供了对未来信心的信息，因此可以改变股票价格。但随着未来盈利的相关信息从其他渠道传播开来，这样的股价变化最终还是会发生的。那么，股利政策是否真的会改变公司股票的价值，还是仅提供了一个关于其价值的信号呢？

对这个问题，经济学家们分成了三个学派。右倾的是保守派，他们认为增加股利会增加公司的价值；左倾的是激进派，他们认为增加股利会减少公司价值；而中庸的就是中间派，他们认为股利政策不会影响公司价值。

中间学派是由 Miller 和 Modigliani（通常被称为"MM"或"M"和"M"）在 1961年创立的，当时他们发表了一篇论文，指出了在没有税收、没有交易成本并且没有任何其他市场不完全情况下股利政策的无关性④。按照 1961 年的标准，MM 还是左倾的激进派，因为当时大多数人都相信，即使在理想的假设下，股利的增加也会让股东更加富有⑤。但 MM 理论的正确性现在已经得到了广泛的认可，目前争论的焦点已经转移到税

---

① 参见 R. Comment and G. Jarrell，"The Relative Signalling Power of Dutch – Auction and Fixed Price Self – Tender Offers and Open – Market Share Repurchases"，*Journal of Finance* 46（September 1991），pp. 1243 – 1271。也有证据表明，在回购计划宣告后几年内持续具有超额业绩的，见 D. Ikenberry，J. Lakonishok，and T. Vermaelen，"Market Underreaction to Open Market Share Repurchases"，*Journal of Financial Economics* 39（October 1995），pp. 181 – 208。

② 管理者们不仅握紧他们手中的股票，通常情况下在回购公告发布之前他们还往往增加他们持有的份额。见 D. S. Lee，W. Mikkelson，and M. M. Partch，"Managers' Trading around Stock Repurchases"，*Journal of Finance* 47（December 1992），pp. 1947 – 1961。

③ 见 R. Comment and G. Jarrell 前面的引文。

④ 见 M. H. Miller and F. Modigliani，"Dividend Policy, Growth and the Valuation of Shares"，*Journal of Business* 34（October 1961），pp. 411 – 433。

⑤ 并不是所有的人都相信股利能使股东更富有的，MM 的观点早在 1938 年就已经有人提出过，见 J. B. Williams，*The Theory of Investment Value*（Cambridge，MA：Harvard University Press，1938）。另外，J. Lintner 还在其论文中对 MM 理论给出了一个类似的证明，见"Dividends, Earnings, Leverage, Stock Prices and the Supply of Capital to Corporations"，*Review of Economics and Statistics* 44（August 1962），pp. 243 – 269。

收和其他市场的不完全是否能改变这种情况上。在这场论战中，一些着力推荐低股利的新左派已经使得 MM 的观点处于中立的地位。左派的观点以 MM 理论为基础，但对其进行了修正，他们将税收和发行证券的成本因素纳入了考虑范围之内。保守派仍然是存在的，他们本质上仍然坚持 1961 年的观点。

那么我们为什么要关注这场争论呢？当然，如果我们要帮助公司决定股利发放还是股票回购的话，我们就要知道股利对价值的影响。但还有一个更重要的原因。迄今为止，我们一直假设公司投资决策与公司融资决策是相互独立的，在这种情况下，无论谁来运作，无论最终如何融资，好项目就是好项目。如果股利政策不影响价值，这个结论仍将成立。但可能股利确实是影响价值的，那么在这种情况下，新项目的吸引力可能就还和其资金来源有关。比如说，如果投资者更喜欢发放高股利的公司，那么公司可能就不愿意选择留存收益作为投资项目的主要来源。

我们首先介绍一下 MM 理论，以此开始有关股利政策的讨论，然后我们将对三个学派的观点加以批判性点评。在开始讨论之前，也许我们应该提醒各位：我们自己大多数时候是中间派，但有时也会偏左（作为投资者，我们更喜欢较低的股利，因为我们不愿意纳税）。

13.5.1　在完全的资本市场上，股利政策是无关的

1961 年，MM 在其经典论文中展开了如下论述：假设你的公司已经明确了投资计划，你已经计算出了这个计划所需要的资金以及通过借款所能筹集到的资金数量，并且计划以留存收益来补充筹措资金的不足，然后将所有多出的现金都作为股利发放给股东。

现在想一下，如果你想通过增发股利来提高股利支付水平，但又不想改变投资政策和负债政策，那么结果将会如何？额外的资金肯定要从某处筹措，既然公司保持负债水平不变，那么融资的唯一方法就是多印一些股票，然后再销售出去。但是除非你的股票物有所值，否则投资者是不会认购新股的。而在公司的资产、盈利和投资机会都没有变化，也就是说在公司市场价值不变时，公司怎样才能做到这一点呢？答案就是，必须进行从老股东到新股东的价值转移（transfer of value）。新股东得到了新发行的股票，其股价低于股利变化公告前的价格，而老股东则要承担股价下跌的损失，他们的资本损失只能通过额外的现金股利来补偿。

图 13—4 列示了价值转移的发生过程。我们假想的公司将其价值的 1/3 作为股利支付给股东，并通过发行新股来筹集资金。老股东遭受的损失由股利支付前后 B 列方块尺寸的减少来表示，但这部分损失完全被用于发放股利的新筹集到的资金（A 列方块）所补足。

收到额外股利，却又蒙受股价损失，这对老股东有什么不同呢？如果这是老股东得到现金的唯一方式，那么也许会有不同。但是在有效市场中，他们也可以出售股票以获取现金，因此老股东们可以通过两种方式取得现金，即可以劝说管理层发放更高的股利，或售出自己的一些股份，而这两种情况下都会发生新老股东之间的价值转移，不同的就是，前者的转移是由于公司股份每股价值的稀释所导致的，而后者则是由于老股东所持股份的减少。二者之间的比较如图 13—5 所示。

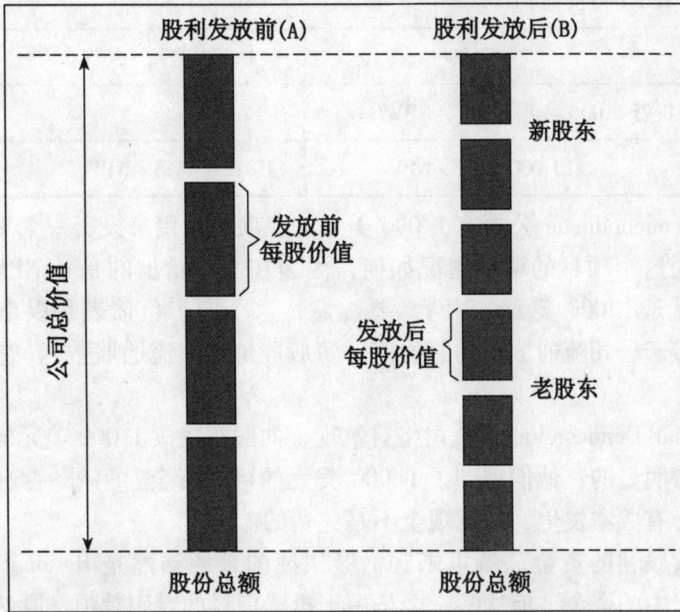

注：这家公司将其价值的三分之一作为股利发放，并通过发行新股筹集资金。转移到新股东的价值与派发的股利相等。公司的总价值没有变化。

因为股利并不是投资者获取现金的唯一方式，因此投资者一般不会出更高的价格购买那些股利发放额较高的公司的股票。因此，公司不应该担心股利政策，它们可以让股利作为投资决策和融资决策的一种副产品来回波动。

图 13—5   公司原有股东获得现金的两种方式

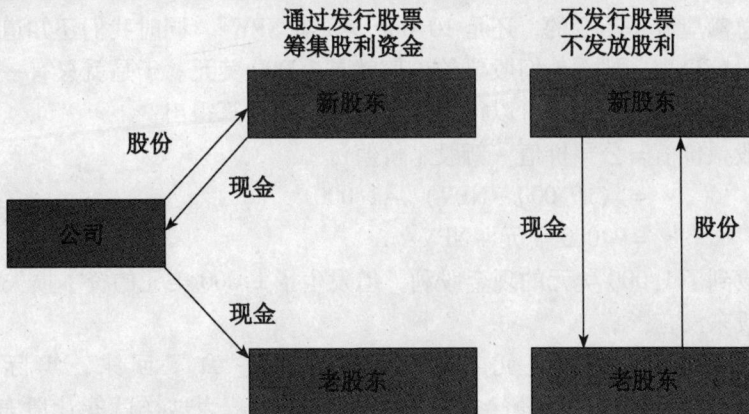

注：在两种情况下，老股东所得到的现金都被其所持股份价值的减少所抵消。如果公司发放股利，那么由于对同样的公司资产发行了更多的股票，因此每股价值会减少。如果老股东售出一些股票，那么股票的价值虽然没有改变，但老股东的股份数量会减少。

13.5.2   股利无关性：一个示例

看一下 Rational Demiconductor 公司的例子。该公司当前的资产负债表如下所示：

Rational Demiconductor 资产负债表（市场价值）			单位：美元
现金（为投资持有 1 000 美元） 1 000		0	负债
固定资产 9 000		1 000 美元 + NPV	权益
投资机会（需要投资 1 000 美元） NPV			
资产总计 10 000 美元 + NPV		10 000 美元 + NPV	公司价值

Rational Demiconductor 公司有 1 000 美元的专项资金用来投资一个 1 000 美元的项目。我们不知道这个项目的增值情况如何，因为在表中给出的是其 NPV，这样，项目实施后其价值就是 1 000 美元 + NPV。要注意，这个资产负债表是以市场价值为基础的：股东权益等于公司流通股份的总价值（每股股价乘以流通股数），它不一定等于账面价值。

现在 Rational Demiconductor 公司将这笔现金向股东发放 1 000 美元的股利。股东得到的好处是非常明显的：他们得到了 1 000 美元的可用资金。另外一点也是很明显的，即这样做肯定会有成本发生，毕竟现金不是免费的。

那么，发放股利的资金从哪里来呢？最快捷的来源当然是 Rational Demiconductor 公司现金账户当中的资金，但这笔资金是用于投资项目的专用款项。既然我们要将股利政策对股东财富的影响分离出来，因此我们必须假设公司要继续进行项目投资。这就意味着这 1 000 美元的股利资金必须从其他的新渠道进行筹集，这涉及两种方法：发行新股或举债融资。目前我们还是仅仅考虑股利政策，将对债务权益选择的探讨留到第 14 章和第 15 章。于是 Rational Demiconductor 公司通过发行 1 000 美元的新股完成了股利的融资。

现在我们来考察一下股利发放、新股出售以及项目投资都完成之后的资产负债表。由于 Rational Demiconductor 公司的投资和负债政策都不受股利政策的影响，所以公司的市场价值总额应该是不变的，还是 10 000 美元 + NPV[①]。同时我们还知道，如果对新股东支付的股价合理，那么他们股票的价值就是 1 000 美元。于是就只有一个数是未知的，即老股东的股票价值。这可以很容易地从下式中计算得出：

老股东股票价值 = 公司价值 − 新股东价值

$$= (10\ 000 + NPV) - 1\ 000$$

$$= 9\ 000\ 美元 + NPV$$

老股东收到了 1 000 美元的现金股利，但发生了 1 000 美元的资本损失，因此，股利政策对老股东没有影响。

一只手付出了 1 000 美元，另一只手又把它拿了回来，实际上 Rational Demiconductor 公司只不过是让资金循环了一周。如果认为这样就能让股东更加富有，那么好比建议厨师打开冰箱门让厨房凉快一样。

当然，我们的证明忽略了税收因素、发行成本及其他复杂因素。后面我们将会涉及

---

① 假设其他影响 Rational Demiconductor 公司价值的因素都是常量。这个假设不是必须的，但它可以简化 MM 理论的证明过程。

这些内容。以上论证的关键假设是，新股定价是合理的，用来筹集1 000美元的股票应该确实值1 000美元[①]。换句话说就是，我们假设资本市场是有效的。

13.5.3　计算股票价格

上面我们假设了 Rational Demiconductor 公司的新股可以按合理的价格出售，那么这个价格应该是多少呢？公司应该发行多少新股呢？

假设股利发放前该公司有1 000股流通股份，项目具有2 000美元的NPV，那么老股票的总价格就应该是10 000美元 + NPV = 12 000美元，从中可以计算出每股价格为12 000美元/1 000 = 12美元。公司发放股利并完成融资之后，这些老股票的价格为9 000美元 + NPV = 11 000美元，计算得出每股价格为11 000美元/1 000 = 11美元。换句话说，每股股价减少的1美元正好是得到的每股股利。

现在再来看看新股票。很明显，新股发行后新股的价格必须与其余的股票价格相同，也就是说，股价只能是11美元。如果新股东得到的股票价格是合理的，那么公司必须发行1 000美元/11美元，即91股新股来筹集所需的1 000美元。

13.5.4　股票回购

我们已经看到，如果公司的投资和负债政策不变，任何增加的现金股利都会被新股的发行所抵消。实际上，股东之所以能够获得额外的股利，是因为他们卖掉了一部分自己对公司的所有权，而由此引发的股价下跌正好与额外的股利持平。

这个过程也可以反过来进行。在投资和负债政策一定的情况下，任何股利的减少都必须由股票发行数量的减少或回购原来的流通股票来平衡。但既然正方向的过程对股东财富没有影响，那么反方向的过程同样也不会对股东财富造成影响。下面我们用一个例子来对其加以证实：

假设技术人员经过研究发现，Rational Demiconductor 公司的新项目不具有正NPV，它注定是要失败的，因此，管理层宣布取消这个项目，将1 000美元的项目专款用来支付每股1美元的股利。股利支付后的资产负债表为：

Rational Demiconductor 资产负债表（市场价值）　　　单位：美元

现金	0	0	负债
现有固定资产	9 000	9 000 美元	权益
新项目	0		
资产总计	9 000 美元	9 000 美元	公司价值

由于流通股数是1 000股，所以支付股利前的股票价格应该是10 000美元/1 000 = 10美元，支付股利后的股票价格应该是9 000美元/1 000 = 9美元。

不出所料，我们发现将现金股利换成股票回购对股东财富没有影响，股东们放弃每股1美元的股利，但其股票价格变成了10美元，而不是9美元。

应该注意的是，股票回购时，价值的转移对那些没有出售股份的股东们是有利的。

---

① 老股东享有了正NPV项目的所有好处，新股东只能要求一个合理的收益率，他们进行的是零NPV的投资。

虽然他们放弃了股利，但却拥有了更多的公司股权。实际上，他们是拿自己在 Rational Demiconductor 公司支付的 1 000 美元中应得的份额购买了其他股东的股权。

13.5.5 股票回购与估价

对回购自己股票的公司来说，评估其公司权益价值是很容易混淆的。下面我们来看一个简单的例子：

X 公司有 100 股流通股票，其年收益为每年 1 000 美元，所有收益均作为股利发放，因此每股股利为 1 000/100 = 10（美元）。假设投资者预计该公司的年股利将一直保持下去，并且要求的收益率为 10%。在这种情况下，每股价格等于 PV$_{股份}$ = 10/0.10 = 100（美元）。由于流通股数为 100 股，因此，权益的市场价值总额应为 PV$_{权益}$ = 100 × 100 = 10 000（美元）。要注意的是，如果对支付给股东的股利总额进行折现，可以得到同样的结果〔PV$_{权益}$ = 1 000/0.10 = 10 000（美元）〕[①]。

现在假设公司宣布在第 1 年不支付股利，而要用这些资金在公开市场上回购自己的股票。股东得到的期望现金流总额（股利加回购股票的现金）是不变的，仍为 1 000 美元。因此，权益的总价值仍然为 1 000/0.10 = 10 000（美元），其构成为：第 1 年从股票回购中收到的 1 000 美元〔PV$_{回购}$ = 1 000/1.1 = 909.1（美元）〕，以及从第 2 年开始的每年 1 000 美元的股利〔PV$_{股利}$ = 1 000/（0.10 × 1.1）= 9 091（美元）〕。每股价格仍然和以前一样，都是 10 000/100 = 100（美元）。

现在看一下那些想把其股票卖给公司的股东。他们要求的投资收益率为 10%，因此，公司回购股票的价格必须比当前的价格高 10%，也就是 110 美元。公司付出 1 000 美元能够购回的股份数为 1 000 美元/110 美元 = 9.09 股。

公司最初有 100 股，购回了 9.09 股，因此，流通股数还剩 90.91 股。这些股份每股都能够获得 1 000/90.91 = 11（美元）的股利。因此，在股票回购后股东的股数减少了 10%，但每股收益和每股股利都增加了 10%。今天持有 1 股股票并且没有被回购的投资者第 1 年不能得到任何股利，但 1 年之后每年都能够得到每股 11 美元的股利，因此，每股的价格仍为 11/（0.1 × 1.1）= 100（美元）。

以上的例子说明了几点事实。第一，在其他条件不变的情况下，公司不发放现金股利，而决定回购股票的决策不会影响公司的价值；第二，在对公司权益总额进行估价时，必须既包括作为股利支付的现金，还要包括用于回购股票的现金；第三，在计算每股现金流时，存在重复计算问题——既包括每股的预计股利，又包括了从回购中收到的现金（如果你卖掉股票就不能得到以后的股利）；第四，不支付股利，而是进行股票回购的公司减少了流通普通股股数，但增加了每股利润和每股股利。

13.6 保守的右派

MM 理论意味着公司价值是由公司资产和其所创造的现金流所决定的。如果公司增加股利发放的数额，那么超出部分的现金必须通过向股东发行新股来获得。如果公司选择保持股利发放数额不变，那么现金股利的任何增长都一定会被股东通过股票回购得到

[①] 在评估权益总价值时要记住，如果预计公司未来会另外发行股票，那么只有在考虑投资者为此新股付出的金额的情况下才应该包括这些股份上的股利支付。

的现金相应减少所抵消。因此，MM 的结论表明，公司的价值不会由于股利发放数额或发放形式的改变而增加。

在 MM 发表其论文之前，很多财务文献都提倡高股利发放率政策。例如，以下就是 Graham 和 Dodd 在 1951 年站在保守右派立场上发表的一段叙述：

备受推崇、久经考验的股票市场法则强烈地支持自由股利，反对吝啬的股利政策。普通股投资者在对要购买的股票进行估价时必须要考虑这一法则。现在对普通股票估价的标准方法是将收益中作为股利支付的那部分乘数加上对未分配利润的较小乘数[1]。

支持派发大额股利的人们指出，具有高股利发放率的股票有一些天然的客户。例如，法律限制一些金融机构持有那些缺乏明确股利记录的股票[2]。信托捐赠基金也可能愿意选择高股利的股票，因为股利被认为是可支配的"收入"，而资本利得却只是"本金的附属物"。

还有一类天然的客户，比如说老年人，他们将其股票投资组合看成是能给其生活带来稳定现金收入的来源[3]。理论上讲，要想让那些完全不支付股利的股票产生现金也很容易，投资者只要时不时地卖出他所持有股票的一部分就可以了，但由公司每季度寄出一张支票总要比其股东出售股票，比如说每三个月卖一次要简单得多。因此，公司的正常股利为股东减少了很多交易成本，为他们提供了相当多的便利[4]。

一些观察家们应用行为心理学来解释为什么投资者们不愿意出售即使很少的股票，而更乐于接受正常股利的原因[5]。他们指出，我们所有的人都难以抵挡一些诱惑，比如有些人喜欢吃高脂肪的食物，而有些人则贪恋于美酒。我们可以试图通过毅力来控制这些欲望，但这将会是非常痛苦的一个挣扎过程。相反，如果为自己设定一些简单的规则（如"戒掉巧克力"或"只在进餐时喝酒"）可能就会简单得多。同样，我们更喜欢只消费来自股利收入的自律原则，从而回避了需要出售多少股票才能获得想要的资本的难题。

---

[1] 这些作者后来又对这段论述提出了限制，指出投资者愿意为成长型股票支付较高的市盈率。但他们仍然坚持自己的立场，我们引用他们在 1951 年的论述仅仅是因为它们具有历史性的意义，试比较：B. Graham and D. L. Dodd, Security Analysis：Principles and Techniques, 3rd ed. （New York：McGraw - Hill, 1951），p. 432, with B. Graham, D. L. Dodd, 和 S. Cottle, Security Analysis：Principles and Techniques, 4th ed. （New York：McGraw - Hill, 1962），p. 480。

[2] 大多数大专院校可以合法地自由支配外界捐款的资本利得，但通常仅限于股利和利息收入所能保证的有限百分比水平。

[3] 例如，参见 J. R. Graham and A. Kumar, "Do Dividend Clienteles Exist? Evidence on Dividend Preferences of Retail Investors," Journal of Finance 61 （June 2006），pp. 1305 - 1336。

[4] 那些提倡慷慨发放股利的人也许还会进一步辩解说，定期发放股利降低了股东在股价遭到"暂时打压"时仍将被迫出售股票的风险。当然，公司最终肯定还是要通过发行新股以筹措资金发放股利的，但（他们的意见是）公司会挑选一个恰当的时机来发行股票。如果公司真的朝这方面努力，而且他们真的获得了成功，假设这两大假设都成立的话，那么高股利发放率公司的股东可能确实能够什么都不付出但白白获利。

[5] 见 H. Shefrin and M. Statman, "Explaining Investor Preference for Cash Dividends," Journal of Financial Economics 13 （June 1984），pp. 253 - 282。

股利政策、投资政策与管理层激励

股东们经常要求公司更加慷慨地支付股利还有一个原因。假设一家公司有充足的自由现金流，但缺少能够盈利的投资机会。股东们可能并不相信经理们能很好地利用留存收益，他们担心经理们可能利用留存收益来建造一个更加庞大的企业王国，却并不用来进行获利项目的投资。在这种情况下，投资者们对更高的股利或股票回购的追求就不再是因为它们本身价值的原因了，而是因为它们鼓励更加谨慎的以价值为导向的投资策略①。

专栏中的财经新闻描述了微软公司是如何宣布其历史上最大规模现金股利派发的。到2004年，公司的投资机会减少了，因此，投资者们很高兴看到微软将其堆积如山的现金作为股利发放了出去，而不是将其投资于负NPV的项目。

13.7 税收与激进的左派

左派的股利信条非常简单：只要股利纳税比资本利得纳税多，那么公司发放的股利就应该尽量降低，只要能说得过去就可以。所有的可用现金都应该留存下来，或用于股票回购。

财经新闻

微软的股利暴涨

公司发展到某一时刻，积累现金就会成为负担……微软，已经成长为世界上最大的软件公司……几年之前就开始以每月10亿美元的速度创造金钱。7月20日，微软终于正式提出了这个问题。

微软的解决方法是，第一，史无前例地通过各种方式向股东返还750亿美元，其中作为股利派发给股东的现金将高达320亿美元，在12月份一次性派发；第二，用300亿美元用于股票回购，在今后4年内完成。第三，微软将加倍派发正常股利，每年32美分，按季派发。对一家公司持续期还没有到30年，且在2003年才发放了第一笔股利的公司来说，这绝不是件坏事。

资料来源："An End to Growth?" *The Economist*, July 24, 2004, p. 61. © 2004 The Economist Newspaper Group, Inc. Reprinted with permission. Further reproduction prohibited (www. economist. com).

如果落实这样的支付政策，公司就可以把股利转化为资本利得。如果这种财务策略能够减少纳税，那么它应该受到所有应税投资者的欢迎。这就是主张少支付股利的左派的基本观点。

如果股利纳税多于资本利得纳税，那么投资者就应该为低股利收益的股票支付更多

---

① La Porta 等人认为，在美国这样的国家，小股东可以游说公司吐出现金流，从而避免经理层过多占用公司利润来谋取个人利益；相反，在那些对过度投资和营造企业帝国缺乏有力法规的国家，公司付给股东的利润份额较小。参见 R. La Porta, F. Lopez - de - Silanes, A. Shleifer, and R. W. Vishny, "Agency Problems and Dividend Policies around the World," *Journal of Finance* 55 (February 2000), pp. 1 - 34。

的钱。换句话说，对那些以资本利得、而不是股利形式提供收益的证券，他们应该接受较低的税前收益。表13—1说明了这一问题。A公司和B公司的股票具有相同的风险，投资者对A股票下一年的预期为每股112.50美元。B公司股票价格预计只有每股102.50美元，但预计还会有10美元的股利，因此税前收益总额是相同的，都是112.50美元。为提供相同的税后收益，实行高股利政策的股票（B公司）出售价格应该较低。

表13—1	当股利纳税高于资本利得纳税时股利政策的转换	
	A公司（无股利）	B公司（高股利）
下一年股价	112.50美元	102.50美元
股利	0美元	10.00美元
税前收益总额	112.50美元	112.50美元
当前股价	100美元	97.78美元
资本利得	12.50美元	4.72美元
税前收益率	$100 \times \frac{12.5}{100} = 12.5\%$	$100 \times \frac{14.72}{97.78} = 15.05\%$
股利纳税（40%）	0美元	$0.40 \times 10 = 4.00$美元
资本利得纳税（20%）	$0.20 \times 12.50 = 2.50$美元	$0.20 \times 4.72 = 0.94$美元
税后所得（股利加资本利得减税金）	$(0 + 12.50) - 2.50 = 10.00$美元	$(10.00 + 4.72) - (4.00 + 0.94) = 9.78$美元
税后收益率	$100 \times \frac{10}{100} = 10.0\%$	$100 \times \frac{9.78}{97.78} = 10.0\%$

我们发现，B的股价比较低，所以其税前收益比A要高。理由很明显：投资者倾向于选择A是因为其收益是通过资本利得的形式获得的。表13—1说明，在投资者对股利按40%纳税、对资本利得按20%纳税的情况下，A和B对他们具有同样的吸引力，因为二者的税后收益率都是10%。A、B公司股价之间的差额就等于如果投资者购买了B股票所面临的额外纳税的现值[1]。

B公司的管理层可以取消10美元的股利，这样可以节省多余的税金，然后可以用这些资金回购公司的股票。这样的新政策一经公布，其股价就会很快涨到100美元。

13.7.1 为什么要支付股利？

确实，如果公司想一次性地给股东支付大量现金，那么一般都会选择股票回购而不是临时性大幅度地增加股利。但如果股利纳税比资本利得纳税要多，那么为什么公司还

---

① Michael Brennan 将纳税因素引入完全市场，并建立了相应的模型。他发现，资本资产定价模型还是成立的，但必须是在*税后的*基础上。因此，如果A和B的贝塔相同，那么它们就应该提供相同的税后收益率。税前收益率和税后收益率之间的差异则由投资者的加权平均税率所决定。见M. J. Brennan, "Taxes, Market Valuation and Corporate Financial Policy", *National Tax Journal* 23 (December 1970), pp. 417-427。

要支付现金股利呢？如果要向股东派发现金，那么股票回购难道不是最佳途径吗？左派的立场似乎不仅仅是主张少发股利，而且主张只要资本利得具有税收优势，公司就应该实行零股利支付政策。

不过，很少有左派分子真会如此偏激。一家公司如果完全取消股利，定期按一定的基准来回购股票，那么它就会发现，国内税收署将确认这种回购程序的实质，并将计算相应的税收。正因为如此，财务经理们通常并不宣布他们进行股票回购是为了减少股东的税收，他们会找一些其他的理由①。

低股利派仍然主张市场会褒奖那些实行低股利政策的公司，他们认为那些为发放股利而不得不一次又一次发行新股的公司实际上是犯了严重的错误。这样的公司实际上是在通过发行新股为支付股利筹措资金，它至少应该把股利减少到无需发行新股的程度，这样不仅会减少股东的税额，而且还可以避免发行新股带来的交易成本②。

13.7.2　股利与税收关系的经验证据

不可否认，税收对投资者来说相当重要。我们可以看到，在债券市场上，由于市政债券的利息不需要纳税，所以出售的市政债券税前收益就较低；而联邦政府债券需要纳税，因此其税前收益就较高。看来，债券投资者进入股市后就忘掉税收因素是不大可能的。

过去有些证据表明，税收确实影响美国投资者对股票的选择③。纳税较轻的机构投资者通常愿意持有高收益的股票，而个别投资者更倾向于低收益的股票。另外，对低收益股票的这种偏好更多地集中在高收入个人。尽管这样，看起来税收仅是这些投资者的一个次要的考虑因素，它没有阻止个人因持有大量支付股利的股票而进入高税收级别。

如果投资者确实关心税收因素，我们就应该看到，当股利纳税比较高时，公司要想提高股利支付额就应该三思而后行。但仅有 1/5 的美国财务经理们将投资者纳税的因素作为其决定股利政策的重要影响因素。另一方面，公司有时也可以根据投资者纳税的方式进行调整。例如，澳大利亚 1987 年修改税法，实际上取消了对澳大利亚投资者股利征税，这样公司就更愿意提高其股利支付额④。

如果税收因素确实是非常重要的，那么我们也许会发现高股利的股票表现出这样的一种历史趋势：以较低股价出售的高股利股票能够提供更高的收益率，正如表 13—1 所示。但遗憾的是，对这种效应进行衡量是很困难的。例如，假设 A 股票目前价格为 100 美元，其预期股利为 5 美元，因此其预期股利收益率为 5/100 = 0.05，即 5%。现在，公司宣布其收益增加，其股利将增加到 10 美元，事后发现，A 的实际股利收益率为

---

① 他们可能会说，"我们的股票是一个良好的投资对象"，也可能会说，"我们想要利用这些股份来收购其他的公司"。你觉得这些理由合理吗？

② 这些成本可能是非常大的。

③ 例如参见 Y. Grinstein and R. Michaely, "Institutional Holdings and Payout Policy," *Journal of Finance* 60 （June 2005）, pp. 1389 - 1426; and J. R. Graham and A. Kumar, "Do Dividend Clienteles Exist? Evidence on Dividend Preferences of Retail Investors," *Journal of Finance* 61 （June 2006）, pp. 1305 - 1336。

④ 见 K. Pattenden and G. Twite, "Taxes and Dividend Policy under Alternative Tax Regimes," Australian Graduate School of Management, January 2006。

10/100＝0.10，即10%。如果出人意料的收益增加会使A的股价升高，我们就将看到实际股利收益率高将伴随着实际资本收益的增加，但这并不能告诉我们预期股利收益率高是否也伴随着预期收益高。为了衡量股利政策的这种作用，我们需要估计投资者对股利的预期。

另一个问题是，谁也不知道股利收益高到底是什么意思。例如，公用事业股通常股利收益率都高，但这些股票全年股利收益率都高吗？或者是仅仅在支付股利的那几个月或几天内股利收益率高？也许在一年的大部分时间里，它们并没有收益，完全都由那些纳税多的个人所持有[1]。当然，纳税多的投资者在股利支付日并不想持有股票，但他们可以把股票暂时卖给证券交易商，对交易商来说，股利和资本利得的税率完全相同，因此，直到股利支付日持有股票并不需要额外的回报[2]。如果股东能在股利支付日相互自由地买卖股票，那么我们就应该完全看不到任何税收效应。

很多研究者已经开始着手研究这些问题，试图评估投资者是否对股利收益率高的股票要求更高的收益。他们的发现对股利有害论者提供了一些支持，因为大多数研究者都认为，股利收益率高的股票确实有较高的收益。但是，不同的研究在估计税率方面差别非常大。比如，Litzenberger 和 Ranaswamy 得出结论，投资者是按股利收入额外征收 14%～23% 的税来进行股票估价的，而 Miller 和 Scholes 则利用不同的方法，认为税率差异只有4%，几乎可以忽略不计[3]。

13.7.3 股利税和资本利得税

估计股利效应的很多努力大多已经成为历史了，不再具有多少现实意义，因为这些研究基本上都是追溯 1986 年以前的数据，而当时正是股利和资本利得之间存在显著税收差异的时候[4]。在我们 2007 年撰写本书时，股利税和资本利得税的上限都是 15%[5]。

但是，税收中还有一个方面对资本利得有好处。股利税必须是马上缴纳的，而资本利得税可以推迟到股票卖出、资本利得实现时才予以缴纳。股东可以选择什么时候卖掉股份，也就可以选择什么时候支付资本利得税。时间拖得越长，应缴纳的资本利得税的

---

[1] 假设一年中有 250 个交易日，对于一个发放季度股利的股票，我们可以说这支股票的股利收益率在4天里非常高，但在剩下的 246 天里则为零。

[2] 也可以把股票卖给另外一家公司，它可以"获取"股利然后再卖掉这些股份。公司是股利的天然买家，因为它们对从其他公司获得的股利只有 30% 需要纳税。（在本节稍后部分有更多相互持股的公司股利课税内容。）

[3] 见 R. H. Litzenberger and K. Ramaswamy, "The Effects of Dividends on Common Stock Prices: Tax Effects or Information Effects," *Journal of Finance* 37 (May 1982), pp. 429 – 443; and M. H. Miller and M. Scholes, "Dividends and Taxes: Some Empirical Evidence," *Journal of Political Economy* 90 (1982), pp. 1118 – 1141. Merton Miller 对实证方面的文献曾有过全面的评述，见 "Behavioral Rationality in Finance: The Case of Dividends," *Journal of Business* 59 (October 1986), pp. S451 – S468。

[4] 1986 年的税收改革法案规定，股利和资本利得的税率相等。但到了 1992 年，两种税率之间又重新出现了差异。

[5] 这些税率是在《Jobs and Growth Tax Relief Reconciliation Act of 2003》中规定的，并延伸至 2010 年。要注意，对当年就实现资本利得和持有时间少于 61 天的股票股利仅作为普通收入纳税。

现值就越小[①]。

对很多金融机构来说，资本利得和股利之间的差别并不重要，因为它们是免税的，因此，也就没有理由倾向于资本利得而看轻股利，或者相反。比如说，养老金是免税的，这些基金持有 4 万多亿美元的普通股，因此，它们对美国股市有着举足轻重的影响。只有企业才会因为税收因素而偏好股利，它们股利收入的 30% 需要缴纳公司所得税，这样，大公司股利收入的有效税率就是 35%（公司的边际税率）的 30%，即 10.5%，但它们必须为已经实现的全部资本利得支付 35% 的税金。

这些税收法规对股利政策的潜在意义相当简单，资本利得对很多投资者都有好处，但与二三十年前相比，这种优势已经大大削弱了[②]。这样，主张现金股利最小化的左派观点较以前也已经大为削弱，同时中间派则得到了更多的支持。

13.8 中庸的中间派

中间派以 Miller、Black 和 Scholes 为主要代表[③]，他们认为公司价值不受其股利政策的影响。与其他两派不同，他们强调股利的供给可以根据需求情况自由地调节。因此，如果公司通过改变股利发放就能提高股价的话，那么公司肯定早就采取这样的行动了。股利依然保持现有状态，也许正是没有一家公司认为仅靠提高或降低股利发放就可以增加价值的体现。

青睐低股利发放率的投资客户的存在，与这种"供给效应"当然是不一致的。如果必要，那么这些投资者会愿意为低股利发放率的股票支付溢价，但是也许他们并不需要这样做。已经有很多的公司意识到了这种客户的存在，并且转向了采取低股利的政策。如果情况真是如此，那么就无法刺激更多的公司转向采取低股利发放率的政策。同样，可能还有青睐高股利发放率的投资者，但是这些投资者已经拥有了大量的可选择的

---

① 证券卖出时，资本利得税是根据卖出价与最初的买入价或基价（basis）之间的差额来支付的。比如说，2002 年股东以每股 20 美元的基价购进股票，然后在 2007 年以每股 30 美元的价格卖出，则资本利得为每股 10 美元，在 15% 的税率下，税金为每股 1.50 美元。

假设投资者现在决定推迟一年出售股票，如果那时的利率为 5%，从 2007 年来看，税收的现值就降为 1.50/1.05 = 1.43 美元，这就是说，有效资本利得税仅为 14.3%。出售时间推迟得越长，有效税率就越低。

如果投资者到死都不出售股票，那么有效税率就是 0，因为投资者的继承人可以将基价" 设定"至没有任何可纳税利得的水平。假设投资者死时股价仍为每股 30 美元，其继承人可以以每股 30 美元出售却不用交一分钱的税金，因为他们可以宣布基价就是每股 30 美元，这样每股 10 美元的资本利得就可以完全逃税了。

② 前面我们曾经描述了微软在 2004 年宣布派发 320 亿美元的特殊股利。如果税收因素对股利发放非常不利的话，那么公司还会这样做吗？我们对此持怀疑态度。

③ 见 F. Black and M. S. Scholes, "The Effects of Dividend Yield and Dividend Policy on Common Stock Prices and Returns," *Journal of Financial Economics* 1 (May 1974), pp. 1 - 22; M. H. Miller and M. S. Scholes, "Dividends and Taxes," *Journal of Financial Economics* 6 (December 1978), pp. 333 - 364; and M. H. Miller, "Behavioral Rationality in Finance: The Case of Dividends," *Journal of Business* 59 (October 1986), pp. S451 - S468.

合适股票。第三类投资者，如养老基金和其他免税机构，可能没有理由偏好股利或资本利得。这些投资者会愿意同时持有低股利发放率和高股利发放率的股票，他们在每个股票上投入的价值也不会受公司股利政策的影响。在这种情况下，我们又重新回到了股利政策无关论的 MM 世界[①]。

中间派强调，除非公司认为股东需要，否则不会提供那巨大的股利。但还是存在不明确的地方。即使在那些税收对股利非常不利的年代，很多投资者仍然表现出非常愿意持有高股利发放率的股票，这是为什么呢？中间派对这一问题的回答就是：税收系统中存在着大量漏洞，股东可以利用它们来避税。例如，投资者可以不直接投资普通股，转而通过养老金或保险公司来投资，因为这些机构都享有税收上的优惠。然而，这并不是全部，因为很高比例的股利会经常性地派发给富有的个人，并且包含在他们的应税收入中[②]。

尽管股利需要缴纳的税较高，但美国公司却仍要发放股利，对此还有一种可能的理由。发放低股利的公司更能吸引纳税多的投资者，而发放高股利的公司则有更多的养老金或其他免税机构成为它们的股东。这些金融机构都是精明的投资者，它们密切监控自己的投资公司，对业绩不佳的经理形成巨大的压力。成功的、管理有方的公司为金融机构成为自己的投资者而高兴，但它们管理不善的兄弟公司更希望自己的股东不那么精明，容易糊弄了事。

现在你能看出下一步该论述什么了。如果管理有方的公司想要显示自己的价值，吸引较高比例的机构投资者成为自己的股东就可以达到这一目的。那么怎么才能做到这一点呢？答案就是发放较高的股利！应税股东不会反对高股利政策，只有这样做，才能够鼓励机构投资者把时间和精力投入到公司的监管上[③]。

其他税收制度

在美国，股东得到的收益要双重征税。首先是在公司层面上征税（公司税），然后对股东征税（所得税或资本利得税）。这两种税收如表 13—2 所示，该表列示了公司将其收益全部作为股利发放时股东的税后收益。我们假设公司每股税前收益是 100 美元，那么应纳公司税为 0.35×100 = 35 美元，剩余的 65 美元作为股利发放给股东；但股利还需要再次纳税。例如，股东的股利按 15% 的税率纳税，应纳税额为 0.15×65 = 9.75 美元。只有免税的养老金或慈善机构才能够享有每股 65 美元的全部股利。本例假设公司将其收益全部作为现金股利发放给股东，而股东则以最高的所得税等级纳税。

---

① Baker 和 Wurgler 认为对股利的需求可能是变化的。当这种变化反映在股票价格中时，公司就会调整其股利政策以迎合这种需求变化的需要。因此，客户对股利需求的变化揭示了公司对股利支付的倾向性。见 M. Baker and J. Wurgler, "A Catering Theory of Dividends," *Journal of Finance* 59 (June 2004), pp. 1125 – 1165。

② 例如见 F. Allen and R. Michaely, "Payout Policy," in G. Constantinides, M. Harris, and R. Stulz (eds.), *Handbook of the Economics of Finance: Corporate Finance* (Amsterdam: North – Holland, 2003)。

③ 有关股利这一信号功能的论述，见 F. Allen, A. E. Bernardo, and I. Welch, "A Theory of Dividends Based on Tax Clienteles," *Journal of Finance* 55 (December 2000), pp. 2499 – 2536。

表 13—2	美国股东得到收益的双重征税	单位：美元/股
经营收入	100	
公司税（35%）	35 ←————— 公司税	
税后收益（作为股利支付）	65	
投资者缴纳所得税（15%）	9.75 ←————— 投资者缴纳的第二次税金	
股东净收益	55.25	

当然，公司支付的股利要与不同的税制相适应。例如，德国通过只对个人股利收入一半征税的方法补偿公司支付的税金。

在其他国家，如澳大利亚和新西兰，股东的收益不是双重征税。比如在澳大利亚，股东虽然缴纳股利税，但他们可以从税单上扣除公司已经缴纳的公司税，这就是所谓的转税制（imputation tax system），表 13—3 列示了转税制的操作过程。假设一家澳大利亚公司每股税前收益为 100 澳元，按 30% 的税率缴纳公司所得税后，公司的税后收益为每股 70 澳元。公司现在宣布每股派发 70 澳元的股利，也就是根据各个股东应得的股利寄给股利支票。股利伴随着税收抵免，也就是说公司已经替股东缴纳了每股 30 澳元的税金。这样，股东每个人收到的股利总额或毛股利额为每股 70 + 30 = 100 澳元，每股已经缴纳了 30 澳元的税金。如果股东适用的税率为 30%，那么就不需要缴纳更多的税了，股东就可以完全享有这 70 澳元的净股利；而如果股东适用的税率为最高的 47%，那么他或她就还得再额外纳税 17 澳元；如果股东适用的税率为 15%（澳大利亚养老金的税率），那么股东就可以获得 30 − 15 = 15 澳元的税收返还（refund）[1]。

在转税制中，富人不得不支付额外的股利税。如果该纳税额超过了他们应支付的资本利得税，这些富人就宁愿公司不派发股利。反之，他们就更愿意得到股利[2]。在这个问题上，低税率投资者的态度是毫无疑问的，假如公司支付股利，投资者就会收到收入署寄来的支票，退还公司支付的那部份额外税收。因此他们赞成高股利发放率。

再看一下表 13—3，考虑公司税税率为零时的情况。按 15% 税率纳税的股东仍然会有每股 85 澳元的股利，而按 47% 税率纳税的股东也可以收到每股 53 澳元的股利。因此，在转税制下，当一家公司将其所有收益都作为股利派发时，实际上只是单重征税：只对股东征税。税收部门先在公司层面上征税，然后再要求股东支付额外的税款或退还超额支付的税款[3]。因为公司已经支付了一部分税款，因此股东可以享受税款的减免。

---

[1] 在澳大利亚，股东享有公司代其缴纳的公司税的全额退款。在另一些国家，减税额度稍低于公司税，这样的税收制度可以被看成是介于澳大利亚和美国之间的一种税收制度。

[2] 澳大利亚的资本利得税税率和股利税税率是相同的，但在证券持有期间超过 12 个月后，仅有一半的收入需要纳税。

[3] 仅对作为股利支付的利润成立。留存收益要缴纳的是公司税，股东以资本利得的形式得到了留存收益的好处。

表13—3	澳大利亚的转税制		单位：澳元/股
	所得税税率		
	15%	30%	47%
营业收入	100	100	100
公司税（$T_c = 0.30$）	30	30	30
税后收入	70	70	70
总股利	100	100	100
所得税	15	30	47
公司支付额退税	−30	−30	−30
股东应支付的税额	−15	0	17
股东实际所得	85	70	53

本章小结

当经理们决定公司股利时，他们主要关心的是给股东一个"合理的"投资报酬。但是，大多数经理们都非常不愿意降低股利，并且除非他们认为能够维持股利水平，否则不会增加股利的支付。

如果不发放股利，那么公司也可以回购其股票。近年来，有很多公司都大量回购了自己的股票，但是，股票回购一般并不能用来代替股利，而是用来将不需用的现金返还给股东，或收回股东权益，代之以负债。投资者通常将股票回购看成是经理们对未来的一种乐观的反映。

如果保持公司的投资决策和资本结构不变，那么股利政策就是在现金股利与发行回购普通股之间作出权衡的决策。那么，公司是否应该首先留足公司成长所需的资金，然后将所有的收益余额都作为现金股利发放出去呢？或者是否应该增发股利，然后再（迟早）发行新股以弥补权益资本的不足呢？或者它们是否应该减少股利，然后用这些多出来的资金去回购股票呢？

如果我们生活在一个理想化的、简单的完美世界中，那么就不会有任何问题了，因为任何选择都不会对市场价值产生影响。因此，在有缺陷的世界中股利政策的影响问题就成为所有争议的焦点。很多投资者认为高股利发放率可以提高股价，或许他们喜欢只消费来自股利收入的自律原则，从而回避了是否需要出售股票而获得资本的决策。我们认为，如果投资者不相信管理层能够明智地使用自由现金流，他们就会迫使公司发放更多的股利，但这种情况下股利增长引起的股价上升可能并不是因为投资者对股利本身的偏好，而是反映了投资者对管理层认真管好资金的要求。

市场不完全的最明显、也是最严重的体现就是对股利和资本利得不同的税收待遇。过去在美国，对股利收入征收的税率远远高于对资本利得征收的税率。2003年，股利税和资本利得税两者的上限都被设成了15%，但资本利得税还继续享有一个好处，即在资本利得实现前不需要支付税款。如果股利收入被课以重税，那么大多数高税负的投资者就会持有低股利发放率的股票，并且我们预计，高股利发放率的股票会向投资者提供更高的税前收益率作为补偿。

这种观点有着令人信服的理论基础，也得到了一些实证支持：在美国，当股利收入具有明显税收劣势的时候，投资者所得到的全部收益反映了税收的差异。但是它也有一个弱点，即无法回答下面的问题：为什么公司在带给投资者如此巨额的税收时，它们还持续派发如此规模的股利。

股利政策的另一种观点的出发点是，公司的行为的确反映了投资者的偏好，因此，公司派发大量股利的事实就是投资者需要股利的有力证据。如果股利的供给恰好能够满足需求，那么没有一家公司能够通过改变股利政策来提高公司的市场价值。

很难武断地对这些争议作出判断。如果投资政策和负债保持不变，那么有关股利政策的争论实际上就是把钱从一个口袋挪到另一个口袋的问题。除非这种转换具有明显的税收后果，否则公司价值不可能因为股利发放的总额或股利与回购之间的选择而受到很大的影响。看起来投资者对股利政策的关心主要还是源于他们解读经理们所采取行动的信息。

如果股利政策不影响公司价值，那么在估计资本成本时就不用为之担心。但如果（比如说）你认为税收影响确实很重要的话，那么原则上你就应该清楚，投资者们对高股利的股票要求更高的收益率。有些财务经理们在估计资本成本时确实将股利政策纳入了考虑范围之内，但大部分都成了中间派。看起来，由于股利政策的影响太不确定了，因此很难更精确地对其进行估计。

推荐读物

有关股利政策较为经典的论文是：

M. H. Miller and F. Modigliani, "Dividend Policy, Growth, and the Valuation of Shares," *Journal of Business* 34 (October 1961), pp. 411 - 433.

对股利政策方面的文献进行的全面回顾，见：

F. Allen and R. Michaely, "Payout Policy," in G. Constantinides, M. Harris, and R. Stulz, (eds.), *Handbook of the Economics of Finance*：Corporate Finance (Amsterdam：North-Holland, 2003).

近年对经理们对待股利政策态度所做的调查，见：

A. Brav, J. R. Graham, C. R. Harvey, and R. Michaely, "Payout Policy in the 21st Century," *Journal of Financial Economics* 77 (September 2005), pp. 483 - 527.

概念复习题

完整的本章概念复习题，请登录网站 www. mhhe. com/bma1e。

1. 公司向股东支付现金的两种方式是什么？就普及性来说，哪种方式发展得更为迅速？

2. 公司是否可以自由宣布其选择的股利？为什么？

3. 回购股票的四种主要方式是什么?

1. 2007 年,百事可乐公司(PepsiCo)支付了每股 0.30 美元的正常季度股利。

(1)将以下日期一一配对:

(A1) 2007 年 2 月 2 日	(B1)登记日
(A2) 2007 年 3 月 6 日	(B2)股利支付日
(A3) 2007 年 3 月 7 日	(B3)除息日
(A4) 2007 年 3 月 9 日	(B4)最后带息日
(A5) 2007 年 3 月 30 日	(B5)宣告日

(2)在以上日期中,有一天股票价格有可能下降到大约股利的价值。这是哪一天?为什么?

(3)2 月末百事公司股票价格为 63.15 美元。股利收益率是多少?

(4)如果 2007 年的每股利润是 3.32 美元,那么股利发放率是多少?

(5)假设 2007 年公司发放 10% 的股利。预期股价将会下跌多少?

2. 以下是一些典型的公司股利政策的"事实",哪些是正确的?哪些是错误的?

(1)公司首先检查资本支出需求来确定每年的股利水平,然后将剩余现金全部发放出去。

(2)管理层和投资者更关心的是股利的变动,而不是股利水平。

(3)如果有一两年收益水平出人意料地高,通常经理们会暂时增加股利水平。

(4)公司进行大规模股票回购的同时往往会为筹措资金而相应减少股利。

3. (1)Wotan 拥有某公司的 1 000 股股份,该公司刚刚宣布将股利从每股 2.00 美元增加到每股 2.50 美元。当前的股票价格为 150 美元。如果 Wotan 不想花费这笔额外的现金,他应该怎么做才能消除股利增长的影响?

(2)Brunhilde 拥有某公司的 1 000 股股份,该公司刚刚宣布将股利从每股 8.00 美元降为每股 5.00 美元。当前的股票价格为 200 美元。如果 Brunhilde 想维持其消费水准,她应该怎么做才能消除股利下降的影响?

4. Patriot Games 公司有 500 万股流通股票,董事长提议说,既然公司有大量持有的现金,我们应该将年度股利从每股 6.00 美元提高到每股 8.00 美元。如果你同意董事长关于投资和资本结构的计划,那么在增加股利之后公司还应该再做些什么?

5. House of Haddock 公司有 5 000 股流通在外的股票,股票价格为 140 美元。公司准备下一年发放每股 20 美元的股利,并且从此以后,每年股利将以 5% 的增长率持续下去。公司的董事长 George Mullet 现在发布了一项令人吃惊的公告:他说公司今后要将现金一半作为股利发放,另一半用于回购股票。

(1)公告宣布前后公司的价值总额分别是多少?每股价值是多少?

(2)如果某股东打算继续持有其股票,而不打算卖给公司,那么他预期的每股股利流是多少?通过对每股股利流折现来检验你对股票价值的估计。

6. 以下是 House of Herring 公司的主要财务数据：

2015 年每股收益	5.50 美元
流通股数	4 000 万股
目标股利发放率	50%
计划每股股利	2.75 美元
股票价格（2015 年年末）	130 美元

House of Herring 公司计划将在 2016 年 1 月份早期发放全部股利。所有的公司税和个人税在 2014 年已废除。

（1）其他条件相等的情况下，计划股利发放之后 House of Herring 公司的股价是多少？

（2）假设公司取消了股利，并宣布将用省下来的资金回购股份。那么在宣布日公司股价会发生什么变化？假设投资者从该宣布中不能得到任何关于公司前景的信息。公司应该回购多少股份呢？

（3）假设公司将股利提高到每股 5.50 美元，然后通过发行新股来筹措作为股利发放出去的额外的现金。那么带息股价和除息股价会发生什么变化？公司需要发行多少股份？同样，假设投资者从该宣布中不能得到任何关于公司前景的信息。

7. 在当前税制和假设资本利得税税率为零的情况下分别回答以下问题：

假设所有的投资都能够提供相同的税前预期收益。考虑两支风险相同的股票：Hi 和 Lo。Hi 股票支付高股利，提供低预期资本利得；而 Lo 股票支付低股利，提供高预期资本利得。以下哪种投资者会愿意持有 Lo 股票？哪种会愿意持有 Hi 股票？哪种谁都不在乎？（提示：假设投资者购买的股票都在 1 年后出售。）

（1）养老金；

（2）个人投资者；

（3）公司；

（4）慈善机构；

（5）证券经销商。

实务题

8. 在最近一期《华尔街日报》的"股利新闻（Dividend News）"上找一家发放正常股利的公司。

（1）公司每隔多长时间发放一次正常股利？

（2）股利金额是多少？

（3）如果你想要得到股利，那么你必须在哪天之前登记你的股票？

（4）几天之后股利会被支付？

（5）查一下股价，计算股票的年股利收益率。

9. 下面公司中你认为哪种公司可能会按较高或较低的比率派发当前收益？哪种公司可能会有较高或较低的市盈率？

（1）高风险公司；

（2）经历了利润意外下降的公司；

（3）预计公司利润将下降的公司；

（4）具有非常有价值的未来投资机会的成长型公司。

10. Little Oil 公司有 100 万股流通股票，其市场价值总额为 2 000 万美元。公司预计下一年将发放 100 万美元的股利，并且从那以后发放的股利数额将以每年 5% 的比率持续增长。因此第 2 年预计发放的股利应为 105 万美元，第 3 年应为 110.5 万美元，依此类推。但是，公司听说每股的价值取决于股利流，因此，宣布下一年的股利将会增加到 200 万美元，由此增加的额外现金将通过发行新股来筹集。从那以后，每年支付的股利总额就和之前预计的一样，即第 2 年 105 万美元，以后每年增加 5%。

（1）第 1 年发行新股的价格是多少？

（2）公司需要发行多少股份？

（3）对发行的新股来说，预期支付的股利是多少？第 1 年后支付给老股东的股利是多少？

（4）证明当前股东得到的现金流现值仍为 2 000 万美元。

11. 在第 13.5 节中我们提到，在对股利无关论的 MM 证明中，假设新股可以按合理的价格发行。再看一下实务题第 10 题，假设第 1 年新股的发行价是每股 10 美元，那么谁会因此获利？谁会因此受损？股利政策还是无关的吗？为什么？

12. 对以下说法谈谈你的看法："按说我可以卖掉股票来满足现金需求，但那意味着可能要按市场最低价卖出。如果公司支付正常的现金股利，那么投资者就可以规避这种风险。"

13. 回顾一下第 13.5 节中 Rational Demiconductor 公司编制的第一张资产负债表。同样，公司用其现金支付 1 000 美元的现金股利，并计划发行股票以筹集投资所需要的现金。但就在新股发行前，灾难降临了，一个新的污染管制法增加了其生产成本，使得 Rational Demiconductor 公司现有的经营价值骤减了一半，仅为 4 500 美元。但新投资机会的 NPV 不受影响。试说明股利政策仍然是无关的。

14. "很多公司利用股票回购增加每股收益。例如，假设有下面这样一家公司：

净利润	1 000 万美元
回购前股数	100 万股
每股收益	10 美元
市盈率	20
股价	200 美元

现在公司以每股 200 美元的价格回购 200 000 股。则股数下降为 800 000 股，每股收益增加到 12.50 美元。假设市盈率仍保持在 20 倍，股价肯定会上涨到 250 美元"。试对此进行讨论。

15. Hors d' Age Cheeseworks 在过去的几十年里一致发放每股 4 美元的正常现金股利。公司将其收益全部作为股利发放了出去，预期不会增长。公司流通股数为 100 000

股，目前价格为每股 80 美元。公司有足够的现金支付下一次的年度股利。

假设 Hors d'Age 决定将其股利降为零，并宣布它将回购股票。

（1）股价即刻会有什么反应？忽略税收因素，并假设回购程序没有传递任何有关经营收益或经营风险方面的信息。

（2）Hors d'Age 需要回购多少股股票？

（3）预计并比较新老政策下的未来股价，至少完成第 1 年、第 2 年和第 3 年的。

16.《洛杉矶时报》上的一篇有关股票回购的文章指出，"越来越多的公司认识到，目前最好的投资机会就是对自己进行投资"。讨论一下这个观点。公司前景和股票价格对这种回购的愿望有什么影响？

17. 简要评论下列说法：

（1）"对美国公司来说，股东们经常向其施压，要求增加股利。与此不同，日本公司仅把收益中相当小的一部分作为股利发放出去，因此，能够享有更低的资本成本。"

（2）"新的资本需要支付新的股利，而留存收益则不同，它的成本为零。"

（3）"如果一家公司回购股票，而不发放股利，则股数下降，每股收益升高。因此，与支付股利相比，回购股票一定会更受欢迎。"

18. Formaggio Vecchio 公司刚刚宣布发放每股 1 美元的季度正常现金股利。

（1）反映股利发放的股价什么时候会下降？登记日、除息日还是股利发放日？

（2）假设不存在税收因素，股价大概会下降多少？

（3）现在假设，所有的投资者都需要缴纳 30% 的股利税，而资本利得不需要缴税。那么股价大概会下降多少？

（4）最后假设除证券交易者要同时缴纳股利税和资本利得税，如果其他条件均与第 3 问相同，那么你认为第 3 问的答案会有什么变化？请解释。

19. 回到实务题第 18 题。假设没有税收因素，股利宣告后的即时股价为每股 100 美元。

（1）如果你拥有 100 股，那么你的投资价值是多少？股利支付对你的财富有何影响？

（2）现在假设 Formaggio Vecchio 公司取消了其股利支付，并宣布要按 100 美元的价格回购其 1% 的股票。你是觉得高兴呢，还是无所谓呢？请解释。

20. A 股票和 B 股票的价格都是每股 100 美元，都提供 10% 的税前收益率。但是，A 股票的收益完全是以股利收益率（公司每年支付每股 10 美元的正常股利）的形式体现的，而 B 股票的收益完全来自于资本利得（股票每年升值 10%）。假设股利税税率和资本利得税税率都是 30%，那么 A 股票的税后收益率是多少？两年之后出售其股票的 B 股票投资者的税后收益率又是多少？10 年后出售股票的 B 股票投资者的税后收益率呢？

21.（1）Horner Pie 公司每季度支付 1 美元的股利。假设预计股价在除息日会下降到 0.90 美元，分别针对以下两种身份说明你愿意在带息日还是在除息日购买股票：①免税的投资者；②所得税税率为 40%、资本利得税税率为 16% 的投资者。

（2）在对除息行为进行的一项研究中，Elton 和 Gruber[1] 估计股价平均下跌幅度为股利的 85%。假设资本利得税税率为所得税税率的 40%，从 Elton 和 Gruber 的结果中可以知道投资者的边际税率是多少？

（3）Elton 和 Gruber 还观察到，对高股利股票和低股利股票来说，除息价格的下降是不同的。你认为哪种股票价格下降得会更大一些？

（4）在除息日前后投资者可以自由交易股票的事实是否改变你对 Elton 和 Gruber 研究成果的解释呢？

（5）假设 Elton 和 Gruber2007 年又重复了其检验，此时的股利税和资本利得税税率相同。你估计他们的结果会有什么样的变化？

22. 中间派始终坚持认为股利政策是无关的，因为高股利、中股利和低股利的股票供应都已经调整到位，满足了投资者的需求。喜欢高额股利的投资者持有那些能够满足他们股利要求的股票；而希望获得资本利得的投资者则有大量的低股利股票可供选择。因此，高股利公司不能通过转变为低股利公司来获利，反之亦然。

假设政府降低了股利税的税率，但资本利得税税率不变，并且假设在这一变化之前股利的供给已经满足了投资者的需求。你预计税收的改变将如何影响美国公司支付的现金股利总额，以及高股利公司和低股利公司的比例？股利供给调整完成之后股利政策还是无关的吗？请解释。

思考题

23. 考虑以下两种说法："股利政策是无关的"和"股票价格是预期未来股利的现值"（见第 5 章）。听起来这两种说法是相互矛盾的。设计这个问题的目的就是表明二者是完全一致的。

Charles River Mining 公司当前的股票价格是 50 美元，下一年的每股收益和每股股利分别为 4 美元和 2 美元。投资者预计其年增长率永续是 8%。投资者要求的期望收益率 r = 12%。

我们可以利用永续增长模型来计算股票价格：

$$P_0 = \frac{DIV}{r-g} = \frac{2}{0.12 - 0.08} = 50$$

假设 Charles River Mining 公司宣布它将实行 100% 的股利支付政策，并发行新股以保证其成长性。利用永续增长模型说明当前的股票价格保持不变。

24. "如果公司支付股利，投资者就要按股利总额纳税。如果公司不发股利，而是以股票回购的方式派发现金，那么投资者仅需要对资本利得纳税，而不需要对所有收益纳税。因此，即使股利税税率和资本利得税税率相同，股票回购也比发放股利更受欢迎。"请用一个简单的例子说明为什么以上说法是不正确的。（提示：忽略资本利得可以被推迟的事实。）

---

[1]（原书为脚注 48，但书中未见脚注 47，怀疑为排序错误。——译者注）见 E. J. Elton and M. J. Gruber, "Marginal Stockholders' Tax Rates and the Clientele Effect," *Review of Economics and Statistics* 52（1970），pp. 68-74。

25. 支持"股利好"观点的学派有时指出，高股利收益率的股票具有高于平均水平的市盈率乘数。这种说法令人信服吗？试讨论一下。

26. 假设只有三类投资者，其税率如下：

	个人	公司	机构
股利税	50%	5%	0%
资本利得税	15%	35%	0%

个人对股票的投资额为 800 亿美元，公司的投资额为 100 亿美元，其余的股票全部被机构所持有。所有这三类投资者的目的都是税后收益最大化。

这些投资者可以选择以下三类股票进行投资，每类股票提供的税前股利分别为（单位：美元）：

	低股利	中股利	高股利
股利税	5	5	30
资本利得税	15	5	0

这些股利可望以永续年金的形式持续下去。低股利股票的市场价值总额为 1 000 亿美元，中股利股票的价值为 500 亿美元，高股利的为 1 200 亿美元。

（1）谁是决定股票价格的边际投资者？

（2）假设这类边际投资者要求 12% 的税后收益率，那么低、中、高股利股票的价格应该分别是多少？

（3）计算这三类股票给每类投资者带来的税后收益。

（4）每类投资者持有这三类股票的金额是多少？

第14章

负债政策重要吗

公司的基本资源是其资产带来的现金流。如果公司完全用普通股融资，那么其全部现金流就都属于股东所有。如果公司既发行债务证券，又发行权益证券，那么现金流就要分成两部分：相对安全的那一部分归债权人所有，而有风险的那一部分归股东所有。

公司的**资本结构**（capital structure）由债务融资和权益融资形成。当然，资本结构并不仅仅指"负债与权益"。负债的形式多种多样，权益也至少有两类（普通股和优先股），另外还有类似像可转换债券这样的混合物。公司发行的证券种类很多，其组合方式也多种多样，它们总在想方设法寻找能够使公司市场价值总额最大化的特定组合。

这种尝试是否值得进行呢？我们不得不考虑这样的可能，也就是没有一种组合能比其他组合更好。或许真正重要的决策只涉及公司的资产，资本结构决策就是一些细节问题，应当重视但不用太过担心。

Modigliani 和 Miller（MM）指出，在完善的资本市场上股利政策具有无关性，而且在完善市场上融资决策也是不重要的。他们创立的著名"定理1"认为，公司不可能仅通过将现金流分解成不同的部分就改变公司证券的总价值，公司价值是由实物资产决定的，而不取决于其发行的证券。因此，在给定公司投资决策的情况下，资本结构就与公司价值无关。

MM 的定理1允许投资决策和融资决策完全分离，它指出，任何公司都可以利用第6章到第11章中讲过的资本预算程序，而不必担心资本支出的资金来源。在那些章节中，我们假设全部采用权益融资，对融资问题没有做深入的探讨。如果 MM 是正确的，那么这种处理方法就是完全正确的。如果公司采用债务和权益混合融资方式，那么公司的总资本成本就应该与完全采用权益融资情况下的权益成本相等。

我们相信，在实际中资本结构确实是非常重要的，但本章我们只介绍有关 MM 的观点。如果你没有完全理解 MM 理论成立的前提，你就不能完全理解为什么一种资本结构会优于另一种资本结构。财务经理们必须掌握是哪种市场不完善性。

例如，公司可以设计出愿意以溢价购买的某种新证券的特定投资群体，从而提升公司的总体市场价值。（但我们将说明，这样的金融创新是很容易复制的，最终能够得到价值增值收益的也就仅限于最先行动的那几家发行者。）

第 15 章我们将详细分析最有可能引起价值差异的一些市场不完善性，包括税收、破产和财务危机成本、复杂的债务合约的签订与执行成本、不完全信息带来的差异以及债务对经理人的激励效应等。第 16 章我们将说明这些不完善性（特别是税收因素）如何影响公司的加权平均资本成本和公司价值。

14.1 无税收竞争经济下的财务杠杆效应

财务经理们试图找到最能吸引投资者的证券组合，也就是能使公司市场价值总额最大的证券组合。解决这一问题之前，我们要检验以下能使公司价值最大化的政策是否也能够使股东财富最大化。

用 D 和 E 分别代表 Wapshot Mining 公司发行未偿付债务的市场价值和权益的市场价值。Wapshot 的 1 000 股股票交易价格均为 50 美元。因此，

E = 1 000 × 50 = 50 000（美元）

Wapshot 还借了 25 000 美元，因此 Wapshot 公司的全部流通证券的市场价值总额 V 就是：

V = D + E = 75 000（美元）

Wapshot 公司的股票被称为有负债权益（levered equity）。其股东面临的就是**财务杠杆**（financial leverage，或gearing）带来的收益和成本。假设 Wapshot 公司又借入了 10 000 美元，"提高了债务水平"，然后发给股东每股 10 美元的特殊股利。这种用债务代替权益资本的替换行为不会对 Wapshot 公司的资产产生任何影响。

特殊股利发放完之后 Wapshot 公司的权益价值是多少呢？这里有两个未知数，E 和 V：

旧债	25 000 美元	}	35 000 美元 = D
新债	10 000 美元		
权益			? = E
公司价值			? = V

如果和以前一样，V 等于 75 000 美元，那么 E 肯定等于 V − D = 75 000 − 35 000 = 40 000 美元，股东的资本损失正好与 10 000 美元的特殊股利相抵消。但如果由于资本结构的改变使得 V 增加，比如说增加到 80 000 美元，那么 E = 45 000 美元，而股东权益就增加了 5 000 美元。一般来说，由于资本结构变化导致的公司价值 V 的增减都会引起股东权益的变化。因此，我们可以断言，能够使公司市场价值总额最大化的政策同样也能使股东权益最大化。

这个结论依赖于两个重要的假设：第一，Wapshot 公司可以忽略股利政策；第二，

资本结构改变之后，旧债和新债的价值合计为 35 000 美元。

股利政策可能有关或无关，但这里没有必要再重复第 13 章的讨论。我们需要注意的只是资本结构的改变有时会迫使股利政策进行重大的调整。或许 Wapshot 公司除了要考虑提高财务杠杆带来的收益外，还应该考虑现金股利的收益与成本。

我们的第二个假设是，旧债和新债的价值总额为 35 000 美元，看起来这没有什么问题。但它可能是错的。或许新借入的款项增加了旧债券的风险。如果旧债券的持有者不能获取更高的利率以弥补增加的风险，那么他们的投资价值就会减少。在这种情况下，尽管公司的价值总额没有发生任何变化，但 Wapshot 公司的股东从旧债券持有人那里获得了收益。

我们要把以上这些问题留到第 15 章再进行探讨。本章中我们将假设任何新发行的债券对公司现有债务的市场价值都没有影响。

14.1.1　进入 Modigliani 和 Miller 的世界

我们首先承认财务经理们愿意寻找能够使公司价值最大化的证券组合，但应该如何实现这一点呢？MM 的答案是，财务经理们不必为此担心：在完善的市场上，任何证券组合都没有优劣之分。公司的价值不受资本结构选择的影响[①]。

为理解这一结论，假设有两家公司，二者产生的经营收入的现金流相等，只有资本结构不同。公司 U 是没有负债的，因此其权益价值总额 E_U 和公司价值总额 V_U 相等。另一方面，公司 L 是有负债的。因此其股票价值等于公司价值减掉债务价值：$E_L = V_L - D_L$。

现在想一下，你愿意投资于哪家公司？如果你不想承受太多的风险，那么你可以买进无负债公司 U 的普通股。例如，如果你买入了公司 U 股份的 1%，那么你的投资价值就是 $0.01 V_U$，并且能够分享 1% 的公司毛利润：

投资额	收益额
$0.01 V_U$	$0.01 \times$ 利润

现在来比较一下另一个投资策略，这个策略是同时购买公司 L 的债券和股票，且份额相同，那么你的投资金额和收益金额将如下所示：

---

① 见 F. Modigliani and M. H. Miller, "The Cost of Capital, Corporation Finance and the Theory of Investment," *American Economic Review* 48 (June 1958), pp. 261-297. 早在 1938 年，J. B. Williams 就提出过 MM 理论的基本观点，并由 David Durand 进行了一定程度的扩展，见 J. B. Williams, *The Theory of Investment Value* (Cambridge, MA：Harvard University Press, 1938) and D. Durand, "Cost of Debt and Equity Funds for Business：Trends and Problems of Measurement," in *Conference on Research in Business Finance*, National Bureau of Economic Research, New York, 1952。

	投资额	收益额
债券	$0.01D_L$	$0.01 \times$ 利息
股票	$0.01E_L$	$0.01 \times$ （利润－利息）
合计	$0.01（D_L + E_L）= 0.01V_L$	$0.01 \times$ 利润

每种策略提供的收益都是相同的：息后利润的 1%。一价定律告诉我们，在完善的市场上，提供相同收益的两种投资具有相同的价格。因此，$0.01V_U$ 就应该等于 $0.01V_L$，即无负债公司的价值应该等于有负债公司的价值。

假设现在你想冒一些风险，你决定购买有负债公司流通股份的 1%，因此你的投资额和收益额应该如下所示：

投资额	收益额
$0.01E_L = 0.01（V_L - D_L）$	$0.01 \times$ （利润－利息）

还有一种策略，就是用你自己的账户借款 $0.01D_L$，然后购买无负债公司 1% 的股票。在这种情况下，你借入的款项立即给你带来了 $0.01D_L$ 的现金流入量，但你还必须支付利息，其金额等于公司 L 所付利息的 1%。因此你的投资总额和收益额如下所示：

	投资额	收益额
借款	$-0.01D_L$	$-0.01 \times$ 利息
股票	$0.01V_U$	$0.01 \times$ 利润
合计	$0.01（V_U - D_L）$	$0.01 \times$ （利润－利息）

同样，两种策略提供的收益相同，都是支付利息后利润的 1%。因此两种投资的成本一定也是相同的，$0.01（V_U - D_L）$ 一定应该等于 $0.01（V_L - D_L）$，于是 V_U 肯定应该等于 V_L。

无论市场中有胆小如鼠的风险厌恶者，还是气壮如牛的风险偏好者，所有的投资者都会认同这样的道理，无负债公司 U 的价值一定会等于有负债公司 L 的价值。只要投资者可以按照与公司负债相同的条款用自己的账户借贷资金，他们就可以据此来"抵消"公司资本结构带来的影响。这就是著名的 MM 定理 1 的基础：任意公司的市场价值都与资本结构无关。

14.1.2　价值守恒法则

MM 理论的债务政策无关论实际上是一个极其朴素思想的应用：如果我们有两笔现金流，A 和 B，那么 A + B 的现值就等于 A 的现值加上 B 的现值。早在资本预算的讨论中，我们就涉及过这个价值可加性原理，那时我们已经知道，两种资产组合的现值等于其各自现值之和。

但我们现在讨论的不是资本组合问题，而是资产分离。但价值可加性反方向操作也是成立的。我们可以尽可能地将现金流分割成多笔现金流，而各笔现金流价值的合计数仍然等于拆分前的现金流价值。（当然，我们要确保拆分过程中没有现金流的损耗。如果拆分现金流可以看成是分割一张馅饼，我们当然不能说"无论如何切分，馅饼的价值都是不变的"。)

这实际上是一个价值守恒法则（law of conservation of value）。无论对资产的要求权如何，资产的价值都将保持不变，由此我们就可以得出 MM 定理 1：公司价值是由公司资产负债表左边的实物资产决定的，与公司为购买这些资产所发行的债券和权益证券的比重无关。

最朴素的思想往往应用是最广泛的。例如，在发行优先股、普通股或某种方式的混合证券间进行选择时，我们就可以运用价值守恒法则。该法则意味着在完善的资本市场假设下，如果不同选择并不影响公司的投资、借款和经营决策，那么发行证券的选择就不会影响公司的价值。如果公司权益"馅饼"（包括优先股和普通股）的总价值是固定的，那么公司的所有者（普通股股东）就不会在乎这张馅饼的分割方式。

价值守恒法则还可以应用于公司发行的债券结构。无论是选择发行长期债券还是短期债券、有担保债券还是无担保债券、优级债券还是次级债券、可转换债券还是不可转换债券，都不会对公司的价值总额产生影响。

只要不影响投资者的选择，那么无论是将资产进行组合，还是将资产进行拆分就都不会影响价值。我们在说明资本结构不影响选择时，实际上是潜在假设了公司和个人都能以相同的无风险利率进行资金的借贷。只要能做到这一点，个人就可以不受公司资本结构变化的影响。

在实际中，公司负债并不是无风险的，公司的借款利率也不可能低于相应的政府债券利率。人们对此的第一反应就是，单就这一点就可以推翻 MM 定理。但这只是一种正常的错误，即使负债是有风险的，资本结构无关论也仍然成立。

如果公司借入资金，它未必能保证偿还：只有公司资产的价值超过其负债额，公司才能保证全额清偿负债。因此公司的股东只负有有限责任。

很多投资者都愿意以有限责任借款，因此，如果有负债公司的股票供应不足，不能满足投资者的需求，那么他们可能愿意为有负债的股票支付一点儿溢价[1]。但是，借款公司的普通股有成千上万个，因此，公司发行债券不可能让投资者为其股票支付溢价[2]。

14.1.3 定理 1 的一个例子

Macbeth Spot Removers 公司正在评估其资本结构。表 14—1 列示了其目前的资本结构。该公司没有负债，所有的经营收益都作为股利发放给普通股股东（我们仍然假设没有税收因素）。期望每股收益和每股股利为 1.50 美元，但这个数值并不确定，也可能大于或小于 1.50 美元。当前每股价格为 10 美元。由于公司期望能够产生永续收益流，因此股票的期望收益等于收益/价格，即 1.50/10.00＝0.15，或 15%。虽然它预计每年

---

[1] 当然，如果投资者选择的话，个人可以设立有限责任条款。换句话说，贷款人可能允许借款人只有当公司 X 的资产价值大于某一个特定数额的时候才必须全额偿还借款。我们假设投资者并不进行这种形式的借款，因为通过对有负债公司的股票进行投资，他们可以非常容易地获得有限责任。

[2] 如果每个投资者都持有充分分散的投资组合，那么资本结构仍然是无关的。在这种情况下，他或她拥有一个公司提供的所有的有风险证券（包括债券和股票），而持有所有有风险证券的投资者不会关心现金流在不同证券中是如何分配的。

可以产生 1 500 美元的永续收入，但这一收益是不确定的。表 14—1 列示出了不同经营收益假设下股东的收益情况。假设不存在税收因素。

表 14—1	Macbeth Spot Removers 公司全部采用权益融资			
数据				
股数	1 000 股			
每股价格	10 美元			
股票市场价值	10 000 美元			
可能结果				
经营收益（美元）	500	1 000	1 500	2 000
每股收益（美元）	0.50	1.00	1.50	2.00
股票收益率（%）	5	10	15	20
			期望结果	

公司的总裁 Macbeth 女士得出了这样的结论，如果公司负债和权益比重相同，那么会对公司股东更为有利。因此她提出，按利率 10% 发行 5 000 美元的债券，并利用发行收入回购 500 股股票。为支持她的提议，Macbeth 女士还分析了不同经营收益假设下的情况。她计算的结果如表 14—2 所示：

表 14—2	不同经营收益假设下股东的收益情况			
数据				
股数	500 股			
每股价格	10 美元			
股票市场价值	5 000 美元			
债券市场价值	5 000 美元			
利率 10% 的利息	500 美元			
可能结果				
经营收益（美元）	500	1 000	1 500	2 000
利息（美元）	500	500	500	500
权益收益（美元）	0	500	1 000	1 500
每股收益（美元）	0	1	2	3
股票收益率（%）	0	10	20	30
			期望结果	

为更加明确负债对每股收益的影响，Macbeth 女士还制作了图 14—1。B 线表示的是在完全权益融资的公司现状下，经营收益变化时每股收益的变动情况。因此它仅仅是将表 14—1 中的数据拿到了图中。A 线表示的是在公司负债和权益比重相同的条件下每股收益的变动情况。因此它是把表 14—2 中的数据画在了图中。

图 14—1	经营收益变化时每股收益的变动情况

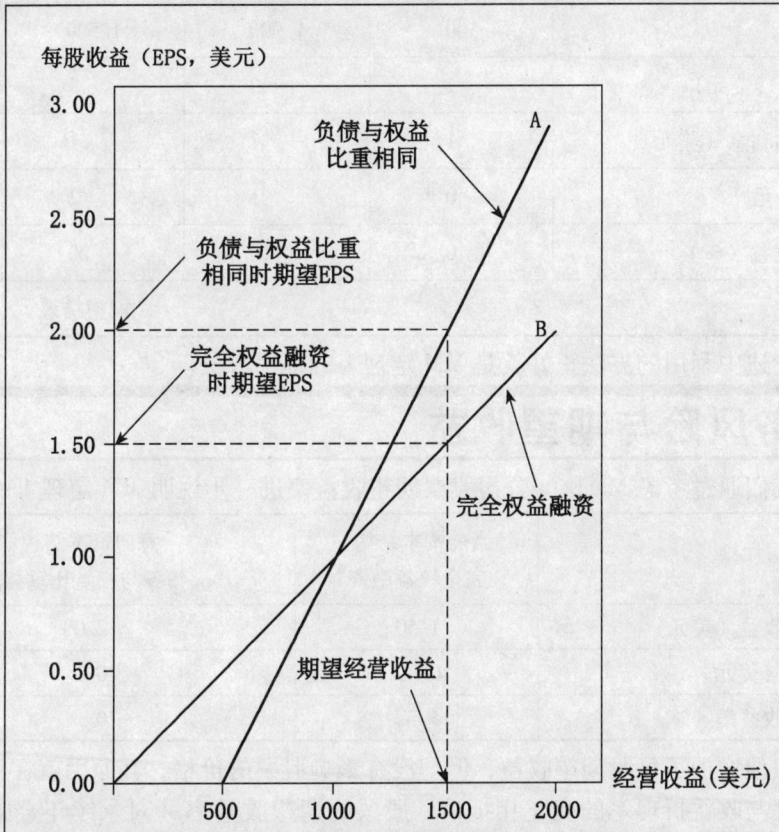

Macbeth 女士的理由如下："很明显，债务的作用取决于公司收益。如果收益高于 1 000美元，那么负债就会增加权益证券持有者的收益；如果收益低于 1 000 美元，负债就会减少其收益；当收益恰好为 1 000 美元时，收益就不受影响。此时，资产的市场价值收益率是 10%，正好与债务的利息率相等。因此我们的资本结构决策归根结底取决于未来收益的情况。既然我们预计公司的经营收益会超过 1 000 美元的保本点，我相信，继续我们的计划，发行 5 000 美元的债券就能够更好地维护我们股东的利益。"

作为 Macbeth Spot Removers 公司的财务经理，你做了如下回答："我同意只要我们的收益超过 1 000 美元，负债就对股东有利。但是你的论述忽略了一点事实，那就是 Macbeth 公司的股东具有使用自己账户借款的选择权。例如，假设某个投资者借了 10 美元，然后对无负债的 Macbeth 公司两股股票投资了 20 美元，这位投资者只投资了他自己的 10 美元而已。而这份投资的收益将随着 Macbeth 公司经营收益情况的变化而变化，如表 14—3 所示。这和投资者购买一股有负债公司股票所得到的收益是相同的

（比较一下表 14—2 和表 14—3 的后两行）。因此，有负债公司的一股股票售价也必须是 10 美元。如果 Macbeth 公司采取行动，那么借入款项，投资者就无法决定是否尝试新的事情，因此，它将不会增加公司的价值。"

	经营收益（美元）			
	500	1 000	1 500	2 000
两股股票的收益（美元）	1	2	3	4
减：利率 10% 的利息（美元）	1	1	1	1
投资净收益（美元）	0	1	2	3
10 美元投资的收益（%）		10	20	30
			期望结果	

你在论述中利用的方法正好就是 MM 定理 1 的证明方法。

14.2 财务风险与期望收益

下面我们通过考虑 Macbeth 公司股票期望收益率进一步说明 MM 定理 1 的意义：

	当前资本结构：完全权益融资	意向资本结构：债务与权益比重相同
期望每股收益（美元）	1.50	2.00
每股价格（美元）	10	10
期望股票收益率（%）	15	20

虽然负债增加了每股期望收益，但却没有影响股票的价格，其原因就在于期望收益的变化恰好与收益折现率的变化相抵消。股票的期望收益率（对永续年金来说就是盈余/价格）从 15% 上涨到 20%。下面我们就来分析一下这是如何发生的。

Macbeth 公司资产的期望收益 r_A 等于期望经营收益除以公司证券市场价值总额：

$$资产的期望收益 = r_A = \frac{期望经营收益}{全部证券的市场价值}$$

我们已经知道，在完善的资本市场上，公司的借款决策既不影响公司的经营收益，又不影响其证券的市场价值总额。因此，借款决策也不影响公司资产的期望收益 r_A。

如果一个投资者拥有一家公司的所有债券和股票，那么公司全部的经营收益就都归这个投资者所有，因此该投资组合的期望收益就正好是 r_A。

然后，投资组合的期望收益等于个别投资者所持证券期望收益的加权平均，因此，由公司全部证券构成的投资组合的期望收益应该是：

资产的期望收益 =（债务比重 × 债务的期望收益）+（权益比重 × 权益的期望收益）

$$r_A = \left(\frac{D}{D+E} \times r_D \right) + \left(\frac{E}{D+E} \times r_E \right)$$

当然，这个公式我们已经很熟悉了，在第 10 章时我们已经对其进行过探讨。公司所有资产的期望收益 r_A 被称为公司资本成本，或加权平均资本成本（WACC）。

可以将以上公式变换，就可以得到有负债公司权益的期望收益 r_E 的表达公式：

$$\text{权益的期望收益} = \text{资产的期望收益} + \left(\text{资产的期望收益} - \text{债务的期望收益}\right) \times \text{债务权益比}$$

$$r_E = r_A + (r_A - r_D)\frac{D}{E}$$

14.2.1 定理2

以上的结果就是 MM 定理2：计算，有负债公司的普通股期望收益率的提高是与按市场价值表示的债务/权益（D/E）成比例的，增长率取决于公司全部证券投资组合的期望收益 r_A 和债务期望收益 r_D 之间的差额。可以看到，当公司没有负债时，$r_E = r_A$。

我们可以用 Macbeth Spot Removers 公司的情况检验一下这个公式。在实施借款决策以前：

$$r_E = r_A = \frac{\text{期望经营收益}}{\text{全部证券的市场价值}}$$

$$= \frac{1\,500}{10\,000} = 0.15, \text{即} 15\%$$

如果公司实施借款计划，那么公司资产的期望收益 r_A 仍然是 15%，则权益的期望收益率为：

$$r_E = r_A + (r_A - r_D)\frac{D}{E}$$

$$= 0.15 + (0.15 - 0.10)\frac{5\,000}{5\,000} = 0.20, \text{即} 20\%$$

MM 定理1指出，财务杠杆对股东财富没有影响；定理2则指出，股东所持股份的期望收益会随债务权益比的增加而增加。但既然财务杠杆的增加可以带来期望收益的增加，它对股东怎么可能没有影响呢？答案就在于，期望收益的任何增长都恰好被风险的增加所抵消，因为风险增加后股东会要求更高的收益率。

下面看一下 Macbeth 公司在债务和权益融资比重相等时公司股票风险的变化情况。表 14—4 列示了经营收益的下降对股东收益的影响：财务杠杆增加了 Macbeth 公司股票的风险。如果经营收益下降 1 000 美元，在完全权益融资的情况下会使每股收益减少 1 美元；但在 50% 债务融资的情况下会使每股收益减少 2 美元。

表 14—4 经营收益下降对股东收益的影响（经营收益从 1 500 美元下降到 500 美元的变化）				
无债务融资：	每股收益	1.50 美元	0.50 美元	−1.00 美元
	股票收益率	15%	5%	−10%
50% 债务融资：	每股收益	2.00 美元	0	−2.00 美元
	股票收益率	20%	0	−20%

从货币额来看，债务权益比并不影响股东承受的风险。假定经营收益从 1 500 美元下降到 500 美元，在完全权益融资的情况下，权益收入每股下降了 1 美元。由于此时有 1 000 股流通股数，因此权益收益总额一共下降了 $1 \times 1\,000 = 1\,000$ 美元。而当债务比

重为50%时,同样规模的经营收益的下降会使每股收益减少2美元,此时流通股数只有500股,因此,权益收益总额下降了 $2 \times 500 = 1\ 000$ 美元,正好与完全权益融资的情况相同。

但是,债务权益比的选择却放大了收益百分比的差额。如果公司采用完全权益融资,那么经营收益下降1 000美元将导致股票收益率下降10%;如果公司发行年利息为500美元的无风险债券,那么经营收益1 000美元将使股票收益率下降20%。换句话说,杠杆效应是Macbeth公司权益的变化幅度扩大了一倍,无论公司融资调整之前股票的贝塔是多少,融资调整之后的贝塔总是之前的两倍。

现在我们就该明白为什么投资者对有负债的权益资产要求更高的收益率了,他们要求更高的收益实际上是风险增加的反应。

示例

让我们重新回顾一下第10章中探讨过的例子。我们考察了一家公司,其市场价值的资产负债表如下所示:

资产价值	100	债务(D)	30	$r_D = 7.5\%$
		权益(E)	70	$r_E = 15\%$
资产价值	100	公司价值(V)	100	

公司总资本成本为:

$$r_A = r_D \times \frac{D}{V} + r_E \times \frac{E}{V}$$

$$= (7.5 \times \frac{30}{100}) + (15 \times \frac{70}{100}) = 12.75\%$$

如果公司打算对一个与现有业务风险相同的项目进行投资,那么这个项目的资本机会成本就与公司资本成本相同,换句话说,就是12.75%。

如果公司增发价值为10的债券,并利用所得资金回购价值为10的权益,那么情况会如何呢?此时以市场价值衡量的资产负债表就是:

资产价值	100	债务(D)	40
		权益(E)	60
资产价值	100	公司价值(V)	100

融资结构的变化并不影响债务与权益整体组合所产生的现金流的风险,因此,如果投资者在再融资之前对组合要求的收益率为12.75%的话,那么再融资之后他们对公司资产要求的收益率必然也是12.75%。

尽管融资结构的变化并没有影响债务权益组合要求的收益率,但它确实会影响个别证券要求的收益率。由于公司债务比以前增多,所以债券持有人可能会要求更高的利率。这里我们假设债券的期望收益率上涨至7.875%,将资产收益率的基本公式列示如下:

$$r_A = r_D \times \frac{D}{V} + r_E \times \frac{E}{V}$$

$$= (7.875 \times \frac{40}{100}) + (r_E \times \frac{60}{100}) = 12.75\%$$

由此可以得出权益收益率 $r_E = 16.0\%$。

负债数量的增加提高了债券持有人的风险,同时使得债券持有人要求的收益率也增加了($r_{债务}$从7.5%增加到了7.875%)。较高的财务杠杆也增加了权益风险,使得股东要求的收益率也增加了($r_{权益}$从15%增加到了16%)。但债务和权益的加权平均收益仍维持在12.75%的水平:

$$r_A = (r_D \times 0.4) + (r_E \times 0.6)$$

$$= (7.875 \times 0.4) + (16 \times 0.6) = 12.75\%$$

假设公司决定偿还其全部债务,并且完全用权益资本来替代。在这种情况下,所有的现金流都归权益证券持有者所有。公司资本成本 r_A 仍将为12.75%,而 r_E 也同样为12.75%。

14.2.2 资本结构变化如何影响贝塔

我们已经分析了财务结构的变化对期望收益的影响,现在来看一下对贝塔的影响。

公司股东和债权人共同分享公司的现金流,同时也共同承担公司的风险。例如,如果公司资产变得一文不值,那么公司就没有现金支付给股东或债权人了。但通常情况下债权人承受的风险比股东要小得多,大型蓝筹股公司债务的贝塔一般在0.1~0.3之间。

如果你的投资组合是由公司全部证券构成的,那么你就不用和他人分享公司的现金流,但也不能和他人共同承担风险,所有的风险都必须由你独自承担。因此公司资产的贝塔与由公司所有债券和权益证券构成的投资组合的贝塔相等。

这个假设的投资组合的贝塔正好就是债务贝塔和权益贝塔的加权平均数:

$$\beta_A = \beta_{投资组合} = \beta_D \times \frac{D}{V} + \beta_E \times \frac{E}{V}$$

回头看我们的例子。如果再融资之前债务的贝塔为0.1,权益的贝塔为1.1,则有:
$$\beta_A = (0.1 \times 0.3) + (1.1 \times 0.7) = 0.8$$

再融资之后会是什么情况呢?投资组合的总体风险没有改变,但债务及权益各自的风险都比以前增加了。假设债务的贝塔增加到0.2,新的权益贝塔为:

$$\beta_A = \beta_{投资组合} = \beta_D \times \frac{D}{V} + \beta_E \times \frac{E}{V}$$

$$0.8 = (0.2 \times 0.4) + (\beta_E \times 0.6)$$

$$\beta_E = 1.2$$

现在我们可以看到为什么借款被称为可以创造财务杠杆了。财务杠杆不会影响公司资产的风险和期望收益,但它确实会增加普通股的风险。因此,由于财务风险(financial risk)的存在,股东相应地就会要求更高的收益。

现在我们就可以在贝塔中消除杠杆影响,也就是如何由已知的 β_E 导出 β_A。比如说,你知道权益的贝塔是1.2,你还需要知道债务的贝塔,假设是0.2,以及相关的债务市场价值(D/V)和权益市场价值(E/V)。如果债务占总价值V的40%,那么:

$$\beta_A = (0.2 \times 0.4) + (1.2 \times 0.6) = 0.8$$

这是与前面例子中相反的计算过程。因此，只需要记住基本的关系式就可以了：

$$\beta_A = \beta_{投资组合} = \beta_D \times \frac{D}{V} + \beta_E \times \frac{E}{V}$$

MM 定理告诉我们，较高的债务水平既增加了权益的期望收益率，也增加了权益风险。但它不会增加股东价值。在考察了 Macbeth 公司的例子之后，以上结论就很清楚了。但要当心隐性债务水平的变化，如租赁新设备或不充足提供养老金计划的决策等。不要将权益的期望收益增加看成是为股东创造了额外的价值。

14.3 加权平均资本成本

在 MM 理论之前，财务专家们是如何看待债务政策的呢？当然我们不能以后来人的眼光看问题，认为他们的思路不够清晰[①]。但出现了一种针对 MM 的 "传统" 版本。为理解这一理论，我们必须首先回到加权平均资本成本上来。

图 14—2 总结了 MM 定理 2 意义下的债务成本、权益成本和加权平均资本成本之间的关系。图中假设债务很少的公司其债券基本上是无风险的，因而 r_D 与 D/E 无关，而 r_E 则随着 D/E 呈线性增长的趋势。但随着公司借款增加，债券的违约风险也增加，公司就将被迫支付更高的利率。定理 2 预言，一旦发生这种情况，r_E 的增长速度就将放缓，这在图 14—2 中同样也有反应。公司债务越多，r_E 对更多的借款就越不敏感。

图 14—2	MM 定理 2

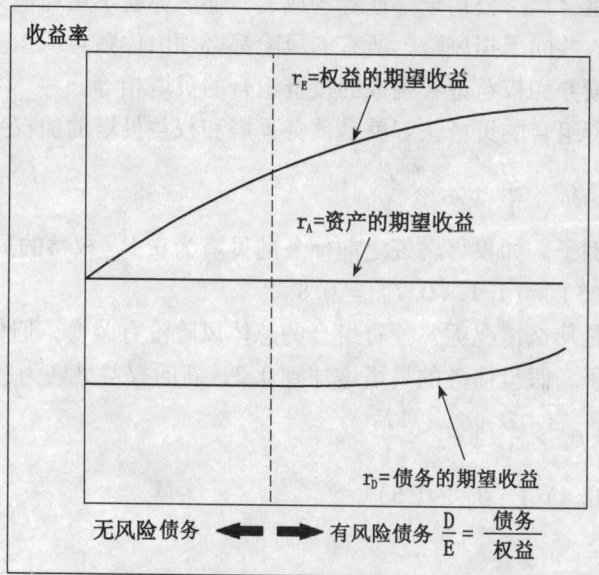

注：只要债务是无风险的，那么权益的期望收益 r_E 随债务权益比线性增加。但如果杠杆增加了债务的风险，债券持有人就会对债务要求更高的收益率，这将导致 r_E 的增长率逐渐放慢。

[①] 20 年后的金融学家们也许会批判 Brealey、Myers 和 Allen 盲目的观点和笨拙的推理过程。另一方面，他们可能也早不记得我们是谁了。

为什么随着 D/E 的增加，图 14—2 中 r_E 曲线的斜率在逐渐变小呢？这主要是因为风险债券的持有者也承受了一部分公司的经营风险。随着公司借款的增多，越来越多的经营风险从股东转到了债券持有人的身上。

14.3.1　两点警示

有时候财务决策的目标不是使"市场价值总额最大化"，而是使"加权平均资本成本最小化"。如果 MM 定理 1 成立，那么这两种目标是完全等同的；但如果 MM 定理 1 不成立，如果经营收益与资本结构无关，那么能使公司价值最大化的资本结构也能够使加权平均资本成本最小化。实际上，加权平均资本成本是公司全部证券市场价值的期望收益。如果经营收益保持不变，那么任何引起公司市场价值增加的措施都将同时降低加权平均资本成本，但如果经营收益也在不断变化，那么情况就大不一样了。

第 15 章我们将介绍，财务杠杆可以通过哪几种方式影响经营收益，因此使公司价值最大并不总是等于使加权平均资本成本最小。

1）警示 1

股东希望管理人员提高公司价值。他们追求的是更多的财富，而不在乎公司是否有较低的加权平均资本成本。

2）警示 2

试图使加权平均资本成本最小化似乎是在鼓励进行类似于下列说法的一些活动。可能有人会说，"比债券持有人享有更高的期望收益，这是股东的要求，也是他们应有的权利，因此债券是较为便宜的资本来源，我们可以通过加大债务比重来降低加权平均资本成本。"但如果过多的借款将导致股东要求更高的收益率的话，那么情况就不是这样了。根据 MM 定理 2，权益资本成本 r_E 总会有相应地提高，总能恰好保持加权平均资本成本恒定不变。

当然以上并不是我们所面临的唯一的说法。我们将在本章末实务题第 15 题中再举两个类似的例子。

14.3.2　有负债权益的收益率——传统视角

如果以加权平均资本成本最小化作为财务目标，那么往往会出错或者令人迷惑。你可能要问，既然如此，为什么我们还要提到这个目标呢？我们必须这样做，因为传统主义者认可这个目标，并且一直在探讨这个问题。

前面介绍的简单推理实际上是基于这样的假设，即股东要求的期望收益 r_E 不会随公司债务的增多而增加，或增加得比较缓慢。为了讨论方便，假设这个假定是成立的，那么加权平均资本成本 r_A 必定随着债务权益比的升高而下降。

传统主义者的立场如图 14—3 所示。他们认为，适度的财务杠杆可以增加权益的期望收益 r_E，但是达不到 MM 定理 2 所预言的程度。但是，不负责任过度举债的公司会发现，r_E 的增长速度比 MM 理论预言的更快。因此，加权平均资本成本先是下降，然后会上升，它会在某个适当的负债率水平达到最小值。而我们知道，如果经营收益不受借款决策影响的话，加权平均资本成本达到最小也就等同于公司价值达到最大。

图 14—3　　　　负债对权益的期望收益率 r_E 和加权平均资本成本 r_A 的影响

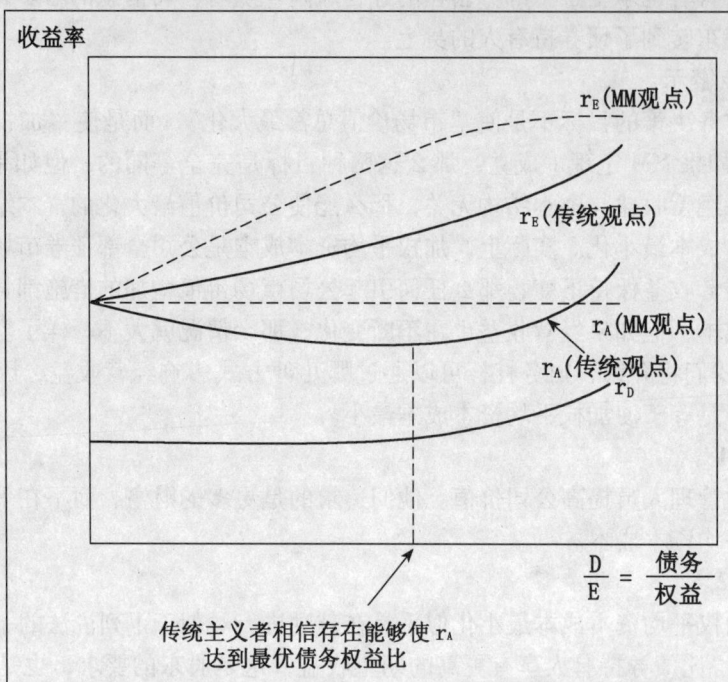

注：虚线表明了 MM 理论的观点，（见图 14—2。）实线表明了传统观点。传统主义者认为，最初债务会带来 r_E 的增长，但增长幅度小于 MM 理论的预言；但随着债务进一步上升，r_E 将会飞速增长。如果真是这样，适当地选取债务数量就能使加权平均资本成本达到最低。

有两点理由支持这种理论：第一，可能投资者不会注意或意识到适度负债带来的财务风险，但却会在"过度"负债时清醒过来。如果是这样，那么适度负债的公司股东们所能接受的收益率可能会低于他们的应得收益。

上面的理由比较天真[1]，而第二种理由会更好一些。它承认在完善资本市场假设下 MM 的推理方法，但认为现实的市场并不是完善的，而市场的不完善性就允许公司借款向投资者提供有价值的服务。如果真是这样，那么与完善市场上的理论价值相比，有负债公司股票就有可能按溢价进行交易。

假设公司可以比个人更为便宜地借款，那么对想要借款的投资者，就可以通过持有负债经营的公司股票间接地实现借款。即使所得的期望收益不能完全弥补他们所承受的经营风险和财务风险，他们仍愿意接受这种收益。

公司是否能更便宜地借款呢？这很难回答。住房抵押贷款利率与高等级公司债券利率没有多大的差别[2]。保证金借款（以手中的公司股票做抵押从股票经纪人处借款）的

---

① 第一种理由可能是混淆财务风险和违约风险的一种反映。当公司适度负债时，违约风险并不严重；只有公司"过度"负债，股东才会比较担心。但即使没有违约的可能性，股东也还要承担财务风险，表现为收益波动率的上升和更高的贝塔。

② 我们的作者之一就曾经有过一次住房抵押贷款，其利率比同期 AAA 级长期债券的利率低0.5个百分点。

利率与公司支付给银行的短期贷款利率也没有多大差别。

有些个人会面临相对较高的利率，这主要源于贷款方在提供小额贷款服务时的成本。借款中也有规模效应，对于一批小投资者来说，较好的借款方式是通过一家公司一起借款，以此做到批量贷款，节省交易成本①。

但如果这类投资者很多，无论是人数上还是他们给金融市场投入的财富总量都很庞大，那么就会形成这样一类客户，对他们来说，公司借款优于个人借款。对这类客户，原则上他们会愿意为负债经营公司的股票支付溢价。

或许他们不一定非要支付溢价，或许精明的财务经理们早就意识到了这类客户的存在，并已调整其公司资本结构来满足他们的需求。这样的调整既不困难，成本也不高。但一旦这类客户得到了满足，他们就再也不愿意为负债经营公司的股票支付溢价了，只有那些最早发现这类客户的财务经理们才能从中获益。

或许公司举债经营的市场和汽车市场相似，美国人需要成千上万辆汽车，他们愿意为每辆车花上几千美元，但这并不意味着做汽车生意就一定会赚钱，你至少已经晚了80年。

14.3.3　当前未得到满足的客户可能会对奇异证券感兴趣

那么究竟什么情况下融资方式确实会影响公司的价值呢？到现在为止，我们对此问题的解决还是没有多少进展。但我们举的例子已经说明了精明的财务经理们将会考察的对象。他们在寻找那些没有得到满足的客户，那些需要某些特殊的金融工具，但却因为市场的不完善性而不能得到，或不能很便宜地得到的投资者。

如果公司想方设法通过设定资本结构、提供某种特殊的金融服务来满足这类客户的需求，那么 MM 定理 1 将不再成立。公司提供的这种金融服务要么是新颖独特的，要么就是已有的，但必须比其他金融机构更便宜。

面对如此众多的债券和有负债的权益，目前是否仍有尚未满足的客户呢？这很值得怀疑，但或许我们可以开发某种奇异证券以刺激市场的潜在需求。

在接下来的几章中我们将接触一些由公司和投资顾问开发的新证券，这些证券利用公司的基本现金流，采用被认为对投资者更有吸引力的方式对它们进行了重新组合。但是，尽管开发这些新证券非常容易，但要找到愿意踊跃购买这些证券的投资者就很困难了。

14.3.4　市场不完善性与机会

最严重的市场不完善性往往是政府行为所造成的，导致违反 MM 定理 1 情况出现的市场不完善性往往也创造了赚钱的机会。公司和金融中介总会找到一些方法去满足备受市场不完善性困扰的客户的需求。

很多年来，美国政府对存款账户都设有利率限制，其目的就在于通过限制储户的竞争来保护存款机构。政府担心的是储户竞相追逐更高的收益，可能会导致存款机构出现无法弥补的现金亏空。

---

① 即使这里也存在不同的选择，投资者可以不用个人账户借款，而是减少自己的储蓄存款或者卖掉手中的部分债券。从效果上来说，投资者资产负债表中借出资金的减少、风险头寸的降低与借款的增加完全相同。

这些管制措施为一些公司和金融机构带来了机会，它们创造出新的存款方案来逃避这种利率限制，这其中就有花旗集团在 1974 年首先推出的浮动利率票据（floating - rate note），它附有很多吸引投资者的创新条款。浮动利率票据是一种中期债券，其利率水平随短期利率而"浮动"。比如说，花旗集团公司发行的浮动利率票据每半年付息一次，其息票利率比同期国债利率高 1 个百分点。因此，花旗集团公司票据的持有者可以防范利率波动带来的风险，利率上升时，花旗集团公司寄送支付利息的支票金额就会更大（当然，如果利率下降，那么支票金额就会降低）。

显然，花旗集团公司发现了一个未曾被发现的投资者客户群，结果其首次发行就筹集到了 6.5 亿美元的资金，此次成功的发行意味着花旗集团公司通过改变公司资本结构实现了公司价值的提升。然而，其他公司马上效仿花旗集团，短短 5 个月内，其他公司就又发行了 6.5 亿美元的浮动利率债券。到 20 世纪 80 年代中期，流通浮动利率债券大约为 430 亿美元，而今天的浮动利率债券更是已经无处不在了。

利率管制同时也为金融机构提供了机会，使它们可以通过设立货币市场基金来创造价值，它们是投资于国库券、商业票据及其他高等级短期债务工具的共同基金。任何拥有几千美元的存款者都可以通过货币市场基金来对这些证券进行投资，他们也可以在任何时候抽回资金，只要在他或她的基金账户上开出一张支票即可，因此基金就相当于一个接近市场利率的支票账户或存款账户①。这些货币市场基金已经非常流行，到 2006 年，其所持资产已经增长到 2 万亿美元。

在利率上限取消之前，大多数收益长期落到向个人投资者发行新证券的机构手中。一旦这些客户的需求最终得到满足，那么 MM 定理 1 也就重新有效（除非政府创造出一种新的市场不完善性）。这里的经验就是：一旦你发现了一种未被满足的金融需求，你应该立刻采取行动，否则资本市场就会很快发生变化，而机会就将从你身边溜走。

事实上，这对整个经济界来说可谓是一个令人振奋的信息。如果 MM 定理是正确的，那么投资者只要花费不高的成本就能满足对不同证券的需求，资本成本就只是经营风险的反应。资本将会流向拥有正 NPV 项目的公司，而无论该公司的资本结构如何。这正是市场有效的结果。

14.4　对税后加权平均资本成本的最后说明

MM 向我们传递了一个简单的信息，当公司改变其债务和权益证券的比重时，这些证券的风险和期望收益也会发生改变，但公司总资本成本不变。

现在，如果你认为这个信息的获得确实是太轻松、太简单了，那么你想得没错。接下来的两章我们将探讨一些更为复杂的情况，但在这里我们必须注意一种复杂情况：公司借款支付的利息可以从应税收益中扣除，因此债务的税后成本是 $r_D (1 - T_C)$，其中 T_C 是公司边际税率。当公司对具有平均风险的项目进行折现时，它们一般不利用我们计算时所用的公司资本成本，它们利用债务的税后成本来计算税后的加权平均资本成本，即税后 WACC：

---

① 货币市场基金的利率稍低于它们投资的证券所支付的利率，二者的差额就是基金经营的成本和利润。

税后 WACC $= r_D(1 - T_C) \times \dfrac{D}{V} + r_E \times \dfrac{E}{V}$

Union Pacific 公司的 WACC

对 Union Pacific 公司的权益成本，我们已经得到了两种估计：一个是在第 5.3 节中通过折现现金流估计的 14.6%，一种是在第 10.2 节中通过资本资产定价模型估计的 9.9%。这里我们折中选取 $r_E = 12\%$[①]。Union Pacific 的长期借款利率为 $r_D = 6\%$，因此按债务和权益市场价值衡量的公司资本结构为[②]：

债务（D）	67 亿美元	$r_D = 6.0\%$
权益（E）	262 亿美元	$r_E = 12.0\%$
公司价值（V）	329 亿美元	

市场价值的债务比率为 $D/V = 67/329 = 0.20$，权益比率为 $E/V = 0.80$。我们假设 Union Pacific 的边际税率为法定税率 $T_C = 35\%$。因此，债务的税后成本为 $0.06 \times (1 - 35\%) = 0.039$，税后 WACC 为：

税后 WACC $= 0.06 \times (1 - 35\%) \times 0.20 + 0.12 \times 0.80 = 0.104$，即 10.4%

图 14—4	不同债务权益比率下 Union Pacific 的税后 WACC 估计值

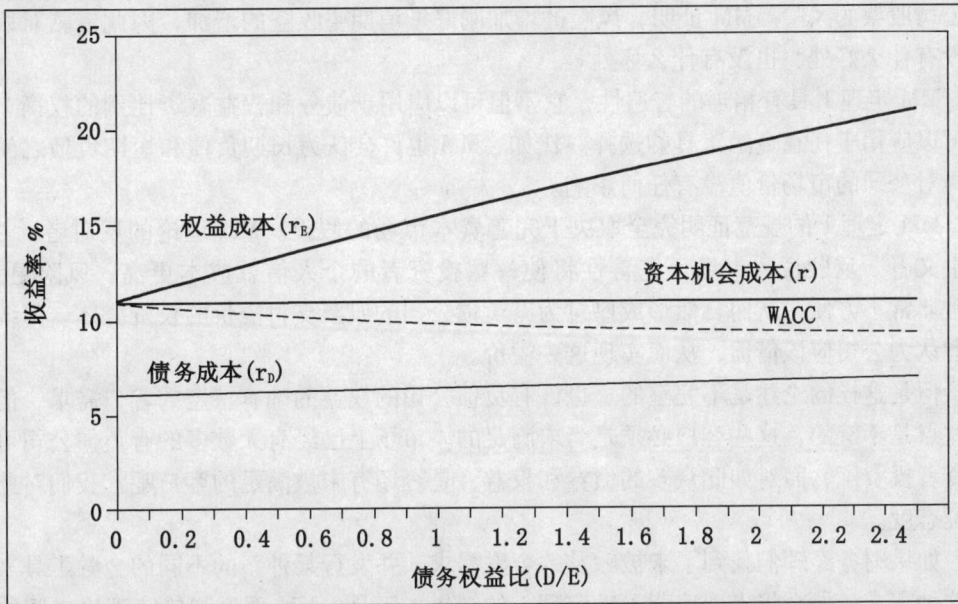

注：图中假设在债务比率为 20% 时，$r_E = 12.0\%$，借款利率 $r_D = 6.0\%$。要注意，图中是假设债

---

① 坦白讲，运用 DCF 和 CAPM 方法估计出的值通常都会有很大的不同。我们曾在第 5.3 节中指出，由于在计算中假设的较高的增长率，因此运用 DCF 方法很可能是高估的结果。

② 参见 U. S. Surface Transportation Board, "Railroad Cost of Capital-2002," June 19, 2003. Union Pacific 发行了多种不同的债券，还有长期租赁融资和优先股。为简便，我们将这些融资方法都纳入到了公司债务总额当中。第 16 章我们将要介绍当分别考虑优先股或其他融资方式时 WACC 的计算方法。

务利率随债券权益比的增加而增加的。

图 17—4 列示了税后 WACC 是如何随债务的增加而下降的。在本例中，WACC 的下降仅仅是因为债务的利息是可以抵税的。要注意，资本的机会成本 r 仍然是一条水平的直线。

本章小结

本章认为财务经理们掌控着公司的全部实物资产，然后将它们看成是一系列的证券推销给投资者。有些财务经理们选择最简单的证券组合，也就是完全采用权益融资，也有些经理们发行几十种债券和权益证券。融资问题就是要找出能够使公司市场价值最大化的证券组合。

Modigliani 和 Miller（MM）的著名的定理 1 指出，没有一种组合是比其他组合更优的，整个公司的市场价值（公司全部证券的价值总额）与公司资本结构无关。公司举债经营确实向投资者提供了更为复杂的证券，但投资者们对它们却没有多大兴趣，因为这种多样化的选择完全是多余的，任何资本结构方面的调整都可能被投资者复制或"消除"。如果投资者能够用自己的账户同样简单而且不花费太大成本就能借到资金，他们为什么会为间接的债务（持有有负债公司的股票）支付额外的款项呢？

MM 认同这样的观点，即借款可以提高股东投资的期望收益，但认为这同时也增加了公司股票的风险。MM 证明，风险的增加刚好抵消期望收益的增加，因此借款对股东既没有什么好处，也没有什么坏处。

MM 定理 1 具有相当的普遍性，它不但可以应用于债务和权益融资比例的权衡，而且可以应用于任意金融工具的选择。比如，MM 也许会认为长期负债和短期负债之间的选择对公司的市场价值没有任何影响。

MM 定理 1 的规范证明完全取决于完善资本市场的假设。MM 理论的反对者，"传统主义者"反驳说，市场不完善性将使一些投资者的个人借款成本更高，风险更大，而且非常不方便，从而自然形成愿意为有负债公司的股票支付溢价的投资群体。传统主义者认为公司应该借债，从而实现这一溢价。

但是这样的论述是不完整的。也许有负债公司的权益的确有特定的客户需求，但仅有这点是不够的，这些客户必须是尚未满足的。市场上已经有无数多的有负债公司可供投资者投资了，面对如此众多的债券和权益，是否还有未被满足的客户呢？我们对此持怀疑态度。

如果财务经理们找到了未被触及的金融需求，并发行某种新的不同的金融工具来满足这种需求，那么将出现违背 MM 定理 1 的结果。于是，MM 理论和传统理论之间的争论最终将归结为这种状况出现的难易程度。我们倾向于 MM 的观点：寻找未被满足的金融需求，开发奇异证券来满足这种需求，这将是一场非常有意思但难以取胜的博弈。

如果 MM 是正确的，那么无论公司融资所发行的各种证券的比重如何，公司总体的资本成本，也就是公司全部流通证券构成的投资组合的期望收益率就将完全相同。公司总资本成本通常被称为公司资本成本或加权平均资本成本（WACC）。MM 认为，WACC 与资本结构是无关的。但 MM 的假设省略掉了很多复杂因素，首先是税收因素。当我们意识到债务利息是可以抵税的，并按税后利率计算 WACC 时就会发现，WACC 是随着债务比率的增加而降低的。接下来的两章中还有更多有关税收方面的因素，同时还将引入其他的复杂因素。

推荐读物

有关资本结构理论开创性的著作有：

F. Modigliani and M. H. Miller, "The Cost of Capital, Corporation Finance and the Theory of Investment," *American Economic Review* 48 (June 1958), pp. 261-297.

1988 年刊载周年纪念论文的 "Journal of Economic Perspectives" 秋季刊中有一篇 Modiglian 和 Miller 的论文，该文回顾并评述了 MM 定理。1989 年，在 "Reflections on the MM Propositions 30 Years Later" 的大标题下，"Financial Management" 的夏季期刊中又另外发表了三篇论文。

1992 年，"Journal of Applied Corporate Finance" 的冬季刊中刊载了多篇有关金融创新的综述文献。其他的文章还包括：

K. A. Karow, G. R. Erwin, and J. J. McConnell, "Survey of U. S. Corporate Financing Innovations: 1970-1997," *Journal of Applied Corporate Finance* 12 (Spring 1999), pp. 55-69.

P. Tufano, "Financial Innovation," in G. M. Constantinides, M. Harris, and R. Stulz (eds.), *Handbook of the Economics of Finance*, Vol 1A (Amsterdam: Elsevier/North – Holland, 2003).

Miller 在以下文章中回顾了 MM 定理：

M. H. Miller, "The Modigliani – Miller Propositions after Thirty Years," *Journal of Applied Corporate Finance* 2 (Spring 1989), pp. 6-18.

对 MM 的论述提出质疑性观点的：

S. Titman, "The Modigliani – Miller Theorem and the Integration of Financial Markets," *Financial Management* 31 (Spring 2002), pp. 101-115.

概念复习题

完整的本章概念复习题，请登录网站 www. mhhe. com/bma1e。

1. "财务经理们试图找到一种证券组合……能够使公司的市场价值达到最大"。为什么追求这种目标会使股东受益？

2. MM 的定理 1 认为，利用债务融资而不是权益融资，不会影响：

（1）公司股票的市盈率；

（2）公司股票的市场价值总额（每股价格×流通股数）；

（3）公司市场价值总额；

（4）公司股票的贝塔；

（5）公司债务的利率；

（6）权益成本；

（7）公司总（加权平均）资本成本。

哪种说法是正确的？

3. 什么是财务风险？它与公司资本结构有什么关系？

练习题

1. Kraft 女士拥有 Copperhead 公司的普通股 50 000 股，市场价值为每股 2 美元，总共 100 000 美元。公司当前的融资结构如下所示：

	账面价值
普通股（800 万股）	200 万美元
短期贷款	200 万美元

Copperhead 公司现在宣布它将发行普通股，以取代 100 万美元的短期债务。在这种情况下，Kraft 女士应该采取什么措施才能保证维持她原有的利润份额？

2. Spam 公司完全由普通股融资，贝塔为 1.0。公司期望创造平稳的、永续的收益流和股利流。股票的市盈率为 8，权益成本为 12.5%。公司股票目前的交易价格为 50 美元。现在公司决定回购其一半的股票，代之以价值相同的利率为 5% 的无风险债务。公司是免税经营的。假设 MM 定理成立，计算再融资后的以下各项目：

（1）权益成本；

（2）公司总资本成本（WACC）；

（3）市盈率；

（4）股票价格；

（5）股票的贝塔。

3. Northern Sludge 公司的普通股和债务的价值分别为 5 000 万美元和 3 000 万美元。投资者目前对普通股要求的收益率为 16%，对债务要求的收益率为 8%。如果 Northern Sludge 公司另外发行 1 000 万美元的普通股，并用这些资金偿还债务，那么股票的期望收益率会有什么变化？假设资本结构的变化并不影响债务的风险，同时假设没有税收因素。

4. 假设 Macbeth Spot Removers 仅发行了 2 500 美元的债券，利用收入回购了 250 股股票。

（1）重做表 14—2，列示当经营收益不同时，每股收益和收益率是如何变化的。

（2）如果 Macbeth 资产的贝塔是 0.8，其债务是无风险的，那么在发行债券后其权益的贝塔是多少？

5. 以下说法是否正确：

（1）MM 定理假设的是完善的金融市场，没有带来歪曲信息的税收因素或其他不完善性；

（2）MM 定理 1 指出，公司借款会增加每股收益，但会降低市盈率；

（3）MM 定理 2 指出，公司借款会增大权益成本，其增幅与债务占公司价值的比 D/V 成正比；

（4）MM 定理 2 假设，借款的增加并不影响公司债务的利率；

（5）如果不存在破产风险，那么借款并不增加财务风险和权益成本；

（6）如果有投资者因为某种原因偏好债务，那么借款会增加公司价值。

6. 回顾一下第 14.1 节。假设 Macbeth 女士的投资顾问通知她，由于新发行的债券是有风险的，因此债券持有人将要求 12.5% 的收益率，比无风险利率高 2.5%。

（1）r_A 和 r_E 分别是多少？

（2）假设无负债公司股票的贝塔是 0.6，资本结构改变以后 β_A、β_E 和 β_D 分别是多少？

7. 看图 14—5 中的两种空白图。图 1 中，假设 MM 是正确的，分别作出财务杠杆（债务权益比）与（1）债务及权益收益率；（2）加权平均资本成本的关系图。然后假设传统主义者是正确的，在图 2 中作出同样的关系图。

图 14—5	与练习题第 7 题相关的图

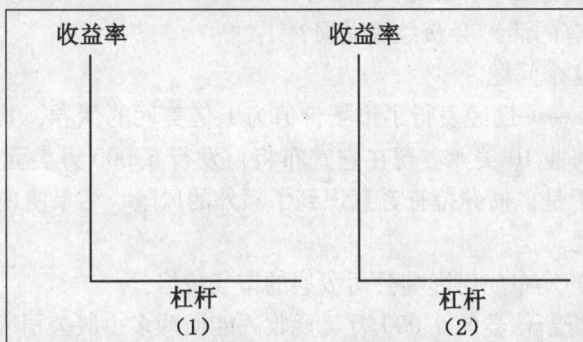

8. Gaucho Service 公司刚开始成立的时候完全是以权益资金融资的，其权益成本为 14%。假设公司再融资以后形成的市场价值的资本结构如下所示：

债务（D）	45%	$r_D = 9.5\%$
权益（E）	55%	

利用 MM 定理 2 计算新的权益成本。Gaucho 公司按 $T_C = 40\%$ 的边际税率纳税，计算 Gaucho 公司税后加权平均资本成本。

实务题

9. A 公司和 B 公司只有资本结构不同。A 公司是 30% 债务融资，70% 权益融资；而 B 公司是 10% 债务融资，90% 权益融资。两家公司的债务都是无风险的。

（1）Rosencrantz 拥有 A 公司 1% 的普通股。对他来说，什么投资能够产生同样的现金流？

（2）Guildenstern 拥有 B 公司 2% 的普通股。对他来说，什么投资能够产生同样的现金流？

（3）如果 A 公司的价值总额低于 B 公司的价值总额，试说明不论是 Rosencrantz 还是 Guildenstern 都不会对 B 公司的普通股进行投资。

10. 以下是一首打油诗：

从前有牧民 *Carruthers*，

他的奶牛真神奇，

一头奶牛全乳脂，

其他奶牛全脱脂。

Carruthers 先生的奶牛和公司的融资决策之间有什么类比关系？（适当采用）MM 定理 1 表明 Carruthers 先生的奶牛价值如何？解释一下。

11. Executive Chalk 完全采用普通股融资，其流通股数为 2 500 万股，市场价格为每股 10 美元。现在它宣布将要发行 1.60 亿美元的债券，并用发行收入回购普通股。

（1）这一消息的发布如何影响公司股票的市场价格？

（2）公司用发行新债券的 1.60 亿美元收入能回购多少股公司股票？

（3）资本结构变化后公司的市场价值（债务加权益）是多少？

（4）资本结构变化后债务比率是多少？

（5）谁（如果有的话）会获益或受损？

现在再看下面这个问题。

12. Executive Cheese 已经发行了市场价值为 1 亿美元的债券，其流通股数为 1 500 万股，市场价格为每股 10 美元。现在它宣布将再发行 6 000 万美元的债券，并用所得收入回购普通股。于是，债券持有者意识到了额外的风险，结果使现有债券的市场价值下降到 7 000 万美元。

（1）这一消息的发布如何影响公司股票的市场价格？

（2）公司用发行新债券的 6 000 万美元收入能回购多少股公司股票？

（3）资本结构变化后公司的市场价值（债务加权益）是多少？

（4）资本结构变化后债务比率是多少？

（5）谁（如果有的话）会获益或受损？

13. Hubbard 宠物食品公司 80% 普通股融资，20% 债券融资。普通股的期望收益率为 12%，债券的利息率为 6%。假设债券是没有违约风险的，画一个图列示在不同债务权益比情况下 Hubbard 公司普通股的期望收益率（r_E）以及普通股和债券组合的期望收益率（r_A）。

14. "MM 完全忽略了这样的事实，即借款越多，需要付出的利率就越高。"仔细解释这是否是一个有效的反对理由。

15. 指出下列说法错在什么地方：

（1）"随着公司借款越多以及债务的风险越大，股东和债券持有人都会要求更高的收益率。因此，通过降低债务比率，我们既可以降低债务成本，也可以降低权益成本，对每个人都有利。"

（2）"适度举债不会对财务危机或破产产生严重影响。因此，适度举债不能增加股东要求的期望收益率。"

16. 以下各种说法都是错误的，或至少容易产生误解。请解释。

（1）"如果一个资本投资机会是按 8% 利率水平完全由债券融资的，那么只要它能提供 10% 的 DCF 收益率，它就是一个具有吸引力的项目。"

（2）"公司发行的债券越多，它所支付的利率就越高。这也是公司应该在比较保守的债务水平上进行经营的一个主要原因。"

17. 你能设计出一些吸引投资者的新债券种类吗？你觉得它们为什么实际上没有

发行？

18. 假设有一家公司期望能够创造一个不变的经营收益流。如果公司增加财务杠杆，那么下面两个比率将发生什么变化？

（1）权益市场价值与税后收益比；

（2）在①MM 理论正确的情况下；②传统主义者正确的情况下，公司市场价值与税前收益比。

19. Archimedes Levers 使用的是债务和权益混合融资。与其资本成本有关的信息如下所示，请将表中的信息补充完整。

$r_E =$ __	$R_D = 12\%$	$R_A =$ __
$B_E = 1.5$	$B_D =$ __	$B_A =$ __
$r_f = 10\%$	$R_m = 18\%$	$D/V = 0.5$

20. 再看一下实务题第 19 题。假设现在 Archimedes 回购其债券，并发行权益证券，使得 $D/V = 0.3$，减少的借款使得 r_D 降到了 11%。其他的变量有什么变化？

21. Omega 公司有 1 000 万股流通股票，其当前交易价格为每股 55 美元。公司估计股东的期望收益率大约为 12%。该公司还按 7% 的利率发行了长期债券。该公司按 35% 的边际税率纳税。

（1）Omega 的税后 WACC 是多少？

（2）如果 Omega 公司全部采用债券融资，其 WACC 将会高出多少？（提示：在回答这一问题时，你可以假设公司总体的贝塔 B_A 不受资本结构或由于债务利息可以抵税所带来的税收节约额的影响。）

22. Gamma 航空公司资产的贝塔为 1.5，无风险利率为 6%，市场风险溢价为 8%。假设资本资产定价模型是正确的。Gamma 按 35% 的边际税率纳税。画一个图，以债务权益比 D/E 作为自变量，标出 Gamma 从没有债务到债务权益比 $D/E = 1.0$ 情况下的权益成本和税后 WACC。假设 $D/E = 0.25$ 之前，Gamma 公司的负债是无风险的；而 $D/E = 0.5$ 时，利率上升到 6.5%；$D/E = 0.8$ 时，利率为 7%；$D/E = 1$ 时，利率为 8%。与实务题第 21 题一样，你可以假设公司总体的贝塔 B_A 不受资本结构或由于债务利息可以抵税所带来的税收节约额的影响。

思考题

23. 考虑下面三张选票：如果＿＿＿＿＿被选为总统，A 选票将支付 10 美元；如果＿＿＿＿＿被选为总统，B 选票将支付 10 美元；如果两位都没有被选上，C 选票将支付 10 美元。（自己填以上的空格。）这三张选票能够按低于 10 美元现值的价格售出吗？能按高于 10 美元现值的价格售出吗？试拍卖这三张选票。MM 定理 1 在这里有什么作用？

24. 人们常常用超市中的用语来形象地描述 MM 定理 1。比如说，"一张饼的价值与其分割方式无关"；或"整鸡的购买成本应该等于分开购买两支鸡腿、两个鸡翅、两个鸡胸等再合成一只鸡的成本。"

但实际上 MM 定理 1 在超市中并不成立。购买一整张饼的价格比零买的价格要低，而整鸡被分割后销售时，超市要的价格也将更高。为什么？造成定理1在超市中失效的成本或市场不完善性是什么？这些成本或市场不完善性对在美国或世界资本市场上发行证券的公司也同样重要吗？请解释。

25. 假设新证券的设计可以获得专利①，专利持有者可以限制新设计的使用或向其他公司使用者收取版权费。那么这样的专利会对MM的资本结构无关论产生什么样的影响？

---

① 到目前为止，证券的设计是不能获得专利的，但其他金融应用技术已经获得了专利保护。见 J. Lerner, "Where Does State Street Lead? A First Look at Finance Patents," *Journal of Finance* 57 (April 2002), pp. 901-930。

第15章

公司负债该有多少

在第14章中我们发现，债务政策在没有冲突或不完善性的运作良好的市场上基本上没有多少意义。但在实践中，很少会有财务经理们接受这样的结论并作为自己的行动指南。如果债务政策确实并不重要，那么他们就不用为之担心，财务决策就可以交给下属去决定。但财务经理们确实是担心债务政策的，本章就将解释其原因。

如果债务政策是完全无关的，那么不同公司间、不同行业间公司的实际债务比率就应该是随机变化的。但几乎所有的航空公司、公用事业公司、银行和房地产开发公司都高度依赖于负债，很多资本密集型行业，如钢铁、铝业、化学、石油和矿业公司也是如此。另一方面，我们却很难找到一家制药公司或广告公司不主要通过权益资本融资。尽管成长非常快的公司可能要高速扩张，经常需要大量的资本，但也都很少负担太多的债务。

对于以上现状的原因，我们可以利用上一章中我们忽略的问题来进行解释。我们忽略了税收因素，并假设破产的成本不高，而且非常迅速，伤害也不大。但事实上不是这样的，即使最终逃过了法律意义上的破产，财务危机也会带来很高的成本。我们还忽略了公司证券持有者之间潜在的利益冲突。例如，我们并没有考虑新债券的发行或投资策略的改变会使公司经营风险增大，从而对"原来"债权人带来的影响。我们忽略了信息问题，当公司必须发行证券筹集资金时，公司更喜欢债务融资而不是权益融资。此外，我们还忽略了财务杠杆对管理层进行投资和股利支付决策所起的激励作用。

现在我们要将所有的这些因素都再纳入我们的考虑范围之内：首先是税收，其次是破产成本和财务危机成本。这将给我们带来利益冲突、信息问题和激励问题。最后我们不得不承认，债务政策确实是很重要的。

但我们不会丢掉在 14 章中曾仔细考察的 MM 理论。我们现在要找的就是能够将 MM 的洞察力与税收、破产成本和财务危机成本，以及其他复杂因素结合起来的理论。我们并不是要倒退到基于资本市场不完善性的传统观点，相反，我们需要清楚的是，运作良好的资本市场对税收和本章所涉及的其他问题将会作出什么样的反应。

15.1 公司税金

在美国的公司所得税体制下，债务融资有一个很重要的优势：公司支付的利息是一笔可以抵扣应税额的支出，因此债券持有人的收益避开了征税环节。

表 15—1 列示了无负债公司 U 和按 8% 利率借了 1 000 美元的公司 L 的简化利润表。L 公司的税金比 U 公司少 28 美元，这就是 L 公司债务所起的抵税（tax shield）作用。实际上，政府为 L 公司支付了其利息支出的 35%，因而 L 公司向其债券持有人和股东支付的利润总额就有了相同幅度的增长。

表 15—1	利息抵税增加了公司可向债券持有人及股东支付的利润总额　单位：美元	
	U 公司利润表	L 公司利润表
利息和税前收益	1 000	1 000
支付给债券持有人的利息	0	80
税前收益	1 000	920
税金，35%	350	322
股东可得的净收益	650	598
支付给债券持有人和股东的收益总额	0 + 650 = 650	80 + 598 = 678
利息抵税（0.35 × 利息）	0	28

利息抵税可以看做是有价值的资产。假设 L 公司的债务是固定并且永续不变的（也就是，一旦现在的债务到期，公司就将再次融资，并将始终用债务来滚动融资），L 公司每年都将享有一笔 28 美元的永续现金流。这笔现金流的风险可能小于 L 公司经营性资产的风险，因此抵税作用仅取决于公司税率[①]和 L 公司获取足够的盈利来支付利息的能力，而公司税税率是相当稳定的，其获取利息支付额的能力也必须相当有保证，否则它就不会以 8% 的利率借款了。因此，我们要用相当低的利率水平对这些利息的抵税额进行折现。

但是，究竟该用什么样的折现率呢？一般的假设是认为抵税额的风险与产生这一数额的利息支付额的风险相同的，因此可以按 8%，也就是持有公司债务的投资者要求的期望收益率来进行折现：

---

① 通常使用边际税率，而不是平均税率。由于加速折旧和其他税收调整的原因，平均税率一般都要远远低于边际税率。对于大公司，边际税率通常就是法定税率，在本章写作时（2007 年），该税率为 35%。但是，实际边际税率可能要比法定税率低，对哪些规模较小、风险较大，不能保证未来是否能够赚取应税利润的公司来说情况更是如此。

$$PV(\text{抵税额}) = \frac{28}{0.08} = 350 \text{ 美元}$$

实际上相当于政府承担了 L 公司 1 000 美元债务的 35%。

在这样的假设条件下，抵税额的现值与债务收益率 r_D 是无关的，它等于公司税税率 T_C 乘以借款额 D：

利息支付额 = 债务收益率 × 借款额

$$= r_D \times D$$

$$PV(\text{抵税额}) = \frac{\text{公司税税率} \times \text{利息支付额}}{\text{债务的期望收益率}}$$

$$= \frac{T_C(r_D D)}{r_D} = T_C D$$

当然，如果公司不打算永远负债[1]，或者它不能获得足够的应税收益来利用利息抵税[2]，那么 PV（抵税额）就会减少。

15.1.1 利息抵税额对股东权益价值的贡献

MM 定理 1 就好像在论述馅饼的价值与其分割方式无关。这里的馅饼就是公司的资产，而分割得到的一份一份的饼就是债务和权益。如果我们让饼的大小固定不变，那么债务增加一美元必定意味着权益减少一美元。

但实际上得到分割后的饼的还有第三方，即政府。看一下表 15—2，该表有一部分是扩展的资产负债表，左边是税前资产价值，右边是作为负债列示的政府征税权的价值。尽管 MM 仍然会认为，在这种情况下馅饼的价值就是公司税前资产的价值，不会因为分割方式而改变，但是，无论公司采取什么样的方式，只要它能让政府得到的部分减少，就一定会让公司的股东受益。借款就是公司能够采取的方式之一，就像表 15—1 中看到的那样，它可以降低应税额，增加债券和权益投资者享有的现金流，公司的税后价值（按一般市场价值计算的资产负债表中列示的债务价值与权益价值总额）将会因此增加，其增加额就是 PV（抵税额）。

表 15—2	普通和扩展的市场价值资产负债表
普通资产负债表（市场价值）	

资产价值（税后现金流现值）	负债
	权益
资产总额	公司价值

---

[1] 在本例中我们假设负债金额始终是固定不变的。换一种假设，自然就是要假定债务与公司价值之比是固定不变的。如果比率不变，那么公司债务水平和利息抵税额就将随着公司价值的波动而波动。在这种情况下，预计利息抵税额就不能按债务成本进行折现了。在下一章中我们将详细探讨这一问题。

[2] 如果 L 公司某年的利润不能满足利息支付的需要，那么抵税额也不一定就会丧失。L 公司可以向前结转损失，最多可以得到前两年所付税款的返还。如果 L 公司的损失是一连串的，已经没有前期的税款可以返还，那么它还可以向后结转损失，用来冲抵接下来几年的公司应缴税额。

扩展资产负债表（市场价值）	
税前资产价值（税前现金流现值）	负债
	政府要求权（未来税金的现值）
	权益
税前资产总额	税前价值总额

在普通的资产负债表中，资产的价值是税后价值；而在扩展的资产负债表中，资产的价值是税前价值，政府征税权的价值在表的右边列示。利息的抵税额是很有价值的，因为它们减少了政府的要求权。

15.1.2　重组 Merck 公司的资本结构

作为一家大型的成功公司，Merck 公司很少利用长期负债。表 15—3（1）列示了 2005 年 12 月份 Merck 公司账面价值和市场价值的简化资产负债表。

表 15—3（1）　　Merck 公司 2005 年 12 月份简化资产负债表 单位：百万美元

账面价值			
净营运资本	7 746	5 126	长期负债
		8 500	其他长期负债
长期资产	23 796	17 916	权益
资产总额	31 542	31 542	价值总额
市场价值			
净营运资本	7 746	5 126	长期负债
利息抵税 PV	1 974	8 500	其他长期负债
长期资产	73 315	69 409	权益
资产总额	83 035	83 035	价值总额

注：①净营运资本、长期负债和其他长期负债的市场价值等于账面价值。权益的市场价值＝股数乘以 2005 年 12 月份的收盘价。长期资产市场价值与账面价值之间的差额等于权益市场价值与账面价值的差额。

②利息抵税 PV 的计算基于的假设是，35% 税率，固定的永续债务。

假设你是 Merck 公司的财务经理，全面负责资本结构。你决定再永久性地借款 10 亿美元，并用所得的收入回购股票。

表 15—3（2）列示了新的资产负债表。账面的长期债务多了 10 亿美元，权益少了 10 亿美元。但我们知道，Merck 公司资产的价值更高了，因为在新的债务下公司的应税额减少了利息额的 35%。换句话说，Merck 公司的价值增加了 PV（抵税额），其金额等于 $T_c D = 0.35 \times 10$ 亿美元 = 3.50 亿美元。如果只要不考虑税金，MM 理论就可以成立

的话，那么公司价值就肯定增加了 3.50 亿美元，达到 833.85 亿美元，而 Merck 公司的权益价值将增加到 687.59 亿美元。用 10 亿美元的长期债务替代股东权益。

表 15—3（2）		Merck 公司资产负债表		单位：百万美元
		账面价值		
净营运资本	7 746	6 126	长期负债	
		8 500	其他长期负债	
长期资产	23 796	16 916	权益	
资产总额	31 542	31 542	价值总额	
		市场价值		
净营运资本	7 746	6 126	长期负债	
利息抵税 PV	2 324	8 500	其他长期负债	
长期资产	73 315	68 759	权益	
资产总额	83 385	83 385	价值总额	

现在你已经回购了价值 10 亿美元的股票，但 Merck 公司的权益价值只下降了 6.50 亿美元，因此，Merck 公司的股东肯定赚了 3.50 亿美元，这可是一个不错的收益，顶得上很好的一天工作结果了[1]。

15.1.3　MM 和税金

到现在为止，为了修正 MM 定理 1，使其能反映所得税的影响，我们已经得到了一个新的版本[2]，新的定理如下所示：

公司价值＝完全权益融资下的价值＋PV（抵税额）

在永久性负债这种特殊情况下，有：

公司价值＝完全权益融资下的价值＋T_cD

我们对 Merck 公司设想的财务手术为内在于这种"修正的"理论问题提供了完美的展示。3.50 亿美元获取得太容易了，似乎有违没有生钱机器的常理。如果 Merck 公司的股东因为有了 61.26 亿美元的公司负债而变得更加富有的话，那么为什么不负债 71.26 亿美元，甚至 172.16 亿美元呢？达到什么样的债务水平时 Merck 公司才应该停止借款呢？我们给出的公式意味着，公司价值和股东财富都将随着 D 的增加而持续增加，因而隐含的最优债务政策似乎就是一个非常尴尬的极端状况：所有的公司都应该进

---

① 要注意，只要债券是以公允价格出售的，那么抵税额到来的所有好处就都归股东所有。

② 利息的抵税作用在 MM 的原始著作中就已经得到确认了，见 F. Modigliani and M. H. Miller，"The Cost of Capital, Corporation Finance and the Theory of Investment," *American Economic Review* 48（June 1958），pp. 261-296。表 15—3（2）中的股价过程摘自他们在 1963 年发表的论文，见"Corporate Income Taxes and the Cost of Capital：A Correction," *American Economic Review* 53（June 1963），pp. 433-443。

行100%的债务融资。

MM对此并没有盲从,没有人希望把这个公式用于极端的债务比率上。以下几个原因可能使我们的计算夸大了利息抵税的价值:第一,认为公司负债是固定的、永久的,这个假设是错误的。随着公司利润和价值的上下波动,公司的负债能力也在发生变化;第二,很多公司面对的边际税率小于35%;第三,除非能有未来的利润保障,否则利息抵税可能无法起作用,而没有公司能够保证每年的利润都会有保障。

但是,即使加上这些限定,还是不能解释为什么像Merck这样的公司完全没有负债却不但能够生存,而且相当繁荣。认为Merck公司的管理层仅仅是错过了这条财路是很难令人相信的。

当公司面临突然的不利境况时,当然保守的债务政策是比较令人欣慰的。对Merck公司来说,这样的情况发生在2004年9月,当时该公司出产的止疼药Vioxx增加了某些病人患心脏病的风险,消息一传出,立刻引起了轰动。当Merck公司召回市场上的Vioxx时,它丧失了几十亿美元的未来收入,并且不得不支付或安排将近10亿美元的法律成本。尽管这样,公司的信用评级并没有受到影响,它保留了充足的现金流供其投资所用,包括对研发费用的投入,并且维持了正常的股利。如果在发生Vioxx损失之后Merck公司财务状况仍然很好的话,那么在损失发生之前其债务政策是相当保守的吗?为什么它要拒绝再借几十亿美元的机会〔见表15—3(2)〕,而用应付给股东的应税利润替换可以抵税的利息呢?

看起来我们的辩论已经将我们带入了死角,但有两条路可以走:

(1)也许更全面地审视美国公司税和个人税的税收体制,可以揭示公司负债在税负上的不利之处,从而抵消公司利息抵税的现值;

(2)或许公司负债还会发生其他成本,比如说破产成本。

下面我们就将探索这两条逃生之路。

15.2 公司税与个人税

考虑到个人税,公司的目标就不再是公司税最小化了,而是努力使基于公司所得支付的所有税收的现值最小化。"所有税金"应该包括债券持有人和股东支付的个人税。

图15—1表明,根据公司资本结构的不同,每一美元的经营所得对投资者来说都意味着债务利息收入或权益收入(股利或资本利得)的增加。也就是说,收入可以沿着图15—1的任何一条路径变化。

要注意,图15—1区分了利息层面上的个人税T_p和权益所得层面上的个人有效税率T_{pE}。T_{pE}可能会小于T_p,这取决于股东实现的股利和资本利得的比重。目前(2007年)股利和资本利得的最高边际税率都仅为15%,而包括利息收入在内的其他收入的最高税率达到35%。而且,资本利得税可以递延至股票出售再缴纳,因此资本利得税的最高有效税率通常会低于15%。

图 15—1　负债水平如何影响公司税和个人税

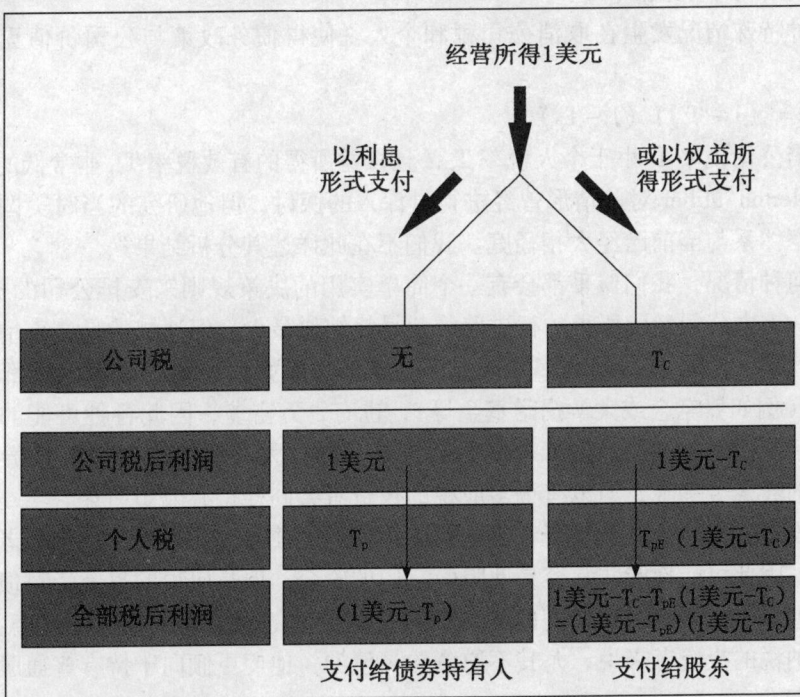

图 15—1　负债水平如何影响公司税和个人税

注：公司的资本结构决定了经营利润是以利息的形式支付还是以权益利润的方式支付。利息只在个人层面上缴税，而权益利润在公司和个人层面上都要缴税。但是，权益利润上的个人税率 T_{pE}，可能小于利息收入上的个人税率 T_p。

公司的目标是通过安排资本结构使税后利润最大化。从图 15—1 中可以看到，如果 $(1 - T_p)$ 大于 $(1 - T_{pE}) \times (1 - T_C)$，那么借款就更好；反之就更坏。因此，负债对权益的相对税收优势（relative tax advantage）为：

$$债务的相对税收优势 = \frac{1 - T_p}{(1 - T_{pE})(1 - T_C)}$$

这给出了两种特殊情况。第一，假设债务和权益所得按同样的个人有效税率纳税。但由于 $T_{pE} = T_p$，相对优势仅取决于公司税税率：

$$相对优势 = \frac{1 - T_p}{(1 - T_{pE})(1 - T_C)} = \frac{1}{1 - T_C}$$

在这种情况下，我们可以忽略个人税率，公司借款的税收优势刚好与 MM 计算的完全相等①。因此 MM 无须假设没有个人税。他们的负债和税负理论只需要假设负债和权益是以相同的税率纳税。

第二种特殊情况发生在取消公司税和个人税使得债务政策与公司价值无关时。这要求：

$$1 - T_p = (1 - T_{pE})(1 - T_C)$$

只有当公司税率 T_C 小于个人税率 T_p，且权益所得的有效税率 T_{pE} 非常低的情况下才会发生。Merton Miller 对此情形曾经进行过深入的探讨，但他研究的当时美国的利息和股利税税率体系与当前已经大相径庭。我们不在此详述其分析结果②。

无论何种情况，我们似乎都会有一个简单实用的决策规则来安排公司的资本结构，选取图 15—1 中公司经营所得的行进路径使最终纳税最少。但遗憾的是，事情并没有想像的那样简单。比如说，T_{pE} 是多少呢？因为任何一家大型公司的股东组成都既有免税的投资者（例如养老金或大学捐赠基金等），也有百万富翁，因此各种可能的纳税等级混合在一起。而利息层面上的个人税率 T_p 也是一样，大公司的"典型"债券持有人可能是免税的养老金基金，但也有很多应税的投资者会同样持有公司债券。

有些投资者可能比其他投资者更乐意购买你们的债券，比如说，由于养老金不必考虑个人税，因此可能你能非常容易地吸引它们的资金；但是应税的投资者对债券投资可能就较为勉强了，只有得到较高的利息回报，他们才愿意有所付出。对利息按 35% 的最高税率纳税的投资者来说，尤其不愿意购买债券，他们更倾向于持有普通股或能够免税的政府债券。

要明确负债的净税收优势，公司就需要掌握边际投资者（marginal investor），即对持有债券或股票无所谓的投资者必须面对的税率，而这就加大了准确估计税收优势的难度。但是我们仍然可以进行一些粗略的计算。现在看一家与 Merck 公司类似的大型支付股利的公司。Merck 公司的股利支付率平均约为 65%，也就是每获得 1.00 美元的利润，将有 0.65 美元作为股利发放出去，0.35 美元转作资本利得。假设边际投资者要按照最高税率等级纳税，即利息收入要支付 35%，股利收入和资本利得收入要支付 15%。我们再假设由于资本利得是递延实现的，因此使资本利得的有效税率降到了原来的一半，$15/2 = 7.5\%$。因此，如果投资者投资于 Merck 公司的普通股股票，那么每 1.00 美元的权益所得将纳税 $T_{pE} = (0.65 \times 15) + (0.35 \times 7.5) = 12.4\%$。

现在我们可以沿着图 15—1 所示的两条路径，计算 1 美元经营所得的轨迹（单位：美元）：

---

① 当然，个人税减少了公司利息抵税的金额，但个人税后的现金流适用的折现率也更低了。如果投资者愿意以个人税前的期望收益 r_D 借出资金，那么他们必然愿意接受个人税收的收益 $r_D(1 - T_p)$，其中 T_p 是边际个人税税率。因此我们可以计算个人税后永久性负债所带来的利息抵税价值为：

$$PV(抵税额) = \frac{T_C \times r_D D \times (1 - T_p)}{r_D \times (1 - T_p)} = T_C D$$

这又把我们带回了前面的公司价值的计算公式：

公司价值 = 完全权益融资下的价值 + $T_C D$

② 见 M. H. Miller, "Debt and Taxes," *Journal of Finance* 32 (May 1977), pp. 261-276。

	利息	权益所得
税前利润	1.00	1.00
减公司税（$T_C = 0.35$）	0	0.35
公司税后利润	1.00	0.65
个人税（$T_p = 0.35$，$T_{pE} = 0.124$）	0.35	0.081
全部税后利润	0.65	0.569

债务优势 = 0.081 美元

每 1 美元债务融资的优势表现为 0.08 美元。

应该强调的是，我们的粗略计算不过如此。但有意思的是从中可以看到在相对较低的权益所得个人税税率情况下，债务税收优势的缩减情况。

大部分的财务经理们相信，公司负债具有一定的税收优势，至少对那些有理由相信自己能够对利息避税加以利用的公司更是如此。而对那些无法利用利息避抵税的公司，它们将只有一定的税收劣势。

那么公司是否充分利用了利息抵税呢？John Graham 认为没有。他的估计表明，一般纳税公司如果能在保守的负债水平内将负债数量稍做调整，就能使公司价值增加 7.5%[①]。这实际上只是一个很小的改变。因此，看起来财务经理们是忽略了这种轻易可得的税收节约好处。或许他们是看到了增加负债将会带来的不利之处。下面我们就将探索第二条逃生之路。

15.3　财务危机成本

当公司未能履行对债权人的承诺，或出现兑付困难时就会发生财务危机。有时财务危机会导致破产，有时它只是令公司如履薄冰，艰难度日。

正如我们将要看到的，财务危机是有成本的。投资者知道有负债的公司可能会陷入财务危机，他们就会为此担心，而他们的担心会在有负债公司证券的当前市场价值中反映出来。因此，公司的价值可以被分解为以下三个部分：

公司价值 = 完全权益融资下的价值 + PV（抵税额）- PV（财务危机成本）

财务危机成本取决于发生财务危机的可能性以及财务危机引发的成本。

图 15—2 列示了如何在纳税收益和危机成本之间进行权衡以确定最优资本结构的问题。随着公司负债的增加，PV（抵税额）最初也将增加。在适度的负债水平上，发生财务危机的可能性比较小，因此 PV（财务危机成本）很小，税收优势此时处于支配地位。但是，负债达到一定水平后，如果再继续追加负债，财务危机的可能性就会上升得

---

① Graham 对单个公司的估计既考虑了公司未来盈利的不确定性，也考虑了存在不能利用利息抵税的情况。见 J. R. Graham, "How Big Are the Tax Benefits of Debt?" *Journal of Finance* 55（October 2000），pp. 1901-1941。

非常快，财务危机成本就开始大量地侵蚀公司价值。同样，如果公司不能确保能利用利息抵税获利，那么额外负债的税收优势就可能下降并逐渐消失。当追加负债产生的税收节约的现值刚好能够抵消增加的财务危机成本的现值时，这时的负债水平就是理论上的最优水平。这被称为资本结构的权衡理论（trade-off theory）。

图 15—2	在纳税收益和危机成本之间进行权衡以确定最优资本结构

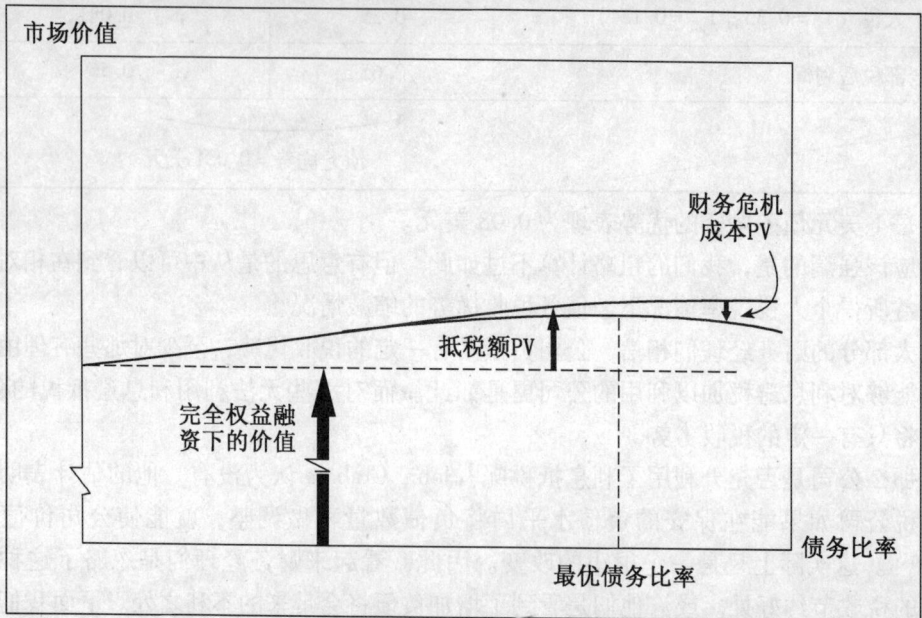

注：公司价值等于完全权益融资下的价值加上抵税额的 PV，再减掉财务危机成本的 PV。根据资本结构的权衡理论，财务经理应该选择能使公司价值达到最大的债务比率。

财务危机成本包括好几个特定的方面。下面我们就来对这些成本加以明确，并设法理解它们的起因。

15.3.1 破产成本

说到公司破产，我们很少听到什么好话。但是几乎所有的事情都有可取之处。公司发生破产，就是股东在行使自己的违约权（right to default）。该权利是非常有价值的。当一家公司陷入财务危机时，有限责任允许股东扬长而去，而把所有的麻烦都留给债权人。原有的债权人成为新的股东，而老股东可以什么也不带轻松地离开。

在美国的法律体系中，所有的公司股东自动享有有限责任。但假设情况不是这样。假设有两家公司，其拥有的资产和经营类型完全相同。两家公司都有未偿付的债务，下一年都承诺要偿还 1 000 美元（本金和利息）。但仅有一家公司，Ace Limited，享有有限责任；另一家公司，Ace Unlimited，不享有有限责任，它的股东必须以个人资产对其债务负责①。

图 15—3 比较了下一年这两家公司的债权人和股东可能得到的收入。仅在下一年公司资产价值小于 1 000 美元时二者才会有差别。假设下一年两家公司的资产都只值 500

---

① Ace Unlimited 可能是合伙公司或独资公司。

美元，在这种情况下，Ace Limited 违约，其股东平安脱身，他们的收入为零，债券持有人得到了价值为 500 美元的资产；而 Ace Unlimited 的股东就无法脱身，他们必须支付资产价值和债券持有人要求权之间的差额 500 美元。无论发生什么情况，债务都必须偿还。

图 15—3	其他条件均相同的两家有限责任和无限责任公司比较

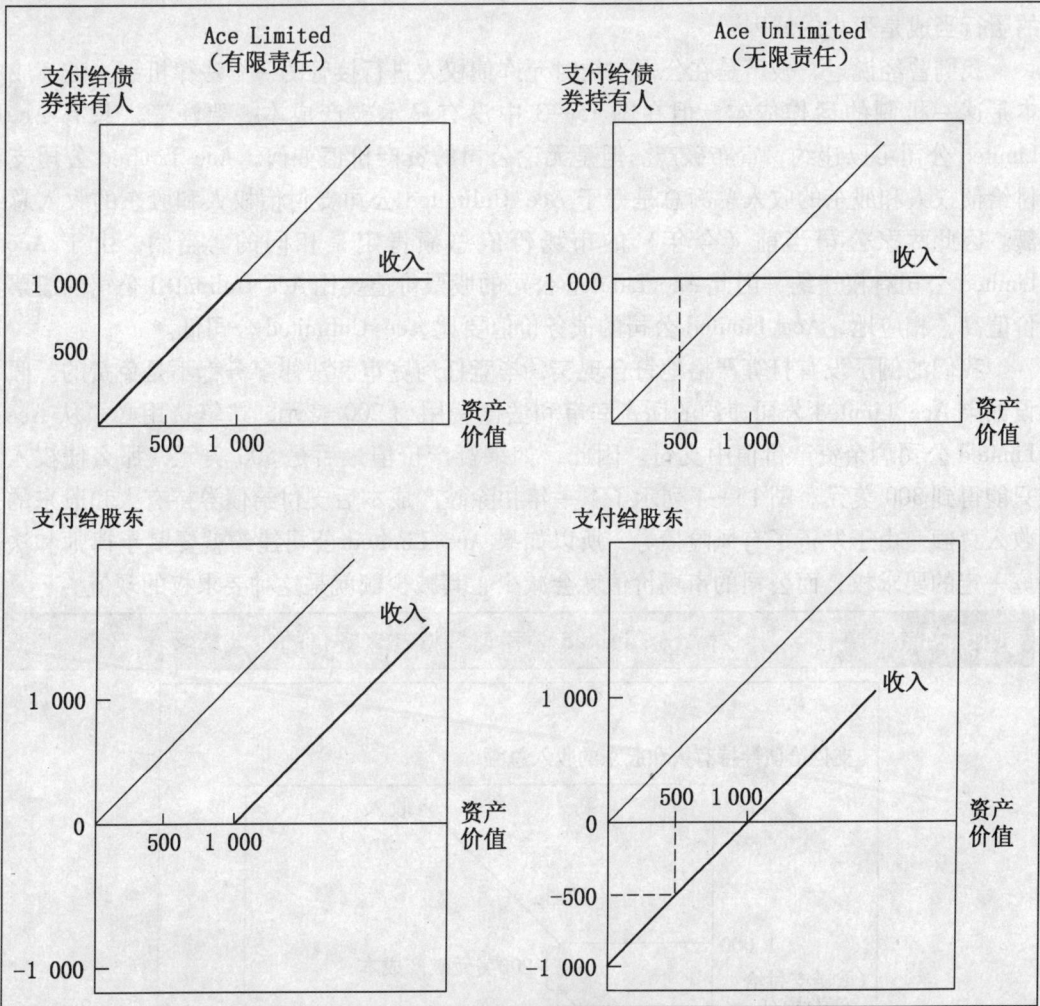

注：如果两家公司的资产价值低于 1 000 美元，Ace Limited 公司股东违约，其债券持有人接管公司资产；Ace Unlimited 公司股东保留资产，但他们必须从自己兜里掏钱去偿还债权人。两家公司对股东和债券持有人支付的总金额是相同的。

假设 Ace Limited 公司真的破产了。当然，公司的价值这么小，其股东肯定是非常失望的，但那是公司的经营问题，与融资无关。在经营业绩很差的情况下，破产的权利，也就是违约权将是一个很有价值的特权。如图 15—3 所示，Ace Limited 公司的股东状况比 Ace Unlimited 公司的股东状况更为有利。

这个例子说明了人们在考虑破产成本时经常犯的一个错误：他们把破产看成是公司

的葬礼，送葬者（债权人，特别是股东）面对着公司当前的惨状，常常回忆起手中的证券原来是多么的值钱，而现在就只剩下这么少了。另外，他们还将自己损失的价值看成是破产的成本，但这是错误的。资产的价值下降确实令人难过，但没有必要将其与融资联系在一起。资产价值的下降引起了违约，破产只是允许债权人接管的一个法律途径，它不是导致资产价值下降的原因，而是价值下降的结果。

需要慎重的是，我们不能本末倒置。毕竟，如果一个人去世了，我们不能将其遗嘱的履行当成是死亡的原因。

我们曾经说过，破产是在公司违约时允许债权人进行接管的一个法律机制。破产成本是这一机制的运作成本，但在图 15—3 中没有显示破产成本。要注意，只有 Ace Limited 公司可以违约，宣布破产。但是无论公司的资产价值如何，Ace Limited 公司支付给债权人和股东的收入总额总是等于 Ace Unlimited 公司支付债权人和股东的收入总额。因此两家公司当前（今年）的市场价值总额肯定是相同的。当然，由于 Ace Limited 公司有权违约，因此 Ace Limited 公司的股票价值要比 Ace Unlimited 公司的股票价值高，相应地，Ace Limited 公司的债务价值要比 Ace Unlimited 公司低。

我们的例子没有打算严格地符合现实，毕竟任何庭审和法律事务都不是免费的。假设如果 Ace Limited 公司违约的话，庭审和法律费用为 200 美元，这笔费用必须从 Ace Limited 公司剩余资产价值中支付。因此，如果资产价值最后是 500 美元，那么债权人只能得到 300 美元。图 15—4 列示了下一年扣除破产成本后支付给债券持有人和股东的收入总额。由于发行了有风险债券，所以如果 Ace Limited 公司违约就要赋予律师和法庭一定的要求权，而公司的市场价值就会减少，其减少额就是这种要求权的现值。

图 15—4	对 Ace Limited 公司证券持有者支付的收入总额

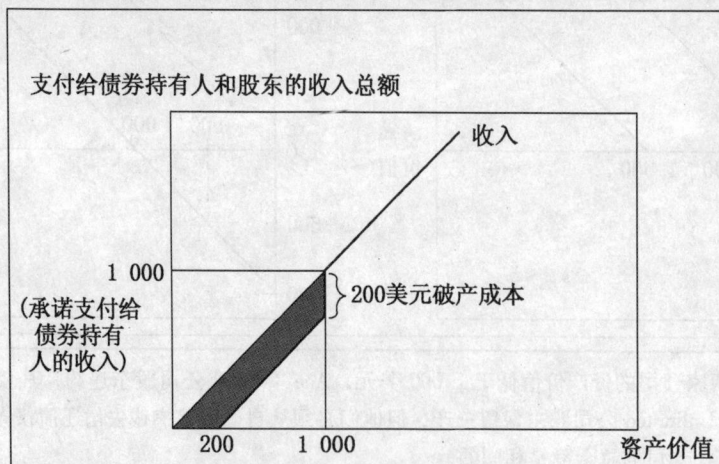

注：在违约的情况下，将有 200 美元的破产成本（阴影部分）。

要理解增加的负债如何影响财务危机成本的现值是很容易的。如果 Ace Limited 公司借入更多的负债，那么发生违约的可能性和律师的要求权就都会增加，因此增加了 PV（财务危机成本），减少了 Ace Limited 公司的市场价值。

破产成本是从股东的口袋里掏出来的，而债权人当然也会想到这一成本，并且知道如果公司违约就会将这些成本转嫁到自己头上。因此，在公司还没有违约时，它们就会要求更高的收益预先得到补偿。也就是说，它们要求得到更高的利率承诺，这将减少股东的预期收入，从而降低他们手中股票的当前市场价值。

15.3.2 破产成本的证据

破产成本可能会急剧增长。当 United Airline 破产时，它支付给律师、会计师和咨询师的费用超过 3.5 亿美元[1]。安然公司（Enron）创下了新的纪录，它支付给律师、会计师和其他专业人员的成本将近 10 亿美元。另一家陷入危机的能源公司，Mirant Corp. 的费用稍微适度一些。Mirant 公司在破产程序进行的第一年"烧掉"的费用为 1.20 至 1.40 亿美元[2]。

这些数字看上去比较吓人，但它们在公司资产价值中的比重并不是很大。例如，Eastern Airlines 所花费的费用只是它破产时公司资产的 3.5%，或者说只相当于一架大型喷气式飞机的价格。Lawrence Weiss 研究了 1980 年—1986 年间破产的 31 家公司，他发现，平均的破产成本约为公司破产前一年账面资产总额的 3%、公司权益市场价值的 20% 左右。Edward Altman 的研究表明，零售业的破产成本与之基本类似，但工业企业则稍高一些。当然，破产也有显著的规模经济效应，小公司在破产中的价值损失占资产总额的比例要比大公司高[3]。最后，Andrade 和 Kaplan 对处于困境、负债率非常高的公司所做的研究认为，财务危机成本占陷入危机前公司市场价值的 10% 至 20%。然而他们发现，很难判断这些费用究竟是由财务危机本身造成的，还是由导致危机的经营不善所造成的[4]。

15.3.3 破产的直接成本与间接成本

到现在为止，我们已经探讨了破产的直接成本（也就是法律成本和管理成本）。破产还有间接成本。间接成本是很难衡量的，但我们有足够的证据表明间接成本也是非常重要的。

管理一家破产公司是非常不容易的。很多例行的经营决策，如变卖资产或投资新设备，都要得到破产法庭的批准和许可。最好的结果是经过漫长的等待和不懈的努力后最终会有所获，但最糟的结果却是提出的建议遭到公司债权人的否决。公司债权人对公司

---

[1] 见 "Bankruptcy Lawyers Flying High; Airlines' Woes Mean Big Paydays For Consultants and Law Firms; Partner's $177 000 Bill for August," *The Wall Street Journal*, October 21, 2005, p. C. 1。

[2] 见 "Enron Bankruptcy Specialist to File for Additional Payment; On Top of $63.4 Million, 'Success Fee' to Be Sought of Additional $25 Million," *The Wall Street Journal*, September 3, 2004, p. A. 2; and "Mirant Bankruptcy Legal Fees Seen Topping $120 Million," Reuters, January 20, 2004。

[3] 有关破产成本最早的研究是 J. B. Warner, "Bankruptcy Costs: Some Evidence," *Journal of Finance* 26 (May 1977), pp. 337-348. Weiss 和 Altman 的文章是 L. A. Weiss, "Bankruptcy Resolution: Direct Costs and Violation of Priority of Claims," *Journal of Financial Economics* 27 (October 1990), pp. 285-314; and E. I. Altman, "A Further Investigation of the Bankruptcy Cost Question," *Journal of Finance* 39 (September 1984), pp. 1067-1089。

[4] G. Andrade and S. N. Kaplan, "How Costly Is Financial (not Economic) Distress? Evidence from Highly Leveraged Transactions That Became Distressed," *Journal of Finance* 53 (October 1998), pp. 1443-1493.

的长期发展并没有兴趣，他们愿意得到的只是清偿他们款项的现金。

有时候问题也会是相反的：破产法庭迫切希望公司能够保持运转，因此有时甚至允许公司实施负 NPV 的项目。当 1989 年 Eastern Airlines 公司进入法庭的破产"保护"程序时，它仍有一些有价值的、能够盈利的航线和可变卖的资产，如飞机和终端设施等。或许，公司通过即时清算，还能有足够的现金来清偿所有的债务，清偿优先股股东的股票，债权人本来可以由此得到最大的满足。但是破产法官却非常热心，让 Eastern Airlines 公司的飞机不惜任何代价飞行，为此他允许公司变卖很多资产来填补经营上的亏空。结果，两年后 Eastern Airlines 最后停业时，它已经不再是财务意义上的破产了，而是经营上的破产：公司几乎没有给债权人留下任何东西，而无休止的法律诉讼也已经耗光了公司所有的现金[1]。

我们不知道破产的直接成本和间接成本合计能有多大。我们猜想那会是一个很惊人的数字，对大公司更是如此，因为它们的破产程序很长，也很复杂。或许最好的证据就是债权人并不愿意胁迫破产。原则上，尽可能快地结束痛苦，捞回资产当然是最好的。但是债权人却经常放任违约，希望公司能医治创伤，渡过难关。这样做的部分原因是为了避免破产成本的发生[2]。正如一个古老的财务谚语所说的，"借 1 000 元，你能成为银行家；而借 10 000 000 元，你就成了合伙人"。

15.3.4 未达到破产时的财务危机

不是所有陷入危机的公司最终都会破产。只要公司能够筹集到足够的现金来偿还债务利息，也许它就可以把破产往后推迟很多年。最后公司还可能恢复元气，偿还全部债务，最终完全避免破产。

然而，只要受到财务危机的威胁就有可能造成足以危及公司的重大损失。客户和供应商在与一家也许不能持续经营很久的公司进行交易时，往往格外小心谨慎。客户们担心产品的转手价值，也担心无法获得售后服务和相关的产品配件（试想一下，你会从一家正步入破产的汽车制造商那里购买新车吗？）。对陷入危机的公司，供应商也不是尽力去帮助恢复，而是要求对其每件产品都要即期的现金交易。潜在的雇员不愿意来签约，而现有的员工却偷偷地溜出办公室，忙于新工作的面试。

高负债和因此产生的高风险似乎还会降低公司的经营风险偏好。例如，Luigi Zingales 对 20 世纪 70 年代末期美国货车运输公司的货运业管制撤销之后的状况进行了研究[3]。这次解禁引发了一波竞争和重组的浪潮。企业要想生存下去，就必须寻求新的投资，改进其运营效率。Zingales 发现，在全新的竞争环境中，保守融资的货车运输公

---

[1] 见 L. A. Weiss and K. H. Wruck, "Information Problems, Conflicts of Interest, and Asset Stripping: Chapter 11's Failure in the Case of Eastern Airlines," *Journal of Financial Economics* 48 (1998), pp. 55-97。

[2] 还有另一个原因。债权人在破产中并不能总是得到绝对优先权。绝对优先权是指在债权人得到全额偿付之前，股东不能得到一分钱。但有时可以进行协商重组，这样即使债权人没有得到全额偿付，所有的人也都能分得一些资产。因此债权人并不能确定自己在破产中的命运如何。

[3] L. Zingales, "Survival of the Fittest or the Fattest? Exit and Financing in the Trucking Industry," *Journal of Finance* 53 (June 1998), pp. 905-938。

司更有可能生存下去，而高负债公司则更有可能在博弈中被淘汰出局。

15.3.5 负债与激励

对陷入危机的公司，股东和债权人同样都想让它恢复元气，但在有些方面，他们的利益也有可能存在冲突。财务危机期间，证券持有人也像形形色色的政党一样，在主要问题上保持团结一致，但在一些特殊问题上却是互相争吵。

一旦这些利益冲突影响了正常的经营、投资和融资决策，财务危机的成本就是十分高昂的。股东通常以公司整体的市场价值最大化为目标，但在财务危机情况下却会诱使他们转而去追求狭隘的自身利益，不惜牺牲债权人的利益去进行博弈，而这样的博弈将会带来财务危机成本。下面我们就来看一下这种成本的形成过程。

以下是 Circular File 公司以账面价值计量的资产负债表：（单位：美元）

Circular File 公司（账面价值）			
净营运资本	20	流通债券	50
固定资产	80	普通股	50
资产总额	100	价值总额	100

这里我们假设只有一股流通股票和一股流通债券。股东同时也是经理，而债权人是另外一个人。

下面再来看看以市场价值计量的资产负债表（单位：美元）。由于 Circular 债券的面值（50 美元）超过了公司市场价值总额（30 美元），很明显这是一种财务危机的情况：

Circular File 公司（市场价值）			
净营运资本	20	流通债券	25
固定资产	10	普通股	5
资产总额	30	价值总额	30

如果债券今天就到期，那么 Circular 的所有者就将违约，公司就要破产。但假设债券实际上还有一年才到期，而 Circular 公司有足够的现金再艰难度过一年，债权人就不能在债券到期前"提出要求"而迫使公司破产。

实际上，正是因为还有这一年的宽限期，Circular 公司的股票才仍然会有价值。股票的所有者现在完全是在赌自己的运气，如果运气好就能挽救公司，使公司得以偿还债务，甚至还能有结余。这场博弈的难度可谓不小，因为只有公司的价值增加，而且必须从 30 美元增加到超过 50 美元[1]，公司才能获救。但所有者拥有一项秘密武器：他控制着投资和经营策略。

15.3.6 风险转移：第一种博弈

假设 Circular 公司有 10 美元现金，并有以下投资机会：

---

[1] 这里我们不考虑如何估计判断股东为这场博弈支付 5 美元是否合理。

现在	下一年的可能收入
投资 10 美元	120 美元（10% 概率）
	0 美元（90% 概率）

这是一场疯狂的赌博，有可能是一项非常糟糕的项目。但想必你也能知道为什么公司的所有者还愿意不顾一切地实施它。为什么不实施呢？反正 Circular 公司已经面临破产，而这场赌博的赌资实际上不过是动用了债权人的资金，但如果项目成功的话，所有者却将得到大部分的收益。

假设该项目的 NPV 为 -2 美元，但公司最终还是实施了该项目，因此公司价值降低了 2 美元。Circular 公司新的资产负债表如下所示：（单位：美元）

Circular File 公司（市场价值）

净营运资本	10	流通债券	20
固定资产	18	普通股	8
资产总额	28	价值总额	28

公司价值下降了 2 美元，但所有者的价值却增加了 3 美元，这是因为债券的价值下降了 5 美元[①]。本来应该由债券持有人得到的 10 美元现在已经转化成一项只值 8 美元的风险非常大的资产。

因此，这样的博弈牺牲了 Circular 公司债权人的利益。这个博弈说明了这样一个道理：当公司经营风险增加时，有负债公司的股东会受益。与安全项目相比，那些忠实地为股东利益服务（而不惜损害债权人的利益）的财务经理们总是更喜欢有风险的项目，他们甚至可能接受 NPV 为负的有风险项目。

很明显，这种歪曲的资本预算策略对公司来说成本是非常大的，对整个经济也是如此。但我们为什么要把这些成本与财务危机联系起来呢？因为当违约的可能性很高时，这种博弈的诱惑也最为强烈。不过像埃克森美孚这样的蓝筹股公司永远也不会投资于我们所说的负 NPV 的赌博，因为这样的风险博弈不会损害公司债权人的利益，但却可能消耗股东的财富。

15.3.7 拒绝贡献权益资本：第二种博弈

我们已经看到，为了眼前狭隘的自身利益，股东有可能接受降低公司总体市场价值的项目，这是滥用权利的错误。利益冲突还可能导致浪费机会的错误。

假设 Circular 公司无法筹集那么多的现金，因此，无法进行那场疯狂的赌博。这时出现了一个很好的机会，有一种相对来说比较安全的资产，其成本为 10 美元，现值为 15 美元，NPV = +5 美元。

这个项目本身并不能挽救 Circular，但它朝正确的方向迈出了一步。因此我们可以希望 Circular 能发行 10 美元的新股来继续对该项目投资。假设新发行的两股股票被原有股东以 10 美元的现金买走，项目得以实施。新的资产负债表如下所示：

---

① 这里我们不计算这 5 美元的下降是如何得到的，只把它当作是一个合理的假设。

Circular File 公司（市场价值）			
净营运资本	20	流通债券	33
固定资产	25	普通股	12
资产总额	45	价值总额	45

公司的价值总额提高了 15 美元（10 美元的新资本及 5 美元的 NPV）。要注意，Circular 公司的债券价值不是 25 美元了，而是 33 美元，由于公司资产包括了一项新的价值 15 美元的安全资产，因此债券持有人获得了 8 美元的资本利得。违约的可能性降低。但当违约真的发生的话，债券持有人得到的收入将大大增加。

债权人得到的就是股东丧失的。权益价值增加的不是 15 美元，而是 15 美元 - 8 美元 = 7 美元。所有者投入了 10 美元的新增权益资本，但只得到了 7 美元的市场价值，因此公司的利益增加了，但所有者却没有得到什么好处。

同样，我们的例子还说明了一个观点，如果假设经营风险是不变的，那么公司价值的任何增值都是由债权人和股东共同分享的。公司股东享有的任何投资机会的价值都将会降低，因为项目的收益必须与债权人共享。因此，即使追加新的权益资本是为了把握正 NPV 的投资机会，但那也未必有利于股东的自身利益。

原则上来说，以上问题会影响所有的有负债公司，但当公司陷入财务危机时影响会更为严重。违约的可能性越大，债权人从增加公司价值的投资项目中获益就越多。

15.3.8 简要说明另外三种博弈

与其他博弈相比，以下三种博弈对陷入财务危机的公司诱惑力特别大。

1）抽逃现金

股东一般不愿意将其资金投入到陷入财务危机的公司中，相反，他们希望从这样的公司中获取现金，比如以现金股利的方式。由于公司价值的下降要与债权人分享，因此，公司股票市场价值的下降幅度低于支付的股利额。这样的博弈就是"拒绝贡献权益资本"的相反操作。

2）拖延时间

当公司陷入财务危机时，债权人总是想方设法迫使公司结账清偿，尽可能地挽回损失，而股东自然要努力拖延这种现象的发生，有时甚至为达到这样的目的使用很多不太光明正大的手段。例如，通过改变记账方式隐藏危机的真实程度、通过误导来夸大公司自然恢复的前景，或者通过削减维护费用、研发费用等辅助费用来粉饰公司当年的经营业绩等。

3）变相强取

这种博弈在财务危机中不常出现，但它却是迅速导致财务危机的原因之一。开始你坚持一种保守的政策，只发行了少量的比较安全的债券。然后你忽然改变政策，大量地发行债券，这样就使得你的所有债券风险都增大了，从而把资本损失强加给了"原有的"债权人。而这些债权人的资本损失就是股东的利得。

变相强取最戏剧化的例子发生在 1988 年 10 月，当时 RJR Nabisco 公司的管理层宣布了通过杠杆收购(leveraged buy - out，LBO) 方式收购公司的意向。这使得公司上演了一场交易"大戏"：公司现有股东手中的股票将被收购，公司将被"私有化"。而收购的成本几乎完全由负债提供融资，新的私营公司将以极高的债务比率开始新的经营。

RJR Nabisco 公司流通债券市场价值大约为 24 亿美元，将要进行的 LBO 消息一公布，其市场价值下降了 2.98 亿美元[①]。

15.3.9　博弈的成本

既然老谋深算的人筹划采用了这些博弈，那为什么还会有人反对呢？这是因为这样的博弈都是投资和经营决策低劣的表现，而这类低劣的决策体现在借款的代理成本（agency costs）上。

（假设财务经理们站在股东的立场上，那么）公司的借款越多，这些博弈的诱惑力就越大。既然未来作出低劣决策的可能性在增加，那么投资者就会看低公司当前的市价，而价值的缩水最终要由股东来承担。因此，真正站在股东立场上的财务经理们就应该坚决抵制这种诱惑，而最简单的方法就是将自己的借款水平限制在安全的范围内，或至少应该接近这一水平。

银行和公司的其他债权人也不是不懂财务知识的，他们意识到自己可能成为博弈的牺牲品，因此就会限定自己的放款额度，或对公司行为附加苛刻的限制，以保护自己的利益。例如，考虑 Henrietta Ketchup 的情况，她是一位崭露头角的创业者，她有两个可能的投资项目，提供的收入如下所示：

	投资	收入	收入的概率
项目 1	−12	+15	1.0
项目 2	−12	+24	0.5
		0	0.5

项目 1 肯定会成功，而且盈利很高；项目 2 风险很大，可能是一个不太好的项目。Ketchup 女士找到银行，希望借入 10 美元的现值（自己掏钱凑齐余下的资金）。银行计算的各自收入如下所示：

	给银行的预期收入	给 Ketchup 女士的预期收入
项目 1	+10	+5
项目 2	$(0.5 \times 10) + (0.5 \times 0) = +5$	$0.5 \times (24 - 10) = +7$

如果 Ketchup 女士接受项目 1，那么银行的债务一定会得到全额偿付；但如果她接受项目 2，就只有 50% 的机会获得偿付，银行的预期收入只有 5 美元。遗憾的是，Ketchup 女士愿意接受项目 2，因为如果项目进展顺利，那么她将会得到大部分的收益；而如果项目进展不顺利，那么银行将承担大部分的损失。除非 Ketchup 女士能说服银

[①] 感谢 Paul Asquith 为我们提供这些数据。RJR Nabisco 最后并没有被其管理层接管，而是被另一个 LBO 合伙人收购了。

行，使银行相信她不是在拿借款赌博，否则的话，银行将会限制准备提供的贷款额①。

那么，Ketchup 女士怎样才能打消银行对其动机的担心呢？显然，答案就是让银行有权否决具有潜在危险的决策。这样，我们对公司借款合同的所有惩罚性条款就有了基本经济原理的支持。借款合同往往会限制股利或其他向股东转移财务的公司行为，例如不允许公司发放超过利润的股利。此外，公司追加借款往往也会受到限制，例如，除非公司的收益达到应付利息的两倍以上，很多公司通过现有债券契约被禁止发行额外的长期债券。

有时公司被禁止出售资产或进行较大规模的投资，除非贷款人同意。此外，通过债权人指定公司必经的会计程序，要求有权查阅公司账目，掌握公司的财务预算，也会降低公司拖延时间的风险。

当然，对那些坚持发行有风险债券的公司来说，惩罚性条款并不是完美的解决办法。惩罚性条款也有其自身的成本，要想省钱必须得花钱。很明显，与一份简单的债务合同相比，协商达成复杂的债务合同成本自然也会更高。协议达成之后，监督公司的业绩也会给贷款人带来很高的成本。一旦贷款人预计到监督成本，就会要求得到更高的利率补偿，因此监督成本，也就是另一种债务的代理成本，最终还得由股东来承担。

或许惩罚性条款最严厉的代价还是来自于它对经营决策和投资决策所做的限制。例如，用于限制风险转移博弈的条款也可能妨碍公司追求好的投资机会，至少向贷款人解释大型投资计划也会造成时间上的耽搁。有些情况下，即使是正 NPV 的项目，贷款人也可能否定这种高风险的投资。贷款人总是按自己的方式去进行博弈，他们会迫使公司保留现金或持有低风险的资产，为此可能会失去好的投资项目。

虽然上面我们讨论了很多博弈，但债务合同是不可能包括所有的可能形式，这样做的任何企图都只能带来极其高昂的代价，而且无论怎么样都难逃失败的厄运。人的想象力毕竟是有限的，不可能设想出所有出错的可能，因此，合同总会是不完善的。我们总会发现从来没有考虑过的令人惊奇的地方。

希望上面的讨论并没有造成这样的印象，即经理们和股东们总是经不起诱惑，对这些诱惑只能加强限制。实际上，无论是出于合理的理念，还是考虑到实际的得失，他们通常表现得都相当自律：毕竟，如果一家公司或个人今天损害了债权人的利益，那么下一次他再想借款时肯定就有困难，这样的行为无疑给自己设置了障碍。只有那些彻头彻尾的骗子和深陷财务危机的公司才会玩这种过于放肆的把戏。公司限制负债恰好就是因为它们不想陷入危机，不想面对这类博弈的诱惑。

15.3.10 财务危机成本随资产类别的不同而不同

假设你们公司唯一的资产是一个位于城市商业区且已经完全抵押出去的大型旅馆，正好赶上经济衰退，旅馆的入住率下降，抵押贷款无法如期偿还，结果债权人接管了旅馆后将其转卖给了他人。该旅馆已经交由新主人经营了，那么你手中的公司股份证只能

---

① 你也许会想，如果银行担心 Ketchup 女士会接受项目 2，那么它只要提高贷款的利率即可。在这种情况下，Ketchup 女士可能就不愿意接受项目 2 了（因为他们不可能都为一个糟糕的项目而高兴）。但如果 Ketchup 局势接受项目 1，那么她也不愿意支付高利率（她可能会以无风险利率少借一些资金）。因此，简单地提高利率并不能解决问题。

当墙纸用了。

在本例中破产成本是多少呢？可能很小。旅馆的价值当然会远低于你的期望，但那是因为缺少房客造成的，而不是破产的原因。破产并不伤及旅馆本身。破产的直接成本仅限于法律诉讼费用、房地产佣金和债权人清偿事务所花费的时间成本。

假设 Fledgling Electronics 公司也重复了这种心碎旅馆的故事。其他所有的情况都相同，只是现在抵押标的不是不动产了，而是高科技、前景看好的成长性公司，这个公司最大价值的资产是技术、投资机会和其雇员的人力资本。

如果 Fledgling 公司陷入困境，那么股东可能就不愿意再对公司的发展机会进行投资。与心碎旅馆相比，放弃投资的后果对 Fledgling 公司要严重得多。

如果 Fledgling 公司最终对其债务违约了，那么债权人就会发现自己很难再将资产出售兑现。这些资产大部分都是无形资产，只有认为它们是公司持续经营的一部分时才有价值。

Fledgling 公司在违约和重组后是否仍能持续经营呢？也许并不是完全没有希望，毕竟这不比在洗车过程中安放婚礼蛋糕那么困难，但也确实会存在一系列的难处。首先，与公司没有发生财务危机相比，公司重要员工背叛的可能性增大；其次，客户可能会怀疑公司是否能对其产品进行售后服务，因此公司不得不给他们以特别保证；此外，对新产品和新技术的投资将很难进行，因为公司必须说服所有的债权人，使他们相信对风险项目进行追加投资是符合他们切身利益的。

有些资产，比如优质的商业不动产，经过破产和重组后可以基本不受损失①；而其他资产的价值可能就要缩水很多。损失最大的是诸如技术、人力资本和品牌形象之类的无形资产，它们与公司的良好经营、公司的持续经营紧密联系在一起。这可能就是医药行业的公司债务比率比较低的原因，因为这些公司的价值取决于公司研发的持续成功；而很多服务性行业的公司也有类似的情况，因为它们的价值取决于人力资本。同样，我们就可以理解为什么高盈利的成长型公司主要用权益资本进行融资了，如微软或辉瑞公司。

以上例子的寓意就是：不要只考虑借款带来困境的可能性，还要考虑陷入困境后可能发生的价值损失。

安然公司演绎心碎旅馆？

安然公司是 20 世纪 90 年代最富魅力、增长最快，同时也（似乎）是盈利能力最强的公司之一。它对美国甚至国际电力市场管制的解除发挥了引导性的作用。安然的投资涵盖了电力的生产与配送、天然气输送管道、电信网络及其他各种各样的领域。它还

---

① 1989 年，洛克菲勒（Rockefeller）家族将 80% 的洛克菲勒中心（Rockefeller Center），几英亩的非常有价值的曼哈顿不动产，以 14 亿美元的价格卖给了三菱房地产公司（Mitsubishi Estate Company）。洛克菲勒中心物业公司，一家房地产信托投资基金（REIT）提供了 13 亿美元以此不动产作为抵押的抵押贷款（该 REIT 唯一的资产）。但是，租金和入住率并没有达到预期的水平，到 1995 年，三菱公司已经遭受了大约 6 亿美元的损失。于是三菱公司退出，洛克菲勒中心破产，并由此引发了一场复杂的谈判和操作程序。但这些损害到了洛克菲勒中心的物业价值了吗？该物业中心的大厦之一，纽约无线城音乐厅（Radio City Music Hall）因为破产而降低了价值吗？我们对此持怀疑态度。

建立了一家活跃的能源贸易公司。在其最高峰时期，安然公司普通股的市场价值总额超过了 600 亿美元。但到 2001 年末，安然公司破产，其股票一文不值。

事后看来，我们发现安然公司采取了我们在前文中介绍过的多种博弈。安然以激进的方式举债，并在"特殊目的实体"（SPEs）中隐藏债务。它还通过 SPEs 虚增报表收益，拖延时间进行更多的冒险投资。当泡沫最终破灭时，安然公司几乎没有留下任何价值。

安然公司的倒闭并没有真的毁灭 600 亿美元的价值，因为当时安然早就不值 600 亿美元了，它只有真实存在的财务危机成本。我们还是来集中看一下安然能源贸易公司。这家公司的盈利情况并不像看起来那么好，不过它仍然是一项很有价值的资产。批量交易能源的客户及供应商想要买卖锁定了未来价格和数量的电力、天然气和其他商品的合同，而能源贸易公司就可以为它们提供重要的服务。

那么当安然公司陷入财务危机，并有可能面临破产的形势已经非常清晰，这家贸易公司又将如何呢？它消失了。交易量立即变为零。再没有一个客户愿意与安然公司交易，因为他们不知道安然公司还能否持续经营并兑现其交易承诺。没有了贸易量，当然也就没有了贸易公司。事实证明，安然的贸易公司更像是 Fledgling Electronics，而不像心碎旅馆那样的有形资产。

安然旗下贸易公司的价值取决于安然公司的信用价值，而这一价值本来应该是通过保守的融资政策予以保护的。大部分的价值损失可以归因于安然公司激进的借款政策，因此这些价值损失就是一种财务危机成本。

15.3.11 资本结构的权衡理论

财务经理们经常将公司债务权益的决策看成是在利息抵税和财务危机成本之间的权衡。当然，对于类似利息抵税的价值究竟是多少，威胁最大的财务危机是什么等问题虽有很多争议，但都是一个统一主题的变相说法。因此，图 15—2 说明了债务权益之间的权衡。

资本结构的权衡理论（trade - off theory）认为，不同公司的目标债务比率可能不同。如果公司拥有有形的安全资产和大量可以用于抵税的应税所得，公司就应该具有较高的目标债务比率；但如果公司拥有高风险的无形资产，且盈利能力又不佳，那么它就应该主要采取权益融资。

如果调整资本结构没有成本，那么所有的公司都一定会始终坚持自己的目标债务比率，但是，调整资本结构实际上是有成本的，因此，最优目标的实现就会延迟。如果随机事件使公司偏离了自己的目标资本结构，公司不可能立即消除它们的影响，那么我们就将看到，即使公司的目标债务比率完全相同，它们的实际债务比率仍然会存在着随机差异。

总之，资本结构的权衡理论讲述了一个令人心安的股市，它不像 MM 理论，似乎认为公司应该尽可能地负债。而权衡理论没有如此极端的预言，而是说明了适度债务比率的合理性。此外，如果向财务经理们询问他们公司是否存在目标债务比率时，得到的答案通常都是肯定的[1]。这也与权衡理论保持一致。

---

[1] 见 J. Graham and C. Harvey, "The Theory and Practice of Corporate Finance: Evidence from the Field," *Journal of Financial Economics* 60 (May/June 2001), pp. 187 - 244。

但是，事实是什么样的呢？资本结构的权衡理论能否解释公司的实际行为呢？

答案是"能，也不能"。从"能"的方面来看，权衡理论成功地解释了很多资本结构的行业差异。例如，高科技成长型公司，它们的资产风险很大，而且大多是无形资产，因此，一般都只有较少的负债；而航空公司，由于其资产是有形的，而且比较安全，所以它们就能够而且也确实承担了大量的负债①。

从"不能"的方面来看，有一些事情是权衡理论无法解释的。权衡理论无法解释为什么一些很成功的公司几乎没有多少债务。比如 Merck 公司，其情况如表 15—3（1）所示，它基本上是完全采用权益融资。假设 Merck 公司最有价值的资产是它的无形资产，也就是它在药品研发方面的成果。我们知道，无形资产倾向于与保守的资本结构相匹配，但是 Merck 公司却又拥有很大数量的公司应税所得（2005 年约为 27 亿美元），且拥有最高的信用级别，因此，如果公司大量借款，则既可以节省几千万的税金，又不会增加企业的财务危机风险。

Merck 公司奇特的资本结构向我们展示了现实世界中这样一种事实：盈利能力较强的公司往往负债最少②。这里，权衡理论无法解释这种现象，因为它的预测正好相反。根据权衡理论，高效益必定意味着更高的偿债能力和更多的可以抵税的应税所得，因而也就意味着更高的目标债务比率③。

一般来说，上市公司很少进行大规模的资本结构调整，看来主要是因为税收的原因④。同时，从公司的市场价值中也往往难以找到利息抵税价值的踪迹⑤。

权衡理论"不能"方面的最后一点说明是，今天的债务比率并没有超过 20 世纪早期的水平，而当时的所得税税率是非常低的（甚至是零）。另外，其他工业国家的公司

---

① 我们并不是暗示所有航空公司都是安全的，很多航空公司并非如此。虽然飞机支持负债，但航空公司则不能。如果 Fly – by – Night Airlines 倒闭，那么它的飞机在其他航空公司的经营中仍有价值。由于旧飞机有一个很好的二手市场，即使航空公司正在如履薄冰地（或在黑暗中）经营，以飞机做抵押的贷款仍然具有很好的保证。

② 例如，Wald 在国际比较研究中发现，盈利能力是唯一一个最大的公司资本结构的影响因素。见 J. K. Wald, "How Firm Characteristics Affect Capital Structure: An International Comparison," *Journal of Financial Research* 22（Summer 1999），pp. 161 – 187。

③ 这里的负债是指公司资产账面价值和重置价值的一部分。盈利公司的负债不可能占它们市场价值的很大一部分。利润越高隐含着市场价值也就越高，同时负债的愿望也就越强烈。

④ Mackie – Mason 发现，与不纳税公司相比，纳税公司更有可能发行债券（相对于股票），这说明税金确实对融资选择产生了影响。但是这并不一定能成为权衡理论的依据。再来回顾一下第 15.2 节，看一下公司税和个人税被取消使得负债政策与公司价值无关的特殊情况。在那种情况下，纳税公司并不存在债务的净税收优势：公司利息抵税被公司债务投资者支付的税金抵消了。不过这种平衡意味着那些正在亏损，无法享受利息抵税好处的公司应该更倾向于采用权益融资。见 J. Mackie – Mason, "Do Taxes Affect Corporate Financing Decisions?" *Journal of Finance* 45（December 1990），pp. 1471 – 1493。

⑤ E. F. Fama 和 K. R. French 在对 1965 年至 1992 年间 2 000 家公司进行的研究中没有发现任何证据能够证明利息抵税对公司价值的贡献。见 "Taxes, Financing Decisions and Firm Value," *Journal of Finance* 53（June 1998），pp. 819 – 843。

债务比率都等于或高于美国公司的债务比率，而在这些国家中，很多国家都实行转税制，在这种税制下利息抵税并没有什么价值[①]。

但以上这些并不能否决权衡理论。正如 George Stigler 强调的，偶然的证据并不能推翻一种理论，只有理论能打败另一种理论。因此下面我们就转向一种完全不同的融资理论。

15.4　融资决策的啄食理论

啄食理论起源于一个奇特的术语，信息不对称（asymmetric information），它是指与外部投资者相比，财务经理们更清楚公司的前景、风险和价值。

财务经理们当然比投资者知道得更多。通过观察财务经理们发布宣告之后股票价格的变动就能得到这一点。比如，当公司宣布增加正常股利时，股票价格就会上涨，因为对投资者来说，这种增加是一种信号，它说明经理们对公司未来收益充满信心。换句话说，股利的增加是经理们向投资者传递的一种信息，但只有经理们在第一时间知道得更多，才有可能发生这样的情况。

信息不对称影响了公司内外部融资的选择，也影响了发行新债券还是发行新股之间的选择，由此形成了一种啄食顺序（pecking order），即投资首选的是内部资金融资，尤其是收益再投资；其次是发行新债券；最后是发行新股票。发行新股是公司债务信用额度用完以后的最后方法，也就是财务危机成本威胁着当前的债权人和财务经理，令他们经常失眠时才会使用的一种手段。

接下来我们就来详细考察啄食顺序。但首先你要懂得信息不对称是如何迫使财务经理们发行债券而不是发行普通股的。

15.4.1　信息不对称情况下的债券和股票发行

在外界看来，我们举例的两家公司，Smith & Company 和 Jones Inc.，是完全一样的，每家公司的经营都很成功，都有很好的成长机会。但两家公司的经营都有风险。投资者根据自己的经验，预计公司的未来可能比当前更乐观，但也有可能更令人失望。两家公司股票的当前期望价格都是每股 100 美元，但其真正价值有可能比这高或低（单位：美元）：

	Smith 公司	Jones 公司
真正的价值可能更高，比如说	120	120
当前的最好估计	100	100
真正的价值可能更低，比如说	80	80

① 在第 13.8 节中我们探讨过澳大利亚的转税制。再看一下表 13—3，假设一家澳大利亚公司支付了 10 澳元的利息，这将使公司税减少 3.00 澳元，同时股东的税金抵免额也相应减少 3.00 澳元，最后的纳税金额并不取决于公司负债还是股东负债。

针对澳大利亚的税收体制，你可以重新画图 15—1 来对此进行检验。公司税率 T_C 将被取消。由于税后收入仅取决于投资者的税率，所以公司负债并没有特别的好处。

现在假设两家公司都需要从投资者那里为资本投资筹集更多的资金，可以通过发行债券来筹集，也可以发行新的普通股。那么如何作出这个选择呢？其中一个财务经理（我们不想告诉你是哪一个）可能会提出下面的理由：

以每股 100 美元的价格发行新股？简直是荒唐！我们的股票至少值 120 美元，现在发行新股简直就是白给新投资者送礼。我只是希望那些持怀疑态度的股东们能认识到我们公司的真正价值。我们的新工厂将使我们成为世界上成本最低的制造商，我们已经向新闻媒体和证券分析人员们提供了我们美好前景的展望，但好像是不见效果。嗯，其实决策是很显而易见的：我们应该发行债券，而不是发行被低估的股票。发行债券还可以节约发行费用。

而另外一个财务经理的态度却完全不同：

Beefalo 汉堡曾经轰动一时，但看起来那也只是一时的流行而已。快餐业必须开发好的新产品，否则就将从此衰落。现在的出口市场很不错，但我们怎么可能竞争得过那些新西伯利亚的大牧场呢？幸运的是，我们的股价比较坚挺，我们已经向新闻媒体和证券分析人员传递了一些短期的利好消息。现在是发行股票的时候了。我们已经有正在进行的大规模投资，为什么还要再增添债务增加负担呢？

当然，外部投资者不可能知道财务经理们的想法。如果他们能的话，那么一家公司的股票将涨到 120 美元，而另一家的则会跌到 80 美元。

为什么那个乐观的财务经理不直接跟投资者说明呢？那样公司就可以按合理条款来发行新股了，也就没有理由更倾向于负债而不喜欢权益，或者倾向于权益而不喜欢负债来进行融资了。

但这是很困难的。（要注意，两家公司都在散布乐观的消息。）没有人能强迫投资者接受什么想法，他们只能被说服接受，而这就需要把公司的计划和发展前景、包括新技术、产品设计和市场营销计划等内容全都公布于众。但要把这些都解释清楚，对公司来说成本太高，而且还让公司的竞争对手占了便宜。为什么要找这样的麻烦呢？随着公司收入和收益的逐步上升，投资者自然就会明白。同时，乐观的财务经理可以用负债融资来实现企业的成长。

现在假设媒体发布了以下两条消息：

Jones 公司将要发行 1.20 亿美元的 5 年期优先级票据。

Smith 公司今天宣布计划，将发行 120 万股新增普通股股票。公司希望能筹集到 1.20 亿美元。

作为一个理性的投资者，你立即领会到两个问题。第一，Jones 的财务经理比较乐观，而 Smith 公司的经理却比较悲观；第二，Smith 公司的财务经理天真地以为投资者会为每股支付 100 美元。要发行股票的想法说明公司的价值已经被高估，Smith 公司的股票发行价格或许可以定为每股 80 美元，但肯定达不到每股 100 美元①。

对于类似的问题，精明的财务经理一般都会事先就进行通盘考虑。那么最后的结果究竟会如何呢？Smith 公司和 Jones 公司最后都选择了发行债券。Jones 公司发行债券是

---

① 实际上，即使是在每股 80 美元的水平上，Smith 公司的股票发行也不一定能成功。如果坚持以每股 80 美元的价格增发股票，那么可能会使投资者认为股票的实际价值会更低。

因为财务经理比较乐观，它不想发行被低估了价值的新股；而 Smith 公司最后也选择发行债券，是因为精明能干但比较悲观的财务经理已经想到了发行股票将会使股价下跌，从而完全抹杀掉增发的好处。（发行股票也会立即暴露出经理的悲观情绪。但大多数经理却愿意选择等待。债券的发行能遮掩不好的消息，然后拖到后来再通过其他渠道予以公布。）

Smith 公司和 Jones 公司的例子告诉我们，信息不对称有利于债券的发行，而不是股票的发行。如果经理们比投资者得到的消息更多，且双方都是理性的，那么任何公司都更愿意选择负债融资，而不是发行新的股票。换句话说，发行债券将位于啄食顺序中较高的等级上。

如果生硬地照搬这种推理，那么似乎就应该完全排除发行股票的可能性。但这是不正确的，因为信息不对称并不总是重要的，还有其他因素在起作用。比如，如果 Smith 公司的借款已经非常多，再借款就将可能陷入财务危机，那么它这时候就有充分的理由发行普通股。在这种情况下，宣布发行股票并不完全是坏消息。公告仍然会降低公司的股价，因为它反映了财务经理对财务危机的担心，但是价格的下降并不一定就意味着发行是不明智和不可行的。

高科技、高成长型的公司也可以是普通股的合理发行者，这些公司的资产大多是无形资产，破产或财务危机成本非常高昂，这就决定了它们需要保守的融资政策。而要追求迅速增长，又要保持保守的债务比率，唯一的方法就是发行股票。如果投资者明白公司是处于这种原因而发行股票，那么 Jones 公司财务经理面临的问题就远没有那么严重了。

以上的例外表明，信息不对称可以解释为什么负债融资实际上优于新股发行。债券的发行频率比较高，而股票却比较低。即使在美国，虽然股票市场在信息方面已经是非常有效的，但公司的外部融资却仍然主要来自于负债，在不发达的股票市场中发行股票就更加困难了。

所有这些并不表明公司都应该努力追求较高的债务比率，而只是想说明，在进行权益融资时，通过收益再投资比发行股票更好。实际上，如果公司内部能够有足够资金的话，那么它根本不需要发行任何证券，因此，也就可以完全避免发行成本和信息问题①。

15.4.2 啄食顺序的含义

公司融资的啄食顺序理论包含如下内容：

（1）公司倾向于采用内部融资；

（2）在尽力避免股利突然变化的同时，公司要使其目标股利发放率与投资机会相适应；

（3）刚性的股利政策，以及盈利能力和投资机会不可预见的波动意味着公司内部产生的现金流有时会多于资本支出，而有时又会少于资本支出。如果现金流多于资本支

①如果违约的可能性较大的话，那么即使发行债券也可能产生信息问题。一个悲观的财务经理可能在坏消息传出之前尽快发行债券，而乐观的财务经理则会推迟好消息的发布，并可能在此期间安排一次短期银行贷款。理性的投资者在对风险债券的发行定价时，应该考虑这种做法。

出，那么公司可以用其偿还债务或投资于可出售证券；如果现金流少于资本支出，那么公司将首先降低现金余额，或出售其可出售证券。

（4）如果需要外部融资，那么公司首先将发行最安全的证券，也就是将首先发行债券，然后可能是混合型证券，如可转换债券，最后才可能是权益融资。

啄食顺序理论并没有明确地给出目标债务和权益的比重是多少，因为权益有两种，内部的和外部的，而其中一种位于啄食顺序的最顶层，而另一种位于最底层。公司表现出来的债务比率反映了其对外部融资的累计需求。

啄食顺序理论解释了为什么大部分盈利的公司通常负债更少，不是因为它们的目标债务比率较低，而是因为它们不需要外部资金。而盈利能力较差的公司发行债券是因为它们没有足够的内部资金去实施资本投资项目，同时也因为在外部融资的啄食顺序中负债融资是第一位的。

在啄食顺序理论中，认为利息抵税的吸引力是第二位的。当扣除股利后的内部现金流和现实的投资机会不相匹配时，债务比率就会发生变化。投资机会有限、盈利能力较高的公司将会把债务比率降低到一个非常低的水平。如果公司内部产生的资金不能满足投资机会的需要，那么公司就会借入越来越多的资金。

这个理论解释了同一行业中盈利能力和财务杠杆之间的反向关系。假设公司的投资一般是与行业的成长同步，那么同一个行业里的公司投资比率就将基本相同。在坚持股利不变的前提下，盈利能力最差的公司其内部资金就将最少，因此，就只能借入更多的资金。

15.4.3 权衡理论与啄食顺序理论：近期一些的检验

1995 年，Rajan 和 Zingales 发表了大公司对债务及权益融资方式选择的研究结果，该研究涉及加拿大、法国、德国、意大利、日本、英国和美国的大型公司。Rajan 和 Zingales 发现，个别公司的债务比率似乎取决于以下四个主要因素[1]：

（1）规模。大型公司一般倾向于采用较高的债务比率。

（2）有形资产。公司总资产中固定资产所占比重较高的公司倾向于采用较高的债务比率。

（3）盈利能力。盈利能力较强的公司倾向于采用较低的债务比率。

（4）市场价值与账面价值比。市场价值与账面价值比较高的公司倾向于采用较低的债务比率。

这些检验结果对权衡理论和啄食理论来说都是好消息。热衷于权衡理论的人注意到，拥有有形资产的大型公司遭受财务危机成本的可能性比较小，因此，可以多借入资金。他们将市场价值与账面价值比看成是成长机会的衡量指标，认为成长型公司可能会面临高昂的财务危机成本，因此，会较少利用负债融资。而啄食理论的拥护者则强调盈利能力的重要性，他们认为盈利能力较强的公司通常负债较少，是因为他们可以依靠内

---

[1] R. G. Rajan and L. Zingales, "What Do We Know about Capital Structure? Some Evidence from International Data," *Journal of Finance* 50 (December 1995), pp. 1421 - 1460。这 4 个因素在发展中国家似乎也同样有效，见 L. Booth, V. Aivazian, A. Demirguc - Kunt, and V. Maksimovic, "Capital Structure in Developing Countries," *Journal of Finance* 56 (February 2001), pp. 87 - 130。

部融资。他们将市场价值与账面价值比仅看成是盈利能力的另一种衡量尺度。

似乎看起来这是两个互不相容的理论，但它们都是正确的！这个结论不大令人满意。因此，近期有研究试图在这两个理论间进行一番较量，目的是想找出对其中某一种理论更为有利的情况。啄食理论似乎最适合能够进入公开债券市场的大型成熟企业，这些企业很少发行股票，他们更愿意采用内部融资，但当需要为投资项目融资时也会转向债券市场。而规模较小、年轻的成长型企业在需要外部融资时则更有可能依赖于发行股票[1]。

同时还有一些证据说明，债务比率融合了市场时机（market timing）的累积影响[2]。市场时机是一种行为公司理财的例子。假设投资者有时过于精力充沛（像20世纪90年代末期一样），而有时又过于沮丧和消沉。如果财务经理的看法比投资者们的看法稳定得多，那么他就可以在股票价格过高时充分利用发行股票，而当价格过低时转向负债。因此，从历史趋势上来看价格处于上升态势的幸运的公司就会发行较少债券，而发行较多的股票，最终导致较低的债务比率。不幸的公司和不受欢迎的公司将会避免发行股票，从而导致较高的债务比率。

市场时机可以解释为什么公司在股票价格抬高后倾向于发行股票，也能够解释股票发行一般都集中在牛市，而在熊市却急剧下降的原因。

15.4.4　资金宽松的利弊

在其他条件相同的情况下，处于啄食顺序的顶部总比处于底部要好。按照啄食顺序融资并需要外部权益融资的公司最后有可能要依赖更多的债务，也有可能因为股票无法按财务经理设想的合理价格出售而错过良好的投资机会。

换句话说，企业的资金宽松（financial slack）是很有价值的。这里的资金宽松是指公司有现金、可出售证券、可以立即变现的实物资产，并做好了进入债券市场的准备或从银行取得贷款。准备好进入债券市场要求公司具有保守的融资，这样潜在的贷款人才能将公司的债务看成是一项安全的投资。

当然，从长期来看，公司的价值更多是取决于公司的资本投资和经营决策，而不是融资决策。因此，你必须保证公司有充分的资金宽松，这样才能迅速为良好的投资机会进行融资。对有大量的正 NPV 项目的成长型公司来说，资金宽松的价值更大，这也是为什么成长型公司通常追求保守资本结构的又一个原因。

但资金过于宽松也有不好的地方。资金过于宽松可能会造成经理们的懈怠，他们会

---

[1] L. Shyam - Sunder 和 S. C. Myers 在对 20 世纪 80 年代大型公司的样本中发现，啄食理论的假设比权衡理论的假设要好，见 "Testing Static Trade - off against Pecking - Order Theories of Capital Structure," *Journal of Financial Economics* 51 (February 1999), pp. 219 - 244。M. Frank 和 V. Goyal 发现，20 世纪 90 年代啄食理论假设的情况开始恶化，特别是对小型的成长型公司尤其如此，见 "Testing the Pecking Order Theory of Capital Structure," *Journal of Financial Economics* 67 (February 2003), pp. 217 - 248。同时还可以参见 E. Fama and K. French, "Testing Trade - off and Pecking Order Predictions about Dividends and Debt," *Review of Financial Studies* 15 (Spring 2002), pp. 1 - 33。

[2] M. Baker and J. Wurgler, "Market Timing and Capital Structure," *Journal of Finance* 57 (February 2002), pp. 1 - 32.

增加在职消费，或者用本该回报给股东的资金来营造自己的帝国。换句话说，宽松会使代理问题更为严重。

Michael Jensen 曾经强调指出，拥有充裕自由现金流（或不必要的资金宽松）的经理往往倾向于向成熟的行业，或对不明智的收购投入过多的现金。Jensen 认为，"问题在于如何激励经理们吐出这些现金，而不是将它们投资于收益率低于资本成本的项目，或者浪费在组织的效率低下中"①。

如果问题确实是这样，那么或许负债就是答案。定期支付利息和偿还本金是合同中明确规定的公司义务，负债迫使公司必须付出现金。或许公司最优的债务水平就是，在偿还债务后，银行里剩余的现金恰好足够实施所有的正 NPV 的项目，而不浪费一分钱。

我们并不推荐微调到这种程度，但这种想法是有效的，而且非常重要。负债可以规范那些沉迷于过度投资的经理们的行为，它还给公司带来了压力，促使公司提高经营效率。

本章小结

本章我们的任务是说明为什么资本结构是重要的，我们并没有抛弃认为资本结构无关论这一 MM 定理，但在此基础上增加了一些内容。但我们还是没有得到任何简单明了、普遍通用的最优资本结构理论。

权衡理论强调了税收和财务危机，公司的价值可以拆分为以下几个部分：

完全权益融资下的价值 + PV（抵税额）－ PV（财务危机成本）

按照权衡理论，公司应该增加负债，直到从 PV（抵税额）所获得的价值在边际上刚好被 PV（财务危机成本）的增加额所抵消。

财务危机成本是指：

1. 破产成本

（1）直接成本，如法律费用和会计费用；

（2）间接成本，反映管理清算或重组过程中公司的困难。

2. 未导致破产的财务危机成本

（1）对公司信用价值的担心会束缚公司的经营。客户和供应商都不愿与或许下年就不能继续经营的公司进行交易，重要的员工可能会离开公司。我们还注意到，高负债的公司在产品市场的竞争中也似乎显得更为被动。

（2）财务危机中公司债权人和股东的利益冲突可能导致低劣的经营决策和投资决策。为保护狭隘个人利益的股东可能通过降低公司整体价值的"博弈"而不惜牺牲债权人的利益。

（3）为防范上述所说的博弈，就要设计债务合同上的惩罚条款。但惩罚条款增加了签订、监管和实施合约的成本。

抵税的价值引起了更多的争议。如果我们仅有公司税，那么抵税非常容易计算。在这种情况下，借款的净税收节约额就是公司的边际税率 T_C 乘以支付的利息额 $r_D D$。如果

---

① M. C. Jensen, "Agency Costs of Free Cash Flow, Corporate Finance and Takeovers," *American Economic Review* 26（May 1986），p. 323.

负债额是固定的，则可以通过按借款利率 r_D 折现来估计抵税额。在永久性固定负债的特殊情况下：

$$PV(抵税额) = \frac{T_C(r_D D)}{r_D} = T_C D$$

但是公司税只是税收的一部分。如果投资者对利息收入比对权益收入（股利和资本利得）缴纳的税高，那么公司的部分利息抵税就会被投资者缴纳的更高税收所抵消。美国对股利和资本利得征收的低税率（最高 15%）已经削弱了公司借款的税收优势。

权衡理论试图在借款的税收优势和财务危机成本之间寻求平衡。人们认为公司会选择一个目标资本结构，以使公司价值达到最大。拥有安全的有形资产、并具有大量的应税所得可供利息抵税的公司应该具有较高的债务比率，而拥有盈利能力不强的有风险的无形资产公司主要应该依赖权益融资。

资本结构的权衡理论成功地解释了资本结构中的行业差异，但它并不能解释为什么在一个行业中，盈利能力最高的公司通常具有最保守的资本结构。根据权衡理论，盈利能力较高必然意味着较高的负债能力，同时也意味着运用这种能力的强烈的公司税收动机。

有一个与权衡理论竞争的理论，这就是啄食理论，该理论认为，在可能的情况下公司应该首先采用内部融资，当需要外部融资时要先选择债务而不是权益。这就解释了为什么在一个行业中盈利能力不高的公司借款却较多的原因，不是因为它们的目标债务比率较高，而是因为它们需要更多的外部融资，而且还因为当内部资金不够时，债务融资在啄食顺序中是仅次于内部融资的融资方式。

啄食理论是信息不对称的产物。对于公司的情况，经理们比外部投资者知道得多，因此，当他们认为股票价格过低时就不愿意发行股票；而当股票处于合理定价或价格被高估时，他们就会试图抓住时机发行股票。投资者明白这些，因此，把发行股票的决策当成是一种不好的消息。这就解释了为什么股票发行的消息被公布后通常会引起股价下跌的原因。

如果这些信息问题比较重要，那么负债融资就比权益融资好。与被低估的权益相比，乐观的经理们往往更倾向于负债融资，而悲观的经理们也会被迫这样。啄食理论认为，只有当公司的债务额度用完了，并且遭受财务危机威胁时才会发行股票。

啄食理论强调了资金宽松的价值。如果资金没有充分的宽松度，那么公司就可能只能在啄食顺序的最底层选择机会，公司将被迫在发行被低估的股票与冒着财务危机风险的借款之间进行选择，否则就会错过具有正 NPV 的投资机会。

但是资金宽松也有缺点。过剩的现金或信用会诱使经理们过分投资，或沉迷于一种轻松舒适的公司生活方式。当这种诱惑获胜，或有获胜的危险时，就会出现较高的债务比率：它能迫使公司吐出现金，促使经理们和公司管理人员更加努力获得更高的效率。

推荐读物

Modiglian 和 Miller 对公司层面上利息抵税作用现值的分析，见：

F. Modigliani and M. H. Miller, "Corporate Income Taxes and the Cost of Capital: A Correction," *American Economic Review* 53（June 1963），pp. 433 - 443.

F. Modigliani and M. H. Miller, "Some Estimates of the Cost of Capital to the Electric Utility Industry, 1954 – 57," *American Economic Review* 56 (June 1966), pp. 333 – 391.

Miller 将 MM 模型推广至既考虑公司税也考虑个人税的情况。Graham 对债务税收优势的估计考虑了公司未来不能获得应税所得的可能性。见：

M. H. Miller, "Debt and Taxes," *Journal of Finance* 32 (May 1977), pp. 261 – 276.

J. R. Graham, "How Big Are the Tax Benefits of Debt?" *Journal of Finance* 55 (October 2000), pp. 1901 – 1941.

以下文章分析了公司债权人和股东之间的利益冲突，及其对公司融资政策的意义：

M. C. Jensen and W. H. Meckling, "Theory of the Firm: Managerial Behavior, Agency Costs and Ownership Structure," *Journal of Financial Economics* 3 (October 1976), pp. 305 – 360.

S. C. Myers, "Determinants of Corporate Borrowing," *Journal of Financial Economics* 5 (1977), pp. 146 – 175.

Myers1984 年的文章描述了啄食顺序理论：

S. C. Myers, "The Capital Structure Puzzle," *Journal of Finance* 39 (July 1984), pp. 575 – 592.

以下文章调查了首席财务官们对资本结构的看法：

J. Graham and C. Harvey, "How Do CFOs Make Capital Budgeting and Capital Structure Decisions?" *Journal of Applied Corporate Finance* 15 (Spring 2002), pp. 8 – 23.

最后，以下是对资本结构进行评论的两篇文章：

M. Harris and A. Raviv, "The Theory of Capital Structure," *Journal of Finance* 46 (March 1991), pp. 297 – 355.

S. C. Myers, "Financing of Corporations," in G. M. Constantinides, M. Harris, and R. Stulz (eds.), *Handbook of the Economics of Finance* (Amsterdam: Elsevier North – Holland, 2003).

Journal of Applied Corporate Finance 的 2005 年冬季期刊中包括了实务中资本结构决策的几篇文章。

概念复习题

完整的本章概念复习题，请登录网站 www. mhhe. com/bmale。

1. 假设一家公司按 6% 的利率借入资金 100 万美元，公司税税率为 30%。那么每年利息抵税额是多少？如果负债是永久性的，那么抵税额的价值是多少？

2. 为什么个人税的存在会在一定程度上抵消公司利息抵税的好处？

3. 列举破产的直接成本和间接成本。对有大量无形资产的公司来说，你认为间接成本应该高于还是低于平均水平？

1. 利息抵税的现值通常被写成 $T_C D$，其中 D 是负债金额，T_C 是公司税边际税率。在什么样的假设条件下，这个现值是正确的？

2. 以下是 United Frypan（UF）公司账面价值和市场价值的资产负债表（单位：美元）：

账面价值			
净营运资本	20	负债	40
长期资产	80	权益	60
	100		100

市场价值			
净营运资本	20	负债	40
长期资产	140	权益	120
	160		160

假设考虑税收因素的 MM 理论成立。同时假设公司没有增长，40 美元的负债是永久性的。假设公司税税率为 40%。

（1）负债产生的利息抵税占公司价值的多大比例？

（2）如果公司再借 20 美元，并用其来回购股票，那么 UF 的股东将有多少收益？

3. 如果公司税税率 $T_C = 0.35$，个人税税率 $T_p = 0.35$，但所有的权益所得均来自于资本利得，并可以完全避税（$T_{pE} = 0$），那么公司债务的税收比较优势是多少？如果公司决定将所有的权益所得作为现金股利发放，并按 15% 的税率纳税，那么公司债务的税收比较优势会有什么变化？

4. "除非公司有（应税）所得用于抵税，否则公司无法利用利息抵税。"这句话对债务政策有什么意义？简要解释一下。

5. 以下问题考察你对财务危机的理解。

（1）公司破产的成本是什么？认真给出这些成本的定义。

（2）"公司即使不破产也会发生财务危机成本。"解释这些成本是如何发生的。

（3）解释公司债权人和股东之间的利益冲突如何导致财务危机成本。

6. 2009 年 2 月 29 日，当 PDQ 计算机公司宣布破产时，其股价从每股 3.00 美元下降到每股 0.50 美元。公司流通股数是 1 000 万股。这是否意味着破产成本为 1 000 × (3.00 − 0.50) = 2 500（万美元）？解释一下。

7. 传统的最优资本结构理论认为，公司总是在负债带来的公司利息抵税和可能发生的财务危机成本之间进行权衡。这个理论对账面盈利能力和目标账面价值债务比率之间的关系有什么样的预期？该理论的预期与事实一致吗？

8. 基于不同国家的不同债务比率，Rajan 和 Zingales 确认了四个似乎能够进行解释的变量。这四个变量是什么？

9. 为什么信息不对称会促使公司通过借款筹集外部资金，而不是通过发行普通股来进行？

10. 填空

根据啄食理论：

（1）公司债务比率由（　　　　）决定。

（2）债务比率取决于过去的盈利能力，这是因为（　　　　）。

11. 对什么样的公司来说，资金宽松是最有价值的？有没有应该通过借款，并向股东支付收入来降低资金宽松的情况？请解释。

实务题

12. 计算下面三种负债引起的利息抵税的现值。只考虑公司税，边际税率 $T_c = 0.35$。

（1）1 000 美元，利率 8% 的一年期贷款；

（2）1 000 美元，利率 8% 的五年期贷款。假设直到到期才偿还本金。

（3）1 000 美元，利率 7% 的永续年金贷款。

13. 假设为减少联邦财政赤字，国会决定提高利息和股利的个人税最高税税率，提高至 35%，但对已实现的资本利得仍维持 15% 的利率水平。公司税税率仍然为 35%。计算以下两种情况下债务与权益收入的公司税和个人税总额。（1）所有的资本利得都是立即实现的；（2）资本利得无限期延迟。假设资本利得占权益收入的一半。

14. "MM 理论受到质疑的原因之一在于，它忽略了利息可以从个人所得税中被抵扣的事实。"如果对个人的利息收入和权益收入征税的税率相同，试说明为什么这不是一个反对的理由。

15. 再看一下第 15.1 节中 Merck 公司的例子。假设 Merck 公司将其长期负债增加到 100 亿美元，并用额外的债务回购股票。按照新的资本结构重做表 15—3（2）。如果该表的假设是正确的，那么 Merck 公司的股东价值可以增加多少？

16. 从市场观察网的数据库（www.mhhe.com/edumarketinsight）查找 Merck 公司的相关资料。

（1）利用可获得的最新财务资料，按与表 15—3 相同的格式，重新按账面价值和市场价值制作资产负债表。

（2）追踪 Merck 公司过去 5 年的长期负债和债务比率。它们发生过什么样的变化？看起来 Merck 公司的目标债务比率稳定吗？你能否看出啄食顺序融资的迹象？

（3）Merck 公司用于回购自己股票的资金有多少？对于像 Merck 公司这样的保守融资公司，权衡理论能否对其股票回购进行预测？

17. 在第 15.3 节中，我们简要介绍了三种博弈形式：抽逃现金、拖延时间和变相强取。

对每一种博弈，构建一个简单的数字化例子（像风险转移博弈中的例子一样），说明股东如何通过牺牲债权人的利益来为自己谋利。然后解释采用这些博弈的诱惑如何导致财务危机成本。

18. 考察现实中一些具有不同类型资产的公司。这些公司在财务危机时遇到的都是什么样的经营问题？资产维持其价值的程度如何？

19. 再回顾一下 Circular File 公司市场价值的资产负债表：

净营运资本	20	流通债券	25
固定资产	10	普通股	5
资产总额	30	价值总额	30

以下情况下谁会获利？谁会有所损失？

（1）Circular 积攒了 5 美元的现金，并支付了现金股利。

（2）Circular 停止经营，出售了固定资产，并用净营运资本换了 20 美元现金。但遗憾的是，在二手市场上固定资产只卖了 6 美元。公司将这 26 美元现金投资于国库券。

（3）Circular 得到一个可接受的投资机会，其 NPV = 0，需要投资 10 美元。公司为这个项目进行了借款融资，新债券的风险和优先级别与原有债券相同。

（4）债权人同意将其贷款到期日从一年延期到两年，以使 Circular 公司获得恢复的机会。

20. Salad Oil Storage（SOS）公司利用长期负债为其大部分设备进行了融资。公司的违约风险很大，但还没有陷入崩溃的地步。请解释：

（1）为什么通过发行新股筹集资金来对具有正 NPV 的项目进行投资，SOS 的股东还有可能遭受损失？

（2）为什么将现金投资于具有负 NPV 的项目，SOS 的股东还有可能获利？

（3）为什么 SOS 的股东可能从大笔的现金股利中获利？

21.（1）当公司陷入财务危机时，谁能从债务合同的惩罚性条款中获利？用一句话回答这个问题。

（2）公司发行债券时，谁能从惩罚性条款中获利？假设公司有机会选择发行①对发放股利、额外负债都有标准限制条件的债券；②限制条件最小，但利息更高的债券。假设从贷款人的角度看，①和②的利率都是很合理的。你希望公司发行哪种债券？为什么？

22.“我惊奇地发现，股票发行公告使公司价值平均下降了其发行收入的 30%。这么高昂的发行成本使承销商的认购差价和发行的管理成本非常小了。这使发行股票过于昂贵。”

（1）你正在考虑发行 1 亿美元的普通股。根据过去的经验，你估计发行公告后股价会下降 3%，公司的市场价值会下降到所筹集资金的 30%。另一方面，追加的权益资金必须投资于一个你相信有 4 000 万美元正 NPV 的投资项目。你应该发行新股吗？

（2）股票发行公告导致的市场价值的下降是与承销商的认购差价相同意义的发行成本吗？试就本题开头的引言发表意见。

23. Ronald Masulis[①] 分析了债券交换股票，或股票交换债券的交换权对股票价格的影响。在交换中，公司可以发行新的债券来交换投资者手中的旧债券。这样，如果公司想提高债务比率，则可以用新债券与流通股票进行交换；而如果公司想转向更为保守的资本结构，则可以用新股票与流通债券进行交换。

Masulis 发现，用债券交换股票是好消息（公告时股票价格会上升），而用股票换债券则是坏消息。

（1）以上结果与资本结构的权衡理论一致吗？

（2）以上结果与投资者对下列事件的反应一致吗？①将股票发行当成是坏消息；②将股票回购当成是好消息；③对债券发行无动于衷，或最多就是有点儿担心。

（3）如何解释 Masulis 的结果？

24. Ketchup 女士的项目（见第 15.3 节）收入可能没有发生变化，但是现在项目 2 收入为 24 美元的可能有 40%，为 0 美元的有 60%。

（1）如果银行提供现值为 10 美元的贷款，重新计算银行和 Ketchup 女士的期望收入。Ketchup 女士应该接受哪个项目？

（2）如果想让 Ketchup 女士接受项目 1，银行提供的贷款额最多应是多少？

25. 从市场观察网（www.mhhe.com/edumarketinsight）选取 12 家公司。就其应税所得而言，估计这些公司还能再借入多少款项。

26. 从市场观察网（www.mhhe.com/edumarketinsight）可以获得很多个行业的调查报告。仔细查看几个不同行业调查报告的最后财务报表。我们建议你从以下行业开始：汽车和汽车零配件、广播和有线电视、百货商店和公路货运，再加上几个你自己感兴趣的行业。写下每个行业中几家最大的公司的债务与资本比率，并计算行业平均值。你能解释这些行业平均比率之间的差异吗？

思考题

27. 大多数财务经理按照其公司账面价值的资产负债表衡量债务比率，而财务经济学家们则愿意强调市场价值的资产负债表。原则上来说，哪种衡量方法是正确的？权衡理论是用来解释账面价值的财务杠杆作用呢，还是市场价值的财务杠杆作用？啄食理论呢？

28. 利用市场观察网（www.mhhe.com/edumarketinsight）上的数据考察公司财务杠杆上的差异在多大程度上支持权衡理论和啄食理论。

---

① R. W. Masulis, "The Effects of Capital Structure Change on Security Prices: A Study of Exchange Offers," *Journal of Financial Economics* 8 (June 1980), pp.139–177, and "The Impact of Capital Structure Change on Firm Value," *Journal of Finance* 38 (March 1983), pp.107–126.

第16章

融资与价值评估

在第6章和第7章中我们介绍了如何通过4个步骤对资本投资项目进行价值评估。这4个步骤是：

（1）假设完全权益融资情况下，预测税后现金流；

（2）评估项目的风险；

（3）估计资本机会成本；

（4）将资本机会成本当作折现率，计算NPV。

以上步骤是没有问题的，但现在我们要将其扩展，扩展到包括融资决策的价值贡献。这可以有以下两种作法：

（1）调整折现率。调整一般都是向下进行的，以解释利息抵税的价值。这是最常见的一种方法，通常通过税收加权平均资本成本（WACC）来实施。我们曾在第10章和第14章介绍过税后WACC，但现在我们要更加详细地说明如何计算并使用它。

（2）调整现值。也就是，首先在假设完全融资情况下，估计公司或项目的基准价值，然后再考虑融资的影响，对这一基准价值进行调整。

调整现值（APV）＝基准价值＋融资附属作用的价值

只要你确认并评估了融资附属作用的价值，计算APV也就不过是一些加减法的简单运算了。

本章介绍的都是如何实际操作的问题。在16.1节中，我们将解释并推导税后WACC的计算公式，并利用它评估项目或企业的价值。然后在16.2节，我们将处理一个更加复杂和现实的估价问题。16.3节将介绍一些公式的应用技巧：讨论如何估计一些参数，并介绍在公司风险或资本结构改变时如何调整WACC。第16.4节将转入APV

方法。APV方法背后的基本思想非常简单，但要确定所有的融资附属作用却是需要一定的技巧。在最后一节，我们将以问答的方式结束本章，这一问答的设计初衷是澄清一些经理们和学生们经常感到困惑的问题。本章附录是一个重要的特例，也就是安全现金流的税后估价问题。

16.1 税后加权平均资本成本

我们在第2章到第7章中首先提出了估价和资本预算问题。在那些章节中，我们几乎没有提到融资决策问题。实际上，我们所做的论述基本上都是基于融资的最简单的可能假设，也就是完全融资假设，而这实际上就是假设了Modigliani - Miller（MM）的世界，认为所有的融资决策都是无关的。在严格的MM世界中，公司对实际投资的分析可以在完全融资的假设下进行，而真实的融资计划就是稍后再考虑的细节问题。

在MM的假设下，耗费资金的决策可以与筹集资金的决策区分开来。现在我们就要在投资决策和融资决策相互作用、不能完全分开的情况下重新考虑资本预算决策。

融资决策和投资融资相互作用的一个原因是因为税收。利息是可以抵税的费用。回忆第10章和第14章我们介绍了税后加权平均资本成本：

$$WACC = r_D(1 - T_C)\frac{D}{V} + r_E\frac{E}{V}$$

其中，D和E分别是公司债务和权益的市场价值，V = D + E是公司市场价值总额，r_D和r_E分别是债务成本和权益成本，T_C是公司税的边际税率。

要注意的是，WACC计算公式中采用的是税后债务成本r_D（$1 - T_C$），这是税后WACC对利息抵税价值的体现。还要注意的是，WACC计算公式中所有的变量都将公司作为一个整体来考虑。因此，该公司得出的折现率只适用于与公司正在经营的项目相类似的项目，即适用于"平均意义"上的项目。对那些比公司现有资产平均水平风险更高或更安全的项目都不适用，对那些一旦接受就将增加或降低公司目标债务比率的公司也不适用。

WACC立足于公司的当前特征，但经理们却用它对未来的现金流进行折现。如果公司的经营风险和债务比率都可望保持不变，那么这样做是没有问题的；但当经营风险和债务比率预计要发生变化时，用WACC对现金流进行折现就只能得到近似正确的结果了。

16.1.1 示例：Sangria公司

Sangria是一家美国公司，其产品的宗旨就是倡导快乐、舒缓的生活方式。我们来计算一下Sangria公司的WACC。其账面价值和市场价值的资产负债表如下所示（单位：百万美元）：

Sangria公司（账面价值）			
资产价值	1 000	负债	500
		权益	500
	1 000		1 000

Sangria 公司（市场价值）			
资产价值	1 250	负债	500
		权益	750
	1 250		1 250

其中，Sangria 公司资产负债表上权益的市场价值，是用其当前的股票价格（7.50 美元）乘以流通股数 1 亿股计算出来的。公司的前景比较好，因此，其股票交易价格高于其账面价值（每股 7.50 美元对 5.00 美元）。但自从公司发行债券后其利率一直稳定不变，因此，在这种情况下，负债的账面价值与市场价值相等。

Sangria 公司的负债成本（现有负债和新借款项的市场利率[①]）为 6%，权益成本（Sangria 公司股票投资者要求的期望收益率）为 12.4%。

市场价值的资产负债表显示，公司资产价值为 12.5 亿美元。当然我们是无法直接观察到这一数值的，因为资产本身并不能进行交易。但我们知道公司资产在负债和权益投资者眼中的价值，而资产的价值就等于负债和权益价值之和（5.0 + 7.5 = 12.5 亿美元），因此我们把这个数值填入市场价值的资产负债表的左边。

那为什么我们还要列示账面价值的资产负债表呢？只是想让你在那上面画上一个大大的"×"号。那就赶快行动吧！

在估计加权平均资本成本时，我们并不需要考虑公司过去的投资情况，只需要关注公司的当前价值和未来的期望价值。Sangria 公司的实际债务比率不是 50%，这只是公司的账面价值比率而已，而应该是 40%，因为公司资产的价值是 12.5 亿美元。公司的权益成本 $r_E = 12.4\%$ 是投资者以每股 7.50 美元的当前市场价格购买股票所要求的期望收益率，它不是每股账面价值的收益率。我们再也不可能以每股 5 美元的价格买到 Sangria 公司的股票了。

Sangria 公司一直在盈利，并按 35% 的边际税率纳税。这个税率是我们为计算 Sangria 公司 WACC 所给出的最后一个参数了，下面我们就归纳一下这些参数：

债务成本（r_D）	0.06
权益成本（r_E）	0.124
边际税率（T_C）	0.35
债务比率（D/V）	500/1 250 = 0.4
权益比率（E/V）	750/1 250 = 0.6

公司的税后 WACC 为：

$$WACC = 0.06 \times (1 - 0.35) \times 0.4 + 0.124 \times 0.6 = 0.090，即 9.0\%。$$

---

① 始终要用最近的利率（到期收益率），而不是公司债券首次发行时的利率，也不是债券账面价值的息票率。

以上就是加权平均资本成本的计算过程。现在再来看看 Sangria 公司如何对其进行应用。

示例

Sangria 公司的葡萄酒酿制专家建议投资 1 250 万美元建造一台永续榨汁机,(为简便)假设这台榨汁机永远不计提折旧,并且每年都能永续产生 173.1 万美元的税前收益和现金流。该项目具有平均水平的风险,因此可以利用 WACC。项目的税后现金流为(单位:百万美元):

税前现金流	1.731
税金(35%)	0.606
税后现金流	C = 1.125

要注意,这个税后现金流并没有考虑永续的榨汁机项目负债带来的利息抵税额。正如我们在第 7 章中介绍的,标准的资本预算实践是假设项目完全采用权益融资,然后计算税后现金流。但利息抵税是不应该被忽略的,我们将用 Sangria 公司税后债务成本计算的 WACC 来对项目的现金流进行折现。利息抵税的价值不在于增大了税后现金流,而在于降低了折现率。

榨汁机项目产生的永续税后现金流 C = 112.5 万美元,因此 NPV 为:

$$NPV = -1\ 250 + \frac{112.5}{0.09} = 0$$

NPV = 0 意味着这只是一个勉强可以接受的投资项目。每年 112.5 万美元的现金流对应着 9% 的投资收益率(112.5/1 250 = 0.09),正好与 Sangria 公司的 WACC 相等。

如果项目的 NPV 恰好等于零,那么权益投资者的收益率就肯定刚好等于权益成本 12.4% 。现在我们来验证一下,Sangria 公司的股东在永续榨汁机项目上实际得到的投资收益率确实就是 12.4% 。

假设 Sangria 公司为这个项目设立一个小型公司,其市场价值的资产负债表如下所示(单位:百万美元):

永续榨汁公司(市场价值)			
资产价值	12.5	负债	5.0
		权益	7.5
	12.5		12.5

股东的期望收益额可以计算如下:

税后利息 = $r_D (1 - T_C) D = 0.06 \times (1 - 0.35) \times 5 = 0.195$

期望权益收入 = $C - r_D (1 - T_C) D = 1.125 - 0.195 = 0.93$

由于项目收益永远持续下去,且保持不变,因此权益的期望收益率等于期望权益收入除以权益的价值:

$$权益期望收益率 = \frac{期望权益收入}{权益价值} = \frac{0.093}{7.5} = 0.124,即 12.4\% 。$$

权益的期望收益率等于权益成本，因此项目的 NPV 应该为零。

16.1.2 前提回顾

在 Sangria 公司按 WACC 对永续榨汁机的现金流进行折现时，我们假设：

（1）项目的经营风险与 Sangria 公司其他资产的风险相同，并在项目的整个有效期内保持不变；

（2）项目融资中债务价值所占的比重与 Sangria 公司整体的资本结构保持一致，并在项目的整个有效期内保持不变。

可以看出这两个假设的重要性。如果永续榨汁机项目的经营风险高于 Sangria 公司其他资产的风险，或如果接受这一项目会导致 Sangria 公司债务比率实质性的重大变化[①]，那么 Sangria 公司的股东就不可能满足对该项目 12.4% 的期望权益收益率了。

上面我们只是根据一个提供永续现金流的项目解释了 WACC 计算公式的应用，但这个公式对任何的现金流模式都是适用的，只要公司在项目的实施过程中注意调整其债务比率，使其一直维持在一个不变的水平就可以[②]。而如果公司偏离了这个借款政策，WACC 就只能提供一个近似的结果了。

---

① WACC 的使用者不用担心债务价值比率的小波动或暂时性波动。假设 Sangria 公司的管理层为方便，决定借款 1 250 万美元，以使永续榨汁机项目可以马上实施，但这并不一定改变了 Sangria 公司的长期融资政策。如果榨汁机项目只需要 500 万美元的负债，那么 Sangria 公司可以分期偿还债务，使总体债务比率维持在 40% 的水平。比如说，它可以对后续项目融资少用些负债，多用些权益融资。

② 可以按以下所示证明这一结论。用 C_1、C_2、…C_T 表示税后期望现金流（假设完全权益融资情况下）。在完全权益融资的情况下，这些现金流应该按资本机会成本 r 进行折现。但我们现在要做的是对有部分负债融资的公司产生的现金流进行估价。

从倒数第二个期间的价值开始：$V_{T-1} = D_{T-1} + E_{T-1}$，支付给债券投资者和股票投资者的现金合计等于现金流加上利息抵税额，因此债券投资者和股票投资者的期望收益总额为：

$$\text{第 T 期的期望现金收入} = C_T + T_C r_D D_{T-1} \tag{1}$$

$$= V_{T-1}(1 + r_D \frac{D_{T-1}}{V_{T-1}} + r_E \frac{E_{T-1}}{V_{T-1}}) \tag{2}$$

假设债务比率 L = D/V，并保持不变，则由（1）式和（2）式可以求出 V_{T-1}：

$$V_{T-1} = \frac{C_T}{1 + (1 - T_C) r_D L + r_E (1 - L)} = \frac{C_T}{1 + WACC}$$

对 V_{T-2} 重复上述过程，注意下一个期间的收入应该包括 V_{T-1}：

$$\text{第 T-1 期的期望现金收入} = C_{T-1} + T_C r_D D_{T-2} + V_{T-1}$$

$$= V_{T-2}(1 + r_D \frac{D_{T-2}}{V_{T-2}} + r_E \frac{E_{T-2}}{V_{T-2}})$$

$$V_{T-2} = \frac{C_{T-1} + V_{T-1}}{1 + (1 - T_C) r_D L + r_E (1 - L)} = \frac{C_{T-1} + V_{T-1}}{1 + WACC} = \frac{C_{T-1}}{1 + WACC} + \frac{C_T}{(1 + WACC)^2}$$

重复以上过程，知道第 0 期，则有：

$$V_0 = \sum_{t=1}^{T} \frac{C_t}{(1 + WACC)^t}$$

16.2 企业价值评估

财务经理们的工作大多集中在评估项目、安排融资和提高公司的运营效率上，对企业整体进行评估一般都是投资者和金融市场的工作。但有时财务经理也要掌握整个公司的价值情况。一般这种情况出现时，往往都要作出重大决策，比如：

（1）如果 A 公司想要收购 B 公司，那么 A 公司的财务经理就必须确定在 A 公司的管理下，合并之后的公司 A + B 价值是多大。如果 B 公司是私有企业，没有可以观察到的股票价格，这项任务就会尤其困难。

（2）如果 C 公司想要出售其某个分支部门，为了与潜在的买家谈判，它就必须明确这个部门的价值。

（3）当公司准备上市时，为确定发行价格，其投资银行必须评估公司的价值。

另外，在股票经纪人办公室和投资公司，有成千上万个分析人员每天都在辛勤地工作，希望找到价值被低估的公司，而很多分析人员使用的估价方法就是我们将要介绍的方法。

在第 5 章中我们简要介绍了对整个公司进行估价的方法，那时候我们假设公司是完全采用权益融资的。现在我们要介绍如何利用 WACC 对具有债务和权益混合融资的公司进行估价，但公司的债务比率必须有望维持在接近于常态的水平。你只要将公司看成是一个大的项目即可，然后预测公司的现金流（这是这项任务中最困难的部分），并将其进行折现。但务必记住以下三个要点：

（1）如果用 WACC 折现，那么现金流的构成就必须和资本投资项目的预测相同，不要扣除利息，要将公司看成是完全权益融资来计算税收（利息抵税的价值并没有被忽略，因为在 WACC 公式中使用的是税后负债成本）。

（2）与大多数项目不同，公司就其本质而言是持续经营的。但这并不意味着你必须从现在开始一直无穷尽地预测每一年的现金流。财务经理通常预测到一个中期的时点价值，然后再在这个时点现金流的基础上加上一个终结点价值。这个终结点价值是到这个时点为止，之后所有现金流的现值。估计终结点价值要特别小心，因为它通常会占据公司价值的主要部分。

（3）用 WACC 进行折现评估的是公司资产和经营价值。如果目标是评估公司权益价值，也就是普通股的价值，不要忘了减掉公司未偿付负债的价值。

下面看一个例子。

16.2.1 Rio 公司价值评估

Sangria 想要收购 Rio 公司，Rio 公司也是一家倡导快乐、舒缓生活方式的公司。Rio 公司已经开发出一项基于烧烤、红酒和阳光的，命名为巴西饮食（Brazil Diet）的专业瘦身项目。公司保证在三个月内就能让你放心地前往里约热内卢，在 Ipanema 或 Copacabana 海滩上大秀自己美妙的身材。但在动身前往海滩之前，你必须完成一项工作，计算一下 Sangria 公司应该为 Rio 公司支付多少款项。

Rio 公司是一家美国公司。由于它是私有公司，因此 Sangria 公司没有可参考的股票市场价格。Rio 公司有 150 万股流通普通股，其负债的市场价值和账面价值均为 3 600 万美元。Rio 公司与 Sangria 公司的业务相同，因此，我们假设它与 Sangria 公司具有相同的经营风险，并且能够支持相同比例的负债。所以，我们可以利用 Sangria 公司的 WACC。

你的首要任务是预测 Rio 公司的自由现金流（FCF）。自由现金流是完成了增长所需要的所有投资之后，公司能够支付给投资者的现金流。自由现金流是在公司完全采用权益融资的假设下计算出来的。按照税后 WACC 对自由现金流进行折现就能够得到 Rio 公司的总价值（负债加权益）。为了求出权益价值，你必须要扣除 3 600 万美元的负债。

我们要估计到评估时点(valuation horizon)（H）为止每年的自由现金流，并预计在这一时点上的公司价值（PV_H），然后将这些现金流和这个时点价值折现：

$$PV = \frac{FCF_1}{1 + WACC} + \frac{FCF_2}{(1 + WACC)^2} + \cdots + \underbrace{\frac{FCF_H}{(1 + WACC)^H}}_{PV（自由现金流）} + \underbrace{\frac{PV_H}{(1 + WACC)^H}}_{PV（时点价值）}$$

当然，公司在评估时点之后还是会继续经营的，但要无穷尽地估计每一年的现金流是不切实际的，PV_H 就代表了对应于 H + 1、H + 2 等时点的现金流在第 H 时点上的价值。

自由现金流和净利润是不一样的，二者的不同主要体现在以下几个重要方面：

（1）所得是对股东的回报，在计算时要扣除利息费用；而自由现金流却是在扣除利息之前计算的；

（2）所得的计算要扣除包括折旧在内的各种非现金费用；而自由现金流的计算需要把折旧加回来；

（3）资本支出和营运资本投资并不作为费用体现在利润表中，但它们却确实减少了自由现金流。

对于快速成长的公司，即使公司盈利能力较强，自由现金流也有可能是负的，因为投资超过了经营所产生的现金流量。但让公司和其股东庆幸的是，一般情况下负的自由现金流都是暂时性的，当公司发展速度缓和下来，前期投资开始出现收益的时候，自由现金流就会转为正值。

表 16—1 列示了为预测 Rio 公司自由现金流所需要的信息。我们将采用通常的做法，从销售收入的预计开始。在刚刚过去的一年里，Rio 公司的销售收入为 8 360 万美元，在最近几年中，公司销售收入每年增长 5% ~8%。预计在未来的三年内，公司销售收入每年大约增长 7%，第 4 年到第 6 年增长率下降到每年 4%，从第 7 年开始进一步下降到每年 3%。

表 16—1 中现金流量的其他组成部分都是根据销售收入的预测计算出来的。例如，可以看到，预计第一年 Rio 公司的成本是销售收入的 74%，并在未来几年里逐渐上升为销售收入的 76%，以反映为防止 Rio 公司竞争者逐渐迎头赶上而增加的营销成本。

销售收入的增长可能还需要进一步追加对固定资产和经营资本的投资。目前 Rio 公司每单位美元的销售收入对应的固定资产净额大约为 0.79 美元。除非 Rio 公司还有闲置的生产能力，或者能从现有厂房设备中挤出更多的产品，否则公司的固定资产投资将会随销售收入的增长而增长。所以我们假设每单位美元的销售收入增长额需要追加净固定资产投资 0.79 美元。同时我们还假设经营资本也随着销售收入的增长成比例地增长。

	最近年度	预测年度						
	第0年	第1年	第2年	第3年	第4年	第5年	第6年	第7年
1. 销售收入	83.6	89.5	95.8	102.5	106.6	110.8	115.2	118.7
2. 销售成本	63.1	66.2	71.3	76.3	79.9	83.1	87.0	90.2
3. EBITDA（1–2）	20.5	23.3	24.4	26.1	26.6	27.7	28.2	28.5
4. 折旧	3.3	9.9	10.6	11.3	11.8	12.3	12.7	13.1
5. 税前利润（EBIT）（3–4）	17.2	13.4	13.8	14.8	14.9	15.4	15.5	15.4
6. 税金	6.0	4.7	4.8	5.2	5.2	5.4	5.4	5.4
7. 税后利润（5–6）	11.2	8.7	9.0	9.6	9.7	10.0	10.1	10.0
8. 固定资产投资	11.0	14.6	15.5	16.6	15.0	15.6	16.2	15.9
9. 营运资本投资	1.0	0.5	0.8	0.9	0.5	0.6	0.6	0.4
10. 自由现金流（7+4–8–9）	2.5	3.5	3.2	3.4	5.9	6.1	6.0	6.8
自由现金流 PV（第1年—第6年）	20.3							
时点价值 PV	67.6	（第6年的评估时点价值）113.4						
公司 PV	87.9							
假设：								
销售收入增长率（%）	6.7	7.0	7.0	7.0	4.0	4.0	4.0	3.0
成本（占销售收入的百分比）	75.5	74.0	74.5	74.5	75.0	75.0	75.5	76.0
经营资本（占销售收入的百分比）	13.3	13.0	13.0	13.0	13.0	13.0	13.0	13.0
固定资产净额（占销售收入的百分比）	79.2	79.0	79.0	79.0	79.0	79.0	79.0	79.0
折旧（占固定资产净额的百分比）	5.0	14.0	14.0	14.0	14.0	14.0	14.0	14.0
税率（%）	35.0							
WACC（%）	9.0							
长期增长率预计（%）	3.0							
固定资产和营运资本								
固定资产总额	95.0	109.6	125.1	141.8	156.8	172.4	188.6	204.5
减：累计折旧	29.0	38.9	49.5	60.8	72.6	84.9	97.6	110.7
固定资产净额	66.0	70.7	75.6	80.9	84.2	87.5	91.0	93.8
净经营资本	11.1	11.6	12.4	13.3	13.9	14.4	15.0	15.4

表 16—1　Rio 公司自由现金流预测与公司价值　　　　单位：百万美元

Rio 公司自由现金流的计算如表 16—1 所示，即用税后利润加上折旧，再减掉投资额。投资额就是固定资产（总额）和营运资本相对于去年的变化。比如，第一年：

自由现金流 = 税后利润 + 折旧 - 固定资产投资 - 经营资本投资

$$= 8.7 + 9.9 - (109.6 - 95.0) - (11.6 - 11.1)$$

$$= 3.5（百万美元）$$

16.2.2 估计时点价值

评估时点的选择通常都是很主观的。有时候老板告诉每个人用 10 年，因为 10 是一个轮回的数字。在本例中，我们将使用 6 年，因为从第 7 年开始 Rio 公司的销售收入可望进入长期稳定的增长状态。为计算第 1 年—第 6 年现金流的现值，我们用 9% 的 WACC 进行折现：

$$PV = \frac{3.5}{1.09} + \frac{3.2}{1.09^2} + \frac{3.4}{1.09^3} + \frac{5.9}{1.09^4} + \frac{6.1}{1.09^5} + \frac{6.0}{1.09^6} = 20.3（百万美元）$$

现在我们要计算从第 7 年开始的公司现金流的价值。

估计时点价值有好几个公式或经验法则。首先我们用稳定增长的 DCF 公式来试一下。这需要预测第 7 年的自由现金流，这一数值我们已经在表 16—1 中的最后一列计算出来了，假设的长期年增长率是 3%[①]。由于自由现金流为 680 万美元，所以：

$$PV_H = \frac{FCF_{H+1}}{WACC - g} = \frac{680}{0.09 - 0.03} = 113.4（百万美元）$$

第 0 点的 $PV = \frac{1}{1.09^6} \times 113.4 = 67.6（百万美元）$

现在我们已经计算出了对公司进行价值评估所需要的所有数据：

PV（公司） = PV（第 1 年—第 6 年的现金流） + PV（时点价值）

$$= 20.3 + 67.6 = 87.9（百万美元）$$

这就是 Rio 公司的总价值。为求得权益价值，只需要减掉负债价值即可：

权益价值总额 = 87.9 - 36.0 = 51.9（百万美元）

要计算每股价值，需要用权益价值总额除以流通股数总额：

每股价值 = 51.9/1.5 = 34.60 美元

因此，Sangria 公司对 Rio 公司支付的每股价格可能达到 34.60 美元。

现在我们已经对 Rio 公司的价值有了一个大体的估计。但你对这一数值有多大信心呢？可以看到，Rio 公司价值中仅有不到 1/4 是来自于前 6 年的现金流，其他的都来自时点价值。况且，这个时点价值可能随着假设条件很小的变化而变化。例如，如果长期增长率是 4%，而不是 3%，那么 Rio 公司将需要进行更多的投资以支持这个较高的增长率，而公司价值则由 8 790 万美元上升到 8 990 万美元。

在第 5 章中我们曾经指出，精明的财务经理们一般不会就此停止，他们通过确认可

---

① 要注意，从第 6 年到第 7 年期望自由现金流增长了约 14%，因为销售收入增长率从 4% 降为 3% 减少了投资需求。但当公司进入稳定增长期后，公司销售收入、投资以及自由现金流都将每年增长 3%。要注意，在稳定增长的 DCF 公式中，第一笔现金流应该是发生在下一年，也就是本例中的第 7 年。从第 7 年开始，公司增长速度将稳定维持在 3% 的水平，因此在时点价值公式中使用 3% 的增长率是没有问题的。

比较公司，并比较它们的市盈率以及账面价值与市场价值的比率，来对自己的计算结果进行检验①。

在预测现金流时，你可能会沉迷于数字，只是机械地进行计算。但用批评性的眼光考虑现金流预测中的假设是非常重要的。那些收入数与你预期的竞争对手所作的是否一致？你预测的成本是否真实？要考察数据背后的假设，保证其确实是合理的。要特别注意产生时点价值的增长率和盈利能力假设。对你要评估的公司，不要假设其增长速度和盈利能力会永远超过其资本成本②。这对公司本身当然是件好事，但却不是你的竞争对手所能忍受的。

最后，你还应该检验终止公司的价值是否超过维持经营的价值。有时公司的清算价值(liquidation value)会高于其持续经营的价值，精明的财务分析人员有时会找出闲置或使用不足的资产，将它们出售给其他某些人能获得更高的价值，这时你最好按其可能的出售价格清理这些资产，然后对扣除这些资产后的公司进行估价。

16.2.3　WACC 与权益现金流方法

当评估 Rio 公司价值时，我们是在完全权益融资假设下预测现金流，并用 WACC 对这些现金流折现。WACC 公式反映了利息抵税的价值。然后为求得权益价值，我们从公司总价值当中减掉负债价值。

如果我们的任务是评估一家公司的权益价值，那么除了用公司 WACC 对公司现金流进行折现以外，显然还有另外一种方法，即用权益资本成本对权益现金流，也就是扣除利息和税金之后的现金流进行折现，这种方法叫做权益现金流（flow - to - equity）方法。如果公司长期内债务比率一直保持不变，那么使用权益现金流方法得到的结果应该与先用 WACC 对现金流折现，再减掉负债价值的结果相同。

权益现金流方法看起来很简单。如果在公司的经营期内，公司融资所用的负债和权益比例基本保持不变，那么这种方法确实比较简单。但权益成本取决于财务杠杆水平，换句话说，它取决于财务风险和经营风险。如果预计财务杠杆水平会发生重大变化，那么用当前的权益成本对权益现金流折现就无法得到正确的结果。

---

① 见第 5.5 节。

② 在这方面，表 16—1 过于乐观了，因为评估时点价值会随着假设的长期增长率的增加而增加。这意味着 Rio 公司即使在评估时点的 6 年后仍享有很高价值的成长机会（PVGO）。利用更加复杂的工作表可以加入一个中间的增长阶段，比如第 7 年至第 10 年，在此期间盈利能力可能逐步降低到竞争水平。见本章章末的思考题第 29 题。

16.3.1 一些操作技巧

Sangria 公司只有一种资产和两种融资渠道。而在现实生活中，公司市场价值的资产负债表可能会有很多栏目，比如[①]：

流动资产（包括现金、存货和应收账款等）	流动负债（包括应付账款、短期借款等）
固定资产	长期负债（D）
	优先股（P）
成长机会	权益（E）
资产总额	负债及权益总额

那么立刻就会出现以下几个问题：

1）如果公司有两种以上融资渠道时，WACC 公式会发生什么变化? 很容易：每一种来源都有其资本成本。每种来源资金的权重与其市场价值成比例。例如，如果资本结构中既包括优先股，也包括普通股时[②]：

$$WACC = r_D(1 - T_C)\frac{D}{V} + r_p\frac{P}{V} + r_E\frac{E}{V}$$

其中，r_p 是投资者投资于优先股要求的期望收益率，P 是流通优先股股本总额，$V = D + P + E$。

2）短期负债如何处理? 很多公司在计算 WACC 时只考虑长期融资来源，对短期负债的成本忽略不计。原则上来说这是不正确的，因为短期负债的持有人也是公司的投资者，他们也有要求权分享公司的经营收益。因此，忽略了短期负债持有者要求权的公司将会对资本投资的要求收益率作出错误的估计。

但是，如果短期负债只是暂时的、季节性的或偶然发生的，或者它们可以由持有的现金或可交易证券抵消，那么对短期负债进行"零处理"也不是什么重要的错误。例

[①] 这张资产负债表只是为解释概念用，不要将其与现实中公司的资产负债表相混淆。表中包括了成长机会的价值，而实际中尽管投资者非常关注这一价值，但会计人员对其是不予以确认的。这张表忽略了一些特定的会计科目，如递延税款。

当公司为税收目的采用的折旧比提供给投资者报告中的折旧快时，就会产生递延税款。这意味着公司报告的税收比它实际缴纳的要多，两者的差额就用递延税款这种负债款项列示出来。之所以将其看成是一种负债，是因为随着资产使用年限的增长，美国国内税收署会征收额外的税金，"补足"应纳税额。但这与资本投资分析是无关的，因为我们关注的是实际的税后现金流，使用的是加速的税收意义上的折旧。

递延税款不应被看成是一种融资的来源，也不属于加权平均资本成本计算公式中的一个要素。递延税款这种负债不是投资者持有的证券，它是为满足会计处理需要而设置的一个资产负债表科目。

但在一些受管制的行业中，递延税款还是非常重要的。管理者在计算准许收益率、收入的时间分布及消费品价格时应该将其纳入考虑范围之内。

[②] 优先股承诺的是固定的股利，其股利支付要根据董事会的决定，但除非优先股股利已经支付，否则公司不能发放普通股股利。

如，假设你们公司的一家外国子公司为其存货和应收账款筹借了 6 个月的短期贷款，同时，公司总部可能正将剩余资金投资于短期证券，从而借出了资金。如果这一借出资金和借入的贷款能够互相抵消，那么在计算加权平均资本成本时包括短期负债成本就毫无意义，因为公司并不是短期资金的净借款者。

3）其他流动负债如何处理？ 流动负债一般从流动资产中"减掉"，其差额作为净经营资本列示在资产负债表的左边。资产负债表右边的长期融资总额叫做资本总额（total capitalization）。

净营运资本	长期负债（D）
=流动资产 - 流动负债	优先股（P）
固定资产	权益（E）
成长机会	
	资本总额（V）

当把净经营资本看成一种资产时，那么在预测资本投资项目的现金流量时就必须将净经营资本的增加当成是现金流出，把减少当成是现金流入。这是一种标准的操作方法，我们在第 7.2 节中已经使用过。另外在估计 Rio 公司未来投资需要进行的经营资本投资时我们也使用了这种方法。

由于流动负债包括短期负债，因此将其从流动资产当中扣除就等于在计算加权平均资本成本时不再包括短期负债的成本。我们刚刚解释过为什么可以接受这样做得到的近似的结果，但当短期负债是重要的、永久的融资来源，比如像一些小公司以及美国以外公司那样时，它就必须单独列示在资产负债表的右边，不能从流动资产中减掉①。而短期负债的利息成本就成为计算加权平均资本成本的一个要素。

4）融资成本如何计算？ 一般你可以利用股票市场的数据来获得投资者对公司股票要求的期望收益率 r_E。有了这一数值，计算 WACC 就不难了，因为借款利率 r_D 和债务比率 D/V、权益比率 E/V 都可以通过直接观察得到，或者估计起来也没有多大困难②。估计优先股的价值和要求收益率也同样，一般不会很复杂。

估计其他种类证券的要求收益率是很麻烦的。可转换债券就是一个例子，投资者的收益部分取决于用债券交换公司股票的选择权。

对违约风险比较高的低等级（或垃圾）债券，它们的收益率同样也很难估计。违

---

① 实际操作时，财务工作者们有很多经验法则来判断是否应将短期负债纳入 WACC 的考虑范围之内。一种方法就是检查短期负债是否占到负债总额的10%，同时净营运资本是否为负。如果是，那么短期负债肯定是被用于为长期资产融资了，因此在 WACC 的计算中就必须明确的将其纳入考虑范围之内。

② 大多数公司的债务并不是活跃交易的，因此其市场价值很难直接观察得到。但对于非交易的债务证券，你可以通过观察那些正在市场上进行交易的，并具有近似相同的违约风险和到期日的证券来估计其价值。

对健康的公司来说，一般其债务的市场价值与账面价值不会相差太多，因此很多经理们和分析人员就将账面价值用作为加权平均资本成本公式中的 D。但一定要注意，对 E 一定要采用市场价值，而不是账面价值。

约的可能性越大，债券的市场价格就越低，承诺的利率就越高。但加权平均资本成本是一个期望的，也就是平均的收益率，而不是承诺的收益率。例如，2004年6月，Delta Airline公司2016年到期的债券售价仅为其面值的42%，其承诺收益率高达24%，与同样到期日的最高品质债券相比，其收益率整整高出19个百分点。这样的Delta债券价格和收益率反映了投资者对该公司长期财务状况不佳的关注。但24%的收益率并不是一个期望值，因为它没有把一旦Delta公司违约而发生的平均损失包括进去。因此，如果将24%作为WACC计算公式中的"债务成本"，就会高估Delta公司真正的资本成本。

对大多数的垃圾债券，并不存在简单易行的方法来估计其期望收益率[①]，这是一个不好的消息。但好消息是，对于大多数债券来说，违约的可能性都是很小的。这就意味着承诺收益率和期望收益率非常接近，因此承诺收益率可以近似地作为加权平均资本成本。

公司WACC与行业WACC

当然，你很想知道自己公司的WACC是多少，但有时候行业WACC是更有用的。以下是一个例子。Kansan City Southern是由以下两个子公司构成的，（1）Kansas City Southern Railraod，经营由美国中西南部到得克萨斯和墨西哥的铁路；（2）Stillwell Financial，从事包括Janus共同基金在内的投资管理公司。考虑两个不同类型的经营是很困难的。Kansas City Southern公司总体的WACC对这两家公司均不适用。应该建议公司对其铁路运营使用铁路行业的WACC，对Stillwell使用投资管理行业的WACC。

KSU在2000年将Stillwell分立，目前只经营铁路业务。但即使现在，公司的明智选择仍然是把自己公司的WACC与铁路行业的WACC进行比较。行业WACC受随机噪声和估计误差的影响比较小。对于Kansas City Southern来说幸运的是，在美国有一些大型的、专门从事铁路运营的公司，从它们那里可以估计出铁路行业的WACC[②]。当然，对特定公司的投资而言，使用行业WACC实际上是在假设公司和行业具有大致相同的经营风险和融资方式。

16.3.2 利用加权平均公式时人们常犯的错误

加权平均资本成本公式是非常有用的，但也比较危险。它会诱使人们犯逻辑上的错误。例如，Q经理正考虑一个热门项目，也许他会观察这个公式：

$$WACC = r_D(1 - T_C)\frac{D}{V} + r_E\frac{E}{V}$$

并且认为，"哈哈！我们公司的信用等级非常好，只要愿意，就可以借到，比如说项目成本90%的资金。这就意味着D/V=0.9，E/V=0.1。我们公司的借款利率r_D是8%，权益期望收益率r_E是15%，因此：

WACC=0.08×（1-0.35）×0.9+0.15×0.1=0.062

即6.2%。如果按这个折现率折现的话，这个项目看起来非常不错"。

但是Q经理在好几个方面犯了错误。第一，加权平均资本成本只能用于与公司资

[①] 如果可以估计出垃圾债券或其他类似证券所组成的样本的贝塔，就可以利用资本资产定价模型计算期望收益率。否则就应该按照违约概率对收益率进行调整。

[②] 见表15—3和表10—1。

本结构模式相同的项目，但这样的公司并没有采用90%的债务融资。

第二，项目资金的直接来源与项目的门槛利率没有必然的联系，真正重要的是项目对公司借债能力的整体影响，而在 Q 经理的热门项目上投资 1 美元是不会引起公司借债能力增加 0.90 美元的。如果公司借入项目成本 90% 的资金，那么实际上它在一定程度上是在用自己现有的资产借款。新项目负债融资高于正常水平所能够带来的好处完全是原有项目的积累，而不是新项目的贡献。

第三，即使公司愿意也能够筹集到90%的债务融资，其资本成本也不会降为 6.2%（像 Q 经理天真的计算得出的）。提高债务比率不可能不增加股东的财务风险，因此，不可能不增加股东对公司普通股股票要求的期望收益率 r_E。而且达到90%的债务比率肯定也会提高借款利率的水平。

16.3.3 债务比率和经营风险变化时 WACC 的调整

WACC 公式假设被估价的项目或公司融资的债务权益比率与公司（或行业）的总体结构保持一致。那如果情况不是这样该怎么办呢？比如说，如果 Sangria 公司的永续榨汁机项目仅使用了 20% 的负债，而公司整体的是40%，那将怎么办呢？

负债由 40% 降为 20% 会改变 WACC 公式中所有的参数①。很明显，融资的比重发生了变化，但由于财务风险降低，权益成本 r_E 降低了。因此，债务成本也有可能会降低。

再回头看一下图 14—4，它以债务权益比率作为自变量，画出了 WACC、权益成本和债务成本的函数图，图中的水平线就是资本机会成本 r。需要记住的是，这是当项目完全采用权益融资时投资者对项目要求的期望收益率。资本机会成本只取决于经营风险，这是一个自然形成的参照点。

假设 Sangria 或永续榨汁机项目也是采用完全权益融资的（D/V = 0），此时 WACC 就等于权益成本，二者都等于资本的机会成本。图 16—1 就从这一点出发，随着债务比率的增加，由于财务风险的存在使得权益成本也增加，但要注意 WACC 是下降的。下降的原因并不是因为使用"便宜"的负债代替了比较"昂贵"的权益，而是因为债务利息支出带来的抵税作用。如果没有公司所得税，那么加权平均资本成本将是一个常数，在所有债务比率水平上都等于资本机会成本。在第 14 章我们对此进行了说明。

图 16—1 说明了融资和 WACC 之间的关系，但最开始我们只有 Sangria 公司当前 40% 债务比率的有关数据。我们想重新计算在 20% 债务比率下的 WACC。

以下是最简单的一种方法，分三个步骤进行：

步骤 1　计算资本机会成本。换句话说，计算负债为零时的 WACC 和权益成本。这一步骤叫做从 WACC 中卸载债务，最简单的卸载公式是：

资本机会成本 ＝ r ＝ $r_D D/V + r_E E/V$

这个公式直接取自 Modigliani 和 Miller 的定理 1（见第 14.1 节）。如果不考虑税收，则加权平均资本成本等于资本机会成本，不受债务水平的影响。

---

① 甚至税率也有可能发生变化。例如，Sangria 可能在 20% 的债务比率水平上具有足够的应税利润来支付利息，而在 40% 的水平上却没有。那在这种情况下，与 40% 债务比率相比，20% 债务比率水平上公司税的有效边际税率可能更高。

| 图 16—1 | Sangria 公司债务比率为 25% 和 67% 水平上的 WACC |

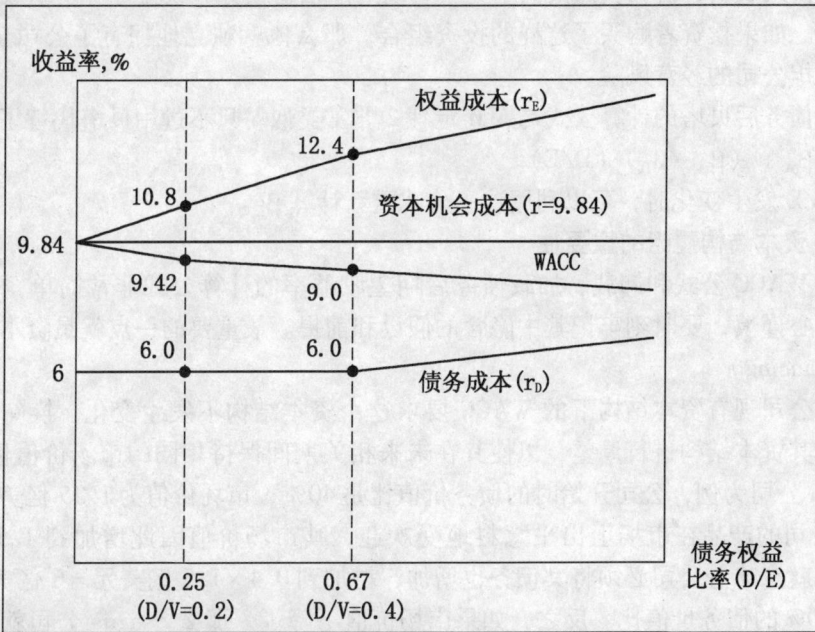

收益率,%

权益成本(r_E)

12.4

10.8

资本机会成本(r=9.84)

9.84

WACC

9.42

9.0

6.0 6.0

6

债务成本(r_D)

0.25
(D/V=0.2)

0.67
(D/V=0.4)

债务权益
比率(D/E)

注：相应的债务价值比分别为 20% 和 40%。

步骤2 估计新债务比率水平下的债务成本 r_D，计算新的权益成本：

$$r_E = r + (r - r_D) D/E$$

这个公式就是 Modigliani 和 Miller 的定理 2（见第 14.2 节）。它需要的是债务权益比 D/E，而不是债务价值比。

步骤3 重新计算新融资比重下的加权平均资本成本。

下面我们就在 D/V = 0.20，即 20% 的水平下，计算 Sangria 公司的有关数值。

步骤1 Sangria 公司当前的债务比率 D/V 为 0.4，因此，

$r = 0.06 \times 0.4 + 0.124 \times 0.6 = 0.0984$，即 9.84%

步骤2 假设当债务比率为 20% 时，债务成本维持在 6% 水平，则：

$r_E = 0.0984 + (0.0984 - 0.06) \times 0.25 = 0.108$，即 10.8%

要注意，债务权益比等于 0.2/0.8 = 0.25。

步骤3 重新计算 WACC：

$WACC = 0.06 \times (1 - 0.35) \times 0.2 + 0.108 \times 0.8 = 0.0942$，即 9.42%

图 16—1 表示 WACC 与债务权益比的一些数值。

16.3.4 卸载和加载贝塔

一些财务经理们发现，对以上三个步骤中的前两步（1）卸载债务和（2）加载债务后的权益成本，如果将其换成（1）卸载债务和（2）加载债务后的权益贝塔，则会更为方便一些。那么在新债务比率水平下权益贝塔一定的情况下，权益成本可以通过资本资产定价模型来确定，然后再重新计算 WACC。

在第 14.2 节中我们曾经给出过卸载债务后贝塔的计算公式：

$$\beta_A = \beta_D（D/V）+\beta_E（E/V）$$

这个公式表明，公司资产的贝塔是公司所有未偿付债务和权益证券所组成的投资组合的贝塔。如果投资者购买了这样的投资组合，那么他就独立地拥有了公司全部资产，并且只承担公司的经营风险。

加载债务后贝塔的计算公式与 MM 定理 2 非常类似，只不过用贝塔代替了收益率：

$$\beta_E = \beta_A +（\beta_A - \beta_D）（D/E）$$

当 D/E 发生变化时，可以利用这一公式重新计算 β_E。

16.3.5　资本结构重组的重要性

尽管 WACC 公式和卸载、加载债务后期望收益率的计算公式非常简单，但我们还是必须小心谨慎，要时刻牢记其中隐含的假设和前提。最重要的一点就是资本结构的重组（rebalancing）。

计算公司现有资本结构下的 WACC 要求这个资本结构不发生变化，换句话说，公司必须对其资本结构进行调整，以使其在未来相关期间保持相同的市场价值债务比率。以 Sangria 公司为例，公司开始时的债务价值比是 40%，市场价值为 1.25 亿美元。假设 Sangria 公司的产品在市场上出乎意料地受欢迎，其市场价值因此增加到 1.5 亿美元，那么重组就意味着公司必须将其债务也增加，增加到 0.4×1.5 亿美元 = 6 亿美元[①]，从而维持 40% 的债务价值比。反之，如果市场价值下降了，那么 Sangria 公司就必须相应地降低债务水平。

当然，现实中的公司并不是这样机械地、生硬地进行资本结构调整的，而是根据长期经营目标，注重实际效果，恰当地、循序渐进和平稳地进行调整。但是如果公司计划对资本结构作出重大变化（比如公司打算偿还债务），那么 WACC 公式就不适用了。在这种情况下，我们可以采用 APV 方法。下一节中我们将讨论这种方法。

重新计算 WACC 的三个步骤，所作的假设与重组假设类似[②]。无论公司的初始债务

---

① 增加负债的收入可以发放给股东，也可以与增加的权益投资一样用作 Sangria 公司的增长资金。

② 二者的假设相似，但不是完全相同的。不论调整发生在每期期末还是持续发生，基本的 WACC 公式总是正确的；而对于在我们三个步骤程序的第 1 步和第 2 步中使用的卸载和加载公式，则仅在持续进行重整，以使每天的债务比率和每周的债务比率都保持不变的情况下才成立。但是，每年进行调整引起的误差很小，因此在实践中可以忽略不计。

比率是多少，总要假定公司在未来会进行调整，以维持这一债务比率水平[①]。

16.3.6 对 Modialiani – Miller 公式的一些补充说明

如果公司不进行重组，不保持债务比率不变，那么情况又会如何呢？在这种情况下，一般可以采用的唯一方法就是调整现值法，也就是我们在下一节中将要介绍的。但有时财务经理也会转而采用其他的折现率公式，这包括 Modigliani 和 Miller（MM）导出的一个公式。MM 考虑了产生不变水平永续现金流、用固定的永续债务融资的公司或项目，然后得出了一个简单的税后折现率公式[②]：

$$r_{MM} = r\ (1 - T_C D/V)$$

---

① 以下解释了为什么在连续重整的情况下公式成立的原因。考虑一张市场价值的资产负债表，左边是资产和利息抵税额，右边是负债和权益，满足以下等式，即 D + E = PV（资产）＋PV（利息抵税额）。公司负债和权益的总风险（贝塔）等于 PV（资产）和 PV（利息抵税额）的综合风险。

$$\beta_D \frac{D}{V} + \beta_E \frac{E}{V} = \alpha\beta_A + (1-\alpha)\beta_{利息抵税额} \tag{1}$$

其中，α 是资产占公司总价值的比重，$(1-\alpha)$ 是利息抵税额占公司总价值的比重。如果公司重新调整其资本结构，以使 D/V 保持不变，那么利息抵税的贝塔必然与资产的贝塔相等。在资本结构重新调整的情况下，公司价值 V 每变动 x%，其债务价值 D 也要变化 x%，利息抵税额 $T_C r_D D$ 同样也会变化 x%。因此利息抵税的风险肯定与公司整体的风险相等：

$$\beta_{利息抵税额} = \beta_A = \beta_D \frac{D}{V} + \beta_E \frac{E}{V} \tag{2}$$

这是以贝塔表示的卸载债务的公式。由于期望收益取决于贝塔：

$$r_A = r_D \frac{D}{V} + r_E \frac{E}{V} \tag{3}$$

结合公式（2）和（3）就可以得到 β_E 和 r_E 的加载债务公式：

$$\beta_E = \beta_A + (\beta_A - \beta_D)D/E$$

$$r_E = r_A + (r_A - r_D)D/E$$

所有这些都要假设进行连续重整。假设公司没有连续重整，而只是每年重整一次，那么由今年债务水平决定的下一年的利息抵税额就是已知的，然后就可以利用一个由 Miles 和 Ezzell 提出的公式：

$$r_{Miles-Ezzell} = r_A - (D/V)r_D T_C \left(\frac{1+r_A}{1+r_D}\right)$$

参见 J. Miles and J. Ezzell，"The Weighted Average Cost of Capital, Perfect Capital Markets, and Project Life: A Clarification," *Journal of Financial and Quantitative Analysis* 15（September 1980），pp. 719 – 730。

② 这一公式最早出现在 F. Modigliani and M. H. Miller，"Corporate Income Taxes and the Cost of Capital: A Correction," *American Economic Review* 53（June 1963），pp. 433 – 443。在以下文章中得到了更完整的解释，M. H. Miller and F. Modigliani："Some Estimates of the Cost of Capital to the Electric Utility Industry: 1954 - 1957," *American Economic Review* 56（June 1966），pp. 333 – 391。在固定的永续负债已知的情况下，

$$V = \frac{C}{r} + T_C D$$

$$V = \frac{C}{r(1 - T_C D/V)} = \frac{C}{r_{MM}}$$

这里很容易进行债务的卸载，只要将债务能力参数（D/V）设为零即可①。

MM 公式在实际中仍在使用，但该公式仅在特定情况下成立，也就是要求不变的永续现金流以及固定的永续债务。但当债务数额固定时，该公司对短期项目来说取得的近似值也是不错的②。

那么，是将债务固定，还是进行重组，你要加入哪支队伍呢？如果你加入固定债务的队伍，那么你就是少数派了。大多数财务经理们都使用假设市场价值债务比率不变的普通的税后 WACC，因此也就是在假设进行重组。这样做也是非常容易理解的，因为公司或者项目的负债能力必须取决于其未来的价值，而未来价值是不断变化的。

同时我们必须承认，只要仍在适度财务杠杆的合理范围之内，典型的财务经理们不大关注其公司债务比率的上下波动。典型的财务经理对它的处理就仿佛是在这个范围内不同债务比率下的 WACC 曲线是"平坦"（不变）的。如果我们记得，在图 14—4 或图 16—1 中，利息抵税额是税后 WACC 下降的唯一原因的话，那么这样做也是可以理解的。WACC 公式没有考虑财务危机成本，或在第 15 章中介绍过的税收以外的其他复杂因素③。所有这些复杂因素都有可能减少利息抵税带来的价值增值（在适度的债务水平范围内）。如果是这样，那么财务经理们就应该把注意力集中到公司的经营决策和投资决策上来，而不是放在债务比率的微调上。

16.4　调整现值

调整现值法（adjusted present value，APV）的基本思想是先分解，后综合。APV 不受 WACC 计算中税收或其他因素的影响，或者调整折现率，而是进行一系列的现值计算。首先计算出项目或公司的一个基准价值，也就是作为一个独立的、完全权益融资的新创项目的价值。对基准价值所采用的折现率就是资本的机会成本。在确定了基准价值以后，再考虑每一种融资的附属作用，然后计算它们给公司带来的成本或收益的现值。最后将所有现值相加，以估计项目对公司价值的总体影响：

---

① 在这种情况下，权益成本的加载债务公式为：

$r_E = r_A + (1 - T_C)(r_A - r_D) D/E$

贝塔的卸载和加载债务公式分别为：

$$\beta_A = \frac{\beta_D(1 - T_C)D/E + \beta_E}{1 + (1 - T_C)D/E}$$

及 $\beta_E = \beta_A + (1 - T_C)(\beta_A - \varphi_D)D/E$

参见 R. Hamada："The Effect of a Firm's Capital Structure on the Systematic Risk of Common Stocks," *Journal of Finance* 27（May 1972），pp. 435 - 452。

② 见 S. C. Myers, "Interactions of Corporate Financing and Investment Decisions—Implications for Capital Budgeting," Journal of Finance 29（March 1974），pp. 1 - 25。

③ 财务危机成本可能表现为债务成本和权益成本的急剧增长，特别是在较高的债务比率的情况下。财务危机成本可能会"平滑"图 14—4 和图 16—1 中的曲线，并最后会使 WACC 随着债务的增加而提高。因此，一些实务工作者计算行业 WACC，并将其视为常数，至少在行业内健康公司所表现出的债务比率范围内认为如此。

个人税也可能使作为债务函数的税后 WACC 曲线更为平坦。见第 15.2 节。

APV = 基准 NPV + 融资附属作用的 PV 总额

最重要的融资附属作用就是由项目债务融资带来的利息抵税额（加项）。其他的可能附属作用还有证券的发行成本（减项）或供应商或政府提供的配套的融资优惠（加项）。

APV 帮助财务经理们明确项目的增值和减值因素，促使其正确地思考项目带来的后续问题。比如，假定项目的基准 NPV 是正的，但却小于为该项目融资发行股票的成本，那么这就会促使财务经理积极寻找其他融资方法，看是否能够挽救这一项目。

16.4.1 永续榨汁机项目的 APV

用简单的数字化的例子可以最容易地理解 APV，所以，我们将它应用在 Sangria 公司永续榨汁机项目上。如果对债务政策进行相同的假设，那么 APV 得到的结果与按 WACC 进行折现得到的结果是相同的。我们就从说明这一结论开始。

我们用 Sangria 公司的 WACC（9%）作为榨汁机项目现金流的折现率。WACC 的计算假设债务将始终维持在项目或公司未来价值 40% 的水平上。在这种情况下，利息抵税额的风险与项目风险相同[①]。因此我们要用资本机会成本（r）来对利息抵税额进行折现。在上一节中，我们通过卸载 Sangria 公司 WACC 中的债务，得到了这个资本的机会成本 r 为 9.84%。

第一步就是计算基准 NPV。按 9.84% 的资本机会成本对项目税后现金流 112.5 万美元进行折现，然后减掉 1 250 万美元的初始投资。由于现金流是永续的，因此：

$$基准\ NPV = -1\ 250 + \frac{112.5}{0.0984} = -106.7 万美元$$

因此，如果在完全权益融资的情况下，该项目是不应该被接受的。但该项目有 500 万美元的借款。在 6% 的借款利率（$r_D = 0.06$）和 35% 的税率（$T_C = 0.35$）下，每年利息抵税额为 $0.35 \times 0.06 \times 500 = 10.5$，即 105 000 美元。

那么这些利息抵税额的价值是多少呢？如果公司坚持进行债务重组，就可以按 r = 9.84% 进行折现：

$$PV(利息抵税额,债务重整后) = \frac{105\ 000}{0.0984} = 106.7(万美元)$$

APV 是基准价值与 PV（利息抵税额）的合计：

APV = -106.7 + 106.7 = 0

这一结果刚好与我们用 WACC 进行一次性折现得到的结果相同。不论用哪种估价方法，永续榨汁机项目都只是一个仅能达到盈亏平衡的项目。

但使用 APV 方法，我们不用维持债务占价值的比重不变。假设 Sangria 公司计划将项目的债务维持在 500 万美元的水平。在这种情况下，我们假设利息抵税额的风险与债务风险相同，因而用债务利率 6% 进行折现：

$$PV(利息抵税额,债务固定) = \frac{105\ 000}{0.06} = 175(万美元)$$

APV = -106.7 + 175 = 68.3 万美元

---

① 也就是，$\beta_A = \beta_{利息抵税额}$。见脚注 16。

现在这个项目的吸引力更大了。在债务固定的情况下，利息抵税额是安全的，因此，价值更高。（但对 Sangria 公司来说，固定的债务是否更加安全却是另外一回事。如果永续榨汁机项目失败了，那么 500 万美元的固定债务将成为 Sangria 公司其他资产的一项负担。）

16.4.2 融资的其他附属作用

假设 Sangria 公司必须通过发行债券和股票来为其永续榨汁机项目融资。公司发行了 750 万美元的股票，发行成本为 7%（525 000 美元）；发行了 500 万美元的债券，发行成本为 2%（100 000 美元）。假设债券发行后就保持固定不变，因此利息抵税额的价值为 175 万美元。现在我们可以计算 APV 了，但要注意扣除发行成本：

$$APV = -106.7 + 175 - 52.5 - 10.0 = 5.8 万美元，即 58 000（美元）$$

可以看出，发行成本使 APV 几乎降为零。

有时融资也会存在与税收无关的有利作用。比如，假设榨汁机的潜在供应商为了促成交易，愿意在优惠条件下向 Sangria 公司提供榨汁机租赁，这样你计算的 APV 就应该是基准 NPV 与租赁 NPV 的合计。再比如，假设某地方政府同意，只要榨汁机项目在当地兴建并经营，那么当地政府就愿意为 Sangria 公司提供利率较低的贷款，因此，这项优惠贷款的 NPV 也要加入到 APV 当中。（我们将在本章的附录部分探讨这种优惠贷款。）

16.4.3 公司的 APV

APV 也可以用于对公司进行价值评估，不妨再来看一下 Rio 公司的估价。在表 16—1 中，我们假设债务比率保持在 40% 的水平上，并用 Sangria 公司的 WACC 对自由现金流进行了折现。表 16—2 进行了同样的分析，但将债务水平确定在了固定不变的数值上。

表 16—2	最近年度	\multicolumn{7}{c}{Rio 公司 APV 估价　　　　　单位：百万美元}
		\multicolumn{7}{c}{预测年度}
	第 0 年	第 1 年	第 2 年	第 3 年	第 4 年	第 5 年	第 6 年	第 7 年
自由现金流	2.5	3.5	3.2	3.4	5.9	6.1	6.0	6.8
自由现金流 PV（第 1 年—第 6 年）	19.7							
时点价值 PV	64.6	\multicolumn{7}{l}{（第 6 年的时点价值）113.4}
公司基准 PV	84.3							
负债	51.0	50.0	49.0	48.0	47.0	46.0	45.0	
利息		3.06	3.00	2.94	2.88	2.82	2.76	
利息抵税额		1.07	1.05	1.03	1.01	0.99	0.97	
利息抵税额 PV	5.0							

	最近年度	预测年度						
	第 0 年	第 1 年	第 2 年	第 3 年	第 4 年	第 5 年	第 6 年	第 7 年
APV	**89.3**							
税率（%）	35.0							
资本机会成本（%）	9.84							
WACC（%，对第 6 年的时点价值折现）	9.0							
长期增长率预测（%）	3.0							
利率（%，第 1 年至第 6 年）	6.0							
税后债务偿付额		2.99	2.95	2.91	2.87	2.83	2.79	

我们假设 Sangria 公司决定收购 Rio 公司。如果成功的话，Sangria 公司计划以 5 100 万美元的债务对此次收购进行融资，并且计划逐年偿还债务，到第 6 年将负债降低至 4 500 万美元。回想一下 Rio 公司 1.134 亿美元的时点价值，这一价值是在表 16—1 中计算出来的，在表 16—2 中也有所体现。因此在评估时点上，债务比率预计为 4 500/113 400 = 0.397，约为 40%。因此在该评估时点上，Sangria 公司计划将 Rio 公司的债务比率也调整为 40% 的正常水平[①]。但 Rio 公司在评估时点之前的债务比率是比较高的，例如，表 16—1 中 5 100 万美元的初始债务占公司价值的 58%。

下面我们来看一下这种激进的借款方式如何影响 Rio 公司的 APV。表 16—2 引用了表 16—1 的预计自由现金流的数值[②]。现在我们需要 Rio 公司的基准价值，因此，我们可以用资本机会成本（9.84%），而不是 WACC 对这些现金流进行折现，得到的 Rio 公司的基准价值为 8 430 万美元。表 16—2 还预测了债务水平、利息和利息抵税额。如果债务水平固定不变，那么利息抵税额就可以用 6% 的借款利率进行折现，得到的利息抵税额的 PV 是 500 万美元。因此：

$$APV = 基准 NPV + PV（利息抵税额）$$
$$= 8\ 430 + 500 = 8\ 930（万美元）$$

与表 16—1 相比，NPV 增加了 140 万美元。增加的原因可以归结为早期较高的债务水平以及债务水平和利息抵税不变并且相对安全的假设[③]。

---

① 因此我们仍然可以通过按 WACC 对其后年份自由现金流折现的方法计算第 6 年的时点价值。但将第 6 年的时点价值折回零点时要使用资本的机会成本。

② 表 16—1 中的很多假设和计算在表 16—2 中都隐藏起来了。这些隐藏起来的各行可以在表 16—2 的"活动"版本中找到，参见本书网站（www.mhhe.com/bmale）。

③ 但 Rio 公司真的达到了表 16—2 中显示的债务水平了吗？如果没有，那么就必须有一部分债务要由 Sangria 公司的其他资产作为担保，500 万美元的 PV（利息抵税额）中只有部分来自于 Rio 公司本身。

考虑到预测 Rio 公司自由现金流潜在的风险和缺陷，140 万美元的差异并不是很大。但你可以发现 APV 具有非常灵活的优势。APV 的计算表格允许你考察不同融资策略下的结果，而不必局限于固定的债务比率，或对每种情况都计算新的 WACC。

当项目或公司的债务水平与其账面价值挂钩，或债务必须按固定的计划偿还时，APV 尤其有用。例如，Kaplan 和 Ruback 利用 APV 分析了对一批杠杆收购（LBOs）样本支付的价格。LBO 一般是成熟公司的收购，几乎完全是通过负债来融资收购资金，但是这种新的债务并不是永久性的。LBO 的经营计划要求通过变卖资产、降低成本、提高边际利润来获得额外的现金，再用这些额外的现金去偿还 LBO 的债务。由于 LBO 的债务比率并不是不变的，所以不能用 WACC 作为对 LBO 进行价值评估时的折现率。

但 APV 方法可以用于 LBO。公司被看成是完全权益融资而首先被评估。这意味着要预测税后的现金流，但不考虑 LBO 债务所带来的任何利息抵税。然后将利息抵税额单独估价，并将其加到完全权益融资的价值上去，再加上其他的融资附属作用，得到的结果就是用 APV 方法对公司进行的估价[①]。Kaplan 和 Ruback 发现，尽管投标者得到的信息并没有全部转化为公开信息，但 APV 方法还是对这种在竞争激烈的公司收购中的价格行为进行了很好的解释。Kaplan 和 Ruback 使用的数据局限于公开发布的数据。

16.4.4　国际项目的 APV

融资的附属作用越多，越重要，APV 方法就越有用。尤其对大型的国际项目更是如此，这些大型的国际项目可能有量身制作的项目融资，可能会与供应商、客户和政府等签订特殊的合同。以下就给出几个在大型国际融资中可能遇到的融资附属作用的例子。

大型的独立的投资项目通常都由单独的项目融资为其筹集资金。项目融资一般意味着项目要以很高的债务比率开始，并且大部分甚至全部的项目早期的现金流都要用于偿还债务。而股票投资者就只能等待。由于债务比率不是固定不变的，因此必须使用 APV 方法。

项目融资可以包括享受优惠利率的贷款。大多数国家会对出口提供政府资助，工业设备的生产商也可能会提供贷款以促销产品。比如说，假定你的项目需要就地建造一座电厂，因而你向世界各地的供应商招标。如果竞标的供应商提供利率相当低的贷款来增加自己标书的吸引力，或者他们愿意以优惠的条款提供电厂租赁的话，你也不用过于惊奇。但你应该计算这些贷款或租赁的 NPV，并将其纳入你的项目分析考虑范围之内。

有时国际项目受到供应商或客户合同的支持。假设某生产商想获得某一关键原材料，比如说镍锰合金粉的可靠供应，那么他可能会收购一家镍锰合金冶炼厂，同意购买该厂 75% 的产品，并保证提供一个最低的购买价格。这种保证对项目的 APV 显然是很有价值的：如果世界市场上的镍锰合金粉下降到低于约定的最低价格，项目也不会再受损失。因此，你要计算这份担保的价值（用第 17 章和第 18 章中要介绍的方法），然后

[①] Kaplan 和 Ruback 实际上使用了"压缩的"（compressed）APV 方法，这种方法对包括利息抵税额在内的所有现金流都按照资本机会成本进行折现。S. N. Kaplan and R. S. Ruback, "The Valuation of Cash Flow Forecasts: An Empirical Analysis," *Journal of Finance* 50 (September 1995), pp. 1059 - 1093.

将它加到 APV 上。

有时地方政府会对投资或撤资施加额外的成本或限制。例如，20 世纪 90 年代智利政府为抵制短期资本的涌入，要求投资者将其部分现金收入存入不带利息的账户中"冻结"两年。那么这一期间的智利投资者就需要计算这一要求的成本，并将其从 APV 中减掉。

16.5　对一些问题的回答

问题：在这些资本成本公式中，哪些是财务经理们实际使用的？

回答：大多数时候是税后加权平均资本成本。WACC 是用于公司估计的，有时也用于行业。如果可以得到具有相同的资产、经营方式、经营风险以及增长机会的公司的数据，那么我们建议使用行业 WACC。

当然，对于在两个或两个以上互不相关行业进行经营的大型集团公司来说，不能使用单一的公司或行业 WACC。这样的公司应该对每个经营部门不同的行业 WACC 进行估计。

问题：仅对"平均意义上的"项目来说 WACC 才是正确的折现率。假如项目的融资与公司和行业的资本结构不同呢？

回答：要记住，投资项目一般是不会进行独立融资的。即使可以，你应该关注的也是该项目对公司整体负债能力的影响，而不只是项目本身的负债。（假设可以很容易地通过银行贷款为某个特定的项目筹集全部的资金。但这并不意味着项目本身能够承受100% 的债务，而是公司利用现有资产和该项目共同借款的结果。）

但是如果项目本身的负债能力与公司现有的资产有很大的不同，或者公司的总体债务政策发生了变化，那么 WACC 也要进行调整。这种调整可以按照第 16.3 节中介绍的三个步骤来进行。

问题：能再举几个数字化的例子吗？

回答：当然可以。假设在 30% 的债务比率上已经估计出了 WACC，如下所示：

$$WACC = r_D(1 - T_C)\frac{D}{V} + r_E\frac{E}{V}$$

$$= 0.09 \times (1 - 0.35) \times 0.3 + 0.15 \times 0.7 = 0.1226，即 12.26\%$$

那么对 50% 的债务比率来说，正确的折现率应该是多少呢？

步骤1　计算资本机会成本。

$$r = r_D D/V + r_E E/V$$

$$= 0.09 \times 0.3 + 0.15 \times 0.7 = 0.132（即 13.2\%）$$

步骤2　计算新的债务成本和权益成本。与 30% 债务比率相比，50% 债务比率下债务成本应该更高，比如 $r_D = 0.095$。新的权益成本为：

$$r_E = r + (r - r_D) D/E$$

$$= 0.132 + (0.132 - 0.095) \times 50/50$$

$$= 0.169（即 16.9\%）$$

步骤3　重新计算 WACC。

$$WACC = r_D \ (1 - T_C) \ D/V + r_E E/V$$
$$= 0.095 \times \ (1 - 0.35) \ \times 0.5 + 0.169 \times 0.5 = 0.1154 \ （即约为 11.5\%）$$

问题：应该如何利用资本资产定价模型来计算税后加权平均资本成本？

回答：首先将权益贝塔代入资本资产定价模型，计算权益的期望收益率 r_E；然后将这一数值，连同税后债务成本和债务价值比以及权益价值比，代入 WACC 公式即可。

当然，CAPM 并不是估计权益成本的唯一方法。比如说你还可以利用股利折现模型（见第 5.3 节）。

问题：如果债务比率发生了变化，那么如何利用 CAPM 重新计算权益贝塔呢？

回答：计算权益贝塔的公式是：

$$\beta_E = \beta_A + \ (\beta_A - \beta_D) \ D/E$$

其中，β_E 是权益贝塔，β_A 是资产贝塔，β_D 是公司债务的贝塔。资产贝塔是债务贝塔和权益贝塔的加权平均数：

$$\beta_A = \beta_D \ (D/V) \ + \beta_E \ (E/V)$$

如果你还想知道资本机会成本 r，那么只要计算出 β_A 后，利用资本资产定价模型就可以计算出 r。

问题：我想我已经理解了如何通过调整来适应不同的债务能力或债务政策。那么如何处理不同的经营风险呢？

回答：如果经营风险不同，那么资本机会成本 r 也就不同。

为极其安全或风险极大的项目找到正确的 r 是很不容易的。有时财务经理可以利用与项目类似的公司的风险和期望收益。比如，假设某传统制药公司打算着手进行一项生物技术研究，财务经理就可以搜集一些生物技术公司的样本，估计它们平均的贝塔和资本成本，然后将这些估计值作为生物技术投资项目的参考标准。

但在很多情况下，对极其安全或风险极大的项目，要想找到相当匹配的公司样本也是非常困难的。此时财务经理就必须根据自身的判断来调整资本的机会成本。第 10.3 节的内容可能会对这样的情况有所帮助。

问题：什么时候我需要调整现值法（APV）？

回答：WACC 公式仅考虑了一种融资的附属作用，即项目支持的债务资本提供的利息抵税额。如果还有其他的融资附属作用，比如说与项目有关的融资优惠等，那就要使用 APV 方法。

APV = 基准 NPV + PV（利息抵税额）

比如说，假设你正在分析一家刚刚完成杠杆收购的公司。公司的初始债务水平非常高，但它计划尽可能快地偿还借款。那么此时利用 APV 就能够得到比较精确的评估价值。

问题：什么时候应该把个人税也纳入分析范围之内？

回答：在用权益成本和债务成本加权计算 WACC 时，一般总要利用公司税的边际税率 T_C。折现率仅按公司税税率进行调整。

原则上来说，APV 也可以按个人税进行调整，用结合了公司税和个人税的有效税率来代替公司税的边际税率 T_C，反映公司支付的每一美元利息的净税收优势。在第15.2 节中我们给出了这种优势的粗略计算。有效税率几乎总是低于 T_C，但明确这两种数值间的差异比较困难。因此在实际中，通常都是用 T_C 来进行近似计算。

问题：税收真的那么重要吗？财务经理们真的会微调债务比率以使 WACC 达到最小吗？

回答：正如我们在第 15 章中看到的，融资决策反映了很多税收以外的限制条件，如财务危机成本、信息差异以及经理人激励等。或许并不存在一个明确定义的最优资本结构，因此，大部分的财务经理并不对公司的债务比率进行微调，他们并不对资本结构进行重组以保持债务比率严格意义上的不变。实际上，他们都假设，在适度负债的合理范围内，不同债务比率下的 WACC 曲线是"平坦"的。

本章小结

本章中，我们考察了在对项目和持续经营的公司进行估价时如何考虑融资的影响。将融资纳入考虑范围之内的方法有两种。第一种是按调整后的折现率，通常是用税后加权平均资本成本（WACC）折现的方法计算 NPV；第二种方法是按资本机会成本进行折现，然后加上或减去融资附属作用的现值。第二种方法叫做调整现值法，即 APV。

$$WACC = r_D(1 - T_C) \frac{D}{V} + r_E \frac{E}{V}$$

其中，r_D 和 r_E 分别是公司债券投资者和公司股票投资者要求的期望收益率，D 和 E 分别是债务和权益当前的市场价值，V 是公司市场价值总额（V = D + E）。当然，如果公司还有其他融资来源，比如说优先股，那么就要把 WACC 公式进行扩展。

严格来讲，按 WACC 进行折现仅在以下情况下才适用，即项目完全是当前公司的副本，也就是为具有相同经营风险的项目进行融资以维持公司当前市场价值的债务比率。但公司可以把 WACC 当成是一个基准，对其调整后可以用于风险不同或融资方式不同的项目。针对不同债务比率下的 WACC 调整，我们给出了三个步骤。

按 WACC 进行折现是假设要对债务进行重组，以使其保持不变的债务市场价值比。项目所支持的债务额被假设为随着项目事后的成功而增加，以及失败而下降。WACC 公式还假设对融资方式有影响的唯一原因是因为利息抵税。如果这个假设或其他假设条件不满足，就只有 APV 才能给出绝对正确的答案。

APV 是非常简单的，至少在概念上来说是这样。首先在融资方式没有影响的假设条件下计算项目或公司的基准 NPV。（折现率不是 WACC，而是基本的机会成本。）然后计算融资的所有附属作用的现值，将其加到基准价值上，或从基准价值中减掉。则：

APV = 基准 NPV + PV（融资附属作用）

结论就是，如果以上的 APV 是正值，这个资本投资项目就是值得的。一般的融资副作用包括利息抵税、发行成本及供应商或政府提供的融资优惠条件等。

对公司或持续经营的企业来说，其价值取决于自由现金流。自由现金流是扣除新投资和营运资本增加所需要的现金之后，能够支付给所有的投资者的现金额，包括债券持有人和股票持有人。但自由现金流不包括利息抵税额的价值。WACC 公式利用税后债务成本考虑利息抵税，而 APV 则是在基准价值上加上 PV（利息抵税额）。

对公司估价一般有两个步骤。首先是预测到一个评估时点为止的自由现金流，并将其折现。然后计算时点价值，也要折现。估计时点价值一般可以利用永续增长 DCF 公式，或用预计的 EBIT，或多个类似公司的 EBITDA。特别注意的是，要避免对评估时点价值不切实际地高估。公司发展到评估时点时，竞争对手们经过多年的努力也已经迎头赶上。另外，在完成公司价值评估之后，不要忘了减掉其债务价值，以得到公司的权益价值。

本章中的所有例子都反映了有关项目或公司所支持的债务额的假设。注意不要把"支持"与投资资金的直接来源相混淆。例如，为了方便起见，一家公司可能为其 100 万美元的研究项目借款 100 万美元。但该研究不可能提供 100 万美元的负债能力，这 100 万美元的新负债中有一大部分是由公司其他资产提供支持的。

还要记住，负债能力并不是指公司能够借到款项的绝对界限，而是指公司对一个项目或持续经营选择的借款额。

推荐读物

调整现值法则的提出，见：

S. C. Myers, "Interactions of Corporate Financing and Investment Decisions——Implications for Capital Budgeting," Journal of Finance 29 (March 1974), pp. 1 - 25.

The Harvard Business Review 发表了一篇文章，对 APV 方法进行了通俗的说明：

T. A. Luehrman, "Using APV: A Better Tool for Valuing Operations," Harvard Business Review 75 (May - June 1997), pp. 145 - 154.

讨论加权平均资本成本和本章其他问题的论文很多，以下是其中的三篇：

J. Miles and R. Ezzell, "The Weighted Average Cost of Capital, Perfect Capital Markets, and Project Life: A Clarification," Journal of Financial and Quantitative Analysis 15 (September 1980), pp. 719 - 730.

R. A. Taggart, Jr., "Consistent Valuation and Cost of Capital Expressions with Corporate and Personal Taxes," Financial Management 20 (Autumn 1991), pp. 8 - 20.

R. S. Ruback, "Capital Cash Flows: A Simple Approach to Valuing Risky Cash Flows," Financial Management 31 (Summer 2002), pp. 85 - 103.

以下两本书详细解释了如何对公司进行价值评估：

T. Koller, M. Goedhart, and D. Wessels, Valuation: Measuring and Managing the Value of Companies, 4th ed. (New York: Wiley, 2005).

S. P. Pratt and A. V. Niculita, Valuing a Business: The Analysis and Appraisal of Closely Held Companies, 5th ed. (New York: McGraw - Hill, 2007).

安全的名义现金流估价原则是在以下文章中提出的：

R. S. Ruback, "Calculating the Market Value of Risk - Free Cash Flows," *Journal of Financial Economics* 15 (March 1986), pp. 323 - 339.

概念复习题

完整的本章概念复习题,请登录网站 www. mhhe. com/bmale。

1. 写出税后 WACC 的计算公式。为什么 WACC 一般会低于资本的机会成本呢?

2. WACC 依据的假设是什么?

3. (1) 在第 16.1 节的 Sangria 公司例子中,如果公司账面价值为 3 亿美元的债务和 7 亿美元的权益,那么其 WACC 会发生什么变化?

(2) 如果公司市场价值为 3 亿美元的债务和 7 亿美元的权益,那么其 WACC 会发生什么变化?

练习题

1. 利用以下信息,计算美国 Federated Junkyards 公司的加权平均资本成本 (WACC)。

(1) 负债:流通债券账面价值为 75 000 000 美元。债券交易价格为账面价值的 90%,到期收益率为 9%。

(2) 权益:2 500 000 股,交易价格为每股 42 美元。假设 Federated 公司股票的期望收益率为 18%。

(3) 税金:Federated 公司税的边际税率 $T_C = 0.35$。

2. 假设 Federated Junkyards 公司决定采取更为保守的债务政策。一年之后其债务比率降为 15% (D/V = 0.15),利息率下降为 8.6%。在这些新的假设条件下,利用第 16.3 节中介绍的三个步骤重新计算 Federated 公司的 WACC。公司经营风险、资本机会成本和税率都保持不变。

3. 以下说法是否正确? 利用 WACC 公式意味着假设:

(1) 在项目经济有效期内,项目支持的债务额是固定的。

(2) 在项目经济有效期内,项目所支持的债务占项目价值的比重是固定的。

(3) 公司每个期间都会对债务进行重组,使债务价值比保持不变。

4. 权益现金流估价方法的含义是什么? 这种方法中使用的折现率是什么? 为了给出正确的估价值,使用这种方法需要哪些必要的假设条件?

5. 以下说法是否正确? APV 方法

(1) 从项目的基准价值开始。

(2) 通过预测完全权益融资假设下的项目现金流,并按 WACC 折现的方法计算项目的基准价值。

(3) 当债务按预定的计划偿还时尤其有效。

6. 一个项目,其成本为 100 万美元,基准 NPV 正好为 0 (NPV = 0)。在以下情况下,该项目的 APV 是多少?

(1) 如果公司进行投资,它必须通过发行股票筹集 500 000 美元。发行成本是净收入的 15%。

（2）如果公司进行投资，其债务能力增加 500 000 美元。这笔债务的利息抵税额的现值为 76 000 美元。

7. Whispering Pines 公司完全采用权益融资。公司股票的期望收益率为 12%。

（1）对具有平均水平风险的 Whispering Pines 公司投资项目来说，其资本机会成本是多少？

（2）假定公司发行债券，回购股票，使债务价值比变为 30%（D/V = 0.30）。在新的资本结构下，公司的加权平均资本成本是多少？借款利率为 7.5%，税率为 35%。

8. 考虑一个仅持续一年的项目。初始投资为 1 000 美元，期望现金流入量为 1 200 美元，资本机会成本 r 为 20%，借款利率 r_D = 10%，每一美元利息的抵税税率 T_C = 35%。

（1）项目的基准 NPV 是多少？

（2）如果公司借入项目所需投资的 30%，则 APV 是多少？

9. WACC 计算公式看起来似乎意味着债务比权益"便宜"，也就是，负债更多的公司可以使用更低的折现率。这种说法合理吗？请简单解释一下。

10. 假设 KCS 公司以 5 000 万美元收购了一家私有企业 Patagonia 卡车公司。KCS 手头只有 500 万美元的现金，因此，它安排了 4 500 万美元的银行贷款。对卡车公司来说，债务价值比一般最多能达到 50%，但银行对 KCS 的信用等级非常满意。

假设你正在使用与表 16—2 相同的格式对 Patagonia 卡车进行 APV 价值评估。那么债务是多少？简单解释一下。

实务题

11. 表 16—3 列示了 Wishing Well 汽车旅馆连锁公司账面价值的资产负债表。公司的长期负债是以其房地产做抵押的，但它还采用了短期银行融资。该公司银行融资的利率为 10%，担保债务的利率是 9%。Wishing Well 流通普通股 1 000 万股，交易价格为每股 90 美元。Wishing Well 公司普通股的期望收益率为 18%。

计算 Wishing Well 公司的 WACC。假设 Wishing Well 公司的债务账面价值和市场价值是相同的，边际税率为 35%。

表 16—3		Wishing Well 公司资产负债表	单位：百万美元
现金和可交易证券	100	银行贷款	280
存货	50	应付账款	120
应收账款	200	流动负债	400
流动资产	350		
房地产	2 100	长期负债	1 800
其他资产	150	权益	400
总额	2 600	总额	2 600

12. 假设 Wishing Well 公司正准备在威斯康星州的 Madison 选择一个浪漫的地方投

资一家新的汽车旅馆和度假村。说明你将如何预测该项目的税后现金流？（提示：你应该怎样处理税金？利息费用以及经营资本的变动呢？）

13. 为了给 Madison 的乡村项目融资，Wishing Well 不得不安排另外 8 000 万美元的长期负债，并发行 2 000 万美元的股票。筹集这些资金的成本总额为 400 万美元。那么在对拟投资的项目进行估价时，你应该如何将这些因素纳入考虑范围之内？

14. 表 16—4 列示了 Rensselaer Felt 公司简略的资产负债表。计算该公司的加权平均资本成本。已知该公司刚刚完成了新一轮的融资，其负债利率为 6%（短期）和 8%（长期）。公司股票的期望收益率为 15%，流通普通股股数为 746 万股，每股交易价格为 46 美元。税率为 35%。

表 16—4		Rensselaer Felt 公司简略资产负债表	单位：千美元
现金和可交易证券	1 500	短期负债	75 600
应收账款	120 000	应付账款	62 000
存货	125 000	流动负债	137 600
流动资产	246 500	长期负债	208 600
固定资产	302 000	递延税款	45 000
其他资产	89 000	股东权益	246 300
总额	637 500	总额	637 500

15. 如果公司新发行 5 000 万美元的股票，并用这笔收入偿还长期负债，那么 Rensselaer Felt 公司的 WACC 和权益成本都将会有什么变化？假设公司的借款利率不变。使用第 16.3 节中介绍的三个步骤。

16. Digital Organics（DO）现在（t = 0）面临着一个投资 100 万美元的投资机会，其期望的税后收益为 t = 1 时 600 000 美元，t = 2 时 700 000 美元。该项目仅持续两年。完全权益融资情况下适用的资本成本为 12%，借款利率为 8%，DO 打算为该项目借款 300 000 美元，而这些借款必须在两年之内分期等额偿还完毕。假设每一美元利息的抵税净价值为 0.30 美元，利用表 16—2 的程序计算项目的 APV。

17. 考虑一个与第 16.1 节中榨汁机项目类似的永续项目。其初始投资为 1 000 000 美元，每年的期望现金流入量为 95 000 美元，且将一直持续下去。完全权益融资条件下的资本机会成本为 10%，公司为此项目融资的借款利率为 7%。税率为 35%。

用 APV 方法计算该项目的价值。

（1）首先假设项目融资的债务部分为 400 000 美元，该债务额是固定且永续的；

（2）然后假设初始借款额随着项目未来市场价值的变化成比例增加或减少。

解释你在（1）和（2）中得到结果的差额。

18. 假设实务题第 17 题中描述的项目是由一家大学实施的。项目资金可以从学校的捐款基金中划拨，学校的捐款基金已经投资于完全分散的股票和债券的投资组合中。但大学也可以以 7% 的利率借款。大学是免税的。

学校的财务处长建议，为该项目发行 400 000 美元的永续债券，利率 7%；同时卖掉学校捐款基金购买的价值 600 000 美元的普通股，该普通股的期望收益率为 10%。因此他建议按加权平均资本成本折现对项目进行估价，加权平均资本成本计算如下：

$$r = r_D \frac{D}{V} + r_E \frac{E}{V}$$

$$= 0.07 \times \frac{400\ 000}{1\ 000\ 000} + 0.10 \times \frac{600\ 000}{1\ 000\ 000}$$

$$= 0.088 (即 8.8\%)$$

财务处长使用的方法是否正确？学校是否应该进行投资？它应该借款吗？如果财务处长完全通过出售捐款基金的股票来为项目融资，项目的价值会有什么变化？

19. 考虑一个生产太阳能热水器的项目。项目要求 1 000 万美元的投资，在今后 10 年内每年提供 175 万美元的税后固定现金流。资本机会成本为 12%，它反映了项目的经营风险。

（1）假设项目的融资构成为 500 万美元的债务和 500 万美元的股票。利率为 8%，边际税率为 35%，债务将在项目有效期的 10 年内分期等额偿还完毕。计算 APV。

（2）如果公司在筹集 500 万美元的权益资本时发生 400 000 美元的发行成本，那么 APV 将会发生什么变化？

20. 再看一下表 16—1 和表 16—2 中 Rio 公司的估价。现在利用本书网站（www.mhhe.com/bmale）上的活动表格，说明下列因素对估价的影响：

（1）预计长期增长率；

（2）固定资产及营运资本所需的投资额；

（3）资本机会成本。要注意你也可以改变表 16—1 中的资本机会成本；

（4）盈利能力，也就是产品销售成本占销售收入的比重；

（5）假设的债务融资额。

21. Bunsen 化学公司目前的目标债务比率为 40%。它正在考虑将现有业务扩展到 100 万美元，扩展后预计每年将产生 130 000 美元的现金流入量，并将永远持续下去。

公司不太确定是否应该进行扩展，也不清楚应该如何融资。有两种选择，一个是发行 100 万美元的普通股，另一个是发行 100 万美元的 20 年期债券。股票的发行成本约为所筹资金的 5%，债券的发行成本约为 1.5%。

Bunsen 公司的财务经理 Polly Ethylene 小姐估计公司权益的期望收益率为 14%，但她认为发行成本将使新权益的期望收益率增加到 19%。以此为基础进行分析，这个项目似乎并不可行。

但另一方面她又指出，公司能以 7% 的利率发行新债券，这将使新债券的成本变成 8.5%。因此她建议 Bunsen 公司应该接受这个项目，并通过发行长期债券的方式为其融资。

Ethylene 小姐的分析对吗？你对该项目会怎样进行估价？

22. Nevada Hydro 公司有 40% 的债务融资，其加权平均资本成本为 9.7%：

$$WACC = (1 - T_C) r_D \frac{D}{V} + r_E \frac{E}{V}$$

$$= (1 - 0.35) \times 0.085 \times 0.40 + 0.125 \times 0.60 = 0.097$$

Goldensacks 公司建议 Nevada Hydro 公司按 9% 的股利率发行 7 500 万美元的优先股，利用优先股的发行收入回购普通股。发行的优先股将达到发行前公司价值的 10%。Goldensacks 认为这样做可以使 Nevada Hydro 公司的 WACC 降为 9.4%：

$$\text{WACC} = (1-0.35) \times 0.085 \times 0.40 + 0.09 \times 1.10 + 0.125 \times 0.50$$
$$= 0.094 \text{（即 9.4\%）}$$

你同意这样的计算吗？请解释。

23. 表 16—5 是 2006 年年末 Apache 公司的简略资产负债表。

表 16—5	2006 年年末 Apache 公司简略资产负债表		单位：百万美元
流动资产	2 490.3	流动负债	3 811.6
固定资产净值	21 346.3	长期负债	2 019.8
投资和其他资产	471.7	递延税款	3 619.0
		其他负债	1 666.9
		股东权益	13 191.0
总额	24 308.3	总额	24 308.3

以下还有一些其他信息：

流通股数（N）	3.307 亿
每股价格（P）	66.51 美元
贝塔	0.98
国库券利率	4.7%
20 年期国债利率	4.8%
债务成本（r_D）	6.3%
边际税率	35%

（1）计算 Apache 的 WACC。利用资本资产定价模型和以上给出的其他信息。必要的时候可以作进一步的假设或近似分析。

（2）Apache 公司的资本机会成本是多少？

（3）登录标准普尔市场观察网（www.mhhe.com/edumarketinsight），更新你对问题（1）和（2）的答案。

24. Chiara 公司的管理层已经做了预测，见表 16—6。利用 Excel 表格对公司整体进行估价。Chiara 公司的 WACC 为 12%，第 5 年之后长期增长率为 4%。公司现有 500 万美元的债券以及 865 000 股流通普通股。公司每股的价值是多少？

表 16—6		Chiara 公司的预计现金流量					单位：千美元	
预测数据		历史数据						
年份	-2	-1	0	1	2	3	4	5
1. 销售收入	35 348	39 357	40 123	36 351	30 155	28 345	29 982	30 450
2. 销售成本	17 834	18 564	22 879	21 678	17 540	16 459	15 631	14 987
3. 其他成本	6 968	7 645	8 025	6 797	5 078	4 678	4 987	5 134
4. EBITDA（1−2−3）	10 546	13 148	9 219	7 876	7 517	7 208	9 364	10 329
5. 折旧	5 671	5 745	5 678	5 890	5 670	5 908	6 107	5 908
6. EBIT（税前利润）（4−5）	4 875	7 403	3 541	1 896	1 847	1 300	3 257	4 421
7. 税金（35%）	1 706	2 591	1 239	695	646	455	1 140	1 547
8. 税后利润（6−7）	3 169	4 812	2 302	1 291	1 201	845	2 117	2 874
9. 营运资本变化	325	566	784	−54	−342	−245	127	235
10. 投资（固定资产总额变化）	5 235	6 467	6 547	7 345	5 398	5 470	6 420	6 598

回答下列问题时请参考本章附录。

25. 美国政府刚刚与你们公司平息了一场争端，它将支付给你们公司 1 600 万美元。这笔钱将刚好在 12 个月内付清，但你们公司必须为此纳税，边际税率为 35%。请问此项收入的价值是多少？一年期国债利率为 5.5%。

26. 你正在考虑为公司 R&D 人员租赁一座办公大楼，租期 5 年，租赁合同一旦签订就不能取消。公司为此将在今后 6 年里每年支付 100 000 美元，其中第一笔款项要求签约之日立即支付。如果公司借款利率为 9%，税率为 35%，该租赁合同的现值是多少？（注意：租金是可以抵税的。）

思考题

27. 在脚注 16 中我们提到了 Miles − Ezzell 的折现率公式，该公式假设债务不是连续重组的，而是每年重组一次。试推导这一公式，然后用它卸载 Sangria 公司 WACC 中的债务，并计算 Sangria 公司的资本机会成本。你得到的答案与我们在第 16.3 节中计算出的机会成本将会稍微有些不同。你能解释原因吗？

28. WACC 的计算公式假设要对债务进行重组，以使债务比率 D/V 保持不变。重组将未来的利息抵税额和未来的公司价值结合了起来，这给利息抵税额带来了风险。那么这是否意味着固定债务水平（不进行重组）对股东来说更好呢？

29. 假设第 7 年后竞争消除了新投资收益超过 WACC 的任何机会（PVGO = 0），试对表 16—1 进行修订。Rio 公司的价值将有什么变化？

假设你正打算购买价值 100 000 美元的机器,制造商为了促成交易,同意为你提供年利率为 5% 的 5 年期贷款 100 000 美元,以便让你支付货款。如果从银行贷款,你要支付 13% 的利率。你的边际税率为 35%（$T_C = 0.35$）。

这笔贷款的价值是多少呢?如果接受贷款,将产生如下现金流（单位:千美元）:

	期间					
	0	1	2	3	4	5
现金流	100	−5	−5	−5	−5	−105
利息抵税		+1.75	+1.75	+1.75	+1.75	+1.75
税后现金流	100	−3.25	−3.25	−3.25	−3.25	−103.25

正确的折现率是多少呢?

这里我们是在对安全的、名义的现金流进行折现,说它是安全的,是因为只要接受了贷款,公司就必须予以偿还[1];说它是名义的,是因为不论未来是否出现通货膨胀,偿还额都是固定的。那么,对这笔安全的、名义的现金流适用的正确的折现率就是公司没有优惠时的税后借款利率[2],即 $r_D(1 - T_C) = 0.13 \times (1 - 0.35) = 0.0845$,因此:

$$NPV = +100 - \frac{3.25}{1.0845} - \frac{3.25}{(1.0845)^2} - \frac{3.25}{(1.0845)^3} - \frac{3.25}{(1.0845)^4} - \frac{103.25}{(1.0845)^5}$$

$$= +20.52, 即(20\ 520\ 美元)$$

制造商有效地将机器的购买成本从 100 000 美元降到了 100 000 − 20 520 = 79 480 美元。现在你可以利用这一促销价格重新计算机器的 NPV,或将优惠融资的 NPV 当成是机器调整现值的一部分,完成对机器价值的评估工作。

16A.1　一般规则

很明显,我们需要解释,为什么对于安全的、名义现金流来说 $r_D(1 - T_C)$ 是正确的折现率。毫无疑问,该折现率取决于没有优惠条件下的借款利率 r_D,因为它是投资者的资本机会成本,是投资者为公司提供贷款要求的收益率。但为什么要将 r_D 转换为税后的呢?

我们将问题简化一下,看一笔利率 5% 的一年期优惠贷款 100 000 美元。其现金流为（单位:千美元）:

	0 期	1 期
现金流	100	−105
利息抵税		+1.75
税后现金流	100	−103.25

---

[1] 理论上来说,安全字面上的意思应该是指"无风险的",像国债的现金收入一样。而在实务中,安全是指不予支付或不能收到一笔现金流的风险非常小。

[2] 在第 12.1 节中,我们利用税前借款利率计算了融资优惠的 NPV。现在我们可以看到那是错误的了。利用税前利率意味着根据税前的现金流考虑贷款的价值,这就违背了早在第 7.1 节就已明确的估价原则:估计现金流总要建立在税后基础上。

现在我们要回答的问题是，如果拿出 103 250 美元用于还款，通过正常渠道能借入的一年期借款的最大数量 X 是多少？

"正常渠道"意味着要按 13% 的税前利率和 8.45% 的税后利率借款，因此，为偿还本金以及税后利息，你需要借款额的 108.45%。如果 10.845X = 103 250 美元，则 X = 95 205 美元。现在，如果通过优惠贷款你可以借到 100 000 美元，而通过正常渠道你只能借到 95 205 美元，两者之差（4 795 美元）就将留在银行，因此这个差额也就是这笔一年期优惠贷款的 NPV。

当你按税后借款利率对安全的名义现金流进行折现时，你实际上是在计算用现金流偿还债务的等值贷款（equivalent loan），也就是通常正常渠道能够借到的金额。要注意：

$$等值贷款 = PV（可用于偿还债务的现金流）= \frac{103\ 250}{1.0845} = 95\ 205（美元）$$

在某些情况下，从贷款方来看等值贷款比从借款方来看要容易些。比如你可能会问，为偿还下一年的优惠贷款，我们公司今年应该投资多少？答案是 95 205 美元；如果你按 13% 的利率贷出这笔金额，你将获得 8.45% 的税后收益，因此就有 95 205 × 1.0845 = 103 250 美元。通过这笔交易，你可以有效地取消，或"冲抵"未来的债务。如果你能借入 100 000 美元，但仅用其中的 95 205 美元偿还所有的债务，那么很明显，剩下的 4 795 美元你就可以随意支配了。这一金额就是这笔优惠贷款的 NPV。

因此，不管是借款还是贷款会更容易，对于安全的名义现金流来说，正确的折现率都应该是税后利息率[①]。

从某些方面看，只要你对这一问题稍作考虑，就会得出这样一个明显的结论。公司可以自由地借入和贷出资金。如果它们贷出资金，就按税后利率获得投资收入，如果它们从资本市场上借入资金，就按税后利率进行支付。因此，公司对与负债等值的现金流进行投资的机会成本就是税后利率。这就是与负债等值的现金流的调整后资本成本[②]。

16A.2 再举几个例子

以下是负债等值现金流的另外几个例子。

（1）合同约定的固定支付

假设你和一家卡车租赁公司签订了一份维护保养合同，合同约定保证你租赁的卡车

---

① 如果现金流真的是安全的，也就是违约的可能性非常小的话，借款利率和贷款利率不会相差太多。通常情况下，公司决策的关键并不是利率。如果是的话，那么就反方向考虑一下，借款或贷款哪个对于解决手头上的问题是最自然和最合理的。然后采用相应的利率水平。

② 本部分中所有的例子都是向前延伸的，它们都是要评估与未来负债等值的现金流的当前价值。但法律和合同纠纷中也会出现类似的问题，必须评估过去的现金流当前的现值。假设已经确定，A 公司应该在 10 年前就支付给 B 公司 100 万美元，显然，B 公司现在应得的已经不止 100 万美元，因为有货币时间价值的损失。货币时间价值应该用税后的借款或贷款利率来表示，或者如果没有风险，应该用税后无风险利率来表示。货币的时间价值不等于 B 公司总体的资本成本，如果允许 B 公司在这笔收入上"赚取"其总体资本成本那么大的收益，实际上就等于在其不承担风险的情况下赚取了风险溢酬。对种类问题更广泛的探讨，见 F. Fisher and C. Romaine, "Janis Joplin's Yearbook and Theory of Damages," *Journal of Accounting, Auditing & Finance* 5 (Winter/Spring 1990), pp. 145 - 157.

在未来两年内工作性能良好，而你则要在这 24 个月里每个月进行固定的支付。支付的金额就是与负债等值的现金流。

（2）折旧抵税

一般可以通过对项目预期产生的税后现金流总额折现的方法对资本项目进行估价。折旧抵税计入税后现金流，但它们没有被单独估价，而是与几十个，甚至几百个其他特定的现金流入量和现金流出量一起构成了项目的现金流量。项目的资本机会成本反映了所有流入流出量总额的平均风险。

但是现在我们要问，折旧抵税本身的价值是多少？对肯定要支付税金的公司来说，折旧抵税是一笔安全的名义现金流。因此，应该按公司的税后借款率对其进行折现。

假设我们购买了一项资产，该资产的计提折旧额为 200 000 美元，可以按 5 年税法折旧模式计提折旧。

	期间					
	第1年	第2年	第3年	第4年	第5年	第6年
折旧百分比	20	32	19.2	11.5	11.5	5.8
折旧金额（千美元）	40	64	38.4	23	23	11.6
抵税，$T_C = 0.35$（千美元）	14	22.4	13.4	8.1	8.1	4.0

税后折现率为 $r_D (1 - T_C) = 0.13 \times (1 - 0.35) = 0.0845$。（还是假设 13% 的税前借款利率和 35% 的边际税率。）这些抵税额的现值为：

$$PV = \frac{14}{1.0845} + \frac{22.4}{(1.0845)^2} + \frac{13.4}{(1.0845)^3} + \frac{8.1}{(1.0845)^4} + \frac{8.1}{(1.0845)^5} + \frac{4.0}{(1.0845)^6}$$

$$= +56.2(即\ 56\ 200\ 美元)$$

16A.3 一致性检验

你可能会问，这里对负债等值现金流的估价程序是否与本章前面介绍过的 WACC 和 APV 方法一致呢？是的，是一致的。下面我们就来解释一下。

看另一个比较简单的数字化的例子。你要对一年以后从一家蓝筹股公司收到的 100 万美元收入进行估价。扣除 35% 的税金，现金流入量为 650 000 美元，这笔收入已经通过合同约定固定了下来。

由于合同的约定，产生了与负债等值的现金流，因此，其资本机会成本就是投资者对该蓝筹股公司发行的一年期票据要求的利率，恰好也是 8%。为简便起见，我们假设这也是你们公司的借款利率水平。因此，我们的估价就是要对这笔负债等值现金流按 $r_D (1 - T_C) = 0.08 \times (1 - 0.35) = 0.052$ 进行折现：

$$PV = \frac{650\ 000}{1.052} = 617\ 900(美元)$$

这笔 650 000 美元的收入带来的负债能力是多少呢？正好是 617 900 美元。你们公司可以借入这一数额的资金，到时候就可以用 650 000 的现金流入量完全偿还贷款的本金和利息了。负债能力就是 100% 的负债等值现金流 PV。

如果用这种方法考虑，那么我们所使用的折现率 $r_D (1 - T_C)$ 刚好就是 WACC 的一种特殊情况，即 100% 债务比率（$D/V = 1$）的情况。

当 $D/V = 1$，$E/V = 0$ 时，

$$WACC = r_D (1 - T_C) D/V + r_E E/V$$
$$= r_D (1 - T_C)$$

现在再来看一下 APV 的计算，这一计算分两部分。首先，按资本机会成本 8% 对 650 000 美元的现金流入量进行折现；然后，将项目所支持债务的利息抵税额的现值加进去。由于公司能够借入 100% 的现金流价值，因此利息抵税额就是 $r_D T_C APV$，而 APV 则为：

$$APV = \frac{650\ 000}{1.08} + \frac{0.08 \times 0.35 \times APV}{1.08}$$

从以上公式中求出 APV 等于 617 900 美元，与按税后借款利率折现得到的结果相同。因此，我们对负债等值现金流的估价规则实际上就是 APV 的一种特殊情形。

第6部分

期 权

抽查小测验：下列事件有什么共性？

（1）如果公司的股价超过 120 美元，Fiatron 公司就将对其总裁给予特别奖励。

（2）Kindred Healthcare 与其次级债券持有者达成一项协议，向其提供普通股和认股权证。认股权证给予债券持有人 5 年的选择权，可以按每股 30 美元或 33.33 美元的价格购买普通股。

（3）法国电信公司 Lliad 发行了 28.8 亿欧元的可转换债券，可以在将来转换成普通股。

（4）Blitzen 计算机公司终于脱鞋下水，进入一个全新的市场。

（5）Malted Herring 公司推迟了一项具有正 NPV 的项目投资。

（6）尽管整机托运更便宜，但惠普公司还是出口了部分打印机的组装件。

（7）Dominion 在其 Possum Point 电站上安装了双重发电装置，可以使用燃油，也可以使用天然气。

答案：（1）每个事件都涉及了选择权；（2）以下章节中将要介绍理解这些选择权需要的内容。但要想跑之前必须先要学会走，因此，我们首先从购买 Genentech 公司股票的简单期权开始。第 17 章将考察从期权中获得的收入，第 18 章将解释如何对期权进行估价。

第17章

理解期权

本章和下面一章讨论的都是期权问题。但是，为什么实业界的公司财务经理们应该关注这种奇异的话题呢？原因有很多。首先，公司常常要利用商品期权、货币期权和利率期权来降低风险。比如说，想对牛肉原料成本设定上限的肉类加工公司就可能通过期权来锁定活牛的购买价格；想把未来的借款成本控制在一定范围内的公司就可以通过期权按约定的价格出售长期债券等等。

其次，很多资本投资都包含了一个嵌入式的允许公司未来扩张规模的期权。比如说，公司可能会投资某项专利来获得一项新技术的开发权利；它也可能在厂区附近购买一块土地，以便将来能有权选择是否要扩大自己的生产能力。在这些情况下，公司都是在花费今天的资金去购买将来投资的机会，换句话说，公司是在为自己购买成长机会。

以下又是一个隐性的投资期权：假设你在考虑购买沙漠里的一片土地，已经探明其中蕴藏金矿。但遗憾的是，开矿的成本比现在的黄金价格还要高，那么这是否意味着这块土地就没什么价值了呢？不是这样的。没有人强迫你现在就去开采黄金，但拥有这块土地就使你掌握了开采黄金的期权。当然，如果你预计黄金的价格一直会持续低于开矿成本，那么这份期权就是一文不值的；但如果未来黄金价格的变动具有不确定性，那么你可能就会幸运地大赚一笔！

如果允许公司扩张的期权是有价值的，那么让公司清算的期权是否也有价值呢？投资项目通常并不是要到机器设备瘫痪散架才不再继续进行，决定一个项目终止的往往不是机器的自然状态，而是公司的管理层。一旦项目无利可图，公司就会减少亏损，实施放弃期权。项目具有的放弃价值有高有低，那些使用通用型设备的项目能够提供非常有价值的放弃期权，但也有些项目可能需要公司投入大量的资金才能终止。比如，关闭一个海上石油钻井平台的成本就非常高昂。

在第 11 章中我们曾介绍过一些投资期权，以及如何运用决策树来分析 Magna 包机公司所拥有的扩展或放弃其航空业务的期权。第 18 章，我们将研究实物期权的估价问题。

财务经理们需要了解期权还有一个重要原因，那就是公司发行的证券常常附有期权，因此，向投资者或公司提供了修改发行条款的灵活性。

实际上，只要公司借了款项，那么它就获得了一份期权。它可以选择不管自己的债务，而将其资产转交给债权人。如果公司资产的价值低于债务额，那么公司就会选择违约，而债券持有者就将持有公司的资产。因此，当公司借款时，贷款方实际上已经得到了公司，而股东则拥有了通过还清债务赎回自己公司的期权。这种理解方法非常重要，因为它意味着我们对交易期权的所有认识都可以完全应用于公司的债务。

本章中我们将利用交易中的股票期权解释期权的运作过程，但我们希望通过前面简短的调查你已经知道，财务经理们对期权的兴趣不仅仅限于交易的股票期权。这就是为什么我们要在这儿花些时间，掌握一些重要的概念以便稍后应用的原因。

如果你对神奇的期权世界并不熟悉，可能第一次学习起来比较困难。因此我们将本章分为三个部分加以逐步介绍。本章首先介绍买入期权和卖出期权，并说明这些期权的收入是如何取决于标的资产价格的。其次，我们再讨论如何利用财务炼金术将期权组合成不同的有趣的投资策略。

最后，我们要确认决定期权价值的变量。这里你将会遇到一些令人吃惊的、有违常理的结果。比如，投资者一般习惯于认为风险的增加会降低现值，但在期权中，正好相反。

17.1　买入期权、卖出期权与股票

投资者可以定期地买卖股票期权[①]。例如，表 17—1 复制了芝加哥期权交易所（CBOE）生物科技公司 Genentech 股票期权的报价，从中可以看出，有两种类型的期权：买入期权和卖出期权。下面我们就将逐个进行介绍。表 17—1 表示 2006 年 9 月 Genentech 公司股票买入期权和卖出期权的价格节选，当时股票收盘价约为 82.50 美元。

17.1.1　买入期权和头寸图

买入期权（call option）给予其持有者在特定的到期日之前，或在该日期以特定的执行价格（exercise price）或敲定价格（strike price）购买股票的权利。如果期权只能在特定的日期执行，通常它被称为欧式买入期权（European Call）；其他情况下（如表 17—1 中列示的 Genentech 公司期权），期权可以在那个日期或该日期之前的任意时间执行，这种被称为美式买入期权（American call）。

---

① 在美国，两个主要的期权交易所是国际证券交易所（International Securities Exchange）和芝加哥期权交易所（Chicago Board Options Exchange，CBOE）。

表 17—1		Genentech 公司股票买入期权和卖出期权的价格	单位：美元
期权到期日	执行价格	买入期权价格	卖出期权价格
2006 年 12 月	70	14.30	0.75
	75	9.90	1.40
	80	6.50	2.75
	85	3.70	5.10
	90	1.90	8.70
2007 年 3 月	70	15.10	2.20
	75	12.20	2.65
	80	9.00	4.60
	85	6.20	7.70
	90	4.10	9.46
2008 年 1 月[①]	70	20.50	4.30
	75	18.00	5.70
	80	14.90	7.30
	85	12.00	10.40
	90	9.90	12.70

注：① 长期期权被称为"LEAPS"。

资料来源：Yahoo! Finance，finance. yahoo. com. Reproduced with permission of Yahoo! Inc. © 2007 by Yahoo! Inc. Yahoo! and the Yahoo! logo are trademarks of Yahoo! Inc.

表 17—1 的第三列给出了不同执行价格和不同到期日下 Genentech 公司买入期权的价格。看一下 2006 年 12 月到期的期权报价，第一个报价是 14.30 美元，依此价格你可以获得一份在 2006 年 12 月或在此之前、以每股 70 美元买入的一股① Genentech 公司股票期权。再移到下一行，你可以看到要多花 5 美元（75 美元比 70 美元）才能买到一股期权，其成本则降低了 4.40 美元，为 9.90 美元。一般来说，随着执行价格的上升，买入期权的价值将会下降。

现在再来看一下 2007 年 3 月和 2008 年 1 月到期的期权报价，注意期权的价格是如何随着期权到期时间的延长而增加的。例如，在执行价格为 80 美元时，2006 年 12 月的买入期权成本为 6.50 美元，2007 年 3 月的期权成本为 9.00 美元，2008 年 1 月的期权成本为 14.90 美元。

---

① 实际操作时，你不可能买到只涉及一股股票的期权，通常股票的数量总是 100 的倍数，最小的下单量是以 100 股 Genentech 公司的股票为标的的 100 份期权。

在第 12 章中我们提到过 Louis Bachelier，他在 1900 年首先提出证券价格遵循随机游走的理论。Bachelier 还设计了一种非常方便的简单方法，用来解释不同期权的投资效果。我们将使用这种简便方法比较 Benentech 公司股票买入期权和卖出期权的不同点。

图 17—1（1）的头寸图（position diagram）展示了投资于执行价格为 80 美元、2007 年 3 月到期的 Genentech 公司买入期权（表 17—1 中的粗黑体部分）的各种可能结果。投资于 Genentech 公司买入期权的结果取决于最终出现的股票价格。如果到 6 个月末股票价格低于 80 美元的执行价格，那么就没有人通过期权支付 80 美元来买入一份股票，在这种情况下，你的买入期权就没有价值，可以一扔了事。另一方面，如果股票价格最后高于 80 美元，那么执行期权购买股票就是值得的。在这种情况下，你的买入期权的价值就等于股票的市场价格减掉你购买股票的实际支出 80 美元。比如说，假设 Genentech 公司的股票价格升到了 120 美元，那么你的买入期权价值就是 120 – 80 = 40 美元，这就是你的收入，当然这还不是你全部的利润。从表 17—1 中可以看出，你还要花费 9.00 美元购买这份期权。

图 17—1　　　　　　　　　　　　股票价格的头寸图

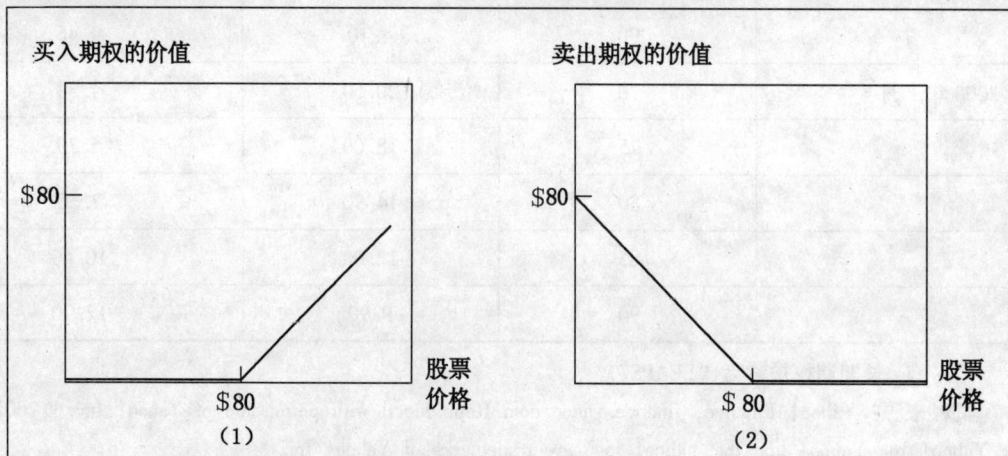

注：（1）购买执行价格为 80 美元的 Genentech 公司买入期权的结果；（2）购买执行价格为 80 美元的 Genentech 公司卖出期权的结果。

17.1.2　卖出期权

下面我们来看一下表 17—1 最右边一列的 Genentech 公司**卖出期权**（put option）。买入期权给予持有者的是按执行价格购买股票的权利，而相应的卖出期权则给予持有者卖出股票的权利。例如，表 17—1 中粗黑体部分的最右边一列表明，花费 4.60 美元你就可以获得一份卖出期权，可以在 2007 年 3 月之前的任意时间按 80 美元的价格出售 Genentech 公司的股票。卖出期权产生收益的条件正好和买入期权产生收益的条件相反。可以看一下图 17—1（2）的头寸图。如果 Genentech 公司的股票价格在到期日之前的某一瞬间超过了 80 美元，那你肯定不愿意按 80 美元卖出股票。你最好去市场上直接出售股票，这样你的卖出期权就没有任何价值。但相反，如果股票价格最后低于 80 美元，那么你就可以按较低的价格购买股票，然后享用卖出期权的好处，按 80 美元卖掉股票获取收益。在这种情况下，卖出期权在执行日的价值就等于 80 美元的销售收入与股票市场价格之间的差额。例如,如果股票价格是 60 美元,那么卖出期权的价值就是 20 美元。

执行日卖出期权的价值 = 执行价格 – 股票的市场价格

= 80 – 60 = 20(美元)

17.1.3 卖出买入期权、卖出期权和股票

现在我们看一下卖出上述投资的投资者的头寸。如果你出售或"签发(write)"一份买入期权,那么当买入期权的购买者要求执行期权时,你必须遵守承诺交出股票。换句话说,购买者的资产就是卖出者的债务。当期权到期时股票价格低于执行价格时,购买者就不会执行买入期权,卖出者的债务就变成零;但如果股票价格高于执行价格,那么购买者将执行期权,而卖出者就必须放弃股票。卖出者损失了股票价格与从购买者手中收到的执行价格的差额。要注意,只有期权的购买者有权决定是否执行期权,期权的卖出者只能按照购买者的选择行事。

假设 Genentech 公司的股票价格上涨到 100 美元,高于期权的执行价格 80 美元。在这种情况下,购买者将要执行买入期权,而期权的卖出者就必须将价值已经为 100 美元的股票按 80 美元卖掉,因此其收入为 – 20 美元[①]。当然,这 20 美元的损失就是购买者的收益。图 17—2(1)说明了卖出 Genentech 公司买入期权的人的收入随股票价格变动的情况。要注意,购买者每赚 1 美元,卖出者就会损失 1 美元。图 17—2(2)正好就是将图 17—1(1)颠倒过来的翻版。

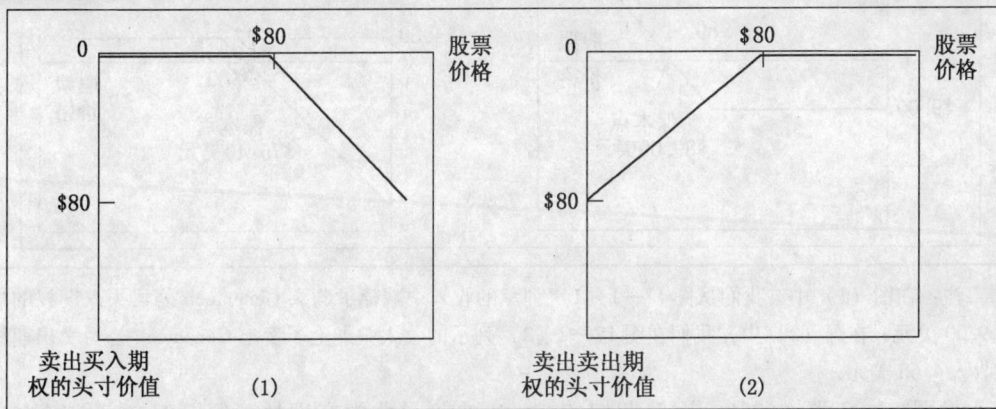

图 17—2　　　　收入取决于股票价格

卖出买入期权的头寸价值　　(1)　　　卖出卖出期权的头寸价值　　(2)

注:(1)卖出执行价格为 80 美元的 Genentech 公司买入期权的结果;(2)卖出执行价格为 80 美元的 Genentech 公司卖出期权的结果。

用同样的方法,我们可以描绘出卖出、或签发一份卖出期权的投资者的头寸状况,也就是将图 17—1(2)上下颠倒。如果卖出期权的购买者提出要求,那么卖出期权的卖出者必须同意为股票支付 80 美元。很显然,如果股票价格持续高于 80 美元的话,卖出者就是非常安全的,但如果股票价格低于这一数值,那么卖出者就会有损失。能发生

---

① 卖出者也能得到一些安慰,因为在 9 月份卖出买入期权的时候他得到了 9.00 美元。

的最坏的情况就是股票变得一文不值，此时卖出者就必须为一文不值的股票支付 80 美元，这时期权的头寸"价值"将为 -80 美元。

17.1.4　头寸图不是利润图

头寸图只能够显示期权执行时的损失，它们并不能解释购买期权的初始成本或出售期权的初始收入。

这是一个经常容易混淆的地方。比如说，图 17—1（1）的头寸图使得购买买入期权看起来似乎是件十分肯定的事，收入最差也就是零而已，而如果 Genentech 公司的股票价格到 2007 年 3 月前超过 80 美元，其"上方"收益却是非常大的。但和图 17—3（1）的利润图比较一下，该利润图从到期收入中减掉了 2006 年 9 月的买入期权的成本 9.00 美元。在价格低于 80 + 9.00 = 89.00 美元的所有价格水平下，买入期权的购买者都会发生亏损。再看另一个例子：图 17—2（2）的头寸图使得卖出一份卖出期权看起来似乎肯定会有损失，收入最好也就是零而已。但图 17—3（2）的利润图确认了卖出者收到 4.60 美元，因此表明在价格高于 80 - 4.60 = 75.40 美元的水平上，卖出者都会获得收益[①]。

| 图 17—3 | 考虑了购买期权成本或卖出期权收入的利润图 |

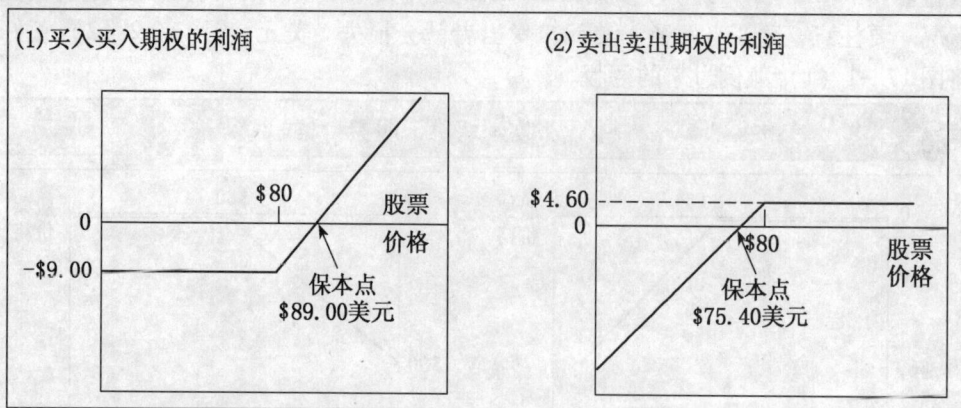

注：在图（1）中，我们从图 17—1（1）列示的收入中减掉了购买 Genentech 公司买入期权的成本 9.00 美元；在图（2）中，我们在图 17—2（2）列示的收入中加上了卖出 Genentech 公司卖出期权的收入 4.60 美元。

像图 17—3 那样的利润图对期权的初学者来说是非常有用的，但期权专家们很少会作这样的图形。既然你现在已经从期权的第一堂课成功毕业，我们以后也将不再使用这样的图形[②]。但我们要牢牢把握头寸图，因为要想理解期权，要想对期权进行正确估价，就必须将精力集中在期权执行时的收入情况上。

[①] 事实上，在你期权头寸上获取的收益并不一定要特别为之高兴，因为该利润还必须弥补资金的时间价值和你承受的风险。

[②] 像图 17—3 那样的利润图从最终的收入中减掉了期权的初始成本，因此他们忽略了财务的第一课："今天的一美元比未来的一美元更值钱"。

17.2　期权的金融魔力

现在再来看一下图 17—4（1），该图说明了如果你以 80 美元的价格购买 Genentech 公司股票的收入情况。股票价格每上涨 1 美元，你会获益 1 美元；而如果股票价格下降 1 美元，那么你将损失 1 美元，这已经是老生常谈了。因此，很容易我们就可以作出一条 45 度的直线来。

| 图 17—4 | Genentech 公司股票的三种投资策略下 6 个月月末收入情况 |

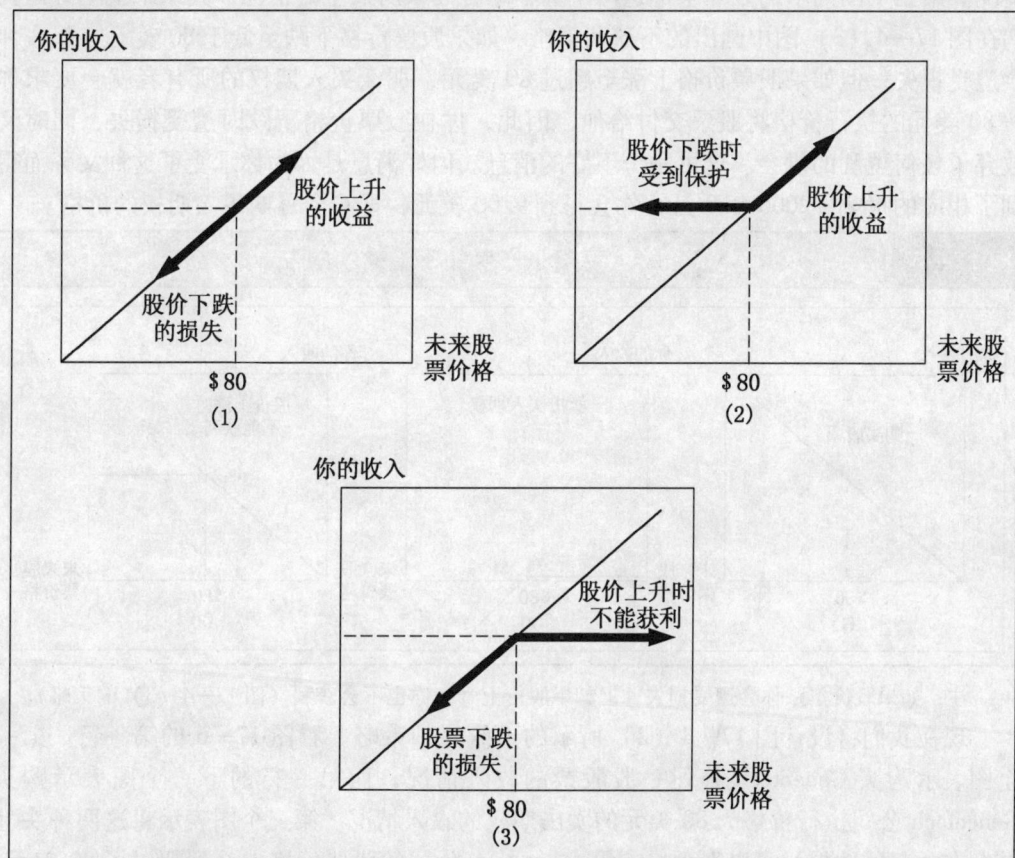

注：①以 80 美元的价格购买一股股票；②不受价格下跌影响。如果股价下跌，你的收入仍维持在 80 美元；③受虐狂的策略？如果股价下跌，你会遭受损失，但如果股价上升，你也不会获利。

再看图 17—4（2），它所展示的是在这样一种投资策略下的收入情况，即既保留 Genentech 公司股价上涨时给你带来的潜在收益，同时又能在股价下跌时对你的收益提供完全的保护。在这种情况下，你的收入始终保持在 80 美元，即使在 Genentech 公司股价跌到 70 美元、60 美元甚至 0 美元时也是如此。很明显，图 17—4（2）的收入比（1）的收入要好。如果一位金融炼金师能把图 17—4 的（1）图变成（2）图，你一定会愿意花钱享受这种服务。

当然，这种金融炼金术也有其黑暗的一面。图 17—4（3）展示的简直就是一个受虐狂的投资策略。因为如果根据这种策略进行投资，那么股价下跌时你会遭受损失，而如果股价上升，那么你却放弃了所有盈利的机会。但如果你就是喜欢损失，或者有人付你足够的资金让你接受这种策略，那么这倒是一种很适合你的投资策略。

现在，就像你可能想到的那样，所有这些金融炼金术都能成为现实。你完全可以得到图 17—4 中所有策略的转换结果，它们是通过期权来实现的，下面我们就来介绍如何进行这种操作。

首先从受虐狂的投资策略开始。图 17—5 的第一个图列示了购买 Genentech 公司一股股票的收入情况，第二个图列示的是出售一份执行价格为 80 美元的买入期权的收入情况。第三个图列示的是如果把这两个头寸结合起来所发生的情况，其结果就刚好是我们在图 17—4（3）图中画出的不盈利策略。如果股票价格下跌至低于 80 美元，那么你会遭受损失；但如果股票价格上涨至超过 80 美元，那么买入期权的所有者就会要求你按 80 美元的执行价格将股票交付给他，因此，你在股票价格下跌时遭受损失，同时又放弃了任何盈利的机会。这可是个不好的消息。但好消息是因为你承受了这种义务而得到了相应的报酬。2006 年 9 月，你会得到 9.00 美元，即 6 个月期买入期权的价格。

图 17—5　　　　　　　　　　可用于产生如下策略的期权

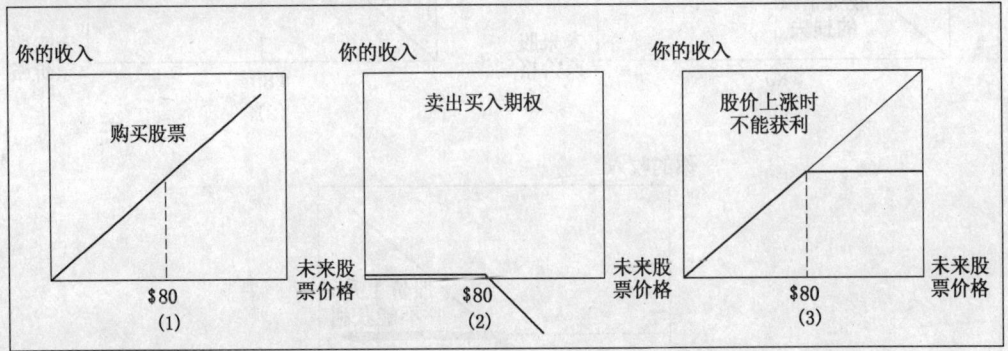

注：如果股价下跌你会遭受损失，但如果股价上升，你也不会获利（图 17—4（3）的策略）。

现在我们将设计图 17—4（2）所示的下跌保护策略。看图 17—6 的第一行。第一个图表示购买 Genentech 公司一股股票的收入情况，而第一行的下一个图表示购买 Genentech 公司执行价格为 80 美元的卖出期权的收入情况。第三个图表示将这两种头寸结合在一起的效果。可以看到，如果 Genentech 公司的股票价格上升到超过了 80 美元，那么你的卖出期权就是没有价值的，因此，你只能收到股票投资的收入。但是，如果股票价格下降到低于 80 美元，那么你可以执行卖出期权，按 80 美元的价格卖出股票。这样，将你的股票投资配上一份卖出期权，你就能保护自己免于遭受损失[1]。这就是我们在图 17—4（2）中描述的投资策略。当然，世界上没有不劳而获的事情，你保护自己不受损失也是有成本的，那就是你购买 Genentech 公司执行价格为 80 美元的卖出期权时支付的金额。2006 年 9 月这一卖出期权的价格是 4.60 美元，这是当时的金融炼金师们所能接受的价格。

我们刚刚说明了如何利用卖出期权获得股价下跌时的头寸保护。下面我们将向你说

---

[1] 这种股票和卖出期权的组合被称为保护性卖出期权（protective put）。

明，如何利用买入期权得到相同的结果，这可以用图17—6第二行的图来说明。第一个图列示的是将现值为80美元的现金存入银行的收入。不论Genentech公司的股价发生什么样的变化，你的银行存款总会给你带来80美元的收入。第二个图的第二行列示的是购买Genentech公司执行价格为80美元的买入期权的收入情况，第三个图表明将以上两个头寸结合在一起的效果。可以看到，如果Genentech公司的股价下跌，那么你的买入期权将一文不值，但你还有存在银行里的80美元。而一旦Genentech公司的股价上涨到超过80美元，那么每上涨一美元，你的买入期权的投资就会有一美元的额外收益。比如说，如果股价上升到120美元，那么你就有银行里的80美元，还有从买入期权中得到的40美元。因此，你既完全跟上了股票价格上涨的行情，而且在股票价格下跌时也得到了完全的保护。因此我们又找到了一种方法，可以提供如图17—4（2）中所示的下跌保护。

图17—6	能制定相同策略的不同方法

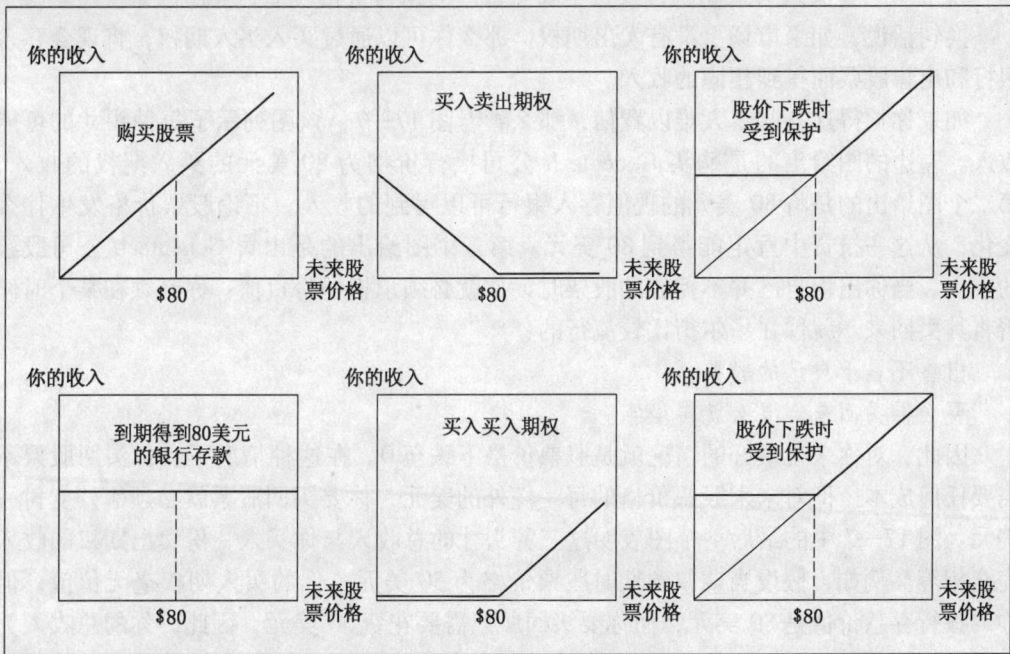

你的收入　　购买股票　　$80　　未来股票价格

你的收入　　买入卖出期权　　$80　　未来股票价格

你的收入　　股价下跌时受到保护　　$80　　未来股票价格

你的收入　　到期得到80美元的银行存款　　$80　　未来股票价格

你的收入　　买入买入期权　　$80　　未来股票价格

你的收入　　股价下跌时受到保护　　$80　　未来股票价格

注：这种策略是如果股价上涨，可以获利；但在股价下跌时可以受到保护（图17—4（2）的策略）。

图17—6的最后两列说明了买入期权和卖出期权之间的一些关系。无论未来股票价格如何变动，两种投资策略都能提供完全相同的收入。换句话说，无论你购买一股股票和一份允许你按80美元卖出股票的卖出期权，还是买入一份买入期权并拿出足够的资金用于支付80美元的执行价格，所得到的收入是完全一样的。因此，如果你对这两种组合都进行投资，并将其持有到期权到期日，那么这两种组合今天的市场售价就应该完全相同。由此我们得到了一个欧式期权的基本关系式：

买入期权价值＋执行价格现值＝卖出期权价值＋股票价格

要再次强调的是，这一关系式成立的原因是因为投资组合

［购买买入期权，投资于安全资产的执行价格现值①］

的收入与投资组合

［购买卖出期权，购买股票］

的收入相等。

股票价格、买入期权价值和卖出期权价值与执行价格现值之间这种基本关系被称为买卖权平价（put – call parity）②。

买卖权平价可以有多种形式，每种形式都隐含着能够给出同样结果的两种投资策略。例如，假设你要求卖出期权的价值，你只需将上述公式变形即可：

卖出期权价值 = 买入期权价值 + 执行价格现值 − 股票价格

从以上表达式你可以推断出：

买入卖出期权

等价于

［买入买入期权，投资于安全资产的执行价格现值，卖出股票］

换句话说，如果市场上没有卖出期权，那么你可以通过买入买入期权，将现金存入银行和出售股票而得到相同的收入。

如果你觉得这有些令人难以置信，那么看看图17—7，该图列示了每种头寸的可能收入。左边的图给出的是购买 Genentech 公司执行价格为 80 美元的买入期权的收入，第二个图给出的是将 80 美元的现值存入银行可以得到的收入。不论股票价格发生什么变化，从这一投资中肯定能得到 80 美元。第三个图给出的是出售 Genentech 公司股票的收入。当你出售自己并不拥有的股票时，你就必须承担一份负债：你必须在某个时候再将其买回来。就像在华尔街比较流行的：

出售不属于自己的股票，

要么再买回来，要么就得坐牢。

因此，对你来说最好的情况就是股票价格下跌至 0。在这种情况下，你买回股票不需要任何成本。但对未来股票价格的每一额外的美元，你要买回股票就必须额外支付一美元。图17—7 中的最后一个图表明这三种头寸的总收入与你买入一份卖出期权的收入完全相等。例如，假设当期权到期时股票价格为 50 美元。你的买入期权毫无价值，但你的银行存款价值是 80 美元，而你要买回股票需要花费 50 美元，因此，你的总收入为 0 + 80 − 50 = 30 美元，与卖出期权的收入刚好相等。

---

① 现值是按无风险利率计算的。其金额等于为了能在期权到期日得到相当于执行价格那么多的资金，今天必须存入到银行或对国库券投资的资金。

② 只有在将期权都持有至最后的到期日情况下，买卖权平价才成立。因此对美式期权来说这样的关系是不成立的，因为对美式期权，你可以在最后日期前的任意一天执行。在第 18 章我们将讨论提前执行的可能原因。另外，如果在最后到期日之前股票要派发股利的话，你必须要考虑到购买了买入期权的投资者将会错过这笔股利的机会。在这种情况下，这一关系式变为：

买入期权价值 + 执行价格现值 = 卖出期权价值 + 股票价格 − 股利现值

| 图17—7 | | | 以下两种投资策略的收入完全相同 | |

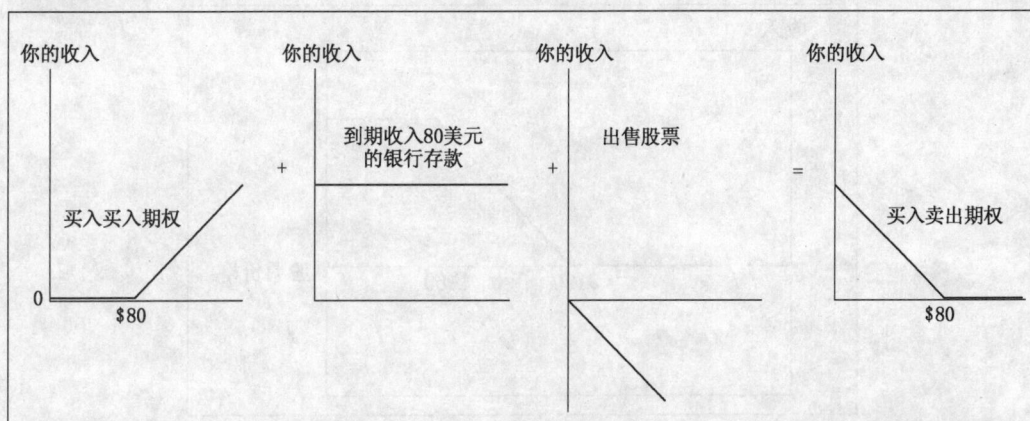

注：一种是买入买入期权，将相当于执行价格现值的资金存入银行并出售股票；另一种是买入卖出期权。

如果两种投资策略提供的收入完全相同，那么今天它们的售价就应该相同。如果背离了一价定律，就会存在潜在的套利机会。那么现在我们来检验一下，看 Genentech 公司的买入期权和卖出期权是否存在套利利润。2006 年 9 月，执行价格为 80 美元的 6 个月到期的买入期权价格为 9.00 美元，利率约为 5%，Genentech 公司股票的价格为82.50 美元。因此一个自制的卖出期权的成本为：

买入买入期权 + 执行价格现值 – 股票价格 = 自制卖出期权成本

$9.00 + 80/1.05^{0.5} - 82.50 = 4.57$（美元）

这和你直接购买一份卖出期权的成本完全相同（忽略大约 3 美分的四舍五入误差）。

识别期权

期权出现时通常都不会贴上大块的标签，因此问题最棘手的部分就是如何识别期权。当你无法确定你正处理的是买入期权、卖出期权还是二者混合而成的复杂期权时，画一幅头寸图不失为一个比较好的预防措施。下面我们看一个例子。

Flatiron and Mangle 公司已经向其总裁 Higden 女士提交了一份激励计划：到年末如果 Flatiron 公司的股票超过其当前价格 120 美元，则每超过一美元，Higden 女士就可以得到 50 000 美元的奖金。但奖金最高额度为 200 万美元。

你可以看成是 Higden 女士拥有 50 000 张票据，如果股票价格没能达到 120 美元，则所有票据都没有收入。但如果股票价格超过 120 美元，则每张票据的价值将随着股票价格每上涨 1 美元而增加 1 美元，最大可涨到 $2 000 000/50 000 = 40$ 美元。图 17—8 列示了一张票据中收入的情况，这种收入与我们在图 17—1 中画出的简单的卖出期权和买入期权的收入不同，但有可能把这些简单的期权组合起来，使其产生如图 17—8 所示的同样的效果。在继续往下进行阅读答案之前，你自己能不能找出答案呢？（如果你喜欢回答用两根火柴棍搭出一个三角形之类的问题，那么这个问题简直就是小菜一碟。）

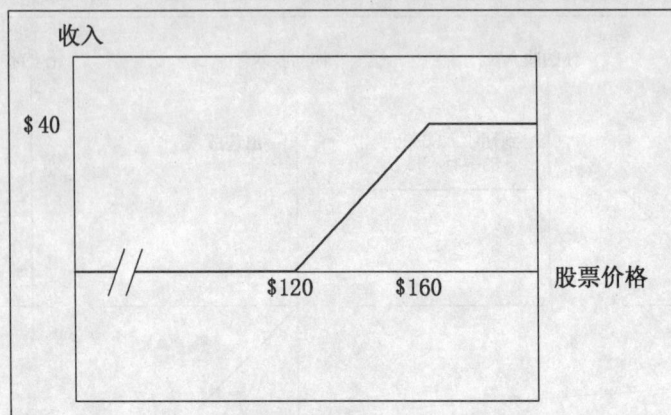

答案就如图 17—9 所示。黑色的实线代表购买一份执行价格为 120 美元的买入期权，虚线表示的是出售另一份执行价格为 160 美元的买入期权，彩色线表示购买和出售这两份买入期权组合所带来的收入，刚好与 Higden 女士的一张票据的收入相等。

图 17—9   购买和出售两份买入期权的组合与"票据"收入相等

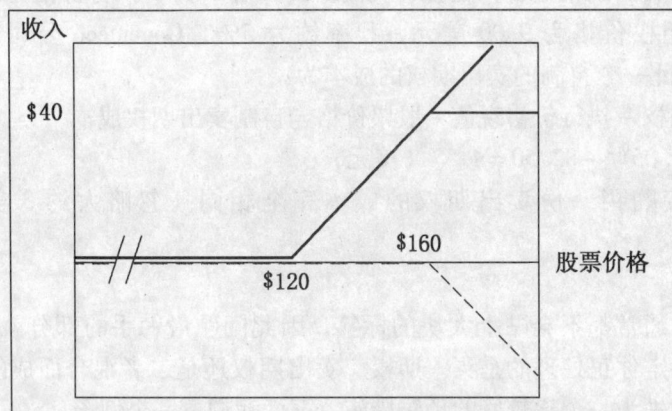

注：黑色的实线代表购买一份执行价格为 120 美元的买入期权，虚线表示出售一份执行价格为 160 美元的买入期权。

因此，如果我们想弄清楚这家公司要为这个激励计划付出多少成本的话，那么我们就需要计算执行价格为 120 美元的 50 000 份买入期权的价值与执行价格为 160 美元的 50 000 份买入期权价值之间的差额。

我们也可以让激励计划对公司股票价格的依赖方式更加复杂。比如说，可以将最高奖金额定为 200 万美元，但当股票价格超过 160 美元之后，再规定奖金额随之稳定下降为零①。我们仍可以将这种激励计划看成是期权的组合。实际上，我们可以得出一个一般定理：

任何一种或有收入，也就是取决于其他资产价值的收入，都可以通过基于该资产的简单期权组合构成。

换句话说，你可以通过买卖不同执行价格的适当的买入期权和卖出期权的组合来创建任何头寸图，其上涨、下跌、波峰、波谷尽可以由你想象②。

金融支持者们常常提到的**金融工程**（financial engineering），就是将不同投资组合起来创建新型特制投资工具的实践。或许一家德国公司想要设定6个月后购入美元的最低成本和最高成本，或许有家石油公司想在石油价格下跌时对其债务支付较低的利率。金融工程师们正是以期权为基础创建这些有趣的收入结构。

17.3 什么决定期权的价值

迄今为止我们还没有讨论过如何决定期权的市场价值，但我们确实知道当期权到期时期权的价值状况。比如说，再来看看我们先前提到的购买 Genentech 公司执行价格为80美元的股票期权的例子。如果在期权到期日 Genentech 公司的股票价格低于80美元，那么买入期权将毫无价值；而如果股票价格高于80美元，则买入期权的价值应该是80美元减掉股票的价值。这种关系可以用图17—10中位置较低的黑色粗线表示。

图 17—10	到期日之前的期权价值取决于股票的价格

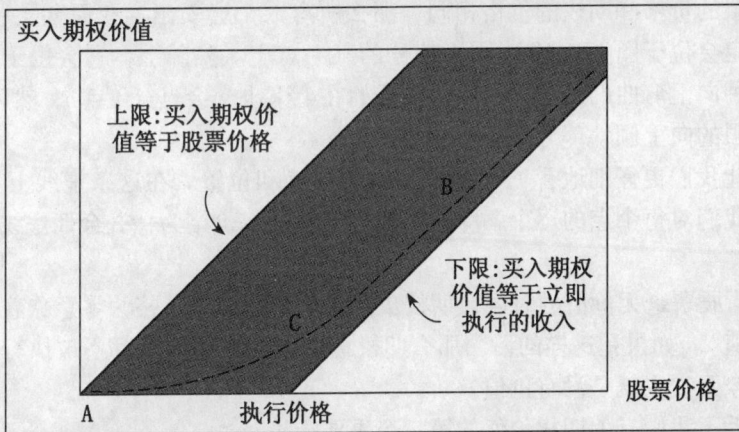

注：总是高于立即执行的价值（粗线），但永远不会超过股票价格本身。

---

① 这里的激励计划并不像它看起来那么狂热。或许，Higden 女士通过艰苦努力可以将股票价格提升到这一高度，但要再进一步推高股价，她唯一能采取的方式就是要承受更高的风险。让其奖金超过一定金额后转向下降就能阻止这种行为。这里我们想到意味资深的投资银行家，他曾说过：交易员第一次赢得不同寻常的利润时，应该受到警告；而第二次的话就应该被开除。因为比较合理的推测就是这样的交易员投资过分冒险了。

② 在某些情况下，要想创建你想要的头寸图模式，可能你还需要借入或借出资金。借出资金提高了头寸图中的收入线，像图17—6中所示的那样，而借入资金则降低了收入线。

即使在到期日之前，期权的价格也不会位于图 17—10 中下限的粗线之下。比如，如果我们的期权价格为 5 美元，股票价格为 95 美元，那么任何投资者都应该卖出股票，然后通过购买买入期权，并再花 80 美元执行期权将股票买回来，这样可以得到 10 美元的套利收益。投资者们都希望充分利用这种机会，因此，对期权的需求就会促使期权价格上涨，至少涨到图中粗线的位置。对那些还没有到期的期权来说，粗线因此就成了期权市场价格的下限。当不大喜欢期权的人说下限 = Max（股票价格 − 执行价格，0）时，就更精确地表达了同样的意思。

图 17—10 左边的斜线是期权价格的上限（upper bound）。为什么呢？因为无论情况如何，期权的收入都不可能高于股票的最终收入。如果在期权到期日股票价格高于执行价格，那么期权的价值就等于股票价格减掉执行价格；而如果股票价格低于执行价格，那么期权就毫无价值，但股票的所有者仍然拥有有价值的证券。例如，如果期权的执行价格为 80 美元，那么股东实现的额外现金收益就如下表所示：

	股票收入	期权收入	持有股票，而不是期权所获得的额外收入
期权被执行 （股票价格高于 80 美元）	股票价格	股票价格 − 80 美元	80 美元
期权到期，未被执行 （股票价格低于或等于 80 美元）	股票价格	0	股票价格

如果股票的价格和期权的价格相同，那么所有人都会卖出期权而购买股票。因此，期权价格一定会位于图 17—10 中阴影部分的某一点上。实际上，它会位于一条图中虚线所示的那种向上弯曲的曲线上。该曲线开始在上下限交会点（0 点），然后开始上涨，并逐渐与下限的向上倾斜部分平行。

但现在让我们更仔细地看一下图中虚线的形状和位置。在这条虚线上有 A、B、C 三点。读完我们对每个点的逐个解释，你就会明白期权价格为什么会像虚线所示的状态那样变动了。

A 点　当股票毫无价值的时候，期权也毫无价值：股票价格为零意味着股票将来也不可能有价值[①]。如果是这样的话，那么期权肯定也会在到期时都不被执行，也就毫无价值。那么今天它也就是没有价值。

这就告诉了我们有关期权价值的第一个重要结论：

如果执行价格不变，那么期权的价值将随股票价格的增加而上涨。

这丝毫不足为奇。很明显，买入期权的所有者希望股票价格能够上升，而且会因此梦想成真而高兴。

B 点　当股票价格非常高时，期权价格等于股票价格减掉执行价格的现值。要注意，图 17—10 中代表期权价格的虚线逐渐变得与代表期权价格下限的上升粗线平行。原因是这样的：股票价格越高，期权最终被执行的可能性就越大。如果股票价格足够高，执行期权实际上就已经确定无疑，因此股票价格在期权到期日之前下跌至执行价格

---

① 如果将来股票还能有一些价值，那么投资者今天就会为之有所付出，尽管金额可能很小。

以下的可能性就变得微乎其微。

如果你拥有一份已经知道将被执行而换成股票的期权，实际上就相当于你已经持有了股票。唯一的差别就是现在你不需要为股票付款（付出执行价格那么多钱），你可以将付款推迟到正式执行时进行。在这种情况下，购买买入期权就相当于购买股票，但一部分购买款是通过借款完成的，而隐含的借款额就是执行价格的现值。因此，买入期权的价值就等于股票价格减掉执行价格的现值。

由此我们又得到了另一个有关期权的重要结论。通过买入期权购买股票的投资者实际上采用了赊购的方法，因为他们今天仅支付了期权的购买价格，一直要等到真正执行期权时才会付出执行价格。如果利率很高，期权的到期日又很长的话，那么这种延迟支付就尤其有价值。

因此，期权的价值既随利率，也随到期日的增加而增加。

C 点　期权价格总是大于其最小价值（股票价格为 0 时除外）。我们已经看到，图 17—10 中的虚线和粗线在股票等于 0 时那点相交（A 点），但在其余地方两条线是分离的。也就是说，期权价格必然高于粗线对应的最小价值。其原因可以通过对 C 点进行考察得到。

在 C 点，股票价格刚好等于执行价格，因此，如果今天就执行期权，那么期权就毫无价值。但是，假设期权到三个月后才到期。当然，我们不知道期权到期日股票价格会是多少，大约有 50% 的可能它会比执行价格高，而有 50% 的可能比执行价格低。因此，期权的可能收入为：

结果	收入
股票价格上涨（50% 可能）	股票价格减掉执行价格（期权被执行）
股票价格下降（50% 可能）	零（期权到期，毫无价值）

如果产生正收入的可能性大于 0，而最坏的收入就是 0，那么期权就一定是有价值的。这就意味着 C 点的期权价格大于 0，也就是超过期权在 C 点的价值下限。一般来说，只要期权尚未到期，期权的价格就总会大于其价值下限。

决定虚线高度（也就是实际价值与价值下限之间的差额）的最重要的因素之一就是股票价格发生重大变化的可能性。一种股票的价格变化如果不超过 1% 或 2%，那么这种股票对应的期权就没有多少价值；但如果股票价格折半，或者翻倍，那么这样的股票期权价值就会非常大。

作为期权持有者，波动性将会使你收益，因为期权的收入是不对称的。如果股票价格下跌至低于执行价格，那么你的买入期权就毫无价值，不论下跌幅度只是几美分，还是很多美元。但另一方面，如果股票价格上涨至高于执行价格，那么每超出 1 美元，你就会额外获利 1 美元。因此，期权的持有者会在价格上升的波动性中获利，但却不会在下跌的波动性中受损。

可以举个简单的例子来解释这一点。考虑两支股票，X 和 Y，每支股票的价格都是 100 美元，二者唯一的差别就是股票 Y 的结果更难预测。有 50% 的可能性股票 Y 价格会上涨至 150 美元，还有 50% 的可能会下降至 70 美元。类似地，也有 50% 的可能股票 X 的价格会上升至 130 美元，另 50% 的可能为下降至 90 美元。

假设你在每支股票上都可以购买一份买入期权，可以按 100 美元的执行价格购买股票。下表对这些期权的可能收入进行了比较：（单位：美元）

	股票价格下降	股票价格上升
股票 X 期权的收入	0	130 − 100 = 30
股票 Y 期权的收入	0	150 − 100 = 50

在两种情况下，都有 50% 的可能股票价格会下跌，致使期权毫无价值；但如果股票价格上升，那么股票 Y 的期权收入会更高。由于收入为 0 的可能性都是相同的，所以股票 Y 的期权比股票 X 的期权价值要大。

图 17—11	分别以（1）X 公司和（2）Y 公司股票作为标的的买入期权

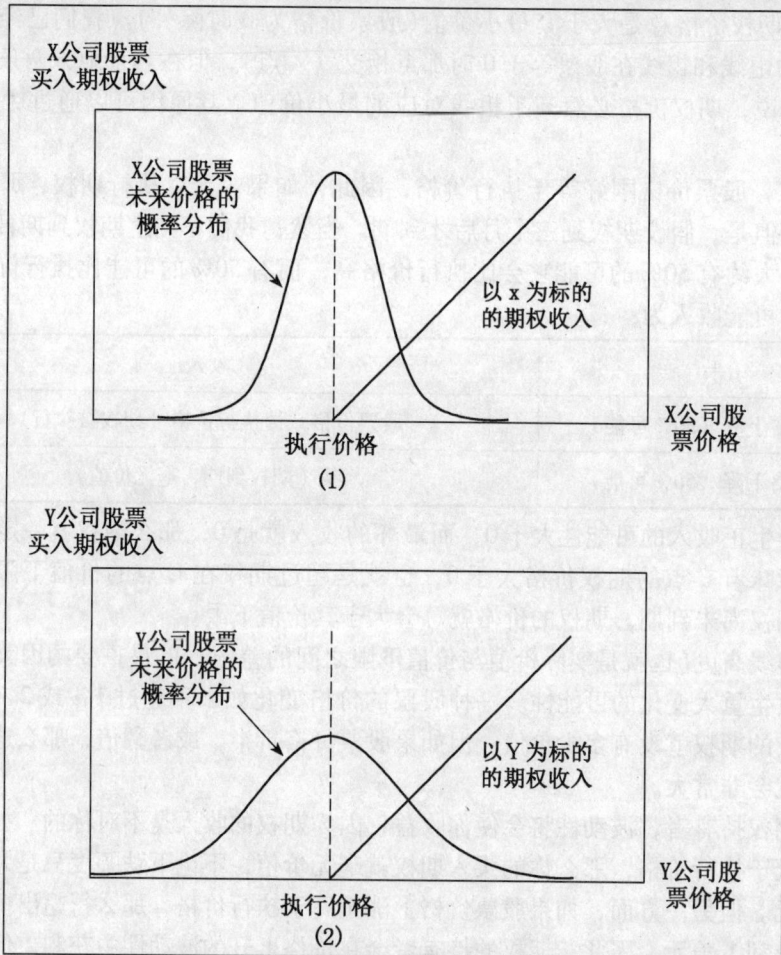

注：每种情况下，当前的股票价格都等于执行价格，因此每种期权都有 50% 的可能毫无价值（如果股票价格下降），也有 50% 的可能成为"价内"期权（如果股票价格上升）。但是，Y 公司股票期权获得大额收入的机会更大，因为 Y 公司的股票价格波动行更大，因此具有更大的上涨潜力。

当然，在实际中，未来的股票价格可能变化范围比较大。我们在图 17—11 中确认了这一点，图中股票 Y 价格的不确定性曲线显示出未来价格服从的概率分布范围更广①。股票 Y 分布更广的结果再一次提供了更多价格上涨的潜力，因此，增加了获得大额期权收入的机会。

图 17—12 说明了波动性如何对期权的价值造成影响。图中上方的曲线是在 Genentech 公司股票价格像 Y 公司股票一样变动性极高的假设下，Genentech 公司股票买入期权的价值情况。而下方的曲线则是基于波动性较低（也是更现实的）的假设②。

一份期权在其剩余有效期内股票价格大幅度波动的可能性取决于两个方面：（1）每个期间股票价格的方差（也就是波动性）；（2）至期权到期日的期间数。如果剩余期间数为 t，每一期间的方差为 σ^2，那么期权的价值就取决于累积波动性 $\sigma^2 t$③。于是，在其他条件相同的情况下，你会更愿意持有一份以价格波动性更高的股票为标的的期权（高 σ^2）；而在波动性给定的情况下，你会更愿意持有剩余期间更长（t 更大）的期权。

因此，期权的价值既随股票价格的波动性，也随距到期日时间长度的增加而增加。

图 17—12　　Genentech 公司买入期权的价值随股票价格波动性的增加而增加

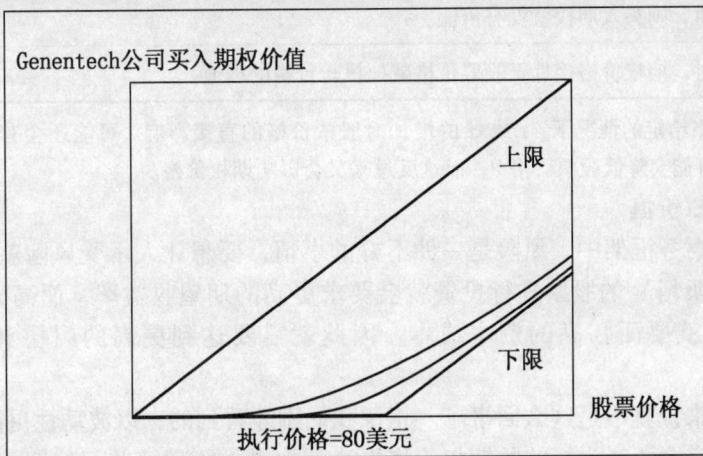

注：图中两条曲线表示的是不同股价下期权的价值，二者唯一的不同是，上方的曲线假设 Genentech 公司未来股票价格的不确定性水平更高。

刚接触这些期权特征的读者可能很难一下子完全弄明白。因此，我们将上述结果进行了总结，如表 17—2 所示：

---

① 图 17—11 继续假设每种期权的执行价格都等于当前的股票价格。这个假设并不是必须的。另外在画图 17—11 时，我们还假设股票价格的分布是对称的，同样这个假设也不是必须的，在下一章中我们将更仔细地探讨股票价格的分布问题。

② 图 17—12 中列示的期权价值是利用布莱克—斯考尔斯（Black - Scholes）期权估价模型计算出来的。我们将在第 18 章介绍这个模型，并利用它对 Genentech 公司期权进行估价。

③ 对此有一个直观的解释：如果股票价格服从随机游走（见第 12.2 节），那么连续的价格变化在统计学上是相互独立的。在到期日前累积的价格变化是 t 个随机变量的综合，独立的随机变量之和的方差等于这些变量方差的综合。因此，如果 σ^2 是每日价格变化的方差，并且距到期前还有 t 天的话，那么累积价格变化的方差就是 $\sigma^2 t$。

表 17—2	买入期权价格的决定因素
1. 如果以下变量增加：	则买入期权价格的变化是：
股票价格（P）	正的
执行价格（EX）	负的
利率（r_f）	正的 *
到期日（t）	正的
股票价格波动性（σ）	正的 *

2. 买入期权的其他特征：

（1）上限：期权价格总是低于股票价格。

（2）下限：期权价格总不会低于立即执行期权带来的收入（即 P－EX 与 0 中的较大者）。

（3）如果股票没有价值，则买入期权就没有价值。

（4）股票价格非常高时，期权价格接近于股票价格减掉执行价格的现值。

  * 股票价格给定的情况下，r_f 或 σ 的增加对股票价格的直接影响。可能还会有很多间接影响。例如，r_f 的增加可能会降低股票价格 P，而这反过来又会影响期权价格。

风险与期权价值

  在大多数财务框架中，风险是一件不好的事情，要想让人承受风险就得给人补偿。对高风险（高贝塔）的股票进行投资就会要求更高的期望收益率，而高风险的资本投资项目相应地就要面临高的资本成本，因此就需要达到更高的门槛利率才能获得正 NPV。

  但对期权来说就不是这么回事了。正像我们刚才看到的，以波动性更高的资产为标的的期权比以安全资产为标的的期权价格更高。如果你能理解并记住期权的这一事实，那么你就有了长足的进步。

  示例 假设你有两个职位可供选择，一个是担任 Establishment Industries 公司的 CFO，另一个是担任 Digital Organics 公司的 CFO。Establishment Industries 公司的薪酬中含有一份股票期权计划，如表 17—3 的左列所示。你对 Digital Organics 公司要求类似的股权激励，它也欣然应允了。实际上，Digital Organics 公司的激励计划与 Establishment Industries 公司的激励计划基本上每一处都相同，如表 17—3 的右列所示。（两家公司当前的股票价格恰好相等。）唯一的不同是 Digital Organics 公司股票的波动性比 Establishment Industries 公司高出 50%（年标准差 36% 对 Establishment Industries 公司的 24%）。

  如果你选择工作职位的关键是看经理股票期权的价值，那么你应该接受 Digital Organics 公司的职位。由于 Digital Organics 公司的期权标的资产波动性更大，因此，期权价值也更大。下一章中我们将对这两份期权进行价值评估。

表 17—3	你会选择哪种执行股票期权呢?（Digital Organics 公司提供的股票期权价值更高，因此，该公司股票价格具有更高的波动性）	
	Establishment Industries	Digital Organics
期权数量	100 000	100 000
执行价格	25 美元	25 美元
到期日	5 年	5 年
当前股票价格	22 美元	22 美元
股票价格波动率（收益的标准差）	24%	36%

本章小结

如果你非常努力，坚持读到了以上内容，或许你可以休息一下，喝上一口，放松放松自己了。现在我们来总结一下到现在为止已经学过的内容，然后等你休息够了（或者酒醒了），再来进行下一章有关期权内容的学习。

期权有两种类型。允许持有者在特定的执行日期或之前，以特定的执行价格购买某种资产的是美式买入期权；相应地，允许持有者在特定的执行日期或之前，以特定的执行价格卖出某种资产的就是美式卖出期权。而欧式买入期权和卖出期权，除了不能在特定的执行日之前执行期权之外，其他的都与美式期权相同。以买入期权和卖出期权为基础，就能组合成任何给定的收入模式。

买入期权价值的决定因素是什么呢？常识告诉我们，它取决于以下三点：

（1）要想执行期权，你必须支付期权的执行价格。在其他条件相同的情况下，当然是你付的钱越少越好。因此，买入期权的价值随资产价格与执行价格比率的增加而增加。

（2）在你决定执行期权之前不需要支付执行价格。因此，买入期权相当于给你提供了免费的贷款。利息越高，距到期日时间越长，这笔免费贷款就越值钱。因此，买入期权的价值随利率的增加以及距到期日时间的增长而增长。

（3）如果资产价格降至低于执行价格，你可以不执行买入期权。因此，不论资产价值贬值到低于执行价格的多大程度，你损失的就是你投资在期权上的100%的资金。另一方面，如果资产价格超过执行价格，那么超过的越多，你的获利就会越大。因此，期权持有者在行情转坏时不会因为波动率的增加而发生更多的损失，但如果行情转好却会有所收获。因此，随着每期股票收益的方差与到期期间数乘积的增加，期权的价值将会增加。

时刻要记住的是，以风险（高方差）资产为标的的期权比以安全资产为标的的期权价值更高。这点很容易被人忘记，因为在大多数财务框架中，风险增加是会导致现值减少的。

推荐读物

参见第 18 章的推荐读物。

概念复习题

完整的本章概念复习题，请登录网站 www. mhhe. com/bma1e。

1. 请解释美式期权和欧式期权的区别。

2. "卖出期权的人只会损失资金。"这种说法正确吗？

3. 画一个卖出期权买入者的头寸图。可能的最大收入是多少？

练习题

1. 完成下面一段话：

（　　　　）期权给予它的持有者按特定价格购买股票的机会，这种特定的价格一般被称为（　　　　）价格，而（　　　　）期权给予其持有者以特定价格出售股票的机会。只能在到期日执行的期权叫做（　　　　）期权。

2. 看图 17—13，将以下头寸与图（1）和图（2）进行配比：

（1）买入期权购买者；

（2）买入期权出售者；

（3）卖出期权购买者；

（4）卖出期权出售者。

图 17—13　　　　　　　　　　　与练习题第 2 题相关的图

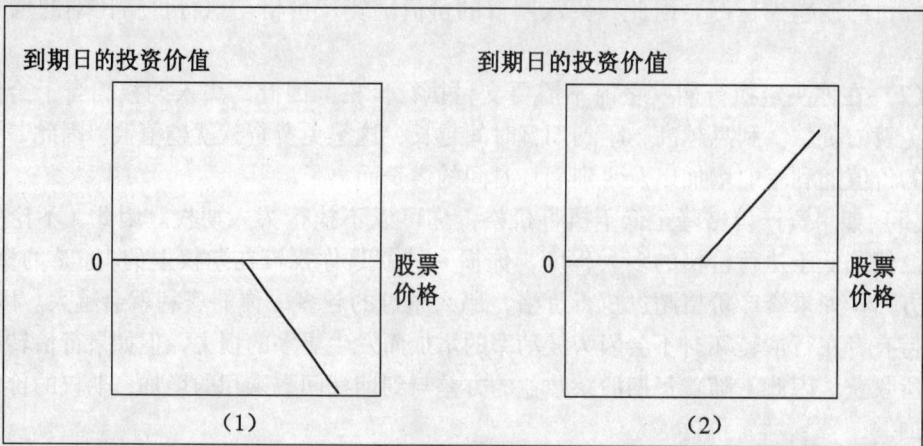

3. 假设你持有一股股票和一份该股票的卖出期权。那么在期权到期日，如果（1）股票价格低于执行价格；（2）股票价格高于执行价格时，你的收入状况如何？

4. 什么是买卖权平价？它为什么能成立？能否将该平价公式用于执行价格不同的买入期权和卖出期权？

5. 看一下练习题第 3 题，该题涉及买入期权和借入或贷出资金的适当组合，还有一个策略可以得到与此策略相同的收入。这个替代策略是什么？

6. Livingstone I. Presume 博士持有 60 万英镑的东非黄金股票。他的金矿生意牛气冲天，他需要绝对保证在 6 个月后至少安排出 50 万英镑来资助一次探险活动。试给出 Presume 博士能达到这一目的的两种方法。东非黄金股票的买入期权和卖出期权都有相当活跃的市场，每年的利率为 6%。

7. 假设你购买了 Wombat 公司股票的一年期欧式买入期权，其执行价格为 100 美元，同时你又卖出了一份同样执行价格的一年期欧式卖出期权。当前的股票市场价格为 100 美元，利率为 10%。

（1）画一个头寸图，列示你的投资收入情况。

（2）这样的投资组合成本是多少？请解释。

8. 再看一下图 17—13，看起来似乎（2）图中的投资者不会亏损，（1）图中的投资者也不会获利。这种说法正确吗？请解释。（提示：为每个图画一个对应的利润图。）

9. 下列情况下买入期权的价值是多少？（1）股票价格为零；（2）股票价格远远高于期权的执行价格。

10. 其他条件不变时，下列变化将会导致买入期权的价格发生什么样的变化？买入期权的价格是增长还是下跌？

（1）股票价格上涨；

（2）执行价格上涨；

（3）无风险利率上涨；

（4）期权的到期日延长；

（5）股票价格波动性下降；

（6）时光飞逝，期权的到期日临近。

11. 对下列说法给出自己的看法：

（1）"我是一个保守的投资者。我更愿意持有以安全股票为标的的买入期权，像埃克森美孚公司那样的，而不愿意持有以波动性较强的股票为标的的买入期权，像 Genentech 公司的。"

（2）"我买了 Fava 农场股票的美式买入期权，执行价格是每股 45 美元，还有三个月到期。Fava 农场的股票价格已经从每股 35 美元飙升到了 55 美元，但我想它恐怕还得再回落到低于 45 美元。我想锁住我的收益，现在就执行我的买入期权。"

实务题

12. 对以下头寸的风险和收入进行简单的讨论：

（1）购买股票以及该股票的卖出期权；

（2）购买股票；

（3）购买买入期权；

（4）购买股票，并卖出该股票的买入期权；

（5）购买债券；

（6）购买股票，购买卖出期权，同时出售买入期权；

（7）出售卖出期权。

13. "买入期权的购买者和卖出期权的出售者都希望股票价格上涨，因此这两个头寸是完全一样的。"这种说法正确吗？请用一个头寸图解释你的观点。

14. Pintail 的当前股票价格为 200 美元，一年期的美式买入期权的执行价格为 50 美元，定价为 75 美元。你应该如何利用这个机会大赚一笔？再假设如果该期权是欧式期权，你应该怎么做呢？

15. 假设你可以买到以股票 Q 为标的的 3 个月期买入期权和 3 个月期卖出期权，每种期权的执行价格都是 60 美元，价格都是 10 美元。如果一年利率为 5%，股票价格是多少呢？（提示：利用买卖权平价。）

16. 2007 年 3 月，执行价格为 40.00 美元的亚马逊公司的四个月期买入期权的价格为 2.85 美元，股票价格为 39 美元，无风险利率为 5.3%。那么对同样到期日，同样执行价格的亚马逊公司股票的卖出期权你愿意支付多少钱？假设亚马逊公司股票期权是欧式期权。（注意：亚马逊公司不支付股利。）

17. 登录雅虎财经网（finance. yahoo. com），查找 Genentech 公司在不同执行价格和不同到期日的股票期权的历史价格。

（1）证明，执行价格越高就意味着买入期权价格越低、卖出期权价格越高。

（2）证明，到期日时间越长就意味着不论买入期权还是卖出期权的价格都越高。

（3）选择具有相同执行价格和到期日的 Genentech 公司的卖出期权和买入期权。证明买卖权平价成立（近似成立）。（注意：你必须得使用最新的无风险利率。）

18. FX 银行成功雇佣了一个一流的外汇交易员，Lucinda Cable。据说她的报酬中包括这样一项，即如果她所创造的利润超过 1 亿美元，那么超额部分的 20% 就将作为她的年度奖金。那么 Cable 女士是否具有期权呢？这样能否给她提供了适当的激励呢？

19. 假设 Colleoni 先生借入了一笔相当于 100 美元现值的资金，购买了执行价格为 150 美元的股票 Y 的 6 个月期卖出期权，同时出售了执行价格为 50 美元的股票 Y 的 6 个月期卖出期权。

（1）画一个头寸图，说明期权到期时的收入情况。

（2）另外提供两种能给 Colleoni 先生带来相同收入的贷款、期权和标的股票的组合。

20. 下列说法中哪一个是正确的：

（1）卖出期权价值 + 执行价格现值 = 买入期权价值 + 股票价格

（2）卖出期权价值 + 股票价格 = 买入期权价值 + 执行价格现值

（3）卖出期权价值 - 股票价格 = 执行价格现值 - 买入期权价值

（4）卖出期权价值 + 买入期权价值 = 股票价格 - 执行价格现值

正确的说法给出了两种等值的投资策略。试对每一种策略作出表示收入是股票价格函数的图，说明两种策略的收入是完全相同的。

21. 利用买入期权和卖出期权的联系公式解释实际交易的买入期权和卖出期权的相对价格，以此来验证这个公式的正确性。（注意：公式只对欧式期权有效，但大多数正在交易的买入期权和卖出期权都是美式期权。）

22.（1）如果你不能卖空股票，那么你可以通过期权和借入或贷出资金的组合得到完全相同的最终收入。这个组合应该如何构成？

（2）现在给出能够与投资于无风险贷款得到相同最终收入的股票和期权的组合。

23. 三角文件公司的普通股当前售价为 90 美元，执行价格为 100 美元的该公司股票 26 周到期的买入期权当前售价为 8 美元。每年无风险利率为 10%。

(1) 假设三角公司股票的卖出期权是不进行交易的，但你还是想购买一份。你应该怎么做？

(2) 假设卖出期权确实是交易的，执行价格为 100 美元的 26 周到期的卖出期权售价应该是多少？

24. 对 Higden 女士还有另一个激励计划（见第 17.2 节）。如果年末的股票价格达到 120 美元或更多，那么她将收到 500,000 美元的奖金；否则将没有任何奖励。（不要问为什么会有人提供这样的激励计划，或许是从税收角度考虑的。）

(1) 画一个头寸图，说明这种激励计划的收入情况。

(2) 什么样的期权组合能够提供这样的收入？（提示：你需要购买大量的执行价格相同的期权，同时出售类似数量的执行价格不同的期权。）

25. 期权交易者经常会提到"跨式期权"和"蝶式期权"。以下各给出一个例子：

(1) 跨式期权（Straddle）：同时购买执行价格为 100 美元的买入期权和执行价格为 100 美元的卖出期权。

(2) 蝶式期权（Butterfly）：同时进行以下交易，即购买一份执行价格为 100 美元的买入期权，出售两份执行价格为 110 美元的买入期权，购买一份执行价格为 120 美元的买入期权。

画出跨式期权和蝶式期权的头寸图，说明投资者净头寸的收入情况。每一种期权策略都是对波动性的博弈，简要说明每种博弈的性质。

26. 考察一下正在实际交易的股票买入期权的价格，看看它们是否与本章理论预测的结果相一致。例如：

(1) 追踪几个快要到期的期权。你认为它们的价格应该如何变化？它们确实就是这样变化的吗？

(2) 对两个基于同一只股票的、到期日相同但执行价格不同的买入期权进行比较。

(3) 对两个基于同一只股票的、执行价格相同但到期日不同的买入期权进行比较。

27. 拥有一份可以购买股票投资组合的期权，和拥有一份由购买各个单个股票的期权构成的投资组合，这两个哪个更值钱？简要说明一下。

28. 表 17—4 列示了一些普通股股票期权的价格（价格取整）。如果年利率为 10%，你能指出其中的定价错误吗？你应该如何利用这种错误？

表 17—4		普通股期权价格			单位：美元
股票	距到期日时间（月）	执行价格	股票价格	卖出期权价格	买入期权价格
Drongo Corp.	6	50	80	20	52
Ragwort, Inc.	6	100	80	10	15
Wombat Corp.	3	40	50	7	18
	6	40	50	5	17
	6	50	50	8	10

29. 最近你刚刚完成了为期一个月的能源市场研究，得出的结论是，下一年能源价

格的波动将远远超过历史水平。假设你的结论是正确的，你应该实施什么样的期权策略？（注意：你可以买入或卖出以石油公司股票或原油、天然气、燃油等的未来价格为标的的期权。）

思考题

30. 图17—14 给出了一些复杂的头寸图。试给出能够产生这些头寸的股票、债券以及期权的组合。

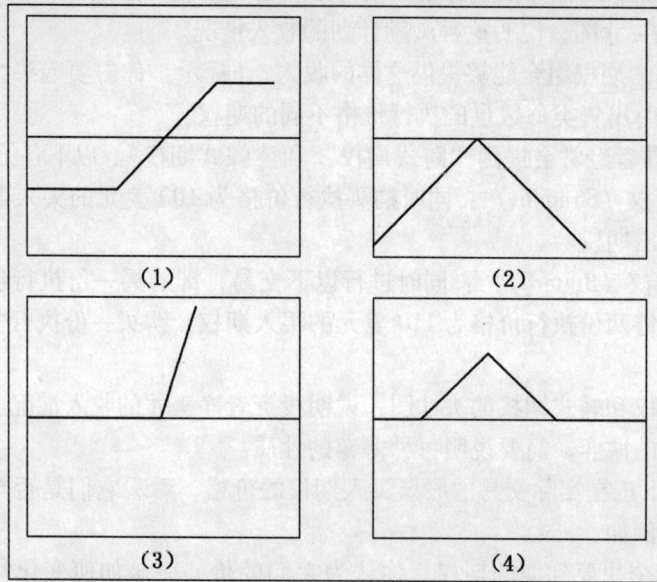

图 17—14　　　　一些复杂的头寸图（见思考题第30题）

31. 1988 年，一家澳大利亚公司 Bond，以 1.10 亿美元的价格出售了它所拥有的罗马附近的部分土地，结果使得公司 1988 年的利润急剧上升了 7 400 万美元。1989 年，一个电视节目披露说，购买者当时还得到了一份卖出期权，可以按 1.10 亿美元将这块土地回售给 Bond 公司，同时 Bond 公司还支付了 2 000 万美元得到了一份以同样价格赎回这块土地的买入期权[①]。

（1）如果当期权到期时，那么土地的价格超过了 1.10 亿美元，会发生什么情况？如果土地价格低于 1.10 亿美元呢？

（2）利用头寸图说明土地出售和期权交易的净影响。

（3）假设期权的有效期是一年。你能推出利率是多少吗？

（4）电视节目认为，Bond 公司报告的出售这块土地的利润有误导性质，你认为呢？

32. 以下三种 6 个月到期的买入期权是基于 Hogswill 公司股票交易的（单位：美元）：

---

① 见 *Sydney Morning Herald*，March 14，1989，p. 27。后来就期权问题又重新进行了协商。

执行价格	买入期权价格
90	5
100	11
110	15

你如何通过交易 Hogswill 公司的股票期权来获利？（提示：画个坐标图，以期权价格为纵轴，以股票价格与执行价格之比为横轴。在图中标出 Hogswill 公司的这三种股票期权。看看结果，与你所知道的期权价格应该随股票价格与执行价格之比的变化而变化这一结论一致吗？）现在再看一下报纸上到期日相同，但执行价格不同的期权。你能找到赚钱的机会吗？

33. Digital Organics 公司拥有 1 000 股流通股票，每股交易价格为 25 美元。同时它还拥有大量的流通在外未支付债券，所有的都将在一年内到期。债券的利息率为 8%，其面值（票面总额）为 3.5 亿美元，但当前交易的市场价格仅为 2.80 亿美元。一年期无风险利率为 6%。

（1）写出 Digital Organics 公司股票、债券和资产的买卖权平价公式。

（2）Digital Organics 公司债权人放弃的默认卖出期权的价值是多少？

第18章

期权估价

上一章我们向大家介绍了买入期权和卖出期权。买入期权赋予持有者按特定的执行价格购买某项资产的权利；而卖出期权给予的则是出售资产的权利。我们还向理解期权定价迈出了第一步。买入期权的价值取决于以下五个变量：

（1）资产的价格越高，期权就越值得去购买；

（2）执行买入期权时必须支付的价格越低，期权价值就越高；

（3）在期权到期之前你不需要支付执行价格。如果利率较高，那么延迟付款就最有价值；

（4）在期权到期时，如果股票价格低于执行价格，那么无论是低于1美元还是100美元，买入期权都是毫无价值的。但如果股票价格高于执行价格，那么每高出1美元，期权的持有者就会获利1美元。因此买入期权的价值随股票价格波动性的增加而增加；

（5）最后，长期期权比短期期权更有价值。较长的到期时间推迟了期权所有者付出执行价格的时间，同时也增加了在期权到期前股票价格大幅度上升的机会。

本章中我们将说明如何将这些变量结合起来得到期权估价模型，也就是一个代入数字就能给出确切答案的公式。首先，我们将介绍一种简单的期权估价方法，即所谓的二叉树模型，其次，引入期权估价的布莱克—斯考尔斯公式。最后，提供一份清单来说明如何利用这两种方法来解决实际中的期权问题。

对大多数期权的价值评估，使用计算机是最可行的方法。但在本章，我们还是会用手工方法测算一些简单的例子。之所以这样做，是因为只有弄清楚了期权估价背后的基本原理，才不至于在利用期权解决问题时犯错，也才不至于不知道如何解读计算机的答案，以及无法向他人解释。

上一章中，我们引入了 Genentech 公司股票的买入期权和卖出期权，本章我们将继续探讨这一实例，说明 Genentech 公司股票期权如何估价。但要记住我们为什么要理解期权的估价，这并不是为了到期权交易所去赚钞票，而是因为很多资本预算和融资决策中都隐含着期权问题。

18.1　简单的期权估价模型

18.1.1　为什么折现现金流方法不适用于期权

早在 Fischer Black 和 Myron Scholes 最终找到了实用的期权估价公式之前，经济学家们已经进行了多年的不懈探索。因此在展示他们的成果之前，我们应该解释一下为什么这种研究会如此困难。

我们介绍的评估资产的标准步骤是：①预测期望现金流；②按资本机会成本对这些现金流进行折现。但遗憾的是，这种方法对期权来说不切实际。第一个步骤虽然比较繁琐，但还是可行的，但在这里要想找到资本的机会成本却是不可能的，因为期权的风险每时每刻都随股票价格的变动而变动，而股票价格我们是知道的，它服从随机游走的规律。

当你购买了买入期权，你就对股票拥有了头寸，但这要比你直接购买股票需要支付的钱要少一些。因此，期权的风险总是比标的股票的风险更高，它拥有较高的贝塔和较高的收益标准差。

期权的风险究竟有多高，这要取决于相对于执行价格的股票价格的高低。价内（in the money）买入期权（股票价格高于执行价格）比价外（out of the money）买入期权（股票价格低于执行价格）更安全。因此，股票价格的上升提高了期权的价格，同时降低了其风险。当股票价格下跌时，期权价格也下跌，同时其风险增加。正因为如此，投资者对期权的期望收益率会随着股票价格每天甚至每个小时的变动而变动。

我们再重申一下一般原则：虽然期权的风险总是比股票的风险大，但相对于执行价格来说，股票价格越高，买入期权就越安全。期权的风险随股票价格每时每刻的变化而变化。

18.1.2　通过普通股和借款构建期权等价物

如果你已经消化理解了到现在为止我们所讲的主要内容，你就能够理解为什么用标准的现金流折现公式很难对期权进行估价，也能明白为什么这么多年来经济学家们一直也找不到一种严谨的期权估价方法。转机发生在布莱克（Black）和斯考尔斯（Scholes）尖叫的时刻，他们欢呼，"找到了！我们终于找到它了①！方法就是通过将普通股投资和借款进行组合，构建一个期权等价物（option equivalent）。购买这一期权等价物的净成本肯定应该等于期权的价值。"

我们将通过一个数字化的简单例子来说明它是如何运作的。我们还是追溯到 2006 年 9 月，考虑一份 Genentech 公司执行价格为 80 美元的 6 个月期买入期权。我们再选择一天，使 Genentech 公司股票的交易价格正好是 80 美元，这样这份期权就称为平价期权（at the money）。每年的短期无风险利率为 5%，即 6 个月期的约为 2.5%。

---

① 我们不知道当时这两个人是否也像阿基米德一样坐在浴缸里。

为使该例子尽可能简单，我们假设在期权的 6 个月有效期内，Genentech 公司股票价格变化只有两种：要么价格下降 1/4，下降到 60 美元；要么价格升高 1/3，升高到 106.67 美元。

如果 Genentech 公司的股票价格下降到 60 美元，那么买入期权就毫无价值，但如果价格上升到 106.67 美元，则期权的价值就应该等于 106.67 − 80 = 26.67 美元。因此期权的可能收入为：

	股票价格 = 60 美元	股票价格 = 106.67 美元
一份买入期权	0	26.67 美元

现在与另外一个投资策略的收入比较一下，这个投资策略是购买 4/7 股 Genentech 公司股票，并从银行借入 33.45 美元[①]：

	股票价格 = 60 美元	股票价格 = 106.67 美元
4/7 股股票	34.29 美元	60.95 美元
偿还贷款本金及利息	−34.29 美元	−34.29 美元
收入总额	0	26.67 美元

可以看到，对股票进行杠杆投资获得的收入与买入期权的收入是完全相同的。因此，一价定律告诉我们，这两种投资的价值肯定也是相同的：

买入期权的价值 =（4/7）股股票的价值 − 33.45 美元银行贷款

$$= 80 \times (4/7) - 33.45$$

$$= 12.26 \text{ 美元}$$

看！你已经完成了一份买入期权的价值评估！

为了评估 Genentech 公司的期权，我们借入资金，购买股票，这种方式完全复制了一份买入期权的收入，这就形成了所谓的**复制组合**（replication portfolio）。为复制一份期权所需要的股票数量通常被称为**对冲比率**（hedge ratio）或**期权德尔塔**（option delta）。在我们 Genentech 公司的例子中，一份买入期权是由 4/7 股股票经过杠杆组合后复制出来的，因此，期权德尔塔就是 4/7，约等于 0.571。

那么我们如何知道 Genenth 公司股票的买入期权就等价于经过杠杆组合后的 4/7 股股票呢？可以利用以下的简单公式：

$$期权德尔塔 = \frac{期权价格变化的可能幅度}{股票价格变化的可能幅度} = \frac{26.67 - 0}{106.67 - 60} = \frac{26.67}{46.67} = \frac{4}{7}$$

现在，你不仅已经掌握了如何对简单的期权进行估价，而且你还能利用对标的资产的杠杆投资来复制对期权的投资。因此，如果你不能买卖一种资产的期权，你也可以通过复制策略创建一份自制的期权，也就是买卖德尔塔股股票，并借入或贷出差额资金。

风险中性估价

注意一下为什么 Genentech 公司的买入期权应该定价为 12.26 美元。如果期权价格

---

① 你需要向银行借入的金额就是期权收入与 4/7 股股票收入之间差额的现值。在本例中，借款额 =［（4/7）×60 − 0］/1.025 =［（4/7）×106.67 − 26.67］/1.025 = 33.45 美元。

高于 12.26 美元，那么你就可以通过买入 4/7 股股票、卖出买入期权，再借入 33.45 美元的方式轻松获利。同样，如果期权价格低于 12.26 美元，你也可以通过出售 4/7 股股票、买入买入期权，再贷出差额款项的方式获得同样的收益。因此，只要售价不是12.26 美元，那么在任何情况下都会出现套利机会①。

如果真的存在可能的套利机会，那么每个人都会迫不及待地去利用它。因此，当我们说到期权价格应该是 12.26 美元，或者存在套利机会的时候，我们完全不需要了解投资者对风险的态度。期权的价格不会取决于投资者是厌恶风险还是对风险毫不在乎。

这就意味着还存在另外一种期权价值的评估方式，我们可以假定所有的投资者对风险的态度都是没有差异的，然后计算出在这种情况下的期权期望未来价值，再用无风险利率进行折现，从而得到期权的当前价值。下面我们就来检验一下，说明这个方法能够给出相同的答案。

如果投资者都是不关心风险的，那么股票的期望收益率应该等于无风险利率：

Genentech 公司股票的期望收益率 = 6 个月期的利率 2.5%

我们已经知道，Genentech 公司股票的价格要么会上涨 33.3%，达到 106.67 美元；要么会下降 25%，达到 60 美元。因此，我们可以计算在假定的风险中性的世界中股票价格上涨的概率：

期望收益率 = ［上涨的概率×33.3］ + ［（1－上涨的概率）× （－25）］ = 2.5%

求解上式得：

上涨的概率 = 0.471，即 47.1%

要注意，这并不是 Genentech 公司股票价格上涨的真实概率。由于投资者不喜欢风险，在对 Genentech 公司股票进行投资时，它们几乎肯定会要求一个高于无风险利率的期望收益率，因此，真实概率应该是大于 0.471 的。

价值上升的风险中性概率的一般计算公式为：

$$p = \frac{利率 － 下降的变化率}{上涨的变化率 － 下降的变化率}$$

在 Genentech 公司股票的例子中，

$$p = \frac{0.025 － (－0.25)}{0.333 － (－0.25)} = 0.471$$

我们知道，如果股票价格上涨，那么买入期权的价值将为 26.67 美元；如果价格下降，则买入期权没有价值。因此，如果投资者是风险中性的，那么买入期权的期望价值为：

［上涨的概率×26.67］ + ［（1－上涨的概率）×0］

= （0.471×26.67） + （0.529×0）

= 12.57 美元

而买入期权的当前价值为：

$$\frac{未来期望价值}{1 + 利率} = \frac{12.57}{1.025} = 12.26（美元）$$

---

① 当然，如果仅交易 4/7 股股票，你不可能富多少。但如果你将交易数量乘上 100 万，那可真就像是一大笔真的钱了。

和我们之前得到的结果完全一致！

现在我们已经有两种方法可以计算期权的价值了：

1）找出股票和借款的适当组合，来复制对期权的投资。由于这两种策略在未来产生的收入完全相同，因此它们的当前售价也一定相同。

2）假定投资者都不关心风险，因此股票的期望收益率等于利率。计算在假定的风险中性世界中期权未来期望价值，然后用无风险利率进行折现。你可能会觉得这种思路比较熟悉。在第 10 章中我们就说过，对投资项目进行估价可以采用两种方法，可以用风险调整后的折现率对期望现金流进行折现，也可以先按风险对期望现金流进行调整，然后再按无风险利率对这些确定当量现金流进行折现。对 Genentech 公司股票期权的估价我们采用了第二种方法。股票和期权的确定等价现金流就是风险中性世界中的期望现金流。

18.1.3　对 Genentech 公司股票卖出期权进行估价

对 Genentech 公司股票买入期权的估价简直就像在笼子里抓兔子那么简单。为了让大家再看一次期权估价的操作过程，我们将使用同样的方法再估计另一个期权的价值，这次估计的是执行价格为 80 美元的、6 个月到期的 Genentech 公司股票卖出期权[①]。我们还是假设股票价格要么上涨到 106.67 美元，要么就下降到 60 美元。

如果 Genentech 公司股票价格上涨到 106.67 美元，那么按 80 美元出售股票的卖出期权就是没有价值的；而如果股票价格下跌至 60 美元，则卖出期权就值 80 - 60 = 20 美元。因此，卖出期权的收入为：

	股票价格 = 60 美元	股票价格 = 106.67 美元
一份卖出期权	20 美元	0

首先我们利用上面列示的公式计算期权德尔塔[②]：

$$期权德尔塔 = \frac{期权价格变化的可能幅度}{股票价格变化的可能幅度} = \frac{0 - 20}{106.67 - 60}$$

$$= -\frac{3}{7} \approx -0.429$$

注意，卖出期权的德尔塔通常都是负数，也就是你如果想要复制卖出期权的话，你需要卖出德尔塔股普通股。在 Genentech 公司股票卖出期权的例子中，你可以通过卖出 3/7 股 Genentech 公司股票并贷出44.60 美元资金来复制这一期权。由于你已卖空股票，6 个月后你还必须得拿出钱来将其购买回来，但到时候你可以从偿还的贷款中得到这笔钱。因此你的净收入将刚好等于你购买卖出期权获得的收入：

[①] 在对美式期权估价时，还要注意它提前执行的可能性。本章稍后部分我们将讨论这种复杂情况，但对 Genentech 公司股票卖出期权进行估价时，这一点并不重要，因此这里我们不予考虑。

[②] 卖出期权的德尔塔通常等于相同执行价格的买入期权的德尔塔减 1。在本例中，卖出期权的德尔塔 =（4/7）- 1 = -（3/7）。

	股票价格 = 60 美元	股票价格 = 106.67 美元
出售 3/7 股股票	−25.71 美元	−45.71 美元
偿还贷款本金及利息	+45.71 美元	+45.71 美元
收入总额	20 美元	0

由于两种投资策略得到的收入相同，因此它们的价值肯定也是相同的：

卖出期权的价值 = −（3/7）股股票 + 44.60 美元的银行贷款

$\qquad$ = −（3/7）×80 + 44.60

$\qquad$ = 10.31（美元）

1）利用风险中性方法估计卖出期权的价值

利用风险中性方法估计 Genentech 公司股票卖出期权的价值是非常容易的。我们已经知道了股票价格上涨的概率是 0.471，因此在风险中性的世界中，卖出期权的期望价值为：

［上涨的概率 ×0］ + ［（1 − 上涨的概率）×20］

= （0.471 ×0） + （0.529 ×20）

= 10.57（美元）

然后就可以得出卖出期权的当前价值为：

$$\frac{期望的未来价值}{1 + 利率} = \frac{10.57}{1.025} = 10.31（美元）$$

2）买入期权价格与卖出期权价格之间的关系

之前我们曾经指出，对欧式期权来说，买入期权的价值和卖出期权的价值之间有一种简单的关系[1]：

卖出期权价值 = 买入期权价值 + 执行价格的现值 − 股票价格

由于我们已经计算出了 Genentech 公司股票买入期权的价值，我们也可以利用这一关系式求出卖出期权的价值：

$$卖出期权价值 = 12.26 + \frac{80}{1.025} - 80 = 10.31（美元）$$

结果都是一样的。

18.2 期权估价的二叉树方法

期权估价的根本诀窍在于构建一个由股票和贷款形成的投资组合，以精确复制期权的收入。这样，只要我们能够明确股票和贷款的价值，我们就可以明确期权的价值。同样地，我们可以假定投资者都是风险中性的，然后在假定的风险中性世界中计算期权的期望收入，最后再用利率进行折现，得到期权现在的价值。

这些概念完全具有一般性，但要复制投资组合可以有好几种方法。上一节例子中我们使用的就是所谓的**二叉树方法**（binomial method）的简化版本。这种方法首先要将下一个时期股票价格的可能变动简化为两种情况，即"上涨"情况和"下降"情况。但 6 月后的 Genentech 公司股票价格仅仅只有两种可能价格，这种假设显然是不切实际的。

---

① 提醒：这个公式仅在两个期权具有相同的执行价格和相同的到期日时才能使用。

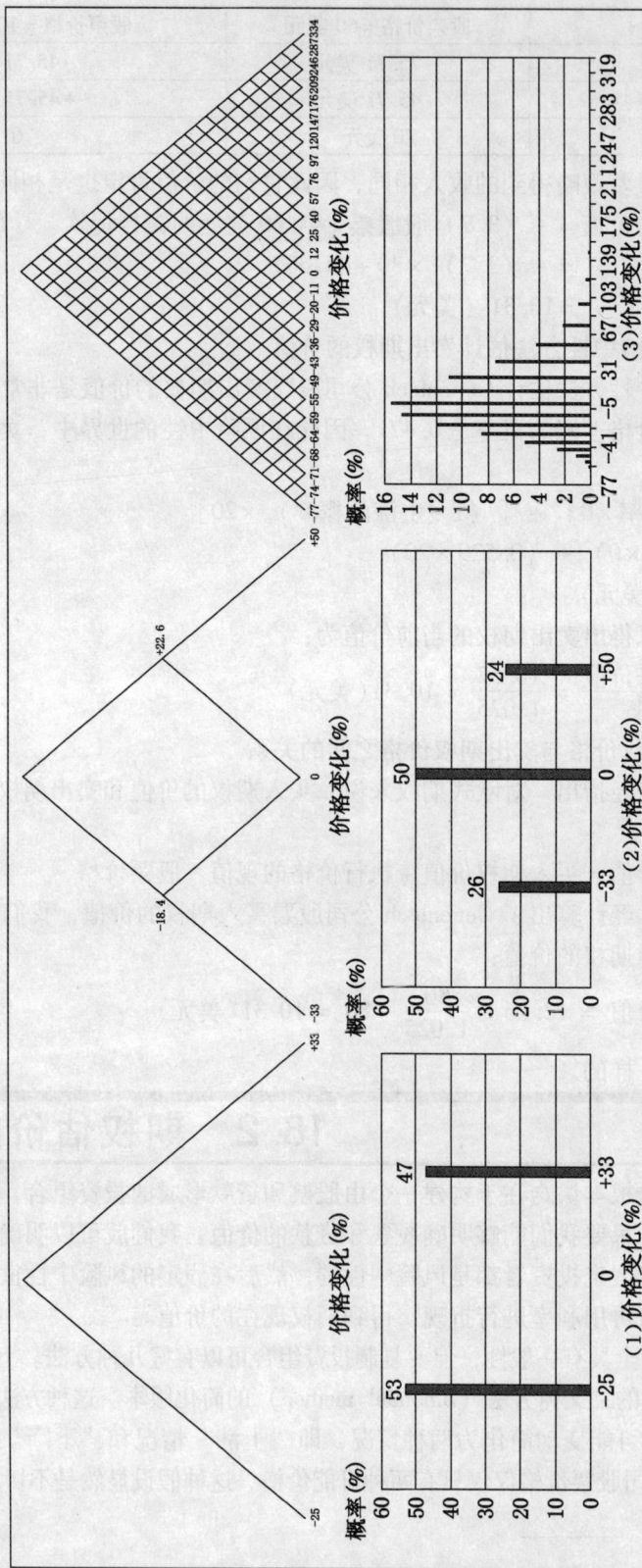

6 个月中 Genentech 公司股票价格的可能变化

图 18—1

注：图（1）假设每 6 个月有一次上涨或下跌的变化；图（2）假设有两次的变化；图（3）假设有 26 次，每周一次；图（3）假设有 26 次，每周一次。在每幅树形图下，我们在投资者都是风险中立的假设下，给出了 6 个月股票价格可能变化的直方图。

为了使 Genentech 公司股票价格问题稍微更贴近现实一些，我们可以假定每三个月股票价格将会有两种变化。这样可以使 6 个月的价格变化范围增大。当然，我们也可以不限于三个月的期间，我们可以将时间间隔划分得越来越细，而在每段时间里仍假设 Genentech 公司股票的价格只呈现两种可能的变化，从而得到 6 个月末股票价格的更多选择。

上面所说的过程如图 18—1 所示。左边的图列示了我们的初始假设，即假设 6 个月末仅有两种可能的价格；往右看，你将看到每 3 个月月末股票价格有两种可能变化的结果。在这种情况下，在期权到期时股票价格将有三种可能的结果。而在图 18—1（3）中，我们进一步将 6 个月细分成了 26 周，每周中价格都在两种可能结果中出现一种小的变化。现在，6 个月月末的股票价格分布看起来现实多了。

我们还可以继续上述步骤，将时间间隔再划分得越来越细，到最后我们就可以达到这样一种状态：股票价格连续地发生变化，而可能的未来股票价格就表现为连续分布。

18.2.1 示例：两阶段二叉树方法

将期间划分为更多的较短间隔期并不影响买入期权的基本估价方法。我们仍然可以通过股票的杠杆投资来复制买入期权，但需要在每个阶段都调整杠杆水平。首先我们先用图 18—1（2）中所示的比较简单的两阶段模型来加以说明，然后再转到股票价格连续变化的情况。

| 图 18—2 | Genentech 公司股票当前和未来的可能价格 |

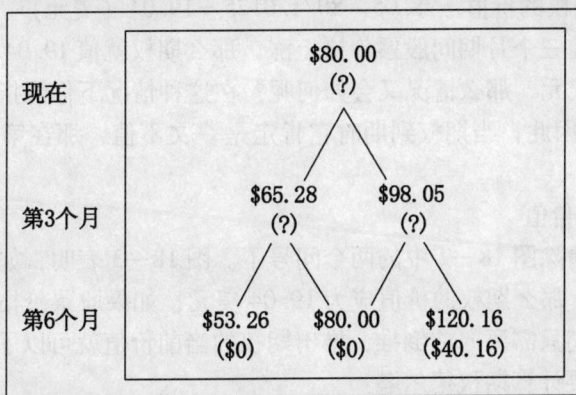

现在		$80.00 (?)		
第3个月		$65.28 (?)	$98.05 (?)	
第6个月	$53.26 ($0)	$80.00 ($0)		$120.16 ($40.16)

注：括号内的数字表示的是执行价值为 80 美元、6 个月到期的买入期权的相应价值。

图 18—2 取自图 18—1（2），该图给出了假设每三个月股票价格要么上升 22.6%，要么下降 18.4%[①]的情况下 Genentech 公司股票的可能价格。我们在括号里给出了 6 个月到期时，执行价格为 80 美元的买入期权的可能价值。例如，如果 6 个月后，Genentech 公司股票的价格是 53.26 美元，那么买入期权就毫无价值；而在另一种极端情况下，如果股票价格为 120.16 美元，则买入期权价值 40.16 美元（120.16 – 80）。到现在为止我们还没有计算出在期权到期日之前的价值，因此，我们就先在那里划了个问号。

---

① 稍后我们将解释为什么要选取这两个数值。

1）3 个月后的期权价值

为了计算出 Genentech 公司股票期权的当前价值，我们首先需要得出 3 个月后的可能价值，然后再往前推，推到现在的价值。假设到第 3 个月月末，股票价格为 98.05 美元，此时投资者知道，到 6 个月后期权最终到期时，股票价格要么是 80 美元，要么是 120.16 美元，而相应的期权价格要么是 0，要么是 40.16 美元。于是我们可以利用之前已经掌握的简单公式，计算出要想复制 3 个月期的期权应该购买的普通股股数：

$$期权德尔塔 = \frac{期权价格变化的可能幅度}{股票价格变化的可能幅度} = \frac{40.16 - 0}{120.16 - 80} = 1.0$$

现在我们就可以对德尔塔股股票进行杠杆投资，就可以得到与购买期权完全相同的收入：

	6 个月月末股票价格 = 80 美元	6 个月月末股票价格 = 120.16 美元
购买 1.0 股股票	80 美元	120.16 美元
借款 PV（80）	−80 美元	−80 美元
收入总额	0	40.16 美元

由于这一投资组合提供的收入与期权收入相等，因此，我们知道，3 个月后期权的价值就肯定等于这个投资组合的价值，即 1 股股票的价格减掉按每年 5%，即 3 个月大约 1.25% 的利率折现 3 个月后的现值，即：

3 个月后买入期权的价值 = 98.05 − 80/1.0125 = 19.04（美元）

因此，如果在前三个月期间股票价格上涨，那么期权就值 19.04 美元。但如果股票价格下降到 65.28 美元，那么情况又会如何呢？在这种情况下你能指望的最多也就是股价恢复到 80 美元。因此，当期权到期时它肯定是一文不值，那在第 3 个月的时候肯定也是毫无价值的。

2）期权的当前价值

现在我们可以清除图 18—2 中的两个问号了。图 18—3 表明，如果 3 个月后股票的价格为 98.05 美元，那么期权的价值应为 19.04 美元；如果股票价格是 65.28 美元，则期权价值为零。我们只需要向前倒推，推出期权的当前价值就可以了。

首先我们还是要计算期权德尔塔：

$$期权德尔塔 = \frac{期权价格变化的可能幅度}{股票价格变化的可能幅度} = \frac{19.04 - 0}{98.05 - 65.28} = 0.581$$

这样我们又能找到能与期权收入相等的德尔塔股股票的杠杆投资方式：

	3 个月月末股票价格 = 65.28 美元	3 个月月末股票价格 = 98.05 美元
购买 0.581 股股票	37.93 美元	56.97 美元
借款 PV（37.93）	−37.93 美元	−37.93 美元
收入总额	0	19.04 美元

Genentech 公司股票期权的当前价值等于这一杠杆头寸的价值：

图 18—3   **Genentech 公司股票当前和未来的可能价格**

```
              $80.00
现在           (?)
                 /\
               /    \
          $65.58    $98.05
第3个月    ($0)     ($19.04)
           /\        /\
         /    \    /    \
     $53.26  $80.00  $120.16
第6个月 ($0)   ($0)    ($40.16)
```

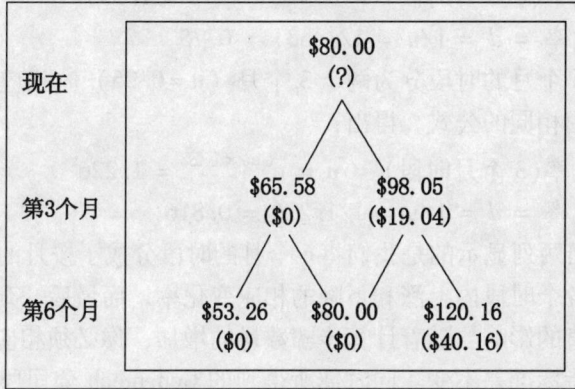

注：括号内的数字表示的是执行价值为 80 美元、6 个月到期的买入期权的相应价值。

期权 PV = PV（0.581 股股票）– PV（37.93 美元）

$$= 0.581 \times 80 - 37.93/1.0125$$

$$= 9.02（美元）$$

18.2.2　一般的二叉树方法

对 Genentech 公司股票买入期权估价的操作从一步转为两步可能向现实性又跨出了一步。但我们没有理由就此停滞不前，而是应该像图 18—1 那样，把时间间隔划分得越来越短，同时仍使用二叉树方法从最后一期往前倒推，最终求出当前的价值。当然，如果要用手工进行这样的操作是非常困难的，最简单的办法就是使用计算机。

由于股票未来价值的可能数量几乎无穷大，那么如果我们能够考虑大量的子时段，利用二叉树方法得到的期权价值就会更加现实和更加准确。但这也会产生一个重要的问题，那就是，我们应该如何选取价值上涨和下降变化有意义的数值呢？例如，当我们用两时段方法对 Genentech 公司期权进行价值评估时，为什么要选择 +22.6% 和 –18.4% 的变化率呢？幸运的是，有一个简单的小方程能把股票收益的标准差与股票价格上涨和下降的变化联系起来：

1 + 上涨的变化率 = $u = e^{\sigma\sqrt{h}}$

1 + 下降的变化率 = $d = 1/u$

其中：

e——自然对数的底 = 2.718

σ——股票收益的标准差（连续复利）

h——时段的长度在一年中的比例

当我们说 Genentech 公司股票价格在 6 个月内（h = 0.5）要么上涨 33.3%，要么下降 25% 时，所选取的这些数值与年收益 40.68% 的标准差是保持一致的①：

1 + 上涨的变化率(6 个月时段) = u = $e^{0.4068/\overline{0.5}}$ = 1.333

1 + 下降的变化率 = d = 1/u = 1/1.333 = 0.75

为求出我们把 6 个月的时段分为两个 3 个月（h = 0.25）时相应的上涨和下降的变化率，我们可以使用相同的公式，得出：

1 + 上涨的变化率(3 个月时段) = u = $e^{0.4068/\overline{0.25}}$ = 1.226

1 + 下降的变化率 = d = 1/u = 1/1.226 = 0.816

表 18—1 的中间两列显示的是我们将 6 个月的时段分成了按月的 6 个月和按周的 26 周时，公司价值在各个时段内上涨和下降的相应变化率，而最后一列显示的是相应的操作对期权价值估计值的影响。随着计算步骤数量的增加，你必须相应调整资产价值变化的可能范围，以保持标准差不变。同时你所得到的 Genentech 公司股票买入期权价值也更接近于期权的布莱克—斯考尔斯价值。（我们稍后就将介绍布莱克—斯考尔斯估价方法。）

表 18—1	公司价值在细分的各个时段内上涨和下降的相应变化率		
计算步骤的数量	每期变化（%）		期权价值估计值（单位：美元）
	上涨	下降	
1	+33.3	−25.0	12.26
2	+22.6	−18.4	9.02
6	+12.5	−11.1	9.68
26	+5.8	−5.5	9.96

布莱克—斯考尔斯价值 = 10.05（美元）

18.2.3 二叉树方法与决策树

用二叉树方法评估期权价值，本质上仍然是用决策树来求解。我们从未来的某一时点出发，沿着决策树倒推回当前，将未来事件或行动所带来的可能现金流一步步地折成现值。

那么，二叉树方法是不是只是决策树，就是我们在第 11 章中学到过的那种分析方法的又一应用呢？答案是否定的，原因至少有两点。第一，对决策树框架下的折现来说，期权定价理论绝对是非常基本的。对期望现金流进行折现的方法对决策树不适用，对买入期权和卖出期权也不适用，其中的原因是完全相同的。正如我们在第 18.1 节中指出的，由于期权的风险随时间和标的资产价格的变化而变化，因此，并不存在唯一不变的折现率。在决策树中也不存在唯一的折现率，因为如果决策树中存在有意义的未来决策的话，那么它也会包含期权。因此，决策树所描绘的未来现金流的市场价值必须通

---

① 在给定 u 的情况下，要想计算标准差，可以将公式变形：

$\sigma = \ln(u)\sqrt{h}$

其中 ln = 自然对数。在本例中，

$\sigma = \ln(1.333)/\sqrt{5} = 2.877/\sqrt{5} = 0.4068$

过期权定价方法计算得到。

第二，期权定价理论为复杂决策树的刻画提供了一个简单却有力的框架。比如说，如果你有一份期权，可以将投资时间推后一些年，那么你就是在最大的教室，用最大的黑板也不可能画出它所对应的完整的决策树。但现在我们知道了期权，也许就可以将这个推迟投资的机会归纳成"一份美式期权"。当然，并不是所有的实际问题都可以如此简单地拿来与期权进行类比，但是我们往往可以利用多个简单的资产和期权组合来得到复杂决策树的近似值。或许量身定制的决策树可能与现实更加接近，但却不值得为之花费太多的时间和精力。这就好比是置办西装，尽管量身定制的阿玛尼西装将会更加合身、更加好看，但很多男士还是愿意购买现成的套装。

18.3　布莱克—斯考尔斯期权定价公式

再看一下图 18—1，该图列示了随着期权有效期被细分成越来越多的更小的时段，Genentech 公司股票价格变化的可能分布。我们可以看到，价格变化率的分布越来越平滑。

图 18—4　随着期权的有效期间被细分成越来越多的子时段，股票价格变化的可能分布接近于对数正态分布

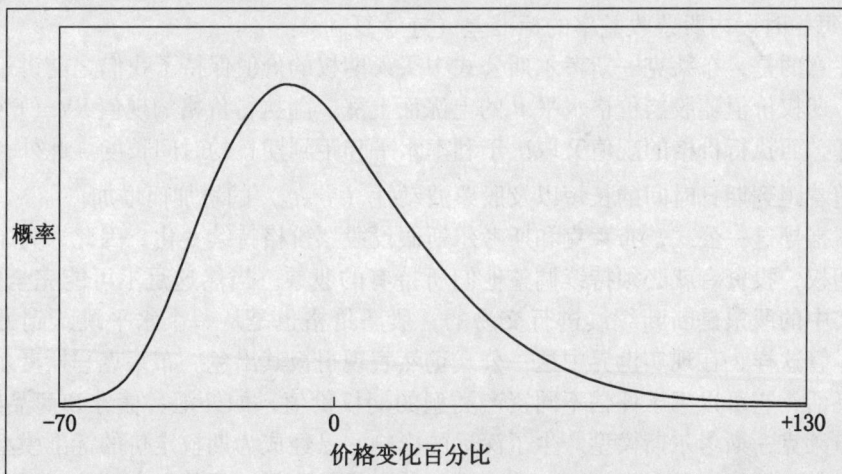

如果我们继续将期权的有效期这样细分，最后我们将得到期权到期日时股票价格变化率的连续分布，如图 18—4 所示。图 18—4 所示的图形是一种对数正态分布的例子，对数分布通常被用于归纳不同的股票价格变化率的概率[1]，它具备很多符合常理的良好特征。比如，对数正态分布确认了以下这一事实，即股票价格跌幅永远不会超过100%，但其上涨幅度却可能超过100%，尽管这种可能性非常小。

将期权有效期间无限细分成更小的期间并不影响期权估价的基本原则。我们还是可以通过对股票进行杠杆投资来复制买入期权，但随着时间的推移我们必须对杠杆水平进

---

① 当我们在第 9 章第一次看到股票价格变化的分布时，我们画出的是正态分布图。当时我们指出，对很短的时间区间，正态分布是可以接受的近似值，但对长期变化率的分布，对数正态分布将会更接近实际。

行持续的调整。听起来，当子时段的数量为无限多时，要计算期权价值简直是毫无希望了。但幸运的是，布莱克和斯考尔斯却洞察了其中的技巧，得出了一个公式①。乍一看，这个公式不那么讨人喜欢，但详细考察之后你就会发现它极其优雅且特别实用。这个公式是：

$$买入期权的价值 = 德尔塔 \times 股票价格 \quad - \quad 银行贷款$$

$$[N(d_1) \times P] \qquad [N(d_2) \times PV(EX)]$$

其中，

$$d = \frac{\ln[P/PV(EX)]}{\sigma\sqrt{t}} + \frac{\sigma\sqrt{t}}{2}$$

$$d_2 = d_1 - \sigma\sqrt{t}$$

$N(d)$ = 正态分布的累积概率密度函数②

EX = 期权的执行价格；$PV(EX)$ 是用无风险利率 r_f 计算的折现值

t = 距离到期日的时段数量

P = 股票的当前价格

σ = 每一时段内股票收益率的标准差（连续复利）

要注意的是，布莱克—斯考尔斯公式中买入期权的价值保持了我们之前讲过的相同的特征。期权价值随股票价格水平 P 的上涨而上涨，随执行价格的现值 $PV(EX)$ 的增加而下降，而执行价格的现值又取决于利率水平和距到期日的时间长度。此外，期权的价值还随着距到期日时间的长短以及股票波动性（$\sigma\sqrt{t}$）的增加而增加。

为了推导这一公式，布莱克和斯考尔斯假设股票价格持续变化，因此，为了复制这样一份期权，投资者就必须持续调整他们所持有的股票。当然这是不可能完全做到的，因为现实中的股票是断断续续进行交易的，股票价格也是从一个水平跳跃到另一个水平。但尽管这样，在现实世界中这一公式仍然表现得极其出色。布莱克—斯考尔斯模型还非常灵活，它可以用于评估不同资产类型的期权价值，如外汇、债券和商品期权等。因此，布莱克—斯考尔斯模型产生了深远的影响，已经成为期权定价的标准模型就不足为怪了。每天期权交易者根据这一公式进行着大量的交易，但他们大部分并没有接受过推导这一公式的数学培训，他们只不过是利用计算机或具有特定程序的计算器来计算期权的价值而已。

18.3.1 布莱克—斯考尔斯公式的应用

看起来布莱克—斯考尔斯公式比较困难，但应用起来是非常直接的。我们还是利用

---

① 布莱克—斯考尔斯公式的重要假设有，（1）标的资产的价格服从对数正态分布的随机游走；（2）投资者可以连续地、不花费成本地调整其对冲头寸；（3）无风险利率是已知的；（4）标的资产不支付股利。

② 也就是 $N(d)$ 是正态分布的随机变量 x 小于或等于 d 的概率。布莱克—斯考尔斯公式中的 $N(d_1)$ 是期权的德尔塔系数。因此该公式告诉我们，一份买入期权的价值等于 $N(d_1)$ 股普通股股票的投资价值减掉借款 $N(d_2) \times PV(EX)$ 后的差额。

Genentech 公司的买入期权来实践一下。

以下是需要用到的数据：

（1）当前股票价格 = P = 80 美元

（2）执行价格 = EX = 80 美元

（3）连续复利的年收益标准差 = σ = 0.4068

（4）距离到期日的年数 = t = 5

（5）年利率 = r_f = 5%（即 6 个月约为 2.5%）[1]

我们知道，买入期权价值的布莱克—斯考尔斯公式为：

$$[N(d_1) \times P] - [N(d_2) \times PV(EX)]$$

其中：

$$d = \frac{\ln[P/PV(EX)]}{\sigma\sqrt{t}} + \frac{\sigma\sqrt{t}}{2}$$

$$d_2 = d_1 - \sigma\sqrt{t}$$

N（d）= 正态分布的累积概率密度函数

利用这一公式对 Genentech 公司股票买入期权进行估价有三个步骤：

步骤 1　计算 d_1 和 d_2。这只需要将数值代入公式即可（注意这里的"ln"指的是自然对数）：

$$d = \frac{\ln[P/PV(EX)]}{\sigma\sqrt{t}} + \frac{\sigma\sqrt{t}}{2}$$

$$= \frac{\ln[80/(80 \cdot 1.025)]}{0.4068 \times \sqrt{0.5}} + \frac{0.4068 \times \sqrt{0.5}}{2}$$

$$= 0.2297$$

$$d_2 = d_1 - \sigma\sqrt{t} = 0.2297 - 0.4068 \times \sqrt{0.5} = -0.0580$$

步骤 2　计算 N（d_1）和 N（d_2）。N（d_1）是正态分布的随机变量小于均值加上 d_1 个标准差的概率。如果 d_1 较大，则 N（d_1）接近于 1.0（也就是说，几乎可以肯定变量会小于均值加上 d_1 个标准差）；如果（d_1）为 0，则 N（d_1）为 0.5（也就是说，正态分布的变量有 50% 的可能小于均值）。

计算 N（d_1）的最简单方法就是使用 Excel 中的 NORMSDIST 函数。例如，如果在 Excel 工作表中输入 NORMSDIST（0.2297），就会得到，正态变量小于均值加上 0.2297

---

[1]　在我们的二叉树例子中，我们假设 6 个月的利率约为 2.5%，等同于 $1.025^2 - 1 = 0.05063$，即年复利为 5.063%。因此，PV（EX）= $80/1.05063^{0.5}$ = 80/1.025 = 78.05 美元。

在评估期权价值时，更常用的是使用连续复利利率（见第 3.4 节）。如果年利率为 5.063%，则其等价的连续复利利率为 4.939%（1.05063 的自然对数是 0.04939，而 $e^{0.04939}$ = 1.05063）。用连续复利，PV（EX）= $80 \times e^{-0.5 \times 0.04939}$ = 78.05 美元。两种方法得出的结果是一样的。

这里的诀窍只有一点：如果你运用的是要求连续复利利率的电子表格或计算机程序，你就一定要确保代入的数值确实是连续复利利率。如果你用错了利率，由此带来的误差往往是不大的，但要找到错误的原因就要浪费你很多时间。

个标准差的概率为 0.5908。另外，我们还可以利用如本书附录 A 中的表 6 那样的正态分布概率表，可以看到，当 $d_1 = 0.23$ 时，N（d_1）＝ 0.5910，与你需要的数值非常接近。

同样，我们也可以利用 Excel 函数求出 N（d_2）。如果在 Excel 工作表中输入 NORMSDIST（ − 0.0580），就会得到答案为 0.4769。换句话说，就是正态分布变量小于均值减去 0.0580 个标准差的概率为 0.4769。同样，如果你想利用本书附录 A 中的表 6，只需要查到 + 0.0580 对应的数值，然后将其从 1.0 中扣除即可：

$$N（d_2）＝ N（ − 0.0580）＝ 1 − N（ + 0.0580）$$
$$＝ 1 − 0.5231 ＝ 0.4769$$

步骤 3 将以上数值代入布莱克—斯考尔斯公式。现在就可以计算 Genentech 公司股票买入期权的价值了：

［德尔塔 × 价格］ − ［银行贷款］
＝ ［ N（d_1） × P］ − ［ N（d_2） × PV（EX）］
＝ ［0.5908 × 80］ − ［0.4769 × 80/1.025］
＝ 10.05（美元）

再多练习一些

对范围更广的股票价格，如果我们重复上面介绍的 Genentech 公司股票买入期权价值的计算过程，就能得到如图 18—5 所示的结果。不难发现，期权价值曲线由图中左下角出发向右上角倾斜，随着股票价格的上涨，期权价值也相应增长，并逐渐与期权价值下限平行。这一曲线形状与我们在第 17 章中导出的（见图 17—10）完全一致。

当然，价值曲线的高度取决于风险和到期时间。例如，如果 Genentech 公司股票的风险突然下降，那么图 18—5 中每一个可能的股票价格对应的价值曲线都会下降。

图 18—5　　Genentech 公司股票买入期权的价值随该公司股票价格变化而变化

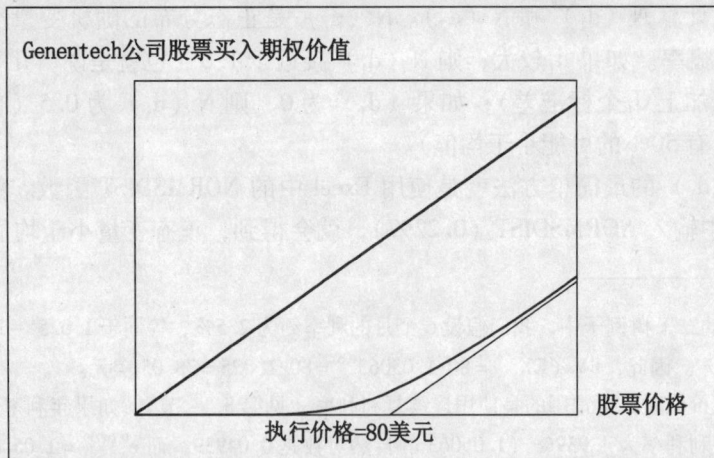

Genentech公司股票买入期权价值

股票价格

执行价格=80美元

18.3.2　布莱克—斯考尔斯公式与二叉树方法

再看一下表 18—1，表中我们是利用二叉树方法计算的 Genentech 公司买入期权的价值。值得注意的是，随着时段数量的增加，通过二叉树方法计算出来的期权价值开始趋近于 10.05 美元的布莱克—斯考尔斯价值。

与假设只有有限数量结果的二叉树方法相比，布莱克—斯考尔斯公式考虑了结果可能服从连续分布的情况，因此，它更加现实。不仅如此，这一公式还比二叉树方法更加精确，使用起来更加快捷。那么我们为什么还要使用二叉树方法呢？答案就是，在很多情况下，我们无法利用布莱克—斯考尔斯公式，但却仍然能使用二叉树方法较好地评估期权的价值。我们将在第 18.5 节中看几个这样的例子。

18.4　布莱克—斯考尔斯期权定价模型的实际应用

前面为解释期权估价的基本原理，我们将注意力集中在了 Genentech 公司股票期权的例子上。但是财务经理们通常还会利用布莱克—斯考尔斯模型来估计很多不同品种的期权的价值。以下我们给出四个例子。

18.4.1　经理股票期权

2005 年，Capital One Financial 公司的 CEO 没有得到任何奖金，这是否就意味着他注定会贫困一生呢？当然不是。也是同一年，他执行了公司赋予他的价值约为 2.5 亿美元的股票期权。

以上的例子强调了经理股票期权通常是补偿的重要一部分的事实。很多年以来，公司都避免在其财务报告中报告这些期权的成本。但是根据新的会计准则，公司必须将这些期权当成一种费用，就像工资和奖金一样，因此，它们必须估计所有新授予期权的价值。例如，Capital One 公司的财务报表表明，2005 年公司发行了总价值为 220 万美元的期权，平均执行价值为 81 美元，有效期 5.3 年。这些期权都是，或近似于等价期权，换句话说就是其执行价值都接近于股票的当前价格。Capital One 计算的这些期权的平均价值是 37.07 美元，那么这个数值是怎么得出来的呢？就是在假设 46% 的标准差和 4.26% 的利息率条件下用布莱克—斯考尔斯模型计算出来的。

最近一些年来，公司有时通过倒签（backdating，也被称为回溯——译者注）期权的授予日来隐瞒向其管理层支付了多少钱。例如，假如一家公司的股票价格从 20 美元上涨到了 40 美元。此时公司授予其 CEO 按 20 美元执行的期权。这种方法在业界是很普遍的，但却是不合法的。然而，如果公司假装该期权实际上就是在股票价格为 20 美元时授予的，并以此为基础对这些期权进行估价，那么就会远远低估支付给 CEO 的补偿水平[①]。专栏中的"财经新闻"就是针对倒签丑闻的讨论。

说到经理股票期权，我们现在就可以利用布莱克—斯考尔斯公式来对第 17.3 节中我们提到过的期权组合（见表 17—3）进行估价了。表 18—2 的计算表明，稳当乏味的 Establishment Industries 公司所授予的股票期权每份价值为 5.26 美元，而充满风险的迷人的 Digital Organics 公司的每份价值 7.40 美元。恭喜你啦[②]！

---

① 直到 2005 年，公司才被要求将授予期权时股票价格与执行价格间的差额作为费用进行记录。因此，只要期权是等价授予的（执行价格等于股票价格），公司就不用记录任何费用。

② 布莱克—斯考尔斯公式向我们揭示了你的期权给公司带来的成本。如果期权使你无法如愿持有更加分散的投资组合，你将对其降低自己的估价。还应该注意的是，还是由于这一原因，与本来的想法不一样，你可能希望提前执行你的期权。

表 18—2	利用布莱克—斯考尔斯公式估计 Establishment Industries 公司和 Digital Organics 公司（见表 17—3）经理股票期权的价值	
	Establishment Industries	Digital Organics
股票价格（P）	22 美元	22 美元
执行价格（EX）	25 美元	25 美元
利率（r_f）	0.04	0.04
到期年数（t）	5	5
标准差（σ）	0.24	0.36
$d_1 = \log[P/PV(EX)]/\sigma\sqrt{t} + \sigma\sqrt{t}/2$	0.3955	0.4873
$d_2 = d_1 - \sigma\sqrt{t}$	−0.1411	−0.3177
买入期权价值 = $[N(d_1) \times P] - [N(d_2) \times PV(EX)]$	5.26 美元	7.40 美元

财经新闻

完美的支付日

2007 年春季，SEC 正在调查 120 多家给予其经理期权倒签的公司案例。这种做法出现之后两年就有了对这一现象进行研究的学术文章＊，并且后来华尔街日报还以"完美的支付日"为题进行了报道。以下就是从这篇报道中节选出来的。

2002 年夏季的一天，Affiliated Computer Services 公司的股价跌到了一年中的最低点。但很奇怪，这对该公司首席执行官 Jeffrey Rich 来说却是个好消息。

他的年度股票期权授予日被倒签到了那一天，该期权给了他在很多年中按当时价格购买股票的权利。如果倒签日是那一天的一周以后，当时的股票价格要比那一天的高 27%，那期权的价值可就远远不如这么大了。Rich 先生拥有的很多期权都是这样的：从执行价格这个角度来说，1995 年至 2002 年他的所有 6 个股票期权的授予日都是正好在股票价格上涨之前，通常是在股票价格急剧下降的最底部。

真的是这么幸运吗？华尔街日报的一份分析说明，发生这种情况的概率是极其微小的，约为 3 000 亿分之一，而买一张彩票就赢得各州 Powerball 的概率才是 1 460 亿分之一。

对这种现象的怀疑并不是偶然的，证券交易委员会正在调查有些期权的授予是否基于不同的原因实行了有利的授予日。

股票期权给予期权的接受者以设定价格购买普通股股票的权益，这一设定价格通常叫做执行价格或敲定价格。这种权利通常不是仅授予一年或几年，而是会持续好几年的时间。执行价格通常是授予日下午 4 点钟的股票价格，这一价格通常是当天高低价的平均水平，或者前一天下午 4 点钟的股价。很明显，执行价格越低，那么期权持有人未来某天执行期权时所获得的潜在收益就越高。

期权授予日的价格对期权的影响是有很大不同的。假设某个经理获得了 100 000 份期权，当天的股票价格为 30 美元。那么如果在价格达到 50 美元的时候执行该期权，经理就会得到 20 美元乘以 100 000，即 200 万美元的利润；但如果授予日是一个月之前，当时的股票价格假设说是 20 美元，那么该期权就会给经理多带来 100 万美元的利润。

股票期权的一个关键目的是给予期权的接受者一种激励，激励其提高雇佣其工作的公司业绩，也包括提高股价。如果股票价格不提高，那么期权就不会获利。但倒签股票期权使得其具有更低的执行价格正好与这个目标相反，因为相当于他们从一开始就给了期权持有人一定的收益。

如果愿意，公司可以给予其经理们丰富的补偿，但他们不应该误导股东。但低于当前市场价值的价格给予期权，当然这是不合法的，可能导致披露错误，因为公司授予的期权必须是在 SEC 备案下经股东批准的"期权计划"下才能进行的。通常情况下，期权计划将说明，期权携带的价格是公司授予期权当天或前一天的股票市场价格。如果最后期权携带的价格是另外的价格，那么公司就违背了期权计划，将来就有可能面临证券欺诈的指控。

公司还甚至会面临会计问题。定价低于授予日股票公允市场价值的期权给期权接受者带来了即时收益。根据会计准则，它相当于额外的支付，因此应该计入公司的成本。而不在其账簿中记录这项成本的公司就有可能高估其利润，并有可能需要重述过去的财务结果。

日报的分析提出了有关最赚钱的股票期权授予的问题。1999 年 10 月 13 日，大型保险公司 UnitedHealth 集团公司的 CEO，William W. McGuire 得到了三部分超大期权，后来股票分割调整后，金额达到了 1 460 万美元。到现在为止，他已经执行了大约 5%，获取了约为 3 900 万美元的利润。到 2 月份末期，他拥有的 1999 年 10 月授予的期权中还有 1 387 万美元的期权未执行。如果今天执行这些期权，他所获得的利润大约将为 7.17 亿美元，或者更多。

1999 年那些期权的签发日是当年 UnitedHealth 公司股票达到最低点的那一天，1997 年和 2000 年授予给 McGuire 博士的期权签发日也分别是那些年股票收盘价最低的那天，同样，2001 年的期权签发日接近于一次股票价格急剧下降的波谷。总之，偶然发生这种有利情况的概率是两亿分之一，或更高。

* E. Lie, "On the Timing of CEO Stock Option Awards," *Management Science* 51 (2005), pp. 802–812.

资料来源：C. Forelle and J. Bandler, "The Perfect Payday; Some CEOs Reap Millions by Landing Stock Options When They Are Most Valuable; Luck – or Something Else?" The Wall Street Journal, March 18, 2006, p. A1. © 2006 Dow Jones & Company, Inc.

18.4.2 认股权证

2004 年 5 月，得克萨斯的电信公司 INX 通过出售 500 000 份证券组合筹集了 830 万美元的资金，每份组合包括两股普通股股票和一份给予持有者在 2009 年 5 月之前的任意时间按 12.45 美元购买一股普通股股票权利的认股权证。当时的股票价格为 8.30 美元，证券组合的售价是 16.60 美元，因此，实际上认股权证就相当于免费发放给了投资者，促使投资者购买股票。我们可以判定，当公司决定增加这项优惠措施时，INX 的投资银行肯定计算了不同股票波动率假设下认股权证的价值。而布莱克—斯考尔斯公式相当于为这种目的进行的量身定做。

18.4.3 投资组合保险

假设你们公司的养老金持有 8 亿美元的分散投资的股票组合，其变动与市场指数基本同步。目前养老金计划的资金相当充足，但你意识到，如果价格下跌超过 20% 就可能发生支付困难。假设对此情况，公司的开户银行可以为你们提供 1 年期的保险，那么你愿意为该保险付多少钱呢？回顾一下第 17.2 节（图 17—6），当时我们曾经给出了防范资产价格下跌的措施，就是买入保护性卖出期权。针对这里的情形，银行愿意向你出售一份一年期价格为低于当前执行价格 20% 的美国股票卖出期权。你可以按照两个步骤求出这种期权的价值。首先利用布莱克—斯考尔斯公式求出具有相同执行价格和相同到期日的买入期权的价值，然后从买卖权平价中将卖出期权的价值分离出来。（你还必须针对鼓励情况进行调整，但我们将把这样的内容留到下一部分再讨论。）

18.4.4 计算隐含的波动率

迄今为止我们已经在给定资产收益标准差的情况下，利用期权定价模型计算了期权的价值。但有时候我们还需要反过来考虑问题，回答期权价格能够告诉我们有关资产波动性的什么样的问题。例如，芝加哥期权交易所交易很多种以不同市场指数为标的的期权。在我们写作本章时，标准普尔 500 股价指数是 1 300 点，而以之为标的的，6 个月期的等价买入期权的交易价格为 63.00 美元。如果布莱克—斯考尔斯公式是正确的，那么只有当投资者相信指数收益的年标准差稍微高于 14% 的情况下[①]，63.00 美元的期权价值才有意义。

芝加哥期权交易所通常会定期公布标准普尔指数的隐含波动率，表示为 VIX。VIX 有着活跃的交易市场。例如，假定你感觉隐含的波动率低得让人难以置信，那么你就可以按当前较低的价格"买入"VIX，然后希望当隐含的波动率增加时将其"卖出"以赚取利润。

你可能会有兴趣将我们之前计算出来的当前隐含波动率与图 18—6 进行一下比较，该图列示的是过去几年里标准普尔指数和纳斯达克指数（VXN）的隐含波动率情况。值得注意的是，2000 年后期，网络股股票暴跌的时候，投资者眼中的纳斯达克股票价值的不确定性急剧上升。投资者对期权愿意支付较高的价格正是对这种不确定性的反映。

[①] 在计算隐含的波动性时，我们必须允许股票支付股利。在下一节中我们将解释如何把这一点纳入考虑范围之内。

图 18—6　　　　　　股票指数期权价格隐含的市场收益标准差

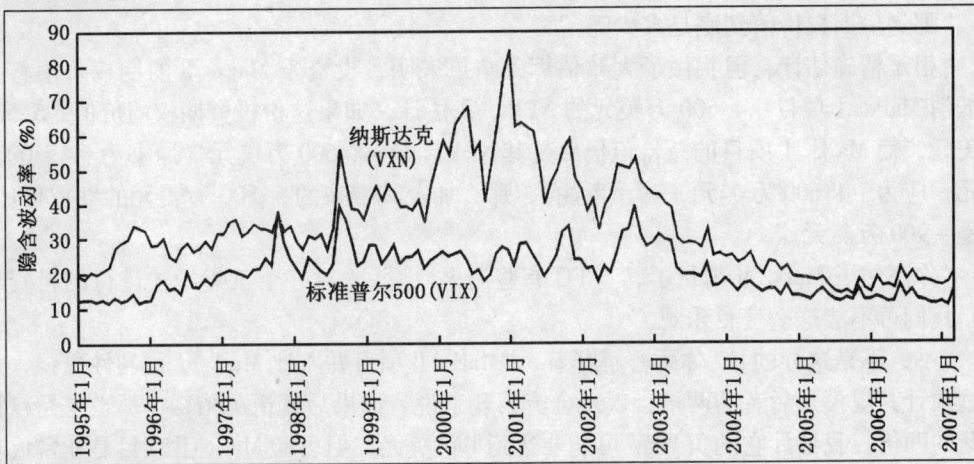

18.4.5　评估扩展期权的价值

像项目扩展期权或放弃期权那样的实物期权通常都是非常复杂的，必须花费大量的时间和精力理解掌握这种期权，并进行分析和计算。但为了使你增强期权方法应用于实物期权估价的进一步了解，我们把时间追溯到从前，来帮助一下 Blitzen 计算机公司的首席财务官（CFO）先生。

在 1982 年，你是 Blitzen 计算机公司的 CFO 助理。Blitzen 计算机公司是一家久负盛名的计算机制造商，其追逐利润的目光那时就已经投向了飞速发展的个人电脑市场。公司当时计划引进 Blitzen Mark I Micro 项目，而你正在帮助 CFO 进行该项目的价值评估。

Mark I 项目需要投资 4.5 亿美元，但遗憾的是，尽管公司的最高管理层强烈认为该公司应该进入个人电脑市场，但计算结果与其直觉截然相反，这个项目并不能达到 Blitzen 公司设定的 20% 的最低预期资本回收率，而且具有 -4 650 万美元的 NPV。

CFO 叫你过去跟他讨论一下这个项目的情况：

"Mark I 项目虽然在财务上站不住脚，" CFO 说，"但考虑到它所具有战略性意义，我们还是要接受它。我建议我们继续采用这个项目。"

"但您还是忽视了项目非常重要的财务优势，老总，"你回答说。

"不要叫我'老总'。什么财务优势？"

"如果我们不采纳 Mark I 项目，那今后再想进入微机市场可能就要付出更高的代价了，甚至可能根本就无法进入，因为那时苹果、IBM 和其他公司早已经站稳了脚跟。如果我们现在就行动起来，我们就有后续投资的机会，而这种机会可能带来相当可观的利润。Mark I 项目不仅自身能产生现金流量，而且还能提供继续开发 Mark II 的买入期权，而这份买入期权正是项目战略价值的真正来源。"

"那么它就是战略价值的代名词了。但那并没有告诉我 Mark II 投资的真正价值是多少。Mark II 可能是一项非常好的投资，但也有可能糟糕透顶，我们现在可是一点儿头绪都没有啊。"

"那才正是买入期权最值钱的地方呢！"你一针见血地指出，"买入期权给了我们这样的权利，也就是如果 Mark Ⅱ非常好，那么我们就投资；但如果它很糟糕，那么我们就避而远之。"

"那这份期权价值到底是多少呢?"

"很难精确估计，但我做了大致估算，结果表明，投资于 Mark Ⅱ的期权价值将大大抵消 Mark Ⅰ项目−4 600 万美元的 NPV。我估计，如果这份投资期权的价值是5 500 万美元，而 Mark Ⅰ项目的总价值仍然是其 NPV，即−4 600 万美元（原书为−4 500 万美元，应为−4 600 万美元——译者注），那么加上其带来的 5 500 万美元的期权价值，就是 +900 万美元。"

"你高估了 Mark Ⅱ项目了，"CFO 有些恼火地说，"对一个三年后才进行的投资项目，我们可不能这么盲目乐观。"

"不，不是这样的，"你耐心解释着，"Mark Ⅱ项目并不比 Mark Ⅰ盈利性更强，只不过预计其规模是后者的两倍，就现金流折现来说，如果后者情况糟糕，那也得是糟糕情况的两倍。我估计它的负 NPV 可能要达到1 亿美元，但可能 Mark Ⅱ项目是非常成功的。这份买入期权能让 Blitzen 公司抓住 Mark Ⅱ项目价值上涨的机会，这个赚钱机会价值5 500 万美元。"

"当然，5 500 万美元只是一个初步的计算结果，但是它说明了后续投资机会多有价值，尤其是在确定性很大且产品市场发展迅速的情况下。另外，Mark Ⅱ还能给我们带来基于 Mark Ⅲ的买入期权，而 Mark Ⅲ又能带来 Mark Ⅳ的买入期权等，这种关系可以一直延续下去。我的计算还没有把这些后续买入期权都纳入考虑范围之内呢。"

"我想我开始有点儿理解公司战略了，"CFO 喃喃自语道。

表18—3 和表18—4 列示了你评估开发 Mark Ⅱ项目的期权价值的计算过程。表18—3 表明，项目在 1985 年要涉及 9 亿美元的初始投资，下一年开始发生现金流入量，1985 年的现值为 8.07 亿美元，相当于 1982 年的 4.67 亿美元。因此，投资于 Mark Ⅱ项目的实物期权就相当于一份 3 年期的买入期权，其标的资产的价值为 4.67 亿美元，执行价格为 9 亿美元。Mark Ⅱ要求的投资额是 Mark Ⅰ项目投资额的两倍，但情况不好时，不好的结果也是其两倍，即如果 Mark Ⅰ的 NPV 为 −4 650 万美元，那么 Mark Ⅱ的 NPV 将为 −9 300 万美元。

表 18—3

| | 从 1982 年开始预测的 Mark Ⅱ微机项目现金流 | | | | | 单位：百万美元 | |

	年份						
	1982 年	1985 年	1986 年	1987 年	1988 年	1989 年	1990 年
税后经营现金流量			+220	+318	+590	+370	0
经营资本增加			100	200	200	−250	−250
净现金流量			+120	+118	+390	+620	+250
20%折现率的现值	+467 ◄—— +807						
投资额	900						
1985 年的预计 NPV	−93						

表 18—4　　投资于 Mark Ⅱ微机项目的期权估价

假设：

1. 对 Mark Ⅱ项目进行投资的决策必须是在 3 年后作出的，也就是 1985 年。

2. Mark Ⅱ项目需要的投资额为 9 亿美元（执行价格），这个数额是固定的。

3. Mark Ⅱ投资项目的预计现金流入量在 1985 年的现值为 8.07 亿美元，1982 年的现值为 $8.07/(1.1)^3 = 4.67$ 亿美元。从交易中的买入期权，你可以看到该买入期权标的资产的价值。这里的期权是购买非交易性实物资产，即 Mark Ⅱ项目。我们无法观察 Mark Ⅱ的价值，因此只能利用 DCF 进行计算。

4. Mark Ⅱ现金流的未来价值是高度不确定的，但与年标准差为 35% 的股价变动基本相似。（很多高科技公司股票的标准差都高于 35%。）

5. 年利率为 10%。

说明：

对 Mark Ⅱ项目进行投资的机会可以看成是一个三年期的买入期权（$t=3$），其标的资产价值为 467 百万美元（为与下列公式数字保持一致，这里采用"百万美元"为单位——译者注）（$P=467$），执行价格为 900 百万美元（$EX=900$）。

估价（单位：百万美元）：

PV（执行价格）$=900/(1.1)^3=676$（原书分子为 9 000，应为 900——译者注）

买入期权价值 $= [N(d_1) \times P] - [N(d_2) \times PV(EX)]$

$$d_1 = \ln[P/PV(EX)]/\sigma\sqrt{t} + \sigma\sqrt{t}/2$$
$$= \ln[0.691]/0.606 + 0.606/2$$
$$= -0.3072$$

$$d_2 = d_1 - \sigma\sqrt{t} = -0.3072 - 0.606 = -0.9134$$

（原书此处 d_1 基本公式有误——译者注。）

$N(d_1) = 0.3793$，$N(d_2) = 0.1805$

买入期权价值 $= [0.3793 \times 467] - [0.1805 \times 676] = 55.1$（百万美元），即 5 510 万美元。

（原书此处为 0.3793×0.467，应为 0.3793×467——译者注。）

18.5　期权价值一览

到现在为止我们对期权价值的讨论都是建立在投资者持有期权一直到到期的假设基础上。对欧式期权来说肯定是这样的，因为欧式期权在到期日之前不允许被执行；但对美式期权来说不一定是这样，因为美式期权在到期日之前的任意一天都可以执行。同时，当我们对 Genentech 公司股票买入期权进行估价时，我们还忽略了股利因素，因此，Genentech 公司不支付股利。那么对于美式期权和那些支付股利的股票来说，这种期权估价方法还适用吗？

1）不支付股利的美式买入期权

与欧式期权不同，美式期权可以在任意时间执行。但我们知道，如果不支付股利，那么买入期权的价值随到期时间的增加而增加。因此，如果你提早执行一份美式买入期权，那么你就不必要地降低了它的价值。既然这样，美式期权就不应该在到期日之前执行，其价值也就和欧式买入期权的价值相同，而布莱克—斯考尔斯模型对两种期权都是适用的。

2）不支付股利的欧式卖出期权

如果我们想评估一份欧式卖出期权的价值，我们可以利用第 17 章得出的买卖权平价公式：

卖出期权的价值 = 买入期权的价值 – 股票价值 + PV（执行价格）

3）不支付股利的美式卖出期权

有时在到期日之前执行一份美式卖出期权，然后将执行期权的收入进行再投资是非常有益的。比如，假设你刚刚购买了一份美式卖出期权，紧跟着股票价格就下跌到了零。在这种情况下再继续持有期权已经没有好处了，它不可能比立即执行更有价值。于是我们最好还是执行卖出期权，然后将所得款项进行投资。因此，美式卖出期权总是比欧式卖出期权更有价值。在我们谈到的极端情况下，差额等于执行美式期权所得收入的利息的现值。但在其他情况下，二者的差额就会较小。

由于布莱克—斯考尔斯公式不允许提前执行，因此它不能用来评估美式卖出期权的价值。这时我们就只能一步一步地使用二叉树方法，始终注意比较每个节点上期权执行与不执行的两种不同价值，从中选取较大的价值。

4）支付股利的欧式买入期权和卖出期权

股利的现值是股票价格的组成部分之一，但期权的持有者却没有权利享受股利的支付，因此当使用布莱克—斯考尔斯模型估计支付股利的欧式期权价值时，必须从股票价格中减掉在期权到期日之前支付的全部股利的现值。

股利没有贴上大大的标签，因此，对于资产持有者受益而期权持有者不能受益的事件一定要小心观察。比如，如果你买进了外汇，那么你就可以进行外汇投资，可以获得利息；但如果你持有的是一份购买外汇的期权，那么你就不能获得这份利息。因此，在对购买外汇的期权进行估价时，必须从外汇的当前汇价中减掉这部分利息的现值①。

5）支付股利的美式买入期权

我们已经看到，如果股票不支付股利，那么继续持有美式买入期权总比立即执行更有价值。通过继续持有期权，你不仅可以继续享有期权的权利，而且能够获得执行收入所带来的利息。因此即使在支付股利的情况下，如果你获得股利数额低于你必须提前支付执行价款而丧失的利息的话，那么你还是不应该提前执行期权。但是，如果股利数额非常大，为了获取这笔股利，也许你就可以赶在除息日之前执行期权。

对支付股利的美式买入期权进行估价的唯一一个基本方法就是一步一步地利用二叉树方法。在这种情况下，每一个阶段你都必须要检查，看看期权是在除息日之前执行更有价值，还是再多持有一段期间更为有利。

18.6　期权的其他种类

在前两章中我们关注的都是一般的单纯的（plain - vanilla）买入期权和卖出期权以及它们的组合。理解了这些期权及其估价方法之后，你就能够处理你在公司理财中可能遇到的大部分期权问题了。但有时你也可能会遇到一些不常见的期权。在本书中我们不打算详细介绍它们，但仅为了增加趣味性，并帮助你在和你投资银行的朋友交谈时能有自己独到的认识，我们还是介绍几个这样的期权。以下是对一些奇异期权的归纳：

亚式（或平均）期权 Asian（or average）option	执行价格等于期权有效期内资产的平均价格
障碍期权 Barrier option	收入取决于资产价格是否达到特定水平的期权。生效期权（knock - in option）（见涨即生买入期权或见跌即生卖出期权）（up - an - in call or down - and - in put）只在标的资产价格达到障碍时存在；失效期权（knock - out option）（见跌即止买入期权或见涨即止卖出期权）在资产价格达到障碍时就被停止存在
百慕大期权 Bermuda option	可以在到期日前所规定的一系列时间内执行的期权
买入卖出期权 Caput option	以卖出期权为标的的买入期权
（随意）选择期权 Chooser（as - you - like - it）option	持有者必须在期权到期日之前决定该期权是买入期权还是卖出期权
复合期权 Compound option	以期权为标的的期权
数字（二元或，现金或无）期权 Digital（binary or cash - or - nothing）option	如果资产价格处于执行价格的反方向，则期权的收入为零；否则期权的收入就是一个固定的数值
回望期权 Lookback option	期权持有者选择到期前发生的任意资产价格作为执行价格的期权

---

① 例如，假设当前购买1英镑需要花费2美元，然后将这1英镑进行投资，可以获得5%的利息。那么期权持有者损失的利息就是 0.05×2 美元 $= 0.10$ 美元。因此在使用布莱克—斯考尔斯公式对购买英镑的期权进行价值评估之前，必须调整英镑的当前价格：

调整后英镑价格 = 当前价格 – PV（利息）

$= 2 - 0.10/1.05 = 1.905$（美元）

本章小结

本章中我们通过对以下期权的考察介绍了期权估价的基本原理，即标的资产在期权到期日只有两种可能价值的股票期权，我们利用股票和贷款构建出适当组合，无论股票价格上升或者下降，都能保证其收入与期权的收入完全相同。因此，期权的价值肯定与复制期权的投资组合的价值相同。

用以下方法也能得到同样的结果，即假定投资者都是风险中性的，因此对每项资产的期望收益率都等于利息率。我们首先在这种假想的风险中性世界中计算期权期望的未来价值，然后用利息率对其进行折现，得到期权的现值。

通过将期权的有效期细分为更多的时段，并假设在每一个时段里股票价格都只有两种可能的变化，这样的一般二叉树方法更加贴近现实。时段的拆细并不改变买入期权定价的基本方法，我们仍然可以利用股票和贷款的组合来复制买入期权，但这个组合在每一个时段都会发生变化。

最后，我们介绍了布莱克—斯考尔斯公式。如果股票价格一直在变动，其未来的可能取值服从连续分布，那么我们就可以利用这一公式计算期权的价值。

在对实际情形中的期权进行价值评估时，我们往往还要注意一些期权的特征。比如说你必须考虑到如果期权持有者不能享有股利，那么期权价值就会下降的事实。

推荐读物

有关期权估价的经典文章是：

F. Black and M. Scholes, "The Pricing of Options and Corporate Liabilities", Journal of Political Economy 81 (May – June 1973), pp. 637 – 654.

R. C. Merton, "Theory of Rational Option Pricing", Bell Journal of Economics and Management Science 4 (Spring 1973), pp. 141 – 183.

关于布莱克—斯考尔斯模型，有两篇可读性比较强的文章：

F. Black, "How We Came up with the Option Formula", Journal of Portfolio Management 15 (1989), pp. 4 – 8.

F. Black, "The Holes in Black – Scholes", RISK Magazine 1 (1988), pp. 27 – 29.

有关期权估价，有很多优秀的书籍，这其中就包括：

J. Hull, Options, Futures and Other Derivatives, 6th ed. (Englewood Cliffs, NJ: Prentice – Hall, Inc., 2005).

R. Jarrow and S. Turnbull, Derivative Securities, 2nd ed. (Cincinnati, OH: South – Western 1999).

R. L. McDonald, Derivatives Markets, 2nd ed. (Reading, MA: Pearson Addison Wesley, 2005).

P. Wilmott, Paul Wilmott on Quantitative Finance, 2nd ed. (New York: John Wiley & Sons, 2006).

完整的本章概念复习题，请登录网站 www.mhhe.com/bma1e。

1. 为什么折现现金流方法对期权不适用？

2. 对期权进行价值评估有两种等价的方法。一种是创建复制组合，另一种方法是什么呢？

3. 请解释什么是期权德尔塔？

1. Heavy Metal（HM）公司的股票每个月仅变动一次，要么就上升20%，要么就下降16.7%。其当前的价格为40美元，年利率为12.7%，即每月约为1%。

（1）执行价格为40美元的一个月期买入期权的价值是多少？

（2）期权德尔塔是多少？

（3）说明如何通过购买HM公司股票和借款进行组合来复制这一买入期权的收入？

（4）执行价格为40美元的两个月期买入期权的价值是多少？

（5）对于两个月期的买入期权，第一个月的期权德尔塔是多少？

2.（1）买入期权的德尔塔可能大于1.0吗？为什么？

（2）买入期权的德尔塔可能小于0吗？

（3）如果股票价格上涨，买入期权的德尔塔将发生什么样的变化？

（4）如果股票风险增加，买入期权的德尔塔将发生什么样的变化？

3. 再看看比如图18—2中Genentech公司的两阶段二叉树。试利用资产组合法或风险中性法来评估执行价格为75美元的6个月期买入期权和卖出期权的价值。假设Genentech公司的股票价格为80美元。

4. 假设Genentech公司的股票价格在接下来的6个月中，要么上升25%，要么下降20%（见第18.1节）。利用（1）复制组合法；（2）风险中性法，重新计算买入期权（执行价格＝80美元）的价值，并直观地说明为什么与在第18.1节中计算出来的买入期权价值相比，该期权价值下降了？

5. 假设下一年里，Ragwort公司的股票价格要么从当前价格的100美元下降一半，至50美元，要么上涨到200美元。一年期利率为10%。

（1）Ragwort公司执行价格为100美元的一年期买入期权德尔塔是多少？

（2）利用复制组合法评估这一买入期权的价值。

（3）在风险中性世界中，Ragwort公司股票价格上涨的概率有多少？

（4）利用风险中性法检查你对Ragwort股票期权的估价。

（5）如果有人告诉你，实际上Ragwort公司股票价格上涨到200美元的机会只有60%，那么你会改变你对这一期权价值的看法吗？请解释。

6. 利用布莱克—斯考尔斯公式和附录A：现值表6，对以下期权进行价值评估：

（1）以当前售价为每股60美元股票为标的的资产的、执行价格为60美元的买入期权。股票的月标准差为6%，期权三个月后到期。月无风险利率为1%。

（2）以同样股票为标的的、同时签发的、执行价格和到期日都相同的卖出期权。

对以上期权，分别构建一个能够复制期权的股票和无风险资产的组合。

7. "期权总比其标的股票风险更大。"这种说法正确吗？当股票价格发生变化时，期权的风险会发生什么样的变化？

8. 以下哪种期权在到期日之前执行可能是合理的？简单解释一下为什么。

（1）不支付股利股票的美式卖出期权。

（2）美式买入期权，每年支付股利5美元，执行价格为100比索，利率为10%。

（3）美式买入期权，利率为10%，股利支付额为未来股票价格的5%。（提示：股利取决于股票价格，而股票价格要么升，要么降。）

实务题

9. Johnny Jones的衍生证券家庭作业要求用二叉树估价方法评估以Overland铁路公司普通股为标的的12个月期买入期权的价值。该公司股票当前售价为每股45美元，其收益标准差为24%。Johnny首先建立了一个像图18—2那样的二叉树，图中股票价格每6个月上升或下降一次。然后他假定股票价格每3个月上升或下降一次，或每年发生4次，建立了一个更加现实的二叉树。

（1）试画出这两个二叉树。

（2）如果Overland股票的年标准差为30%，这些树会发生什么样的变化？（提示：要保证计算出正确的上涨和下降的百分比。）

10. 假设某支股票在下一年中可能上涨15%，也可能下降13%。你拥有一份以该股票为标的的卖出期权。假定利率为10%，当前股票价格为60美元。

（1）执行价格是多少时，你持有该期权和执行该期权没有任何差别？

（2）如果利率提高，这个保本的执行价格将会发生什么变化？

11. Moria矿业公司的股票价格为100美元。在接下来的两个6个月里，该股票价格要么上涨25%，要么下降20%（相当于年标准差为31.5%）。在第6个月中，公司将支付20美元的股利。每6个月期间的利率为10%。那么执行价格为80美元的一年期美式买入期权价值是多少？现在假设股利支付额等于带息股票价格的20%，重新计算期权的价值。

12. Buffelhead公司的股票价格为220美元，在每一个6个月的期间，股票价格要么折半，要么增加一倍（相当于标准差为98%）。一份以Buffelhead公司股票为标的的一年期买入期权执行价格为165美元。每年利率为21%。

（1）Buffelhead公司买入期权的价值是多少？

（2）如果①股票价格上涨到440美元；②股票价格下降到110美元，计算第二个6个月的期权德尔塔。

（3）买入期权的德尔塔如何随股票价格的水平而变化？直观地解释一下这是为什么。

（4）假设第6个月，Buffelhead公司股票价格为110美元。此时，你应该如何通过买入期权和无风险贷款的适当组合来复制出对该股票的投资？证明你的策略确实会与股票投资产生完全相同的收益。

13. 假设你有一份执行价格为220美元的Buffelhead公司股票的美式卖出期权（见

实务题第 12 题）。

（1）你会考虑提前执行期权吗？

（2）计算该卖出期权的价值。

（3）将这份美式卖出期权的价值与条件相同的欧式卖出期权的价值比较一下。

14. 假设期权是美式期权，并且假设到第一个 6 个月月末，公司支付了 25 美元的股利，（因此与第 6 个月的除息价格相比，年末的股票价格要么翻倍，要么减半。）重新计算 Buffelhead 公司买入期权（见实务题第 12 题）的价值。如果期权是欧式期权的话，你的答案又会有什么样的变化呢？

15. 假设你有一份 Buffelhead 股票期权（见实务题第 12 题），它允许你在 6 个月后按 165 美元的价格卖出该公司股票，或在 12 个月后按 165 美元的价格购买该公司股票。这份不同寻常的期权价值是多少？

16. Mont Tremblant 航空公司当前的股票价格为 100 美元。在每 6 个月的期间中，股票价格要么上涨 11.1%，要么下降 10%（相当于年标准差为 14.9%）。6 个月期的利率为 5%。

（1）计算以 Mont Tremblant 公司股票为标的、执行价格为 102 美元的一年期欧式卖出期权的价值。

（2）假设该期权是美式期权，重新计算该卖出期权的价值。

17. United Carbon（UC）公司的当前股票价格为 200 美元。年标准差为 22.3%，年利率为 21%。考虑一份执行价格为 180 美元的 UC 公司股票的一年期买入期权。

（1）利用布莱克—斯考尔斯模型估计 UC 公司股票买入期权的价值。本书网站 www.mhhe.com/bma1e 上有表 18—2 的"活动"电子表格，利用它会有很大帮助。

（2）对 UC 公司期权利用单一期间二叉树方法进行价值评估，利用第 18.2 节中给出的公式，计算估价所用的价格上涨和下跌情况，并最终求出期权价值。

（3）再利用两期二叉树方法，重新计算价格的涨跌情况，并重新评估期权价值。

（4）利用你在（3）中计算出的结果，分别计算①当前；②下一期价格上涨时；③下一期价格下跌时的期权德尔塔。说明在每种情况下，你应该如何利用对公司股票的杠杆投资来复制出买入期权。

18. 假设你通过购买由德尔塔股股票所组成的杠杆头寸，同时卖出一份买入期权，构建出一个期权保值组合。但是，如果股价发生变化，那么期权的德尔塔也会相应改变，而你也就必须重新调整保值组合。显然，如果股价的变化对期权德尔塔的影响很小，你的调整成本也就能够最小。试举出一个示例来说明，如果你用一份价内期权、一份等价期权或一份价外期权来保值，期权德尔塔是否会在某种情况下有更大的变动。

19. 在其他条件相同的情况下，下列美式期权中，你最可能提前执行哪份期权？

（1）将要发放大量股利的股票的卖出期权，或同样股票的买入期权；

（2）以低于执行价格的价格出售的股票的卖出期权，或同样股票的买入期权；

（3）利率较高时的卖出期权，或利率较低时相同的卖出期权。

利用示例解释你的答案。

20. 在带息日执行买入期权好，还是在除息日执行买入期权好？如果是卖出期权呢？请解释。

21. 回顾一下表18—3中列示的公司。这些公司大多数都可以在标准普尔市场观察网（www.mhhe.com/edumarketinsight）上找到，并且大部分都有期权交易。至少选择三家公司，对每家公司，将"月调整价格"下载为 Excel 电子表格。由电子表格得到月收益及其标准差，相应的 Excel 函数为 STDEV，再将此月标准差乘以12的平方根，转换成年标准差。

（1）利用布莱克—斯考尔斯公式评估每种股票的三个月期、六个月期和九个月期买入期权的价值。假设执行价格等于当前的股票价格，利用当前的无风险年利率。可以利用本书网站 www.mhhe.com/bma1e 表18—2 中的"活动"电子表格检验你的结果。

（2）对每种股票，选取一份执行价格与当前股票价格基本相等的交易期权。利用布莱克—斯考尔斯公式和你对标准差的估计，评估期权的价值。你计算的价值与期权的交易价格接近吗？

（3）你计算出来的（2）的答案不可能与交易价格完全吻合。试给标准差赋予不同的取值，代入公式，尽可能地逼近交易价格。由此得到的隐含波动率是多少？隐含波动率反映出投资者对未来波动率的预期如何？

22. 再看一下表18—4。如果发生下列各种情况，投资于 Mark Ⅱ 项目的期权1982年的价值将如何变化：

（1）Mark Ⅱ 项目投资所需资金为8亿美元（与9亿美元对比）？

（2）Mark Ⅱ 项目1982年的现值是5亿美元（与4.67亿美元对比）？

（3）Mark Ⅱ 现值的标准差仅为20%（与35%对比）？

23. 利用本书网站 www.mhhe.com/bma1e 的"活动"布莱克—斯考尔斯程序，估计在第18.4节中描述的 INX 认股权证的价值。INX 股票的年标准差为87%，发行认股权证时的利率为2.8%。INX 不支付股利。

24. 利用本书网站 www.mhhe.com/bma1e 的"活动"布莱克—斯考尔斯程序，估计要为下一年你们公司的养老金投保的话，你应该支付多少钱。对市场波动性进行合理假设，利用当前利率。记住要从市场指数的当前水平中减掉可能支付的股利的现值。

思考题

25. 利用买入期权和卖出期权价值的相关公式（见第17.2节）和单一期间二叉树模型，证明卖出期权的德尔塔系数等于买入期权的德尔塔系数减1。

26. 股票价格相对于执行价格上涨时，期权德尔塔将会发生什么样的变化？试直观地说明为什么会发生这种情况。（提示：如果期权的执行价格等于零，期权的德尔塔将会如何变化？如果期权的执行价格趋近于无穷大时，情况又会怎样呢？）

27. 你的公司刚刚授予你一份非常大方的股票期权激励计划。你估计董事会要么决定增加股利，要么会宣布股票回购计划。那么，从你自身利益出发，你希望他们采取哪种方案呢？请解释一下。（重读第13章的内容，也许对你会有所帮助。）

28. 有些公司发行永续认股权证。认股权证是由公司发行的买入期权，它允许持有者购买公司的股票。

（1）对不支付股利的股票，布莱克—斯考尔斯公式预测该股票的永远有效的买入期权的价值如何？试说明你所进行的价值评估。（提示：对有效期很长的期权，其执行价格的现值会怎么样?)

(2) 你认为这种预测现实吗? 如果不是, 详细解释为什么。(提示: 对股利应该如何处理? 如果破产呢?)

【微型案例】

Bruce Honiball 的发明

Bruce Honiball 是 Gibb River 银行零售服务部的经理, 对他来说, 这又是一个令人失望的年份。确实, Gibb River 的零售部门确实在赚钱, 但 2006 年的业务却一点儿也没有增长。Gibb River 银行有很多忠诚的储户, 但几乎没有新客户。Bruce 不得不推出一些新产品或新的金融服务, 能给人以刺激, 引起人们的注意。

有一个主意, Bruce 已经考虑了很久。帮助 Gibb River 银行的客户方便而安全地把钱投资到股票市场中去怎么样? 让他们享有投资股票后的上涨收益, 至少是部分上涨收益, 而不让他们承受股价下跌的任何影响, 那将会如何呢?

Bruce 设想出了这样的广告内容:

你想完全无风险地投资于澳大利亚股票吗? 参与 Gibb River 银行权益连接储蓄吧! 你能分享到好年头的一切收益, 而由我们来为你承担坏年头的一些损失。

想知道如何操作吗? 在我们这里存上 100 澳元, 到一年后, 你得到的将是你的 100 澳元的存款, 再加上澳大利亚全部普通股股票指数上涨后的收益, 股票指数每上涨 10%, 你就可以得到 5 澳元。但是, 如果这期间股票指数下降了, 银行还是会偿还你 100 澳元的全部存款。

没有亏损的风险, Gibb River 银行是你安全的家。

Bruce 刚刚提出自己的看法, 立即就遭到了质疑, 甚至嘲笑: "赢了他们拿, 输了我们出——这就是你的提议吗, Honiball 先生?" Bruce 无法回答。银行是否真的能够提供这样诱人的服务呢? 对客户存款投入的资金, 银行如何进行投资呢? 银行可不想再承受太多的风险。

过去两周里, Bruce 一直在为这些问题所困扰, 却无法得出一个令人满意的答案。他相信当前的澳大利亚股票市场已经得到了完全的定价, 但他也意识到他的一些同事对股市的未来走势比他更为乐观。

幸运的是, 银行刚刚聘用了一个非常聪明的 MBA 毕业生, 刘世乐。刘世乐保证她能为 Bruce Honiball 的问题找到答案。首先为对是否可以推行股票连接储蓄计划有个大致的概念, 她收集了澳大利亚股票市场的数据, 这些数据如表 18—5 所示。就在她准备进行一番计算时, 她又收到了 Bruce 的一张便条:

世乐, 我又有了个新主意。很多客户可能和我一样, 认为股票市场定价过高了。那为什么我们不再向他们提供可以赚钱的 "熊市储蓄" 呢? 如果股市上扬, 他们就可以收回 100 澳元的存款; 但如果股市下挫, 就既可以收回原来的 100 澳元存款, 还能从市场下跌中赚钱, 每下跌 10% 就赚 5 澳元 (此处原书为 5 美元, 应为 5 澳元——译者注)。你能算算我们是否可以这样做吗? Bruce。

表 18—5

年份	利率（%）	市场收益率（%）	年末股利收益率（%）	年份	利率（%）	市场收益率（%）	年末股利收益率（%）
1987	14.1	−7.9	4.7	1997	5.5	12.2	3.9
1988	11.7	17.9	5.1	1998	5.0	11.6	3.5
1989	17.3	17.4	5.7	1999	4.9	16.1	3.2
1990	15.9	−17.5	6.8	2000	4.9	5.2	3.4
1991	11.1	34.2	3.8	2001	4.8	10.4	3.3
1992	6.8	−2.3	3.8	2002	4.8	−8.8	4.0
1993	5.3	45.4	3.0	2003	4.8	14.6	3.9
1994	5.4	−8.7	4.0	2004	5.4	28.0	3.5
1995	8.0	20.2	4.0	2005	5.6	22.8	3.7
1996	7.4	14.6	3.6	2006	5.9	24.2	3.7

澳大利亚利率和股票收益率（1987—2006）

问题：

Bruce 提议的是什么类型的期权？该期权的价值如何？股票连接储蓄和熊市储蓄能给 Gibb River 银行带来正 NPV 吗？

第7部分

财务计划与营运资本管理

　　1994 年，39 岁的 Jean – Marie Messier 出任法国 Generale des Eaux 公司的 CEO。他上任后立即着手将公司从一家沉寂的供水及清污公司转向了跨国的传媒通信集团。此后，这家现在命名为 Vivendi 的公司进行了一系列的大型并购活动，包括斥资 420 亿美元收购了 Universal Studios 的母公司 Seagram 公司等。在扩张资金的筹措过程中，Vivendi 公司的举债金额上升至 350 亿美元，不仅如此，公司还耗资 63 亿美元，回购了 1.04 亿股公司股份，由此进一步加大了公司的杠杆力度。由于对股价的上升态势非常有信心，公司还出售了大量以自己公司股票为标的的卖出期权，更加大了自己的风险。

　　Vivendi 公司的战略导致其非常脆弱，经不起经营现金流的一点点下挫。随着公司开始不再盈利，它出现了严重的现金短缺。银行不愿意再对其增加贷款，公司的债券也跌入到了垃圾债券行列。到 2002 年 7 月，公司的股价已经跌至不足其两年前股价的10%。看到公司即将破产，公司赶走了 M. Messier，新的管理层随机着手大幅削减公司的成本支出，同时出售资产来降低公司的债务负担①。

　　Vivendi 公司问题的恶化在于其过度的浪费和极度的奢华，但它差点破产却是缺乏财务计划的结果。公司的增长目标无法持续，也没有应对经营现金流下降时的对策措施。本书第 7 部分说明企业应该如何来检验其融资计划是否与其发展战略相一致。第 19 章将说明管理人员应该如何监管企业的财务状况，如何制定企业的长

---

　　① Vivendi 公司的兴衰过程，参见 J. Johnson and M. Orange, The Man Who Tried to Buy the World: Jean – Marie Messier and Vivendi Universal (Portfolio, 2003)。

期财务计划；第 20 章将把注意力集中在短期计划问题上。我们将首先考虑经理们应该如何预测其现金需求，进而讨论公司如何缓解其短期的现金短缺，以及对多余的现金进行投资。

第19章

财务分析与财务计划

骆驼似乎是某个领导班子设计出来的动物。如果一个企业对所有的财务决策都零散地进行处理，那么它最终就会孕育出财务骆驼。因此，聪明的财务经理们总是通盘考虑融资和投资决策的影响，以确保自己的财务战略能够支持企业的长远发展规划。

明确今天的立脚点是筹划未来必不可少的前奏曲。因此，在这一章中，我们将首先简要地回顾一下公司的财务报表，并介绍如何利用这些报表来把握公司的整体表现，评估其当前的财务状况。

为了从混乱中找出头绪，财务分析人员总会计算几个关键性的财务比率，以便总体把握公司的财务优势和劣势。当然，这些比率并不是能够占卜的水晶球，但它们确实能够帮助我们正确地思考问题。比如说，如果公司要从银行取得贷款，财务经理们就要准备回答一些调查性的问题，比如，公司的负债比率以及利息在利润中所占比重等等。同样的道理，财务比率还具有预警功能，能够使企业高层领导者注意到潜在的问题所在。假如某部门只有很低的资本收益率，或者销售利润率面临很大的压力，你就一定要要求管理层对此进行说明。

成长型企业需要增加营运资本、厂房设备，需要加强产品的研发等等，所有这一切都需要资金。因此，我们将说明企业如何利用财务计划模型来帮助它们了解经营计划的财务要求，帮助它们探讨其他财务战略的后果。

本章关注的是公司的长远未来，未必说公司可能要有 5 或 10 年的规划。第 20 章则要考察为保证今后数月的财务安全，公司将如何制定更为详细的财务策略。

19.1 财务报表

上市公司的利益相关者有多种，有股东、债券持有人、银行、供应商、雇员和管理层。所有这些利益相关者都需要对公司实施监控，以确保他们的利益得到保全，而这就需要依靠公司的财务报表来提供必要的信息。

查看公司的财务报表，有一点相当重要，就是不要忘记，会计人员在报告公司收益和账面价值时享有很大的自由空间。比如说，会计人员可以选择折旧方法，以及公司资产被注销的速度。

尽管世界各地的会计人员正在努力达成共同的从业规范，但不同国家之间的会计规则仍然存在着很大的差异。在美国和英国这样的盎格鲁—萨克森国家，有着活跃的大型股票市场，他们设计的会计规则就是重在保护股东利益；相反，在德国，其会计准则注重的就是要保护债权人的权益。

另一个区别还在于利润表中税金的列示。比如，在德国，税金是以公开的利润为基础的，因此折旧方法必须征得有关机构的同意。但在盎格鲁－萨克森国家，情况却并非如此，公开的会计数据一般并不作为公司税金的计算基础。比如说，计算公开利润的折旧方法与税务机关认定的折旧方法就有可能不同。

有时会计准则的这种区别的影响还是很大的。当德国汽车制造商戴姆勒－奔驰公司1993年决定在纽约证券交易所上市时，它就必须按照美国的会计标准修订其会计实务。结果，1993年上半年，公司按照德国会计准则编制的报表还有一定的利润，但按照美国会计准则编制报表却显示出5.92亿美元的亏损，而其主要就是由于两种会计准则对准备金的处理不同所导致的。

对投资者和跨国公司来说，会计准则中的这些差异是令人讨厌的。因此，会计团体已经开始在一起探讨消除一些差异的可能。但正如专栏中"财经新闻"所说的，这可不是一个简单的任务。

19.2 Executive 纸业公司财务报表

你现在的任务是评估 Executive 纸业公司的财务状况。或许你是 Executive 纸业公司的财务分析人员，正在帮忙起草一份5年财务计划；或许你受雇于竞争对手，正打算收购 Executive 纸业公司；或许你是银行职员，需要评估是否应该向这家公司发放贷款。无论如何，你都得首先弄清这家公司当前的财务状况。现在摆在你面前的是最新的资产负债表、利润表以及资金的来源和运用表。

19.2.1 资产负债表

从表19—1所示的 Executive 纸业公司的资产负债表中，你可以快速了解该公司的资产以及用于购买这些资产的资金来源。

资产负债表中的项目是按流动性递减的顺序列示的。例如，你可以看到，会计报表首先列示的是最可能在不久的将来就被转换成现金的资产，包括现金本身、可交易证券和应收款项（也就是公司客户需要支付的账单），以及包含原材料、在产品和产成品的存货。这些资产都被称为流动资产。

除流动资产外，资产负债表中剩下的资产就是长期资产，通常流动性都不强，包括纸浆搅拌机和碎纸机、办公大楼和木材林地等。资产负债表并不列示这些长期资产最新的市场价值，相反，会计人员记录的是最早取得这些资产的成本，然后，比如对厂房和设备，要每年扣除一个固定的折旧额。资产负债表并不包括公司所有的资产。有些最优价值的资产是无形的，比如专利、声誉、有经验的管理层以及训练有素的员工等。除非这些资产能够被确认和计价，否则会计人员是不愿意在资产负债表中记录这些资产的。

现在再来看看 Executive 纸业公司资产负债表的右列，这列列示的是购买这些资产的钱是从什么地方来的①。右边首先是负债，也就是公司所欠的资金。负债的第一项是不久的将来就要偿还的负债，这些流动负债包括在下一年里就将到期、需要偿还的负债和应付账款（也就是公司欠其供应商的款项）。

财经新闻

用方言说话

忘了世界语吧，它太简单易懂了。目前跨越世界的、日益增长的交际语是一种拗口的会计语言，它甚至迫使美国开始重新思考财务统治的一些珍贵的想法。

国际财务报告准则（IFRS）的主旨是协调世界范围内跨国交易和投资的财务报告，自从 2005 年欧盟约有 7 000 家上市公司采用后取得了极大进展。到现在为止，从加拿大到中国，已经有超过 100 个国家采用了该准则，或已经计划采用该准则。以伦敦为核心的国际会计准则委员会（IASB）预计，在接下来的四年里将会增加到 150 个国家。

即使不太热心于国际化的美国，也正在与 IASB 进行协商，希望缩小其自己的会计准则和 IFRS 之间的差距，规定到 2009 年或更早，在美国上市的外国公司可以选择采用 IFRS。目前，这些公司必须按美国准则"调整"其账户，这种做法的成本是非常大的，有人相信，这样做可能会使一些上市公司离开美国。

4 月末，美国证券交易委员会（SEC）突然提出了一种想法，允许美国公司，不单单是外国公司，可以选择采用 IFRS。这种想法的批评者认为，这会给公司提供寻找更适合自己发展的政策制度的选择权。但不可避免地，由于敞开了大门（即便只是一条缝），美国自己的会计政策将面临危险。

根据会计公司 KPMG 的调查，到底是否完全采用 IFRS，所有的国家都倾向于按照能够反映其原有的会计准则的方法进行考虑。规则制定者正与一个证券管理的国际组织 IOSC 共同工作，试图缩小这种差距。

考虑到以下事实的话，这项任务就更复杂了，这个事实就是国际会计准则是"原则导向"的，这就意味着没有硬性的规定必须遵守。这和美国是不同的，美国的会计原则还有上千页的详细的规则指南和审计人员及会计集团对其提供的解释，而有一些是从 SEC 讲话中收集来的。而 IFRS 没有这样的东西，因此给个人判断留下了更大的空间。

资料来源：Adapted from "Speaking in Tongues," The Economist , May 19, 2007, p. 83。

---

① 英国和美国对资产负债表左右两边的内容规定得并不一致。英国的负债列在左边，资产列在右边。（本例中右列就是表中的下半部分。）

表 19—1	Executive 纸业公司资产负债表		单位：百万美元
资产	2004 年 12 月	2005 年 12 月	变化额
流动资产：			
现金和有价证券	75	110	+35
应收账款	433. 1	440	+6. 9
存货	339. 9	350	+10. 1
流动资产合计	848	900	+52
固定资产：			
固定资产	929. 5	1 000	+70. 5
减：累计折旧	396. 7	450	+53. 3
固定资产净额	532. 8	550	+17. 2
资产总额	1 380. 8	1 450	+69. 2
负债和股东权益	2004 年 12 月	2005 年 12 月	变化额
流动负债			
1 年内到期的负债	96. 6	100	+3. 4
应付账款	349. 9	360	+10. 1
流动负债合计	446. 5	460	+13. 5
长期负债	425	450	+25
股东权益	509. 3	540	+30. 7
负债及股东权益总额	1 380. 8	1 450	+69. 2
其他财务信息：			
股票的市场价值	598	708	
平均股数（百万股）	14. 16	14. 16	
每股价格（美元）	42. 25	50. 00	

（为与表中数字保持一致，本章以下部分数字单位使用百万美元——译者注。）

流动资产和流动负债的差额叫做净流动资产或净营运资本。它大致衡量了公司现金的潜在供应量。例如，2005 年 Executive 纸业公司的净营运资本为：

净营运资本 = 流动资产 − 流动负债

= 900 − 460 = 440 （百万美元）

资产负债表的底部说明了为取得净营运资本和固定资产所需要的现金来源。一些资金来自于债券的发行和很多年不用偿还的租赁。所有这些长期负债都得到偿还之后，剩下的资产就属于普通股股东所有。公司的权益就等于净经营资本与固定资产的合计数减掉长期负债。这一权益的一部分来自于向投资者出售的股份，另一部分则来自于由公司留存和代表股东投资的留存收益。

表 19—1 还提供了 Executive 纸业公司的其他一些财务信息，比如说，它说明了普通股的市场价值，这有助于将权益的账面价值（在公司账户上显示的）与在资本市场上的市场价值进行比较。

19.2.2 利润表

如果将 Executive 纸业公司的资产负债表看成是公司在特定时点的快照，那么其利润表就好比是一段录像，它能够说明过去一年中公司的盈利情况。

看一下表 19—2 的汇总利润表。可以看到，2005 年 Executive 纸业公司出售了价值 22 亿美元的商品，其生产和销售这些产品的成本是 19.8 亿美元。除了这些现金支付的费用外，Executive 纸业公司还发生了用于生产这些商品的固定资产折旧费用为 5 330 万美元。因此，Executive 纸业公司的息税前利润（EBIT）为：

EBIT = 收入总额 − 成本 − 折旧

= 2 200 − 1 980 − 53.3 = 166.7 （百万美元）

在这些数额中，有 4 250 万美元被用于偿还短期和长期负债的利息（记住债务利息是在税前利润中支付的），还有 4 970 万美元被以税收的形式交给了政府，剩下的 7 450 万美元就属于股东所有了。Executive 纸业公司支付了 4 380 万美元的股利，剩余的 3 070 万美元被用作了再投资。

表 19—2	Executive 纸业公司 2005 年利润表	单位：百万美元
收入		2 200
成本		1 980
折旧		53.3
息税前利润		166.7
利息		42.5
税金		49.7
净利润		74.5
股利		43.8
留存收益		30.7
每股盈余（美元）		5.26
每股股利（美元）		3.09

19.2.3 资金来源和运用

表19—3列示了 Executive 纸业公司资金的来源和资金的运用①。在表中的每一行，我们附加了一项简单的注释，解释了这个数值的计算过程。下面我们就逐个进行解释。

表 19—3	Executive 纸业公司 2005 年资金来源和运用表	单位：百万美元
	金额	注释
来源：		
净利润	74.5	见表 19—2
折旧	53.3	见表 19—2
经营现金流	127.8	
发行长期债券	25.0	见表 19—1：450 – 425
发行股票	0.0	见表 19—1 和表 19—2：540 – 509.3 – （74.5 – 43.8）
来源总额	152.8	
运用：		
净营运资本投资	38.5	见表 19—1：（900 – 460）– （848 – 446.5）
固定资产投资	70.5	见表 19—1：1 000 – 929.5
股利	43.8	见表 19—2
运用总额	152.8	

首先看资金的运用。Executive 纸业公司创造的资金要么投入了经营与资本和固定资产，要么就是作为股利发放给了股东。因此：

资金运用总额 = 净经营资本投资 + 固定资产投资 + 支付给股东的股利

从表19—1可以看出，2005年 Executive 纸业公司的初始净经营资本金额为401.5百万美元（848 – 446.5），到年末，这一金额增长为440百万美元（900 – 460）。因此，该公司对营运资本投资了38.5百万美元。同一期间，公司的固定资产从929.5百万美元上涨到了1 000百万，增加了70.5百万。最后，表19—2的利润表表明，Executive 纸业公司发放了43.8百万美元的股利。因此，总体上 Executive 纸业公司投资或支付股利共用去了152.8百万美元（38.5 + 70.5 + 43.8）。

那么这些资金是从什么地方来的呢？有两种来源：经营产生的现金和从投资者处筹

---

① 注意，在资金来源和运用表中，净经营资本的不同组成部分并没有单独列示出来。在第20章讨论短期计划时，我们将会说明如何编制现金来源和运用表，该表中会将净营运资本的不同组成部分进行单独列示。

集的新资金：

资金来源总额 = 经营现金流 + 新发行的长期债券 + 新发行的股票

利润表表明，2005 年该公司获得经营收入 127.8 百万美元，这包括了 53.3 百万美元的折旧（要记住，折旧不是现金流出）和 74.5 百万美元的净利润。但与公司所用的资金相比，Executive 纸业公司还需要从资本市场上获取 25 百万美元（152.8 − 127.8）来弥补资金的不足。从资产负债表上可以看出，Executive 纸业公司通过发行长期债券筹集了 25 百万美元（负债从 425 增加到了 450 百万美元）。Executive 纸业公司 2005 年没有发行新股。但是为什么资产负债表上的权益增加了 540 − 509.3 百万美元呢？答案在于，权益的增加来源于公司利润的留存，公司代表股东将其进行了再投资（留存收益 = 净利润 − 股利 = 74.5 − 43.8 = 30.7 百万美元）。

19.3　衡量 Executive 纸业公司财务状况

Executive 纸业公司的财务报表为你评估该公司当前财务状况提供了基本的信息。但是，财务报表一般都包含有大量的数据，远远超过我们之前提供的 Executive 纸业公司的简略报表。为了将这些数据精简成简单可用的形式，财务经理们一般只将注意力集中在少数几个关键的财务指标上面。

表 19—4 归纳了 Executive 纸业公司的主要财务指标[①]。我们将介绍如何计算这些指标，并利用这些指标来考虑以下 5 个问题：

（1）公司借了多少钱？债务额有可能会导致财务危机吗？

（2）公司的流动性如何？如果需要能否及时获得现金？

（3）公司利用其资产的效率如何？是否存在资产未能有效利用的迹象？

（4）公司的盈利性如何？

（5）投资者对公司的估价高吗？投资者的期望合理吗？

在计算公司的财务指标时，你还需要一些标准，来判别这些指标的好坏，是应该为之担心还是为之庆贺。但遗憾的是，并不存在适合所有公司的"正确的"财务指标系列。比如拿公司的资本结构来说，负债既有好处也有缺陷，即使对 A 公司来说可能是最优的债务比率，它也未必适合于 B 公司。

---

① 除列示出了下面我们要讲的财务指标以外，表 19—4 还包括了以后你可能会遇到的其他指标。其中有些指标只是其他指标的另一种表示方法，另外一些则能反映不同的主题。

表 19—4	Executive 纸业公司 2005 年财务比率	
杠杆比率：		
负债比率	（长期负债 + 租赁）/（长期负债 + 租赁 + 权益）	0.45
负债比率（包括短期负债）*	（长期负债 + 短期负债 + 租赁）/（长期负债 + 短期负债 + 租赁 + 权益）	0.50
负债权益比	（长期负债 + 租赁）/权益	0.83
已获利息倍数	（EBIT + 折旧）/利息	5.18
流动性比率：		
净营运资本与总资产比*	（流动资产 − 流动负债）/总资产	0.30
流动比率	流动资产/流动负债	1.96
速动比率	（现金 + 短期证券 + 应收账款）/流动负债	1.20
现金比率	（现金 + 短期证券）/流动负债	0.24
速动资产周转天数*	（现金 + 短期证券 + 应收账款）/（经营成本/365）	101.39
效率比率：		
资产周转率	销售收入/平均总资产	1.55
营运资本周转率*	销售收入/平均净营运资本	5.23
存货周转天数	平均存货/（销货成本/365）	63.59
存货周转率*	销货成本/平均存货	5.74
平均收账期（天）	平均应收账款/（销售收入/365）	72.43
应收账款周转率*	销售收入/平均应收账款	5.04
盈利能力比率：		
净利率（%）	（EBIT − 税金）/销售收入	5.32%
资产收益率（ROA,%）	（EBIT − 税金）/平均总资产	8.27%
权益收益率（ROE,%）	可供普通股分配的利润/平均权益	14.20%
股利支付率	每股股利/每股盈余	0.59
市场价值比率：		
市盈率（P/E）	股票价格/每股盈余	9.50
股利收益率（%）	每股股利/股票价格	6.19%
市值账面价值比	股票价格/每股账面价值	1.31

　　* 该比率是额外的，不在第 19.3 节中讨论。

19.3.1 Executive 纸业公司借了多少钱?

当 Executive 纸业公司借钱时,它总要承诺履行一系列固定支付的义务。因为股东得到的只是债权人得到偿还以后的剩余,因此负债的存在能够产生财务杠杆。在极端的情况下,如果公司遇上艰难的日子,可能它就无法偿还债了。

公司的开户银行和债券持有人也希望 Executive 纸业公司不要过度借款。因此,如果 Executive 纸业公司想要获得新的贷款,那么银行就要仔细审查一些指标,搞清楚公司是否借债过多,而且还会要求公司将负债保持在合理的范围之内。这些借款的限制通常以财务比率的形式来进行说明。

1)负债比率

财务杠杆通常用长期负债与长期资本总额的比来衡量。由于长期租赁合约也要求公司要进行一系列固定金额的支付,因此将租赁义务的价值也纳入长期负债是比较容易理解的。

对 Executive 纸业公司:

$$负债比率 = \frac{长期负债 + 租赁价值}{长期负债 + 租赁价值 + 权益}$$

$$= \frac{450}{450 + 540} = 0.45$$

还有一种比率也能反映同样的情况,这就是 Executive 纸业公司的负债权益比,即:

$$负债权益比 = \frac{长期负债 + 租赁价值}{权益}$$

$$= \frac{450}{540} = 0.83$$

要注意,这个比率使用的是账面(也就是会计)价值,而不是市场价值[①]。公司的市场价值最终决定了债权人是否能够收回自己投入的资金,因此,你可能会希望分析人员们考察负债面值占负债与权益市场价值总和中的比例。另一方面,市场价值包括了由研发、广告、员工培训等产生的无形资产的价值,但这些资金并不容易出售,而且一旦公司陷入困境,它们的价值也将会随之丧失。出于某种考虑,遵循会计惯例,忽略这些无形资产可能仍是非常好的做法,而这也正是债权人坚持采用账面价值,要求借款人不能让账面的负债比率超过特定范围的原因所在。

负债比率有时还可以定义成其他形式。比如分析人员们可能会包括短期负债或其他负债,比如应付账款等。这里有一个通用点:大多数财务比率都有很多种不同的定义方式,并且也没有法律规定它们应该如何定义。因此要注意:不要还没弄清楚比率的计算方法,就单从字面意义上来使用财务比率。

2)已获利息倍数(或利息保障倍数)

衡量财务杠杆的另一个指标是息税前利润(EBIT)与折旧的总和超过利息的程度。

---

① 对于租赁资产,会计人员设法估计租金的现值;对于长期负债,他们一般只用面值列示,而有时间值和现值可能会相差很多。例如,低息票债券的现值可能只是其面值的一部分,而权益的账面价值和其市场价值相差得则更大。

对 Executive 纸业公司[1]：

$$已获利息倍数 = \frac{EBIT + 折旧}{利息}$$

$$= \frac{166.7 + 53.3}{42.5} = 5.18$$

如果公司要避免违约，那么定期的利息支付就是公司必须不断跨越的栏杆。已获利息倍数衡量了栏高与跨栏者的跳跃高度之间究竟有多大的差距。

19.3.2 Executive 纸业公司的流动性如何？

如果 Executive 纸业公司正想借入短期资金，或者即将收到一些大额账单需要马上支付，你就必须确保公司在需要时能够拿出现金。公司的开户银行和供应商也要时刻观察 Executive 纸业公司的流动性，他们知道，缺乏流动性的公司更有可能失败，因此，更有可能对其债务违约。

分析人员关注速动资产的另一个原因是流动性数值通常会更可靠。或许 Executive 公司新闻纸生产厂家的账面价值并不能很好地反映其真实价值，但至少你能知道它银行里的现金是多少。流动性比率也有一些不尽如人意的特点，因为短期资产和短期负债很容易出现变动，因此流动性比率可能很快就会过时。你可能并不知道该公司新闻纸生产厂家的价值，但你能肯定的是，它肯定不能在一夜之间消失。

1）流动比率

Executive 纸业公司的流动资产包括现金和很快能够变现的资产，其流动负债包括公司预计在最近就要偿还的负债。因此流动资产与流动负债的比率就衡量了流动性的大小。这个比率就是众所周知的流动比率：

$$流动比率 = \frac{流动资产}{流动负债} = \frac{900}{460} = 1.96$$

流动比率的急速下降有时可能会带来麻烦，但有时它也会引起误解。例如，假设一家公司从银行借入了大量的资金，并将这些资金进行了短期证券的投资。如果其他条件都不变的话，净经营资本也就没有任何改变，但流动比率却发生了变化。正因为如此，在计算流动比率的时候，最好将短期投资与短期负债单列出来。

2）速动（酸性测试）比率

与其他资产相比，有些资产更具有现金的特征。如果公司遇到了麻烦，存货或许充其量卖出个火灾物品的拍卖价。（发生麻烦一般都是因为顾客不买公司的产品，公司仓库中积压了大量的无人问津的商品。）因此，管理人员通常只关注现金、短期证券和客户尚未支付的账单。

---

[1] 已获利息倍数的分子有好几种定义方法。有时不加折旧，有时只是利润加利息，也就是息前税后利润。后一种定义方法看上去有些不可思议，因为计算已获利息倍数的目的是想评估公司没有足够资金支付利息的风险。如果 EBIT 低于应付利息，那公司也就不用担心税金的问题，因为利息是要在公司纳税前支付的。

$$速动比率 = \frac{现金 + 短期证券 + 应收账款}{流动负债}$$

$$= \frac{110 + 440}{460} = 1.20$$

3）现金比率

公司流动性最好的资产是所持有的现金和有价证券。这就是为什么分析人员们还要考察现金比率的原因：

$$现金比率 = \frac{现金 + 短期有价证券}{流动负债} = \frac{110}{460} = 0.24$$

当然，这些流动性比率的作用也就仅仅如此。要保证公司偿还其账单还是离不开详细的短期计划。第 20 章中我们将要介绍公司如何预测其现金需求，以及如何制定短期融资计划来弥补现金不足等问题。

19.3.3 Executive 纸业公司利用资产的效率如何？

财务分析人员采用另一组比率来判断公司利用其流动资产和固定资产进行投资的效率。本章稍后部分我们将探讨 Executive 纸业公司雄心勃勃的扩张计划的财务含义，但之前我们应该掌握为维持 Executive 纸业公司当前的产量所需要的固定资产投资和经营资本投资情况，这有助于揭示公司未来计划是否存在不合适的地方。

1）销售收入与资产比（或资产周转率）

销售收入与资产比说明了公司资产的使用效率：

$$资产周转率 = \frac{销售收入}{平均总资产} = \frac{2\,200}{(1\,380.8 + 1\,450)/2} = 1.55$$

这里的资产是流动资产和固定资产的总和。需要注意的是，由于在所考虑的年度内资产很可能会发生变化，所以我们通常采用的是年初和年末资金的平均值。当进行流量（本例中就是销售收入）和存量或类似的量值（总资产）之间的比较时，通常都会使用平均值。

较高的销售收入与资产比可能有几个原因：（1）公司有效地利用了资产；（2）公司生产能力已经接近饱和，因此，不再增加资本投资很难增加销售收入；或者（3）公司生产量较大，但边际产出不高。我们必须深挖原因，才能知道以上原因哪一个才是正确的。要记住我们之前提到的：财务指标可以帮助我们提出正确的问题，但却无法回答这些问题。

有时，管理人员不是考虑销售收入与总资产的比率，而是考察特定类型的资本投入使用的难度。例如他们可能会计算 Executive 纸业公司销售收入与净经营资本的比率，即净经营资本周转率。

2）存货周转天数

公司存货的周转速度是用产品从生产到出售所需的天数来衡量的。首先用销货成本除以 365，变成日销货成本，然后再用存货除以日销货成本：

$$存货周转天数 = \frac{平均存货}{销货成本/365}$$

$$= \frac{(339.9 + 350)/2}{1\,980/365} = 63.6(天)$$

3）平均收账期

平均收账期衡量的是客户支付账单的速度：

$$平均收账期 = \frac{平均应收账款}{销售收入/365}$$

$$= \frac{(433.1 + 440)/2}{2\,200/365} = 72.4(天)$$

Executive 纸业公司的平均收账期比很多纸业公司的要长。或许为了吸引客户，Executive 纸业公司有意提供了有吸引力的信用政策，但还是要研究一下信用管理人员是否对拖延还款的客户进行过积极的追讨。

19.3.4 Executive 纸业公司的营利性如何？

1）净利率

如果你想知道有多大比例的销售收入最终形成了利润，就可以考察利润率。因此[①]：

$$净利率 = \frac{(EBIT - 税金)}{销售收入} = \frac{166.7 - 49.7}{2\,200} = 0.053，即 5.3\%$$

2）资产收益率（ROA）

管理人员通常利用利润与总资产的比率（利润通常被定义为息前税后利润）来衡量公司的业绩，这一比率就是公司的资产收益率（ROA）或投资收益率（ROI）[②]：

$$资产收益率 = \frac{(EBIT - 税金)}{平均总资产}$$

$$= \frac{(166.7 - 49.7)}{(1\,380.8 + 1\,450)/2} = 0.083，即 8.3\%$$

另一个比率则着眼于公司权益的收益率：

---

① 净利率有时也按净利润÷销售收入来衡量。这种衡量方法忽略了作为利息支付给债权人的利润，因此不能用于资本结构不同的公司之间的比较。

在进行公司间比较时，还要考虑到，支付利息较多的公司纳税就会较少。我们建议在完全融资假设下计算公司需要缴纳的税金。为了做到这一点，就需要调整税款，将利息抵税额（支付的利息×边际税率）再加回来。假设税率为40%，

$$净利率 = \frac{EBIT - (税金 + 利息抵税额)}{销售收入}$$

$$= \frac{166.7 - [49.7 + (0.4 \times 42.5)]}{2\,200} = 0.045，即 4.5\%$$

（原书结果为 0.45，为计算错误，应为 0.045——译者注。）

② 如果公司资本结构不同，在比较它们的总资产收益率时，就要将利息抵税额加回到纳税额上（见脚注7）。调整后的比率就能够衡量在完全权益融资条件下公司能够获得的收益率。

关于资产收益率，还有一点需要说明。由于利润是一个流量数值，而资产是存量数值，所以分析人员通常是用利润除以年初年末资产的平均值。这样做的原因是因为公司可能在当年新筹集了大量的资本，并将其投入了经营当中，因此本年利润中可能有一部分是这些新筹集的资本创造的。

但是，这一指标有可能产生误解，不应该拿它和资本成本进行比较。毕竟，当我们定义股东对其在资本市场上的投资所要求的收益率时，我们是用期望利润除以初始投资，而不是除以期初期末价值的平均数。

$$权益收益率（ROE）= \frac{可供普通股股东分配的利润}{平均权益}$$

$$= \frac{74.5}{(509.3+540)/2} = 0.142，即 14.2\%$$

很自然地，我们会想到拿 Executive 纸业公司获得的收益率与公司资本机会成本进行一下比较。当然，财务报表中列示的资产都是净账面价值，也就是原始成本减掉折旧后的差额。因此，较低的 ROA 不一定就意味着这些资产被最好地用到了别的地方，以产生更高的收益；而较高的 ROA 也并不一定就说明今天你最好再买些类似的资产，将它们投入生产就能获得高收益。

在竞争性行业中，公司期望获得的只能是其资本成本。因此，经营收益高于资本成本的管理人员可能就会得到嘉奖，而那些收益较低的可能就要受到质疑，甚至会有更坏的结果。尽管股东们都愿意看到他们的公司获得高额的资产收益，但消费者群体或监管者却一般都会将较高的收益看成是企业产品价格过高的证据。当然，这样的结论很少有成为定论的，对资产收益率是否准确地进行了衡量，以及它是否超过了资本成本，这样的问题仍然具有很大的讨论空间。

3）股利支付率

股利支付率衡量股利占支付股利收益的比率。因此，

$$股利支付率 = \frac{股利}{收益} = \frac{43.8}{74.5} = 0.6$$

在第 13.3 节中我们看到，如果公司收益下降的话，管理者们都不愿意削减股利。因此，如果一家公司的收益情况特别不稳定，那么管理层就会出于安全考虑，设定一个非常低的平均股利支付率。当收益出人意料地下滑时，股利支付率可以暂时提高。同样，如果下一年收益预期将要增长，那么管理层可能就会觉得可以比在其他情况下稍微多发一些股利。

19.3.5 投资者对 Executive 纸业公司的估价高吗？

没有法律禁止引入公司会计报表中没有包括的数据。比如说，为了评估 Executive 纸业公司的生产效率，或许你想知道每生产一吨纸的成本是多少。同样，航空公司可能想要计算每位旅客的单位里程收入等等。

如果你想衡量投资者对 Executive 纸业公司的估价有多高，就必须将会计数据与股票市场数据结合起来计算比率。以下我们给出 3 个例子。

1）市盈率

市盈率，即 P/E 比率衡量的是投资者为获得每一美元的收益愿意支付的价格。在 Executive 纸业公司例子中：

$$P/E\ 比率 = \frac{股票价格}{每股盈余} = \frac{50}{5.26} = 9.5$$

较高的 P/E 比率可能说明投资者认为公司的增长机会很好，或者其收益相对安全，因此更有价值。当然，也可能意味着收益的暂时下滑。如果公司刚好保本，利润为零，那此时的 P/E 比率就趋近于无穷大。

2）股利收益率

Executive 纸业公司的股利收益率就是其股利占股票价格的比重，因此：

$$股利收益率 = \frac{每股股利}{股票价格} = \frac{3.09}{50} = 0.062,即 6.2\%$$

要记住，投资者的收益通常来自于两方面：股利收益和资本增值。较高的股利收益率或许表明投资者要求相对较高的收益率，或者他们不希望能带来资本利得的股利迅速增长。

3）市值账面价值比

市值账面价值比是股票每股价格与每股账面价值的比，对 Executive 纸业公司：

$$市值账面价值比 = \frac{股票价格}{每股账面价值} = \frac{50}{540/14.16} = 1.3$$

每股账面价值就是股东权益的账面值除以流通普通股股数，而权益账面价值等于普通股加留存收益，留存收益是公司从股东处得到的资金净额，或代表股东进行的再投资①。因此，Executive 纸业公司 1.3 的市值账面价值比就意味着公司的资金额比过去和现在股东的投入高出了 30%。

19.3.6 杜邦财务分析体系

以上我们所介绍的一些盈利能力指标和效率指标可以有效地结合起来，财务指标的这些联系通常被叫做杜邦体系（Dupont system），以此纪念杜邦化学公司所做的推广工作。

第一种是将资产收益率（ROA）与公司的资产周转率和利润率联系起来：

$$ROA = \frac{EBIT - 税金}{资产} = \underbrace{\frac{销售收入}{资产}}_{资产周转率} \times \underbrace{\frac{EBIT - 税金}{销售收入}}_{利润率}$$

所有的公司都希望获得较高的资产收益率，但这种能力受到竞争的制约。如果由于竞争的原因，预期的资产收益率是固定的，那么公司就会面临资产周转率和利润率之间的权衡。例如，连锁快餐店，它们的资本周转得非常频繁，但其利润率水平较低；而高级宾馆的利润率相对较高，但又被较低的资产周转率所抵消。

公司往往试图通过利用更加垂直一体化的经营方式来提高利润率。例如，它们可能收购一家供应商，或销售其商品的一家商店。但遗憾的是，除非它们有独到的方法来经营这些新业务，否则它们可能就会发现，利润率的提高大部分时候都会被资产周转率的下降所抵消。

权益收益率（ROE）可以分解成以下形式：

$$ROE = \frac{EBIT - 税金 - 利息}{权益}$$

$$= \underbrace{\frac{资产}{权益}}_{杠杆比率} \times \underbrace{\frac{销售收入}{资产}}_{资产周转率} \times \underbrace{\frac{EBIT - 税金}{销售收入}}_{利润率} \times \underbrace{\frac{EBIT - 税金 - 利息}{(EBIT - 税金)}}_{债务负担}$$

---

① 留存收益按扣除折旧后衡量，它代表了股东对公司的新投资，是超过维持公司存量资产所需资金的金额。

要注意的是，中间两项的乘积就是资产收益率，这取决于公司的生产和营销技能，但不受融资结构的影响。但是，第一项和第四项确实会受到债务—权益结构的影响[1]。第一项衡量的是资产总额与权益的比率，而最后一项衡量的是利润被利息降低的程度。如果公司利用了财务杠杆，那么第一项就应该大于 1.0（资产大于权益），而第四项就应该小于 1.0（利润有一部分被利息吸收了）。因此，财务杠杆既可能增加权益收益率，也可能减少权益收益率。在 Executive 纸业公司的例子中，

ROE ＝杠杆比率×资产周转率×利润率×债务负担

$$= 2.70 \times 1.55 \times 0.053 \times 0.637 = 0.14$$

因此，Executive 纸业公司的杠杆比率（2.70）抵消了债务负担（0.637）后还有剩余，因此 Executive 纸业公司的杠杆增加了其权益收益率。

19.3.7 行业比较

如果我们正在分析 Executive 纸业公司的财务状况，最好我们还要看一下它和竞争对手相比情况怎么样。为每家公司编制**比较财务报表**（common – size financial statement）就是一个很好的出发点，在这样的报表中，资产负债表中的所有项目都以占总资产比重的形式列示，而利润表中的所有项目则都列示成占销售收入的百分比。

这里我们没有编制 Executive 纸业公司的比较报表，表 19—5 和表 19—6 提供了美国不同行业样本公司的比较财务报表汇总。值得注意的是那些大的变化。例如，零售业公司存货的投资量非常大，而软件公司几乎没有存货。像半导体公司这样的高科技公司持有大量的现金，而公用事业公司则基本没有[2]。石油公司和公用事业公司主要投资于固定资产，而软件公司和计算机制造厂商大部分都是流动资产。

表 19—7 列示了这些公司的一些财务比率。行业间的差异也体现在这些比率上。这些差异中有的是偶然出现的，2005 年有些行业的外部条件就比其他行业要好一些。但这些差异更多地反映了行业特征。例如，注意一下公用事业公司的高负债比率，相反，半导体生产商和软件公司基本上就不借款。之前我们曾经指出，有些公司能用相对较少的资产创造较高的销售收入。例如你可以看到，零售公司的资产周转率几乎达到制药公司资产周转率的三倍，但由于竞争的存在使得零售公司只能获得相对较低的销售收入利润率。综合以上两项，那么净影响就是这两类行业的公司资产收益率水平基本上差不多。每家公司的项目都以占总资产的百分比列示，然后按行业平均。由于四舍五入的原因，有些列加总不相等（表 19—6 相同）。

---

① 这里的情况并不是这么简单，因为税金支付的金额取决于融资结构。我们曾在 528 页脚注① 中建议，在计算公司利润率时，最好把利息抵税额加回到支付的税金上去。

② 对这样的差异我们在第 20 章还要继续进行讨论。

表 19—5	**2005 年美国标准普尔成分指数公司比较资产负债表**												
	行业	造纸	石油	化学	金属	机器	制药	计算机	软件	半导体	通信	公用事业	食品	零售
资产：														
现金及有价证券	14	5	7	6	11	12	25	26	31	43	3	2	4	12
应收账款	12	14	11	15	15	18	10	17	13	11	5	7	11	7
存货	9	10	4	11	14	13	9	6	1	9	1	2	11	27
其他流动资产	4	2	2	3	4	5	5	6	5	4	3	7	3	3
流动资产合计	39	31	23	34	43	48	49	54	49	66	12	18	28	49
固定资产	54	78	104	90	63	38	33	25	20	43	121	88	58	61
折旧	25	41	39	55	35	21	13	14	11	25	73	31	30	25
固定资产净额	29	37	65	36	27	17	20	11	9	19	49	57	28	36
其他长期资产	32	32	12	30	30	35	31	35	43	16	40	25	44	16
资产总额	100	100	100	100	100	100	100	100	100	100	100	100	100	100
负债：														
短期负债	3	5	1	6	2	5	5	2	1	1	3	5	6	2
应付账款	8	8	12	7	9	7	3	13	3	9	3	4	7	16
其他流动负债	13	11	8	10	11	12	13	19	22	11	8	10	11	13
流动负债合计	24	24	21	23	22	24	21	34	26	21	14	19	24	31
长期负债	18	24	17	22	18	14	12	8	7	8	31	32	28	14
其他长期债务	14	15	19	22	17	10	7	10	12	3	21	26	14	7
权益	45	37	44	33	43	51	59	49	55	69	34	23	33	48
负债总额	100	100	100	100	100	100	100	100	100	100	100	100	100	100

资料来源：Compustat。

表 19—6	**2005 年美国标准普尔综合指数公司比较利润表**												
	行业	造纸	石油	化学	金属	机器	制药	计算机	软件	半导体	通信	公用事业	食品	零售
收入	100	100	100	100	100	100	100	100	100	100	100	100	100	100
成本	79.1	83.4	63.0	81.1	84.2	83.2	68.9	84.1	77.6	73.6	60.9	76.5	82.7	90.1
折旧	5.5	4.9	10.3	5.9	3.4	3.7	4.3	3.5	5.1	7.1	18.4	9.1	3.9	2.3
EBIT	15.4	13.7	26.7	13.0	12.4	13.0	24.8	12.4	17.3	19.2	20.7	14.4	13.4	7.5
利息	2.0	2.0	3.0	2.0	1.2	1.2	1.1	0.7	0.5	0.5	6.2	6.8	2.0	0.6
非经营收入和特殊项目	0.0	-0.3	-0.1	-0.9	-0.3	-0.4	-1.2	0.1	0.6	0.2	0.8	2.7	0.0	0.2
税前利润	13.4	9.3	23.6	10.1	11.0	12.2	22.5	11.8	20.3	18.9	15.2	10.2	11.4	7.1
税金	4.4	2.5	8.6	3.0	2.8	3.3	6.5	3.2	6.8	5.2	5.1	3.3	3.5	2.4
少数股权	0.1	0.1	0.1	0.2	0.5	0.0	0.2	0.0	0.1	-0.1	0.5	-0.2	0.1	0.0
净利润	8.9	6.7	14.9	6.9	7.7	8.8	15.8	8.5	13.4	13.8	9.5	7.0	7.8	4.7

资料来源：Compustat。

表 19—7						2005 年美国标准普尔综合指数公司财务比率节选								
	行业	造纸	石油	化学	金属	机器	制药	计算机	软件	半导体	通信	公用事业	食品	零售
负债比率（%）	28.5	39.3	27.9	40.1	30.2	21.5	17.3	14.4	10.7	10.4	47.5	57.8	45.3	22.9
流动比率	1.62	1.31	1.15	1.50	1.96	1.93	2.28	1.65	1.87	3.22	0.86	0.96	1.13	1.60
速动比率	1.08	0.78	0.86	0.89	1.17	1.21	1.64	1.29	1.66	2.62	0.63	0.48	0.59	0.63
现金比率	0.59	0.19	0.33	0.25	0.49	0.48	1.18	0.78	1.18	2.07	0.25	0.13	0.16	0.39
资产周转率	1.03	0.95	1.21	0.85	1.15	0.96	0.64	1.07	0.72	0.90	0.45	0.42	1.16	2.21
净经营资本周转率	6.8	11.6	41.4	6.6	5.8	4.1	2.3	5.2	3.0	2.0	*	*	28.6	11.8
存货周转率	9.6	8.2	26.4	8.3	6.3	6.6	9.7	14.7	114.8	9.7	147.5	37.5	7.9	3.3
应收账款周转率	8.8	7.0	11.9	5.7	7.6	5.3	6.4	6.7	5.6	8.1	8.6	6.8	10.7	31.3
净利率（%）	11.0	9.3	18.1	9.9	9.6	9.7	18.2	9.2	10.4	14.0	15.5	11.1	9.9	5.1
资产收益率（%）	12.6	11.0	20.1	10.4	13.5	12.4	15.1	10.5	13.9	12.5	9.2	6.1	13.7	14.4
权益收益率（%）	17.1	17.6	27.1	18.4	20.4	16.3	17.0	15.0	14.9	12.4	12.3	11.5	24.1	18.8

* 负净经营资本

资料来源：Compustat.

19.4　财务计划

　　财务报表不仅有助于你了解公司的过去，而且还提供了制定未来财务计划的出发点，而这就是财务和战略的结合点。协调的财务计划要求掌握公司如何通过选择行业及行业内定位来获取超额的长期收益。

　　当公司制定财务计划时，它们并不是只考虑最有可能发生的结果，通常它们还会对预期不到的问题进行规划话。可以采用下面这种方法：首先在最有可能发生的情况下考虑计划的结果，然后每次假设一种条件发生变化而进行敏感性分析。另一种方法是针对多种可能的方案考虑计划的意义。例如，可以假设一种方案是高利率会导致世界经济的衰退和较低的商品价格，而另一种方案则可能是国内经济过热、通货膨胀水平较高、货币疲软。如此等等。

19.5　财务计划模型

　　回到 Executive 纸业公司的例子。假设公司管理层经过行业分析后认为，在今后的 5 年中，Executive 纸业公司销售收入和利润每年将增长 20%。那么公司是否真能通过留存收益和借款就能满足这样的融资呢？还是它要计划发行股票？对这类问题，电子表格程序就像是为它量身定做的。下面让我们分析一下。

　　资金来源与运用的基本关系告诉我们：

　　需要的外部资本＝净营运资本投资＋固定资产投资＋股利－经营现金流

因此，为计算出 Executive 纸业公司还需要多少资金，其对公司负债比率有什么影响，可以分四个步骤进行：

步骤1 假设销售收入按计划增长 20%，预计下一年的经营现金流（折旧加上净利润）。这是公司在不发行任何新证券情况下可能得到的资金来源总额。比如说，看表 19—8 的第二列，就能得到预计的 Executive 纸业公司 2006 年经营现金流量。

步骤2 预计为支持增加的这些业务量，净营运资本和固定资产投资需要增加多少，还要预测有多少净利润要以股利的形式发放出去。这些支出的合计数就是资金的运用总额。表 19—9 的第二列是 Executive 纸业公司资金运用的预计数。

步骤3 计算预计经营现金流（步骤1）和预计资金运用（步骤2）之间的差额，这就是需要通过出售新证券筹集的现金。例如从表 19—9 中可以看出，如果想要达到计划的增长率，但又不想发行新股票的情况下，Executive 纸业公司 2006 年就需要发行 1.586 亿美元的债券。

步骤4 最后，将新添加的资产、增加的负债和权益都包括在内，编制预计资产负债表，这样就得到了表 19—10 的第二列。Executive 纸业公司的权益增加额是额外的留存收益（净利润减掉股利），而长期负债的增加就是新发行的 1.586 亿美元。

表 19—8	Executive 纸业公司最近期和预计利润表		单位：百万美元
	2005 年	2006 年	2010 年
收入	2 200	2 640	5 474
成本（收入的 90%）	1 980	2 376	4 927
折旧（年初固定资产的 10%）	53.3	55.0	114.0
EBIT	166.7	209.0	433.4
利息（年初长期负债的 10%）	42.5	45.0	131.3
税金（税前利润的 40%）	49.7	65.6	120.8
净利润	74.5	98.4	181.2
经营现金流	127.8	153.4	295.3

表 19—9	Executive 纸业公司最近期和预计资金来源和运用表		单位：百万美元
	2005 年	2006 年	2010 年
净营运资本（NWC）增加额，假设 NWC = 销售收入的 20%	38.5	88.0	182.5
固定资产（FA）投资，假设净 FA = 销售收入的 25%	70.5	165.0	342.1
股利（净利润的 60%）	43.8	59.0	108.7
资金运用总额	152.8	312.0	633.4
需要的外部资本 = 资金运用总额 - 经营现金流	25.0	158.6	338.1

表 19—10	Executive 纸业公司最近期和预计资产负债表		单位：百万美元
	2005 年	2006 年	2010 年
净营运资本（销售收入的 20%）	440	528	1 095
固定资产净额（销售收入的 25%）	550	660	1 369
资产净值总额	990	1 188	2 463
长期负债	450	609	1 651
权益	540	579	812
长期债务与权益总额	990	1 188	2 463

建立了电子表格后，再进行更多年份的预测就非常容易了。在 Executive 纸业公司坚持只通过权益与发行新债券的方式来保证资金每年增长 20% 的假设下，表 19—8 至表 19—10 的最后一列给出了 Executive 纸业公司 2010 年的预计利润表、资金来源与运用表和资产负债表。在今后的 5 年中，Executive 纸业公司还需要再借入 12 亿美元，到 2010 年公司的负债比率将会上升到 67%。但大多数财务经理们都会觉得这样做的风险太大了，而且这样的负债比率可能也已经超出了银行和债券持有者给公司定的底线。

很显然，Executive 纸业公司的一个解决办法就是同时发行债券和股票，但当然，财务经理们也可以探索其他可能的方式。一种选择是在高速发展时期停发股利，而另一种可能是调研公司是否能削减净经营资本。比如说我们已经看到，Executive 纸业公司的客户在购货后通常要过 72 天才会支付账单，因此或许加强信用收款对资金的节省将会有很大的好处。

前面我们已经说过，财务计划并不是只考虑处理最有可能发生的结果，还要让公司为意想不到的情况做好准备。比如说，纸业公司一般很容易受到经济衰退的影响，因此你肯定也会想到要考察 Executive 纸业公司是否能够应对销售收入和利润率的周期性衰退，而敏感性分析或方案分析将有助于你解决这些问题。

19.5.1 模型设计的陷阱

对实际应用来说，Executive 纸业公司的模型过于简单了。当然，或许你已经想出了一些办法加以改进，比如说，追踪流通股票，算出股票的每股收益和每股股利。或者你还想区分短期借入资金或贷出资金的机会，而现在它们都被隐藏在经营资本里了。

我们为 Executive 纸业公司开发的模型被称为销售百分比模型，所有与公司有关的预测都被设定成预测销售收入的一定百分比。但在现实生活中，有很多变量与销售收入是不成比例的。比如说，像存货或现金余额这样的营运资本的重要组成部分，一般其上升速度都要低于销售收入的增长速度。另外，随着销售收入的增加，厂房、设备之类的固定资产往往也不是以很小的幅度增长。开始的时候，Executive 纸业公司厂房的生产能力可能还没有饱和，因此公司不需要增加任何生产能力就能够提高产出量，但渐渐地，随着销售收入的继续增加，公司就需要对厂房、设备等进行大量的新的投资。

但是要谨防设计的模型过于复杂：模型设计者总是试图将模型做得更大、更详细，但对使用者来说，那些在日常生活中显得过于繁琐的模型他们最终一般都会被放弃。如果在模型的细节上过于下工夫，就会分散对像发行股票和股利支付政策等这样的关键决策的注意力。

19.5.2　财务计划模型中没有财务

财务计划模型可以帮助管理者们作出关键财务变量的一致性预测。例如，如果你想对 Executive 纸业公司进行评估，你就必须预测未来的自由现金流。从我们的财务计划模型中可以很容易地在计划期末得到这些数值[①]。

那么为什么我们说这些计划模型当中没有财务呢？原因就在于，它们并没有告诉我们如何才能作出最优的财务决策，它们甚至也没有说明哪一种方案值得我们检验。例如，我们看到 Executive 纸业公司计划迅速提高销售收入和每股收益，但是对股东而言，这样的消息是不是好消息呢？当然，不一定是。这就要看 Executive 纸业公司所需投资资金的机会成本。如果新的投资收益超过资本成本，它就拥有正 NPV，就会增加股东财富；而如果投资获取的收益率低于资本成本，股东的利益就会受到损害，尽管公司的预计收益有可能是稳定增长的。

Executive 纸业公司筹资的需要取决于将收益的 2/3 作为股利发放的决策。但财务计划模型并没有告诉我们这样的股利支付是否合理，也没有告诉我们公司应该发行什么样的权益或债券的组合，最后还是要由管理层来决定。我们是想告诉你应该如何精确地作出选择，但我们确实是无能为力的。到目前为止，还没有任何模型能够处理财务计划中可能遇到的所有复杂问题。

实际上，这样的模型永远也不会存在。这个大胆的观点是基于 Brealey，Mayers 和 Allen 的第三法则提出来的[②]：

公理：未解决的问题是无限多的。

公理：人类的大脑能够同时考虑的未解决问题在任何时候都不会超过 10 个。

定理：因此，在任何领域，总有 10 个被提出但却没有正式答案的问题。

BMA 的第三法则意味着没有任何模型能给出最优的财务战略[③]。

19.6　增长与外部融资

本章一开始，我们就注意到，财务计划能使管理者全盘考虑增长、投资和融资目标的一致性。在结束财务计划这一议题之前，我们还应该看一下公司增长目标与融资需求之间的关系。

前面已经说到，Executive 纸业公司 2005 年年末的固定资产和净经营资本金为 9.90 亿美元，2006 年，该公司计划留存 3 940 万美元利润用于再投资，因此净资产将增加 39.4/990，即 3.98%。因此，在不额外进行再筹资的情况下，Executive 纸业公司可以增长 3.98%。在不采用外部资金的情况下公司能够达到的增长率叫做**内部增长率**。对

---

① 回顾一下表 16—1，当时我们计算了 Rio 公司的自由现金流。财务计划模型是获得这些数值的简单方法。

② 第二法则曾在第 11.1 节中涉及过。

③ 在特定假设和约束的条件下，有可能通过建立线性规划模型帮助我们寻找最优战略，在同时考察几种财务战略时这些模型更有效。

Executive 纸业公司就是：

$$内部增长率 = \frac{留存收益}{净资产} = 3.98\%$$

我们可以通过以上方法更深一步地了解这一增长率的决定因素，即在内部增长率的分子和分母上同时乘以净利润和权益，如下所示：

$$内部增长率 = \frac{留存收益}{净利润} \times \frac{净利润}{权益} \times \frac{权益}{净资产}$$

$$= 再投资比率 \times 权益收益率 \times \frac{权益}{净资产}$$

2006 年，Executive 纸业公司预计将净利润的 40% 用于再投资，并使年初权益获得 18.22% 的权益收益率。由于年初 Executive 纸业公司净资产中有 54.55% 的融资来自于权益，因此：

内部增长率 = 0.40 × 0.1822 × 0.5455 = 0.0398，即 3.98%

需要注意的是，如果 Executive 纸业公司希望在不增加权益资本的情况下达到比这更快的增长率，那么它就需要（1）将更高比例的利润用于再投资；（2）获得更高的权益收益率（ROE），或（3）获得较低的负债权益比率[①]。

不过，Executive 纸业公司的财务经理可能并不关心公司在没有任何外部融资情况下的增长速度，他们更关心的是在不增发额外股票的情况下公司所能达到的增长率。当然，如果公司能够筹集足够的债务资金，那么任何增长率都能够得到所需资金的支持。但是，更为合理的假设还是公司已经设定了最优资本结构，并打算用留存收益增加权益的同时，继续保持这样的资本结构，于是公司就将仅发行足够的负债数量，以使负债权益比率保持不变。**可持续增长率**（sustainable growth rate）是指在公司不增加财务杠杆的情况下所能达到的最高增长率。因此，可持续增长率仅取决于再投资比率和权益收益率：

可持续增长率 = 再投资比率 × 权益收益率

对 Executive 纸业公司，则有：

可持续增长率 = 0.40 × 0.1822 = 0.0729，即 7.29%

我们第一次遇到这个公式是在第 5 章，当时我们曾用它来计算公司普通股的价值。

这些简单的公式提醒我们，财务计划需要协调一致。短期内公司可以依靠负债融资实现快速的增长，但如果没有过度的负债水平，那么这样的增长率就不可能得到持续。

本章小结

管理者们通常利用财务报表来监控自己公司的业绩，了解竞争对手的策略，检查客户的经营状况。但是完全沉迷于这些纯粹的数字是很危险的。这就是为什么管理人员要利用一些重要的财务指标来概括公司的杠杆水平、流动性、效率、盈利性和市场价值的原因。本章我们介绍了一些常见的财务比率。

[①] 但要注意，如果资产仅增长 3.98%，那么要想获得 18.22% 的权益收益率，资产周转率或利润率就必须得增加。

总的来说，在使用这些比率时，我们有如下的建议：

（1）财务比率很少能提供答案，但它们确实有助于提出正确的问题。

（2）对于财务比率，没有国际标准。稍做考虑，结合常识，总比盲目使用这些公式要好得多。

（3）要评估公司的财务状况，你还需要参照标准。可以将公司的财务比率与公司的早期比率进行比较，也可以与同行业中其他公司的比率进行比较。

了解过去是开拓未来的第一步。大多数公司都通过编制预计资产负债表、利润表和资金来源与运用表的方式，制定描述公司战略、预计将来产生结果的财务计划。财务计划明确了财务目标，是评估公司后续业绩的参照标准。

计划是最终的结果的体现，但计划制定的过程本身同样具有价值。首先，制订计划能够使财务经理们考虑公司所有投资和融资决策的综合影响。这样做是非常重要的，因为这些决策相互影响，不应该分别进行考虑。其次，制订计划要求经营者考虑突发事件发生的可能性，这些突发事件可能扰乱公司的正常发展，或使公司计划停滞。

没有什么理论和模型能够直接导出最佳的财务策略。因此，财务计划需要反复进行检验和调整。根据对未来的多种假设，就有可能制定出多种不同的策略。经过这种反复检验和调整产生的不同的策略，要经过大量的数学计算才能完成。公司通过开发公司财务计划模型来预测不同策略下的财务后果。我们说明了如何利用简单的电子表格模型来分析 Executive 纸业公司的战略。但需要记住的是，在这些模型当中并没有财务，它们的主要目的就是编制出会计报表。

推荐读物

对财务报表分析，有一些很好的一般教材。例如，见：

K. G. Palepu, V. L. Bernard, and P. M. Healy, *Business Analysis and Valuation*, 3rd ed. (Cincinnati, OH: South – Western College Publishing, 2003).

S. Penman, *Financial Statement Analysis and Security Valuation*, 3rd ed. (New York: McGraw – Hill/Irwin, 2006).

公司计划本身就有大量的文献资料。比较好的著作和文章包括：

G. Donaldson, "Financial Goals and Strategic Consequences", *Harvard Business Review* 63 (May – June 1985), pp. 57 – 66.

G. Donaldson, *Strategy for Financial Mobility* (Boston: Harvard Business School Press, 1986).

A. C. Hax and N. S. Majluf, *The Strategy Concept and Process—A Pragmatic Approach*, 2nd ed. (Englewood Cliffs, NJ: Prentice – Hall, Inc., 1996).

探讨资本预算、战略和财务计划关系的文章见：

S. C. Myers, "Finance Theory and Financial Strategy", *Interfaces* 14 (January – February, 1984), pp. 126 – 137.

以下是三篇有关公司计划模型的参考文献：

W. T. Carleton, C. L. Dick, Jr., and D. H. Downes, "Financial Policy Models: Theory and Practice", *Journal of Financial and Quantitative Analysis* 8 (December

1973），pp. 691 - 709.

W. T. Carleton and J. M. McInnes, "Theory, Models and Implementation in Financial Management", *Management Science* 28（September 1982），pp. 957 - 978.

S. C. Myers and G. A. Pogue, "A Programming Approach to Corporate Financial Management", *Journal of Finance* 29（May 1974），pp. 579 - 599.

网上练习题

1. 这个网站 edgarcan. pwcglobal. com 上提供了很多有用的比较财务指标的方法。利用*Benchmarking Assistant* 输入一家大型航空公司的名称，找到并选择一些可比的航空公司，并作出其财务指标图。所选公司的财务实力与航空行业其他公司的情况相比如何？

2. 在市场观察网 www. mhhe. com/edumarketinsight，或 www. census. Gov/csd/qfr 的数据库中可以找到不同行业的财务比率。你能解释一些行业间的差异吗？

概念复习题

完整的本章概念复习题，请登录网站 www. mhhe. com/bmale。

1. 我们说财务比率的目的是为揭示 5 个问题。请问这 5 个问题都是什么？试对这 5 个财务比率各举一例。

2. 杜邦财务分析体系用资产周转率和利润率来反映资产收益率（ROA），这些比率之间有什么关系？你觉得具有较高利润率的公司就会有较高的资产周转率吗？为什么？

3. 给出完整财务计划的主要要素。

练习题

1. 表 19—11 给出了亨氏公司简略资产负债表和利润表。计算以下比率：

（1）负债比率
（2）已获利息倍数
（3）流动比率
（4）速动比率
（5）净利率
（6）存货周转天数
（7）权益收益率
（8）股利支付率

表 19—11

亨氏公司 2006 年利润表和资产负债表　　单位：百万美元

利　润　表

销售收入净额	8 643
销售成本	5 550
其他费用	1 819
折旧	264
息税前利润（EBIT）	1 010
利息净额	316
税金	251
利润	443
股利	408

资　产　负　债　表

	年　末	年　初
现金和短期证券	446	1 085
应收账款	1 002	1 092
存货	1 074	1 257
其他流动资产	183	213
流动资产合计	2 704	3 646
有形固定资产	1 901	2 164
其他长期资产	5 133	4 767
资产总额	9 738	10 577
短期负债	55	573
应付账款	1 963	1 958
其他流动负债	0	55
流动负债合计	2 018	2 587
长期债务和融资租赁	4 357	4 122
其他长期债务	1 314	1 267
普通股股东权益	2 049	2 603
负债与股东权益总额	9 738	10 577

（原书资产负债表最后一行"负债总额"应为"负债与股东权益总额"——译者注。）

资料来源：H. J. Heinz Company，2006 Annual Report.

2. 财务比率没有放之四海而皆准的定义，但对下面定义的比率中有 5 个肯定是没有意义的。试给出正确的定义。

（1）负债权益比 =（长期负债 + 租赁价值）/（长期负债 + 租赁价值 + 权益）

（2）权益收益率 =（EBIT－税金）/平均权益

（3）股利支付率 = 股利/股票价格

（4）利润率 =（EBIT－税金）/销售收入

（5）存货周转率 = 销售收入/平均存货

（6）流动比率 = 流动负债/流动资产

（7）净营运资本周转率 = 平均销售收入/平均净经营资本

（8）平均收账期 = 销售收入/（平均应收账款/365）

（9）速动比率 =（流动资产－存货）/流动负债

3. 以下说法是否正确？

（1）公司的负债权益比率总是小于1。

（2）速动比率总是小于流动比率。

（3）权益收益率总是小于资产收益率。

（4）如果一个项目缓慢地达到其最高盈利能力，那么直线法折旧可能会高估早些年的利润。

（5）化妆品公司声势浩大的新广告大战将会导致公司利润下降，导致股票的市盈率降低。

4. 一家公司有30 000美元的存货。如果这代表了该公司30天的销售收入，那么其年销货成本是多少？存货周转率是多少？

5. Keller 化妆品公司始终保持着4%的利润率和3%的资产周转率。

（1）资产收益率是多少？

（2）如果负债权益比率是1.0，支付的利息和税金各为10 000美元，EBIT为40 000美元，那么权益收益率是多少？

6. 一家公司的长期负债权益比率为0.4，股东权益为100万美元，流动资产200 000美元，流动比率为2.0，长期资产一共是150万美元。那么该公司的负债与长期资本总额的比率是多少？

7. Magic Flutes 公司的应收账款总计为3 000美元，这是该公司20天的销售收入。平均总资产为75 000美元，公司的利润率为5%。请计算该公司的资产周转率和资产收益率。

8. 看一下 Geomorph Trading 公司的简略资产负债表（单位：美元）：

流动资产	100	60	流动负债
		280	长期负债
长期资产	500	70	其他负债
		190	权益
	600	600	

（1）计算负债权益比率。

（2）Geomorph 公司的净经营资本和长期资本总额是多少？计算负债与长期资本总额的比率。

9. Airlux Antarctica 公司的流动资产为 3 亿美元，流动负债为 2 亿美元，其倒闭——对不起——现金比率是 0.05。那么该公司持有的现金和有价证券是多少？

10. 平均来说，Microlimp 公司的客户要 60 天才能支付其账单。如果 Microlimp 公司的年销售收入为 5 亿美元，那么该公司的平均应收账款是多少？

11. 以下说法是否正确？

（1）财务计划应该追求风险最小化。

（2）财务计划的主要目标就是要更好地预测未来现金流和收益。

（3）财务计划的必要性体现在融资决策和投资决策是相互影响的，因此，不应该单独地进行决策。

（4）公司计划的期限很少超过 3 年。

（5）财务计划要求进行精确地预测。

（6）财务计划模型应该包括尽可能多的细节。

12. 表 19—12 归纳了 Drake's Bowling Alleys2008 年利润表和年末资产负债表。Drake 的财务经理预测，2009 年销售收入和成本将会增长 10%，销售收入与平均资产的比率预计将维持在 0.40 的水平。利息支付额预计为年初负债的 5%。

表 19—12	Drake's Bowling Alleys2008 年财务报表	单位：千美元
	利　润　表	
销售收入	1 000（平均资产的 40%）[①]	
销货成本	750（销售收入的 75%）	
利息	25（年初负债的 5%）[②]	
税前利润	225	
税金	90（税前利润的 40%）	
净利润	135	

		资产负债表	
资产	2 600	负债	500
		权益	2 100
总额	2 600	总额	2 600

①2007 年年末资产为 2 400 000 美元。

②2007 年年末负债为 500 000 美元。

（1）2009 年年末公司的资产是多少？

（2）如果公司将净利润的 50% 作为股利发放出去，那么 2009 年 Drake 公司需要在资本市场上筹集多少现金？

（3）如果 Drake 公司不愿意发行股票，那么到 2009 年年末公司的负债比率是多少？

13. Archimedes Levers 公司的简略财务报表如表 19—13 所示。如果 2008 年销售收入增长 10%，包括负债在内的其他项目都相应增加，那么其资产负债的缺口项目

（balancing item）是什么？其金额是多少？

| 表 19—13 | Archimedes Levers 公司 2007 年财务报表 | | | 单位：美元 |

利 润 表

销售收入	4 000
成本（包括利息）	3 500
净利润	500

年末资产负债表

	2007	2006		2007	2006
资产	3 200	2 700	负债	1 200	1 033
			权益	2 000	1 667
总额	3 200	2 700	总额	3 200	2 700

14. 如果股利支付率设定为50%，并且（1）公司不另外发行债券或股票；（2）公司保持固定的负债比率，但不发行股票。在这样的情况下，Archimedes 公司（见实务题第13题）的最大可能增长率分别是多少？

实务题

15. 在市场观察网（www. mhhe. com/edumarketinsight）数据库中查找任意一家公司的最新财务报表，编制最新年度的资金来源与运用表。尽管实际的财务报表比我们在书中介绍的 Executive 纸业公司的报表要复杂得多，但千万不要气馁。

16. 在雅虎财经（finance. yahoo. com）或市场观察网（www. mhhe. com/edumarketinsight）数据库中查找任意一家公司的最新财务报表，计算最近年度的下列比率：

（1）负债比率

（2）已获利息倍数

（3）流动比率

（4）速动比率

（5）净利率

（6）存货周转天数

（7）权益收益率

（8）股利支付率

17. 在雅虎财经（finance. yahoo. com）或市场观察网（www. mhhe. com/edumarketinsight）数据库中选择几家公司的财务报表，比较它们的存货周转天数和应收账款的平均收账期。你能解释它们之间的差异吗？

18. 本题复习了在解释会计数字中可能会遇到的困难：

（1）举出 4 个重要的资产、负债或业务的例子，这些项目并不在公司的账簿上进行反映。

（2）对无形资产进行投资，如投资于研发项目，如何会歪曲会计比率？至少给出两个例子。

19. 讨论财务杠杆的另一种衡量方法。是应该采用权益的市场价值呢？还是账面价值？对于负债，用市场价值、账面价值或按无风险利率折现的账面价值，哪个更好？对资产负债表的表外负债，如养老金负债等，应该如何处理？如何处理优先股、递延税款准备金以及少数股东权益？

20. 假设 2005 年年末，Executive 纸业公司还有未使用的信用额度，还可以再借 3 亿美元。又假设公司利用这一信用额度借入了 3 亿美元，并将其投资于有价证券。那么：①公司的流动性是增加了还是降低了？②公司的杠杆程度是更高了还是更低了？计算相关的比率。

21. 下列做法对公司的流动比率有何影响？

（1）存货被出售。

（2）公司为向供应商付款而向银行借款。

（3）客户支付了其过期的账单。

（4）公司利用现金购买了更多的存货。

22. Sara Togas 将其所有的产品都卖给了 Federal Stores。下表列示了两家公司的一些财务比率（单位：百万美元）：

	销售收入	利润	资产
Federal Stores	100	10	50
Sara Togas	20	4	20

分别计算两家公司的资产周转率、利润率和资产收益率。现在假设两家公司合并了。如果 Federal 公司仍然出售了价值 1 亿美元的商品，以上三个财务比率将有何变化？

23. United Raion 公司的普通股具有 4% 的股利收益率，其每股股利为 2 美元，流通股数为 1 000 万股。如果市值账面价值比为 1.5 的话，公司权益的账面价值总额是多少？

24. 正像你看到的，有人不小心把墨水洒到了 Transylvania 铁路公司的资产负债表和利润表（表 19—14）上，挡住了一些项目。你能利用以下信息将表格补充完整吗？

（1）负债比例：4

（2）已获利息倍数：11.2

（3）流动比率：1.4

（4）速动比率：1.0

（5）现金比率：0.2

（6）总资产收益率：0.18

（7）权益收益率：0.41

（8）存货周转率：5.0

（9）应收账款收账期：71.2 天

表 19—14	Transylvania 铁路公司资产负债表和利润表 单位：百万美元	
	2007 年 12 月	2006 年 12 月
资 产 负 债 表		
现金	■■■	20
应收账款	■■■	34
存货	■■■	26
流动资产合计	■■■	80
固定资产，净额	■■■	25
资产总额	■■■	105
应付票据	30	35
应付账款	25	20
流动负债合计	■■■	55
长期负债	■■■	20
权益	■■■	30
负债与权益总额	115	105
利 润 表		
销售收入	■■■	
销货成本	■■■	
销售及管理费用	10	
折旧	20	
EBIT	■■■	
利息	■■■	
税前利润	■■■	
税金	■■■	
可供普通股分配的利润	■■■	

25. 下面是同一个行业内 5 家公司的一些数据：

	公司代码				
	A	B	C	D	E
净利润（百万美元）	10	0.5	6.67	–1	6.67
账面总资产（百万美元）	300	30	120	50	120
流通股数（百万股）	3	4	2	5	10
股票价格	100	5	50	8	10

请你计算行业的市盈率比率。讨论一下计算这一指标可能采用的方法。不同的计算方法会对最终的结果造成很大的差异吗？

26. 较速的通货膨胀对制造类公司的资产负债表和利润表的准确性和相关性有什么影响？你认为答案和公司发行债券的多少有关吗？

27. 假设你想利用财务比率来估计一家公司股票的风险。我们本章中介绍过的哪些比率可能会有用？你还能想出衡量风险的其他方法吗？

28. 查找一些陷入困难的公司。画出其最近几年的主要财务比率变化图。图中有什么规律吗？

29. 我们在本章讲到的 Executive 纸业公司的模型是一种自上而下制订计划模型的示例，而有些公司则采用自下而上的财务计划模型，这种模型需要对特定产品的收入和成本、广告计划、主要投资项目等进行预测。你认为这两种模型分别适用于什么样的公司？这些公司为什么要利用这些模型？

30. 公司财务计划通常是被用作评估后续业绩的基础。你认为这样的方法可以比较出哪些内容？可能会产生什么样的问题？你又如何解决这样的问题？

31. Executive 纸业公司模型的缺口项目是借款。缺口项目（balancing item）意味着什么？如果用股利来弥补缺口项目，那么该模型会有什么样的变化？此时你会建议如何设定借款计划？

32. 根据你对上一题（实务题第 31 题）的回答，重新为 Executive 纸业公司构建一个新的模型。你的模型能为 2006 年制定出可行的财务计划吗？（提示：如果不能，你可以允许公司发行股票。）

33. 利用 Executive 纸业公司模型（表 19—8 至表 19—10）和本书网站（www.mhhe.com/bma1e）上的"活动"电子表格，编制 2006 年和 2007 年预计利润表、资产负债表、资金来源与运用表。假设除销售收入和成本、固定成本和净经营资本预计每年增长 30％以外，其他条件保持不变。预计利率保持在 10％的水平，不考虑发行股票，股利支付率仍保持在 60％。

（1）上述计划下公司的负债比率和已获利息倍数是多少？

（2）公司还能继续通过借款进行扩张吗？

34. 表 19—15 列示了 Executive 奶酪公司 2007 年的财务报表。每年折旧是年初固定资产的 10％，再加上新投资的 10％。公司计划在未来 5 年内每年再对固定资产追加投资 2 亿美元，预计净经营资本与固定资产的比例继续保持不变比例。公司预计，每年年初资产周转率都是 1.75，固定资产可望保持在 5 300 万美元的水平，变动成本是销售收入的 80%。公司的政策是将净利润的 2/3 用于股利发放，并维持 20% 的账面负债比率。

（1）仿照表 19—8 至表 19—10，为 Executive 奶酪公司创建财务计划模型。

（2）利用你的模型编制 2008 年的预测财务报表。

表 19—15	Executive 奶酪公司 2007 年财务报表	单位：千美元

利　润　表		
收入		1 785
固定成本		53
变动成本（销售收入的 80%）		1 428
折旧		80
利息（利率为 11.8%）		24
税金（税率为 40%）		80
净利润		120

资金来源与运用表		
来源：		
经营现金流		200
借款		36
发行股票		104
来源总额		340
运用：		
净营运资本增加		60
投资		200
股利		80
运用总额		340

年末资产负债表		
	2007	2006
资产：		
净营运资本	400	340
固定资产	800	680
资产总额	1 200	1 020
负债：		
负债	240	204
账面权益	960	816
负债与股东权益总额	1 200	1 020

35. Eagle Support 提供的公司财务报表如表 19—16 所示。为简单起见，"成本"中

包括利息。假设 Eagle 公司的资产与其销售收入成比例。

（1）如果该公司在 2009 年想要保持 60% 的股利支付率，并计划增长 15%，那么计算 Eagle 公司需要的外部资金。

（2）如果 Eagle 公司选择不发行新股票，那么其缺口项目是什么？其价值是多少？

（3）现在假设公司计划仅将长期负债增加到 1 100 美元，并且不打算发行新股。那么为什么股利支付额就一定会是缺口项目？其价值是多少？

表 19—16	Eagle Support 供应公司 2008 年财务报表		单位：美元

利 润 表

收入	950		
成本	250		
EBIT	700		
税金（税率 = 28.6%）	200		
净利润	500		

年末资产负债表

	2008	2007		2008	2007
资产	3 000	2 700	负债	1 000	900
	———	———	权益	2 000	1 800
资产总额	3 000	2 700	负债与权益总额	3 000	2 700

36. 如果股利支付率固定为 60%，权益占资产的比重固定为三分之二的话，Eagle Sport 公司（见实务题第 35 题）的内部增长率是多少？可持续增长率是多少？

37. Bio - Plasma 公司每年的增长率为 30%，它完全采用权益进行融资的，总资产为 100 万美元。该公司权益收益率为 20%，再投资率为 40%。

（1）该公司的内部增长率是多少？

（2）公司今年的外部融资需求是多少？

（3）如果股利支付率降为 0，公司的内部增长率将增加多少？

（4）这一变动可使外部融资需求减少多少？对股利支付率和外部融资需求的关系，你有什么结论？

思考题

38. 再来看看练习题第 8 题的 Geomorph Trading 公司资产负债表，并考虑以下的补充信息（单位：美元）：

流动资产		流动负债		其他负债	
现金	15	应付账款	35	递延税款	32
存货	35	当期应交税金	10	未备养老金	22
应收账款	50	银行贷款	15	R&R 准备金	16
	100		60		70

这里的"R&R 准备金"包括未来拆卸石油管道和管道沿线环境重建的成本。

计算 Geomorph 公司的负债比率有很多种方法。假设你正在评估该公司负债的安全性，并想将它和同行业其他公司的负债比率进行比较。那么你在计算比率时，应该用负债总额还是资本总额呢？银行贷款、递延税款账户、R&R 准备金、未备养老金负债，以上这些项目中哪些应该包括在负债中呢？试说明你选择各项目的理由。

39. 在市场观察网（www.mhhe.com/edumarketinsight）数据库中查询任何一家公司的财务报表，合理预测一下该公司的未来增长率和为支持这种增长率的资产。然后利用电子表格程序制定一个五年的财务计划。为支持计划的增长率，需要什么融资方式？对你预测中可能出现的错误，公司易受影响的程度如何？

第20章

短期财务计划

上一章中我们介绍了公司如何制定未来 5 到 10 年的财务计划。本章我们的重点将放在短期计划上。短期财务决策与类似资本投资和资本结构选择这样的长期决策的区别有两个方面：第一，短期财务决策一般涉及的是短期的资产和负债；第二，这些资产和负债往往容易变动。例如，拿 5 000 万美元的 60 天期银行贷款和 5 000 万美元的 20 年期债券相比，银行贷款显然是短期决策。公司可能在两个月后把贷款偿还完毕，之后又回复到原来的经营状况上。公司也可以在 1 月份发行 20 年的债券，但在 3 月份就将其赎回，但这样做非常不方便，而且成本将非常高。在实际中，这样的债券发行涉及的是长期决策，不仅仅是因为债券的有效期是 20 年，而且因为这样的决策一旦作出，不可能在短期内改变。

负责短期财务决策的财务经理没有必要考虑长远的将来。是否申请 60 天的银行贷款可能只要根据最近几个月的现金流的预测就可以了，但发行债券的决策一般就要反映预测的未来 5 年、10 年甚至更久的现金需求预测。

管理者关注短期财务决策可以避免本书其他章节中遇到的复杂概念问题。从某种意义上来说，短期决策要比长期决策简单，但它们的重要性却相当。公司可能抓住了极有价值的资本投资机会，找到了恰当合理的负债比率，遵循了完美的股利政策，但却可能因为没有人愿意去筹集实施以上决策所需的资金而面临失败，这就需要短期计划。

本章开始，首先，我们说明长期融资决策如何对公司的短期财务计划产生影响。我们将探讨财务经理们应该如何追踪现金和营运资本的变化，其次，将考察他们如何预测每月的现金需求或现金剩余，并开发短期融资策略。最后，我们将更加详细地考察短期融资的主要的来源渠道以及对剩余现金的可能处理方法。

所有的经营活动都需要资本，也就是说，需要资金投资于厂房、机器、存货、应收账款和所有其他保证经营活动有效进行的资产。一般来说，这些资产并不是同时购买的，而是逐步取得的，我们将这些资产的总成本称为公司的累计资本需求（cumulative capital requirement）。

大多数公司累计资本需求的增长轨迹并不规则，表现出波浪式变化，如图 20—1 所示。这种波浪线表明，随着公司经营业务的增长，公司的累计资本需求有明显的上升趋势。但围绕这一趋势，资本需求还有季节性的波动：在图中，资本需求在每年的后期达到最高。最后，资本需求每星期、每个月都有难以预料的变动，但我们并没有将这些变动在图 20—1 中列示出来。

累积资本需求既可以通过长期融资来满足，也可以通过短期融资来满足。当长期融资没有满足累计资本需求时，公司必须筹集短期资本补足差额；当长期融资超过累计资本需求时，公司就会有过剩的现金可以用于短期投资。因此，在给定累计资本需求的情况下，筹集的长期资金总额决定了公司会是短期的借款者还是短期的贷款者。

图 20—1 的直线 A、B、C 说明了这种情况。每一条直线分别代表一种长期融资策略。策略 A 总能带来可以用于短期证券投资的剩余现金；策略 C 则使公司始终存在短期的借款需求。而策略 B 可能是最常见的策略，在这种情况下，公司每年都有部分时间是短期的债权人，在其他时间则又成了债务人。

那么，相对于累计资本需求，最佳的长期融资水平是什么呢？这很难说。迄今为止，对这一问题还没有一个令人信服的理论分析。不过我们可以在实践中进行观察。首先，大多数财务经理们试图达到资产和负债的"期限匹配"[1]，也就是说，他们用长期借款和权益来为公司的厂房和设备之类的长期资产进行融资。另外，大多数公司对净营运资本（流动资产与流动负债的差额）都进行永久的投资。这种投资一般都通过长期渠道来解决。

流动资产比长期资产更容易变现，所以持有大量流动资产的公司流动性较强。当然，这些资产的流动性也是不一样的，有的流动性比其他的更强。存货就只有在产品经过了生产、出售和付款后才能变成现金；应收账款流动性更强一些，只要客户付清了其未付账单之后，它们就变成了现金。如果公司突然需要现金，往往还可以出售短期证券，因此短期证券的流动性更强。

---

[1] Graham 和 Harvey 的调查发现，经理们认为，在短期和长期债务的选择上，债务与资产的期限匹配要求是唯一最重要的因素。见 J. R. Graham and C. R. Harvey，"The Theory and Practice of Finance：Evidence from the Field"，*Journal of Financial Economics* 61（May 2001），pp. 187 - 243. Stohs 和 Mauer 证实了短期资产占优势的公司确实倾向于发行短期债券。见 M. H. Stohs and D. C. Mauer，"The Determinants of Corporate Debt Maturity Structure"，*Journal of Business* 69（July 1996），pp. 279 - 312。

图 20—1　　　　　　　　累计资本需求是生产经营所需的所有资产的累计投资

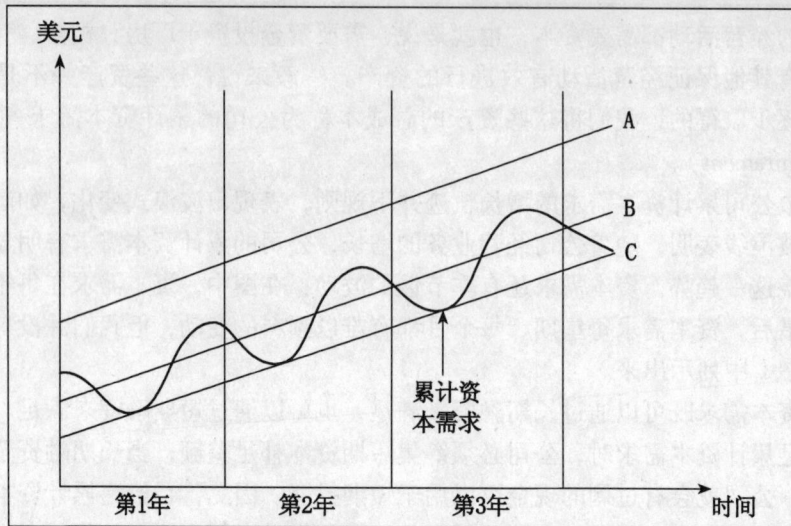

注：在这种情况下，累计资本需求每年都在增长，但在每年当中都会有季节性波动。短期融资需求是长期融资（直线 A、B、C）和累计资本需求之间的差额。如果长期融资遵从直线 C 的策略，公司就会始终需要短期资金；如果是在直线 B 上，那么短期资金需求就是季节性的；而在直线 A 上，公司则不需要短期资金，公司总会有多余的现金进行投资。

有的公司选择比其他公司保持较高的流动性。比如说，很多高科技公司，如英特尔和思科，都持有大量的短期证券。而另一方面，传统的制造业，如化工、造纸和钢铁等行业，它们的流动性很低。为什么会这样呢？一个原因是，利润快速增长的公司要比其他重新投资于正 NPV 项目的公司产生现金的速度更快，由此带来的剩余现金就可以投资于短期证券。当然，面对日益增长的庞大的现金余额，公司可能最终会相应地调整股利政策。比如说，我们在第 13 章就曾了解过微软公司如何通过派发特殊股利和回购股票来降低其持有的大量现金数额。

持有大量的现金储备会有很多好处，对在急需资金时必须面临较高成本的小公司尤其如此。比如说，在生物科技公司，如果公司新药成功通过认证，就会需要大量现金，因此，这些公司往往持有大量现金来应对可能发生的投资需求。现金储备还能够帮助公司未雨绸缪，为公司赢得调整经营的喘息机会。但这并非总是从股东的利益出发，有时完全只是帮助公司推后清算的日子。专栏中的"财经新闻"就描述了时尚公司 L. A. Gear 如何利用现金熬过了 6 年的巨大亏损，还采取了一系列激进的策略，但这些策略最终并没有成功。

如果持有流动性资产的预防性动机真的很重要的话，那么我们就应该发现，风险相对较高的行业里的小公司更有可能持有大量的现金余额。而 Tim Opler 和其他人的研究也证实，情况确实如此[1]。

---

[1] T. Opler, L. Pinkowitz, R. Stulz, and R. Williamson, "The Determinants and Implications of Corporate Cash Holdings", *Journal of Financial Economics* 52 (April 1999), pp. 3 - 46.

L. A. Gear 公司的兴衰

时尚公司 L. A. Gear 是 20 世纪 80 年代的明星企业之一，新潮的少男少女们非常喜欢公司装有亮片的粉红色运动鞋和嵌有金银线的健身鞋。4 年时间里，公司股价上涨了 1 300%，投资者们为此欣喜若狂。然而，随着该公司未能跟上 20 世纪 90 年代的流行趋势的变化，其销售收入和利润急剧下降，1998 年 1 月 L. A. Gear 公司申请进入第 11 章破产程序。

L. A. Gear 公司的衰落生动展现了公司流动性资产如何为公司带来了财务上的宽松，使其可以逃脱市场规律，在连续亏损的情况下生存下来。下表汇总了 L. A. Gear 公司盈利能力和其资产的变化情况：

L. A. Gear 公司 1989 年至 1996 年销售收入、利润和资产情况（单位：百万美元）

	1989	1990	1991	1992	1993	1994	1995	1996
收入	617	820	619	430	398	416	297	196
净利润	55	31	−66	−72	−33	−22	−51	−62
现金和证券	0	3	1	84	28	50	36	34
应收账款	101	156	112	56	73	77	47	24
存货	140	161	141	62	110	58	52	33
流动资产	257	338	297	230	220	194	138	93
总资产	267	364	326	250	255	225	160	101

上表的前两行表明，公司 1990 年以后销售收入急剧下降，并在以后的年份中长期亏损。其他行则说明了公司的资产情况，由于 L. A. Gear 公司将鞋和衣服的生产转包了出去，因此它只有很少的固定资产，但它拥有大量的现金、应收账款和存货。公司销售收入的下降带来了两种结果：第一，公司可以减少产成品存货；第二，客户偿还了未付的账单。因此尽管公司持续亏损，但在开始的时候公司所持有的现金和短期债券还出现过增长的情况。

下表说明了 L. A. Gear 公司资本结构情况。值得注意的是，1991 年以后公司几乎没有短期银行贷款，所以公司几乎不受银行续贷的制约*。随着亏损的增大，公司的权益缩水，负债比率上升到了 92%。然而，即使是在 1996 年，公司持有的现金量仍然是当年利息支付额的 8 倍多。

	1989	1990	1991	1992	1993	1994	1995	1996
银行贷款	37	94	20	0	4	1	1	0
长期负债	0	0	0	0	50	50	50	50
优先股	0	0	100	100	100	100	108	116
普通股	168	206	132	88	47	18	−41	−111

由于公司可以清算其存货和应收账款，而且没有到期债务，因此公司能够熬过 6 年

的巨大亏损，尝试采用了一系列激进的新策略，包括强调运动鞋和儿童鞋的性能。这些策略最终都没有发挥作用。如果公司持有大量的不容易进行清算的固定资产，它就不可能熬过这么久。

＊L. A. Gear 公司在美洲银行具有信用额度，被用于向公司的供应商提供信用证，以保证公司能够付款。尽管银行逐步降低了其信用额度，但 L. A. Gear 公司的销售收入同时下降，因此最终降低了需要的信用额度的水平。

资料来源：The decline of L. A. Gear is chronicled in H. DeAngelo, L. DeAngelo, and K. H. Wruck, "Asset Liquidity, Debt Covenants, and Managerial Discretion in Financial Distress: The Collapse of L. A. Gear," Journal of Financial Economics 64 (2002), pp. 3 – 34.

对于既有长期融资余额，又有银行现金存款的公司来说，其经理们一般不用担心需要找钱来支付下个月的账单。但是，持有过多现金也是有成本的。对应税公司来说，持有适销证券充其量只是个 NPV 为零的投资而已[①]。此外，现金大量剩余的公司经理也可能会放弃节俭的财务政策，如果情况真是如此，持续持有多余现金的公司就应该缩减开支，并用多余资金赎回一些长期证券。

20.2　追踪现金与经营资本的变化

表 20—1 比较了 Dynamic Mattress 公司 2006 年和 2007 年年末资产负债表。表 20—2 列示了该公司 2007 年利润表。要注意，2007 年，Dynamic 公司的现金余额增加了 100 万美元。是什么导致的增加呢？多余的现金是来自 Dynamic Mattress 公司额外借入的长期借款？还是因为进行了利润的再投资？是因为减少存货释放的现金？还是推迟了向供应商付款？（注意应付账款的增加。）

表 20—1	Dynamic Mattress 公司 2006 年和 2007 年年末资产负债表	单位：百万美元
	2006	2007
流动资产：		
现金	4	5
有价证券	0	5
存货	26	25
应收账款	25	30
流动资产合计	55	65
固定资产：		
投资总额	56	70

---

① 如果像大多数人相信的那样，借款有税收上的好处，那么贷出资金也就应该有相应的税收劣势，因为公司在短期国债上获得的利息必须按公司税率纳税。在这种情况下，国库券投资的 NPV 就将为负。见第 15.1 节。

	2006	2007
减：折旧	−16	−20
固定资产净额	40	50
资产总额	95	115
流动负债：		
银行贷款	5	0
应付账款	20	27
流动负债合计	25	27
长期负债	5	12
净价值（权益和留存收益）	65	76
负债和净价值总额	95	115

表 20—2	Dynamic Mattress 公司 2007 年利润表	单位：百万美元
收入	350	
经营成本	−321	
	29	
折旧	−4	
	25	
利息	−1	
税前利润	24	
税金（50%）	−12	
净利润	12	

注：股利 =100 万美元；留存收益 =1 100 万美元。

正确的答案是"上面所有的都是"。财务分析人员通常用表 20—3 来归纳现金的来源和运用。从这个表格可以看出，Dynamic Mattress 公司产生的现金来源于以下 4 个方面：

（1）发行了 700 万美元的长期债券；

（2）减少存货，释放了 100 万美元；

（3）增加了应付账款，相当于从供应商那里又借入了 700 万美元；

（4）到现在为止，Dynamic Mattress 公司最大的现金来源是该公司的经营活动，创造了 1 600 万美元。从表 20—2 可以看到，利润是 1 200 万美元，它比现金流量要低，因为在计算利润时需要减掉折旧。折旧不属于现金支出。因此，在计算经营现金流时必须把折旧加回来。

Dynamic Mattress 公司的现金运用有以下几个目的：

（1）支付了 100 万美元的股利；（注意：Dynamic Mattress 公司权益增加的 1 100 万美元是由于留存收益带来的，即等于 1 200 万美元的权益利润减掉 100 万美元的股利。）

（2）偿还了 500 万美元的短期银行贷款①；

（3）投资了 1 400 万美元。这体现为表 20—1 中的固定资产总额增加；

（4）购买了 500 万美元的适销证券；

（5）允许应收账款增加 500 万美元，这相当于它向公司客户提供了这一金额的贷款。

表20—3	Dynamic Mattress 公司 2007 年现金来源与运用　单位：百万美元
来源：	
发行长期债券	7
减少存货	1
增加应付账款	7
经营活动产生的现金：	
净利润	12
折旧	4
来源总额	31
运用：	
偿还短期银行贷款	5
投资于固定资产	14
购买适销证券	5
增加应收账款	5
股利	1
运用总额	30
现金余额增加	1

① 这是偿还的本金，不是利息。有时，利息支付被明确地看成是公司的资金运用。如果是这样的话，经营现金流就应该被定义为利息前现金流，也就是等于净利润加上利息，再加上折旧。

20.2.1 追踪净经营资本的变化

财务分析人员通常会发现，将所有的流动资产和流动负债整合到一个数值，即净营运资本上非常有用。Dynamic 公司的净营运资本余额如下（单位：百万美元）：

	流动资产	减	流动负债	等于	净经营资本
2006 年年末	55	—	25	=	30
2007 年年末	65	—	27	=	38

表 20—4 给出了只报告净经营资本，而不报告单独的流动资产或流动负债项目的资产负债表。

表 20—4	2006 年年末和 2007 年年末资产负债简表　单位：百万美元	
	2006	2007
净经营资本	30	38
固定资产：		
投资总额	56	70
减：折旧	−16	−20
固定资产净额	40	50
净资产总额	70	88
长期负债	5	12
净价值（权益和留存收益）	65	76
长期负债和净价值总额*	70	88

* 如果公司资产负债表中只有净经营资本，那么这一数字（长期负债和净价值总额）通常被称为资本总额（total capitalization）。

类似地，"来源与运用"表也可以将来源简单地定义为增加净经营资本的活动，而将运用定义为耗费经营资本的活动。在这种定义下，经营资本通常就被称为资金，因此也就有了资金来源与运用表[①]。

2006 年，Dynamic 公司增加净经营资本的活动是：

（1）发行了 700 万美元的长期债券；

（2）经营活动产生了 1 600 万美元的现金流。

耗费净经营资本的活动为：

（1）投资了 1 400 万美元；

（2）支付了 100 万美元股利。

因此，就可以归纳出 Dynamic Mattress 公司净经营资本的变化，得到如表 20—5 所

---

① 在第 19.2 节中我们曾给出过 Executive 纸业公司的资金来源与运用表。

示的资金来源与运用表。

表20—5	2007 年资金（净经营资本）来源与运用表	单位：百万美元
来源：		
发行长期债券		7
经营活动产生的现金：		
净利润		12
折旧		4
		23
运用：		
投资于固定资产		14
股利		1
		15
净经营资本增加		8

20.2.2 利润和现金流

现在回头看一下表 20—3，该表列示了现金的来源和运用。我们要对来自经营活动产生的现金这一栏给出两点警示。它可能不代表你可以用来买啤酒的实际意义上的美元。

首先，在计算利润时，折旧可能并不是唯一一个被扣减的非现金费用。例如，大多数公司对税务账簿中采用的会计程序和对股东报告中采用的会计程序不同。特殊税务账簿的目的是使公司当前的应税利润最小化。因此，股东账簿高估了公司当前的现金税务负债①，相应地，经营活动产生的税后现金流就被低估了。

其次，利润表记录的销售收入是已经实现的，而不是收到客户实际付款时的数额。想一下 Dynamic Mattress 公司赊销商品的情况。公司在销售发生的时候就记录了利润，但直到账单被支付才会有现金流入量的产生。由于没有现金流入量，所以公司的现金余额就没有任何变化，尽管此时由于应收账款增加已经导致了营运资本的增加。在资金来源与运用表中就不会列示现金增加，像表 20—3 那样。经营活动产生的现金的增加将被应收账款的增加所抵消。

然后，当账单被支付时，预测的现金相应地增加。但是，此时利润并没有进一步的增加，经营资本也不会增加。现金余额的增加刚好与应收账款的减少相抵消。

---

① 报告的税金和缴纳给国内收入署税金之间的差额作为递延税款负债列示在资产负债表上。之所以确认为负债，是因为加速折旧法和其他用于减少当前应税利润的方法并没有消除税金，只是推迟了税金的缴纳时间。当然，这种做法减少了税务负债的现值，但税款最终还是要缴纳的。在资金来源与运用表中，递延税款的增加可以视为资金的一种来源。在 Dynamic Mattress 公司的例子中我们忽略了递延税款因素。

这就带来了有关经营资本的一个有趣的特征。设想一家公司经营的业务非常简单，它用现金买进原材料，将其加工成产成品，然后将这些商品赊销出去。经营的整个流程看起来就像是：

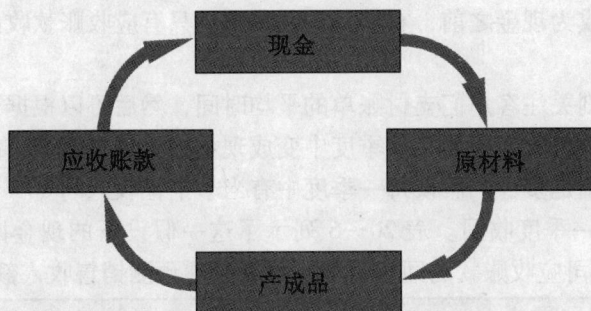

如果你在这一流程的一开始编制资产负债表，那么你能看见现金。如果等待一段时间，就会发现，现金被原材料存货所取代了。再以后，现金被产成品存货所取代。当产成品出售之后，存货又让位于应收账款，最后，当客户支付了其账单，公司实现了利润，其现金余额也得到了补充。

整个流程中只有一个值是保持不变的，就是营运资本，但营运资本的构成内容却在不断地发生变化。（净）经营资本是关于流动资产和流动负债的一个非常有用的概括性指标，其原因也正是因为这一点。

经营资本这种衡量方法的优点就在于，它不受不同的流动资产或流动负债的季节性变化或其他暂时性变化的影响。但这一优点也同时是它的缺点，因为经营资本数额掩盖了很多有意义的信息。在我们刚才的例子中，现金首先转化成了存货，然后是应收账款，最后再回到现金，而这些资产有着不同的风险程度和流动性。但你不能用存货或用应收账款支付你的账单，你必须要用现金来偿付。

20.3　现金预算

人们对过去感兴趣是因为能从中有些收获。财务经理们的问题是预测未来的现金来源和运用。这种预测有两个目的：第一，现金流预测提供了一个标准，或预算，可以用来考察公司以后的业绩；第二，它提醒财务经理们注意未来的现金流需求。就像我们都知道的，现金有迅速消失的特征。

20.3.1　编制现金预算：流入量

我们将继续使用 Dynamic Mattress 公司的例子来解释资本预算的编制过程。

Dynamic 公司大部分的现金流入量来源于床垫的销售收入。因此，我们首先从预测 2008 季度①销售收入开始：

---

① 大多数公司都是按月进行预测，而不是按季度，有时还预测每周或每天的数值。但如果按月进行预测，那么表 20—6 和以后表格中的数据就会是现在的 3 倍。这里我们想使例子尽可能简单一些。

	第1季度	第2季度	第3季度	第4季度
销售收入（百万美元）	87.5	78.5	116	131

但在销售收入成为现金之前，它们是应收账款。只有应收账款收回后才能成为现金流量。

大多数公司时刻关注客户们支付账单的平均时间，然后可以根据这一平均时间进行预测，每个季度的销售收入中能在该季度中变成现金的比例是多少，能作为应收账款递延到下一季度的比例是多少。假设每一季度中有当季销售收入的80%能够"变现"，剩下的20%可以在下一季度收回。表20—6列示了这一假设下的现金回收情况。为预测Dynamic Mattress公司应收账款的回收情况，你就必须预测销售收入额和回收率。

表 20—6	销售收入和回收率预测			单位：百万美元
	第 1 季度	第 2 季度	第 3 季度	第 4 季度
1. 期初应收账款	30	32.5	30.7	38.2
2. 销售收入	87.5	78.5	116	131
3. 回收款：				
当期销售收入（80%）	70	62.8	92.8	104.8
上期销售收入（20%）	15①	17.5	15.7	23.2
回收款总额	85	80.3	108.5	128
4. 期末应收账款 1 + 2 − 3	32.5	30.7	38.2	41.2

①上一年第 4 季度的销售收入为 7 500 万美元。

例如，第 1 季度中，当前季度的回收款是 8 750 万美元的 80%，也就是 7 000 万美元。但公司还回收了上一季度的 20%，也就是 0.2×7 500 = 1 500（万美元）。因此回收款总额就是 7 000 + 1 500 = 8 500（万美元）。

Dynamic 公司第 1 季度的期初应收账款为 3 000 万美元，加上本季度的销售收入 8 750万美元，再减掉当期回收的 8 500 万美元，因此，正如表20—6所示，Dynamic 公司第 1 季度期末的应收账款就是 3 000 + 8 750 − 8 500 = 3 250（万美元）。一般的计算公式为：

期末应收账款 = 期初应收账款 + 销售收入 − 回收额

表 20—7 的上半部分给出了 Dynamic Mattress 公司的预计现金来源。应收账款的回收额是主要来源，但它不是唯一的来源。或许公司计划抛售一些土地，或有望能收到退税，或得到保险的赔付，所有这些项目都归在"其他"来源中。另外，公司还有可能通过借款或出售股票筹集更多的资本，但是现在我们先不打算考虑这个问题。因此，现在我们只假设 Dynamic 公司不打算再筹集更多的长期资本。

表20—7	**Dynamic Mattress 公司 2008 年现金预算 单位：百万美元**			
	第 1 季度	第 2 季度	第 3 季度	第 4 季度
现金来源：				
回收应收账款	85	80.3	108.5	128
其他	0	0	12.5	0
来源合计	85	80.3	121	128
现金运用：				
支付应付账款	65	60	55	50
人工和其他费用	30	30	30	30
资本性支出	32.5	1.3	5.5	8
税金、利息和股利	4	4	4.5	5
运用合计	131.5	95.3	95	93
来源减运用	−46.5	−15.0	+26.0	+35.0
短期融资需求计算：				
1. 期初现金	5	−41.5	−56.5	−30.5
2. 现金余额的变动（来源减运用）	−46.5	−15	+26.0	+35.0
3. 期末现金[①] 1＋2	−41.5	−56.5	−30.5	+4.5
4. 最小经营现金余额	5	5	5	5
5. 累计融资需求[②] 4－3	46.5	61.5	35.5	0.5

①当然，严格来说，公司是不可能持有金额为负的现金的。这就是为支付其账单公司必须筹集的现金数额。

②符号表示现金多余。但在本例中，每个季度公司都需要筹集现金。

20.3.2 编制现金预算：流出量

现金流入的部分就讨论到这里，现在来看一下现金流出的情况。现金的用途似乎总比来源要多得多，为简便起见，我们在表20—7中将现金的运用分成四类：

（1）支付应付账款。你必须得支付原材料、零部件、电费等等费用。现金流预测假设所有这些账单都是及时偿付的，尽管 Dynamic 公司可能会在一定程度上推迟支付。推迟付款有时也被称为应付账款展期（stretching payables）。它也是短期融资的一种来源，但对大多数的公司来说，这是一种非常昂贵的来源，因为如果展期的话，它们就会丧失立即付款所享受的价格折扣。

（2）人工、管理费用和其他费用。这类费用包括其他需要定期支付的所有经营费用。

（3）资本性支出。要注意，Dynamic Mattress 公司计划在第 1 季度有一笔大额的资本支出。

（4）税金、利息和股利支出。包括当前尚未偿还的债务上的利息，但不包括为满足 2008 年现金需求而进行的任何额外借款的利息。到现在为止，Dynamic 公司还不知道它应该借多少钱，或者它根本还不知道它到底是否应该借钱。

预测的净现金流入量（来源减运用）列示在表 20—7 的方框中。值得注意的是，第 1 季度的负值很大，预测有 4 650 万美元的现金流出。预计第 2 季度的现金流出要小一些，而后半年就有了大量的现金流入量。

表 20—7 的下半部分计算了如果现金流预测是正确的话，Dynamic 公司应该筹集多少资金。年初的时候现金有 500 万美元，然后第 1 季度有 4 650 万美元的现金流出，因此 Dynamic 公司至少还需要再筹集 4 650 – 500 = 4 150 万美元，这样才能保证公司在第 2 季度期初的预计现金余额刚好为零。

大多数财务经理们认为，将现金余额定位为零太危险了，他们通常会设定最小经营现金余额（minimum operating cash balance），以防范意料之外的现金流入和流出。我们假设 Dynamic 公司的最小经营现金余额为 500 万美元，这就意味着它在第 1 季度至少要筹集 4 650 万美元的现金流出金额，然后在第 2 季度至少要筹集 1 500 万美元，因此在第 2 季度，其累计资金需求将达到 6 150 万美元。幸运的是，这个数额已经是资金需求的最高值。累计需求在第 3 季度就下降了 2 600 万美元，达到 3 550 万美元。而到最后 1 个季度，Dynamic 公司几乎走出了困境：其现金余额已经达到了 450 万美元，距离其设定的最小经营现金余额仅差 50 万美元。

下一步是要制定短期融资计划，以在最经济可行的情况下满足预计的现金需求。但这之前我们先来考虑两个常见的现象：

第一，前两个季度中的大量的现金流出并不一定会给 Dynamic 公司带来麻烦。这些现金流出中的一部分反映了第 1 季度资本投资的情况：Dynamic 公司在第 1 季度投资了 3 250 万美元，但它至少应该获取那么大价值的资产，甚至更大价值的资产；而另一部分则是公司上半年的销售收入较低，回收款较少的反映，但公司的销售收入在下半年就有所好转[①]。如果这种季节性变化是可以预见的，那么公司借款就不会遇到阻碍，公司就能平安度过销售低迷的时期。

第二，表 20—7 只是关于未来现金流预测的一种最佳情况，因此，还需要将估计的不确定性考虑进去。比如，你可以进行敏感性分析，考察 Dynamic 公司销售收入下降或回收款延期对该公司现金需求的影响。这里的问题在于，进行敏感性分析每次只能考虑一种因素的变动，而在实际中，比如说，如果经济衰退的话，那么就会同时影响销售收入水平和账款的回收率。还有一种方法可以解决这个问题，但比较复杂，这就是建立现金预算模型，然后模拟现金需求，得出现金需求显著偏离预测值的概率，如表 20—7 所示。如果现金需求预测很困难，那么你或许就愿意多持有些额外的现金或有价证券，以应对未来可能出现的意料之外的现金流出。

---

① 或许到年末的时候人们就会购买更多的床垫，因为那时候夜晚就变得更长了。

20.4　短期融资计划

　　Dynamic 公司的现金预算明确了公司存在的问题：公司的财务经理们必须筹措短期资金来满足公司预测的现金需求。短期资金的来源很多，但为简单起见，我们假设 Dynamic 公司只有两种选择。

20.4.1　短期融资的选择

　　（1）银行贷款：Dynamic 公司已经与银行签订协议，可以按年利率 10% 或季度利率 2.5% 从银行得到最多 3 800 万美元的贷款。只要不超过这个信贷额度，公司就可以自己决定借入资金和偿还资金的时间。

　　（2）应付账款展期：Dynamic 公司公司还可以通过推迟其账单支付的方式来筹集资金。财务经理相信，Dynamic 公司每季度可以延期支付下列金额的账款：

	第 1 季度	第 2 季度	第 3 季度	第 4 季度
延期支付的金额（百万美元）	52	48	44	40

　　因此，在第 1 季度不偿还账单可以节省 5 200 万美元。（注意：表 20—7 的现金流预测假设这些账单将在第 1 季度支付。）如果延期支付，这些金额必须在第 2 季度还清。同样的，第 2 季度 4 800 万美元的账单可以被延期到第 3 季度，依此类推。

　　即使不会致命，应付账款展期的成本也是相当大的。这是因为供应商们通常可能会对及时付款给予一定的价格折扣。如果 Dynamic 公司延期支付，就将无法得到折扣。在我们的示例中，假设失去的折扣是延期支付金额的 5%，换句话说，如果公司在本季度延期支付 100 美元，那么公司在下一季度就必须偿还 105 美元。

20.4.2　Dynamic 公司的融资计划

　　给定这两种选择的情况下，短期融资策略是很明显的：首先利用银行贷款，如果需要，可以用完 3 800 万美元的限额。如果仍有现金短缺，就再延期支付应付账款。

　　表 20—8 列示了这样的融资计划。在第 1 季度，该计划要求借入最大额度的信贷额度（3 800 万美元），并且延期支付 350 万美元的应付账款（见表的第 1 行和第 2 行）。另外，公司在 2007 年末出售其所持有的 500 万美元的适销证券（第 8 行），这样，它在第 1 季度就将筹集到 3 800 + 350 + 500 = 4 650（万美元）（第 10 行）的资金。

　　在第 2 季度，该计划要求 Dynamic 公司继续从银行借入 3 800 万美元的，同时延期 1 970 万美元的应付账款，这样，在偿还第 1 季度的延期应付账款 350 万美元之后，还需要筹集 1 620 万美元。

　　那么，在正常经营只需新增 1 500 万美元现金的情况下，为什么 Dynamic 公司却需要筹集 1 620 万美元呢？其原因就在公司必须支付第 1 季度借款的利息和公司出售证券的利息[1]。

　　在第 3 季度和第 4 季度，该计划要求 Dynamic 公司偿还债务，同时购买少量有价证券。

---

　　[1] 银行贷款要求每季度支付 0.025 × 3 800 = 95 万美元的利息，延期应付账款产生的折扣损失为 0.05 × 350 = 17.5 万美元，有价证券的利息损失为 0.02 × 500 = 10 万美元。

表20—8	Dynamic Mattress 公司财务计划			单位：百万美元
	第1季度	第2季度	第3季度	第4季度
新借款：				
1. 银行贷款	38.0	0.0	0.0	0.0
2. 应付账款展期	3.5	19.7	0.0	0.0
3. 合计	41.5	19.7	0.0	0.0
偿还：				
4. 银行贷款	0.0	0.0	4.2	33.8
5. 应付账款展期	0.0	3.5	19.7	0.0
6. 合计	0.0	3.5	24.0	33.8
7. 新借款净额	41.5	16.2	−24.0	−33.8
8. 加：出售证券	5.0	0.0	0.0	0.0
9. 减：购买证券	0.0	0.0	0.0	0.3
10. 筹集现金总额	46.5	16.2	−24.0	−34.1
利息支付[①]：				
11. 银行贷款	0.0	1.0	1.0	0.8
12. 应付账款展期	0.0	0.2	1.0	0.0
13. 出售证券利息[②]	0.0	0.1	0.1	0.1
14. 利息支付净额	0.0	1.2	2.0	0.9
15. 经营所需现金[③]	46.5	15.0	−26.0	−35.0
16. 现金需求总额	46.5	16.2	−24.0	−34.1

①我们假设第1次利息支付在贷款获得后的那个季度发生。

②Dynamic 公司第1季度出售了500万美元的有价证券。假设收益率为每季度2%。

③从取自表20—7。

20.4.3　评价融资计划

　　表20—8所列示的计划解决了 Dynamic 公司的短期资金问题吗？没有。这一计划是可行的，但 Dynamic 公司还可以做得更好。这个计划最明显的缺陷就是它对应付账款展期的依赖性。应付账款展期是一种成本非常高昂的融资工具，不要忘了，如果这样延期账单的支付，Dynamic 公司每个季度要为之花费5%，即每年单利20%的成本。第1个

计划只会促使财务经理们去寻找更为便宜的短期借款。

财务经理们还应该考虑其他的问题，比如说：

（1）该计划能提供令人满意的流动比率和速动比率吗①？如果这些比率比较差，可能银行就会担心，这样的话公司贷款可能就会出现问题②。

（2）应付账款展期会不会产生无形的成本呢？供应商是否开始怀疑 Dynamic 公司的信用了呢？

（3）2008 年的计划能否使 Dynamic 公司在 2009 年的财务状况好转呢？（回答是肯定的，因为 Dynamic 公司在年末就已经还清了所有的短期借款。）

（4）Dynamic 公司是不是应该为第 1 季度的主要资本投资筹集长期资金呢？听起来是非常合理的，因为习惯的做法就应该是长期资产要用长期融资来匹配，况且这将大幅度减少对短期借款的需求。当然，相反的意见则认为，Dynamic 公司利用短期借款为资本投资融资只是暂时的，经营活动产生的现金到年末就已经清偿了投资款项。因此，Dynamic 公司期初决定不立即寻找长期资金来源，可能是公司最终想用留存收益进行投资这种想法的反映。

（5）或许可以调整公司的经营和投资计划，从而简化公司的短期融资问题。有没有较为简单的方法来延期第 1 季度的大量现金流出呢？比如说，假设第 1 季度的大量资本投资是为了在上半年购买和安装床垫填充机支付的，但公司并不准备在 8 月份之前让该设备满负荷运行，因此或许公司可以说服设备生产厂家在交货时只收取成交价的 60%，然后等机器安装和调试正常之后再收取剩下的 40%。

（6）如果 Dynamic 公司降低其他流动资产的水平，公司可能也会释放出一些现金。比如说，通过不断催促账单过期的客户，可以减少应收账款（但这样做的代价是这些客户将来可能会转到其他地方订货）；或者公司也许可以降低床垫的存货水平（但代价是，如果一旦出现断货，可能就会丢掉生意）。

短期融资计划的制定总要不断进行检验纠偏。你制定一项计划，对其思考并针对融资和投资选择的不同假设再进行尝试，直到你认为无法再进行改进为止。

反复检验纠偏是非常重要的，因为它可以帮助你了解公司面临问题的实质。这里我们不妨将计划的制定过程和第 11 章"项目分析"进行一下比较。第 11 章当中，我们介绍了敏感性分析和其他一些分析方法，这些方法能够确定可能导致资本投资项目成功或失败的因素。Dynamic 公司的财务经理面临同样的任务：不仅要选择计划，而且要了解可能出现的问题，要预先想到在情况发生意外变化时所采取的措施③。

20.4.4 短期融资计划模型注释

短期计划的制定需要大量繁琐的计算④。但幸运的是，大量的计算可以交给计算机

---

① 我们在第 19 章讨论过这些比率。

② 在这里我们并没有明确地计算出这些比率，但从表 20—8 中可以看出，当 Dynamic 公司借款很多时，这些比率在年末还算不错，但在年中则相对偏低。

③ 这一点在长期融资计划中更加重要。见第 19 章。

④ 如果你不相信，可以再看一下表 20—8。要注意，每季度的现金需求取决于前一季度的借款，因为借款就会带来偿还利息的义务。另外，我们已经对问题进行了简化，因为我们是每季度预测的，而不是每月。如果是每月进行预测的话，那么工作量要相当于现在的 3 倍。

完成。很多公司已经建立起短期财务计划模型来进行这项工作。但像 Dynamic 公司这样的小公司不用考虑得那么详细和复杂，因此可以简单地利用个人电脑上的电子表格程序来进行计算分析。无论是在哪种情况下，财务经理都需要设定预期的现金需求或盈余、利率、信贷额度等，然后就会利用模型制定像表 20—8 那样的计划。计算机也可以生成资产负债表、利润表和财务经理想要的任何特定的报表。

如果不需要量身定做的模型，小公司可以租用银行、会计师事务所、管理咨询公司或专业的计算机软件公司提供的通用模型。

大多数这样的模型都是模拟程序①。它们只是简单地计算出财务经理设定的假设条件和政策的结果。此外还有短期财务计划的最优化模型，这些模型大多数是线性规划模型，它们在财务管理人员所设定的可选政策内寻找最优的计划。最优化模型有助于解决公司面临多种独立方案和限制的复杂问题，此时反复检验纠偏法也许不能确定多种方案的最佳组合。

当然，对于以一系列假设为基础的最优计划而言，如果假设本身就有错误，那么该最优计划可能就会导致灾难性的后果。因此，财务经理必须深入挖掘有关未来现金流、利率等因素假设的内在含义。线性规划模型可能有助于确认最优策略，但即使使用最优化模型，融资计划还是需要经过反复的检验和纠偏。

20.5　短期借款来源

通过从银行借款，Dynamic 公司在很大程度上解决了其现金短缺的问题。但银行不是短期贷款的唯一来源，财务公司也是公司取得现金的一个重要来源，对应收账款和存货的融资更是如此②。另外，除了向银行或财务公司之类的中介机构借款之外，公司还可以直接向投资者出售短期商业票据或中期票据。下面我们就详细地看一下短期资金的这些来源。

20.5.1　银行贷款

为了给公司的流动资产融资，公司可以申请多种短期贷款。很显然，如果公司向银行申请贷款，那么银行的贷款负责人必然要问一些问题，调查公司的财务状况和发展计划，而且银行发放贷款后还将监控公司的经营活动。当然，这样也有好处，因为其他投资者都知道，银行是很难被糊弄的，因此一旦公司宣布获得了大量的银行信贷支持，其股价一般都会上涨。

银行贷款也有很多不同的特点。以下是银行贷款的几种不同表现：

1）承诺额

公司一般都会等待，直到最终需要资金时才会申请银行贷款。但是，将近 80% 的商业银行贷款都是承诺贷款，即公司获得信贷额度，只要没有超出信贷额度，公司就可

---

① 这里的模型构建和使用与第 19.5 节中介绍的长期财务计划模型相同。

② 财务公司是指专门对企业或个人发放贷款的公司。这其中包括像 CIT 集团这样的独立公司，也包括非财务公司的下属公司，如通用汽车承兑公司（General Motors Acceptance Corporation，GMAC）。它们的贷款业务与银行形成竞争，但是，它们的资金不像银行那样是来自储蓄，而是来自商业票据和发行的其他长期证券。

以随时向银行借款。信贷额度可以是没有固定期限的**永久信贷**（evergreen credit），但更常见的是有固定期限的**周转信贷**（revolving credit）（revolver）。例如，一种普通的贷款安排是期限为 364 天的贷款，允许公司在下一年随着不同的现金需要而借款、还款、再借款。

未使用的信贷额度通常是公司资产的 10%，因此代表了很强的借款能力。但如果想拥有信贷额度贷款，公司必须满足一系列的财务条款，如保持特定水平的现金流和盈利能力等。另外，享受信贷额度的成本是非常高的，因为公司除了对每一笔借款都要支付利息，而且对未使用的信贷额度还要按大约 0.25% 的比率支付承诺费（commitment fee）。由于付出了这一额外成本，所以公司就获得了一份相当有价值的期权：银行总能保证公司的银行贷款成本只与一般利率水平保持固定的利差。

信贷额度使用的增加改变了银行的作用，银行不再只是一个贷款者，它们还成了向公司提供流动性保险的机构。1988 年，很多公司体会到了这一保险的价值，当时俄罗斯拒绝偿还部分借款，由此引发了全球债务市场的震荡。美国公司突然发现自己向投资者发行债券的成本太高，因此获得了银行信贷额度的公司无不抢着利用它的好处，结果，新债券的发行严重萎缩，而银行贷款却兴旺起来。

2）期限

很多银行贷款都只有几个月的时间。例如，公司可能需要**临时贷款**（bridge loan），用于购买新设备或者收购另一家公司。在这种情况下，这些贷款只是用于暂时性的资金需求，交易完成后还要安排长期融资。短期贷款往往用于为存货的暂时性增加提供资金，这样的贷款通常被叫做自行清偿贷款（self-liquidating），换句话说，商品销售之后就能够给偿还贷款提供现金。

银行也提供长期贷款，这就是所谓的**定期贷款**（term loans）。定期贷款的期限一般为四五年，虽然有时是在最后一期进行气球支付（或称漂浮式付款，balloon），或者仅在到期日进行子弹支付（或称到期一次偿还，bullet），但贷款大部分都是在贷款期内分期等额偿还的。银行可以根据借款人的预计现金流情况安排合适的偿还方式，比如说，第一次偿还或许可以推迟到一年之后，新工厂完工再进行。定期贷款通常在到期前还可以重新谈判，如果借款人是知名客户、信用状况一直良好，而且有充分合理的改变还款计划的理由，那么银行也会同意改变公司的还款计划①。

3）利率

银行短期贷款通常采用的是固定利率，并且通常以折扣的形式标价。比如说，如果将一年期贷款利率表示为 5% 的折扣率，那么借款人将获得 100 - 5 = 95（美元），但在年底要偿还 100 美元。这种贷款的实际收益率也就不是 5% 了，而是 5/95 = 0.0526，即 5.26%。

长期贷款的利率通常与一般利率水平挂钩，最常见的基准利率是伦敦银行同业拆放

---

① 通常情况下，定期贷款允许借款人提前偿还，但在很多情况下，贷款协议特别规定，如果提前偿还贷款公司必须为此支付一定的违约金。

利率（LIBOR）①、联邦基金利率（federal funds rate）②，或银行的最低贷款利率。因此，如果利率被定为"比 LIBOR 高1%"的话，如果第 1 季度 LIBOR 为 4%，那么公司必须支付 5% 的利息；而如果到第 2 季度 LIBOR 变成了 5%，那么公司就要支付 6% 的利率，依此类推。

4）辛迪加贷款

有些贷款数额较大，单个银行难以承受，在这种情况下，可以由一个或多个银行牵头，组成辛迪加银行集团，共同为一家借款人提供贷款或给予一家借款人一定的信贷额度③。例如，当德国公用事业公司，E. ON，想要为其没有成功出价的西班牙电力公司 Endesa 筹集 320 亿欧元时，它与四家银行协议安排了提供现金的大型辛迪加贷款。贷款分为两部分，主要的那一部分期限为 1 年，附有根据 E. ON 实际情况进行的扩展期权，另一部分的期限是 3 年。E. ON 的辛迪加贷款提醒我们，对大型的银行贷款来说，市场必须得是国际市场。汇丰（HSBC）、花旗（Citigroup）、J. P. 摩根（J. P. Morgan）和德意志银行（Deutsche Bank）是四家牵头人，据报道，参与这次辛迪加贷款的其他银行还有 Barclays、Bank of Tokyo – Mitsubishi UFJ、HypoVereinsbank、BNP Paribas、Calyon 和 Dresdner Kleinwort Wasserstein。

辛迪加贷款的牵头银行充当的是贷款保险人的作用。它对贷款进行定价、给其他银行分配份额，还要保证接受任何未被售出的部分。牵头银行的第一步就是准备信息备忘录，给这笔贷款的潜在提供者提供相关的贷款信息。然后辛迪加办公会就要在贷款最终定价和向其他银行分配份额之前提出利率水平。如果借款人的信誉很好，或牵头银行的声誉很好，那么贷款的大部分数额都可以采用辛迪加的形式。而在其他情况下，可能牵头银行就要自己承担大部分的贷款提供任务④。

5）贷款出售和抵押贷款责任

银行贷款过去都具有流动性，但只要银行贷出了款项，那么流动性就不再具备。但现在不是这种情况了，对于那些有过多贷款需求的银行来说，它们可以通过向其他机构出售一部分其现有的贷款来解决这一问题。例如，辛迪加贷款中大约有 20% 后来被重新出售了，这些出售情况每周在华尔街日报上进行报道。

贷款出售通常有两种方式：转让（assignments）或参与（participations）。前一种方式是在征得借款人的同意后，将一部分贷款进行转让；后一种方式则是领头银行继续与借款者保持联系，但同意将其收到的部分现金转拨给购买者。

---

① LIBOR 是主要跨国银行之间相互拆借欧洲美元存款时使用的利率。

② 联邦基金理论是银行同业拆借超额准备金时使用的利率。

③ 对蓝筹股公司的标准贷款，辛迪加贷款的手续费可能会低至 10 个基点，但对负债水平较高的复杂公司，手续费可能高至 2.5%。对辛迪加贷款市场的很好的回顾，参见 S. C. Miller，"A Guide to the Syndicated Loan Market"，Standard & Poor's，September 2005（www. standardandpoors. com）；and B. Gadanecz，"The Syndicated Loan Market：Structure，Development and Implications"，BIS Quarterly Review，December 2004，pp. 75 – 89（www. bis. org）。

④ 参见 A. Sufi，"Information Asymmetry and Financing Arrangements：Evidence from Syndicated Loans"，Journal of Finance 62（April 2007），pp. 629 – 668。

1982 年，当 Penn Square 国家银行破产时，参与贷款出售的购买者承受了大量额外的风险。问题是 Penn Square 已经将其贷款组合中超过 2 亿美元的部分出售给了 Chase 银行。由于采用的是参与贷款出售的方式，所以 Chase 对最初的借款人不具有追溯权，它只能向 Penn Square 追讨贷款。

贷款出售通常只涉及一笔贷款，但有时它也会涉及包含数百笔贷款组合的巨额交易，贷款出售之后，购买者就被赋予了这个组合现金流的份额。近些年来，很多银行都重新安排了贷款组合中的现金流，并出售了单个的贷款（或部分），这就是所谓的抵押贷款责任(CLO)①。优先部分对现金流具有第一位的要求权，因此对保险公司或养老金基金这样的保守投资者非常具有吸引力。风险最大的（或权益）部分可能就被银行继续保留，或者出售给专门从事劣质负债业务的对冲基金或共同基金。

6）例子

2005 年，英国汇丰银行创建了一份价值 20 亿英镑的 200 份美元、欧元和英镑的组合，然后分五部分出售了这一组合。优先部分对现金流具有第一位的请求权，因此获得了 AAA 的评级，它提供的最低收益率也要比 LIBOR 高 20 至 21 个基点（0.20％ 至 0.21％）。中间部分紧排在 AAA 部分之后，而最低级部分仅能获得扣除以上所有部分以后剩余的现金流。由于这部分贷款的持有人首先受到违约的影响，所以被给予超出 LIBOR3.10％ 的补偿收益率。

7）担保

如果银行担心公司出现信用风险，就会要求公司为贷款提供担保品。这对长期银行贷款是非常普遍的，大约有超过一半以上的贷款要提供担保②。抵押品通常包括流动资产，如应收账款、存货或证券等。有时银行也接受对这些资产的浮动抵押（floating charge）③。在这种情况下，当公司违约时，银行享有一般要求权，但它并没有明确指定抵押资产，对公司使用这些资产所设定的限制也不是很多。

更为常见的情况是，银行会要求特定的抵押品。比如，假设从商品发货到货款回收之间有一定的延迟时间，如果急着用钱，那么你就可以用这笔应收账款作为抵押，向银行申请贷款。首先你必须向银行提供发票的复印件，并给予银行对这些应收账款的一般追偿权，银行就可以给你提供相当于应收账款总额 80％ 的资金。

随着你每天的销售额的增加，抵押品的量也跟着增加，因此你能借到的钱也在增加。每天还会有一些客户还款，这些款项都被放在一个受银行监控的抵押账户中，定期性用于偿还贷款。因此，随着公司经营的波动，抵押品的量和贷款规模也会相应发生波动④。

---

① CLO，与抵押债券责任（CBO）和抵押担保责任（CMO）通常统称为抵押负债责任（CDO）。

② 关于在美国，银行提供的商业贷款条款的调查每季度发表在 *Federal Reserve Bulletin*（see www.federalreserve.gov/releases/E2）上。

③ 浮动抵押在美国以外的国家更加普遍。

④ 有时公司也可以将应收账款让售给代理人，由此获得资金。此时，代理人负责回收应收账款，并承担客户违约造成的损失。但以应收账款作为抵押，向银行申请贷款时，还是由你负责回收应收账款，并由你承担客户违约造成的损失。

存货也可以作为贷款的担保品。比如说，如果你在仓库中有商品库存，你想以此做抵押，那么你就需要找到一家独立的仓储公司，由它向银行提供这批货物的收据，表明该公司将代替银行保管这批货物。银行一般就会为你提供相当于存货价值50%的贷款。而当贷款得到偿还之后，银行向公司交还仓储收据，公司就可以自由调用这批货物了①。

当然，银行对抵押资产也是有选择的，他们必须要确保当你违约时这些抵押品能够卖得出去。比如说，如果仓库里存放的是耐用的通用品，可能银行就比较愿意给你提供贷款；而如果你仓库里存放的是成熟的奶酪，他们可能就会转身离开了。

银行还需要确保抵押品的安全，以及确保借款人不会将这些资产出售出去，然后卷款走人。色拉油骗局就是一个这样的例子。51家银行和公司向Allied Crude Vegetable Oil Refining公司提供了将近2亿美元的贷款，作为条件，该公司提供装满价值可观的色拉油的油罐作抵押。但不幸的是，由于检查不仔细，没有发现油罐中装的只是海水和淤泥。骗局后来被揭穿，Allied公司总裁被关进了监狱，但51个贷款人孤立无助，只能自己寻求2亿美元的巨款。从那以后，贷款者谨慎多了，但即使是很古老的骗局还是能起作用的，正如专栏中的"财经新闻"所描述的一样。

银行担保贷款大多适用于相对来说信用不是很好的小公司，但也可以用于大公司。比如说，2007年福特公司安排借入了245亿美元的贷款。由于当时福特公司正遭受着巨大的损失，所以银行要求贷款必须要以福特公司的资产做抵押。这包括福特的美国制造公司大部分、国内的应收账款、存货以及将近40亿美元的有价证券。另外，该贷款还由包括福特汽车信用公司（Ford Motor Credit Company）在内的福特公司下属公司100%的股权来做抵押。因此实际上就是福特公司所拥有的几乎所有资产都被当成了贷款的抵押品。

20.5.2 商业票据

银行向这群公司和个人借入资金，再将资金贷放给另一个群体。银行通过借贷利率的差额来谋取利润。

有时，银行的中介作用给资金融通带来了很多的便利，它给贷款者省去了寻找借款人、并且要评估借款人信用状况的麻烦，也给借款人省去了寻找贷款者的麻烦。储蓄者不需要关心银行会将资金借给谁，他们只需要知道银行的整体安全就可以了。

但是有时这样的资金融通并不值得花钱请中介来完成。大型的著名公司可以不通过银行，自己直接发行短期无担保票据，这些票据就是所谓的**商业票据**（**commercial paper，CP**）。银行控股公司、财务公司②这样的金融机构也发行商业票据，有时数额还非常大。例如，GE资本公司（GE Capital Corporation）发行的商业票据就有880亿美元。商业票据的主要发行者都设有自己的营销部，直接向投资者出售这些票据，通常是利用互联网来进行发售，而较小的公司则向交易商支付营销费用，请他们代为发售。

---

① 将存货总放在仓库里是不可行的。例如，汽车经销商要在展览厅里展示他们的汽车。解决这一问题的一个办法就是使用保底计划，财务公司买下汽车，经销商受托使用汽车。当汽车被出售之后，再用出售汽车的收入从财务公司手中赎回汽车。

② 银行控股公司（bank holding company）是拥有银行和非银行子公司的公司。

在美国，商业票据的最长期限是 9 个月，但绝大多数的是 6 个月或者更短的时间。大部分商业票据的购买者一般都会将其持有至到期日，但有些出售商业票据的公司或交易商往往准备提前赎回。

财经新闻

雁行担保贷款的危害

澳大利亚维多利亚区国家安全委员会（NSC）在 Friedrich 上任之前一直是一个默默无闻的组织。而当 Friedrich 接管后，加强了管理，他把那些 NSC 的成员训练得个个像突击队员，时刻准备着到任何地方完成任何任务。他们抢球溺水的群众、灭火、寻找迷路的探险者、下矿井救人。他们的豪华装备中有 22 架直升机、8 架客机和 1 艘小潜艇，不久，NSC 就将服务推向了国外。

但不幸的是，NSC 使用的这些半军事化的装备成本高达数百万美元，远远高于其收入所得。为了弥补资金缺口，Friedrich 向银行提出借款 2.36 亿澳元。银行愿意提供这笔巨款，因为 NSC 的负债看上去非常安全。一方面，公司报表显示，有 1.07 亿澳元的应收账款（也就是客户拖欠的资金），公司以此作为银行贷款的担保。但事后检查发现，这些客户根本就不欠 NSC 一分钱。另一方面，银行对这笔贷款比较放心的原因是因为这笔贷款还有很多的货柜可以做担保，货柜中装满价值非常巨大的救生设备。NSC 有 100 多个货柜分布于各主要基地，但实际上只有少数几个货柜里真有救生设备。银行检查其贷款安全性时打开的也就是这几个货柜。有时心存疑虑的银行人员想要检查另外的一个货柜，Friedrich 就说其中的设备被拿去做培训用了，并领着银行人员坐上轻型飞机，越过乡村，并指着远在树林边上的一个货柜说，要找的就是那一个。当然，那个货柜也是空的，可银行人员却无法知道这样的真相。

在 Friedrich 被认命为 CEO 的 6 年后，他的惊天骗局终于被揭穿。但就在法院发出传票的前几天，Friedrich 失踪了。尽管最终他还是被抓捕归案，但在被审讯之前他就开枪自杀了。调查显示，Friedrich 只是一个假名，他是一名德国的逃犯，受到德国警方的通缉。有关 Friedrich 的谣言还在四处传播，有人认为他是 CIA 或 KGB 的特工，有的则说 NSC 正在支持斐济的反政府组织，但银行只能面对严峻的现实：他们给 NSC 提供的贷款，看起来那么安全的贷款，现在却永远也追不回来了。

资料来源：Adapted from Chapter 7 of T. Sykes, *The Bold Riders* (St. Leonards, NSW, Australia: Allen & Unwin, 1994).

大多数商业票据都是由信用等级高、全国知名的公司发行的[①]。为确保商业票据的

[①] 穆迪、标准普尔和 Fitch 发布的商业票据质量评级。例如，穆迪的评级有三种，从 P-1（表示第 1 级，也就是最高级别的票据）到 P-3。大多数投资者不愿意购买低等级的票据。例如，货币市场基金大多数都局限在持有 P-1 级票据上。

发行，公司通常向银行申请信贷额度支持，以确保公司可以获得资金来偿还商业票据①。因此，商业票据的违约可能性很小。

由于投资者都不愿意购买信用评估不高的商业票据，因此，公司不能指望商业票据市场总能为他们提供他们所需要的短期资本。例如，当评级机构对 Ford 和 General Motor 的商业票据降级后，两家公司被迫大量削减了其商业票据的出售。2000 年底，Ford Credit 未支付的无担保商业票据有 450 亿美元，5 年后就将金额削减到了 10 亿美元②。

图 20—2	非农业、非财务公司商业票据的发行量

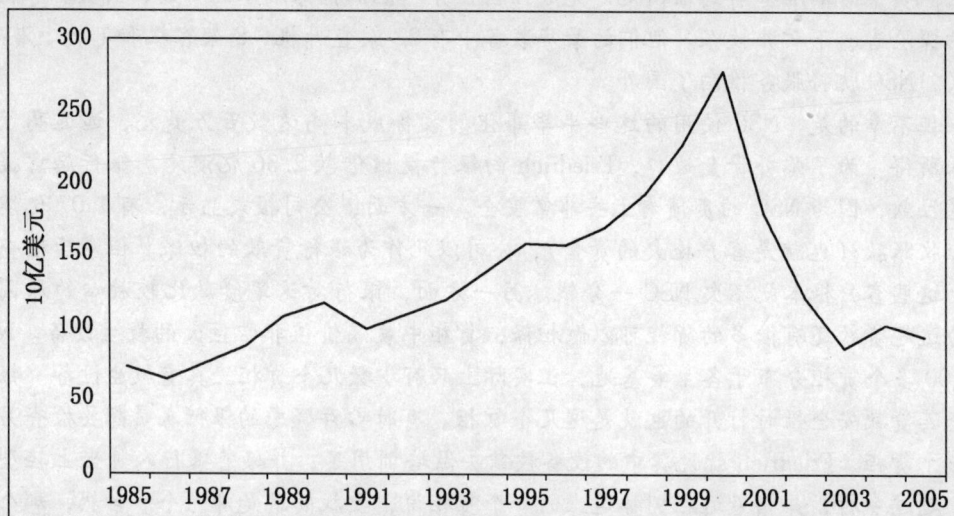

资料来源：Board of Governors of the Federal Reserve System, Division of Research and Statistics, Flow of Funds Accounts, Table L102 at www. federalreserve. gov/releases/z1/current.

最近几年商业票据市场不太好③。除 Ford 和 General Motor 外，很多大型公司的商业票据都降低了级别，如 AT&T、Lucent、Corning、Motorola 和 Nortel Network 等。2001 年发生了更大的震惊事件，两家大型的 Californial 公用事业公司，Pacific Gas and Electric 和 Southern California Edison 成为 10 年来在非财务商业票据上违约的第一家公司。这些事件的发生打消了投资者对商业票据的热情，正如图 20—2 中所示的，商业票据早期发行量的高速增长最后产生了逆转。

---

① 对于高等级票据，信用额度通常是票据金额的 75%；而对低等级票据，信用额度是 100%。如果公司不能满足银行放贷的条件，那么公司不能动用信贷限额。因此，低等级公司可能利用不可撤销的信贷额度作为票据担保。

② 当汽车公司削减其无担保商业票据的出售时，它们增加了以公司应收账款作为担保品的资产担保商业票据（asset - backed commercial paper）的发行。这实际上已经不是商业票据了，而是担保债务。随着公司的客户支付其账单，现金就被转给了商业票据的持有者。

③ 对商业票据市场发行量下降的探讨，参见 P. Shen，"Why Has the Nonfinancial Commercial Paper Market Shrunk Recently?" Economic Review, Federal Reserve Bank of Kansas City, First Quarter 2003, pp. 55 - 76, at www. kc. frb. org。

20.5.3　中期票据

新发行的证券在到期的 270 天之内，就不需要到 SEC 注册。因此，只要限制商业票据的期限，公司就能避免耽误时间，节省注册费用。不过，大型蓝筹公司通常也会发行无担保的**中期票据**（medium‐term notes，MTN）。

我们可以将 MTN 看成是公司债券和商业票据的混合物。与债券一样，它们的期限一般都很长，绝对不会低于 270 天，而通常情况下其期限都是少于 10 年的[①]。另一方面，与商业票据一样，MTN 不需要背书，它可以通过交易商出售给投资者，偶尔也会直接出售给投资者。交易商支撑着 MTN 的二级市场，并准备在到期日之前将票据再购买回来。

像财务公司这样的借款者，它们一般需要的都是现金，所以非常喜欢 MTN 的灵活性。比如说，公司可以告诉交易商本周需要筹集的资金、能够提供的票据期限范围和准备支付的最高利率，然后就由交易商替他寻找买方。投资者可能也会向其交易商之一提供他们自己的要求，如果条件可以接受，那么交易就成交！

20.6　交易性证券

2006 年 6 月，微软公司的现金和固定收入的投资高达 348 亿美元，占到了其总资产的 50%[②]。公司在银行中保留了 32 亿美元，以应付日常的经营需要，然后将盈余的现金进行了以下投资：（单位：百万美元）

固定收入投资	成本价
货币市场共同基金	723
商业票据	3 242
存单	364
美国政府和机构证券	4 904
外国政府债券	6 034
抵押担保证券	4 285
公司票据和债券	7 605
市政证券	4 008
其他投资	383
总额	31 548

大部分公司都不可能持有这么大量的现金盈余，但只要有闲置的现金，它们还是可以将其进行短期投资的，进行这些投资的市场被称为**货币市场**（money market）。货币市场并没有实际的地理位置，它包括一些通过电话或网络进行联系的银行和交易商的松散的集合。但货币市场上交易的证券数量是非常大的，而且竞争非常激烈。

[①] 偶尔 MTN 注册也可以用于发行更长时期的债券。例如，迪斯尼就曾利用 MTN 方式发行过期限为 100 年的债券。

[②] 我们在第 13 章介绍过，2007 年 7 月微软公司如何决定向其股东支付大部分的现金盈余。

大部分的大型公司都是自己管理货币市场上的投资，但小公司有时会发现，聘用专业的投资管理公司和将其现金投入货币市场基金会更为方便一些。这种货币市场基金是仅对低风险的短期证券进行投资的共同基金①。尽管 Microsoft 公司持有大量的现金盈余，它只在货币市场基金上投入了其资金的一小部分。

20.6.1 计算货币市场投资收益率

很多货币市场上的投资是纯粹的贴现证券，这就意味着他们不需要支付利息。因此收益就包括你支付的金额与到期你收到的金额之间的差额。遗憾的是，试图劝说国内收入署（IRS）接受这种差额代表资本利得的想法是没什么好处的。在这一点上 IRS 是非常聪明的，它会按普通收入对你的收益进行课税。

货币市场投资的利率通常都是按折扣基点报价的。比如说，假设按 5% 的折扣发行三个月期票据，这只不过是三个月期票据的价格，即 $100 - (3/12) \times 5 = 98.75$ 美元的一种复杂说法而已。因此，今天你每投资 98.75 美元，那么三个月后你就能收到 100美元，也就是说这三个月的收益率为 $1.25/98.75 = 0.0127$，即 1.27%。这就相当于单利下 5.08% 的年收益率，或按年复利情况下的 5.18% 的收益率。要注意的是，收益率通常都是高于折扣率的。当我们看到某项投资正以 5% 的折扣价出售的时候，很容易就会错以为这就是它的收益率②。

20.6.2 货币市场投资收益

在对长期债务进行价值评估时，将违约风险纳入考虑范围内是非常重要的。30 年内任何事情都有可能发生，即使今天最有名望的公司最后也可能会陷入困境。因此，公司债券通常提供的收益率都比国债提供的收益率要高。

短期债务也不是无风险的。当 2001 年加利福尼亚陷入能源危机时，Southern California Edison 和 Pacific Gas and Electric 公司被迫延缓 10 亿美元的到期商业票据的支付。但是这种例子是个例外，一般来说，公司在货币市场上发行的证券的违约可能性都小于公司债券违约的可能性。出现这种情况有两个原因：首先，短期投资可能出现的结果的范围比较小。即使遥远的未来情况非常不妙，但我们通常至少对某公司能够安全度过下一个月抱有信心。其次，在大部分情况下，只有各项情况均良好的公司才能在货币市场上借款。如果你只想将你的资金贷出几天的时间，那么你就不用花费太多的时间去评估这项贷款。因此你可能只会考虑蓝筹借款者。

尽管货币市场投资的质量都很高，但公司证券和美国政府证券之间的收益通常还是很大的。为什么呢？一个原因是因为违约风险。另一个原因是投资具有不同的流动性或"现金性"。投资者喜欢国库券，因为它们可以在短期内非常容易地变现，而不能迅速且低成本变现的证券就要提供相对较高的收益率。

在市场动乱时期，投资者可能会认为持有更容易变现的资产才更有价值。在这种情况下，流动性不强的证券的收益率会戏剧性地上涨。1998 年秋季曾经发生过类似这样

---

① 我们曾在第 14.3 节中探讨过货币市场基金。

② 更容易引起混淆的是，货币市场上的交易商们通常按一年中仅有 360 天来进行标价，因此 91 天到期的折扣为 5% 的票据价格应折算为 $100 - 5 \times (91/360) = 98.74\%$。

的现象，当时大型对冲基金，长期资本管理基金（LTCM）面临破产[①]。由于害怕 LTCM 会被迫清算其巨大的头寸，投资者迅速削减了其流动性不强的证券，出现了"质量战争"。商业票据和国库券收益率的差价升至了大约 120 个基点（1.20%），几乎是年初这一数值的四倍。

20.6.3 国际货币市场

除国内货币市场以外，短期货币投资还有一个国际市场，被称为欧洲美元（eurodollar）市场。

欧洲美元实际上和欧洲货币同盟（EMU）的货币欧元没有关系，欧洲美元是指仅在欧洲银行存款的美元。例如，假设一家美国石油公司从阿拉伯酋长的一家公司购买了原油，并支付了可以从 JP Morgan Chase 提取 100 万美元的支票，然后这家公司就将这张支票存入了伦敦 Barclays 银行自己的账户。这样做的结果是，Barclays 就有一笔存在 JP Morgan Chase、价值 100 万美元的资产，它同样还能抵消美元存款的债务。由于这笔美元是存在欧洲的银行里，因此被称为欧洲美元存款[②]。

和既有美国国内货币市场，也有欧洲美元市场一样，同样也存在日元的国内货币市场和欧洲日元的伦敦市场。因此，如果一家美国公司想要对日元进行短期投资，那么它可以将日元存入东京的银行，也可以在伦敦进行欧洲日元存款。同样，既有在欧元区的国内货币市场，也有伦敦的欧元货币市场[③]，如此等等。

伦敦的大型国际银行向其他银行提供美元贷款时以伦敦银行同业拆放利率（LIBOR）为基础。同样地，互相提供日元拆借时以日元 LIBOR 利率为基础，**提供欧元以欧元银行同业拆放利率**，即 Eruibor 为基础。在美国和其他国家，这些利率被用作对很多种类的短期贷款定价的标准。例如，美国的公司可能会发行利息支付与美元 LIBOR 直接挂钩的浮动利率票据。

如果我们生活的世界是没有法规和税收的，那么欧洲美元贷款的利率水平必然会与国内美元贷款的利率水平相同。但是，因为政府通常会对国内银行放贷规定限制条件，因此，国际债务市场非常兴旺。当美国政府限制了美国银行对国内存款者支付的利率水平时，公司可以通过持有在欧洲的美元存款获取更高的利率。随着限制条件逐渐被取消，利率上的差别大部分也就会消失。

20 世纪 70 年代后期，美国政府开始注意到，它的限制正将公司赶入外国银行和美国银行在国外的分支机构。为吸引部分公司再回到美国，政府于 1981 年允许美国和外国银行创建**国际银行便利**（international banking facilities，IBF）。IBF 就相当于财务上的自由贸易区，物理上的地理位置位于美国，但不要求在联邦储备局保留储备金，投资

---

① 对冲基金采取很多的战略，包括持有证券上的空头头寸和他们认为是被高估了的货币等。有关 LTCM 的经历，见 R. Lowenstein, "When Genius Failed：The Rise and Fall of Long Term Capital Management"（New York：Random House, 2000）; and N. Dunbar, Inventing Money：The Story of Long Term Capital Management and the Legends behind It（New York：John Wiley, 2000）。

② 阿拉伯酋长也可以将支票存入美国银行或日本银行在伦敦的分支机构，这同样也会构成欧洲美元存款。

③ 偶尔（但仅仅是偶尔）被称为"欧元欧元（euroeuros）"。

者也不受美国税法的限制①。但是，对 IBF 可以管理什么样的公司有很严格的限制，特别是，它不能接受国内美国公司的存款，也不能向它们提供贷款。

20.6.4 货币市场工具

主要的货币市场工具归纳在表 20—9 中。下面我们将逐个说明一下。

1）美国国库券

表 20—9 的第一个项目就是美国国库券，通常每周发行，4 周、3 个月或 6 个月后到期②。出售是按单一价格拍卖式进行的，这意味着所有成功的购买者都是按同样的价格购买证券③。如果你想对国库券进行投资，你不用参与拍卖，对此还有很好的二级市场，二级市场上每周有数十亿的国库券在进行买卖。

2）联邦机构证券

联邦政府机构和政府资助的企业，如联邦家庭贷款银行（FHLB）和联邦国家抵押委员会（"Fannie Mae"），既借入短期借款，也借入长期借款。短期债务包括和国库券类似的折价票据，它们的交易非常活跃，通常都是被公司持有人所持有。这些折价票据上的收益率通常会比可比的财政部证券收益率稍高一些，其中一个原因就是机构债务不如财政部发行的证券交易性强。另一个原因是，大部分的机构债券并不是由"信誉度和声誉都很好"的美国政府做担保的，它们仅由机构本身作为担保④。大部分的投资者不相信美国政府能够允许其政府机构违约，但 2000 年他们对政府的信任和机构债券的价格都受到了重挫，当时一位高级财政部官员提醒国会，政府并没有给这些债务提供担保，随后财政部就发表了抚慰人心的言论来打消投资者的顾虑。

3）短期免税证券

短期票据还可以由市政当局、州和州立大学、学校地区等这样的机构来发行⑤。这些证券一般都比国库券的风险要高，不容易进行买卖⑥。尽管这样，但它们还是有一个特别的吸引人之处：利息不需要支付联邦税⑦。当然，这并不意味着市政债券中的税收好处在其价格中得到了确认，公司就应该把所有的现金盈余都投入到"市政债券"中去。例如，在我们撰写本书时，1 年期 AAA 级市政债券的利率是 3.7%，而同样的机构债券收益率为 5.3%。那么对于任何税率低于 30% 的投资者来说，最好还是购买高收益率的机构债券，并支付税金（（1 - 0.30）×5.3 = 3.7%）。

---

① 正是由于这种原因，在 IBF 中存入的美元被归类为欧洲美元。

② 有少部分国库券出售给非竞争性的购买者。对非竞争性购买者提供的价格与提供给成功的竞争性购买者的相同。

③ 三个月其国库券实际上是在发行 91 天后到期，6 个月期的在发行后 182 天后到期。有关国库券拍卖的信息，见 www. publicdebt. treas. gov。

④ 主要的一个例外是 Ginnie Mae，它的债务是由政府担保的。

⑤ 这些票据中有的是发行者的一般责任，其他的是收入证券。如果是收入证券，则支付是由租金收入或其他使用者缴纳的费用来完成的。

⑥ 免税证券上的违约比较少见，但也不是没有。例如，1983 年，华盛顿公共电力供应系统（很不幸地被称为 WPPSS 或 "WOOPS"）违约了 22.5 亿美元的债券；1994 年，加利福尼亚的 Orange County 在其投资组合损失了 17 亿美元后也违约了。

⑦ 财政部证券不需要支付州税和地方税，部分地抵消了这一好处。

4）变动利率即期债券

没有法律限制公司不能对长期证券进行短期投资。如果一家公司为了支付所得税先拨出了 100 万美元的资金，那么它就可以在 1 月 1 日购买长期债券，然后在所得税必须缴纳的 4 月 15 日将其卖出。但是，这样做的危险是很明显的。如果在 1 月份到 4 月份之间债券价格下降了 10% 怎么办？那边你欠了国内收入署 100 万美元的税金，这边你的债券只值 900 000 美元，情况比较尴尬。当然，债券价格也有可能是上升的，但为什么要这么做呢？受托管理多余资金短期投资的公司财务主管一般很反感长期债券价格的波动。

解决以上问题的一个方法就是购买市政变动利率即期债券（VRDB），这种债券是长期的，其利息支付与短期利率紧密相连。只要利率被重新设定，投资者就有权按面值将债券卖回给债券的发行者。这就保证了在利率重新设定的这个日期，债券的价格不可能低于其面值。因此，尽管 VRDB 是长期债券，但它们的价格通常非常稳定。另外，市政债券的利息有免税的好处，因此对你拥有的 100 万美元现金来说，市政变动利率即期债券就是你安全的、免税的短期天堂。

5）银行定期存款和存单

如果你在一家银行存入定期存款，就相当于你在一定的期限内给银行提供了贷款。如果在到期日之前你需要取回资金，银行通常也会允许你取出，但一般会以较低的利率形式给予处罚。

20 世纪 60 年代，银行为 100 万美元或超过这一数额的定期存款引入了**可转让存单**（negotiable certificate of deposit，CD）。当银行借款时，它签发一张只证明该银行定期存款的存单。如果在到期日之前贷款人需要资金，它可以向其他投资者出售 CD。在贷款到期的时候，新 CD 的持有人向银行出示 CD，并收取贷款[①]。

6）商业票据和中期票据

这类包括公司在相当普通的基础上发行的无担保的短期和中期债券。在第 20.5 节中我们对这两种都进行了探讨。

7）银行承兑汇票

银行承兑汇票（bankers' acceptances，BA）可以用于为进口或出口筹集资金。承兑汇票开始是确定银行在未来日期支付特定金额的书面需求，只要银行接受了这一需求，它就变成了可转让的证券，可以通过货币市场交易商进行买卖。美国大型银行承兑的汇票一般都是 1 个月至 6 个月后到期，通常信用风险都很低。

8）回购协议

回购协议（repurchase agreements），即回购（repos），实际上一般是给政府证券交易商的担保贷款，其作用过程如下：投资者购买部分交易商持有的政府证券，同时约定在未来一定时期按更高的价格将其卖回给交易商[②]。借款人（交易商）被认为是进行了回购（repo），而贷款人（购买证券的人）进行的是反回购（reverse repo）。

---

① 有些 CD 是不能转让的，就只等同于一张定期存单。比如说银行可能会向个人出售价值较低的不可转让存单。

② 为减少回购的风险，通常对证券的估价都低于其市场价值，差额叫做剪发（haircut）。

回购有时会持续几个月的时间，但更常见的是它们只是通宵（24小时）协议，其他的国内货币市场投资工具再没有能提供这么强的流动性了。公司可以近似地将通宵回购看成是它们持有的带息即期存款。

假设你决定用现金购买几天或几个星期的回购，但你不希望每天持有可转让协议。解决这一问题的办法就是与证券交易商进行开放式回购（open repo）交易。在这种情况下，协议没有固定的到期日，只要提前一天通知，任何一方都可以自由取回资金。另外，你可以安排你的银行自动将多余现金转入回购。

9）浮动利率优先股

普通股和优先股对公司的税收优势非常有意思，因为公司对收到的股利只需要缴纳30%的税金。因此，每收到1美元股利，公司可以保留1-（0.30×0.35）=0.895（美元）。因此，有效税率仅为10.5%。这比市政债券利息的零税率要高，但比公司支付的其他债务利息的税率要低。

假设你想将公司的闲置现金投资于其他公司的优先股，10.5%的税率是非常吸引人的。另一方面你可能会担心，如果长期利率发生变化，那么优先股的价格可能也会发生变化。投资于股利支付与利率一般水平挂钩的优先股[1]就可以没有这种担心。

仅区别优先股的股利还不是什么诀窍，因为当风险增加的时候优先股的价格也同样会下降。因此，公司有时在浮动利率优先股上再加上一个条款，也就是不让优先股股利与利率严格挂钩，而是可以通过对所有投资者都开放的拍卖市场定期重新设定股利。每个投资者都可以声明自己要购买股票的收益水平。要求更高收益率的现有股东就按面值将其股票出售给新的投资者。这样做的结果与变动利率即期票据差不多，由于拍卖利率优先股可以定期按面值重新出售，所以其价格不可能与暂定价格相差太远[2]。

---

① 公司发行优先股，必须用税后利润支付股利，因此，大部分需要支付税金的公司都愿意发行债券，而不愿意发行浮动利率优先股。但是，也有很多公司是不需要支付税金的，因此无法利用利率的抵税好处。另外他们还可以以低于债券利率的收益率水平发行浮动利率优先股。购买这些低收益率优先股的公司也能满意，因为收到的股利中有70%不用交税。

② 对拍卖利率优先股的描述，参见 M. J. Alderson, K. C. Brown, and S. L. Lummer, "Dutch Auction Rate Preferred Stock", *Financial Management* 16 (Summer 1987), pp. 68-73。

表20—9			美国货币市场投资		
投资	借款者	从发行日开始计算的到期日	市场情况	计算利息的基础	注释
国库券	美国政府	4周、3个月或6个月	极好的二级市场	折扣	每周拍卖
联邦机构标准票据和折扣票据	FHLB，"Fannie Mae"、"Sallie Mae"、"Freddie Mac"等	通宵或360天	非常优秀的二级市场	折扣	标准票据通过定期拍卖；折扣票据通过交易商出售
免税市政票据	市政、州、学校、社区等	3个月至1年	优良的二级市场	通常是带息的，到期付息	税收预期票据（TAN）、收入预期票据（RAN）、债券预期票据（BAN）等
免税变动利率即期债券（VRDB）	市政、州、州立大学等	10年至40年	优良的二级市场	变动利率	附有即期偿还卖出期权的长期债券
不可转让定期存款和可转让存单（CD）	商业银行，存款和贷款	通常是1到3个月；也有长期变动利率CD	可转让CD有公平的二级市场	带息；到期付息	定期存款的收据
商业票据（CP）	产业公司、财务公司和银行控股公司；还有市政	最多270天；通常是60天或更少	交易商或发行者会回购票据	通常为折扣	无担保本票；可能通过交易商，或直接与投资者交易
中期票据（MTN）	大部分是财务公司和银行；也有产业公司	最少270天；通常少于10年	交易商会回购票据	带息；通常是固定利率	无担保本票，通过交易商交易
银行承兑汇票（BA）	主要的商业银行	1到6个月	公平的二级市场	折扣	已经被银行认可了的付款要求
回购协议（repo）	美国政府证券的交易商	通宵至大约3个月；还有开放式回购（持续性合约）	没有二级市场	设定的回购价格高于出售价格；差额作为回购利率报价	交易商出售的政府证券，同时附有回购协议

本章小结

　　短期财务计划考虑的是公司短期，即流动资产和流动负债的管理。流动资产中最重要的是现金、有价证券、存货和应收账款；流动负债中最重要的是银行短期贷款和应付账款。流动资产和流动负债的差额被称为（净）经营资本。

　　流动资产与流动负债比资产负债表中的其他项目周转速度更快。与长期投资决策相比，短期融资决策与投资决策的变更都更快捷，更容易。因此财务经理们在进行短期决策时，不需要过多地考虑未来。

　　公司短期财务计划问题的实质取决于公司筹措的长期资本总额。对于发行了大量的长期债券、普通股或有大量留存收益的公司来说，它们通常始终都会有现金盈余，在这种情况下，账单的支付当然不会有任何问题，所以此时短期财务计划的任务就仅在于管理公司的一揽子适销证券组合。保持现金储备，公司就能在短期危机出现时为自己赢得反应的时间，这对于那些在急需资金时却难以筹集到的风险较高的公司尤其重要。但是，公司也不应该满足于大量持有现金，我们建议，现金始终过剩的公司应该将多余的现金返还给股东。

　　也有一些公司筹集的长期资本相对较少，结果它们就总是充当短期债务人的角色。大多数公司都试图找到利用权益和长期债务为所有的固定资产和部分流动资产融资的黄金通道，这样的公司一年里有部分时间会将多余的现金进行投资，而在其余时间可能就要依靠借款进行经营。

　　制定短期财务计划的首要工作是理解现金的来源与运用[1]。公司一般通过预测应收账款的回收情况、加上其他现金流入量、再减掉预计的现金流出量来预测现金需求的净额。如果预计的现金余额不足以满足每天的经营需要，或不足以提供意外事件的保护，那么公司就必须寻找其他的融资渠道。公司寻求最优短期财务计划需要进行反复的检验和纠偏，财务经理们需要考察在对现金需求、利率和融资渠道进行不同假设情况下的各种可能结果。现在公司已经越来越多地利用计算机财务模型来完成这一工作，这些模型既有有助于数学计算的简单的电子表格，也有有助于公司找到最优融资计划的线性规划模型。

　　如果预计现金缺口较大，并且持续时间很长，那么财务计划就要涉及长期资金的筹措；如果只是暂时性的资金短缺，那么公司可以将账单支付延迟一段时间，或者可以利用其他的短期或中期贷款解决暂时的资金需求。

　　公司通常可以向银行申请周转信贷额度，只要公司所需资金的累计金额不超过一定的限额，周转信贷额度就允许公司向银行借款。它通常用于弥补公司短期的现金短缺，因此，一般在几个月内就要偿还。但有时银行也提供 5 年甚至更长时间的定期贷款。除了向其国内银行借款以外，公司还可以从国外银行，或美国银行在国外的分支机构借入

---

　　① 我们曾在第 20.2 节中指出，我们通常分析的是资金的来源与运用，而不是现金的来源与运用。任何对营运资本有贡献的都叫做资金来源；任何减少营运资本的都叫做资金运用。资金来源与运用表比较简单，因为现金的很多来源和运用都被整合到营运资本当中去了。但在预测时，我们要强调现金流，毕竟，账单必须是用现金支付的，而不能使用营运资本。

美元（或其他货币）。特别大型的银行贷款通常采用由一个银行团体组成的辛迪加贷款的形式。银行不需要将这些贷款持有至到期日，它们可以决定稍后将这些贷款出售给其他银行或金融组织。银行还可以将贷款组合打包进行出售，通常情况下这种出售都是采用抵押贷款责任（CLO）的形式。此时，贷款组合被分成一些不同的部分，优先部分对现金流具有第一位的要求权，而次级（或权益）要求权就排在啄食顺序的最后面。

很多银行贷款都是没有担保的，但信用级别不高的公司可能被要求要对贷款提供抵押品。有时，可以用应收账款和存货做浮动抵押品，但通常情况下都必须以某一特定的资产做抵押品。以应收账款作为抵押申请借款时，必须将所有的商品销售活动告知银行，所有销售产生的应收账款都要抵押给银行。当客户支付账单时，资金被存入由银行监控的一个特殊抵押账户内。同样地，如果以原材料存货作为抵押申请借款，银行就会要求这批存货必须交由一家独立的仓储公司监管。只要银行还持有这批存货的收据，那么不经银行的许可，这批存货就不允许投入使用。

期限非常短的银行贷款，在其有效期里利率一般都固定不变，但有些短期贷款的利率会随一般的短期利率而浮动。例如，它可能被定为比 LIBOR（伦敦银行同业拆放利率）高 1%。

当然，银行收取的利率不仅要能弥补贷款的资本机会成本，还要能弥补贷款部门的费用。因此，信用优良的借款大户发现，如果自己绕过银行，直接发行短期的无担保债券，那么成本反而更低。这就是所谓的商业票据。而规范交易的期限更长的贷款则是所谓的中期票据。

如果你持有很多的现金，现在用不了那么多，那么你可以将资金投资于货币市场。可选择的货币市场投资非常多，其各自的流动性和风险也有所不同。记住，这些投资的利率通常都是以折扣方式报价的，因此，复利收益率一般都会高于折扣率。在美国，主要的货币市场投资工具有：

（1）美国国库券；

（2）联邦政府票据；

（3）短期免税证券；

（4）定期存款和存单；

（5）回购协议；

（6）商业票据；

（7）银行承兑汇票。

从图 20—3 中可以看出，对于多余的现金来说，这些投资工具中哪些是最受欢迎的。

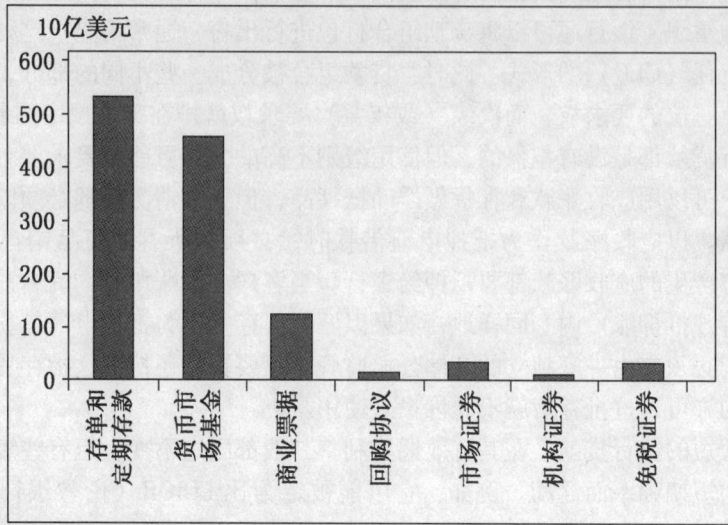

| 图 20—3 | 美国非财务公司持有的短期资产 |

注：2006 年第 2 季度。

资料来源：Federal Reserve System, Division of Research and Statistics, *Flow of Funds Accounts*（www. federalreserve. gov/releases/Z1/current/data. htm）.

推荐读物

以下是有关经营资本管理的几本一般教材：

G. W. Gallinger and B. P. Healey, *Liquidity Analysis and Management*, 2nd. ed.（Reading, MA：Addison – Wesley 1991）.

N. C. Hill and W. L. Sartoris, *Short – Term Financial Management：Text and Cases*, 3rd. ed.（Englewood Cliffs, NJ：Prentice – Hall, Inc. 1994）.

K. V. Smith and G. W. Gallinger, *Readings on Short – Term Financial Management*, 3rd ed.（New York：West, 1988）.

F. C. Scherr, *Modern Working Capital Management：Text and Cases*（Englewood Cliffs, NJ：Prentice – Hall, Inc. 1989）.

F. J. Fabozzi（ed.）, *Bank Loans：Secondary Market and Portfolio Management*（New Hope, PA：Frank J. Fabozzi Associates, 1998）.

网上练习题

美联储公报每季度公布银行贷款的汇总情况（见 www. federalreserve. gov/release/E2）。试利用最近的汇总表分析美国国内银行的贷款模式。比如说，考察一下是否大多数贷款都有担保？是否都采用承诺贷款方式？小额贷款与大额贷款有什么不一样的特点？然后再比较一下本次汇总情况和之前汇总情况的不同，这中间有什么重大的变化吗？

完整的本章概念复习题，请登录网站 www. mhhe. com/bma1e。

1. 相对而言，与传统的制造类企业相比，成长型公司通常会持有更多的现金。为什么？

2. 持有大量的现金储备有什么优点和缺点？

3. 为什么我们会说，对于应税公司而言，持有适销证券充其量就是个 NPV 为零的投资？

1. 以下列示的是 Dynamic Mattress 公司可能进行的 6 项业务。试说明每笔交易对现金及经营资本的影响。具体的交易为：

（1）支付了 200 万美元的现金股利；

（2）收到客户支付以前账单的 2 500 美元；

（3）向供应商支付以前的欠款 5 000 美元；

（4）借入 100 万美元长期资金，并用于存货投资；

（5）借入 100 万美元短期资金，并用于存货投资；

（6）现金出售 500 万美元有价证券。

2. 说明下面的每个事件如何影响公司的资产负债表，并说明每一种变化是现金的来源还是运用。

（1）为适应预计需求量的增加，一家汽车生产厂家增加了产量。但遗憾的是，需求量并没有增加。

（2）竞争迫使公司给予客户更多的付款时间。

（3）通货膨胀使原材料存货的价值增加了 20%。

（4）公司以 100 000 美元的价格出售了一块地，这块地是 5 年前以 200 000 美元的价格购买的。

（5）公司回购了自己公司的普通股。

（6）公司的季度股利翻倍。

（7）公司发行了 100 万美元的长期债券，并用收入偿还了短期银行贷款。

3. 以下是 National Bromide 公司 2009 年前 4 个月的销售收入预测（单位：千美元）：

	第 1 个月	第 2 个月	第 3 个月	第 4 个月
现金销售收入	15	24	18	14
赊销收入	100	120	90	70

平均来说，有 50% 的赊销收入可以在当月得到支付，有 30% 在下个月支付，剩下的在再下个月支付。那么第 3 个月和第 4 个月经营活动产生的预计现金流入量是多少？

4. Dynamic Futon 公司从供应商处预计的进货量如下：

	1月	2月	3月	4月	5月	6月
商品价值（百万美元）	32	28	25	22	20	20

（1）40%的商品在交货时就需要支付现金，剩下的平均延期一个月。如果 Dynamic Futon 公司的年初应付账款为 2 200 万美元，那么每个月的预计应付账款应该是多少？

（2）假设从年初开始，公司延期支付应付账款，40%在一个月后支付，20%在两个月后支付。（剩下的还是在交货时就支付现金。）假设延期付款没有现金处罚，重新计算该公司每个月的预计应付账款。

5. 以下的每个事件都会影响本章介绍的一个或多个表格。试通过调整括号内表格说明以下每个事件的影响。

（1）Dynamic2007 年仅偿还了 200 万美元的短期贷款。（表20—1、20—3 至20—5）

（2）Dynamic2007 年又发行了 1 000 万美元的长期债券，并对新仓库进行了 1 200 万美元的投资。（表20—1、20—3 至20—5）

（3）2007 年，Dynamic 减少了每张床垫的填充量，客户并没有察觉，但公司经营成本下降了 10%。（表20—1 至20—5）

（4）从 2008 年第 3 季度开始，Dynamic 公司雇佣了新的员工，这些员工能有效地劝说客户及时付款。结果，90%的销售收入得到了立即支付，另外 10%则在下一个季度支付。（表20—6 和20—7）

（5）从 2008 年第 1 季度开始，Dynamic 公司每季度削减工资 400 万美元。（表20—7）

（6）2008 年第 2 季度，公司一个年久失修的仓库神秘失火，Dynamic 公司从保险公司那里得到了 1 000 万美元的理赔。（表20—7）

（7）Dynamic 公司的财务主管决定"拿走"公司 200 万美元的经营现金余额。（表20—7）

6. 以下说法是否正确？

（1）大部分商业银行贷款都是承诺贷款。

（2）信贷额度给了贷款人一个卖出期权。

（3）银行定期贷款通常都有几年的到期日。

（4）如果一年期银行贷款的利率表示为 10%的折扣率，那么该贷款的实际收益率应该低于 10%。

（5）定期贷款的利率通常是与 LIBOR、联邦基金利率或银行的优惠利率挂钩的。

7. 从下列术语中找出最适当的，将以下段落填写完整：浮动抵押、辛迪加、商业票据、仓库收据、牵头银行、抵押、承诺费、信贷额度、中期票据、抵押贷款责任（CLO）。

资本需求有波动的公司通常需要与银行协商（　　　　），其费用相对较高，因为公司需要对未使用的额度支付（　　　　）。

短期担保贷款有时将所有的应收账款和存货当作（　　　　）。但通常情况下，借款者都是用特定的资产做（　　　　）。例如，如果商品存放在仓库中，那么就由一家独立的仓储公司向贷款人开出（　　　　）。只有贷款人同意，支票货物才可以投入使用。

非常大型的银行贷款通常都是（　　　　）贷款。在这种情况下，起主要作用的银行担任（　　　　）的角色，并给银行团体中的其他银行分配贷款额度。

银行也可以出售贷款。有时他们可以将贷款组合起来，并出售其中的部分。这被称为（　　　　）。

银行不是短期债务的唯一来源。很多大型公司直接向投资者正式发行自己的无担保债务。如果到期日是低于9个月的，那么这种债务通常被叫做（　　　　）。公司还可以向投资者发行长期债券，这种叫做（　　　　）。

8. 2004年8月，政府按1.73%的折扣率发行了6个月期（182天）的国库券。其实际收益率是多少？

9. 对以下各项，选择最符合描述的投资方式：

（1）到期日通常是通宵（回购协议、银行承兑汇票）；

（2）到期日从不超过270天（免税债券、商业票据）；

（3）通常直接与投资者交易（财务公司商业票据、产业公司商业票据）；

（4）美国财政部发行的债券（免税债券、3个月期票据）；

（5）按折扣基础报价（存单、国库券）；

（6）通过拍卖形式出售（免税债券、国库券）。

10. 考虑以下三种证券：

（1）浮动利率债券；

（2）支付固定股利的优先股；

（3）浮动利率优先股。

与其他两种证券中的任意一种相比，负责多余现金短期投资的财务经理可能会选择浮动利率优先股，为什么？简单解释一下。

实务题

11. 表20—10列示了Ritewell出版公司的预算数据。该公司销售收入中有一半在交割时收回现金，另一半则延期一个月后收回。公司所有的赊购都是延期一个月付款。1月份的赊购金额为30美元，1月份的销售收入总额是180美元。请完成表20—11的现金预算。

表20—10	Ritewell 出版公司节选预算数据		单位：美元
	2月	3月	4月
销售收入总额	200	220	180
购买原材料			
现金购买	70	80	60
赊购	40	30	40
其他费用	30	30	30
税金、利息和股利	10	10	10
资本投资	100	0	0

表 20—11	Ritewell 出版公司现金预算		单位：美元
	2 月	3 月	4 月
现金来源：			
回收现金销售收入			
回收应收账款	—	—	—
现金来源合计			
现金运用：			
支付应付账款			
现金购买材料			
其他费用			
资本支出			
税金、利息和股利			
现金运用合计	—	—	—
净现金流入量			
期初现金	100		
+净现金流入量			
=期末现金			
+最小经营现金余额	100	100	100
=累计短期融资需求			

12. 如果一家公司延期 30 天支付其账单，那么有多大比例的购买成本将在本季度得到现金偿付？下一季度呢？如果延期 60 天付款呢？

13. 表 20—8 中的哪些项目将受到下列事件的影响？

（1）利率上升。

（2）供应商对延期付款收取利息。

（3）Dynamic 公司在第 3 季度意外收到国内收入署的账单，原因是该公司上一年税金缴纳不足。

14. 表 20—12 列示了 Dynamic Mattress 公司 2005 年年末资产负债表，表 20—13 列示了其 2006 年度利润表。请给出 2006 年该公司的现金来源与运用表，以及资金来源与运用表。

表 20—12	**Dynamic Mattress 公司 2005 年年末资产负债表**		单位：百万美元	
流动资产：			流动负债：	
现金	4		银行贷款	4
有价证券	2		应付账款	<u>15</u>
存货	20		流动负债合计	19
应收账款	<u>22</u>			
流动资产合计	48			
固定资产：			长期负债	5
投资总额	50		净价值（权益和留存收益）	<u>60</u>
减：折旧	−14			
固定资产净额	<u>36</u>			
资产总额	84		负债和净价值总额	84

表 20—13	**Dynamic Mattress 公司 2006 年度利润表** 单位：百万美元
销售收入	300
经营成本	−285
	15
折旧	−2
	13
利息	−1
税前利润	12
税金（50%）	−6
净利润	6

注：股利 = 100 万美元；留存收益 = 500 万美元。

15. 给出 Dynamic Mattress 公司的短期融资计划。假设信贷额度从 3 800 万美元增加到了 5 000 万美元，其他条件与表 20—8 的条件相同。

16. Dynamic Mattress 公司决定租赁而不是购买新的床垫填充机，从而使第 1 季度的资本支出降低了 3 000 万美元，但是公司必须在以后的 4 个季度内每季度支付租赁费 150 万美元。假设在第 4 季度之前租赁对税金支付都没有影响，创建两个像表 20—7 和表 20—8 那样的表格，说明 Dynamic 公司的累计融资需求和新的融资计划。并利用本书网站 www.mhhe.com/bma1e 上的"活动"电子表格检验你的答案。

17. 你需要 90 天、1 000 万美元的借款，有以下方案供你选择：

（1）发行高级别商业票据，用做担保的年信贷额度成本为 0.3%。

（2）从 First Cookham 银行借款，利率比 LIBOR 高 0.25%。

（3）按优惠利率从 Test 银行借款。

根据当前的市场利率（比如说，参见华尔街日报），你应该选择哪个方案？

18. 假设你在一家银行工作，负责审查公司贷款。现有有 9 家公司申请担保贷款，他们提供了下列资产作为抵押：

（1）A 公司，民用燃料油分销商，用一罐来自中东的石油作抵押。

（2）B 公司，葡萄酒批发商，用仓库中的 1 000 箱 Beaujolais Nouveau 葡萄酒作抵押。

（3）C 公司，文具公司，用出售给纽约市办公用品的应收账款作抵押。

（4）D 公司，书店，用其全部的 15 000 册旧书存货作抵押。

（5）E 公司，杂货批发商，用一集装箱的香蕉作抵押。

（6）F 公司，电器交易商，用电子打字机作抵押。

（7）G 公司，珠宝商，用 100 盎司黄金作抵押。

（8）H 公司，政府证券交易商，用国库券组合作抵押。

（9）I 公司，造船厂，用完工了一半的豪华游艇作抵押。该游艇还需要 4 个月才能完工。

以上这些资产中哪些最适合做抵押品？哪些最不适合做抵押品？为什么？

19. 利用市场观察网（www. mhhe. com/edumarketinsight）数据库，选择两家公司最近的资产负债表和利润表。为每家公司编制像表 20—3 和表 20—5 那样的现金来源与运用表和资金来源与运用表。

20. 利用市场观察网（www. mhhe. com/edumarketinsight）数据库，比较不同公司的流动资产投资。哪些公司对存货或应收账款投资较多？你能解释为什么吗？

21. 3 个月期和 6 个月期的国库券都按 10% 的折扣率出售。哪个提供的年收益率更高？

22. 在第 20.6 节中，我们介绍了一种年复利收益率为 5.18% 的 3 个月期票据。假设现在已经过去了一个月，而该投资还是提供相同的年复利收益率。那么折扣的百分比是多少？这一个月中你的收益率是多少？

23. 再看一下实务题第 22 题。假设又一个月过去了，因此，该票据只剩下了一个月的有效期。现在它的出售价格是 5% 的折扣率，那么按单利基础计算的收益率是多少？在已经过去的两个月中，你实现的收益率是多少？

24. 查找当前短期投资方案提供的利率水平。假设你公司现有 100 万美元的多余资金，可以在接下来的两个月内进行投资。你应该如何投资这些现金？如果多余的现金额是 5 000 美元、20 000 美元、100 000 美元或 1 亿美元的话，你的答案会有什么变化？

25. 2004 年 8 月，高等级公司债券出售的收益率是 3.52%，而到期日相同的免税债券年收益率为 2.44%。如果一个投资者从公司债券和免税债券中收到的税后收益相同，那么这个投资者的边际税率是多少？

在对这两种类型的债券进行选择时，还有什么因素会影响投资者的选择？

26. IRS 不允许公司用借入的资金购买免税债券，也不允许公司从应税收益中扣除借款支付的利息。IRS 应该规定这些限制吗？如果不是，你会建议公司借款购买免税债券吗？

27. 假设你非常富有，你的收入要按 35% 的税率纳税。那么对于以下各项投资，你的预期税后收益率分别是多少？

（1）市政票据，税前收益率为 7.0%。

（2）国库券，税前收益率为 10%。

（3）浮动利率优先股，税前收益率为 7.5%。

如果投资者是按 35% 税率纳税的公司那么，你的答案会有什么变动？在决定公司应该将多余的现金进行什么样的投资时，你还应该考虑哪些因素？

思考题

28. Axle 化学公司的财务主管预计下一个季度公司会有 100 万美元的现金短缺。但是，真正出现这样短缺的可能性只有 50%。主管估计，有 20% 的可能公司根本不会出现现金短缺，还有 30% 的可能公司可能会有 200 万美元的短期资金融资需求。公司可以按每月 1% 的利率，申请 90 天的无担保贷款 200 万美元，也可以申请信贷额度，每月成本为借款额的 1%，另外还要加上 20 000 美元的承诺费。如果过剩的现金可以按 9% 的利率进行再投资，以上哪种融资方式的期望成本更低？

29. 定期贷款通常要求公司按浮动利率支付。例如，有时将利率设定为"比优惠利率高 1%"，而优惠利率有时会在一年内变动几个百分点。假设你公司决定借入 4 000 万美元，期限为 5 年。公司将有三种选择。（1）可以按优惠利率从银行借款，当前的优惠利率为 10%。贷款协议将规定，公司在第 5 年到期时一次性偿还本金。（2）可以发行 26 周期限的商业票据，当前的收益率为 9%。由于资金需求为 5 年的时间，因此商业票据需要每半年滚动一次，也就是，5 年中需要 4 000 万美元就相当于要连续 10 次出售商业票据。或者最后（3）按 11% 的固定利率从保险公司借款。和银行贷款一样，在第 5 年年末之前不需要偿还本金。那么在分析这些可选择方案时，你需要考虑的因素有哪些？在什么情况下你可能会选择（1）？什么情况下你可能会选择（2）或（3）？（提示：不要忘了第 4 章。）

附录 A　现值表

附录表 1

折现系数：t 年后收到的 1 美元的现值 = $1/(1+r)^t$。

年数	年利率														
	1%	2%	3%	4%	5%	6%	7%	8%	9%	10%	11%	12%	13%	14%	15%
1	.990	.980	.971	.962	.952	.943	.935	.926	.917	.909	.901	.893	.885	.877	.870
2	.980	.961	.943	.925	.907	.890	.873	.857	.842	.826	.812	.797	.783	.769	.756
3	.971	.942	.915	.889	.864	.840	.816	.794	.772	.751	.731	.712	.693	.675	.658
4	.961	.924	.888	.855	.823	.792	.763	.735	.708	.683	.659	.636	.613	.592	.572
5	.951	.906	.863	.822	.784	.747	.713	.681	.650	.621	.593	.567	.543	.519	.497
6	.942	.888	.837	.790	.746	.705	.666	.630	.596	.564	.535	.507	.480	.456	.432
7	.933	.871	.813	.760	.711	.665	.623	.583	.547	.513	.482	.452	.425	.400	.376
8	.923	.853	.789	.731	.677	.627	.582	.540	.502	.467	.434	.404	.376	.351	.327
9	.914	.837	.766	.703	.645	.592	.544	.500	.460	.424	.391	.361	.333	.308	.284
10	.905	.820	.744	.676	.614	.588	.508	.463	.422	.386	.352	.322	.295	.270	.247
11	.896	.804	.722	.650	.585	.527	.475	.429	.388	.350	.317	.287	.261	.237	.215
12	.887	.788	.701	.625	.577	.497	.444	.397	.356	.319	.286	.257	.231	.208	.187
13	.879	.773	.681	.601	.530	.469	.415	.368	.326	.290	.258	.229	.204	.182	.163
14	.870	.758	.661	.577	.505	.442	.388	.340	.299	.263	.232	.205	.181	.160	.141
15	.861	.743	.642	.555	.481	.417	.362	.315	.275	.239	.209	.183	.160	.140	.123
16	.853	.728	.623	.534	.458	.394	.339	.292	.252	.218	.188	.163	.141	.123	.107
17	.844	.714	.605	.513	.436	.371	.317	.270	.231	.198	.170	.146	.125	.108	.093
18	.836	.700	.587	.494	.416	.350	.296	.250	.212	.180	.153	.130	.111	.095	.081
19	.828	.686	.570	.475	.396	.311	.277	.232	.194	.164	.138	.116	.098	.083	.070
20	.820	.673	.554	.456	.377	.312	.258	.215	.178	.149	.124	.104	.087	.073	.061

年数	年利率														
	16%	17%	18%	19%	20%	21%	22%	23%	24%	25%	26%	27%	28%	29%	30%
1	.862	.855	.847	.840	.833	.826	.820	.813	.806	.800	.794	.787	.781	.775	.769
2	.743	.731	.718	.706	.694	.683	.672	.661	.650	.640	.630	.620	.610	.601	.592
3	.641	.624	.609	.593	.579	.564	.551	.537	.524	.512	.500	.488	.477	.466	.455
4	.552	.534	.516	.499	.482	.467	.451	.437	.423	.410	.397	.384	.373	.361	.350
5	.476	.456	.437	.419	.402	.386	.370	.355	.341	.328	.315	.303	.291	.280	.269
6	.410	.390	.370	.352	.335	.319	.303	.289	.275	.262	.250	.238	.227	.217	.207
7	.354	.333	.314	.296	.279	.263	.249	.235	.222	.210	.198	.188	.178	.168	.159
8	.305	.285	.266	.249	.233	.218	.204	.191	.179	.168	.157	.148	.139	.130	.123
9	.263	.243	.225	.209	.194	.180	.167	.155	.144	.134	.125	.116	.108	.101	.094
10	.227	.208	.191	.176	.162	.149	.137	.126	.116	.107	.099	.092	.085	.078	.073
11	.195	.178	.162	.148	.135	.123	.112	.103	.094	.086	.079	.072	.066	.061	.056
12	.168	.152	.137	.124	.112	.102	.092	.083	.076	.069	.062	.057	.052	.047	.043
13	.145	.130	.116	.104	.093	.084	.075	.068	.061	.055	.050	.045	.040	.037	.033
14	.125	.111	.099	.088	.078	.069	.062	.055	.049	.044	.039	.035	.032	.028	.025
15	.108	.095	.084	.074	.065	.057	.051	.045	.040	.035	.031	.028	.025	.022	.020
16	.093	.081	.071	.062	.054	.047	.042	.036	.032	.028	.025	.022	.019	.017	.015
17	.080	.069	.060	.052	.045	.039	.034	.030	.026	.023	.020	.017	.015	.013	.012
18	.069	.059	.051	.044	.038	.032	.028	.024	.021	.018	.016	.014	.012	.010	.009
19	.060	.051	.043	.037	.031	.027	.023	.020	.017	.014	.012	.011	.009	.008	.007
20	.051	.043	.037	.031	.026	.022	.019	.016	.014	.012	.010	.008	.007	.006	.005

注：例如，如果年利率为 10%，那么 5 年后收到的 1 美元的现值就是 0.621 美元。

附录表2

t 年后 1 美元的终值 = $(1+r)^t$。

年数	年利率														
	1%	2%	3%	4%	5%	6%	7%	8%	9%	10%	11%	12%	13%	14%	15%
1	1.010	1.020	1.030	1.040	1.050	1.060	1.070	1.080	1.090	1.100	1.110	1.120	1.130	1.140	1.150
2	1.020	1.040	1.061	1.082	1.102	1.124	1.145	1.166	1.188	1.210	1.232	1.254	1.277	1.300	1.323
3	1.030	1.061	1.093	1.125	1.158	1.191	1.225	1.260	1.295	1.331	1.368	1.405	1.443	1.482	1.521
4	1.041	1.082	1.126	1.170	1.216	1.262	1.311	1.360	1.412	1.464	1.518	1.574	1.630	1.689	1.749
5	1.051	1.104	1.126	1.170	1.216	1.262	1.311	1.360	1.412	1.464	1.518	1.574	1.630	1.689	1.749
6	1.062	1.126	1.194	1.265	1.340	1.419	1.501	1.587	1.677	1.772	1.870	1,974	2.082	2.195	2.313
7	1.072	1.149	1.230	1.316	1.407	1.504	1.606	1.714	1.828	1.949	2.076	2.211	2.353	2.502	2.660
8	1.083	1.172	1.267	1.369	1.477	1.594	718	1.851	1.993	2.144	2.305	2.476	2.658	2.853	3.059
9	1.094	1.195	1.305	1.423	1.551	1.689	1.838	1.999	2.172	2.358	2.558	2.773	3.004	3.252	3.518
10	1.105	1.219	1.344	1.480	1.629	1.791	1.967	2.159	2.367	2.594	2.839	3.106	3.395	3.707	4.046
11	1.116	1.243	1.384	1.539	1.710	1.898	2.105	2.332	2.580	2.853	3.152	3.479	3.836	4.226	4.652
12	1.127	1.268	1.426	1.601	1.796	2.012	2.252	2.518	2.813	3.138	3.498	3.896	4.335	4.818	5.350
13	1.138	1.294	1.469	1.665	1.886	2.133	2.410	2.720	3.066	3.452	3.883	4.363	4.898	5.492	6.153
14	1.149	1.319	1.513	1.732	1.980	2.261	2.579	2.937	3.342	3.797	4,310	4,887	5,535	6,261	7.076
15	1.161	1.346	1.558	1.801	2.079	2.397	2.759	3.172	3.642	4.177	4.785	5.474	6.254	7.138	8.137
16	1.173	1.373	1.605	1.873	2.183	2.540	2.952	3.426	3.970	4.595	5.311	6.130	7.067	8.137	9.358
17	1.184	1.400	1.653	1.948	2.292	2.693	3.159	3.700	4.328	5.054	5.895	6.866	7.986	9.276	10.76
18	1.196	1.428	1.702	2.026	2.407	2.854	3.380	3.996	4.717	5.560	6.544	7.690	9.024	10.58	12.38
19	1.208	1.457	1.754	2.107	2.527	3.026	3.617	4.316	5.142	6.116	7.263	8.613	10.20	12.06	14.23
20	1.220	1.486	1.806	2.191	2.653	3.207	3.870	4.661	5.604	6.727	8.062	9.646	11.52	13.74	16.37

年数	年利率														
	16%	17%	18%	19%	20%	21%	22%	23%	24%	25%	26%	27%	28%	29%	30%
1	1.160	1.170	1.180	1.190	1.200	1.210	1.220	1.230	1.240	1.250	1.260	1.270	1.280	1.290	1.300
2	1.346	1.369	1.392	1.416	1.440	1.464	1.488	1.513	1.538	1.563	1.588	1.613	1.638	1.664	1.690
3	1.561	1.602	1.643	1.685	1.728	1.772	1.816	1.861	1.907	1.953	2.000	2.048	2.097	2.147	1.197
4	1.811	1.874	1.939	2.005	2.074	2.144	2.215	2.289	2.364	2.441	2.520	2.601	2.684	2.769	2.856
5	2.100	2.192	2.288	2.386	2.488	2.594	2.703	2.815	2.932	3.052	3.176	3.304	3.436	3.572	3.713
6	2.436	2.565	2.700	2.840	2.986	3.138	3.297	3.463	3.635	3.815	4.002	4.196	4.398	4.608	4.827
7	2.826	3.001	3.185	3.379	3.583	3.797	4.023	4.259	4.508	4.768	5.042	5.329	5.629	5.945	6.275
8	3.278	3.511	3.759	4.021	4.300	4.595	4.908	5.239	5.590	5.960	6.353	6.768	7.206	7.669	8.157
9	3.803	4.108	4.435	4.785	5.160	5.560	5.987	6.444	6.931	7.451	8.005	8.595	9.223	9.893	10.60
10	4.411	4.807	5.234	5.695	6.192	6.728	7.305	7.926	8.594	9.313	10.09	10.92	11.81	12.76	13.79
11	5.117	6.624	6.176	6.777	7.430	8.140	8.912	9.749	10.66	11,64	12.71	13.86	15.11	16.46	17.92
12	5.936	6.580	7.288	8.064	8.916	9.850	10.87	11.99	13.21	14.55	16.01	17.61	19.34	21.24	23.30
13	6.886	7.699	8.599	9.596	10.70	11.92	13.26	14.75	16.39	18.19	20.18	22.36	24.76	27.39	30.29
14	7.988	9.007	10.15	11.42	12.84	14.42	16.18	18.14	20.32	22.74	25.42	28.40	31.69	35.34	39.37
15	9.266	10.54	11.97	13.59	15.41	17.45	19.74	22.31	25.20	28.42	32.03	36.06	40.56	45.59	51.19
16	10.75	12.33	14.13	16.17	18.49	21.11	24.09	27.45	31.24	35.53	40.36	45.08	51.92	58.81	66.54
17	12.47	14.43	16.67	19.24	22.19	25.55	29.38	33.76	38.74	44.41	50.85	58.17	66.46	75.86	86.50
18	14.46	16.88	19.67	22.90	26.62	30.91	35.85	41.52	48.04	55.51	64.07	73.87	85.07	97.86	112.5
19	16.78	19.75	23.21	27.25	31.95	37.40	43.74	51.07	59.57	69.39	80.73	93.81	108.9	126.2	146.2
20	19.46	23.11	27.39	32.43	38.34	45.26	53.36	62.82	73.86	86.74	101.7	119.1	139.4	162.9	190.0

注:例如,如果年利率为 10% ,那么今天投资的 1 美元在 5 年后的价值就是 1.611 美元。

附录表3

年金表:t 年中每 1 年的 1 美元的现值合计 $= 1/r - 1/[r(1+r)^t]$。

年数	年利率														
	1%	2%	3%	4%	5%	6%	7%	8%	9%	10%	11%	12%	13%	14%	15%
1	.990	.980	.971	.962	.952	.943	.935	.926	.917	.909	.901	.893	.885	.877	.870
2	1.97	1.942	1.913	1.886	1.859	1.833	1.808	1.783	1.759	1.736	1.713	1.690	1.668	1.647	1.626
3	2.941	2.884	2.829	2.775	2.723	2.673	2.624	2.577	2.531	2.487	2.444	2.402	2.361	2.322	2.283
4	3.902	3.808	3.717	3.630	3.546	3.465	3.387	3.312	3.240	3.170	3.102	3.037	2.974	2.914	2.855
5	4.853	4.713	4.580	4.452	4.329	4.212	4.100	3.993	3.890	3.791	3.696	3.605	3.517	3.433	3.352
6	5.795	5.601	5.417	5.242	5.076	4.917	4.767	4.623	4.486	4.355	4.231	4.111	3.998	3.889	3.784
7	6.728	6.472	6.230	6.002	5.786	5.582	5.389	5.206	5.033	4.868	4.712	4.564	4.423	4.288	4.160
8	7.652	7.325	7.020	6.733	6.463	6.210	5.971	5.747	5.535	5.335	5.146	4.968	4.799	4.639	4.487
9	8.566	8.162	7.786	7.435	7.108	6.802	6.515	6.247	5.995	5.759	5.537	5.328	5.132	4.946	4.772
10	9.471	8.983	8.530	8.111	7.722	7.360	7.024	6.710	6.418	6.145	5.889	5.650	5.426	5.216	5.019
11	10.37	9.787	9.253	8.760	8.306	7.887	7.499	7.139	6.805	6.495	6.207	5.938	5.687	5.453	5.234
12	11.26	10.58	9.954	9.385	8.863	8.384	7.943	7.536	7.161	6.814	6.492	6.194	5.918	5.660	5.421
13	12.13	11.35	10.63	9.986	9.394	8.853	8.358	7.904	7.487	7.103	6.750	6.424	6.122	5.842	5.583
14	13.00	12.11	11.30	10.56	9.899	9.295	8.745	8.244	7.786	7.367	6.982	6.628	6.302	6.002	5.724
15	13.87	12.85	11.94	11.12	10.38	9.712	9.108	8.559	8.061	7.606	7.191	6.811	6.462	6.142	5.847
16	14.72	13.58	12.56	11.65	10.84	10.11	9.447	8.851	8.313	7.824	7.379	6.974	6.604	6.265	5.954
17	15.56	14.29	13.17	12.17	11.27	10.48	9.763	9.122	8.544	8.022	7.549	7.120	6.729	6.373	6.047
18	16.40	14.99	13.75	12.66	11.69	10.83	10.06	9.372	8.756	8.201	7.702	7.250	6.840	6.467	6.128
19	17.23	15.68	14.32	13.13	12.09	11.16	10.34	9.604	8.950	8.365	7.839	7.366	6.938	6.550	6.198
20	18.05	16.35	14.88	13.59	12.46	11.47	10.59	9.818	9.129	8.514	7.963	7.469	7.025	6.623	6.259

年数	年利率														
	16%	17%	18%	19%	20%	21%	22%	23%	24%	25%	26%	27%	28%	29%	30%
1	.862	.855	.847	.840	.833	.826	.820	.813	.806	.800	.794	.787	.781	.775	.769
2	1.605	1.585	1.566	1.547	1.528	1.509	1.492	1.474	1.457	1.440	1.424	1.407	1.392	1.376	1.361
3	2.246	2.210	2.174	2.140	2.106	2.074	2.042	2.011	1.981	1.952	1.923	1.896	1.868	1.842	1.816
4	2.798	2.743	2.690	2.639	2.589	2.540	2.494	2.448	2.404	2.362	2.320	2.280	2.241	2.203	2.166
5	3.274	3.199	3.127	3.058	2.991	2.926	2.864	2.803	2.745	2.689	2.635	3.583	2.532	2.483	2.436
6	3.685	3.589	3.498	3.410	3.326	3.245	3.167	3.092	3.020	2.951	2.885	2.821	2.759	2.700	2.643
7	4.039	3.922	3.812	3.706	3.605	3.508	3.416	3.327	3.242	3.161	3.083	3.009	2.937	2,868	2,802
8	4.344	4.207	4.078	3.954	3.837	3.726	3.619	3.518	3.421	3.329	3.241	3.156	3.076	2.999	2.925
9	4.607	4.451	4.303	4.163	4.031	3.905	3.786	3.673	3.566	3.463	3.366	3.273	3.184	3.100	3.019
10	4.833	4.659	4.494	4.339	4.192	4.054	3.923	3.799	3.682	3.571	3.465	3.364	3.269	3.178	3,092
11	5.029	4.836	4.656	4.486	4.327	4.177	4.035	3.902	3.776	3.656	3.543	3.437	3.335	3.239	3.147
12	5.197	4.988	4.793	4.611	4.439	4.278	4.127	3.985	3.851	3.725	3.606	3.493	3.387	3.286	3.190
13	5.342	5.118	4.910	4.715	4.533	4.362	4.203	4.053	3.912	3.780	3.656	3.538	3.427	3.322	3.223
14	5.468	5.229	5.008	4.802	4.611	4.432	4.265	4.108	3.962	3.824	3.695	3.573	3.459	3.351	3.249
15	5.575	5.324	5.092	4.876	4.675	4.489	4.315	4.153	4.001	3.859	3.726	3.601	3.483	3.373	3.268
16	5.668	5.405	5.162	4.938	4.730	4.536	4.357	4.189	4.033	3.887	3.751	3.623	3.503	3.390	3.283
17	5.749	5.475	5.222	4.990	4.775	4.576	4.391	4.219	4.059	3.910	3.771	3.640	3.518	3.403	3.295
18	5.818	5.534	5.273	5.033	4.812	4.608	4.419	4.243	4.080	3.928	3.786	3.654	3.529	3.413	3.304
19	5.877	5.584	5.316	5.070	4.843	4.653	4.442	4.263	4.097	3.942	3.799	3.664	3.539	3.421	3.311
20	5.929	5.628	5.353	5.101	4.870	4.657	4.460	4.279	4.110	3.954	3.808	3.673	3.546	3.427	3.316

注:例如,如果年利率为 10%,那么今后 5 年中每年都能收到的 1 美元的投资现值合计是 3.791 美元。

附录表4

e^{rt}的价值。t年中按利率r连续复利的1美元的终值。

rt	.00	.01	.02	.03	.04	.05	.06	.07	.08	.09
.00	1.000	1.010	1.020	1.030	1.041	1.051	1.062	1.073	1.083	1.094
.10	1.105	1.116	1.127	1.139	1.150	1.162	1,174	1.185	1.197	1.209
.20	1.221	1.234	1.246	1.259	1.271	1.284	1.297	1.310	1.323	1.336
.30	1.350	1.363	1.377	1.391	1.405	1.419	1.433	1.448	1.462	1.477
.40	1.492	1.507	1.522	1.537	1.553	1.568	1.584	1.600	1.616	1.632
.50	1.649	1.665	1.682	1.699	1.716	1.733	1.751	1.768	1.786	1.804
.60	1.822	1.840	1.859	1.878	1.896	1.916	1.935	1.954	1.974	1.994
.70	2.014	1.034	2.054	2.075	2.096	2.117	2.138	2.160	2.181	2.203
.80	2.226	2.248	2.271	2.293	2.316	2.340	2.363	2.387	2.411	2.435
.90	2.460	2.484	2.509	2.535	2.560	2.586	2.612	2.638	2.664	2.691
1.00	2.718	2.746	2.773	2.801	2.829	2.858	2.886	2.915	2.945	2.974
1.10	3.004	3.034	3.065	3.096	3.127	3.158	3.190	3.222	3.254	3.287
1.20	3.320	3.353	3.387	3.421	3.456	3.490	3.525	3.561	3.597	3.633
1.30	3.669	3.706	3.743	3.781	3.819	3.857	3.896	3.935	3.975	4.015
1.40	4.055	4.096	4.137	4.179	4.221	4.263	4.306	4.349	4.393	4.437
1.50	4/482	4.527	4.572	4.618	4.665	4.711	4.759	4.807	4.855	4.904
1.60	4.953	5.003	5.053	5.104	5.155	5.207	5.259	5.312	5.336	5.419
1.70	5.474	5.529	5.585	5.641	5.697	5.755	5.812	5.871	5.930	5.989
1.80	6.050	6.110	6.172	6.234	6.297	6.360	6.424	6.488	6.553	6.619
1.90	6.686	6.753	6.821	6.890	6.959	1.029	7.099	7.171	7.243	7.316
2.00	7.389	7.463	7.538	7.614	7.691	7.768	7.846	7.925	8.004	8.085
2.10	8.166	8.248	8.331	8.415	8.499	8.585	8.671	8.758	8.846	8.935
2.20	9.025	9.116	9.207	9.300	9.393	9.488	9.583	9.679	9.777	9.875
2.30	9.974	10.07	10.18	10.28	10.38	10.49	10.59	10.79	10.80	10.91
2.40	11.02	11.13	11.25	11.36	11.47	11.59	11.70	11.82	11.94	12.06
2.50	12.18	12.30	12.43	12.55	12.68	12.81	12.94	13.07	13.20	13.33
2.60	13.46	13.60	13.74	13.87	14.01	14.15	14.30	14.44	14.59	14.73
2.70	14.88	15.03	15.18	15.33	15.49	15.64	15/80	15.96	16.12	16.28
2.80	16.44	16.61	16.78	16.95	17.12	17.29	17.46	17.64	17.81	17.99
2.90	18.17	18.36	18.54	18.73	18.92	19.11	19.30	19.49	19.69	19.89
3.00	20.09	20.29	20.49	20.70	20.91	21.12	21.33	21.54	21.76	21.98
3.10	22.20	22.42	22.65	22.87	23.10	23.34	23.57	23.81	24.05	24.29
3.20	24.53	24.78	25.03	25.28	25.53	25.79	26.05	26.31	26.58	26.84
3.30	27.11	27.39	27.66	27.94	28.22	28.50	28.79	29.08	29.37	29.67
3.40	29.96	30.27	30.57	30.88	31.19	31.50	31.82	32.14	32.46	32.79
3.50	33.12	33.45	33.78	34.12	34.37	34.81	35.16	35.52	35.87	36.23
3.60	36.60	36.97	37.34	37.71	38.09	38.47	38.86	39.25	39.65	40.04
3.70	40.45	40.85	41.26	41.68	42.10	42.52	42.95	43.38	43.82	44.26
3.80	44.70	45.15	45.60	46.06	46.53	46.99	47.47	47.94	48.42	48.91
3.90	49.40	49.90	50.40	50.91	51.42	51.94	52.46	52.98	53.52	54.05

注:例如,如果按10%的年利率连续复利,那么今天投资的1美元在第1年末价值为1.105美元,在第2年年末价值为1.221美元。

附录表5

t 年中的每1年连续收到的1美元的现值(按年复利利率 r 折现) = $\{1 - 1/(1+r)^t\} / \{\ln(1+r)\}$。

年数	1%	2%	3%	4%	5%	6%	7%	8%	9%	10%	11%	12%	13%	14%	15%
								年利率							
1	0.995	0.990	0.985	0.981	0.976	0.971	0.967	.962	.958	.954	.950	.945	.941	.937	.933
2	1.980	1.961	1.942	1.924	1.906	1.888	1.871	1.854	1.637	1.821	1.805	1.790	1.774	1.759	1.745
3	2.956	2.913	2.871	2.830	2.791	2.752	2.715	2.679	2.644	2.609	2.576	2.543	2.512	2.481	2.450
4	3.922	3.846	3.773	3.702	3.634	3.568	3.504	3.443	3.383	3.326	3.270	3.216	3.164	3.113	3.064
5	4.878	4.760	4.648	4.540	4.437	4.337	4.242	4.150	4.062	3.977	3.896	3.817	3.741	3.668	3.598
6	5.825	5.657	5.498	5.346	5.202	5.063	4.931	4.805	4.685	4.570	4.459	4.353	4.252	4.155	4.062
7	6.762	6.536	6.323	6.121	5.930	5.748	5.576	5.412	5.256	5.108	4.967	4.832	4.704	4.582	4.465
8	7.690	7.398	7.124	6.867	6.623	6.394	6.178	5.974	5.780	5.597	5.424	5.260	5.104	40956	4.816
9	8.609	8.243	7.902	7.583	7.284	7.004	6.741	6.494	6.261	6.042	5.836	5.642	5.458	5.285	5.121
10	9.519	9.072	8.657	8.272	7.913	7.579	7.267	6.975	6.702	6.447	6.208	5.983	5.772	5.573	5.386
11	10.42	9.884	9.391	8.935	8.512	8.121	7.758	7.421	7.107	6.815	6.542	6.287	6.049	5.826	5.617
12	11.31	10.68	10.10	9.572	9.083	8.633	8.218	7.834	7.478	7.149	6.843	6.559	6.294	6.048	5.818
13	12.19	11.46	10.79	10.18	9.627	9.116	8.647	8.216	7.819	7.453	7.115	6.802	6.512	6.242	5.992
14	13.07	12.23	11.46	10.77	10.14	9.571	9.048	8.570	8.131	7.729	7.359	7.018	6.704	6.413	6.144
15	13.93	12.98	12.12	11.34	10.64	10.00	9.423	8.897	8.418	7.980	7.579	7.212	6.874	6.563	6.276
16	14.79	13.71	12.75	11.88	11.11	10.41	9.774	9.201	8.681	8.209	7.778	7.385	7.024	6.694	6.390
17	15.64	14.43	13.36	12.41	11.55	10.79	10.10	9.482	8.923	8.416	7.957	7.539	7.158	6.809	6.490
18	16.48	15.14	13.96	12.91	11.98	11.15	10.41	9.742	9.144	8.605	8.118	7.676	7.275	6.910	6.577
19	17.31	15.83	14.54	13.39	12.39	11.49	10.69	9.983	9.347	8.777	8.263	7.799	7.380	6.999	6.652
20	18.14	16.51	15.10	13.86	12.77	11.81	10.96	10.21	9.533	8.932	8.394	7.909	7.472	7.077	6.718

年数	16%	17%	18%	19%	20%	21%	22%	23%	24%	25%	26%	27%	28%	29%	30%
								年利率							
1	.929	.925	.922	.918	.914	.910	.907	.903	.900	.896	.893	.889	.886	.883	.880
2	1.730	1.716	1.703	1.689	1.676	1.663	1.650	1.638	1.625	1.613	1.601	1.590	1.578	1.567	1.556
3	2.421	2.392	2.365	2.337	2.311	2.285	2.259	2.235	2.211	2.187	2.164	2.141	2.119	2.098	2.077
4	3.016	2.970	2.925	2.882	2.840	2.799	2.759	2.720	2.682	2.646	2.610	2.576	2.542	2.509	2.477
5	3.530	3.464	3.401	3.340	3.281	3.223	3.168	3.115	3.063	3.013	2.964	2.917	2.872	2.828	2.785
6	3.972	3.886	3.804	3.724	3.648	3.574	3.504	3.436	3.370	3.307	3.246	3.187	3.130	3.075	3.022
7	4.354	4.247	4.145	4.048	3.954	3.865	3.779	3.696	3.617	3.542	3.469	3.399	3.331	3.266	3.204
8	4.682	4.555	4.434	4.319	4.209	4.104	4.004	3.909	3.817	3.730	3.464	3.566	3.489	3.415	3.344
9	4.966	4.819	4.680	4.547	4.422	4.302	4.189	4.081	3.978	3.880	3.786	3.697	3.612	3.530	3.452
10	5.210	5.044	4.887	4.739	4.599	4.466	4.340	4.221	4.108	4.000	3.898	3.801	3.708	3.619	3.535
11	5.421	5.237	5.063	4.900	4.746	4.602	4.465	4.335	4.213	4.096	3.986	3.882	3.783	3.689	3.599
12	5.603	5.401	5.213	5.036	4.870	4.713	4.566	4.428	4.297	4.173	4.057	3.946	3.841	3.742	3.648
13	5.759	5.542	5.339	5.150	4.972	4.806	4.650	4.503	4.365	4.235	4.112	3.997	3.887	3.784	3.686
14	5.894	5.662	5.446	5.245	5.058	4.882	4.718	4.564	4.420	4.284	4.157	4.036	3.923	3.816	3.715
15	6.010	5.765	5.537	5.326	5.129	4.945	4.774	4.614	4.464	4.324	4.192	4.068	3.951	3.841	3.737
16	6.111	5.583	5.614	5.393	5.188	4.998	4.820	4.655	4.500	4.355	4.220	4.092	3.973	3.860	3.754
17	6.197	5.928	5.679	5.450	5.238	5.041	4.858	4.687	4.529	4.381	4.242	4.112	3.990	3.875	3.767
18	6.272	5.992	5.735	5.498	5.279	5.506	4.889	4.714	4.552	4.401	4.259	4.127	4.003	3.887	3.778
19	6.336	6.047	5.781	5.538	5.313	5.106	4.914	4.736	4.571	4.417	4.273	4.139	4.014	3.896	3.785
20	6.391	6.094	5.821	5.571	5.342	5.130	4.935	4.754	4.586	4.430	4.284	4.149	4.022	3.903	3.791

注:例如,如果年利率为10%,那么今后5年中每年都能连续收到的1美元的现值合计为3.977美元。而仅在第5年有1美元的连续现金流价值为 3.977 − 3.326 = 0.651 美元。

附录表6

正态分布变量取值小于均值与 d 个标准差之和的累计概率[N(d)]。

d	0	0.01	0.02	0.03	0.04	0.05	0.06	0.07	0.08	0.09
0	.5000	.5040	.5080	.5120	.5160	.5199	.5239	.5279	.5219	.5359
0.1	.5398	.5438	.5478	.5517	.5557	.5596	.5636	.5675	.5714	.5753
0.2	.5793	.5832	.5871	.5910	.5948	.5987	.6026	.6064	.6103	.6141
0.3	.6179	.6217	.6255	.6293	.6331	.6368	.6406	.6443	.6480	.6517
0.4	.6554	.6591	.6628	.6664	.6700	.6736	.6772	.6808	.6844	.6879
0.5	.6915	.6950	.6985	.7019	.7054	.7088	.7123	.7157	.7190	.7224
0.6	.7257	.7291	.7324	.7357	.7389	.7422	.7454	.7486	.7517	.7549
0.7	.7580	.7611	.7642	.7673	.7704	.7734	.7764	.7794	.7823	.7852
0.8	.7881	.7910	.7939	.7967	.7995	.8023	.8051	.8078	.8016	.8133
0.9	.8159	.8186	.8212.	8238	.8264	.8289	.8315	.8340	.8365	.8389
1	.8314	.8438	.8461	.8485	.8508	.8531	.8544	.8577	.8599	.8621
1.1	.8643	.8665	.8686	.8708	.8729	.8749	.8770	.8790	.8810	.8830
1.2	.8849	.8869	.8888	.8907	.8925	.8944	.8962	.8980	.8997	.9015
1.3	.9032	.9049	.9066	.9082	.9099	.9115	.9131	.9147	.9162	.9177
1.4	.9192	.9207	.9222	.9236	.9251	.9265	.9279	.9292	.9306	.9319
1.5	.9332	.9345	.9357	.9370	.9382	.9394	.9406	.9418	.9429	.9441
1.6	.9452	.9463	.9474	.9484	.9495	.9505	.9515	.9525	.9535	.9545
1.7	.9554	.9564	.9573	.9582	.9591	.9599	.9608	.9616	.9625	.9633
1.8	.9641	.9649	.9656	.9664	.9671	.9678	.9686	.9693	.9699	.9706
1.9	.9713	.9719	.9726	.9732	.9738	.9744	.9750	.9756	.9761	.9767
2	.9772	.9778	.9783	.9788	.9793	.9798	.9803	.9808	.9812	.9817
2.1	.9821	.9826	.9830	.9834	.9838	.9842	.9846	.9850	.9854	.9857
2.2	.9861	.9864	.9868	.9871	.9875	.9878	.9881	.9884	.9887	.9890
2.3	.9893	.9896	.9898	.9901	.9904	.9906	.9909	.9911	.9913	.9916
2.4	.9918	.9920	.9922	.9925	.9927	.9929	.9931	.9932	.9934	.9936
2.5	.9983	.9940	.9941	.9943	.9945	.9946	.9948	.9949	.9951	.9952

注:例如,如果 d = 0.22,则 N(d) = 0.5871(也就是说,正态分布变量取值小于均值与 0.22 个标准差之和的累计概率是 0.5871)。

附录 B　练习题答案

第 1 章

1. (1)实物;(2)公务飞机;(3)品牌名称;(4)金融;(5)债券;(6)投资;(7)资本预算;(8)融资。

2. (1)金融资产,如股票或银行贷款,是投资者持有的要求权。公司通过出售金融资产可以筹集现金,用于对实物资产进行投资,如厂房和设备等。有些实物资产是无形资产。

(2)资本预算意味着对实物资产进行投资。而融资决策意味着要为这些投资筹集现金。

(3)公众公司的股份在证券交易所交易,其投资者极其广泛;而非公众公司的股份不能交易,投资者一般无法获得。

(4)无限责任:投资者要对公司的全部债务负责。独资公司是无限责任。公司的投资者负有限责任,他们仅会损失其全部的投资,但不会再损失更多。

(5)公司是有无限有效期的"法人",其所有者持有公司的股份。而合伙企业是在有限的生命期内设立并开展业务的契约安排。

3. (3)、(4)、(5)和(7)是实物资产,其他的是金融资产。

4. 双重征税和由于所有权和经营权相分离带来的代理成本。公众组织还面临着履行法律义务、与分散的股东进行沟通所产生的较高的成本。

5. (1)、(3)、(4)

6. (3)、(4)

7. 委托代理问题,往往会因信息不对称更为严重。

第 2 章

1. (1)负的;(2)$PV = C_1/(1+r)$;(3)$NPV = C_0 + [C_1/(1+r)]$;(4)r 是投资者投资于项目,而不投资于资本市场所丧失的收益率;(5)无违约风险的美国市政证券提供的收益率。

2. $DF_1 = 0.867$;折现率 $= 0.154$,即 15.4%。

3. (1)0.909;(2)0.833;(3)0.769

4. (1)收益率 = 利润/投资额 = $(132-100)/100 = 0.32$,即 32%;(2)负的(如果收益率等于 32%,则 NPV = 0);(3)$PV = 132/1.10 = 120$,即 120 000 美元;(4)$NPV = -100 + 120 = 20$,即 20 000 美元。

5. 资本机会成本是投资于项目,而不能投资于证券所丧失的收益率。对于无风险资产来说,资本的机会成本就是政府债券的利率;对有风险的投资,公司需要估计投资者对类似风险的证券所要求的收益率。

6. 他们都不会对办公大楼进行投资。蜜蜂型投资者将会贷出资金,然后年末收回 $1.2 \times 185\ 000 = 222\ 000$(美元)(与大楼的可比收入 210 000 美元相比);蚂蚱型投资者应该在今天就消费 185 000 美元,而不是基于大楼的未来价值借入 210 000/1.2 =175 000(美元)。

7. 他们会只赞成目标(1),其他任务都可以由股东自己有效地完成。

8. 为保护和加强其声誉;因为他们的薪酬是与盈利情况和股价相联系的;因为受董事会的监管;因为兼并收购的威胁。

第3章

1. 1.00 美元

2. $125/139 = 0.899$

3. $374/(1.09)^9 = 172$(美元)

4. $PV = 432/1.15 + 137/(1.15)^2 + 797/(1.15)^3 = 375 + 104 + 524 = 1\ 003$

5. $100 \times (1.15)^8 = 305.90$(美元)

6. $NPV = -1\ 548 + 138/0.09 = -14.67$(美元)

7. $PV = 4/(0.14 - 0.04) = 40$(美元)

8. (1) $PV = 1/0.10 = 10$(美元);(2) $PV = (1/0.10)/(1.10)^7 = 10/2 = 5$(美元)(大约);(3) $PV = 10 - 5 = 5$(美元)(大约);(4) $PV = C/(r - g) = 10\ 000/(0.10 - 0.05) = 200\ 000$(美元)

9. (1) $10\ 000/1.05^5 = 7\ 837$(美元);

(2)你应该拿出 $12\ 000 \times 6$ 年期年金系数 $= 12\ 000 \times 4.623 = 55\ 476$(美元)

(3)到第 6 年年末,你还剩 $1.08^6 \times (60\ 476 - 55\ 476) = 7\ 934$(美元)

10. (1) $1\ 000e^{0.12 \times 5} = 1\ 000e^{0.6} = 1\ 822$ 美元;(2) $PV = 5e^{-0.12 \times 8} = 5e^{-0.96} = 191.4$(万美元);

(3) $PV = C\left(\dfrac{1}{r} - \dfrac{1}{re^{rt}}\right) = 2\ 000\left(\dfrac{1}{0.12} - \dfrac{1}{0.12e^{0.12 \times 15}}\right) = 13\ 912$(美元)

11. (1) $1\ 262.5$ 万美元;(2) $1\ 270.5$ 万美元;(3) $1\ 271.2$ 万美元

第4章

1. (1)不发生变化;(2)价格下降;(3)收益率升高。

2. 高于 8%。

3. 将 $8 \times 2 = 16$ 个半年期间的息票支付 $12.5\%/2 = 6.25\%$ 按 $8.669\%/2 = 4.3345\%$ 折现。加上 2014 年到期的最后支付,价格 $= 121.78\%$。

4. 2%息票率的到期收益率约为 4.3%,4% 息票率的约为 4%,8% 息票率的约为 3.9%。8% 的债券久期最短(7.65 年),2% 的债券久期最长(9.07 年)。

5. (1) $PV = \dfrac{50}{1 + r_1} + \dfrac{1\ 050}{(1 + r_2)^2}$

(2) $PV = \dfrac{50}{1 + y} + \dfrac{1\ 050}{(1 + y)^2}$

(3)更低(位于 1 年期和 2 年期即期利率之间)。

(4)到期收益率;即期利率

6. (1)降(例如,如果 r = 10%,那么 1 年期 10% 债券价值为 110/1.1 = 100 美元;而如果 r = 15%,其价值仅为 110/1.15 = 95.65(美元))。

(2)低(例如,见 4(1))。

(3)低(例如,如果 r = 5%,那么 1 年期 10% 债券价值为 110/1.05 = 104.76 美元)。

(4)更高(例如,如果 r = 10%,那么 1 年期 10% 债券价值为 110/1.1 = 100(美元),而 1 年期 8% 的债券价值仅为 108/1.1 = 98.18(美元))。

(5)不会,低息票率的债券久期更长(除非只有 1 年就到期),因此变动性更大(例如,如果 r 从 10% 降为 5%,那么 2 年期 10% 的债券价值将从 100 美元上涨至 109.3 美元,涨幅 9.3%。而 2 年期 5% 债券的价值从 91.3 美元上涨至 100 美元,涨幅 9.5%)。

7. (1)2007 年即期利率为 4.68%,2008 年为 4.79%,2009 年为 5.075%,2010 年为 5.38%;(2)向上倾斜的;(3)更低(收益率是不同即期利率的复杂平均);(4)2008 年至 2009 年为 5.65%,2009 年至 2010 年为 6.31%。

8. (1)今天的价格为 108.425;1 年后的价格为 106.930。

(2)收益率 = (106.930 + 8)/108.425 − 1 = 0.06,即 6%。

(3)如果债券的到期收益率不变,那么债券持有者的收益率就等于到期收益率。

9. (1)错误。久期既取决于息票率,也取决于到期日。

(2)错误。在到期收益率给定的情况下,波动率与久期成正比。

(3)正确。息票率越低,意味着久期越长,因此波动率越高。

(4)错误。更高的利率降低了(未来)本金偿还的相对价值。

10.

	年份	C_t	$PV(C_t)$	占总价值的比重	比重 × 时间
A 证券	1	40	37.04	0.359	0.359
	2	40	34.29	0.333	0.666
	3	40	31.75	0.308	0.924
	V =		103.08	1.0	久期 = 1.949 年
B 证券	1	20	18.52	0.141	0.141
	2	20	17.15	0.131	0.262
	3	120	95.26	0.728	2.184
	V =		130.93	1.0	久期 = 2.587 年
C 证券	1	10	9.26	0.088	0.088
	2	10	8.57	0.082	0.164
	3	110	87.32	0.830	2.490
	V =		105.15	1.0	久期 = 2.742 年

波动率:A,1.80;B,2.40;C,2.49

11. (1) $(1 + r_2)^2 = (1 + r_1)(1 + f_2)$

$1.03^2 = 1.01 \times (1 + f_2)$

$$f_2 = 0.05，即 5\%$$

(2)时点 1 上预计的 1 年期即期利率等于远期利率 f_2。

(3)违背(除非投资者普遍预计利率将会上涨)。

(4)远期利率等于预计即期利率加上风险溢酬。

(5)长期债券。

(6)短期债券。

第 5 章

1.(1)正确;(2)正确

2. 购买股票的投资者的收益既包括资本利得,也包括股利,而未来的股票价格通常取决于未来的股利,所以并不矛盾。

3. $P_0 = (5 + 110)/1.08 = 106.48(美元)$

4. $r = 5/40 = 0.125$

5. $P_0 = 10/(0.08 - 0.05) = 333.33(美元)$

6. 到第 5 年,利润将增长为每股 18.23 美元。预计第 4 年每股股价为 $18.23/0.08 = 227.88(美元)$。

$$P_0 = \frac{10}{1.08} + \frac{10.50}{(1.08)^2} + \frac{11.03}{(1.08)^3} + \frac{11.58}{(1.08)^4} + \frac{227.91}{(1.08)^4} = 203.05(美元)$$

7. $15/0.08 + PVGO = 333.33$,因此,$PVGO = 145.83(美元)$。

8. Z 公司的预计股利和价格增长情况如下(单位:美元):

	第 1 年	第 2 年	第 3 年
股利	10	10.50	11.03
价格	350	367.50	385.88

计算预计收益率:

第 0 年到第 1 年: $\dfrac{10 + (350 - 333.33)}{333.33} = 0.08$

第 1 年到第 2 年: $\dfrac{10.50 + (367.50 - 350)}{350} = 0.08$

第 2 年到第 3 年: $\dfrac{11.03 + (385.88 - 367.50)}{367.50} = 0.08$

双双小姐在前两年中每年都可以得到 8% 的收益率;三圆女士在前三年中每年都能得到 8% 的收益率。

9.(1)错误;(2)正确

10. $PVGO = 0$,且 EPS_1 等于在不扩张政策下公司能够创造的未来利润的平均值。

11. 自由现金流是扣除为公司增长所需的所有投资之后公司剩余的现金额。在我们的简单例子中,自由现金流等于经营活动现金流减掉资本支出。如果投资非常大,那么自由现金流有可能是负的。

12. 是在预测期期末的价值。时点价值可以利用稳定增长的 DCF 公式或利用市盈率,或利用类似公司的市价与账面价值比来进行估计。

13. 如果在评估时点 H,PVGO = 0,那么时点价值等于 H + 1 点的预计利润除以 r。

第6章

1. (1)A = 3 年,B = 2 年,C = 3 年;(2)B;(3)A、B 和 C;(4)B 和 C(NPV$_B$ = 3 378 美元;NPV$_C$ = 2 405 美元);(5)正确;(6)它不会接受负 NPV 的项目,但可能会放弃一些正 NPV 的项目。如果考虑到所有的未来现金流,项目可能会具有正的 NPV,但它还是没有达到设定的期限标准。

2. 在给定现金流 C$_0$、C$_1$、…、C$_T$的情况下,IRR 被定义为:

$$NPV = C_0 + \frac{C_1}{1 + IRR} + \frac{C_2}{(1 + IRR)^2} + \cdots + \frac{C_T}{(1 + IRR)^T} = 0$$

在实际中,可以利用试错法计算,可以利用财务计算器计算,也可以利用电子表格程序计算。

3. (1)15 750 美元;4 250 美元;0 美元;(2)100%

4. 不接受(实际上你是在按照比资本机会成本高的利率"借入"资金)。

5. (1)两个;(2) −50% 和 +50%;(3)是的,NPV = +14.6

6. 投资于 α,而不投资于 β 的增量现金流是 −200 000、+110 000 和 121 000,增量现金流上的 IRR 为 10%(也就是说, −200 + 110/1.10 + 121/1.10^2 = 0)。β 的 IRR 大于资本成本,对 α 的增量投资的 IRR 也是,因此应选择 α。

7. 项目 1、2、4 和 6。

第7章

1. (1)、(2)、(4)、(7)、(8)

2. 实际现金流 = 100 000/1.04 = 96 154 美元;实际折现率 = 1.08/1.04 − 1 = 0.03846

$$PV = \frac{96\ 154}{1.03846} = 92\ 593 \text{ 美元}$$

3. (1)错误;(2)错误;(3)错误;(4)错误

4. 有效使用期越长,折旧抵税额的现值就越低。无论折现率是多少,以上结论都是正确的。如果 r = 0.10,那么税率为 35% 时 5 年期的折旧抵税额 PV 就是 0.271,同样的计算可得,7 年的为 0.252。

5.

	2007 年	2008 年	2009 年	2010 年	2011 年
营运资本	50 000	230 000	305 000	250 000	0
现金流	+50 000	+180 000	+75 000	−55 000	−250 000

6. 如果项目的经济有效期不同,且项目是某个正在进行的业务的组成部分时,比较现值可能会产生误解。比如说,每年花 100 000 美元购买一台可以使用 5 年的机器的成本,不一定就高于每年花 75 000 美元购买的只能使用 3 年的机器。而计算机器的等价年

成本就能得到一个无偏的比较结果。

7. 成本的 $PV = 1.5 + 0.2 \times 14.09 = 431.9$（万美元），等价年成本 $= 431.9/14.09 = 306\ 000$（美元）

8.（1）$\text{NPV}_A = 100\ 000$（美元）；$\text{NPV}_B = 180\ 000$（美元）

（2）A 的等价年现金流 $= 100\ 000/1.736 = 57\ 604$（美元）；B 的等价年现金流 $= 180\ 000/2.487 = 72\ 376$（美元）

（3）机器 B

9. 在第 5 年年末再更换。（$80\ 000$ 美元 $> 72\ 376$ 美元）

第 8 章

1. 期望的现金报酬为 100 美元，期望收益率为 0，方差为 200%，标准差为 141%。

2.（1）标准差 $= 19.2\%$；（2）平均实际收益率 $= 6.2\%$

3. Oblonsky 先生的更好一些，其平均收益率为 9.2%，标准差为 14.5%，而市场平均收益率和标准差分别为 9.1% 和 19.2%。

4.（1）错误；（2）正确；（3）错误；（4）错误；（5）正确；（6）正确；（7）正确；（8）错误

5.（4）

6.

$x_1^2\sigma_1^2$	$x_1x_2\sigma_{12}$	$x_1x_3\sigma_{13}$
$x_1x_2\sigma_{12}$	$x_2^2\sigma_2^2$	$x_2x_3\sigma_{23}$
$x_1x_3\sigma_{13}$	$x_2x_3\sigma_{23}$	$x_3^2\sigma_3^2$

7.（1）26%；（2）0；（3）0.75；（4）小于 1.0（组合的风险与市场风险相等，但这其中有些风险属于公司个别风险）。

8. 1.3（多样化投资不影响市场风险）。

9. A，1.0；B，2.0；C，1.5；D，0；E，-1.0

第 9 章

1.（1）7%；（2）完全正相关 27%，完全负相关 1%，不相关 19.1%；（3）见图 1；（4）不是。风险是用贝塔，而不是用标准差来衡量的。

2.（1）投资组合 A（期望收益较高，风险相同）；（2）不能确定（取决于投资者对风险的态度）；（3）投资组合 F（风险较低，期望收益相同）。

3.（1）图 9—12（b）：多样化投资会降低风险（例如，投资组合 A 和 B 混合的风险应该低于 A 和 B 的平均风险）；

（2）图 9—12（a）中弧线 AB 上的投资组合；

（3）见图 2。

4.（1）见图 3；（2）A、D、G；（3）F；（4）C 的 15%；（5）将资金的 25/32 投资于 F，剩下的 7/32 按 12% 的利率贷出。此时的期望收益率 $= 7/32 \times 12\% + 25/32 \times 18\% = 16.7\%$；标准差 $= 7/32 \times 0 + (25/32) \times 32\% = 25\%$。如果你可以无限制地借款，你就能获得自己想要达到的任意高的预期收益率，当然，相应的风险也很高。

图 1　　　　　　　　　　　　第 9 章, 练习题 1(3)

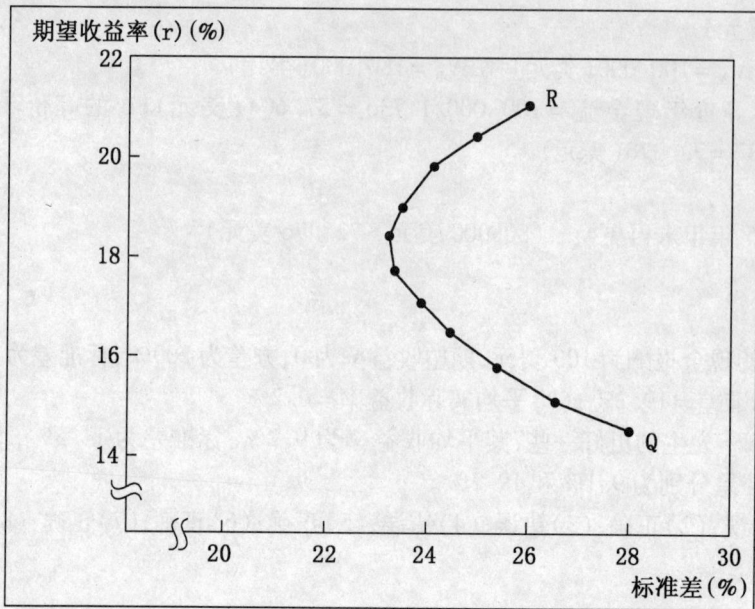

图 2　　　　　　　　　　　　第 9 章, 练习题 3(3)

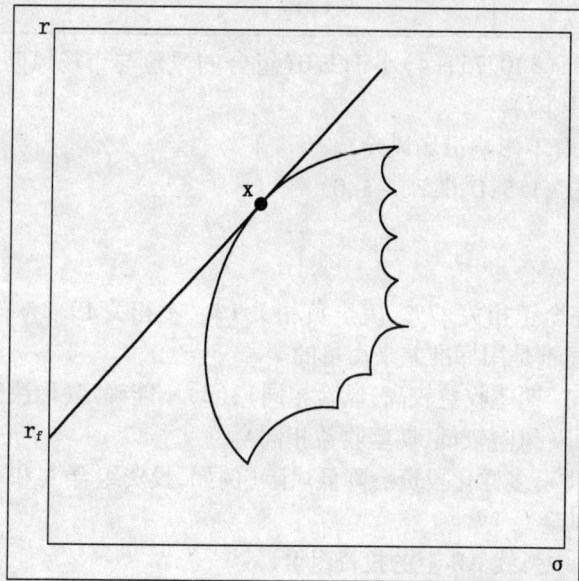

图中为 r(%) 与 σ(%) 坐标系,数据点标记为 A、B、C、D、E、F、G、H。纵轴 r(%) 标有 5、10、12、15、20;横轴 σ(%) 标有 10、20、30、40、50。

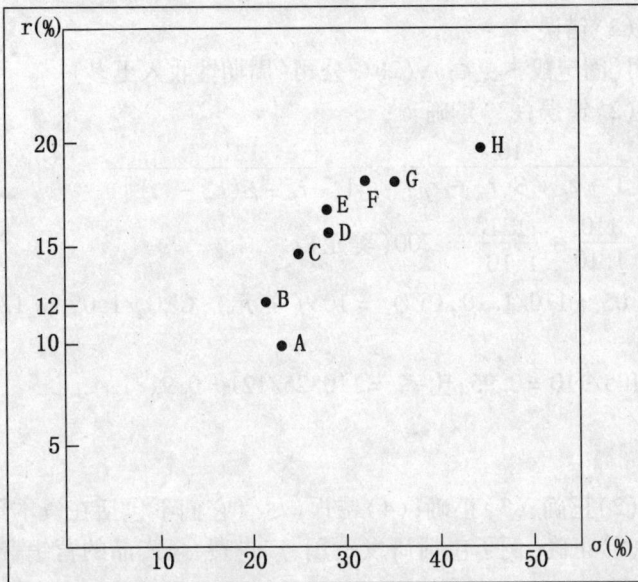

5. (1)$4\% + (1.13 \times 6\%) = 10.8\%$

(2)亚马逊:$4\% + (2.2 \times 6\%) = 17.2\%$

(3)亨氏:$4\% + (0.36 \times 6\%) = 6.2\%$

(4)更低。如果利率是 4%,则 $r = 4\% + (1.59 \times 6\%) = 13.54\%$;如果利率是 6%,则 $r = 6\% + (1.59 \times 4\%) = 12.36\%$

(5)更高。如果利率是 4%,则 $r = 4\% + (0.65 \times 6\%) = 7.9\%$;如果利率是 6%,则 $r = 6\% + (0.65 \times 4\%) = 8.6\%$

6. (1)正确;(2)错误(它是市场风险溢酬的两倍);(3)错误

7. (1)7%;(2)$7\% + 1 \times 5\% + 1 \times (-1\%) + 1 \times 2\% = 13\%$;(3)$7\% + 0 \times 5\% + 2\% \times (-1\%) + 0 \times 2\% = 5\%$;(4)$7\% + 1 \times 5\% + (-1.5) \times (-1\%) + 1 \times 2\% = 15.5\%$

第 10 章

1. 高估。

2. 47%是由市场波动引起的,53%是公司个别风险。公司个别风险在图中表现为数据点散落在拟合线周围。标准差是 0.30,因此加减两倍的标准差得到的误差的可能范围为 1.62 到 2.82 之间。

3. $\beta_{\text{资产}} = 0 \times 0.40 + 0.5 \times 0.60 = 0.30, r = 10 + 0.30 \times (18 - 10) = 12.4\%$

4. 假设结果为成功时的现金流为 600 万美元,则期望现金流为 $0.5 \times 6 = 3$ 百万,即 300 万美元。如果结果为成功时种植西红柿的风险是正常风险,那么可以用公司的普通资本成本将其折现到种植的起始时点。比如说,假设项目的持续期为 10 年,则 NPV = $-15 + 3 \times 5.65 = 1.95$(百万美元),即 195 万美元。对成功时的现金流按两倍的折现率折现未必能得到正确的答案(这里表现为 NPV = $-15 + 6 \times 3.682 = 7.09$(百万美元),即 709

万美元)。在能够得到美国 FDA 批准这样的不确定性没有正式揭晓之前,所要求的收益率应根据此项风险是否为市场风险来确定。

5. (1)错误;(2)错误

6. (1)A 公司(固定成本更高);(2)C 公司(周期性收入更多)

7. (1)正确;(2)错误;(3)正确

8. (1) $PV = \dfrac{110}{1 + r_f + \beta(r_m - r_f)} + \dfrac{121}{[1 + r_f + \beta(r_m - r_f)]^2}$

$= \dfrac{110}{1.10} + \dfrac{121}{1.10^2} = 200(美元)$

(2) $CEQ_1/1.05 = 110/1.10$, $CEQ_1 = 105(美元)$; $CEQ_2/1.05^2 = 121/1.10^2$, $CEQ_2 = 110.25(美元)$

(3)比率$_1 = 105/110 = 0.95$;比率$_2 = 110.25/121 = 0.91$

第 11 章

1. (1)错误;(2)正确;(3)正确;(4)错误(尽管它们不包括在资本预算中,但它们也属于资本支出);(5)正确(例子包括研发费用、广告费、新产品的营销费用和员工的培训费);(6)错误

2. (1)现金流的预计数可能被高估;(2)可能会出现仅由于现金流基于的预测基础不同而导致某个项目评级比另一个低的情况;(3)可能忽视了项目间的相互影响,战略投资可能缺失。

3. (1)敏感性分析就是在销售收入、成本及其他关键变量的不同假设下,分析项目的盈利能力和 NPV 的变化情况。

(2)方案分析就是同时协调地更新多个变量的取值,重新计算项目的 NPV。

(3)保本分析就是确定项目盈利能力或 NPV 等于零时的未来销售收入水平。

(4)蒙特卡罗模拟是敏感性分析的延伸,它研究所有可能的结果,以概率作为每种可能的权重。

(5)决策树是一种作图的方法,目的是揭示可能的未来事件及其相应的决策措施。

(6)实物期权是在未来时点修正项目的权利。

(7)放弃价值就是项目表现不佳时,放弃项目,收回部分初始投资的选择权所带来的额外现值。

(8)扩张价值是项目表现出色时,追加投资,扩大产出的选择权所带来的额外现值。

4. (1)错误;(2)正确;(3)正确;(4)正确;(5)正确

5. (1)明确如何通过基础变量得到项目的现金流;

(2)设定这些现金流的预测误差的概率分布;

(3)依据概率分布模拟项目现金流。

6. (1)正确;(2)正确;(3)错误;(4)错误

7. 在折现率上加入主观臆断的因素会使项目分析服从更加乐观的预测结果。

第 12 章

1. (3)

2. 弱式、半强式、强式、强式、弱式

3. (1)错误;(2)错误;(3)正确;(4)错误;(5)错误;(6)正确

4. (1)错误;(2)错误;(3)正确;(4)错误

5. $6-(-0.2+1.45\times5)=-1.05\%$

6. (1)正确;(2)错误;(3)正确;(4)正确

7. 下降。因为25%的预期增长已经在股票价格得到了反映。与这一预期相比,20%的增长相当于是一个坏消息。

8. (1)投资者不应该以明显的收益趋势或周期为基础买进和卖出股票。

(2)CFO不应该对利率变动或汇率变动进行投机。我们没有理由认为CFO具有信息优势。

(3)财务经理在评估某位大客户的信用状况时,可以考察一下该客户的股价及其债券的到期收益率。如果股价下跌,或收益率升高,则预示着将会出现麻烦。

(4)不要认为增加或降低盈利的会计选择会对股价有任何影响。

(5)公司不应该只因为想降低风险就追求多元化投资,投资者自己可以完成这样的多样化投资。

(6)如果投资者相信发行者没有私人信息,那么发行股票就不会使股价下挫。

第13章

1. (1)A1、B5;A2、B4;A3、B3;A4、B1;A5、B2;(2)3月7日,除息日;(3)$(0.30\times4)/63.15=0.019$,即1.9%;(4)$(0.30\times4)/3.32=0.36$,即36%;(5)股价将会下降至$63.15/1.07=59.02$美元

2. (1)错误。股利取决于过去的盈利水平和当前及未来的预计利润。

(2)正确。股利的变化向投资者传递了信息。

(3)错误。此时股利会被"平滑"。管理者一般不会暂时提高正常股利,但他们可以支付特殊股利。

(4)错误。回购股票时公司很少削减股利。

3. (1)对股票再投资$1\,000\times0.50=500$美元。如果除息价格是150美元-2.5美元,这就涉及购买500/147.5,即大约3.4股股票。

(2)出售价值为$1\,000\times3=3\,000$美元的股票。如果除息价格是200美元-5美元,这就涉及出售3 000/195,即大约15股股票。

4. 将股票回购金额降低1 000万美元,或发行1 000万美元的新股。

5. (1)公司价值不变,仍为$5\,000\times140=700\,000$美元。股票价格仍为140美元。

(2)折现率$r=(DIV_1/P_0)+g=(20/140)+0.05=0.193$。股票第1年的回购价格为$140\times(1+r)=140\times1.193=167$美元,因此公司回购50 000/167=299股。公司第1年支付的股利总额降为$5\,000\times10=50\,000$美元,相当于每股50 000/(5 000-299)=10.64美元。类似地,第2年公司按186.52美元的价格回购281股,每股股利增长11.7%,涨至11.88美元。在以后各年里,股利总额年增长5%,股份总数减少6%,因此每股股利增长11.7%。由稳定增长模型可知,每股的PV=10.64/(0.193-0.117)=140美元

6. (1)127.25 美元

(2)股价不变,仍维持在 130 美元的水平。公司将要回购 846 154 股股票。

(3)带息股价仍维持在 130 美元,但除息股价降到 124.50 美元。需要发行883 534股股票。

7. 当前税制(假设资本利得税不能递延):除倾向于股票 Hi 的公司以外,所有投资者均没有差异。

资本利得税为零:此时,除了倾向于股票 Lo 的公司以外,与当前税制下的结果相同。(注:对公司和证券交易商来说,资本利得属于利润。)

第14章

1. 要注意 Copperhead 公司的市场价值远远高于其账面价值:

	市场价值
普通股(800 万股,每股 2 美元)	16 000 000 美元
短期贷款	2 000 000 美元

因此,公司是在计划将普通股增加到 1 700 万美元,来减少短期负债。Kraft 女士拥有公司的 0.625% 的股份,要消除这一变化的影响,她可以(1)借入 $0.00625 \times 1\ 000\ 000 = 6\ 250$ 美元;也可以(2)买入更多的 Copperhead 公司的股票。

2. (1)$0.5 r_E + 0.5 \times 5\% = 12.5\%$,$r_E = 20\%$;(2)12.5%;(3)E/P=20%,P/E=5;(4)50 美元;(5)$0.5 \times \beta_E + 0.5 \times 0 = 1.0$,$\beta_E = 2.0$

3. 资产的期望收益率 $r_A = 0.08 \times 30/80 + 0.16 \times 50/80 = 0.13$;新的股票收益率将为 $r_E = 0.13 + (20/60)(0.13 - 0.08) = 0.147$

4. (1)见下表:

经营利润(美元)	500	1 000	1 500	2 000
利息(美元)	250	250	250	250
权益收益(美元)	250	750	1 250	1 750
每股收益(美元)	0.33	1.00	1.67	2.33
股票收益率(%)	3.3	10	16.7	23.3

(2) $\beta_A = \left(\frac{D}{D+E} \times \beta_D \right) + \left(\frac{E}{D+E} \times \beta_E \right)$

$0.8 = (0.25 \times 0) + (0.75 \times \beta_E)$

$\beta_E = 1.07$

5. (1)正确;(2)正确(只要公司获取的盈利超过其利息支付额,公司的每股收益就会增加;但因风险上升,因此 P/E 将会下降);(3)错误(权益成本随 D/E 比率的增加而增加);(4)错误(公式 $r_E = r_A + (D/E)(r_A - r_D)$ 不要求 r_D 保持不变);(5)错误(债务增大了权益收益的变动性);(6)错误(只有客户不能得到满足时才会增加公司价值)

6. (1)$r_A = 0.15$,$r_E = 0.175$;(2)$\beta_A = 0.6$(不变),$\beta_D = 0.3$,$\beta_E = 0.9$

7. 见图 14—3

8. 当前情况下，$r_A = r_E = 0.14$，即 14%。由定理 2 可知，财务杠杆将使 r_E 上升到 $r_E = r_A + (r_A - r_D)(D/E) = 0.14 + (0.14 - 0.095) \times (45/55) = 0.1768$，即 17.68%

税后 $WACC = 0.095 \times (1 - 0.40) \times 0.45 + 0.1768 \times 0.55 = 0.1229$，即 12.29%

第 15 章

1. 假设税率是固定的、负债是固定的而且是永续的，并且投资者对利息和权益收益的个人税税率相同的情况下。

2. (1)利息抵税 $PV = T_C D = 16$ 美元

(2) $T_C \times 20 = 8$ 美元

3. 债务的比较优势 $= \dfrac{1 - T_P}{(1 - T_{PE})(1 - T_C)} = \dfrac{0.65}{1 \times 0.65} = 1.00$

比较优势 $= \dfrac{0.65}{0.85 \times 0.65} = 1.18$

4. 公司没有应税利润，也就不会因为借款并且付息而降低纳税金额。利息的支付额只是增加其税损结转额。这样的公司很少因为避税的动机去借款。

5. (1)财务危机的直接成本是指破产的法律和管理成本。间接成本包括商讨破产时可能出现的清算延迟(如 Eastern Airlines)，或在解决破产问题过程中发生的低劣的投资决策和经营决策。另外，破产的威胁也会带来各种成本。

(2)如果财务危机增加了违约的可能性，那么管理者和股东的动机就会发生变化。而这就会导致低劣的投资决策和融资决策。

(3)参见第 5 小题(2)的答案。具体的例子可见第 15.3 节中的"博弈"。

6. 不一定。宣布破产只是发出了一个信号，说明公司的盈利情况和前景不佳。但股价的下跌部分可归因于对破产成本的预期。

7. 盈利更多的公司就有更多可以利用利息抵税作用的应税利润，就更不可能发生财务危机成本。因此，权衡理论认为这样的公司会有比较高的(账面)债务比率。但在实务中，盈利强的公司很少借款。

8. 拥有有形资产越多，公司规模越大，债务比率就越高;公司盈利能力越好，市场价值与账面价值比越高，债务比率就越低。

9. 当公司发行证券时，外部投资者会担心经营者可能掌握了不利的消息。如果情况果真如此，那么证券的价格就被高估了。而与发行股票相比，发行债券时这样的顾虑就会较少。债务性证券比权益性证券更安全，如果发行后真的传出不利的消息，其价格所受的影响相对来说也较小。

可以借款(不会带来高昂的财务危机成本)的公司一般都会借款。发行权益性证券通常会被投资者看成是公司的"坏消息"，新股就只能以低于当前市场价格的折价进行发售。

10. (1)外部融资的累计需求;(2)盈利性较强的公司可以更多地依靠内部现金流，因此对外部融资需求较少。

11. 资金宽松对拥有良好但不确定投资机会的成长型公司最有价值。资金宽松意味着能够很快为正 NPV 的投资项目筹集到资金,但过分的宽松可能也会诱使成熟公司过度投资。增加借款可以促使这类公司将现金返还给投资者。

第16章

1. 负债和权益的市场价值分别为:$D = 0.9 \times 75 = 67.5$,即 6 750 万美元;$E = 42 \times 2.5 = 105$,即 10 500 万美元。$D/V = 0.39$,$WACC = 0.09 \times (1 - 0.35) \times 0.39 + 0.18 \times 0.61 = 0.1325$,即 13.25%。

2. 步骤1:$r = 0.09 \times 0.39 + 0.18 \times 0.61 = 0.145$

步骤2:$r_D = 0.086$,$r_E = 0.145 + (0.145 - 0.086)(15/85) = 0.155$

步骤3:$WACC = 0.086 \times (1 - 0.35) \times 0.15 + 0.155 \times 0.85 = 0.14$

3. (1)错误;(2)正确;(3)正确

4. 这一方法通过按权益成本对股东所获得的现金流进行折现的方法评估公司的权益价值(更多细节参见第 16.2 节。该方法假设债务权益比保持不变)。

5. (1)正确;(2)错误,利息抵税作用必须单独评估;(3)正确

6. $APV = $ 基准 $NPV \pm $ 融资副作用的 PV

(1)$APV = 0 - 0.15 \times 500\ 000 = -75\ 000$

(2)$APV = 0 + 76\ 000 = +76\ 000$

7. (1)当然是 12%

(2)$r_E = 0.12 + (0.12 - 0.075)(30/70) = 0.139$,$WACC = 0.075 \times (1 - 0.35) \times 0.30 + 0.139 \times 0.70 = 0.112$,即 11.2%

8. (1)基准 $NPV = -1\ 000 + 1\ 200/1.20 = 0$;

(2)抵税额 $PV = (0.35 \times 0.1 \times 0.3 \times 1\ 000)/1.1 = 9.55$,$APV = 0 + 9.55 = 9.55$ 美元

9. 不合理。公司负债越多,权益投资者要求的收益率就越高(贷款人要求的利率也会更高),因此,负债的"便宜"背后隐藏着成本:它会使权益变得更加昂贵。

10. Patagonia 公司不具有 90% 的负债能力。KCS 之所以能借款 4 500 万美元,相当一部分原因是利用了现有资产的财力。另外,决定提高银行贷款来实现这笔购买交易并不意味着 KCS 改变了其目标债务比率。对 Patagonia 公司进行 APV 评估还是应该假设其债务比率为 50%。

第17章

1. 买入、执行、卖出、欧式

2. 图 17—13(1)是买入期权出售者的头寸图;图 17—13(2)是买入期权购买者的头寸图。

3. (1)就是卖出期权的执行价格(也就是,你将按执行价格卖出股票);

(2)就是股票的价值(也就是,你将放弃卖出期权,继续持有股票)

4. 买入期权价值 + PV(执行价格) = 卖出期权价值 + 资产价值(例如股票)

见下表:

在到期日：	股票价格高于执行价格		股票价格低于执行价格	
	操作	价值	操作	价值
买入期权 + PV(EX)	执行买入期权	股票价格	不执行买入期权	执行价格
卖出期权 + 股票	不执行卖出期权	股票价格	执行卖出期权	执行价格

以上关系只对执行价格相同的欧式期权成立。

5. 购买买入期权,同时贷出执行价格现值那么大的资金。

6.（1）继续持有黄金股票,同时购买执行价格等于当前价格 83.3% 的 6 个月期卖出期权。

（2）卖出黄金股票,将 485 000 英镑按 6% 的利率投资 6 个月。剩下的 115 000 英镑可以用于购买执行价格相同的黄金股票的买入期权。

7.（1）见图 4。

图 4　　　　　　　　　　　　　　第 17 章,练习题 7

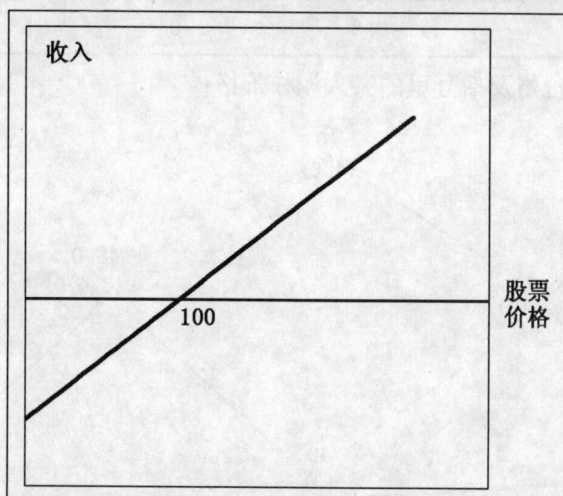

（2）股票价格 – PV(EX) = 100 – 100/1.1 = 9.09 美元

8. 图 17—13(2) 并没有显示买入期权的购买成本。在股票价格低于执行价格与买入期权购买成本之和的所有情况下,购买买入期权的利润都是负的。图 17—13(1) 也没有反映出卖出买入期权的收入。

9.（1）零;（2）股票价格减掉执行价格的现值。

10. 买入期权的价格（1）增长;（2）下跌;（3）增长;（4）增长;（5）下跌;（6）下跌

11.（1）所有的投资者,无论是如何厌恶风险,都应该对波动率更高股票的期权估价更高。无论是埃克森美孚还是 Genentech 公司,如果最终的股票价格低于执行价格,那么买入期权都是毫无价值的。但 Genentech 公司的股票具有更高的上涨潜力。

（2）其他条件相同的情况下,如果公司转向更安全的资产,那么股东会受损,而债权人会获益。如果资产有风险,那么违约期权就会更有价值。如果资产价值下降,那么债权人将承受更多的损失;而如果资产价值上升,则股东会受益。

第18章

1. (1) 利用风险中性估价方法，$(p \times 20) + (1-p) \times (-16.7) = 1, p = 0.48$

买入期权价值 $= \dfrac{(0.48 \times 8) + (0.52 \times 0)}{1.01} = 3.8$

(2) 德尔塔 $= \dfrac{期权价格变化的可能幅度}{股票价格变化的可能幅度} = \dfrac{8}{14.7} = 0.544$

(3)

	当前现金流	未来的可能现金流	
购买买入期权	-3.8	0	+8.0
相当于			
购买 0.544 股股票	-21.8	-18.2	+26.2
借入 18.0	+18.0	-18.2	-18.2
	-3.8	0	+8.0

(4) 可能的股票价格及括号里的买入期权价格：

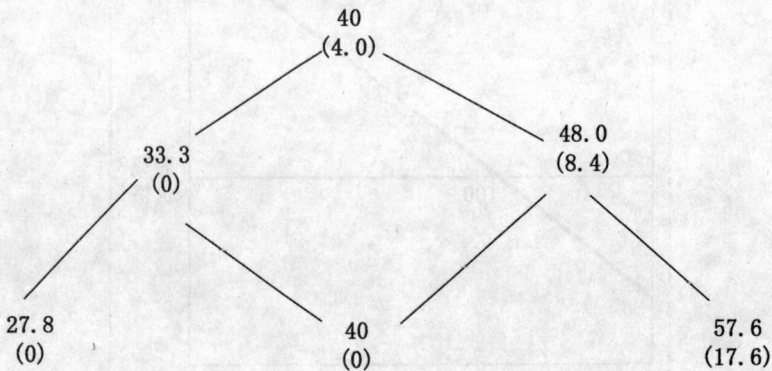

期权价格计算如下：

1 月份：① $\dfrac{(0.48 \times 0) + (0.52 \times 0)}{1.01} = 0$

② $\dfrac{(0.48 \times 17.6) + (0.52 \times 0)}{1.01} = 8.4$

0 月份：$\dfrac{(0.48 \times 8.4) + (0.52 \times 0)}{1.01} = 4.0$

(5) 德尔塔 $= \dfrac{期权价格变化的可能幅度}{股票价格变化的可能幅度} = \dfrac{8.4}{14.7} = 0.57$

2. (1) 不能。德尔塔最大为 1.0，此时股票价格与执行价格之比非常高；(2) 不能；
(3) 德尔塔会增加；(4) 德尔塔会增加。

3. 利用资产组合复制法，德尔塔 $= (31.67 - 0)/(106.67 - 60) = 0.6786$

	当前现金流	未来的可能现金流	
购买买入期权	−14.56	0	+31.67
相当于			
购买 0.6786 股股票	−54.29	+40.72	+72.39
借入 39.72	+39.72	−40.72	−40.72
	−14.56	0	31.67

利用风险中性估价方法，$(p \times 33.3) + (1-p) \times (-25) = 2.5, p = 0.4715$

买入期权价值 $= \dfrac{(0.4715 \times 31.67) + (0.5285 \times 0)}{1.025} = 14.56$

卖出期权价值为 $14.56 + 75/1.025 - 80 = 7.73$

4. 利用资产组合复制法，德尔塔 $= (20-0)/(100-64) = 0.5556$

	当前现金流	未来的可能现金流	
购买买入期权	−9.75	0	+20
相当于			
购买 0.5556 股股票	−44.44	+35.56	+55.66
借入 34.69	+34.69	−35.56	−35.56
	−9.75	0	+20

利用风险中性估价方法，$(p \times 25) + (1-p) \times (-20) = 2.5, p = 0.5$

买入期权价值 $= \dfrac{(0.5 \times 20) + (0.5 \times 0)}{1.025} = 9.75$

对买入期权来说，较低的风险意味着较少的上涨机会，因此期权价值下降。

5. （1）德尔塔 $= 100/(200-50) = 0.667$

（2）

	当前现金流	未来的可能现金流	
购买买入期权	−36.36	0	+100
相当于			
购买 0.667 股股票	−66.67	+33.33	+133.33
借入 30.30	+30.30	−33.33	−33.33
	−36.36	0	+100

（3）$(p \times 100) + (1-p) \times (-50) = 10, p = 0.4$

（4）买入期权价值 $= \dfrac{(0.4 \times 100) + (0.6 \times 0)}{1.10} = 36.36$

（5）不会。价格上涨的实际概率几乎肯定高于风险中性概率，但它对期权的价值评估没有意义。

6. （1）买入期权价值 $= 3.44$（美元）

（2）卖出期权价值 $=$ 买入期权价值 $+ PV$（执行价格）$-$ 股票价格 $= 1.67$（美元）

7. 正确。当股票价格上涨时,期权风险将下降。

8.(1)如果股票价格低到一定程度,就可以提前执行期权。期权进一步升值的可能性或许很小,因此将执行价格进行投资,赚取利息更为有利。

(2)不应该提前执行。推迟执行价格的支付所节省的利息高于放弃的股利。

(3)如果股票价格和股利都高到一定的程度,那么提前执行期权,以获取股利就是值得的。

第19章

1.(1)4 357/(4 357 + 2 049) = 0.68

(2)(1 010 + 264)/316 = 4.03

(3)2 704/2 018 = 1.34

(4)(446 + 1 002)/2 018 = 0.72

(5)(1 010 − 251)/8 643 = 0.088

(6)[(1 074 + 1 257)/2]/(5 550/365) = 76.7 天

(7)443/[(2 049 + 2 603)/2] = 0.19

(8)408/443 = 0.92

2. 没有意义的比率是(1)、(2)、(3)、(6)和(8)(原书为(9),应为(8)——译者注)。正确的定义应该是:

负债权益比 = (长期负债 + 租赁价值)/权益

权益收益率 = 可供普通股分配的利润/平均权益

股利支付率 = 每股股利/每股盈余

流动比率 = 流动资产/流动负债

平均收账期 = 平均应收账款/(销售收入/365)

3.(1)错误;(2)正确;(3)错误;(4)错误;(5)错误,它会提高市盈率。

4. 365 000 美元;12.2

5.(1)12%;(2)16%

6. 0.25

7. 0.73;3.65%

8.(1)1.47;(2)净营运资本 = 40;长期资本总额 = 540;负债与长期资本总额比 = 0.52

9.1 000 万美元

10.8 200 万美元

11.(1)错误(财务计划应该是决定承担什么样的风险的过程)

(2)错误(财务计划同时关注可能的意外和预期的结果)

(3)正确(财务计划既考虑投资决策,也考虑融资决策)

(4)错误(长期计划的一般时间期限都是 5 年)

(5)正确(绝对的准确是不大可能的,但公司需尽可能作出最完善协调的估计)

(6)错误(过分详细的细节会分散对关键决策的注意力)

12.(1)2 900 000 美元;(2)225 000 美元;(3)0.25

13. Archimedes 公司将获利 550 美元,要投资 320 美元以扩充资产。借款增加 120 美元,因此留存收益为 320 − 120 = 200(美元),剩余的股利为 550 − 200 = 350(美元)

14. (1)8.6% ;(2)13.75%

第 20 章

1.

现金	营运资本
1. 下降 200 万美元	下降 200 万美元
2. 增加 2 500 美元	不变
3. 下降 5 000 美元	不变
4. 不变	增加 100 万美元
5. 不变	不变
6. 增加 500 万美元	不变

2. (1)存货增加(运用);(2)应收账款增加(运用);(3)公司账面没有变化;(4)现金增加(来源),资产减少。从留存收益中减掉 100 000 美元的损失;(5)现金减少(运用),权益下降;(6)现金减少(运用);(7)现金不变,尽管净营运资本增加(发行债券是资金的一种来源。)

3. 第 3 个月:18 + (0.5 ×90) + (0.3 ×120) + (0.2 ×100) = 119 000 美元

第 4 个月:14 + (0.5 ×70) + (0.3 ×90) + (0.2 ×120) = 100 000 美元

4. (1)19.2、16.8、15、13.2、12、12 百万美元;(2)19.2、23.2、20.6、18.2、16.4、16 百万美元

5. (1)表 20—1:银行贷款 = 3,现金 = 8,流动资产 = 68,流动负债 = 30,资产总额 = 负债和净价值总额 = 118。表 20—3:偿还短期银行贷款 = 2,现金余额增加 = 4。表 20—4 和表 20—5 不变。

(2)表 20—1:长期负债 = 22,投资总额 = 82,固定资产净额 = 62,现金 = 3,资产总额 = 负债和净价值总额 = 125。表 20—3:发行长期债券 = 17,来源总额 = 41,投资于固定资产 = 26,运用总额 = 42,现金余额增加 = − 1。表 20—4:固定资产和资产总额的变化如表 20—1,长期负债以及负债和净价值总额的变化也是一样。表 20—5:除净营运资本 = 6 以外,其他变化与表 20—3 的一致。

(3)表 20—2:经营成本 = 289,税前利润 = 56,净利润 = 28,留存收益 = 27。表 20—1:净价值 = 92,负债和净价值总额 = 资产总额 = 131,存货 = 22.5,现金 = 23.5。表 20—4:净价值 = 92,长期负债和净价值总额 = 资产总额 = 104,净经营资本 = 54。表 20—5:净利润 = 28,净经营资本增加 = 24。

(4)表 20—6:第 3 季度,回收款总额 = 120.1,期末应收账款 = 26.6;第 4 季度,回收款总额 = 129.5,期末应收账款 = 28.1;表 20—7:第 3 季度,来源减运用以及期末现金都增加 11.6,累计融资需求减少 11.6;第 4 季度,来源减运用增加 1.5,累计融资需求减少

13.1,降为 - 12.6。

(5)表20—7:人工和其他费用 =26,每个季度的来源减运用都减少4,累计融资需求第1季度减少4,第2季度减少8,等等。

(6)表20—7:其他现金来源第2季度增加10,使来源减运用增加,使累计融资需求减少。

(7)表20—7:最小经营现金余额 =2,所有季度中的累计融资需求都减少2。

6.(1)正确;(2)错误(借款者有买入期权);(3)正确;(4)错误(100/90 - 1 = 0.111,即11.1%);(5)正确

7. 信贷额度、承诺费、浮动抵押、抵押、仓库收据、辛迪加、牵头银行、CLO 或抵押贷款责任、商业票据、中期票据

8. 价格 $= 100 - (0.5 \times 1.73) = 99.135$;复利年收益 $= (100/99.135)^2 - 1 = 0.0175$,即1.75%(更准确计算下,价格 $= 100 - 1.73(182/360) = 99.125$,收益率 $= (100/99.125)^{(365/182)} - 1 = 0.0178$,即1.78%。

9.(1)回购协议;(2)商业票据;(3)财务公司商业票据;(4)3 个月期票据;(5)国库券;(6)国库券

10. 与债券的利息要 100% 纳税相比,浮动利率优先股的股利只有 30% 需要纳税。固定股利的优先股也有这个优势,但它的价格波动比浮动利率优先股价格波动的幅度大。

术 语 表

有很多网站包括理财方面的专业术语，例如，www.finance－glossary.com 及 www.duke.edu/~charvey/Classes/wpg/glossary.htm。

A

Abnormal return　非正常收益

不是由于市场价格变动所带来的收益。

Absolute priority　绝对优先权

破产程序中的规则，即优先债权人得到全额偿付之前次级债权人不能得到任何偿付。

Accelerated depreciation　加速折旧

在项目期前期抵扣更多折旧数额的折旧方法。

Accounts payable（payables，trade debt）　应付账款（应付款、交易性负债）

企业欠供应商的款项。

Accounts receivable（receivables，trade credit）　应收账款（应收款、交易性应收款）

客户欠企业的款项。

Accrued interest　应计利息

已经发生但还没有支付的利息。

ACH　自动票据交换所

Acid－test ratio　速动比率

Adjusted present value（APV）　调整现值

仅利用权益资本融资情况下某项资产的净现值加上债务融资副作用的现值。

ADR　美国存托凭证

Adverse selection　逆向选择

与常规现象不一致，调整定价政策使客户减少，例如，保费价格上涨仅会阻止具有较低风险的人购买保险。

Affirmative covenant　肯定性条款

规定借款者必须采取特定行动的借款契约。

Agency costs　代理成本

代理人（如管理者）不以被代理人（如股东）利益为出发点采取行动时所引起的损失。

Agency theory　代理理论

有关被代理人（如股东）与代理人（如公司管理者）之间关系的理论。

Aging schedule　账龄分析表

已经发生但尚未偿还的每一客户应收款账龄的汇总。

AIBD　国际债券交易商协会

All－or－none underwriting　可撤回承销

当承销商不能销售所有证券时此次证券发行即被取消的协议。

Alpha α、阿尔法

按市场影响对投资组合收益进行调整的计量单位。

Alternative Minimum Tax（AMT）替代性最低税

一种单独计算的、公司或个人必须支付的最低税额。

American depository receipt（ADR）美国存托凭证

在美国发行的、代表外国公司股份的替代凭证。

American option 美式期权

可以在最后行使日之前的任意时间行使权利的期权（对比：欧式期权）。

Amex 美国证券交易所

Amortization 摊销、折旧

（1）分期支付借款的款项；（2）折旧的数额。

AMT 替代性最低税

Angel investor 天使投资者

为小型公司提供启动资本的富有的投资者。

Annual percentage rate（APR）年利率

用单利计算的年利率。

Annuity 年金

在一段期间内每期都产生相同现金流量的投资。

Annuity due 先付年金、即付年金

发生在每期期初的年金。

Annuity factor 年金系数

连续 t 期每期支付 1 元钱的总现值。

Anticipation 预计

在最后日期之前支付款项的客户可减免一定利息的协议。

Appraisal rights 评估权

股东在合并中享有的权利，可以要求公司按公允价格偿还其股份，且不受其他因素的影响。

Appropriation request 拨款申请

资本投资项目需要资金的正式请求。

APR 年利率

APT 套利定价理论

APV 调整净现值

Arbitrage 套利

购买一种证券的同时卖出另一种证券，以获得无风险的利润。

"Arbitrage" or "risk arbitrage" "套利"或"风险套利"

通常被用于描述在相关证券中抵消头寸，例如在收购投标时。

Arbitrage pricing theory（APT）套利定价理论

预期收益将随资产对少数因素的敏感程度而呈线性增长的模型。

Arranger   牵头人

组织承销商加入辛迪加贷款的银行。

Articles of incorporation   公司章程

建立公司及说明公司结构和公司目标的法律文件。

Asian currency units   亚洲货币单位

新加坡和其他亚洲中心的美元存款。

Asian option   亚式期权

以期权有效期内资产平均价格为基础的期权。

Ask price（offer price）   出价、要价

证券经销商愿意出售的价格（对比：投标价格）。

Asset – backed securities   资产担保证券

由特殊目的公司发行的证券，该公司拥有低风险的资产，这些资产的变现现金流足够偿还债券。

Asset stripper   资产剥离者

为分离其部分资产而接管公司的人。

At – the money option   平价期权、等价期权

执行价格等于目前资产价格的期权（对比：价内期权、价外期权）

Auction market   拍卖市场

价格由拍卖程序确定的证券交易所，如纽约证券交易所（对比：做市商市场）。

Auction – rate preferred   拍卖利率优先股

它是浮动利率优先股的另一种形式，其股利每 49 天按拍卖程序重新确定。

Authorized share capital   法定股本、核定股本

公司章程中规定的、公司能够发行股份的最大数额。

Automated Clearing House（ACH）   自动票据交换所

由银行运作的进行大量低价值支付的电子系统。

Automatic debit   直接支付

Availability float   可用存款

公司已经存款但尚未支付的支票。

Aval   担保

为福费廷买方购买的债务提供的银行担保。

B

BA   银行承兑汇票

Backwardation   期货折价

商品的现货价格大于期货价格的情况（对比：期货溢价）。

Balloon payment   气球支付、漂浮式付款

最后一笔大额的付款（例如，当一笔贷款采用分期付款时）。

Bank discount   银行贴现

从贷款原始金额中扣除的费用。

Banker's acceptance（BA）银行承兑汇票

已经由银行做出承诺，将在未来日期支付确定金额的书面请求（对比：商业承兑汇票）。

Barrier option　障碍期权

视资产的价格是否达到了某一特定障碍而存在的期权（对比：下降敲出期权、下降敲入期权）。

Basel Accord　巴塞尔协议

有关大型银行为支撑其风险贷款而保持的资本金额的国际化协议。

Basis point（BP）基点

0.01%。

Basis risk　基差风险

套期保值的双方变化不完全同步所导致的剩余风险。

Bearer security　不记名证券

仅拥有凭证就能证明所有权的证券（对比：记名证券）。

Bear market　熊市

证券价格的普遍下跌（对比：牛市）。

Behavioral finance　行为金融学

强调投资者心理的金融学分支。

Benchmark maturity　基准到期日

新发行的国库券的到期日。

Benefit – cost ratio　成本—效益比率、利润成本率

1 加上获利指数。

Bermuda option　百慕大期权

可以在到期日前规定的一系列时间内行权的期权。

Best – efforts underwriting　全力推销型承销

一种承销协议，承销商不保证、只承诺将会尽全力销售证券。

Beta　β、贝塔

市场风险的衡量标准。

Bid price　投标价格、买价

证券经销商愿意购买的价格（对比：出价）。

Big Board　纽约股票交易所

纽约股票交易所的俗称。

Bill of exchange　汇票、交易票据

用于表示要求进行支付的文件的一般术语。

Bill of lading　提单、提货单

证明在途商品所有权的文件。

Binomial method　二叉树法、二项式法

期权的估价方法，它假设任意一个期间内资产价格仅有两种变化的可能。

Blue – chip company　蓝筹公司

大型的、信誉良好的公司。

Blue – sky laws   蓝天法案

规定证券发行及交易的政府法案。

Boilerplate   样板文件

合约中的标准术语及条款，例如债务合约。

Bond   证券债券

长期债务证券。

Bond rating   债券等级

有关债券违约可能性的等级。

Bookbuilding   累计投标

承销商收集整理对新发行证券要求的过程。

Book entry   账面记录

不发行股票实物凭证的股票所有权的记录。

Bookrunner   主承销商

主管某一新发行的承销商，主承销商掌管销售证券的账簿。

Bought deal   全数包销

一个或两个承销商购买全部证券的证券发行。

BP   基点

Bracket   级别

表示承销商对新发行证券承诺程度的术语，如主要级别、次要级别。

Break – even analysis   保本分析

项目达到保本状态时对销售水平的分析。

Bridge loan   临时贷款、过桥贷款

在更多的永久性融资来源确定之前，为公司提供暂时融资需要的短期贷款。

Bull – bear bond   牛熊债券

本金偿还与另一种证券价格相关的债券。这种债券分两部分发行：第一部分本金的偿还随另一种证券价格而增加，第二部分本金的偿还随另一种证券价格而减少。

Bulldog bond   牛头犬债券

非英国公司在伦敦发行的外国债券。

Bullet payment   子弹支付、到期一次偿还

最后一次支付款项，如贷款偿还（与分期付款相反）。

Bull market   牛市

证券价格的普遍上涨（对比：熊市）。

Bund   债券

长期德国政府债券。

Buyback   回购

C

Cable   电汇汇率

美元与英国货币间的汇率。

Call option 买入期权、看涨期权、买权

持有者可以按特定执行价格，在特定执行日期或之前购买某项资产的期权（对比：卖出期权、看跌期权、卖权）。

Call premium 提前赎回溢价、买权价格

（1）公司提前赎回债券的价格与债券面值的差额；（2）买入期权的价格。

Call provision 赎回条款

允许发行者按特定价格回购已发行债券的规定。

Cap 上限

浮动利率票据的利率上限。

Capital asset pricing model 资本资产定价模型

预期收益随资产的 β 系数呈线性增长的模型。

Capital budget 资本预算

有计划的长期投资项目的明细表，通常按年编制。

Capitalization 资本总额

长期债务加优先股加权益净额。

Capital lease 融资租赁

Capital market 资本市场

金融市场（特别指长期证券市场）。

Capital rationing 资本约束

由于资金有限，迫使公司必须在值得进行的项目中进行选择。

Capital structure 资本结构

公司发行的各种不同证券的组合。

CAPM 资本资产定价模型

Captive finance company 专属融资公司

职能是为从母公司购买商品提供融资的子公司。

Caput option 头首期权

卖出期权上的买入期权。

CAR 累计非正常收益

CARDs（Certificates for Amortizing Revolving Debt） 循环贷款分期付款凭证

用信用卡应收款进行担保的移转证券。

Carried interest 附带权益

私营权益合伙企业等被赋予的利润分配权。

Carry trade 利差交易

在某一国家以低利率借入资金，在另一国家以较高利率借出。

CARs（Certificates of Automobile Receivables） 汽车应收款凭证

用汽车应收款进行担保的移转证券。

Carve – out 部分分立

子公司在首次发行股票时出售部分股票的过程。

Cascade　层叠效应

投资中的理性群体效应，即每个个体所做的前期决策都可能依据了其他的信息。

Cash and carry　买现卖期交易

买入某种证券的同时卖出一种期货，其差额通过贷款或回购取得。

Cash budget　现金预算

对现金来源和运用的预测。

Cash cow　现金牛

能够产生大量自由现金流的成熟公司。

Cash – deficiency arrangement　现金短缺协议

项目股东同意为公司经营提供充足的净营运资本的协议。

CAT bond　巨灾债券

Catastrophe bond（CAT bond）　巨灾债券

其支付与重大的灾难损失（如保险请求权）相关的债券。

CBD　款到发货

款到发货。

CD　存款单

CDS（Credit default swap）　违约互换

CEO　首席执行官

Certainty equivalent　确定当量

与特定的有风险的现金流现值相等的现金流。

Certificate of deposit（CD）　存款单

银行定期存款的证明文件。

CFTC　商品期货交易委员会

商品期货交易委员会。

CFO　首席财务官

Chaebol　跨行业企业集团、混业集团

韩国大型跨行业企业集团的组织形式。

Chapter 7　第 7 章

债务人资产被变卖，将收入用于偿还债权人的破产程序。

Check conversion　支票划转

当客户签发支票时，客户信息会被自动追踪，同时立刻借记其银行账户。

CHIPS　票据交换所银行间支付系统

Chapter 11　第 11 章

帮助违约公司重组及复原的破产程序。

Chooser option　选择期权

持有者可以决定其属性是买入期权还是卖出期权的期权。

Clean price（flat price）　净价（平价）

不包括应计利息的债券价格（对比：全价）

Clearinghouse Interbank Payments System（CHIPS）　票据交换所银行间支付系统

由一批大型银行为大额美元支付而运作的国际电报传输系统。

CLO　贷款担保证券

类似的还有 CDO（债务担保证券）和 CMO（抵押担保证券）。

Closed – end fund　封闭式基金、限额基金

资产由对大量不同行业和商业公司的投资组成的公司。

Closed – end mortgage　封闭式抵押、限额抵押

不允许发行超额债务的抵押（对比：无限额抵押、开放式抵押）。

CMOs　抵押担保证券

COD　货到付款

货到付款。

Collar　双限

浮动利率票据利息率水平的上下限。

Collateral　抵押品

为贷款提供担保的资产。

Collateralized loan obligation（CLO）　贷款担保证券

以贷款作为担保品的证券，通常按部分发行，每部分优先权等级不同。类似的还有 CDO（债务担保证券）和 CMO（抵押担保证券）。

Collateralized mortgage obligations（CMOs）　抵押担保证券

抵押移转证券的另一种形式，抵押品所产生的现金流被重新确定为债券的不同部分，不同部分到期值不同。

Collateral trust bonds　抵押信托债券

由普通股或借款人拥有的其他证券做担保的债券。

Collection float　收款浮游量

尚未收到、存入银行并增加公司可用余额的客户已签发支票金额（对比：付款浮游量）。

Commercial draft（bill of exchange）　商业汇票（汇票）

付款请求。

Commercial paper　商业票据

公司签发的，9 个月内到期的无担保票据。

Commitment fee　承诺费

银行以未动用信用额度为基础收取的的费用。

Common – size financial statements　比较财务报表

以各项资产占总资产百分比列示的资产负债表和以各项目占销售收入百分比列示的损益表。

Common stock　普通股

代表公司所有权的证券。

Company cost of capital　公司资本成本

公司所有证券组合的预期收益。

Compensating balance　补偿性余额

补偿银行贷款或银行服务的无息存款要求。

Competitive bidding　竞标、竞争招标

公开控股公司选择其承销商的方法（对比：协议承销）。

Completion bonding　完工保证书

确保某一在建工程项目合约能够顺利完成的保证。

Composition　协商

减少公司债务支付的自愿协议。

Compound interest　复利

对投资产生的利息进行再投资，以产生更多的利息（对比：单利）。

Compound option　复合期权

基于期权的期权。

Concentration banking　银行集中化

客户向区域性的收款中心支付款项，然后由收款中心向主要的银行转移资金的一种系统。

Conditional sale　附条件销售

所有支付必须全部完成后所有权才转移给买方的销售。

Conglomerate merger　混合合并

不相关行业的两家公司的合并（对比：横向合并、纵向合并）。

Consol　康索尔（英国国库券）

英国政府发行的一种永久债券的名称，有时直接叫做永续年金。

Contango　期货溢价

商品的现货价格小于期货价格的情况（对比：期货折价）。

Contingent claim　或有请求权

价值依存于另一种资产价值的请求权。

Contingent project　或有事项

除非其他事项发生否则不能发生的事项。

Continuous compounding　连续复利

持续复利，而不是仅在特定的期间内计算复利。

Controller　主计长

公司内掌管预算、会计和审计事务的人员（对比：司库）。

Convenience yield　便利收益

公司持有商品现货而不是期货能够得到的额外好处。

Conversion price　转换价格

可转换债券的面值除以其可能转换成的股份数额。

Conversion ratio　转换比率

可转换债券可能转换成的股份数额。

Convertible bond　可转换债券

根据持有人的选择可将其转换成另一种证券的债券，类似的还有可转换优先股。

Convexity　凸度

在债券价格与利率图中，凸度可以衡量曲线的弯曲程度。

Corporate venturing 公司创投

大型制造商为新公司提供财务支持的实践活动。

Correlation coefficient 相关系数

两个变量间相关关系密切程度的衡量指标。

Corporation 公司

法律意义上与其所有者分开的商业实体。

Cost company arrangement 公司成本协议

一种协议，项目股东收取免费产品，但同意为项目经营提供所有的费用。

Cost of capital 资本成本、资本机会成本

Counterparty 当事人

衍生产品合约中的另一方参与者。

Coupon 息票、利息

（1）特指不记名证券中附带的，必须交出收取利息的权利的凭证；（2）通常情况下指债务的利息支付。

Covariance 协方差

两种变量间互相作用的衡量指标。

Covenant 条款

贷款协议中规定的事项。

Covered option 备兑期权

在标的资产上具有冲销头寸的期权头寸。

Cramdown 强迫接受

破产法庭强迫执行重组计划的做法。

Credit derivative 信用衍生品

针对贷款违约或信用风险的套期保值合约（例如，违约互换）。

Credit scoring 信用评分

以违约风险为基础对借款人信用进行评分的过程。

Cross – default clause 连带拖欠条款

贷款协议中的条款，如果公司不能偿还其他债务，则说明公司也已经进入违约状态。

Cum dividend 附息、带息

Cum rights 附权、带权

Cumulative preferred stock 累积优先股

与普通股相比在股利支付方面享有优先权的股票。除非优先股以前年度所有的股利都已经支付完毕，否则公司不能向普通股发放股利。

Cumulative voting 累计投票制

公司股东可以将其所有的投票权转给董事会成员的投票体制（对比：多数投票制）。

Current asset 流动资产

通常可以在一年内变现的资产。

Current liability　流动负债

通常可以在一年内得到偿还的负债。

Current ratio　流动比率

流动资产除以流动负债，它是衡量公司流动性的指标。

Current yield rate　当期收益率

债券利息除以价格。

D

Data mining（data snooping）　数据挖掘（数据侦察）

为在数据中发现更多能引起关注（但也许是偶然的）的现象而进行的额外调查和研究。

DCF　折现现金流

用未来现金流乘以折现系数来计算现值。

DDM　股利折现模型

Dealer market　交易商市场

证券经销商贴出买卖需求的证券交换场所，如纳斯达克（对比：拍卖市场）。

Death spiral convertible　死亡螺旋可转换债券

可以按特定市场价值转换为普通股的可转换债券。

Debenture　信用债券

无担保债券。

Debtor–in–possession financing（DIP financing）　执行债务人融资、破产保护企业融资

已经申请第 11 章破产保护的公司发行的债务。

Decision tree　决策树

用图表示各种可选决策及其可能产生的结果的方法。

Default swap　违约互换

一方支付固定数额，而另一方的支付取决于贷款违约情况的信用衍生产品。

Defeasance　废止

借款人留出足够的现金或债券以偿还其债务的做法。借款人的债务以及用以偿还的现金或债券都要从资产负债表中取消。

Delta　δ、对冲比率

Depository transfer check（DTC）　存款性转账支票

当地银行直接向特定公司签发的支票。

Depreciation　折旧

（1）资产账面价值或市场价值的减少；（2）可以从应税收益中扣除的投资部分。

Derivative　衍生产品

价值来源于其他资产的资产（如期货或期权）。

Diff　差别互换

Differential swap（diff, quanto swap） 差别互换

两种伦敦银行同业拆放利率间的互换，例如，用同一种货币支付的伦敦银行同业拆放日元利率与美元利率间的互换。

Digital option 数字期权、二元期权

如果资产价格超过执行价格则支付固定金额，否则不支付的期权。

Dilution 稀释

普通股每股股票的收益缩减。

DIP financing 执行债务人融资、破产保护企业融资

Direct deposit 直接存款

公司授权其银行将资金直接存入职工或股东账户。

Direct lease 直接租赁

出租方从制造商手中购买设备然后租给承租方使用的租赁方式（对比：售后回租）。

Direct payment（automatic debit, direct debit） 直接支付（自动借记、直接借记）

公司客户授权公司直接将到期债务借记其银行账户（对比：直接存款）。

Direct quote 直接标价法

汇率的标价方法，购买一单位外国货币需要支付多少单位的美元（对比：间接标价法）（此时美元是本币——译者注）。

Dirty price 全价

包括应计利息的债券价格，也就是债券购买方支付的价格（对比：净价）。

Discount bond 贴现债券

出售价格低于本金的债券。如果贴现债券不付利息，它被称为"纯"贴现债券或零息票债券。

Discounted cash flow（DCF） 折现现金流

用未来现金流乘以折现系数来计算现值，。

Discount factor 折现系数

在将来某特定时点获取的 1 美元的现值。

Discount rate 折现率

计算未来现金流量现值时使用的利率。

Discounted payback rule 动态投资回收期法则

要求现金流量的折现价值必须能够在特定期间内补偿初始投资的投资决策法则。

Discriminatory price auction 差价拍卖

投标人成功后支付的价格是自己的出价的拍卖（对比：一价拍卖）。

Disintermediation 非居间化

将资金从金融机构中取出以便于直接进行投资（对比：居间化）。

Dividend 股利

公司支付给其股东的报酬。

Dividend discount model 股利折现模型

股票价值等于未来股利折现价值的模型。

Dividend reinvestment plan（DRIP）　股利再投资计划

允许股东自动对其股利进行再投资的计划。

Dividend yield　股利收益

年股利除以股票价格。

Double－declining－balance depreciation　双倍余额递减折旧法

一种加速折旧的方法。

Double－tax agreement　双重征税协议

两国之间签定的协议，规定在国外支付的税款可以抵消国内对外国股利征收的税。

Down－and－in option　下降敲入期权

如果资产价格遇到某一障碍则开始有效的障碍期权。

Down－and－out option　下降敲出期权

如果资产价格遇到某一障碍则必须终止的障碍期权。

DRIP　股利再投资计划

Drop lock　利息保值

如果下降到特定水平，则浮动利率票据或浮动利率优先股的利息率将变成固定水平的协议。

DTC　存款性转账支票

Dual－class equity　双重股份

拥有不同投票权的股份。

Dual－currency bond　双重货币债券

利息用一种货币支付，而本金用另一种货币支付的债券。

Dupont system　杜邦财务分析体系

表示资产报酬率、资产周转率、毛利率和负债水平之间关系的公式。

Duration　久期

资产发生折现现金流的平均年数。

E

EBIT　息税前利润、息税前盈余

利息、所得税之前的利润。

EBITDA　息税折旧摊销前利润

利息、所得税、折旧和摊销之前的利润。

EBPP　电子账单交收与支付

Economic exposure　经济风险

实际汇率发生变化引起的风险（对比：交易风险、折算风险）。

Economic income　经济收益

现金流量加上现值的变化。

Economic rents　经济租金

超过竞争水平的利润。

Economic value added（EVA）　经济增加值

由思藤斯特（Stern Stewart）咨询公司提出并实施的剩余收益的衡量方法。

Efficient market　有效市场

证券价格能够即时反映信息的市场。

Efficient porfolio　有效投资组合

能够实现在预期收益相同情况下风险（标准离差）最低或风险水平相同情况下预期收益最高的投资组合。

EFT　电子资金转账

Electronic bill presentment and payment（EBPP）　电子账单交收与支付

允许公司通过网络向客户发送账单并收款。

Electronic funds transfer（EFT）　电子资金转账

通过电子系统转账资金（例如，使用联邦电报系统）。

Employee stock ownership plan（ESOP）　员工持股计划

公司成立信托基金，代表职工购买股票。

Entrenching investment　防护性投资

特别强调利用现有管理层技术的投资。

EPS　每股利润、每股盈余

普通股每股利润。

Equipment trust certificate　设备信托债券

担保债券的一种形式，通常用于筹集铁路设备所需资金。托管人在债务支付之前一直保持对设备的所有权。

Equity　权益

（1）普通股和优先股。通常仅指普通股。（2）权益净额。

Equity – linked bond　权益关联债券

支付情况与股票市场指数相关联的债券。

Equivalent annual cash flow（or cost）　等价年现金流（或成本）

与公司预计投资项目具有相同净现值的年金。

ESOP　员工持股计划

ETF　交易所买卖的证券

Euribor　欧洲银行同业拆放利率

Euro interbank offered rate（Euribor）　欧洲银行同业拆放利率

欧洲的大型国际性银行之间拆借欧元时所用的利率。

Eurobond　欧洲债券

世界范围内流通的债券。

Eurocurrency　欧洲货币

在货币发行国境外国家的存款（例如，欧洲日元，或欧洲美元存款）。

Eurodollar deposit　欧洲美元存款

美国境外银行的美元存款。

European option　欧式期权

只能在最终的执行日行使权利的期权（对比：美式期权）。

EVA　经济增加值

Event risk　事件风险

无法预料的事件（如接管）可能导致的债务违约的风险。

Evergreen credit　永久信贷

没有到期日的周转信贷。

Exchange of assets　资产交换

通过购买资产取得另一家公司，以交换其现金或证券。

Exchange of stock　股票交换

通过购买股票取得另一家公司，以交换其现金或证券。

Exchange–traded fund（ETF）　交易型开放式指数基金

追踪股票市场指数变化的股票。

Ex dividend　除息

购买者不能享受现成股利的股份购买（对比：带息、附息）。

Exercise price（striking price）　执行价格（敲定价格）

买入期权或卖出期权可以行使权利的价格。

Expectations theory　预期理论

远期利率（远期汇率）等于预期的即期利率（即期汇率）的理论。

Expected return　预期收益

以发生的概率作为权重计算的加权平均收益。

Ex rights　除权

不允许所有者在公司配售新股时购买股票（对比：带权、附权）。

Extendable bond　展期债券

可以根据贷款者（或发行者）的选择延长到期日的债券。

External finance　外部融资

不是在公司内部进行的融资，如新的借款或新发行股票等（对比：内部融资）。

Extra dividend　额外股利

可能发放也可能不发放的股利（对比：正常股利）。

F

Face value　面值

Factoring　应收账款让售

金融机构购买公司的应收账款并负责收取欠款的协议。

Fair rice provision　评估权

Fallen angel　堕落天使

原投资等级中的垃圾债券。

FASB　财务会计准则委员会

美国财务会计准则委员会。

FCIA　外国信用保险协会

美国的外国信用保险协会。

FDIC　联邦存款保险公司

联邦存款保险公司。

Federal funds　联邦基金

联邦储备系统中的无息银行存款。银行间可以互借超额储备。

Fedwire　联邦电报系统

由联邦储备系统经营的为大额支付服务的电报传输系统（对比：票据交换所银行间支付系统）。

Field warehouse　实地仓库

一家仓库公司租用的其他公司的仓库（对比：公共仓库）。

Financial assets　金融资产

对实物资产的请求权。

Financial engineering　金融工程

将现有方法合并或拆分以创造更新的金融产品。

Financial lease（capital lease，full – payout lease）　融资租赁（资本租赁、全额支付租赁）

长期的不可撤销租赁（对比：经营租赁）。

Financial leverage（gearing）　财务杠杆

利用债务增加权益的预期收益。财务杠杆可以用债务占债务加权益合计数之比来衡量（对比：经营杠杆）。

Fiscal agency agreement　财务代理协议

债券信托契约的替代物。与托管人不同，财务代理人担任的是借款人代理的身份。

Flat（ro clean）price　净价（平价）

不包括应计利息的债券价格（对比：全价）。

Flipping　转卖

在首次公开发行股票时购买股票然后立刻出售。

Float　浮游量

见可用存款、收款浮游量、付款浮游量。

Floating lien　浮动留置权

对公司资产或某类特定资产的一般留置权。

Floating – price convertible　死亡螺旋可转换债券

Floating – rate note（FRN）　浮动利率票据

利息支付水平随短期利率变化而变化的票据。

Floating – rate preferred　浮动利率优先股

股利支付水平随短期利率变化而变化的优先股。

Floor planning　平面规划

存货融资协议。通常金融公司购买存货，然后被使用者托管。

Foreign bond　外国债券

在本国资本市场上发行的其他国家的债券。

Forex　外汇

外汇。

Forfaiter 福费廷买方

由进口商签发的支付承诺的购买者（例如，汇票或本票）。

Forward cover 远期平仓

购买或出售远期外币以平仓已知的未来现金流量。

Forward exchange rate 远期汇率

在今天就被确定下来的未来某一日期交换货币的汇率（对比：即期汇率）。

Forward interest rate 远期利率

在当天就被确定下来的未来某一日期支付贷款利息的利率（对比：即期利率）。

Forward rate agreement（FRA） 远期利率协议

在今天就被确定下来的未来某一日期借入或偿还资金的利率。

FRA 远期利率协议

Free cash flow 自由现金流

扣除了经营支出和投资需要以后的现金。

Free–rider problem 搭便车问题

当某一个体对决策的影响较小时，决策者不支付成本但借助他人受益的现象。

FRN 浮动利率票据

Full–payout lease 融资租赁（全额支付租赁）

Full–service lease（rental lease） 全面服务租赁

出租人承诺将对设备进行维修和提供保险的租赁（对比：净租赁）。

Fundamental analysis 基本分析

为分析公司前景而对误估的证券进行追踪调查的证券分析（对比：技术分析）。

Funded debt 基金性债务

超过一年到期的债务（对比：非基金性债务）。

Futures contract 期货合约

按照当天就被确定下来的特定价格在将来购买商品或证券的合约。与远期合约不同，期货是在有组织的交易所内进行交易的，并且采用逐日盯市结算。

G

GAAP 公认会计原则

公认会计原则。

Gamma γ、伽马

当资产价格发生变化时衡量期权 δ（对冲比率）变化的指标。

Gearing 财务杠杆

General cash offer 一般现金收购

面向所有投资者发行的证券（对比：配售新股）。

Gilt 债券

英国政府债券。

Golden parachute 金降落伞

如果由于合并而丧失工作，则公司高层管理人员可以得到大额的解聘费。

Goodwill 商誉

合并某公司过程中支付价格与该公司账面价值的差额。

Governance 监管

对公司管理层的监管。

Gray market 灰色市场

发行价格确定之前购买和出售证券。

Greenmail 绿邮

大批股票被有敌意的公司所持有的情况，迫使目标公司以非常高的溢价回购股票以防止被收购。

Greenshoe option 绿鞋期权、增售期权

允许承销商新发行股票和重新销售额外股票的期权。

Growth stock 成长股

有投资机会的、可以赚取超过资本机会成本的公司普通股（对比：收益股票）。

H

Haircut 剪刀差

贷款抵押品富余的差额。

Hedge fund 对冲基金

收取服务费用，且仅向少量投资者开放的投资基金，这些基金通常伴随较为复杂的业务，比如卖空。

Hedge ratio (delta, option delta) 对冲比率（δ）

为获取安全头寸，出售每份期权应该购买的股份数额，更为广泛的含义是指为对冲一个单位的负债应该购买的资产数量。

Hedging 套期保值

购买一种证券，出售另一种证券以减少风险。完美的套期保值可以得到无风险的投资组合。

Hell – or – high – water clause 由买方自己承担困难的条款

租赁合约中的条款，要求不论出租人或者设备发生什么情况承租人都必须支付租金。

Highly leveraged transaction（HLT） 高负债交易

为高负债公司提供的银行贷款（原来要求必须向联邦储备委员会单独提供报告）。

High – yield bond 高息债券、垃圾债券

HLT 高负债交易

Holding company 控股公司

持有子公司股票的公司。

Horizontal merger 横向合并

生产类似产品的两家公司间的合并（对比：纵向合并、混合合并）。

Horizontal spread 横向分散投资

同时购买和出售两种仅执行日不同的期权（对比：纵向分散投资）。

Hurdle rate　利率下限

项目可接受的最低收益率。

I

IBF　国际银行自由体

IMM　国际货币市场

Immunization　免除

价值上具有抵消作用的资产和负债的形成。

Imputation tax system　转税制

投资者收到股利的同时还可以得到税收扣除权利的制度，税收扣除针对的是公司已经支付的税金部分。

Income bond　收益债券

只有当公司盈利时才支付利息的债券。

Income stock　收益股票、绩优股

具有高股利收益但盈利投资机会较少的普通股（对比：成长股）。

Indenture　契约

正式协议，如确定债券的发行条件。

Indexed bond　指数债券

支付情况与某项指数（如消费品价格指数）相关联的债券（见财政部抗通胀证券）。

Index fund　指数基金

收益与股票市场指数相匹配的投资基金。

Indirect quote　间接标价法

汇率的标价方法，购买一单位美元需要支付多少单位的外国货币（对比：直接标价法）（此时美元是本币——译者注）。

Industrial revenue bond（IRB）　行业收入债券

地方政府部门代表公司发行的债券。

Initial public offering（IPO）　首次公开发行

公司第一次公开发行普通股。

In‐substance defeasance　实质废止

债务被从资产负债表中移走但并没有取消的废止（对比：债务替代）。

Intangible asset　无形资产

非实物资产，例如技术、商标或专利（对比：有形资产）。

Integer programming　整数规划

线性规划的一种形式，其解决方案的价值必须是整数。

Interest cover　利息保障倍数

Interest rate parity　利率平价理论

认为远期汇率与即期汇率之间的差额应该等于外国利率与本国利率之间差额的

理论。

Intermediation　居间化

　　通过金融机构进行投资（对比：非居间化）。

Internal finance　内部融资

　　通过留存收益和折旧在公司内部进行融资（对比：外部融资）。

Internal growth rate　内部增长率

　　不存在外部融资情况下的公司最高增长率（对比：可持续增长率）。

Internal rate of return（IRR）　内部收益率

　　投资项目净现值等于零时的折现率。

International banking facility（IBF）　国际银行设施

　　在美国成立的进行欧洲货币业务的美国银行分支。

International Monetary Market（IMM）　国际货币市场

　　芝加哥商品交易所内的金融期货市场。

Interval measure　融资间隔期

　　没有额外现金收益的情况下能够为公司经营融资的天数。

In－the－money option　价内期权

　　如果马上到期则值得被行使权利的期权（对比：价外期权）。

Investment－grade bond　投资等级债券

　　至少被 Moody's（穆迪评级）评为 Baa，或被 Standard and Poor's（标准普尔）或 Fitch（惠誉国际）评为 BBB 的债券。

IPO　首次公开发行

IRB　行业收入债券

IRR　内部收益率

　　投资项目净现值等于零时的折现率。

IRS　内部收入服务

　　内部收入服务。

ISDA　国际互换及衍生品协会

　　国际互换及衍生品协会。

ISMA　国际证券市场协会

　　国际证券市场协会。

Issued share capital　发行股份

　　发行中的股份总额（对比：流通股份）。

J

Junior debt　非优先债务、次级债务

Junk bond（high－yield bond）　垃圾债券（高息债券）

　　评级为投资等级债券以下的债券。

Just－in－time　即时制

　　要求材料的存货量最小，供应商运输非常频繁的存货管理系统。

K

Keiretsu　联营公司

围绕主要银行成立的日本的企业组织形式。

L

LBO　杠杆收购

Lease　租赁

长期租赁协议。

Legal capital　法定资本

公司账簿中记录的公司股票的价值。

Legal defeasance　法定废止、债务替代

Lessee　承租人

租赁资产的使用者（对比：出租人）。

Lessor　出租人

租赁资产的所有者（对比：承租人）。

Letter of credit　信用证

银行依照客户的要求和指示开立的有条件的承诺付款的书面文件。

Letter stock　存信股票

秘密存放的普通股，之所以叫做这种名称是因为证券交易委员会要求购买者必须提供书面文件，说明他们将不会再次出售这些股票。

Leverage　杠杆

见财务杠杆、经营杠杆。

Leveraged buy–out（LBO）　杠杆收购

以下方式的收购：（1）购买价格的大部分是用债务融资的；（2）剩余的权益被少部分投资者持有。

Leveraged lease　杠杆租赁

出租人通过发行以出租资产和租赁合约为担保的债券作为租赁资产融资来源的租赁。

Liabilities，total liabilities　负债、负债总额

对公司资产的财务请求权合计，它等于（1）资产总额或（2）资产总额减掉权益净额。

LIBOR　伦敦银行同业拆放利率

Lien　留置权

贷款人对特定资产的请求权。

Limited liability　有限责任

股东的损失仅限于其投资的金额。

Limited partnership　有限合伙

一些合伙人具有有限责任，而一般合伙人具有无限责任的合伙方式。

Linear programming（LP）　线性规划

在受到线性约束的情况下，寻找目标函数最大值的方法。

Line of credit　信用额度

银行允许公司可以在任意时间借入不超过特定金额的款项的协议。

Liquid asset　速动资产

可以非常方便且不需要花费巨大成本就能够变现的资产，最主要的是现金和短期证券投资。

Liquidating dividend　清算性股利

代表资本收益的股利。

Liquidator　清算人

在英国，由无担保债权人指定的，负责监督无力偿还公司的资产出售和债务偿还活动的人。

Liquidity – preference theory　流动性偏好理论

投资者要求得到更高的收益以弥补长期债券额外风险的理论。

Liquidity premium　流动性溢价、流动性升水

（1）投资于不容易变现的证券的额外收益；（2）远期利率与预计即期利率之间的差额。

Liquid yield option note（LYON）　流动收益多选择债券

零利息的、可赎回的、可卖回的，可转换债券。

Lockbox system　锁箱系统

银行集中化的一种形式。客户向邮政信箱寄送支付款项，然后由当地银行收取并整理这些支票，并将剩余资金转入公司的主要银行。

London interbank offered rate（LIBOR）　伦敦银行同业拆放利率

伦敦的大型国际银行间拆借资金时所用的利率（LIBID 是伦敦银行同业买价，LIMEAN 是买价和卖价的平均数）。

Long hedge　多头对冲

购买套期保值工具（例如，期货），以对冲标的资产的空头头寸（对比：空头对冲）。

Longevity bonds　寿命债券

如果大多数人超过特定的年龄则支付更高利息的债券。

Lookback option　回顾期权

持有人在期权到期时，能以期权有效期内标的资产曾出现过的最有利价格行使权利的期权。

LP　线性规划

LYON　流动收益多选择债券

M

MACRS　修正的加速成本回收制度

Maintenance margin　维持保证金

期货合约中必须保持的最小保证金。

Majority voting　多数投票制

每位股东都必须单独投票的投票制度（对比：累计投票制）。

Management buyout（MBO）　管理层收购

收购方是公司管理层的杠杆收购。

Mandatory convertible　强制转换

以收到的股票价值为限可以自动转换成权益的债券。

Margin　保证金

为证明可以兑现协议，投资者必须留出的现金或证券。

Marked to market　盯市结算

每天结清期货合约利润或损失的协议。

Market capitalization rate（cost of equity capital）　资本市值率

证券的预期收益。

Market model　市场模型

提出股票与市场投资组合实际收益率之间具有线性关系的模型。

Market risk（systematic risk）　市场风险（系统风险）

不能通过多样化投资被分散掉的风险。

Maturity factoring　到期日让售

提供应收账款收款和保险的应收账款让售协议。

MBO　管理层收购

MDA　多变量判别分析法

Medium－term note（MTN）　中期票据

公司运用与商业票据同样的程序提供的 1~10 年到期的债务票据。

Merger　合并

（1）所有资产和负债都由买方取得的收购（对比：资产交换、股票交换）；（2）普遍意义上是指任意两家公司的合并。

MIP（Monthly income preferred security）　月度收益优先股

坐落在避税港地区或国家的子公司发行的优先股，然后由子公司将这些资金借给母公司使用。

Mismatch bond　非配比债券

浮动利率债券，通常其重新设定利率水平的频率比正常浮动利率债券的更为频繁（例如，以年利率为基础按季设定利率水平的债券）。

Modified accelerated cost recovery system（MACRS）　修正的加速成本回收制度

计算税收制度中允许被抵减的各年折旧数额的方法。

Modified IRR　修正的内部收益率

先将后期的现金流量折回到前期以使现金流量仅有一种变化迹象的内部收益率。

Money center bank　货币中心银行

从事大量银行业务的大规模的美国银行。

Money market　货币市场

短期安全投资的市场。

Money market deposit account（MMDA）　货币市场存款账户

支付货币市场利息的银行账户。

Money - market fund　货币市场基金

仅投资于短期安全证券的共同基金。

Monte Carlo simulation　蒙特卡罗模拟

计算可能结果（例如一个项目的）概率分布的方法。

Moral hazard　道德风险

合约的存在有可能影响合约一方或双方行为的风险，例如，已经投保了的公司有可能不会采取过多的防火措施。

Mortality bonds　死亡债券

如果死亡率激增则支付更高利息率的债券。

Mortgage bond　抵押债券

以固定资产作为担保的债券。

MTN　中期票据

Multiple - discriminant analysis（MDA）　多变量判别分析法

以观察到的特征为基础区分两组变量的统计方法。

Mutual fund　共同基金

由投资者提供资金，由专门的投资人士进行管理的投资基金。

Mutually exclusive projects　互斥项目

不能同时被采纳的两个项目。

N

Naked option　未抵押期权

自己持有的期权，没有被用于持有资产或其他期权的套期保值。

Nasdaq　纳斯达克系统

全美证券交易商自动报价系统协会。这一美国股票交易场所的交易商趋向于专门从事高科技股票交易。

Negative pledge clause　不抵押保证条款

借款人同意不将其任何一项资产作为特定留置权的条款。

Negotiated underwriting　协议承销

选择承销商的方式。大部分公司都会通过协商方式选择其承销商（对比：竞标）。

Net lease　净租赁

承租人承诺将对设备进行维修和提供保险的租赁（对比：全面服务租赁）。

Net present value（NPV）　净现值

某项目在价值方面的净贡献（即现值）减掉其初始投资。

Net working capital　净营运资本

流动资产减流动负债。

Net worth　权益净额

公司普通股、公积金和留存收益的账面价值。

Nominal interest rate　名义利率

以货币形式表示的利率（对比：实际利率）。

Nonrefundable debt　不可归还债券

不能通过重新发行较低利率的债券对其进行赎回的债券。

Normal distribution　正态分布

能够按照平均值和标准离差进行定义的系统的钟形分布。

Note　票据

到期日不超过 10 年的无担保债务。

Novation（legal defeasance）　债务替代（法定废止）

公司债务被取消的废止（对比：实质废止）。

NPV　净现值

NYSE　纽约股票交易所

纽约股票交易所。

O

Odd lot　零股

低于 100 股的交易（对比：整批股）。

Off - balance - sheet financing　表外融资

不在公司资产负债表负债部分列示的融资。

Offer price　出价

OID debt　原发型贴现债券

Old - line factoring　保守让售

提供对应收账款收款、保险和融资的让售协议。

On the run　当红债券

最近发行的（因此其流动性也是最强的）特定到期日范围内的政府债券。

Open account　未结清账户

没有正式债务合约的销售协议，买方签发收据，卖方在销售总账上记录销售。

Open - end mortgage　开放式抵押、无限额抵押

允许发行超额债务的抵押（对比：封闭式抵押、限额抵押）。

Open interest　未平仓合约

目前流通在外的期货合约的数量。

Operating lease　经营租赁

短期的可撤销租赁（对比：融资租赁）。

Operating leverage　经营杠杆

固定性营业费用，之所以叫做这个名称是因为他们使利润的变化更为明显（对比：财务杠杆）。

Opportunity cost of capital（hurdle rate，cost of capital）　资本机会成本（利率下限、资本成本）

投资于一个特定的项目而不是金融证券因而丧失的预期收益。

Option 期权

参见买入期权、卖出期权

Option delta 对冲比率

Original issue discount debt（OID debt） 原发型贴现债券

以低于面值的价格首次发行的债券。

OTC 场外交易

Out－of－the－money option 价外期权

如果马上到期则不值得被行使权利的期权（对比：价内期权）。

Outstanding share capital 流通股份

发行股份减公司持有的库藏股的面值。

Oversubscription privilege 超额认购特权

在配售新股中，股东被授权可以认购超过配售股数的协议。

Over the counter（OTC） 场外交易

证券交易的非官方场所，特指进行普通股交易的纳斯达克交易商市场。

P

Partnership 合伙

一种公司的组织形式，其中一般合伙人具有无限责任。

Par value（face value） 面值

证券本身标明的价值。

Pass－through securities 移转证券

以一组资产作担保的票据或债券（例如，抵押移转债券、汽车应收款凭证、循环贷款分期付款凭证）。

Path－dependent option 路径依赖期权

价值依赖于标的资产的系列价格而不仅是最终价格的期权。

Payables 应付账款

Payback rule 投资回收期法则

在特定的时间内收回项目初始投资的要求。

Pay－in－kind bond（PIK） 实物支付债券

允许发行者以另外的债券进行利息支付的债券。

Payment float 付款浮游量

公司已签发但尚未付款的支票（对比：可用浮游量）。

Payout ratio 股利支付率

股利占每股利润的百分比。

PBGC 退休基金担保公司

退休基金担保公司。

P/E ratio 市盈率

股票价格除以每股利润。

PERC (Preferred equity redemption cumulative stock)　权益赎回累积优先股

在特定日期自动转换为权益的优先股，但在投资者收到的股票价值上会有限制。

Perpetuity　永续年金

投资提供的一系列没有到期日的现金流量（对比：康索尔）。

PIK　实物支付债券

PN　工程票据

Poison pill　毒丸

发行一种证券，在合并的情况下可以转换成合并公司的股票，或者必须被合并公司重新购买。

Poison put　毒性回售

允许债券持有人在敌意合并的情况下要求偿还债务的条款。

Pooling of interest　权益合并

处理合并业务的会计方法（在美国已经不再适用）。合并公司的合并资产负债表是通过合并个别公司的资产负债表取得的（对比：购买法）。

Position diagram　头寸图

说明衍生产品投资可能产生的收益的图示。

Postaudit　事后审计

投资项目启动后对其进行的评估。

Praecipium　辛迪加贷款协议费用

辛迪加贷款协议费用。

Preemptive right　优先权

普通股股东具有的优先分配公司价值的权利。

Preferred stock　优先股

与普通股相比，在股利方面享有优先权的股票。除非优先股股利已经全部发放，否则不能对普通股支付股利（对比：累积优先股）。优先股的股息率通常在发行时就被固定下来。

Prepack　预约破产

Prepackage bankruptcy（prepack）　预约破产

为实行重组计划而进行的破产程序，该重组计划已经经非正式协商达成一致意见。

Present value　现值

未来现金流量的折现价值。

Present value of growth opportunities（PVGO）　成长机会的现值

公司预计要在将来进行的投资的净现值。

PRIDE　权益累积优先股

类似于权益赎回累积优先股，不同之处在于当股票价格升高到超过某一特定水平时，投资者投资的股票份额也会增值。

Primary issue　原始发行

公司发行的新证券（对比：二次发行）。

Prime rate　最低贷款利率

美国银行设定的基准贷款利率。

Principal 本金

必须偿还的债务的金额。

Principal‑agent problem 委托代理问题

委托人（如股东）在确保代理人（如管理者）是站在委托人的利益角度进行决策的过程中面临的问题。

Private equity 私营权益

不公开交易的权益，通常被用于为公司筹集开办资金或杠杆收购资金。

Privileged subscription issue 配售新股

Production payment 产品支付债务

以预先收取产品款项方式存在的贷款。

Profitability index 获利指数

项目净现值与初始投资的比率。

Pro forma 预计

预计的。

Project finance 项目融资

要求绝大部分资金用某个特定项目产生的现金流而不是整个公司的现金流来偿还的债务。

Project note（PN） 工程票据

公用设施部门或市区更新改造部门发行的票据。

Promissory note 本票

承诺付款的凭证。

Prospect theory 前景理论

行为心理学家根据观察结果得出的资产定价理论，认为投资者具有强烈的厌恶损失心理，即使损失非常小的情况下也是如此。

Prospectus 招股说明书

有关证券发行的注册文件信息的汇总说明。

Protective put 保护性卖出期权

与持有标的资产相结合的卖出期权。

Proxy vote 代理投票权

代表另一个人投票的权利。

Public warehouse（terminal warehouse） 公共仓库（终端仓库）

由独立仓库公司经营的仓库（对比：实地仓库）。

Purchase accounting 购买法

合并的会计处理方法，被合并公司的资产在合并公司资产负债表上以市场价格列示（对比：权益合并）。

Purchase fund 采购基金

类似于偿债基金，区别在于当债券售价低于面值时采购基金只能用来购买债券。

Put‑call parity 买卖权平价

欧式卖出期权和买入期权价格之间的关系。

Put option　卖出期权、看跌期权、卖权

持有者可以按特定执行价格，在特定执行日期或之前出售某项资产的期权（对比：买入期权、看涨期权、买权）。

PVGO　成长机会的现值

Pyramid　金字塔架构

一种架构形式，一级控股公司唯一的资产是对二级控股公司的控制权益，同样，二级控股公司又对下一级经营公司具有控制权。

Q

q　q值

资产的市场价值与其重置成本之间的比率。

QIBs　有资格的机构购买者

Quadratic programming　二次方程式规划

线性规划的另一种形式，其等式是二次方程式而不是线性方程式。

Qualified Institutional buyers（QIBs）　有资格的机构购买者

有权在这些机构之间交易无记名股票的机构。

Quanto swap　差别互换

Quick ratio（acid－test ratio）　速动比率（酸性测试比率）

衡量流动性的指标，等于流动资产减掉存货的差额除以流动负债。

R

Range forward　波动远期

设定外汇成本上下限的远期汇率合约。

Ratchet bonds　棘齿债券

重新设定利率时仅能比原来水平低的浮动利率债券。

Rate－sensitive bonds　评级敏感型债券

发行者信用等级发生变化时票面利率随之变化的债券。

Real assets　实物资产

用于公司生产经营的有形资产和无形资产（对比：金融资产）。

Real estate investment trust（REIT）　房地产投资信托

为投资房地产而设立的信托公司。

Real interest rate　实际利率

根据实物资产表示的利率，也就是将名义利率按通货膨胀水平进行调整。

Real option　实物期权

调整、推迟、扩展或放弃项目的灵活性。

Receivables　应收账款

Receiver　接管人

在英国，由担保债权人指定的监管债务支付情况的破产从业人员。

Record date 登记日

进行股利支付的相关事宜时，由董事会设定的日期。在登记日已经登记了的股东可以得到股利。

Recourse 追索权

描述一种贷款类型的术语。如果贷款具有追索权，则当担保品不足以支付债务金额时贷款人有权向其母公司追讨。

Red herring 红鲱鱼、非正式的、预备的

非正式招股说明书。

Refunding 借款偿债

用新发行的债券偿还现有债务。

Registered bond 记名证券

所有权由公司的证券登记代理商记录的证券（对比：不记名证券）。

Registrar 证券登记代理商

指定记录公司证券发行和所有权信息的金融机构。

Registration 注册

为公开发行证券而获取证券交易委员会批准的过程。

Regression analysis 回归分析

统计学中寻找最优拟合度的方法。

Regular dividend 正常股利

预期公司在未来将要保持的股利。

Regulation A issue 条例 A 发行

部分免除证券交易委员会注册要求的小型证券发行。

REIT 房地产投资信托

Rental lease 全面服务租赁

Repo 回购协议

Repurchase agreement（RP, repo, buy – back） 回购协议（回购）

从证券经销商处购买证券，并约定证券交易商将以特定的价格重新购回。

Residual income 剩余收益

税后利润减掉公司使用的资本的机会成本（见经济增加值）。

Residual risk 个别风险

Retained earnings 留存收益

没有以股利形式发放出去的利润。

Return on equity 权益收益率

通常是指利润占权益账面价值的比重。

Return on investment（ROI） 投资收益率

通常是指账面利润占公司账面净值的比重。

Reverse convertible 反向可转换债券

赋予债券发行者将其转换为普通股权利的债券。

Reverse FRN（yield curve note） 反向浮动利率票据（收益曲线票据）

利息水平随一般利率水平的下降而上升，反之亦然的浮动利率票据。

Revolving credit 周转信贷

银行保证提供的法定信用额度。

Rights issue（privileged subscription issue） 配售新股

面向现有股东发行的股票（对比：一般现金收购）。

Rights on 带权、附权

Risk premium 风险溢酬

由于投资于有风险的项目而不是无风险的项目，因此要求多获得的收益。

ROI 投资收益率

Roll – over CD 到期转存存款单

一批连续的存款单。

Round lot 整批股

100 股股票的交易（对比：零股）。

RP 回购协议

R squared（R^2） R^2相关系的平方

用一种或多种变量解释一系列变量的程度。

Rule 144a 144a 规则

证券交易委员会规则，允许有资格的机构购买者购买和交易无记名证券。

S

Sale and lease – back 售后回租

将现有的资产卖给金融机构，然后再用租赁的方式供使用者使用（对比：直接租赁）。

Salvage value 残值

固定资产的残余价值。

Samurai bond 武士债券

非日本借款人在东京发行的日元债券（对比：牛头犬债券、扬基债券）。

SBIC 小生意投资公司

小生意投资公司。

Scenario analysis 方案分析

各种可行的经济方案下项目的盈利性分析。

Seasoned issue 经验发行

具有现行市场的证券的发行（对比：非经验发行）。

Season datings 季节评定

对不在高峰季节定货的客户给予更宽松的信用条件。

SEC 证券交易委员会

证券交易委员会。

Secondary issue 二次发行

（1）销售经验发行的股票的过程；（2）一般情况下是指出售已发行的股票。

Secondary market 二级市场

投资者可以买卖经验发行的证券的市场。

Secured debt 担保债务

在违约的情况下，对特定资产具有第一请求权的债务。

Securitization 证券化

以可交易证券替换非公开协议的过程。

Security market line 证券市场线

反映预期收益与市场风险之间关系的线。

Self – liquidating loan 自行清偿贷款

为流动资产筹集资金的贷款，出售流动资产收入的现金可以用来偿还贷款。

Self – selection 自选

仅导致一方利益关系人（如低风险的个人）参与的合约结果。

Semistrong – form efficient market 半强式效率市场

证券价格能够反映所有公开信息的市场（对比：弱式效率市场和强式效率市场）。

Senior debt 优先债务

在破产的情况下必须在次级债务被支付之前得到全额支付的债务。

Sensitivity analysis 敏感性分析

分析销售收入、成本等因素的变化对项目盈利性的影响。

Serial bonds 分期偿还债券

在不同的连续期间内到期的一批债券。

Series bonds 系列债券

在同一契约下分几批发行的债券。

Shark repellant 拒鲨条款

为防止公司被接管而对公司章程进行的修订。

Sharpe ratio 夏普比率

投资组合的风险溢酬与其风险（标准离差）的比率。

Shelf registration 上架注册

要求公司提供注册文件的程序，这份注册文件可以包括同一证券的若干次发行。

Shogun bond 将军债券

外国借款人在日本发行的美元债券。

Short hedge 空头对冲

为对冲标的资产的多头头寸而出售套期保值工具（如期货）（对比：多头对冲）。

Short sale 卖空

出售投资者并不拥有的证券。

Sight draft 即期汇票

立即付款的要求（对比：定期汇票）。

Signal 信号

探询某人注意不到的特征的过程（因为如果注意不到这些特征，采取某种行动时成本就会非常高）。

Simple interest 单利

仅在初始投资基础上计算利息的计息方法（对比：复利）。

Simulation 蒙特卡罗模拟

Sinker 偿债基金

Sinking fund（sinker） 偿债基金

在债务到期之前公司建立的专门用来偿还债务的基金。

Skewed distribution 倾斜分布

在平均值上下分布不相等数额观察值的概率分布。

SPE 特殊目的实体

Special dividend（extra dividend） 特殊股利（额外股利）

通常不可能重复发放的股利。

Special purpose entity 特殊目的实体

由公司建立的合伙企业，目的是持有特定资产和获取资金，可以被用于为母公司进行表外债务的融资。

Specific risk 个别风险

Specialist 专家

在纽约股票交易所进行证券买卖的人。

Spinning 违规派送新股

在首次公开发行中，承销商违反规定将部分股票提供给某些特定客户公司的高层管理者。

Spin－off 分立

子公司的股票分配给公司股东，这样他们可以分别持有两家公司的股票。

Spot exchange rate 即期汇率

立即进行交割的货币汇率（对比：远期汇率）。

Spot rate 即期利率

当天被确定下来的在当天进行的贷款的利率（对比：远期利率）。

Spot price 即期价格

立即进行交割的资产价格（与远期价格或期货价格形成对比）。

Spread 差价

承销商从公司购买发行证券的价格与将其出售给公众的价格之间的差额。

Staggered board 不定期董事会

定期选举董事成员而不是仅进行一次董事会选举。

Standard deviation 标准离差

方差的平方根，是衡量变量变化程度的指标。

Standard error 标准误差

统计学中对一项估计可能产生的误差的衡量方法。

Standby agreement 备用协议

配售新股中，对于投资者没有购买的股票，承销商要全部购买的协议。

Step－up bond 递增票面利息债券

利息随时间递增的债券（类似的还有递减票面利息债券）。

Stock dividend 股票股利

以股票而不是现金的形式发放的股利。

Stock split 股票分割

"免费"发行股份给现有股东。

Straddle 跨式期权、买卖期权

具有相同执行价格的买入期权和卖出期权的组合。

Straight – line depreciation 直线法折旧

每期折旧数额相同的折旧方法。

Strike price 敲定价格

期权的执行价格。

Stripped bond 剥离债券

被细分为一系列零息债券的债券。

Strong – form efficient market 强式效率市场

证券价格能够即时反映投资者需要的全部信息的市场（对比：弱式效率市场和半强式效率市场）。

Structured debt 结构债券

已经按某客户要求定制的债券，通常由特殊的期权所组成。

Subordinated debt（junior debt） 次级债务（非优先债务）

优先债务较之具有优先权的债务，在破产的情况下，只有在优先债务得到全额支付之后次级债务才能获得偿付。

Sum – of – the – years – digits depreciation 年数总和法折旧

加速折旧法的一种。

Sunk costs 沉没成本

已经发生且不能改变的成本。

Supermajority 绝对多数制

公司章程中的条款，要求必须有绝大多数的股东（例如80%）同意才能通过特定的公司方案，例如合并。

Sushi bond 寿司债券

日本公司发行的欧洲债券。

Sustainable growth rate 可持续增长率

不提高公司负债比率情况下的公司最高增长率（对比：内部增长率）。

Swap 互换

两家公司在不同的条件下互借对方资金，如双方的货币种类不同，或者一方以固定利率计息而另一方以浮动利率计息。

Swaption 互换期权

互换中的期权。

Sweep program 清账计划

银行在每日日末将公司可用现金进行投资的协议。

Swingline facility　回转融资

银行提供融资的方式，这种方式下公司以美国商业票据代替欧洲商业票据。

Syndicated loan　辛迪加贷款

由很多家银行共同组成银行团提供的大额贷款。

Systematic risk　系统风险、市场风险

T

Take – or – pay　无条件付款

项目融资中，母公司同意即使项目产品没有正式移交也为其付款的协议。

Take – up fee　认购费用

在配售新股中支付给承销商购买股票的费用。

Tangible asset　有形资产

实物资产，如厂房、机器设备和办公室等（对比：无形资产）。

Tax – anticipation bill　待付税款国库券

美国政府发行的短期国库券，可以按面值支付税金。

T – bill　国库券

Technical analysis　技术分析

对过去的证券价格模式进行追踪调查的证券分析（对比：基本分析）。

TED spread　TED 差价

LIBOR（伦敦银行同业拆放利率）与美国国库券利率之间的差额。

Tender offer　股权收购

直接向公司股东出价，要求购买其股票。

Tenor　票据期限

贷款的到期日。

Terminal warehouse　终端仓库、公共仓库

Term loan　定期贷款

通常由银行发放的短期非公开贷款。

Term structure of interest rates　利率的期限结构

不同到期日贷款的利率之间的关系（对比：收益曲线）。

Throughput arrangement　生产能力协议

管道公司的股东同意充分利用其管道以尽可能偿还管道公司债务的协议。

Tick　价位

证券价格可能变动的最小金额。

Time draft　定期汇票

必须在将来某一特定时点付款的要求（对比：即期汇票）。

Times interest earned（interest cover）　利息保障倍数

息税前利润除以利息金额。

TIPS（Treasury Inflation Protected Securities）　财政部抗通胀证券

美国政府发行的、利息和本金的支付与消费品价格指数相关联的债券。

Tolling contract　通行协议

项目融资中，母公司承诺将材料移交给项目进行加工然后再回购的协议。

Tombstone　证券发行通告

列示证券发行承销商的通告。

Trade acceptance　商业承兑汇票

已经由某一公司做出承诺将在未来日期支付确定金额的书面请求（对比：银行承兑汇票）。

Trade credit　应收账款

Trade debt　应付账款

Tranche　部分

与其余证券发行时间不同或发行条件不同的新证券发行的一部分。

Transaction exposure　交易风险

公司面临的风险，是由于汇率可能发生的变化而给公司以外币表示的已知金额的未来现金流量造成的影响（对比：经济风险、折算风险）。

Transfer agent　过户代理人

由公司指定的负责证券过户的个人或机构。

Translation exposure　折算风险

由于汇率变化而给公司财务报表带来不利影响的风险（对比：经济风险、交易风险）。

Treasurer　司库

公司主要的财务管理者（对比：主计长）。

Treasury bill　国库券

通常由政府发行的，期限在一年以内的短期贴现债券。

Treasury stock　库藏股

由公司回购并在公司内部保存的普通股。

Trust deed　信托契约

托管人和借款人之间有关债券条款设定的协议。

Trust receipt　信托收据

信托协议中持有商品的证明文件。

Tunneling　掏空

具有控制权的股东将公司财富转移出公司的做法（例如，以过分的价格供应商品等）。

U

Underpricing　折价

低于市场价值的证券发行。

Underwriter　承销商

从公司处购买要发行的证券并将其出售给投资者的企业。

Unfounded debt　非基金性债务

一年内到期的债务（对比：基金性债务）。

Uniform price auction　一价拍卖

所有成功的投标人都支付相同价格的拍卖（对比：差价拍卖）。

Unique risk（residual risk，specific risk，unsystematic risk）　个别风险（非系统风险）

可以通过多样化投资分散掉的风险。

Unseasoned issue　非经验发行

不存在现有市场的证券发行（对比：非经验发行）。

Unsystematic risk　非系统风险、个别风险

V

Value additivity　价值可加性

整体价值必须等于每一部分价值的合计数的规则。

Value at risk（VAR）　风险价值模型

投资组合损失超过特定比例的可能性。

Vanilla issue　香草发行

不具有特殊特征的发行。

Variable–rate demand bond（VRDB）　变动利率即期债券

可以定期卖回给发行者的浮动利率债券。

Variance　方差

变量的衡量指标，是实际值与期望值之差平方的平均值。

Variation margin　变动保证金

记录到投资者保证金账户上的期货合约的每日盈亏。

VAR　风险价值模型

Vega　Vega 值

衡量期权标的资产价格波动率的变化对期权价值影响的指标。

Venture capital　风险资本、创业资本

为新公司筹集的资本。

Vertical merger　纵向合并

供应商及其客户之间的合并（对比：横向合并、混合合并）。

Vertical spread　纵向分散投资

同时购买和出售两种仅执行价格不同的期权（对比：横向分散投资）。

VRDB　变动利率即期债券

W

WACC　加权平均资本成本

Warehouse receipt　仓库收据

公司拥有仓库中存放商品的所有权的证明文件。

Warrant　认股权证

公司发行的长期买入期权。

Weak – form efficient market　弱式效率市场

证券价格能够即时反映证券历史价格信息的市场。在这种市场上，证券价格的变化具有随机性（对比：半强式效率市场、强式效率市场）。

Weighted – average cost of capital（WACC）　加权平均资本成本

公司所有证券组合的预期收益。它通常被用做资本投资的利率下限。

White knight　白衣骑士

当目标公司面临被其他公司非善意收购的情况下，由目标公司寻找的友好的合并公司。

Wi.　Wi

发行时。

Winner's curse　成功者灾难

经验不足的投标者面临的问题。例如在首次公开发行中，经验不足的参与者可能会得到大量的证券，而对于有经验的参与者来说他们知道这些证券的价格是被高估了。

With dividend（cum dividend）　带息（附息）

购买者有权享受现成股利的股份购买（对比：除息）。

Withholding tax　代扣税

对在国外支付的股利征收的税。

With rights（cum rights，rights on）　带权（附权）

允许所有者在公司配售新股时购买股票（对比：除权）。

Working capital　营运资本

流动资产和流动负债。通常被认为与净营运资本同义。

Workout　妥协

借款人和债权人之间的非正式协议。

Writer　签发人

期权的卖方。

X

xd　除息

xr　除权

Y

Yankee bond　扬基债券

非美国借款人在美国发行的美元债券（对比：牛头犬债券、武士债券）。

Yield curve　收益曲线

利率的期限机构。

Yield curve note　收益曲线票据、反向浮动利率票据

Yield to maturity　到期收益率

债券的内部收益率。

Z

Zero – coupon bond   零息债券

　　不支付利息的贴现债券。

Z – score   Z – score 模型

　　衡量破产可能性的方法。

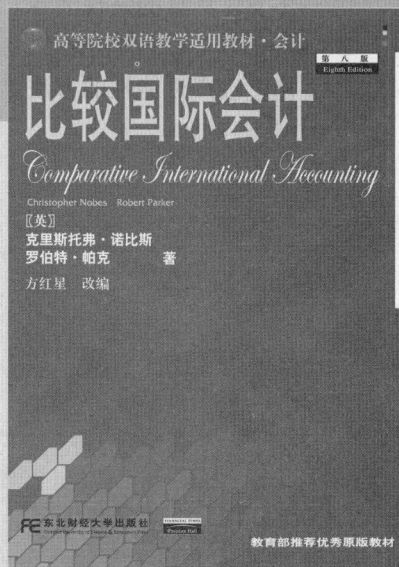

ISBN 81084–685–X

定价 58.00 元

出版时间 2010.5

（配中文翻译版）

译者 薛清梅

Nobes

比较国际会计 （第十版）
Comparative International Accounting

高等院校双语教学适用教材·会计

比较国际会计

Comparative International Accounting

[英]

克里斯托弗·诺比斯　罗伯特·帕克 著

方红星 改编

东北财经大学出版社

教育部推荐优秀原版教材

　　本书是比较国际会计的经典著作，也是该领域最有影响、最具权威性的教科书之一，已被全球许多著名大学选作教材。

　　作者主要采用比较研究的方法，并借鉴法学、史学、管理学、财务学、税收学乃至自然科学等方面的理论和知识，以大量的研究材料、案例和详实的分析，客观地展示了各国的会计惯例，提示了产业财务报告差异的原因和国际协调的意义、障碍和进展。

作者 Libby

（OLC）

译者 陈艳

财务会计学
Financial Accounting

（第六版）

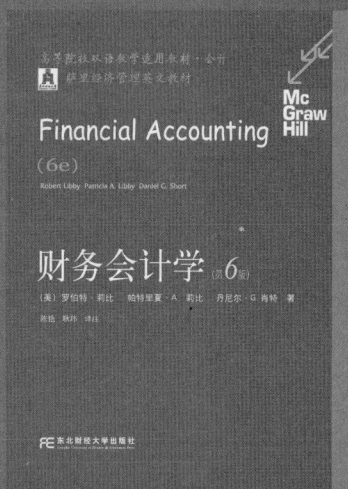

高等院校双语教学适用教材·会计

萨里经济管理英文教材

Financial Accounting
(6e)

Robert Libby·Patricia A. Libby·Daniel G. Short

McGraw Hill

财务会计学 （6版）

[美] 罗伯特·莉比　帕特里夏·A·莉比　丹尼尔·G·肖特 著

陈艳　秋玲 译注

东北财经大学出版社

　　本书是美国市场上公认最有趣、最紧跟时代发展的会计学教科书。

　　本书作者致力于提升财务会计课程的相关性和趣味性，通过前沿性的科技辅助手段帮助有着不同学习习惯的学生。

教辅 PPT

ISBN 81122–759–8

定价 48.00 元

出版时间 2009.8

（配中文翻译版）

作者 hoyle

高级会计学

（第三版）

Fundamentals of Advanced Accounting

（OLC）

该教材的最大特点在于内容新颖，紧跟国际前沿。

作者第一时间将美国企业合并的最新进展融入到合并报表内容的讲解当中，使读者在掌握美国最新合并准则的同时，能够把握我国会计准则中有关企业合并等准则的未来发展方向。此外，《高级会计学》内容自始至终紧扣美国财务会计准则公告，使读者能够依据准则规定来理解相应知识。

教辅 IM(教师手册)TB（习题库）PPT SM（习题答案）

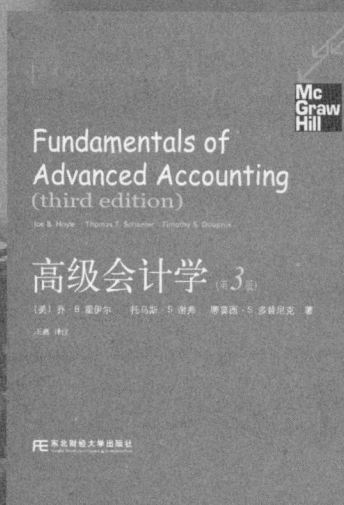

ISBN 81122–658–4
定价 46.00 元
出版时间 2009.6
（配中文翻译版）

译者 王鑫

高等院校双语教学适用教材·会计

McGraw Hill

Forensic Accounting

William S. Hopwood   Jay J. Leiner   George R. Young

法务会计

（美）威廉姆·S. 霍普伍德
杰伊·J. 莱纳
乔治·R. 杨 著

张苏彤 改编

东北财经大学出版社

作者 Hopwood

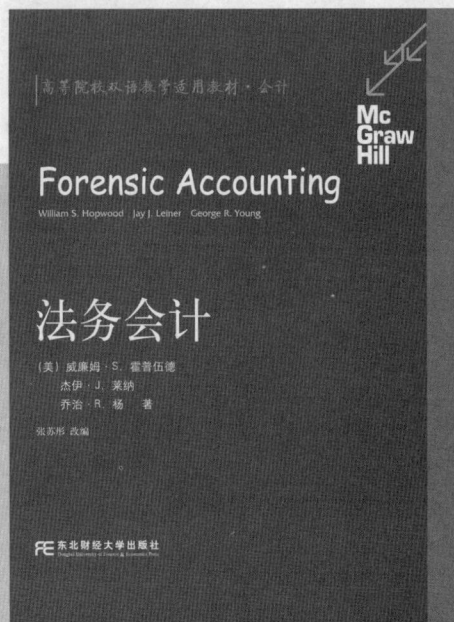

法务会计
Forensic Accounting（OLC）

　　本书全面涵盖了法务会计学科所涉及的各个相关领域的内容。

本书具有如下显著特点：

1. 将焦点集中在大量发生的民事或刑事会计舞弊及其相关活动上，从虚假的商业估价和雇主舞弊到信息安全和反恐。

2. 针对非会计专业人士的需要，提供了会计信息系统和审计学的基础性的知识内容。

3. 全面覆盖了与会计相关刑事司法系统的内容，包括法证科学、有组织犯罪、诉讼支持和专家证人。

教辅 IM(教师手册) TB（习题库）PPT SM（习题答案）

ISBN 81122–625–6
定价 48.
出版时间
（配中文翻

译者 张磊

作者
Brealey

公司理财原理 （精要版）
Principles of Corporate Finance （OLC）

内容简介

三位公司理财方面的权威专家以独特的视角，完整地构建了公司理财学的基本框架。

以价值作为出发点，紧密结合公司理财实践的需求，精选了风险、资本预算实务、融资决策与市场有效性等核心内容。理论与实践并重，在论述理论的同时强调公司理财的灵活性，要求公司财务人员能够根据随时可能发生的变化对理财策略进行调整。书中包括的研究方法、研究内容及案例等，可以使读者从国外公司理财的实务中吸取有益的理财思路和方法，并应用到我国的实践中。

理查德·A.布雷利（Richard A. Brealey）伦敦商学院财务金融学教授，曾任欧洲金融协会主席、美国金融协会理事。现任英国科学院院士、英格兰银行总裁特邀顾问和多家金融机构董事。

斯图尔特·C.迈尔斯（Stewart C. Myers）MIT斯隆管理学院Robert C. Merton（1970）财务金融学教授，曾任美国金融协会主席、美国经济研究局研究协会主席。主要从事财务决策、估价方法、资本成本以及政府对商业经营活动中的财务监管问题的研究。

弗兰克林·艾伦（Franklin Allen）宾西法尼亚大学沃顿商学院Nippon Life财务金融学教授，曾任美国金融协会主席、西部金融协会主席和金融研究会主席。主要从事金融创新、资产定价泡沫、金融体系比较及金融危机问题的研究。

教辅 IM（教师手册）TB（习题库）PPT

ISBN 81122-529-7
定价 64.00 元
出版时间 2009.1
（配中文翻译版）

译者 罗菲

作者 Hurt

会计信息系统
基本概念和当前问题
Accounting Information Systems

（OLC）

本书结构合理，内容组织编排灵活，是一本非常适用于本科双语教学的教材。

编辑荐语

一是与真实的企业环境和问题紧密关联，便于学生更好地理解会计信息系统在真实世界中是如何工作的。二是本书的语言轻松活泼，深入浅出地讲解技术相关的概念、观点，介绍相关词汇，以保证学生在以后的职业工作中可以使用这些词汇清晰有效地与会计人员及非会计人员就会计信息系统进行交流。

教辅 IM(教师手册) TB（习题库）PPT SM（习题答案）

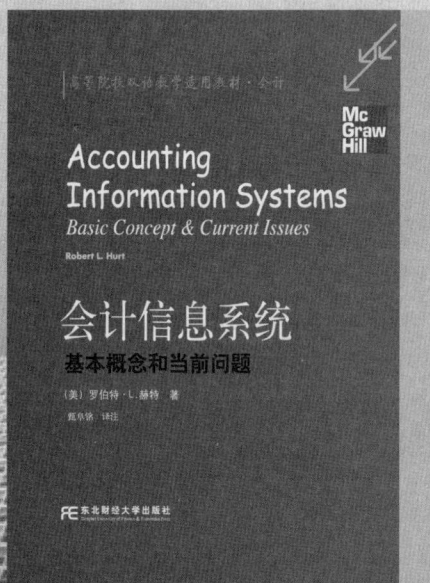

高等院校双语教学适用教材·会计

Mc Graw Hill

Accounting Information Systems
Basic Concept & Current Issues
Robert L. Hurt

会计信息系统
基本概念和当前问题

（美）罗伯特·L.赫特 著

甄阜铭 译注

东北财经大学出版社

译者 甄阜铭

ISBN 81122–466–5
定价 42.00 元
出版时间 2008.10
（配中文翻译版）

管理会计导论

作者
Brewer Garrison

Introduction to Managerial Accounting

（OLC）

（第四版）

这是一本清晰、精炼的教科书，是《管理会计》第十二版的精简版。

包含了管理会计的各个重大问题。书中的内容足以使学生对这些重点有一个概括的了解，不存在任何使学生感到困惑的内容。

教辅 IM(教师手册)TB（习题库)PPT SM（习题答案)

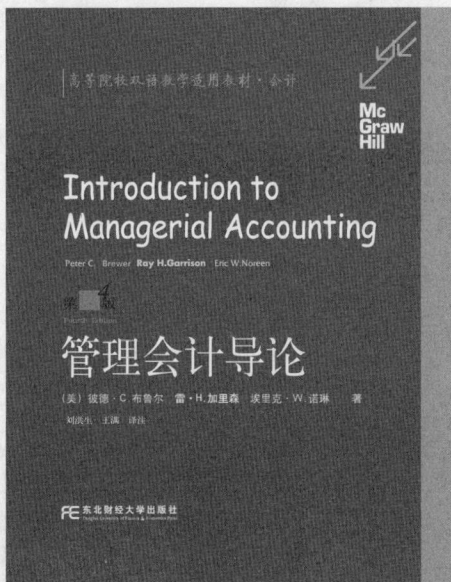

ISBN81122-404-7
定价 58.00 元
出版时间 2008.8
（配中文翻译版）

译者 刘洪生

（OLC）

管理会计
Managerial Accounting
（第十二版）

作者 Garrison

本书是美国管理会计领域的集大成之作

该书集理论与实务于一体，将当代管理会计发展的最新成果融入其中，从企业管理的视角对管理会计课程相关的所有专题进行了较为全面的系统阐述

教辅 TB（习题库）PPT SM（习题答案）

[高等院校双语教学适用教材·会计]

Managerial Accounting

Ray H Garrison / Eric W Noreen / Peter C Brewer

第12版

管理会计

（美）雷·H·加里森 / 埃里克·W·诺琳 / 彼德·C·布鲁尔 著

王满 译注

FE 东北财经大学出版社

作者简介

雷·H.加里森（Ray H.Garrison），美国犹他州杨百翰大学名誉教授。曾就读于杨百翰大学并在那里取得了学士和硕士学位。之后又在印第安纳大学获得工商管理博士学位。作为一名注册会计师，加里森教授曾在全国性和区域性的会计师事务所中从事管理咨询工作。加里森教授在课堂教学中的创新活动为他赢得了杨百翰大学授予的Karl G. Maeser 杰出教学奖。

埃里克·W.诺琳（Eric W.Noreen），世界知名学者，美国华盛顿大学名誉教授，曾在欧美和亚洲的多所高校任职。诺琳曾就读于华盛顿大学并取得了学士学位，之后又在斯坦福大学获得了工商管理学硕士和博士学位。作为一名注册管理会计师，他曾被美国会计师协会授予杰出执业成就奖。

彼德·C.布鲁尔（Peter C.Brewer），美国俄亥俄州迈阿密大学牛津分校会计学系教授。布鲁尔教授曾就读于宾州州立大学并取得了会计学学士学位，之后又在维基尼亚大学获得了会计学硕士学位。在田纳西大学获得了博士学位。他是本科生管理会计教育教学活动中拥有创新思维的领军人物之一。经常出席各类专业和学术会议。

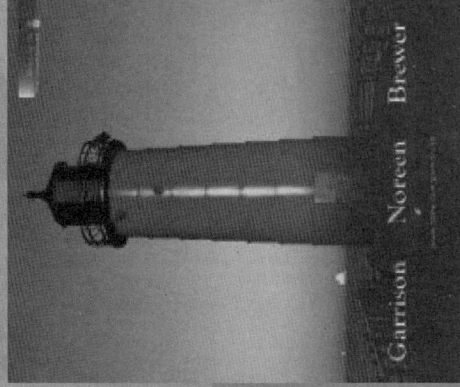

ISBN81122-404-7
定价 58.00 元
出版时间 2008.8
（配中文翻译版）

Garrison Noreen Brewer

（即将推出第十三版双语版）

作者 Palepu

经营分析与评价
Business Analysis and Valuation
（第四版）

编辑荐语

本书能够帮助读者分析任一企业的财务报表，从而揭示出企业的真实经营情况与价值。

在一个不断变化的战略环境中，理解管理层提交的财务报表是否以及在多大程度上能够准确地反映企业运行的健康状况及价值是非常重要的，本书将战略经营知识整合进财务报表的分析中。

教辅 IM(教师手册) TB(习题库) PPT SM(习题答案)

ISBN 81122-282-1
定价 38.00 元
出版时间 2008.4

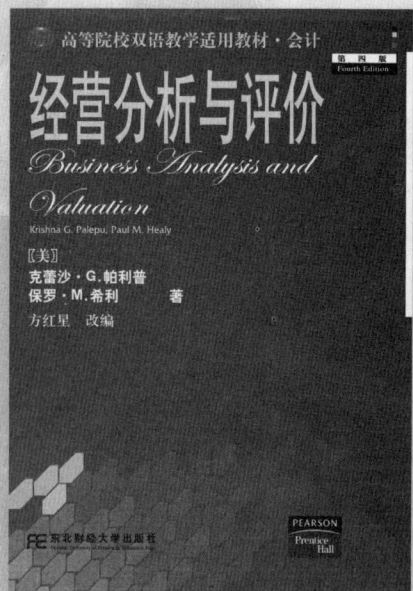

高等院校双语教学适用教材·会计

第四版
Fourth Edition

经营分析与评价
Business Analysis and Valuation

Krishna G. Palepu, Paul M. Healy

【美】
克蕾沙·G.帕利普
保罗·M.希利 著

方红星 改编

东北财经大学出版社

PEARSON
Prentice Hall

作者 **gíBSON**

财务报告与分析
Financial Reporting and Analysis

（第十版）

（附助学光盘）

本书可谓是会计与财务教学发展历史上的里程碑

它既从财务报告使用者的角度，又从财务报告编制者的角度来教授财务会计。它介绍了财务报告的"语言"及编制过程。它含有大量真实公司的年度报告。书中的大量背景材料使得毫无会计学或财务学背景的学生也能使用本教材。

教辅 IM（教师手册）TB（习题库）PPT SM（习题答案）

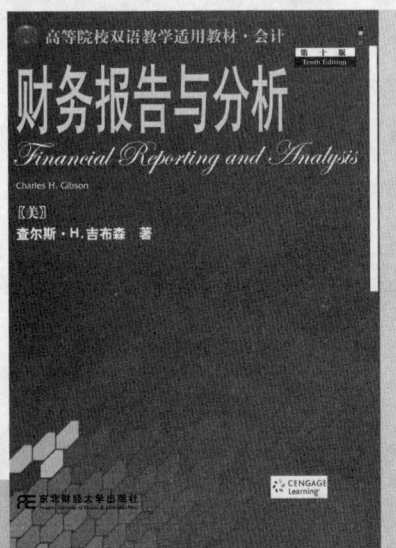

ISBN 81122-283-8
定价 48.00 元
出版时间 2008.4
（配中文翻译版）

译者 胡玉明

作者 **Hall**

会计信息系统

（第五版）

Accounting Information System

编辑荐语

　　与以前的版本相比，第五版的《会计信息系统》在内容上进行了全面的更新，使读者能够获得目前最新的关于业务流程、系统开发方法、IT治理及战略、安全、内部控制以及《萨班斯—奥克斯利法案》等相关方面的知识。

　　本书的特点还表现在以下几个方面：（1）运用概念性框架；（2）明晰会计信息系统的演变过程；（3）强调内部控制；（4）引入系统设计和文件工具的内容。

教辅 IM（教师手册）TB（习题库）PPT SM（习题答案）

ISBN 81122-091-9
定价 68.00 元
出版时间 2007.9

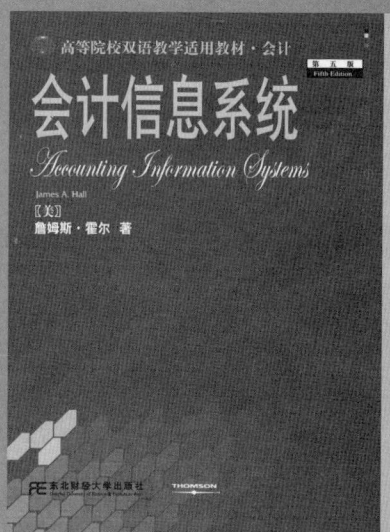

作者 Horngren

财务会计
（第九版）

An Introduction to Financial Accounting

编辑荐语

　　本书是财务会计领域内最有影响，最具权威性的教科书之一

　　由美国斯坦福大学的著名教授 Horngren 领衔主编。在论述当今最为通行的会计理论和实务的基础上，本书着重强调如何使用和分析财务报表信息。作者非常善于从教学的角度出发，深入浅出地讲授财务会计的基本概念，并精心选择一些发生于真实公司的案例来论述相关概念，而职业道德的问题也贯穿于本书的始终。

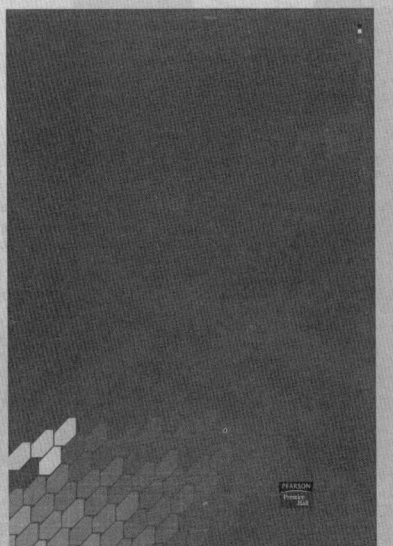

ISBN 81084-716-2
定价 45.00 元
出版时间 2007.4
（配中文翻译版）

译者 傅荣

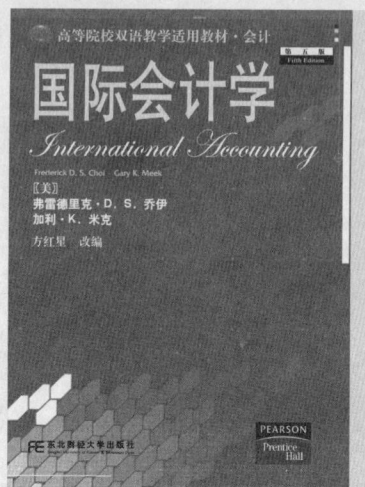

作者 Choi

国际会计学（第五版）
International Accounting

编辑荐语

　　我国资深会计学家、厦门大学常勋教授不仅对本书盛赞有加，而且还多次撰文大力推介。

　　本书由美籍韩裔会计学家 Choi（乔伊）教授领衔主编，是国际会计/比较会计领域享誉全球的经典教科书之一，被国外诸多优秀大学所采用。本书题材丰富、资料翔实，尤其是在国际会计比较与协调以及国际管理会计和税务筹划等方面。此外，领衔作者所具有的东方式的思维风格，也使得本书较其他同类书而言，更适合中国读者的口味。由于本书结构清晰，层次分明，在实际教学过程中完全可以根据课程目的、授课对象、课时等因素来灵活地加以选择。

译者简介

　　方红星，男，1972 年 7 月生于湖北省，中共党员，管理学（会计学）博士，现任东北财经大学会计学院院长，MPAcc 教育中心主任，教授，博士生导师，兼任东北财经大学出版社社长，大连市第十、十一届政协委员。

　　方红星主要致力于财务会计、审计和内部控制等领域的研究。主要学术兼职包括中国会计学会理事、资深会员、财务成本分会副会长兼秘书长、内部控制专业委员会委员，财政部会计准则委员会咨询专家、内部控制标准委员会咨询专家，中国注册会计师协会专业技术咨询委员会委员、审计准则组专家。

教辅　IM（教师手册）TB（习题库）PPT SM（习题答案）

ISBN 81084—718—X
定价 40.00 元
出版时间 2006.12
（配中文翻译版）

译者　方红星

作者 **Zimmerman**

决策与控制会计

（即将推出第五版翻译版）

（第二版）

Accounting for Decision Making an ~~~~

（OLC）

本书的特征

清晰的概念框架

强调相互替代作用

提出经济学中的优胜劣汰法则

逻辑思路清晰

教辅 IM（教师手册）TB（习题库）PPT SM（习题答案）

ISBN 81044-635-5

定价 82.00 元

出版时间 2001.8

译者 刘峰

作者 Kaplan

高级管理会计（OLC）

Advanced Management Accounting,3e

（第三版）

管理会计大师 平衡积分卡的创始人

　　罗伯特·S.卡普兰是哈佛商学院的著名教授，会计学权威。他主要从事会计与管理领域的研究，曾经担任工业管理研究生院的院长。他先后获得了麻省理工学院电力工程学硕士学位和康奈尔大学的博士学位。

　　罗伯特·S.卡普兰的研究和教学集中于新成本与绩效衡量系统，他的主要成果是作业成本法和平衡计分卡。他曾经发表和与他人合作发表了百余篇论文及十部著作。1988年，卡普兰教授获得了美国会计学会颁发的会计学杰出教育奖。卡普兰还从事欧美领先大型企业的绩效和成本管理系统设计的顾问工作。

教辅 IM(教师手册)TB（习题库）PPT SM（习题答案）

ISBN 81084-982-1
定价 76.00 元
出版时间 2009.7

译者 吕长江

作者 Wolk
（OLC）

会计理论

Accounting Theory

（即将推出第七版翻译版）

编辑推荐

哈利·沃尔克（Harry I. Wolk）等著名的会计教授所著的《会计理论》一书，在其第一版问世直至如今的第七版发行，一直受到了普遍的关注，并得到了全球会计理论界的高度认可。该书从会计理论概念框架为基本出发点，对会计理论的重大理论问题和实际问题进行了全新的诠释。这对于读者开阔视野，增长知识，启迪思维，提高分析和解决问题的能力大有裨益。

教辅 IM(教师手册)TB（习题库）PPT SM（习题答案）

ISBN 81084–519–5
定价 48.00 元
出版时间 2005.6

译者 陈艳

作者 Horne

财务管理与政策

（即将推出第十二版翻译版）

Financial Management and Policy
（OLC）

编辑推荐

　　财务管理的理论与实务的发展日新月异，这既是源于人们对财务管理内在规律理解的进一步深化，也是得益于财务管理人员所处环境的飞速变化。本书本书围绕财务管理的核心——融资决策、投资决策、分配决策展开讨论，告诉读者如何利用财务管理的各种手段进行相关决策。本书作为畅销全美的财务管理主流教材，材料新颖，内容翔实，可读性强。

作者简介

　　詹姆斯·C.范霍恩是斯坦福大学商学院银行与财务学领域的著名教授。他曾被授予 A.P. 吉亚尼教授的称号。他于 1961 年和 1964 年分别获得西北大学的工商管理硕士学位和博士学位，1965 年进入斯坦福大学商学院任教至今，先后担任过斯坦福大学 MBA 项目主任，斯坦福大学商学院负责学术工作的副院长。他曾担任过美国财务金融协会和西部财务金融协会的会长，并是多个学术组织的活跃成员。此外，他还曾分别任职于伊利诺伊国家银行、芝加哥信托公司和美国财政部，长期兼任多家银行、基金、证券机构的董事会成员，具有丰富的实践经验。

教辅 IM(教师手册)TB（习题库)PPT SM（习题答案)

ISBN 81084–771–6
定价 68.00 元
出版时间 2006.12

译者 刘志远